2025

NCS
은행 입사대비
통합기본서

타임 NCS 연구소

2025

NCS 은행 입사대비 통합기본서

인쇄일 2025년 1월 1일 3판 1쇄 인쇄
발행일 2025년 1월 5일 3판 1쇄 발행
등　록 제17-269호
판　권 시스컴2025

ISBN 979-11-6941-587-3 13320
정　가 23,000원

발행처 시스컴 출판사
발행인 송인식
지은이 타임 NCS 연구소

주소 서울시 금천구 가산디지털1로 225, 514호(가산포휴) | **홈페이지** www.nadoogong.com
E-mail siscombooks@naver.com | **전화** 02)866-9311 | **Fax** 02)866-9312

발간 이후 발견된 정오 사항은 홈페이지 도서 정오표에서 알려드립니다(홈페이지 → 자격증 → 도서 정오표).

INTRO

NCS(국가직무능력표준. 이하 NCS)은 현장에서 직무를 수행하기 위해 요구되는 능력을 국가적 차원에서 표준화한 것으로 2015년부터 공공기관을 중심으로 본격적으로 실시되었습니다. NCS는 산하기관을 포함한 약 600여 개의 공공기관으로 확대 실시되고, 이중 필기시험은 직업기초능력을 평가합니다. 은행권 역시 NCS를 기반으로 필기시험이 진행되었습니다.

NCS는 기존의 스펙위주의 채용과정을 줄이고자 실제로 직무에 필요한 능력을 위주로 평가하여 인재를 채용하겠다는 국가적 방침입니다. 기존의 은행권의 적성검사는 NCS 취지가 방영된 형태로 변하고 있기 때문에 변화하는 양상에 맞추어 NCS를 준비해야 됩니다.

필기시험을 내용으로 대체되는 직업기초능력은 총 10개 과목으로 출제기관마다 이중에서 대략 5~6개의 과목을 선택하고 시험을 치룹니다. 주로 의사소통능력, 수리능력, 문제해결 능력을 선택하며 은행에 따라 3~4개의 과목을 추가로 선택하기 때문에 지원하고자 하는 은행의 채용절차를 확인하시는 것이 좋습니다.

본서는 은행권 대비 전문 수험서로, 새롭게 도입되어 생소한 영역인 직업기초능력을 NCS 공식 홈페이지의 자료를 연구하여 필요한 지문과 이론을 정리하여 수록하였고, 이에 맞춰 실전문제를 출제하여 시험 대비에 충분한 연습을 할 수 있게 제작되었습니다. 각 과목마다 중요한 내용을 이론과 여러 유형의 문제로 정리하였고, 300개 이상의 문제가 수록되어 있습니다. 또, 실전 모의고사를 통해 학습자의 실력을 스스로 확인해 볼 수 있게 준비하였습니다

예비 은행인들에게 아름다운 합격이 함께하길 기원하겠습니다.

타임 NCS 연구소

NCS(기초직업능력평가)란 무엇인가?

1. 표준의 개념

국가직무능력표준(NCS.national competency standards)은 산업현장에서 직무를 수행하기 위해 요구되는 지식 · 기술 소양 등의 내용을 국가가 산업부문별 수준별로 체계화한 것으로 산업현장의 직무를 성공적으로 수행하기 위해 필요한 능력(지식, 기술, 태도)을 국가적 차원에서 표준화한 것을 의미합니다.

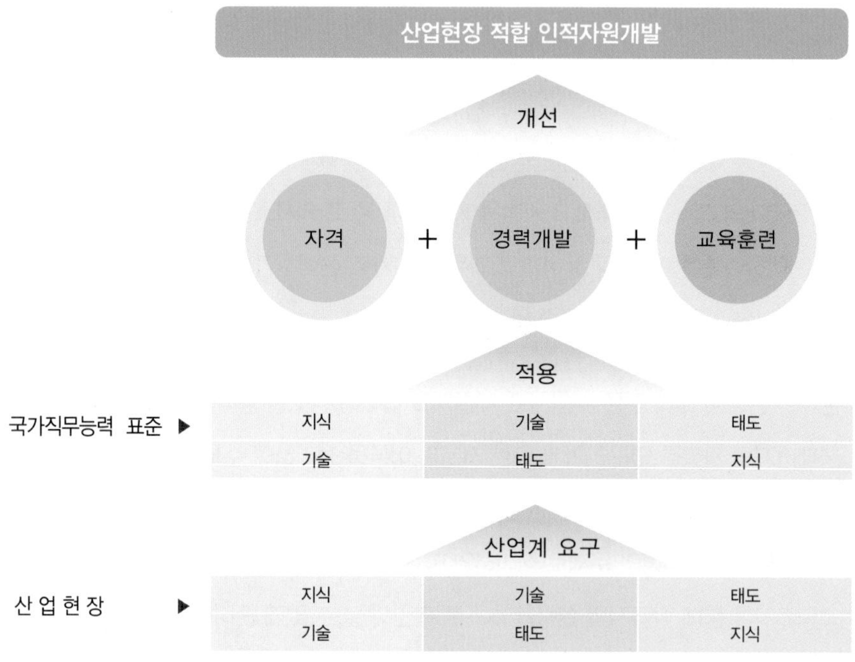

〈국가직무능력표준 개념도〉

2. 표준의 특성

| 한 사람의 근로자가 해당 직업 내에서 소관 업무를 성공적으로 수행하기 위하여 요구되는 실제적인 수행 능력을 의미합니다.

- 직무수행능력 평가를 위한 최종 결과의 내용 반영
- 최종 결과는 '무엇을 하여야 한다' 보다는 '무엇을 할 수 있다'는 형식으로 제시

| 해당 직무를 수행하기 위한 모든 종류의 수행능력을 포괄하여 제시합니다.

- 직업능력 : 특정업무를 수행하기 위해 요구되는 능력
- 직업관리 능력 : 다양한 다른 직업을 계획하고 조직화하는 능력
- 돌발상황 대처능력 : 일상적인 업무가 마비되거나 예상치 못한 일이 발생했을 때 대처하는 능력
- 미래지향적 능력 : 해당 산업관련 기술적 및 환경적 변화를 예측하여 상황에 대처하는 능력

| 모듈(Module)형태의 구성

- 한 직업 내에서 근로자가 수행하는 개별 역할인 직무능력을 능력단위(unit)화 하여 개발
- 국가직무능력표준은 여러 개의 능력단위 집합으로 구성

| 산업계 단체가 주도적으로 참여하여 개발

- 해당분야 산업별인적자원개발협의체(SC), 관련 단체 등이 참여하여 국가직무능력표준 개발
- 산업현장에서 우수한 성과를 내고 있는 근로자 또는 전문가가 국가직무능력표준 개발 단계마다 참여

3. 표준의 활용 영역

- 국가직무능력표준은 산업현장의 직무수요를 체계적으로 분석하여 제시함으로써 '일-교육 · 훈련-자격'을 연결하는 고리 즉 인적자원개발의 핵심 토대로 기능

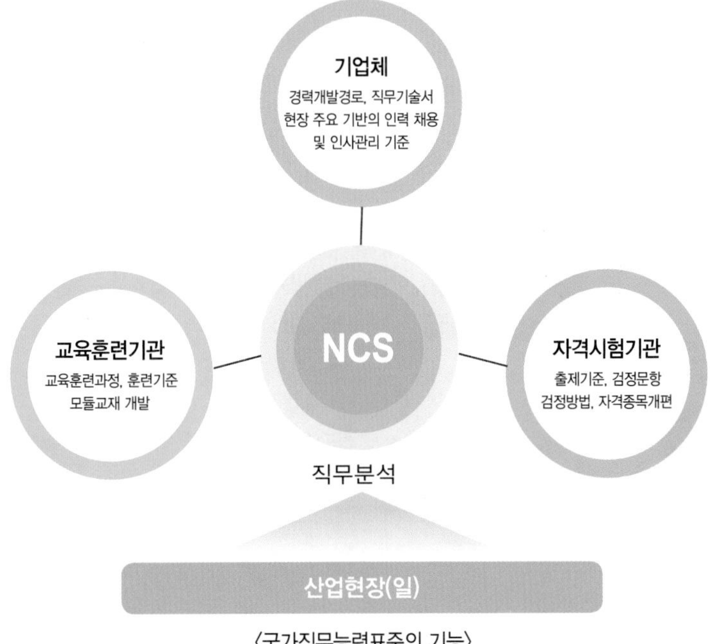

〈국가직무능력표준의 기능〉

- 국가직무능력표준은 교육훈련기관의 교육훈련과정, 직업능력개발 훈련기준 및 교재 개발 등에 활용되어 산업수요 맞춤형 인력양성에 기여합니다. 또한, 근로자를 대상으로 경력개발경로 개발, 직무기술서, 채용 · 배치 · 승진 체크리스트, 자가진단도구로 활용 가능합니다.
- 한국산업인력공단에서는 국가직무능력표준을 활용하여 교육훈련과정, 훈련기준, 자격종목 설계, 출제기준 등제 · 개정시 활용합니다.
- 한국직업능력개발원에서는 국가직무능력표준을 활용하여 전문대학 및 마이스터고 · 특성화고 교과과정을 개편합니다.

구 분		활용콘텐츠
산업현장	근로자	평생경력개발경로, 자가진단도구
	기 업	직무기술서, 채용 · 배치 · 승진 체크리스트
교육훈련기관		교육훈련과정, 훈련기준, 교육훈련교재
자격시험기관		자격종목 설계, 출제기준, 시험문항, 시험방법

NCS 구성

능력단위

- 직무는 국가직무능력표준 분류체계의 세분류를 의미하고, 원칙상 세분류 단위에서 표준이 개발 됩니다.
- 능력단위는 국가직무능력표준 분류체계의 하위단위로써 국가직무능력표준의 기본 구성요소에 해당 됩니다.

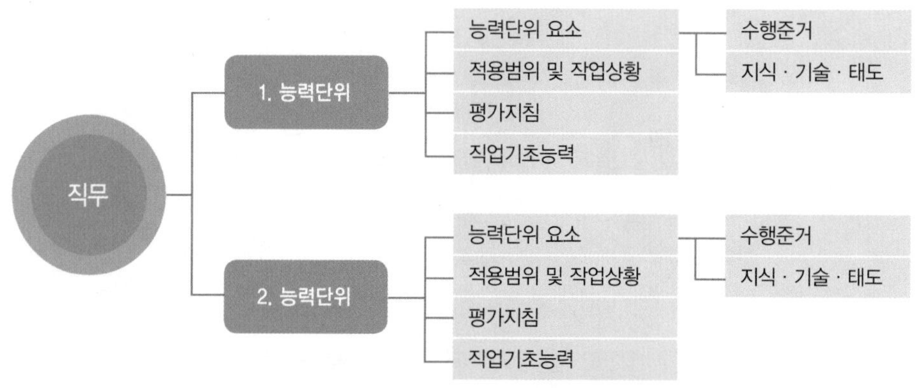

〈 국가직무능력표준 능력단위 구성 〉

주요 은행권 채용 정보

● 한국수출입은행

| 채용절차

– 서류전형 : 입행지원서

– 필기전형

구분	평가항목	세부내용
NCS 직업기초능력평가	직업성격검사	의사소통능력, 수리능력, 문제해결능력, 정보능력, 조직이해능력 (총 5개 영역)
	직무능력검사	

– 면접 전형 : PT 및 조직가치적합도 평가

● IBK 기업은행

| 채용절차

– 서류심사 : 입행지원서

– 필기시험

모집분야	평가항목	시간	배점
금융 영업	직업기초능력 6개 영역(객관식 40문항) 의사소통능력, 수리, 문제해결, 자원관리, 정보, 조직이해능력 직무수행능력 영역(객관식 40문항, 주관식 10문항) 금융영업(경영/경제/금융/시사 등) 분야의 직무역량 평가	10:00 ~ 12:00	객관식 문항당 1점, 주관식 문항당 2점
디지털	직업기초능력 6개 영역(객관식 40문항) 의사소통능력, 수리, 문제해결, 자원관리, 정보, 조직이해능력 직무수행능력 영역(객관식 40문항, 주관식 10문항) IT 또는 디지털 분야 기초·응용지식, 동향에 관한 직무역량 평가		

– 실기시험 : 다수의 프로그램을 통해 금융인으로서의 적극성, 교섭력, 협동력, 직무적합성, 문제해결력, 윤리의식 등에 대해 대면평가(1일 평가)

– 면접시험 : 질의응답을 통해 입행의지, 조직적합도, 인성 등을 종합평가

●KDB산업은행

| 채용절차

- 서류심사 : 입행지원서
- 필기시험

평가항목		시험과목
직무수행능력	직무지식	(은행일반)경영학, 경제학, 법학 중 택 1 (디지털)전산학, 빅데이터(통계학·산업공학) 중 택 1
	논리적 사고력	일반시사논술
직업기초능력		NCS직업기초능력평가(의사소통, 수리, 문제해결, 정보능력)

필기시험 합격자 대상 온라인 방식으로 인성검사 실시

- 1차 면접

채용분야		면접유형
은행일반		직무능력면접, 심층토론, P/T면접, 팀과제 수행
디지털	빅데이터	
	전산	직무능력면접, P/T면접, 코딩역량평가

- 2차 면접 : 임원면접

●Sh수협은행

| 채용절차

- 서류전형 : 입행지원서
- 필기고시

구분	문항수	출제범위
NCS 직업기초능력	100문항(객관식)	의사소통능력, 수리능력, 문제해결능력, 정보능력, 기술능력

- 인성검사
- 1차 면접 : 인성면접, 실무면접
- 2차 면접 : 최종면접

● NH농협은행

채용절차

– 서류전형 : 자기소개서 평가, 온라인 인 · 적성(Lv.1)평가

– 필기전형

6급

<table>
<tr><th colspan="2">구분</th><th>문항수</th><th>시간</th><th>출제범위</th></tr>
<tr><td colspan="2">인·적성(Lv.2)평가</td><td>325문항(객관식)</td><td>45분</td><td>조직적합성, 성취 잠재력</td></tr>
<tr><td colspan="2">직무능력평가</td><td>50문항(객관식)</td><td>60분</td><td>의사소통능력, 문제해결능력, 수리능력, 정보능력, 농업 · 농촌 관련 이해도, 농협 추진사업</td></tr>
<tr><td rowspan="2">직무상식평가</td><td>금융경제</td><td rowspan="2">30문항(객관식)</td><td rowspan="2">25분</td><td>금융경제 분야 상식</td></tr>
<tr><td>IT</td><td>데이터 베이스, 전자계산기 구조, 운영체제, 소프트웨어 공학, 데이터 통신</td></tr>
</table>

5급

<table>
<tr><th>구분</th><th>문항수</th><th>시간</th><th>출제범위</th></tr>
<tr><td>인·적성(Lv.2)평가</td><td>325문항(객관식)</td><td>45분</td><td>조직적합성, 성취 잠재력</td></tr>
<tr><td>직무능력평가</td><td>50문항(객관식)</td><td>60분</td><td>의사소통능력, 문제해결능력, 수리능력, 정보능력 등</td></tr>
<tr><td rowspan="2">직무상식평가</td><td rowspan="2">20문항(객관식)</td><td rowspan="2">20분</td><td>금융경제 분야 상식</td></tr>
<tr><td>데이터 베이스, 전자계산기 구조, 운영체제, 소프트웨어 공학, 데이터 통신</td></tr>
</table>

– 면접전형(6급) : 집단면접, 토의면접

– 인턴전형(5급) : 인턴 근무 평가, PT 평가, 심층 면접 진행

●신한은행

| 채용절차

- 서류전형 : 입행지원서
- 필기전형

영역		문항수	시간	비고
NCS 직업기초능력평가	의사소통	30문항	25분	의사소통, 문제해결, 수리 3개 영역 각 30문항씩 출제
	문제해결	30문항	25분	
	수리	30문항	25분	

- 1차 면접 : 직무적합도 면접(AI 역량평가 + 직무역량평가)
- 2차 면접 : 최종면접(임원면접)

●우리은행

| 채용절차

- 서류전형 : 입행지원서
- 필기전형

구분	문항수	시간	출제범위
NCS 직업기초능력평가	80문항(객관식)	80분	의사소통능력, 수리능력, 문제해결능력, 조직이해능력
직무/상식	60문항(객관식)	60분	직무 40문제와 일반상식 20문제로 구성

- 1차 면접 : 역량면접(인성면접), PT면접, 세일즈면접
- 2차 면접 : 임원면접(자기소개서 질문 + 인성질문 + 시사질문)

● KB국민은행

| 채용절차

– 서류전형 : 입행지원서, AI면접

– 필기전형

구분	문항수	시간	출제범위
직업기초능력	40문항(객관식)	100분	의사소통능력, 수리능력, 문제해결능력
직무심화지식	40문항(객관식)		금융영업, 디지털 부문 활용능력, 경제, 금융, 일반상식
상식	20문항(객관식)		

– 1차 면접 : PT면접, 영업 세일즈 면접

– 2차 면접 : 인성면접

● 하나은행

| 채용절차

– 서류전형 : 입행지원서, AI면접

– 필기전형

디지털 분야	NCS & 경영/경제상식 객관식 + TOPCIT 비즈니스&기술영역 객관식 + 개인별 온라인 인성검사
디지털 外 분야	NCS & 경영/경제장식 객관식 + TOPCIT 기반 비즈니스영역 객관식 + 개인별 온라인 인성검사

※ TOPCIT 기반 평가준비는 반드시 홈페이지內 학습자료(www.topcit.or.kr)를 참고해 주시기 바랍니다.

– 1차 면접 : 행동사례면접, PT면접, 협상면접, 세일즈면접

– 2차 면접 : 인성중심 임원면접

※ 채용 정보는 추후 변경 가능성이 있으므로 반드시 응시 기간 중 채용 홈페이지를 참고하시기 바랍니다.

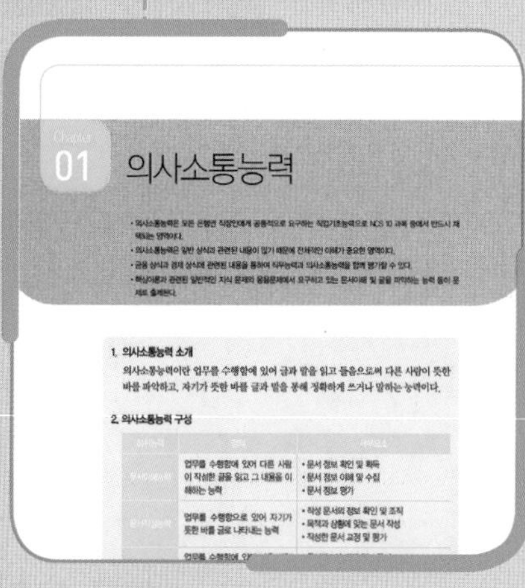

01 의사소통능력

- 의사소통능력은 모든 은행권 직장인에게 공통적으로 요구하는 직업기초능력으로 NCS 10 과목 중에서 반드시 채택되는 영역이다.
- 의사소통능력은 일반 상식과 관련된 내용이 많기 때문에 전체적인 이해가 중요한 영역이다.
- 금융 상식과 경제 상식에 관련된 내용을 통하여 직무능력과 의사소통능력을 함께 평가할 수 있다.
- 핵심이론과 관련된 일반적인 지식 문제와 응용문제에서 요구하고 있는 문서이해 및 글을 파악하는 능력 등이 문제로 출제된다.

1. 의사소통능력 소개

의사소통능력이란 업무를 수행함에 있어 글과 말을 읽고 들음으로써 다른 사람이 뜻한 바를 파악하고, 자기가 뜻한 바를 글과 말을 통해 정확하게 쓰거나 말하는 능력이다.

2. 의사소통능력 구성

	업무를 수행함에 있어 다른 사람이 작성한 글을 읽고 그 내용을 이해하는 능력	• 문서 정보 확인 및 획득 • 문서 정보 이해 및 수집 • 문서 정보 평가
	업무를 수행함으로 있어 자기가 뜻한 바를 글로 나타내는 능력	• 작성 문서의 정보 확인 및 조직 • 목적과 상황에 맞는 문서 작성 • 작성한 문서 교정 및 평가

핵심이론

NCS 직업기초능력평가와 직무수행능력평가를 완벽히 준비하기 위하여 은행이 선택한 영역의 핵심이론을 요약·정리하여 수록하였습니다. 각 영역의 빈출이론, 핵심개념만을 수록하여 수험에 도움이 되도록 하였습니다.

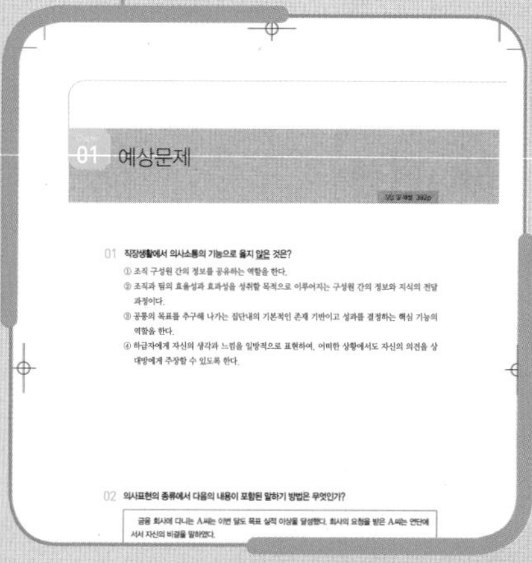

01 예상문제

01 직장생활에서 의사소통의 기능으로 옳지 않은 것은?

① 조직 구성원 간의 정보를 공유하는 역할을 한다.
② 조직과 팀의 효율성과 효과성을 성취할 목적으로 이루어지는 구성원 간의 정보와 지식의 전달 과정이다.
③ 공통의 목표를 추구해 나가는 집단내의 기본적인 존재 기반이고 성과를 결정하는 핵심 기능의 역할을 한다.
④ 하급자에게 자신의 생각과 느낌을 일방적으로 표현하여, 어떠한 상황에서도 자신의 의견을 상대방에게 주장할 수 있도록 한다.

02 의사표현의 종류에서 다음의 내용이 포함된 말하기 방법은 무엇인가?

금융 회사에 다니는 A씨는 이번 달도 목표 실적 이상을 달성했다. 회사의 요청을 받은 A씨는 연단에서서 자신의 비결을 말하였다.

예상문제

핵심이론을 통해 앞에서 학습한 내용을 바로 문제를 풀어 점검함으로써, 실제 시험에 대응하도록 각 단원별로 적중 예상문제를 수록하였습니다.

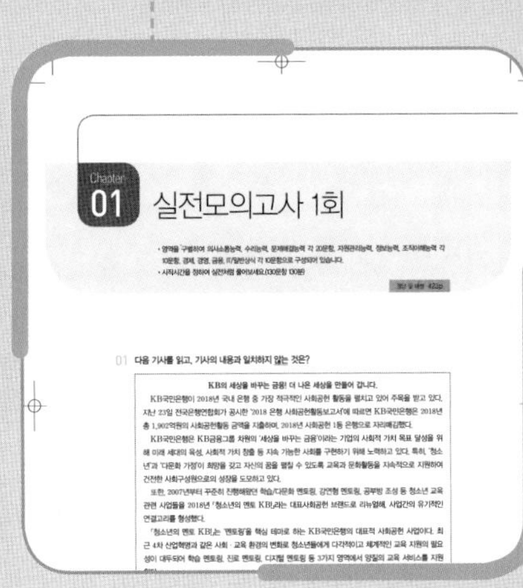
Chapter 01 실전모의고사 1회

실전모의고사

각 영역의 실전문제만 푸는 것 외에도 실전과 같은 모의고사를 통해 얻을 수 있는 경험이 있습니다. 영역 통합형, 영역 분리형 문제들로 구성된 모의고사를 통해 실전 감각을 익힐 수 있도록 하였습니다.

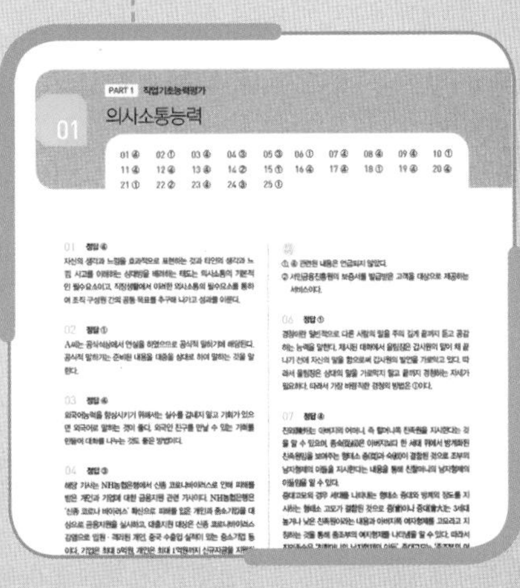
PART 1 직업기초능력평가

01 의사소통능력

정답 및 해설

정답에 대한 해설뿐 아니라 오답에 대한 해설도 상세히 설명하여, 학습한 내용을 체크할 수 있도록 하였습니다. 문제의 해설 이외에도 문제와 관련된 이론 내용을 첨부하여 관련 문제를 쉽게 이해하고 풀 수 있도록 하였습니다.

CONTENTS

PART 1 직업기초능력평가

PART 2 직무수행능력평가

PART 3 실전모의고사

PART 4 정답 및 해설

• • 한눈에 보는 시험 영역

각 은행에서 출제되는 NCS영역을 한 눈에 보기 편하게 정리하여,
수험에 도움이 되도록 하였습니다.

영역 / 은행	의사소통 능력	수리 능력	문제해결 능력	정보 능력	조직이해 능력	기타
한국수출입은행	◎	◎	◎	◎	◎	대인관계능력, 직업윤리
IBK기업은행	◎	◎	◎	◎	◎	자원관리능력
KDB산업은행	◎	◎	◎			
NH농협은행	◎	◎	◎	◎	◎ (6급)	자원관리능력 (6급)
Sh수협은행	◎	◎	◎	◎	◎	자원관리능력
신한은행	◎	◎	◎			
우리은행	◎	◎	◎		◎	
KB국민은행	◎	◎	◎			
하나은행						

Part 1

직업기초능력평가

1 의사소통능력

2 수리능력

3 문제해결능력

4 자원관리능력

5 정보능력

6 조직이해능력

Chapter 01

의사소통능력

- 의사소통능력은 모든 은행권 직장인에게 공통적으로 요구하는 직업기초능력으로 NCS 10 과목 중에서 반드시 채택되는 영역이다.
- 의사소통능력은 일반 상식과 관련된 내용이 많기 때문에 전체적인 이해가 중요한 영역이다.
- 금융 상식과 경제 상식에 관련된 내용을 통하여 직무능력과 의사소통능력을 함께 평가할 수 있다.
- 핵심이론과 관련된 일반적인 지식 문제와 응용문제에서 요구하고 있는 문서이해 및 글을 파악하는 능력 등이 문제로 출제된다.

1. 의사소통능력 소개

의사소통능력이란 업무를 수행함에 있어 글과 말을 읽고 들음으로써 다른 사람이 뜻한 바를 파악하고, 자기가 뜻한 바를 글과 말을 통해 정확하게 쓰거나 말하는 능력이다.

2. 의사소통능력 구성

하위능력	정의	세부요소
문서이해능력	업무를 수행함에 있어 다른 사람이 작성한 글을 읽고 그 내용을 이해하는 능력	• 문서 정보 확인 및 획득 • 문서 정보 이해 및 수집 • 문서 정보 평가
문서작성능력	업무를 수행함으로 있어 자기가 뜻한 바를 글로 나타내는 능력	• 작성 문서의 정보 확인 및 조직 • 목적과 상황에 맞는 문서 작성 • 작성한 문서 교정 및 평가
경청능력	업무를 수행함에 있어 다른 사람의 말을 듣고 그 내용을 이해하는 능력	• 음성정보와 매체 정보 듣기 • 음성 정보와 매체 정보 내용 이해 • 음성 정보와 매체 정보에 대한 반응과 평가
의사표현능력	업무를 수행함에 있어 자기가 뜻한 바를 말로 나타내는 능력	• 목적과 상황에 맞는 정보조직 • 목적과 상황에 맞게 전달 • 대화에 대한 피드백과 평가
기초 외국어능력	업무를 수행함에 있어 외국어로 의사소통 할 수 있는 능력	• 외국어 듣기 • 일상생활의 회화 활용

3. 의사소통능력 분석

(1) 의사소통능력
- 의사소통이 무엇인지 알아본다.
- 기본적인 독해능력, 언어능력을 익혀 둔다.

(2) 문서 이해능력
- 문서의 종류와 용도를 알아본다.
- 문서를 이해한다.

(3) 문서 작성능력
- 문서작성법을 알아본다.
- 문서의 올바른 교정법을 익혀 둔다.

(4) 경청능력
- 올바른 경청 방법을 알아본다.
- 경청능력을 키우는 방법을 알아본다.

(5) 의사 표현능력
- 원활하고 상황에 맞는 의사 표현을 하는 방법을 알아본다.
- 의사표현이 어려운 이유를 알아본다.

(6) 기초 외국어능력
- 기초 외국어능력을 향상시키는 법을 알아본다.
- 외국인과의 의사소통 법에 대해 이해한다.

1 〉 의사소통

(1) 의사소통이란?

① **의사소통의 정의** : 두 사람 또는 그 이상의 사람들 사이에서 일어나는 의사 전달 및 상호교류를 의미하며, 어떤 개인 또는 집단에게 정보 · 감정 · 사상 · 의견 등을 전달하고 받아들이는 과정을 의미한다.

② **의사소통의 기능** : 조직과 팀의 효율성과 효과성을 성취할 목적으로 이루어지는 정보 및 지식의 전달 과정으로써, 여러 사람의 노력으로 공동의 목표를 추구해 나가는 집단의 기본적인 존재 기반이자 성과를 결정하는 핵심 기능을 한다.

③ **의사소통의 중요성** : 제각기 다른 사람들의 시각 차이를 좁혀주며, 선입견을 줄이거나 제거해 주는 수단이다.

④ **의사소통의 주의점** : 한 사람이 일방적으로 상대방에게 메시지를 전달하는 과정이 아니라 상

대방과의 상호작용을 통해 메시지를 다루는 과정이므로, 성공적인 의사소통을 위해서는 자신이 가진 정보와 의견을 상대방이 이해하기 쉽게 표현해야 할 뿐 아니라 상대방이 어떻게 받아들일 것인가에 대해서도 고려해야 한다.

(2) 의사소통능력의 종류

① 문서적인 측면

㉠ **문서이해능력** : 업무에 관련된 문서를 통해 구체적인 정보를 획득 · 수집 · 종합하는 능력

㉡ **문서작성능력** : 상황과 목적에 적합한 문서를 시각적 · 효과적으로 작성하는 능력

② 언어적인 측면

㉠ **경청능력** : 원활한 의사소통의 방법으로, 상대방의 이야기를 듣고 의미를 파악하는 능력

㉡ **의사표현력** : 자신의 의사를 상황과 목적에 맞게 설득력을 가지고 표현하는 능력

(3) 바람직한 의사소통을 저해하는 요인

'일방적으로 말하고', '일방적으로 듣는' 무책임한 마음	의사소통 기법의 미숙, 표현능력의 부족, 이해능력의 부족
'전달했는데', '아는 줄 알았는데'라고 착각하는 마음	평가적이며 판단적인 태도, 잠재적 의도
'말하지 않아도 아는 문화'에 안주하는 마음	과거의 경험, 선입견과 고정관념

(4) 의사소통능력 개발

① 사후검토

② 피드백 실시

③ 언어의 단순화

④ 적극적인 경청

⑤ 침착한 감정 유지

(5) 인상적인 의사소통

① 인상적인 의사소통이란, 의사소통 과정에서 상대방에게 같은 내용을 전달한다고 해도 이야기를 새롭게 부각시켜 좋은 인상을 주는 것이다.

② 상대방이 '과연'하며 감탄하도록 내용을 전달하는 것이다.

③ 자신에게 익숙한 말이나 표현만을 고집스레 사용하면 전달하고자 하는 이야기의 내용에 신선함과 풍부함, 또는 맛깔스러움이 떨어져 의사소통에 집중하기가 어렵다. 상대방의 마음을 끌어당길 수 있는 표현법을 많이 익히고 이를 활용해야 한다.

④ 자신을 인상적으로 전달하려면, 선물 포장처럼 자신의 의견도 적절히 꾸미고 포장할 수 있어야 한다.

2 〉 문서이해능력

(1) 문서이해능력이란?

① 작업현장에서 자신의 업무와 관련된 인쇄물이나 기호화된 정보 등 필요한 문서를 확인하여 문서를 읽고, 내용을 이해하여 요점을 파악하는 능력이다.

② 문서에서 주어진 문장이나 정보를 읽고 이해하여 자신에게 필요한 행동이 무엇인지 추론할 수 있어야 하며 도표, 수, 기호 등도 이해하고 표현할 수 있는 능력을 의미한다.

(2) 문서의 종류와 용도

① **공문서** : 정부 행정기관에서 대내외적 공무를 집행하기 위해 작성하는 문서

② **기획서** : 적극적으로 아이디어를 내고 기획해 하나의 프로젝트를 문서 형태로 만들어, 상대방에게 기획의 내용을 전달하고 기획을 시행하도록 설득하는 문서

③ **기안서** : 회사의 업무에 대한 협조를 구하거나 의견을 전달할 때 작성하며 흔히 사내 공문서로 불리는 문서

④ **보고서** : 특정한 일에 관한 현황이나 그 진행 상황 또는 연구 · 검토 결과 등을 보고할 때 작성하는 문서

⑤ **설명서** : 상품의 특성이나 사물의 성질과 가치, 작동 방법이나 과정을 소비자에게 설명하는 것을 목적으로 작성하는 문서

⑥ **보도자료** : 정부 기관이나 기업체, 각종 단체 등이 언론을 상대로 자신들의 정보가 기사로 보도되도록 하기 위해 보내는 자료

⑦ **자기소개서** : 개인의 가정환경과 성장과정, 입사 동기와 근무자세 등을 구체적으로 기술하여 자신을 소개하는 문서

⑧ **비즈니스 레터(E-mail)** : 사업상의 이유로 고객이나 단체에 편지를 쓰는 것이며, 직장 업무나 개인 간의 연락, 직접 방문하기 어려운 고객 관리 등을 위해 사용되는 문서이나, 제안서나 보고서 등 공식적인 문서를 전달하는 데에도 사용

⑨ **비즈니스 메모** : 업무상 필요한 중요한 일이나 앞으로 체크해야 할 일이 있을 때 필요한 내용을 메모 형식으로 작성하여 전달하는 글

(3) 문서 이해의 구체적 절차

① 문서의 목적 이해하기

② 문서가 작성된 배경과 주제 파악하기

③ 문서에 쓰인 정보를 밝혀내고 문제가 제시하고 있는 현안문제 파악하기

④ 문서를 통해 상대방의 욕구와 의도 및 나에게 요구하는 행동에 관한 내용 분석하기

⑤ 문서에서 이해한 목적 달성을 위해 취해야 할 행동을 생각하고 결정하기

⑥ 상대방의 의도를 도표나 그림 등으로 메모하여 요약 · 정리해보기

(4) 문서이해를 위해 필요한 사항

① 각 문서에서 꼭 알아야 하는 중요한 내용만을 골라 필요한 정보를 획득하고 수집, 종합하는 능력

② 다양한 종류의 문서를 읽고, 구체적인 절차에 따라 이해하고 정리하는 습관을 들여 문서이해 능력과 내용종합능력을 키워나가는 노력

③ 책이나 업무에 관련된 문서를 읽고, 나만의 방식으로 소화하여 작성할 수 있는 능력

3 〉 문서작성능력

(1) 문서작성능력이란?

① 직업생활에서 목적과 상황에 적합한 아이디어나 정보를 전달할 수 있도록 문서를 작성할 수 있는 능력이다.

② 문서작성을 할 때에는 문서를 왜 작성해야 하며, 문서를 통해 무엇을 전달하고자 하는지를 명확히 한 후에 작성해야 한다.

③ 문서작성 시에는 대상, 목적, 시기, 기대효과(기획서나 제안서 등의 경우)가 포함되어야 한다.

④ 문서작성의 구성요소

㉠ 품위 있고 짜임새 있는 골격

㉡ 객관적이고 논리적이며 체계적인 내용

㉢ 이해하기 쉬운 구조

㉣ 명료하고 설득력 있는 구체적인 문장

㉤ 세련되고 인상적이며 효과적인 배치

(2) 문서작성의 원칙

① 문장은 짧고 간결하게 작성한다.
② 상대방이 이해하기 쉽게 쓴다.
③ 한자의 사용은 자제한다.
④ 긍정문으로 작성한다.
⑤ 간단한 표제를 붙인다.
⑥ 문서의 주요한 내용을 먼저 쓴다.

(3) 문서작성 시 주의사항

① 육하원칙에 의해서 써야 한다.
② 문서의 작성시기가 중요하다.
③ 하나의 사항을 한 장의 용지에 작성해야 한다.
④ 문서작성 후 반드시 내용을 검토해야 한다.
⑤ 첨부자료는 반드시 필요한 자료 외에는 첨부하지 않는다.
⑥ 문서내용 중 금액, 수량, 일자 등의 기재에 정확성을 기해야 한다.
⑦ 문장표현은 작성자의 성의가 담기도록 경어나 단어 사용에 신경을 써야 한다.

(4) 종류에 따른 문서작성법

구분	내용
공문서	• 누가, 언제, 어디서, 무엇을 어떻게(왜)가 정확하게 드러나야 한다. • 날짜 작성 시 연도와 월일을 함께 기입하며 날짜 다음에 괄호를 사용할 경우에는 마침표를 찍지 않는다. • 내용은 한 장에 담아내는 것이 원칙이다. • 마지막에는 반드시 '끝'자로 마무리 한다. • 복잡한 내용은 항목 별로 구분한다.('– 다음– ' 또는 '– 아래– ') • 대외문서이고 장기간 보관되는 문서이므로 정확하게 기술한다.
설명서	• 명령문보다는 평서형으로 작성한다. • 정확하고 간결하게 작성한다. • 소비자들이 이해하기 어려운 전문용어는 가급적 사용을 삼간다. • 복잡한 내용은 도표를 통해 시각화하여 이해도를 높인다. • 동일한 문장 반복을 피하고 다양하게 표현하는 것이 좋다.
기획서	• 핵심 사항을 정확하게 기입하고, 내용의 표현에 신경 써야 한다. • 상대방이 요구하는 것이 무엇인지 고려하여 작성한다. • 내용이 한눈에 파악되도록 체계적으로 목차를 구성한다. • 효과적인 내용전달을 위해 표나 그래프 등의 시각적 요소를 활용한다. • 충분히 검토를 한 후 제출하도록 한다. • 인용한 자료의 출처가 정확한지 확인한다.

보고서	• 진행과정에 대한 핵심내용을 구체적으로 제시한다. • 내용의 중복을 피하고 핵심사항만 간결하게 작성한다. • 참고자료는 정확하게 제시한다. • 내용에 대한 예상 질문을 사전에 추출해보고, 그에 대한 답을 미리 준비한다.

(5) 문서표현의 시각화

① **차트 표현** : 개념이나 주제 등을 나타내는 문장표현이나 통계적 수치 등을 한눈에 알아볼 수 있게 표현하는 것이다.

② **데이터 표현** : 수치를 표로 나타내는 것이다.

③ **이미지 표현** : 전달하고자 하는 내용을 그림이나 사진 등으로 나타내는 것이다.

④ **문서를 시각화 하는 포인트**

㉠ 보기 쉬워야 한다.

㉡ 이해하기 쉬워야 한다.

㉢ 다채롭게 표현되어야 한다.

㉣ 숫자를 그래프로 표시한다.

4 〉 경청능력

(1) 경청능력이란?

① 다른 사람의 말을 주의 깊게 듣고 공감하는 능력으로, 대화의 과정에서 신뢰를 쌓을 수 있는 최고의 방법이다. 경청할 때 상대방은 안도감을 느끼고, 무의식적인 믿음을 갖게 된다.

② 경청을 함으로써 상대방을 한 개인으로 존중하게 되고, 성실한 마음으로 대하게 된다. 또한 상대방의 입장을 공감하고 이해하게 된다.

(2) 올바른 경청 자세

① **상대방 주시** : 상대방과 의논할 준비가 되어있음을 알리는 자세

② **개방적 자세** : 상대방에게 마음을 열어 놓음을 표하는 자세

③ **기울인 자세** : 열심히 듣고 있음을 알리는 자세

④ **편안한 자세** : 편안한 마음을 상대방에게 전달하는 자세

(3) 올바른 경청의 방해요인

짐작하기	상대방의 말을 믿고 받아들이기보다 자신의 생각에 들어맞는 단서들을 찾아 자신의 생각을 확인하는 것
대답할 말 준비하기	상대방의 말을 듣고 곧 자신이 다음에 할 말을 생각하는 데 집중해 상대방이 말하는 것을 잘 듣지 않는 것
걸러내기	상대방의 말을 듣기는 하지만 상대방의 메시지를 온전히 듣는 것이 아니라 듣고 싶지 않은 것들은 막아버리는 것
판단하기	상대방에 대한 부정적인 판단 때문에, 또는 상대방을 비판하기 위해 상대방의 말을 듣지 않는 것
다른 생각하기	상대방이 말을 할 때 자꾸 다른 생각을 하고, 상황을 회피하는 것
조언하기	다른 사람의 문제에 지나치게 간섭하고 본인이 해결해주고자 하는 것
언쟁하기	단지 논쟁하기 위해서 상대방의 말에 귀를 기울이며, 상대방이 무슨 말을 하든지 자신의 입장을 확고히 한 채 방어하는 것
자존심 세우기	자신의 부족한 점에 대한 상대방의 말을 듣지 않고 인정하지 않으려는 것
슬쩍 넘어가기	대화가 너무 사적이거나 위협적이면 주제를 바꾸거나 농담으로 넘기는 것
비위 맞추기	상대방을 위로하기 위해서 혹은 비위를 맞추기 위해서 너무 빨리 동의하는 것

(4) 효과적인 경청의 방법

① **준비한다** : 강의의 주제나 용어에 친숙해지도록 미리 강의 자료를 읽어둔다.
② **주의를 집중한다** : 말하는 사람의 모든 것에 집중해서 적극적으로 듣는다.
③ **예측한다** : 대화를 하는 동안 시간 간격이 있으면, 다음에 무엇을 말할 것인가를 추측해본다.
④ **나와 관련짓는다** : 상대방이 전하려는 메시지가 무엇인가를 생각해보고 자신의 삶, 목적, 경험과 연관지어본다.
⑤ **질문한다** : 질문을 하려고 하면 적극적으로 경청할 수 있고 집중력도 높아진다.
⑥ **요약한다** : 대화 도중에 주기적으로 대화의 내용을 요약하면 상대방이 전달하려는 메시지를 이해하고, 사상과 정보를 예측하는 데 도움이 된다.
⑦ **반응한다** : 상대방이 말한 것에 대해 질문을 던지고 이해를 명료화한 뒤 피드백을 한다.

(5) 경청훈련

① 주의 기울이기(바라보기, 듣기, 따라하기)
② 상대방의 경험을 인정하고 더 많은 정보 요청하기
③ 정확성을 위해 요약하기
④ 개방적인 질문하기

⑤ '왜?'라는 질문 피하기

5 〉 의사표현능력

(1) 의사표현능력이란?

① 말하는 이가 자신의 생각과 감정을 듣는 이에게 음성언어나 신체언어로 표현하는 행위이다.

② 의사표현은 의사소통의 중요한 수단으로 특히, 의도나 목적을 가지고 이를 달성하고자 할 때 효과적인 말하기 방식이다.

③ 의사표현의 종류에는 상황이나 상태에 따라 공식적 말하기, 의례적 말하기, 친교적 말하기가 있다.

㉠ **공식적 말하기** : 준비된 내용을 대중을 상대로 하여 말하는 것(연설, 토론 등)

㉡ **의례적 말하기** : 정치 · 문화적 행사에서와 같이 의례 절차에 따라 말하는 것(주례, 회의 등)

㉢ **친교적 말하기** : 매우 친근한 사람들 사이에서 자연스럽게 떠오르는 대로 말하는 것

(2) 의사표현의 방해요인

① **연단공포증** : 연단에 섰을 때 가슴이 두근거리고 입술이 타고 식은땀이 나며, 얼굴이 달아오르는 생리적 현상

② **말** : 장단, 고저, 발음, 속도, 쉼, 띄어 말하기 등

③ **음성** : 목소리, 명료도, 쉼, 감정이입, 완급, 색깔, 온도 등

④ **몸짓** : 청자에게 인지되는 비언어적 요소(외모, 동작 등)

⑤ **유머** : 웃음을 주는 요소(흥미 있는 이야기, 풍자 등)

(3) 상황과 대상에 따른 의사표현법

잘못을 지적할 때	• 모호한 표현은 설득력을 약화시키므로, 상대방이 알 수 있도록 확실하게 지적한다. • 현재 꾸짖고 있는 내용에만 한정해야지 이것저것 함께 꾸짖으면 효과가 없다. • 힘이나 입장의 차이가 클수록 지적에 대한 저항이 적다.
칭찬할 때	• 자칫하면 아부로 여겨질 수 있으므로 상황에 맞게 적절히 해야 한다. • 처음 만나는 사람에게 말을 할 때는 먼저 칭찬으로 시작하는 것이 좋다.
부탁을 해야 할 때	• 먼저 상대방의 사정을 우선시한다. • 상대방이 응하기 쉽게 최대한 구체적으로 부탁한다.
요구를 거절해야 할 때	• 먼저 사과한 다음, 응해줄 수 없는 이유를 설명한다. • 불가능하다고 여겨질 때는 모호한 태도를 보이는 것보다 단호하게 거절하는 것이 좋다.

명령해야 할 때	• 강압적으로 말하기보다는 부드럽게 말한다.
설득해야 할 때	• 일방적으로 강요하거나 상대방만이 손해를 보라는 식의 '밀어붙이기 식'대화는 금물이다. • 먼저 양보하고 이익을 공유하겠다는 의지를 보여준다.
충고해야 할 때	• 예를 들거나 비유법으로 깨우쳐주는 것이 바람직하다.
질책해야 할 때	• '칭찬의 말' + '질책의 말' + '격려의 말'처럼 질책을 가운데 두는 '샌드위치 화법'을 사용하는 것이 좋다.

(4) 원활한 의사표현을 위한 지침

① 올바른 화법을 위해 독서를 하라.

② 좋은 청중이 되라.

③ 칭찬을 아끼지 마라.

④ 공감하고, 긍정적으로 보이게 하라.

⑤ 겸손은 최고의 미덕임을 잊지 마라.

⑥ 과감하게 공개하라.

⑦ '뒷말'을 숨기지 마라.

⑧ '첫마디' 말을 준비하라.

⑨ 이성과 감성의 조화를 꾀하라.

⑩ 문장을 완전하게 말하라.

⑪ 대화의 룰을 지켜라.

㉠ 상대방의 말을 가로막지 않는다.

㉡ 혼자서 의사표현을 독점하지 않는다.

㉢ 의견을 제시할 때에는 반론의 기회를 준다.

㉣ 임의로 화제를 바꾸지 않는다.

6 〉 기초외국어능력

(1) 기초외국어능력이란?

① 글로벌 시장에서 한국어만이 아닌 다른 나라의 언어로 의사소통을 하는 능력을 말한다.

② 외국어로 된 간단한 자료를 이해하거나, 외국인 전화응대와 간단한 대화 등 외국인의 의사표현을 이해하고, 자신의 의사를 외국어로 표현할 수 있는 능력이다.

③ 외국어로 의사소통을 함에 있어 대화뿐 아니라 몸짓과 표정, 무의식적인 행동으로 자신의 기

분과 느낌을 표현하는 것도 함께 이해해야 한다. 즉, 직업 활동에 있어 외국인과 성공적으로 협력하기 위해서는 기초외국어능력을 키우는 것뿐만 아니라 그들의 바디랭귀지를 포함한 문화를 이해하려는 노력도 중요하다.

(2) 기초외국어능력 향상을 위한 공부법

① 외국어공부를 왜 해야 하는지 그 목적부터 정하라.
② 매일 30분씩 눈과 손과 입에 밸 정도로 반복하여 공부하라.
③ 실수를 두려워하지 말고, 기회가 있을 때마다 외국어로 말하라.
④ 외국어와 익숙해질 수 있도록 쉬운 외국어 잡지나 원서를 읽어라.
⑤ 혼자 공부하는 것보다는 라이벌을 정하고 공부하라.
⑥ 업무와 관련된 외국어 주요용어는 꼭 메모해 두어라.
⑦ 출퇴근 시간에 짬짬이 외국어방송을 보거나, 라디오를 들어라.
⑧ 외국어 단어를 암기할 때 그림카드를 사용해보라.
⑨ 가능하면 외국인 친구를 많이 사귀고 대화를 자주 나눠보라.

(3) 외국인과의 의사소통

① 표정으로 알아내기

㉠ 외국인과 대화할 때 그들의 감정이나 생각을 가장 쉽게 알 수 있는 방법이다.
㉡ 웃는 표정은 행복과 만족, 친절을 표현하는데 비해서 눈살을 찌푸리는 표정은 불만족과 불쾌를 나타낸다. 눈을 마주 보면 관심이 있음을, 다른 곳을 보고 있으면 무관심을 의미한다.

② 음성으로 알아내기

어조	높은 어조 – 적대감이나 대립감 낮은 어조 – 만족이나 안심
목소리 크기	큰 목소리 – 내용 강조, 흥분, 불만족 작은 목소리 – 자신감 결여
말의 속도	빠른 속도 – 공포나 노여움 느린 속도 – 긴장 또는 저항

③ 외국인과의 의사소통에서 피해야 할 행동

㉠ 상대를 볼 때 흘겨보거나, 아예 보지 않는 행동
㉡ 팔이나 다리를 꼬는 행동
㉢ 표정 없이 말하는 것

㉣ 대화에 집중하지 않고 다리를 흔들거나 펜을 돌리는 행동
㉤ 맞장구를 치지 않거나, 고개를 끄덕이지 않는 것
㉥ 자료만 보는 행동
㉦ 바르지 못한 자세로 앉는 행동
㉧ 한숨, 하품을 하는 것
㉨ 다른 일을 하면서 듣는 것
㉩ 상대방에게 이름이나 호칭을 어떻게 할 지 먼저 묻지 않고 마음대로 부르는 것

Chapter 01 예상문제

정답 및 해설 392p

01 직장생활에서 의사소통의 기능으로 옳지 않은 것은?

① 조직 구성원 간의 정보를 공유하는 역할을 한다.

② 조직과 팀의 효율성과 효과성을 성취할 목적으로 이루어지는 구성원 간의 정보와 지식의 전달 과정이다.

③ 공통의 목표를 추구해 나가는 집단내의 기본적인 존재 기반이고 성과를 결정하는 핵심 기능의 역할을 한다.

④ 하급자에게 자신의 생각과 느낌을 일방적으로 표현하여, 어떠한 상황에서도 자신의 의견을 상대방에게 주장할 수 있도록 한다.

02 의사표현의 종류에서 다음의 내용이 포함된 말하기 방법은 무엇인가?

> 금융 회사에 다니는 A씨는 이번 달도 목표 실적 이상을 달성했다. 회사의 요청을 받은 A씨는 연단에서서 자신의 비결을 말하였다.
> "먼저 고객이 될 만한 사람을 생각해보세요. 그리고 그 사람들을 짧은 시간에 많이 만날 수 있는 곳을 찾아가는 것이 좋겠지요. 언뜻 상품이 주로 자산과 관련된 아이템인 것 같으니 은행이나 부동산, 분양 하우스, 모델하우스 같은 곳도 생각해 볼 수 있겠네요. 먼저 하고 계신 분들을 보면 어디를 가야 효과적인지 쉽게 아실 수 있을 겁니다."

① 공식적 말하기 ② 의례적 말하기
③ 친교적 말하기 ④ 의무적 말하기

03 캐나다로 발령 난 최 부장은 현지에 적응하기 위해 기초외국어능력 향상을 위한 공부를 시작하였다. 다음 중 최 부장이 선택한 공부 방법 중 옳지 않은 것은?

> 최 부장은 캐나다로 발령을 받은 후 캐나다 현지의 업무의 능률을 올려 승진하기 위하여 외국어 공부를 시작하였다. 매일 출퇴근 때 캐나다 드라마를 시청하고 출근 후에는 외국어로 된 잡지를 보며 모르는 단어들을 외웠다. 최 부장은 타인에게 실수를 하지 않기 위하여 완벽한 문장을 구사할 수 있기 전에는 외국어로 말하는 것을 자제했다.

① 외국어 공부의 목적을 세웠다.
② 출퇴근 때 외국 드라마를 보았다.
③ 외국어 잡지를 사서 단어를 외웠다.
④ 실수를 대비해서 외국어로 말하는 것은 신중히 하였다.

04 다음의 기사를 읽고, 기사의 내용과 일치하지 않는 것은?

> **NH농협은행, 신종 코로나바이러스 피해고객 금융지원**
>
> NH농협은행은 '신종 코로나 바이러스' 확산으로 피해를 입은 개인과 중소기업을 대상으로 1월31일부터 6월30일까지(잠정) 금융지원을 실시한다고 2일 밝혔다.
>
> 대출지원 대상은 신종 코로나바이러스 감염으로 입원 · 격리된 개인, 중국 수출입 실적이 있는 중소기업 그리고 병의원 · 여행 · 숙박 · 공연 업종 등 관련 피해가 우려되는 소상공인(중소기업 포함) 등이다.
>
> 기업은 최대 5억원, 개인은 최대 1억원까지 신규자금을 지원하며, 최고 1.00% 이내(농업인 최대 1.70% 이내) 대출금리 감면과 최장 12개월까지 이자납입도 유예 가능하다.
>
> 또한, 기존 대출고객이 신종 코로나바이러스 피해를 입었을 경우 심사결과 · 신용등급에 관계없이 기한연기가 가능하며, 최장 12개월까지 이자 및 할부상환금 납입유예 혜택도 지원한다.
>
> NH농협은행 관계자는 "신종 코로나로 인해 직 · 간접적으로 고통을 받고 있는 국민과 기업이 조속히 정상으로 복귀할 수 있도록 다양한 금융지원을 적기에 실시할 예정"이라고 말했다.

① 신종 코로나바이러스 감염으로 입원한 고객은 대출지원 대상이다.
② 금융지원 대상에 해당되는 기업은 최대 5억원까지 신규자금을 지원받을 수 있다.
③ 금융지원 대상에 해당되는 개인은 최대 1.70% 이내까지 대출금리를 감면 받을 수 있다.
④ NH농협은행은 신종 코로나로 인해 고통 받는 국민과 기업이 조속히 정상화하기 위하여 다양한 금융지원을 실시할 예정이다.

05 다음 기사를 읽고, 빈칸에 들어갈 말로 가장 적절한 것은?

(   ) 신한은행, '햇살론 Youth 대출' 출시

'신한 햇살론 Youth 대출'은 청년층 고객들에 대한 따뜻한 금융 실천 및 기업 시민으로서의 역할 수행을 위해 금융위원회, 서민금융진흥원과 함께 협업해 개발한 상품이다. 신한은행은 해당 고객들에게 생활안정자금을 지원함으로써 학업 및 취업 준비에 집중할 수 있도록 돕고 건전한 금융거래를 유도하는데 앞장설 예정이다.

대출 대상은 만19~34세의 대학생, 대학원생, 취업준비생, 중소기업 재직 1년 미만의 사회초년생 등으로 서민금융진흥원의 보증서를 발급받은 고객이다. 대출 한도는 최대 1천2백만원이며 연 3.5% 고정금리로 최대 15년까지 이용할 수 있다.

'신한 햇살론 Youth 대출'은 본인 명의로 이용 중인 스마트폰이 있을 경우 모바일뱅킹 '쏠(SOL)'에서 간편하게 신청할 수 있고, 가까운 신한은행 영업점에서도 신청할 수 있다. 신한은행은 '신한 햇살론 Youth 대출' 고객에 대해 ATM 이용 시 현금인출 수수료와 타행이체 수수료를 면제하고 청년고객 전용 적금상품 'S20적금' 가입 시 우대금리도 제공한다.

신한은행 관계자는 "'햇살론 Youth 대출'을 적극적으로 지원해 청년 고객들의 금융 동반자로서 역할을 수행하는데 최선을 다할 예정이다"라며 "앞으로도 따뜻한 금융을 선도적으로 지원하고 고객과 함께 성장할 수 있는 기반을 마련해 나가겠다"라고 말했다.

① S20, 업그레이드하다.
② 무보증 청년대출 탄생하다!
③ 청년 생활안정을 지원합니다!
④ 신혼부부의 밝은 미래를 같이 합니다.

06 은행 본점의 신규상품 기획팀 사원인 갑(甲)은 한 지점의 고객홍보처 직원과의 미팅이 길어져 사무실에 조금 늦게 복귀하게 되었다. 갑은 기획팀의 을(乙)팀장에게 늦게 복귀하게 된 상황을 설명하려고 한다. 다음 대화에서 상황에서 을팀장이 가져야 할 경청의 방법으로 가장 적절한 것은?

갑사원 : 팀장님, 미팅 다녀왔습니다. 늦어서 죄송합니다. 미팅이 길어지는 바람에 늦게……

을팀장 : 왜 이렇게 늦은 거야? 3시에 급한 회의가 있으니, 2시 30분까지는 복귀하라고 했잖아. 지금 도대체 몇 시야? 미팅이 다 끝나고 오면 어떡해?

갑사원 : 죄송합니다, 팀장님. 미팅 중 해당 지점에서 갑자기 대출사고가……

을팀장 : 알았으니까 30분 뒤에 미팅관련 업무내용 보고해.

① 상대방의 말을 끝까지 경청한다.
② 상대방과 의견이 다르더라도 일단 수용한다.
③ 관련 질문을 적절히 하여 대화의 적극성을 부여한다.
④ 상대방이 무엇을 말한 것인지를 추측하려고 노력한다.

07 다음 글에 제시된 한국 친족지칭어의 구성 원리를 통해 볼 때, 자신이 진외종숙(陳外從叔)과 증대고모(曾大姑母)라고 지칭하는 친족원이 누구인지 바르게 짝지어진 것은?

> 한국의 친족지칭어는 거의 한자어로 이루어져 있다. 그 중 단일한자로 구성된 친족지칭어는 부(父), 형(兄), 처(妻) 등과 같이 소수에 불과하며, 대다수는 형수(兄嫂), 제수(弟嫂), 고모부(姑母夫)와 같이 2개 이상의 개별 한자들의 결합으로 구성되어 있다.
>
> 복수의 한자어로 구성된 친족지칭어는 '친족관계를 지시하는 유의미한 최소단위'인 친족형태소가 결합된 형태를 취하는데, 친족형태소는 크게 두 부류로 나뉠 수 있다. 하나는 독립적으로 개별 친족용어의 구성요소가 될 수 있는 부(父), 형(兄), 수(嫂)와 같은 명사적 형태소이다. 다른 하나는 특정 친족관계의 지시와는 무관하고 독립적으로 친족용어의 구성요소가 될 수 없는 대(大), 고(高), 종(從)과 같은 관형사적 형태소이다.
>
> 관형사적 형태소는 크게 세 부류로 나뉠 수 있다. 첫 번째는 자신과 친족원과의 세대 차이를 표현하는 것으로서, 대(大)는 자신으로부터 2세대 높거나 낮은 친족원을, 증(曾)이나 증대(曾大)는 3세대 높거나 낮은 친족원을, 고(高)는 4세대 높은 친족원을 지시한다. 두 번째는 방계의 정도를 지시하는 것으로서, 종(從)은 한 세대 위에서 방계로 나뉜 친족원임을, 재종(再從)은 두 세대 위에서 방계로 나뉜 친족원임을 지시한다. 세 번째는 출계집단을 구별하는 형태소로서, 외(外)는 어머니쪽 친족원을, 진외(陳外)는 아버지의 어머니쪽 친족원을 지시한다.
>
> 관형사적 형태소는 명사적 형태소와 결합하여 친족지칭어를 구성한다. 아버지의 남자 동생(형제)을 지시하는 형태소 숙(叔)을 예로 들면, 종숙(從叔)은 아버지보다 한 세대 위에서 방계화된 친족원임을 보여주는 형태소 종(從)과 숙(叔)의 결합형으로서, 조부(祖父)의 남자형제의 아들을 지시하며, 외숙(外叔)은 외(外)와 숙(叔)의 결합을 통해 어머니의 남자형제를 지시한다.

	진외종숙(陳外從叔)	증대고모(曾大姑母)
①	친할머니의 남자형제의 아들	고조부의 여자형제
②	외할머니의 남자형제의 아들	고조부의 여자형제의 딸
③	외할머니의 남자형제의 아들	증조부의 여자형제
④	친할머니의 남자형제의 아들	증조부의 여자형제

08 다음 글의 주제 또는 중심내용으로 가장 알맞은 것은?

수요 공급 법칙에 따르면 수요보다 공급이 과하면 가격이 내려가게 되고, 가격이 내려가면 과잉공급 상태는 해소되며 가격은 다시 균형을 찾게 된다. 따라서 대졸자가 지금처럼 공급과잉 상태가 되면 대졸자의 평균 임금은 당연히 하락해야 한다. 하지만 한 번 오른 임금은 경제 여건이 변해도 쉽게 내려갈 생각을 하지 않는데, 이를 '임금의 하방 경직성'이라 한다. 임금이 하방 경직성을 띠는 이유는 노동조합의 존재, 균형 임금보다 높은 최저 임금, 균형 임금보다 높은 효율 임금, 장기 근로 계약 등이 있다. 이렇게 대졸자의 임금이 높게 유지되므로 대학진학률 역시 고공행진을 이어가고 있다. 이는 학력 공급의 탄력성으로도 설명해 볼 수 있다. 학사 이상의 학력을 갖추는 데에는 적어도 3~4년의 세월이 필요하므로 시장의 수요에 즉각 반응할 수 없다. 공급이 비탄력적이므로 노동시장의 변화에 대응하는 속도가 늦어 공급과잉이 쉽게 해소되지 못하는 것이다.

대학을 중시하는 사회 풍토는 기업의 요직을 차지하고 있는 부모세대의 경험과도 관련이 있다. 대졸자가 고졸자보다 사회적으로 많은 혜택을 누리는 경우를 직접 경험했거나 목격한 부모가 자신의 자식에게 대학을 졸업하는 것에 대한 장점을 지속해서 주지시키면서 결국 자식 세대는 별다른 의심이나 고민 없이 대학에 진학하는 것이다.

이처럼 대학을 졸업하는 사람이 사회에서 필요로 하는 것보다 훨씬 더 많은 지금의 사태는 한쪽 측면에서 단순하게 고려할 문제가 아니다. 경제적인 요인과 사회적인 요인이 서로 영향을 주고받으며 이러한 현상을 공고하게 하는 것이다. 이것은 대학 진학에 대한 문제가 교육 정책만으로 해결할 수 있는 것이 아니라 한국 사회에 대한 깊은 고찰이 수반되어야 함을 의미한다. 다양한 분야의 전문가가 함께하는 자리 없이는 우리 사회의 뿌리박힌 교육 문제를 해결하기 어려우며, 수많은 방안 역시 근본적인 해결책이 될 수는 없다.

① 대졸자의 평균 임금은 수요 공급 법칙에 따라 변동한다.
② 평균 임금에 영향을 미치는 요소에는 학력 외에 다양한 요소가 있다.
③ 학력에 따른 임금 격차를 줄이기 위한 방안이 시급히 마련되어야 한다.
④ 대졸자의 공급과잉 문제를 해결하기 위해서는 여러 요인을 함께 고려하여야 한다.

09 다음의 글을 읽고, 추론할 수 있는 것으로 가장 적절한 것은?

비단을 유리에 문지르면 비단이 유리에 끌려가는 것을 볼 수 있다. 반면에 유리에 문지른 두 비단 조각을 서로 가까이 대면 두 비단 조각은 서로를 밀어 낸다. 이 힘들이 '전하'에서 비롯된다는 사실은 오래 전부터 알려져 있었다. 벤자민 프랭클린은 그런 힘들을 이해하는데 중요한 기여를 했다. 프랭클린은 전하를 띠고 서로를 끌어당기는 물체들이 접촉하면 그것들 사이의 인력이 약해지는 것에 주목했다. 반면에 서로 밀어내는 물체들이 접촉할 때는 그 물체들 사이의 척력이 약해지지 않는 것을 확인한 프랭클린은, 서로 끌어당기는 물체들이 접촉하는 경우 서로의 전하를 없앤다는 것을 깨달았다. 이는 양수와 음수가 지닌 속성과 유사하다. 프랭클린은 양과 음을 나타내는 수학 부호 '+'와 '−'를 대전 된 물체에 부여했다. 반대 부호의 전하를 띤 물체들은 서로 끌어당기고, 같은 부호의 전하를 띤 물체들 은 서로 밀어낸다. 오늘날 우리들은 원자가 양전하를 띤 원자핵을 지녔고, 원자핵은 양전하를 띤 양성자들과 전하를 띠지 않은 중성자들로 이루어졌다는 것을 안다. 또한 양성자의 양전하와 크기가 같은 음전하를 각각 띤 전자들은 원자핵을 둘러싸고 있다. 원자에 들어 있는 전자의 개수는 양성자의 개수와 같다. 따라서 원자 전체는 알짜 전하가 영이기 때문에 전기적으로 중성이다. 하지만 두 물체를 맞비비면, 일부의 전자들이 한 물체에서 다른 물체로 옮겨가서 두 물체가 전하를 띠게 되는 것이다. 이를 물체들이 대전되었다고 부른다.

① 원자 내부에 여러 개의 전자가 존재할 수 있는 것은 전자들이 서로 끌어당기기 때문이다.
② 핵의 양성자들이 서로를 밀어내지 않는 것은 서로에 작용하는 전기력이 인력이기 때문이다.
③ 비단을 유리에 문지르면 비단의 일부 전자들이 유리로 이동하여 비단은 양전하로 대전된다.
④ 서로 끌어당기는 두 대전 물체를 접촉시킨 후 두 물체 사이의 인력이 약해지는 것은 접촉 시 일부 전하가 이동하여 알짜 전하의 양이 적어졌기 때문이다.

10 다음 제시된 글의 내용을 통해 알 수 없는 것은?

동물이 스스로 소리를 내서 그것이 물체에 부딪쳐 되돌아오는 반사음을 듣고 행동하는 것을 반향정위(反響定位)라고 한다. 반향정위를 하는 대표적인 육상 동물로는 박쥐를 꼽을 수 있다. 야간에 활동하는 박쥐가 시각에 의존하지 않고도 먹이를 손쉽게 포획하는 것을 보면 반향정위는 유용한 생존 전략이라고 할 수 있다. 박쥐는 성대에서 주파수가 40~50kHz인 초음파를 만들어 입이나 코로 방사(放射)하는데, 방사 횟수는 상황에 따라 달라진다. 먹이를 찾고 있을 때는 1초에 10번 정도의 간격으로 초음파를 발생시킨다. 그리고 먹이에 접근할 때는 보다 정밀한 정보 수집을 위해 1초에 120~200번 정도의 빠른 템포로 초음파를 발생시켜 먹이와의 거리나 먹이의 방향과 크기 등을 탐지(探知)한다. 박쥐는 되돌아오는 반사음을 세밀하게 포착하기 위해 얼굴의 반 이상을 차지할 만큼 크게 발달한 귀를 갖고 있다. 그리고 달팽이관의 감긴 횟수가 2.5~3.5회로 1.75회인 인간보다 더 많기 때문에 박쥐는 인간이 들을 수 없는 매우 넓은 범위의 초음파까지 들을 수 있다. 박쥐는 주로 곤충을 먹고 산다. 그런데 어떤 곤충은 박쥐가 내는 초음파 소리를 들을 수 있기 때문에 박쥐의 접근을 눈치 챌 수 있다. 예를 들어 박쥐의 주요 먹잇감인 나방은 초음파의 강약에 따라 박쥐와의 거리를 파악할 수 있고, 왼쪽과 오른쪽 귀에 들리는 초음파의 강약 차이에 따라 박쥐가 다가오는 좌우 수평 방향을 알 수 있다. 박쥐가 다가오는 방향의 반대쪽 귀는 자신의 몸이 초음파를 차단(遮斷)하고 있기 때문에 박쥐가 다가오는 쪽의 귀보다 초음파가 약하게 들린다. 또한 초음파의 강약 변화가 반복적으로 나타나는지 아닌지에 따라 박쥐가 다가오는 상하 수직 방향도 알 수 있다.

① 박쥐는 입이나 코에서 초음파를 만들어 낸다.
② 박쥐는 반향정위에 적합한 신체 구조를 지니고 있다.
③ 달팽이관의 감긴 횟수는 초음파의 지각 능력과 관련이 있다.
④ 나방은 양쪽 귀에 들리는 초음파의 강약에 따라 박쥐의 움직임을 포착한다.

11 다음 제시문의 빈칸에 들어갈 내용으로 가장 알맞은 것은?

과학자는 미래를 정확하게 내다볼 수 있는 마법의 구슬을 가지고 있을 것이라는 생각은 과학 자체만큼이나 역사가 오래되었다. 수학자 라플라스(Laplace)는 다음과 같이 말했다. "주어진 순간의 모든 입자들을 상세하게 기술할 수 있는 지적인 존재라면 정확하게 미래에 대한 예측을 할 수 있다. 그에게는 불확실한 것이란 있을 수 없다. 그리하여 미래는 과거와 똑같이 그의 눈앞에 펼쳐진다." 뉴턴이 남긴 많은 미해결 문제를 해결하여 뉴턴역학의 지위를 공고히 하는 데 크게 기여하였던 라플라스는 "뉴턴은 천재이기도 하지만 운도 무척 좋은 사람이다. 우주는 하나뿐이므로."라고 말하여 뉴턴에 대한 부러움과 뉴턴이론에 대한 확신을 표시하였다. 그에게 뉴턴이론은 자연의 비밀을 풀어줄 열쇠였다. 우주의 전 과정을 예측해 줄 열쇠를 손에 쥐고 있으므로, 미래를 예측하기 위해서 그에게 필요한 것은 주어진 순간의 모든 입자들의 위치와 운동량에 대한 완벽한 기술, 즉 초기 조건에 대한 완벽한 정보뿐이었다. 분명히 현대의 천문학자들은 하늘의 운행을 예측할 수 있게 되었다. 일식과 월식, 행성의 움직임, 별과 별자리의 운행 등을 100년 후까지도 예측할 수 있다. 반면, 물리학자들은 다른 쪽 탁구대로 넘어간 탁구공이 어디로 튈지조차 예언하지 못한다. (   ) 지구의 그림자가 달을 가리는 시간을 천문학자들은 정확하게 예측했지만 로스앤젤레스의 그리피스 공원 천문대에 모여든 수많은 관람객들은 그 장관을 볼 수 없었다. 하필 그 순간 남쪽에서 몰려온 구름이 달을 가렸기 때문이다.

① 탁구공에 비하면 일식은 더욱 예언하기 어렵다.
② 과학자들은 구름의 움직임도 정확히 예측하지 못한다.
③ 과학자는 결국 미래를 정확하게 내다볼 수 있는 마법의 구슬을 가지고 있다.
④ 천문학자들이 정확하게 예측을 못하기도 한다는 사실은 최근 벌어진 사건에서 알 수 있다.

12 다음 개요의 빈칸에 들어갈 문장으로 알맞은 것은?

서론 : 소비 생활의 일반화
1. 모든 생활인의 소비 주체화
2. 소비 생활과 관련한 정보 범람
3. 일상 속에서 소비의 공간과 시간 증가

본론 : 1. 소비 현상에 나타난 현대인의 모습
1) 부정적 모습 : 자아를 상실한 채 소비하는 모습
2) 긍정적 모습 : 자아를 확립하여 소비하는 모습

2. 소비에 다스림을 당하는 인격
1) 충동적 소유욕으로 인해 소비 통제를 못하는 사람
2) 허영적 과시욕으로 인해 소비 통제를 못하는 사람

3. 소비를 다스리는 인격
1) 생산성 향상을 위해 소비를 능동적으로 추구하는 사람
2) 절약을 위해 소비를 적극적으로 억제하는 사람

결론 : (㉠)
1) (㉡)
2) (㉢)

① ㉠ : 소비 억제와 과소비 추방, ㉡ : 미덕으로서의 검약과 절제, ㉢ : 미덕의 발휘
② ㉠ : 소비 습관의 교정, ㉡ : 습관은 곧 인격, ㉢ : 잘못된 소비 습관의 폐해
③ ㉠ : 소비 생활의 편의성 추구, ㉡ : 첨단 기술에 의존하는 소비 생활, ㉢ : 새로운 소비 행동과 인격이 요구됨
④ ㉠ : 주체성 있는 소비 철학 확립, ㉡ : 소비 생활 자체가 곧 인격, ㉢ : 소비 생활에 있어서의 건전한 인격 확립

13 다음 글의 주제문으로 가장 알맞은 것은?

어떤 경제 주체의 행위가 자신과 거래하지 않는 제3자에게 의도하지 않게 이익이나 손해를 주는 것을 '외부성'이라 한다. 과수원의 과일 생산이 인접한 양봉업자에게 벌꿀 생산과 관련한 이익을 준다든지, 공장의 제품 생산이 강물을 오염시켜 주민들에게 피해를 주는 것 등이 대표적인 사례이다.

외부성은 사회 전체로 보면 이익이 극대화되지 않는 비효율성을 초래할 수 있다. 개별 경제 주체가 제3자의 이익이나 손해까지 고려하여 행동하지는 않을 것이기 때문이다. 예를 들어, 과수원의 이윤을 극대화

하는 생산량이 Q라고 할 때, 생산량을 Q보다 늘리면 과수원의 이윤은 줄어든다. 하지만 이로 인한 과수원의 이윤 감소보다 인접 양봉업자의 이윤 증가가 더 크다면, 생산량을 Q보다 늘리는 것이 사회적으로 바람직하다. 하지만 과수원이 자발적으로 양봉업자의 이익까지 고려하여 생산량을 Q보다 늘릴 이유는 없다. 전통적인 경제학은 이러한 비효율성의 해결책이 보조금이나 벌금과 같은 정부의 개입이라고 생각한다. 보조금을 받거나 벌금을 내게 되면, 제3자에게 주는 이익이나 손해가 더 이상 자신의 이익과 무관하지 않게 되므로, 자신의 이익에 충실한 선택이 사회적으로 바람직한 결과로 이어진다는 것이다.

① 외부성에 따른 사회적 비효율
② 제3자의 손익을 고려하지 않는 개별 경제 주체
③ 비효율성 해결을 위한 정부의 개입이 초래하는 해악
④ 외부성이 초래하는 문제를 해결하기 위한 정부의 개입

14 다음 글의 내용과 부합하지 않는 것은?

우리는 흔히 수학에서 말하는 '집합'을 사물들이 모여 하나의 전체를 구성하는 '모임'과 혼동하곤 한다. 하지만 사물의 모임과 집합 사이에는 중요한 차이가 있다. 첫째, 전체로서 사물의 모임은 특정한 관계들에 의해 유지되며, 그런 관계가 없으면 전체 모임도 존재하지 않는다. 그렇지만 집합의 경우 어떤 집합의 원소인 대상들이 서로 어떤 관계를 가지든 그 집합에 대해서는 아무런 차이가 없다. 둘째, 전체로서 어떤 사물의 모임이 있을 때 우리는 그 모임의 부분이 무엇인지를 미리 결정할 수 없다. 반면에 집합이 주어져 있을 때에는 원소가 무엇인지가 이미 결정되어 있다. 셋째, 전체로서 어떤 사물의 모임 B에 대해서는 B의 부분의 부분은 언제나 B 자신의 부분이라는 원리가 성립한다. 그렇지만 집합과 원소 사이에는 그런 식의 원리가 성립하지 않는다. 그러므로 우리는 모임을 집합과 혼동해서는 안 된다. 내가 앉아 있는 의자를 이루는 원자들의 집합 자체는 의자가 아니다.

① 홀수들만으로 이루어진 집합들의 집합은 홀수를 원소로 갖지 않는다.
② 팀을 하나의 모임으로 볼 때, 팀의 부분으로서 부서의 부분들인 부원들은 팀의 부분이라고 할 수 없다.
③ 집합 A가 홀수들의 집합이라면 임의의 대상들이 A의 원소냐 아니냐는 그 대상이 홀수냐 아니냐에 따라 이미 결정되어 있다.
④ 팀원들 각각은 살아남더라도 팀원이라는 모임을 유지시켜 주는 팀원들 사이의 관계가 사라진다면 더 이상 팀이라고 할 수 없을 것이다.

15 다음 글에 따를 때, '역설'을 발생시키는 것을 아래 〈보기〉에서 모두 고르면?

참이라고 가정하면 거짓이 되고 거짓이라고 가정하면 참이 되는 문장을 역설적이라고 한다. 아마도 가장 오래된 역설은 기원전 6세기의 크레타 철학자 에피메니데스가 말했다고 전해지는 "모든 크레타인은 거짓말쟁이다."일 것이다. 또한 기원전 4세기의 에우불리데스는 "내가 지금 하는 말은 거짓이다."라고 했다고 한다. 이런 유형의 역설을 통상 의미론적 역설이라 하는데 '참이다', '거짓이다', '정의 가능하다'와 같은 의미론적 개념들이 포함되어 있다는 것이 특징이다. 그런 의미론적 개념들이 명시적으로 드러나 있지는 않지만 "이 명령을 따르지 말라."는 명령 또한 변형된 형태로서 역설적인 상황을 초래한다. 의미론적 역설 가운데 다음 그렐링의 역설은 특히 흥미롭다. '그 스스로에게 참인'이라는 뜻의 'homological'을 '동술적'이라고 번역하고, '그 스스로에게 참이 아닌'이라는 뜻의 'heterological'을 '이술적'이라고 번역해 보자. 이를테면 '검은'이라는 표현은 검다는 뜻을 가지며 실제로도 현재 검게 표기되어 있다는 점에서 그 스스로에 대해서도 그 뜻이 참되게 적용된다. 이런 의미에서, '검은'은 동술적이다. 한편, '긴'이라는 단어는 길다는 뜻이지만 그 자체로서는 한 글자짜리의 짧은 단어이므로 그 뜻이 자기 자신에게는 참되게 적용되지 않는다는 의미에서 이술적이다. 그밖에도 '한글', 'English'는 동술적이며, '영어', 'Korean'은 이술적이다. 그렐링의 역설은 "'이술적이다'가 이술적이다."는 문장이 역설적이라는 것이다.

보기

㉠ 이 문장은 거짓이다.
㉡ '맛있다'는 이술적이다.
㉢ '시끄럽다'는 동술적이다.

① ㉠
② ㉡
③ ㉠, ㉡
④ ㉠, ㉡, ㉢

16 다음은 신문 보도와 그에 대한 해당 기관의 해명이다. 이에 대한 해석으로 적절하지 않은 것은?

신문 보도	(1) 유학생 등 재외국민들은 내국인과 달리 아이핀 발급이 어려움. (2) 행정자치부가 관리하는 공공아이핀은 공인인증서나 주민등록증, 거주여권 등으로 발급이 가능하나, 방문(PM)여권을 소지한 유학생, 주재원 등은 발급이 불가하며, 주민등록증이 있더라도 단독세대원은 공공아이핀 발급이 불가능.
해명 자료	(1) 유학생, 주재원 등 방문여권 소지자는 본인과 국내에 거주하는 세대원의 주민등록증 발급일자나 대리인(가족관계) 신청으로 공공아이핀 발급이 가능하므로 공공아이핀은 해외에서도 이용이 가능. (2) 유학생, 주재원 등은 통상 해외이주 시 본인의 주민등록을 부모나 친인척 주소지로 이전하기 때문에 국내 주소지가 단독세대원인 경우는 거의 없음.

① 신문 보도에서, 같은 내용을 (1)에서는 개략적으로, (2)에서는 상세히 설명하고 있다.
② 신문 보도에 따르면, 주민등록증을 가지고서도 아이핀을 발급 받을 수 없는 경우가 있다.
③ 해명 자료 (1)의 밑줄 친 부분은 접속 대상이 대등하지 않아 부자연스러워진 표현이다.
④ 해명 자료 (2)는 단독세대원이 겪고 있는 문제가 해결되었음을 설명하고 있다.

17 다음의 ㉠~㉢이 모두 참이라고 할 때, 반드시 참이 되는 것은?

㉠ A은행의 대출금리는 모두 가장 높은 B은행의 대출금리보다 높다.
㉡ 일부의 C은행 대출금리는 가장 높은 B은행의 대출금리보다 낮다.
㉢ B은행의 대출금리는 모두 가장 높은 D은행의 대출금리보다 높다.

① 가장 낮은 A은행의 대출금리와 같은 D은행의 대출금리가 있다.
② 어떤 A은행의 대출금리는 가장 높은 C은행의 대출금리보다 낮다.
③ 가장 낮은 C은행의 대출금리와 같은 D은행의 대출금리가 있다.
④ 어떤 C은행의 대출금리는 가장 낮은 A은행의 대출금리보다 낮다.

18 다음 글에 대한 설명으로 옳지 않은 것은?

미세먼지란 입자크기가 매우 작은 먼지로 지름이 10㎛보다 작은 미세먼지(PM10)와 지름이 2.5㎛보다 작은 미세먼지(PM2.5)로 나뉜다. 세계보건기구는 미세먼지에 대한 지침을 제시하면서 2013년 세계보건기구 산하의 국제암연구소에서는 미세먼지를 사람에게 발암이 확인된 1군 발암물질로 지정하였다. 인체는 일정 크기 이상의 입자가 호흡기로 들어올 경우 다양한 방법으로 걸러지도록 되어 있다. 하지만 미세먼지는 입자의 지름이 매우 작아 코, 구강, 기관지에서 걸러지지 않고 폐를 통해 몸속까지 스며든다. 이렇게 스며든 미세먼지로 인해 각종 호흡기질환, 심혈관 질환, 심지어는 암이 발생하게 된다. 만약 미세먼지의 농도와 성분이 동일하다면 입자크기가 더 작을수록 건강에 해롭다. 같은 농도인 경우 PM2.5는 PM10보다 더 넓은 표면적을 갖기 때문에 유해물질들이 더 많이 흡착될 수 있으며 기관지에서 다른 인체기관으로 이동할 가능성도 높다. 미세먼지가 우리 몸속으로 들어오면 면역을 담당하는 세포가 먼지를 제거하는데, 이때 부작용인 염증 반응이 나타난다. 기도, 폐, 심혈관, 뇌 등 우리 몸의 각 기관에서 이러한 염증반응이 발생하면 천식, 호흡기, 심혈관계 질환 등이 유발될 수 있다. 세계 보건기구는 2014년 한 해에 미세먼지로 인해 기대수명보다 일찍 사망하는 사람이 700만 명에 이른다고 발표하였다. 질병관리본부에 따르면, 미세먼지(PM10) 농도가 10㎍/m^3 증가할 때마다 만성폐쇄성 폐질환(COPD)으로 인한 입원율은 2.7%, 사망률은 1.1% 증가하며, 미세먼지(PM2.5) 농도가 10㎍/m^3 증가할 때마다 폐암 발생률이 9% 증가하는 것으로 나타났다. 미국에서는 PM2.5 농도가 10㎍/m^3 증가할 때 65세 이상의 환자 사망률이 7.3% 증가함을 발표하였다. 우리나라 미세먼지 농도와 대기오염으로 인한 사망자는 경제협력개발기구(OECD) 회원국 가운데 최악의 수준이다. 미국의 비영리 민간 환경보건단체 '보건영향연구소'(HEI) 자료에 따르면, 인구가중치를 반영한 한국의 연평균 초미세먼지(PM2.5) 농도는 1990년부터 2015년까지 25년 동안 29μg/m³으로 높아져 OECD 회원국 중에서 터키 다음으로 가장 나쁜 수준으로 악화되었다. 최근 자료를 가지고 분석 해보면 당일 초미세먼지의 농도가 폐렴 발생에 가장 큰 영향을 미치며 최대 2주의 누적노출까지도 영향을 준다는 것을 알 수 있었다. 이는 초미세먼지를 흡입할 경우 당일뿐만 아니라 몸에 축적이 되어 장시간 영향을 주어 질병을 일으킨다는 것을 의미한다. 그렇다면 개인이 할 수 있는 대처법은 무엇일까? 우리나라에서도 미세먼지의 농도에 따라 예보를 하고 있는데 PM10은 150μg/m³ 이상일 때 PM2.5는 90μg/m³ 이상일 때 주의보가 발령된다. 이보다 2배로 증가하면 경보가 발령되고 각종 언론이나 인터넷을 통해 경보를 확인할 수 있다.

미세먼지는 어린이, 노인, 폐질환 및 심장질환자들에게 민감하기 때문에 주의보가 발령이 되면 실외활동을 제한하고 실내생활을 하는 게 좋다. 일반인도 당연히 장시간 무리한 실외활동을 줄여야 하고 외출을 할 경우 황사 마스크를 착용하는 게 좋다. 앞에서 설명한 것처럼 미세먼지가 인체에 장기간 노출되면 다양한 질병이 발생하기 때문에 최대한 노출을 줄이는 것이 좋다. 미세먼지 경보가 발령되면 민감한 환자들은 실외활동을 금지하고 일반인도 가능한 자제하는 게 좋다. 최근에 미세먼지의 위험성에 대해 인식을 하고 있지만 아직도 심각성을 잘 모르는 경우가 많다. 각종 호흡기질환, 폐암, 심장질환을 예방하기 위해서는 미세먼지에 노출이 되지 않도록 최대한 조심해야 한다.

① 미세먼지의 농도와 성분이 동일하다면 입자의 크기가 클수록 건강에 해롭다.
② 우리나라 미세먼지의 농도와 대기오염으로 인한 사망자는 OECD 회원국 가운데 최악의 수준이다.
③ 미세먼지의 입자는 지름이 매우 작아 코, 구강, 기관지에서 걸러지지 않고 폐를 통해 몸속까지 스며든다.
④ PM10은 150μg/m³ 이상일 때 PM2.5는 90μg/m³ 이상일 때 미세먼지 주의보가 발령된다.

19 다음 중 ㉠~㉣의 문장을 글의 흐름에 맞춰 올바르게 배열한 것은?

㉠ 동물들의 행동을 잘 살펴보면 동물들도 우리가 사용하는 말 못지않은 의사소통 수단을 가지고 있는 듯이 보인다.
㉡ 그러나 그것은 단지 겉모습의 유사성에 지나지 않을 뿐이고 사람의 말과 동물의 소리에는 아주 근본적인 차이가 존재한다는 점을 잊어서는 안 된다.
㉢ 동물들이 사용하는 소리는 단지 배고픔이나 고통 같은 생물학적인 조건에 대한 반응 또는 두려움이나 분노 같은 본능적인 감정들을 표현하기 위한 것에 지나지 않는다.
㉣ 즉, 동물들도 여러 가지 소리를 내거나 몸짓을 함으로써 자신들의 감정과 기분을 나타낼 뿐 아니라 경우에 따라서는 인간과 다를 바 없이 의사를 교환하고 있는 듯하다.

① ㉠ → ㉡ → ㉢ → ㉣　　② ㉠ → ㉡ → ㉣ → ㉢
③ ㉠ → ㉢ → ㉡ → ㉣　　④ ㉠ → ㉣ → ㉡ → ㉢

20 다음은 문서 작성 매뉴얼이다. 다음을 읽고 문서를 작성할 때 적절하지 <u>않은</u> 것은?

> **문서의 작성**
>
> • 간결성
> - 문장을 장황하지 않게 작성
> - 필요한 문장만을 간결하게 작성
> - 쉼표나 마침표의 적절한 사용
>
> • 명시성
> - 목차를 만들어 보기 쉽게 작성
> - 필요치 않은 세세한 부분은 과감히 생략하여 작성
> - 기본적인 틀을 정해두고 작성
>
> • 중요성
> - 문서 작성 프로그램을 이용해 중요한 부분은 눈에 띄게 작성
> - 중요도에 따라 분량을 나누어 배치하여 작성
> - 육하원칙을 사용해 중요한 내용을 강조하여 작성
>
> • 신뢰성
> - 문서를 뒷받침해 줄 정확한 수치의 자료를 이용하여 작성
> - 자료를 인용했을 경우 명확한 출처를 밝혀 작성
> - 정확하지 않은 정보는 넣지 않고 작성

① 자료의 출처가 명확하지 않다면 사용하지 않는 것이 좋다.
② 중요한 내용은 문서 작성 시 많은 양을 차지하는 것이 좋다.
③ 수치나 양을 표시할 때에는 표나 그래프로 시각화하는 것이 좋다.
④ 읽는 사람의 가독성을 높이기 위하여 쉼표를 틈틈이 사용하는 것이 좋다.

21 다음의 글은 경제난 해결에 대한 문화적 처방의 당위성에 관한 글이다. 잘못 쓰인 글자의 수는?

기업이나 상품의 이미지는 측정할 길이 없다 보니 전통적인 경제학이 재배하는 산업 사회에서는 고려 대상이 되지 못한다. 그러나 현대사회에서는 엄청난 영향력을 행사하고 있는 만큼 이를 절대로 무시할 수 없게 되었다. 경제 분야에서 선도적 위치에 있는 나라는 모두 강력한 문화적 이미지를 갖고 있다. 이런 문화적 이미지는 재화와 서비스의 가격 결정 과정에 강한 영향력을 미친다. 사람들은 프랑스 제품이라는 이유로 더 비싼 갑을 지불하더라도 프랑스 향수를 사려 한다. 거기에는 문화적 부가 가치가 묵시적으로 부여되어 있는 것이다. 따라서 지금 우리가 격고 있는 경제적 어려움에 대한 처방은 경제적인 것보다 문화적인 것이 되어야 한다.

① 3개 ② 4개
③ 5개 ④ 6개

22 다음 주어진 어구의 밑줄 친 부분과 같은 뜻으로 사용된 것은?

내 능력이 닿는 한도 안에서 우리 민족을 위하는 일이라면 무엇이든 하겠다고 맹세한다.

① 그에게 기별이 닿도록 조치를 취해야 한다.
② 운이 닿으려니까 모든 일이 뜻대로 풀리고 있다.
③ 이야기하며 길을 걷는 사이에 버스 정류소에 닿았다.
④ 나는 이윽고 헛기침을 한번 하고서 그 노인의 눈길이 닿고 있는 장지문 앞으로 모습을 불쑥 드러내고 나섰다.

23 다음의 속담의 뜻으로 가장 알맞은 것은?

차돌에 바람 들면 석돌보다 못하다.

① 되지 못한 사람은 반드시 못된 짓을 함
② 하던 일이 싫증나서 해 놓은 성과만 헤아리고 있음
③ 줏대나 지조가 없이 남이 하는 일을 보면 덮어놓고 따르려고 함
④ 야무진 사람이 한번 타락하면 헤픈 사람보다 더 걷잡을 수 없음

[24～25] 다음 글을 읽고 물음에 알맞은 답을 고르시오.

디지털 이미지는 사용자가 가장 손쉽게 정보를 전달할 수 있는 멀티미디어 객체이다. 일반적으로 디지털 이미지는 화소에 의해 정보가 표현되는데, $M \times N$ 개의 화소로 이루어져 있다. 여기서 M과 N은 가로와 세로의 화소 수를 의미하며, M 곱하기 N의 값을 해상도라 한다.

무선 네트워크와 모바일 기기의 사용이 보편화되면서 다양한 스마트 기기의 보급이 진행되고 있다. 스마트 기기는 그 사용 목적이나 제조 방식, 가격 등의 요인에 의해 각각의 화면 표시 장치들이 서로 다른 해상도와 화면 비율을 가진다. 이에 대응하여 동일한 이미지를 다양한 화면 표시 장치 환경에 맞출 필요성이 발생했다. 하나의 멀티미디어의 객체를 텔레비전용, 영화용, 모바일 기기용 등 표준적인 화면 표시 장치에 맞추어 각기 독립적인 이미지 소스로 따로 제공하는 것이 아니라, 하나의 이미지 소스를 다양한 화면 표시 장치에 맞도록 적절히 변환하는 기술을 요구하고 있다.

이러한 변환 기술을 '이미지 리타겟팅'이라고 한다. 이는 $A \times B$의 이미지를 $C \times D$ 화면에 맞추기 위해 해상도와 화면 비율을 조절하거나 이미지의 일부를 잘라 내는 방법 등으로 이미지를 수정하는 것이다. 이러한 수정에서 입력 이미지에 있는 콘텐츠 중 주요 콘텐츠는 그대로 유지되어야 한다. 즉, 리타겟팅 처리 후에도 원래 이미지의 중요한 부분을 그대로 유지하면서 동시에 왜곡을 최소화하는 형태로 주어진 화면에 맞게 이미지를 변형하여야 한다. 이러한 조건을 만족하기 위해 ㉠ 다양한 접근이 일어나고 있는데, 이미지의 주요한 콘텐츠 및 구조를 분석하는 방법과 분석된 주요 사항을 바탕으로 어떤 식으로 이미지 해상도를 조절하느냐가 주요 연구 방향이다.

24 다음 중 글의 내용과 일치하지 않는 것은?

① 디지털 이미지는 가로와 세로의 화소 수에 따라 해상도가 결정된다.

② 무선 네트워크와 모바일 기술을 이용한 스마트 기기의 경우 그 사용 목적이나 제조 방식 등에 따라 화면 표시 장치의 해상도와 화면 비율이 다양하다.

③ 스마트 기기에 대응하기 위해서는 하나의 이미지 소스를 표준적인 화면 표시 장치에 맞추어 개별적으로 제공할 필요가 있다.

④ 이미지 리타겟팅 처리 이후에도 이미지의 중요 콘텐츠는 그대로 유지하는 것이 필요하다.

25 **다음 글의 ㉠의 사례로 보기 어려운 것은?**

① 광고 사진에서 화면 전반에 걸쳐 흩어져 있는 콘텐츠를 무작위로 추출하여 화면을 재구성하는 방법

② 풍경 사진에서 전체 풍경에 대한 구도를 추출하고 구도가 그대로 유지될 수 있도록 해상도를 조절하는 방법

③ 인물 사진에서 얼굴 추출 기법을 사용하여 인물의 주요 부분을 왜곡하지 않고 필요 없는 부분을 잘라 내는 방법

④ 상품 사진에서 상품을 충분히 인지할 수 있을 정도의 범위 내에서 가로와 세로의 비율을 화면에 맞게 조절하는 방법

Chapter 02

수리능력

- 수리능력은 모든 은행권 직장인에게 공통적으로 요구하는 직업기초능력으로 NCS 10과목 중에서 반드시 채택되는 영역이다.
- 수리능력은 금융인으로서 업무를 효과적으로 수행하기 위해서는 다단계의 복잡한 연산을 수행하고 다양한 도표를 만들고, 내용을 종합하기 때문에 중요한 영역이다.
- 금융자료 등의 다양한 자료를 보고 합리적인 의사결정을 내리기 위한 연산능력이나 통계 자료를 해석 · 분석하고 각종 도표를 활용하는 능력을 평가한다.
- 핵심이론과 관련된 기초연산 문제와 응용문제에서 요구하고 있는 수 추리 및 통계자료나 그래프들을 해결하는 능력 등이 문제로 출제된다.

1. 수리능력 소개

수리능력이란 업무를 수행함에 있어 사칙연산, 통계, 확률의 의미를 정확하게 이해하고, 이를 업무에 적용하는 능력을 말한다.

2. 수리능력 구성

하위능력	정의	세부요소
기초연산능력	업무를 수행함에 있어 기초적인 사칙연산과 계산을 하는 능력	• 과제 해결을 위한 연산 방법 선택 • 연산 방법에 따라 연산 수행 • 연산 결과와 방법에 대한 평가
기초통계능력	업무를 수행함에 있어 필요한 기초 수준의 백분율, 평균, 확률과 같은 통계능력	• 과제 해결을 위한 통계 기법 선택 • 통계 기법에 따라 연산 수행 • 통계 결과와 기법에 대한 평가
도표분석능력	업무를 수행함에 있어 도표(그림, 표, 그래프 등)가 갖는 의미를 해석하는 능력	• 도표에서 제시된 정보 인식 • 정보의 적절한 해석 • 해석한 정보의 업무 적용
도표작성능력	업무를 수행함에 있어 자기가 뜻한 바를 말로 나타내는 능력	• 도표 제시방법 선택 • 도표를 이용한 정보 제시 • 제시 결과 평가

3. 수리능력 분석

(1) 수리능력

- 수리능력이 무엇인지 알아본다.

(2) 기초연산능력
- 알맞은 연산 방법을 알아본다.
- 꼼꼼히 반복연습을 한다.

(3) 기초통계능력
- 직업인에게 필요한 통계를 알아본다.
- 정확한 통계 분석방법을 익혀 둔다.

(4) 도표분석능력
- 도표분석의 필요성을 알아본다.
- 도표의 정확한 해석을 통해 업무적용 방법을 익혀 둔다.

(5) 도표작성능력
- 도표작성의 필요성을 알아본다.
- 제공 정보의 알맞은 도표 제시방법을 익혀 둔다.

1 〉 수리능력

(1) 수리능력이란?

직장생활에서 요구되는 사칙연산과 기초적인 통계를 이해하고, 도표 또는 자료(데이터)를 정리 · 요약하여 의미를 파악하거나, 도표를 이용해서 합리적인 의사결정을 위한 객관적인 판단근거로 제시하는 능력이다.

(2) 구성요소

① 기초연산능력

직장생활에서 필요한 기초적인 사칙연산과 계산방법을 이해하고 활용하는 능력

② 기초통계능력

직장생활에서 평균, 합계, 빈도와 같은 기초적인 통계기법을 활용하여 자료를 정리하고 요약하는 능력

③ 도표분석능력

직장생활에서 도표(그림, 표, 그래프 등)의 의미를 파악하고, 필요한 정보를 해석하여 자료의 특성을 규명하는 능력

④ 도표작성능력

직장생활에서 정보를 제시하기 위하여 도표(그림, 표, 그래프 등)를 작성하기 위한 방법으로 자료의 특성을 파악하여 알맞은 제시방법을 정하는 능력

2 사칙연산

(1) 사칙연산이란?

수 또는 식에 관한 덧셈(+), 뺄셈(−), 곱셈(×), 나눗셈(÷) 네 종류의 계산법이다. 보통 사칙연산은 정수나 분수 등에서 계산할 때 활용되며, 여러 부호가 섞여 있을 경우에는 곱셈과 나눗셈을 먼저 계산한다.

(2) 수의 계산

구분	덧셈(+)	곱셈(×)
교환법칙	$a+b=b+a$	$a\times b=b\times a$
결합법칙	$(a+b)+c=a+(b+c)$	$(a\times b)\times c=a\times(b\times c)$
분배법칙	$(a+b)\times c=a\times c+b\times c$	

3 검산방법

(1) 역연산

답에서 거꾸로 계산하는 방법으로 덧셈은 뺄셈으로, 뺄셈은 덧셈으로, 곱셈은 나눗셈으로, 나눗셈은 곱셈으로 바꾸어 확인하는 방법이다.

(2) 구거법

어떤 수를 9로 나눈 나머지는 그 수의 각 자리 숫자의 합을 9로 나눈 나머지와 같음을 이용하여 확인하는 방법이다.

4 〉 단위환산

(1) 단위의 종류

① 길이 : 물체의 한 끝에서 다른 한 끝까지의 거리 (mm, cm, m, km 등)

② 넓이(면적) : 평면의 크기를 나타내는 것 (mm^2, cm^2, m^2, km^2 등)

③ 부피 : 입체가 점유하는 공간 부분의 크기 (mm^3, cm^3, m^3, km^3 등)

④ 들이 : 통이나 그릇 따위의 안에 넣을 수 있는 물건 부피의 최댓값 (㎖, ㎗, ℓ, ㎘ 등)

⑤ 무게 : 물체의 무거운 정도 (g, kg, t 등)

⑥ 시간 : 시각과 시각 사이의 간격 또는 그 단위 (초, 분, 시 등)

⑦ 할푼리 : 비율을 소수로 나타내었을 때, 소수점 첫째 자리를 '할', 소수점 둘째 자리를 '푼', 소수점 셋째 자리를 '리'로 나타내는 것

(2) 단위환산표

단위	단위환산
길이	1cm=10mm, 1m=100cm, 1km=1,000m=100,000cm
넓이	$1cm^2=100mm^2$, $1m=10,000cm^2$, $1km^2=1,000,000m^2$
부피	$1cm^3=1,000mm^3$, $1m^3=1,000,000cm^3$, $1km^3=1,000,000,000m^3$
들이	1㎖=$1cm^3$, 1㎗=$100cm^3$=100㎖, 1ℓ=$1,000cm^3$=10㎗
무게	1kg=1,000g, 1t=1,000kg=1,000,000g
시간	1분=60초, 1시간=60분=3,600초
할푼리	1푼=0.1할, 1리=0.01할, 모=0.001할

5 〉 통계

(1) 통계란?

① 의미

집단현상에 대한 구체적인 양적 기술을 반영하는 숫자를 의미한다. 특히 사회집단 또는 자연집단의 상황을 숫자로 나타낸 것이다.

② 기능

㉠ 많은 수량적 자료를 처리가능하고 쉽게 이해할 수 있는 형태로 축소시킨다.

㉡ 표본을 통해 연구대상 집단의 특성을 유추한다.

㉢ 의사결정의 보조수단이 된다.

㉣ 관찰 가능한 자료를 통해 논리적으로 어떠한 결론을 추출 · 검증한다.

(2) 통계치

① **빈도** : 어떤 사건이 일어나거나 증상이 나타나는 정도

② **빈도 분포** : 어떤 측정값의 측정된 회수 또는 각 계급에 속하는 자료의 개수

③ **평균** : 모든 사례의 수치를 합한 후에 총 사례수로 나눈 값

④ **중앙값** : 크기에 의하여 배열하였을 때 정확하게 중간에 있는 값

⑤ **백분율** : 전체의 수량을 100으로 하여 생각하는 수량이 몇이 되는 가를 가리키는 수(퍼센트)

(3) 통계의 계산

① 범위 : 최댓값 − 최솟값

② 평균 : $\frac{\text{전체 사례값들의 합}}{\text{총 사례 수}}$

③ 분산 : $\frac{(\text{관찰값} - \text{평균})^2\text{의 합}}{\text{총 사례 수}}$

④ 표준편차 : $\sqrt{\text{분산}}$

6 〉 도표

(1) 도표란?

선, 그림, 원 등으로 그림을 그려서 내용을 시각적으로 표현하여 다른 사람이 한 눈에 자신의 주장을 알아볼 수 있게 한 것이다.

(2) 도표의 종류

구분	목적	용도	형상
종류	• 관리(계획 및 통제) • 해설(분석) • 보고	• 경과 그래프 • 내역 그래프 • 비교 그래프 • 분포 그래프 • 상관 그래프 • 계산 그래프 • 기타	• 선(절선) 그래프 • 막대 그래프 • 원 그래프 • 점 그래프 • 층별 그래프 • 레이더 차트 • 기타

(3) 도표의 종류별 활용

① 선(절선) 그래프

㉠ 시간의 경과에 따라 수량에 의한 변화의 상황을 선(절선)의 기울기로 나타내는 그래프

㉡ 시간적 추이(시계별 변화)를 표시하는 데 적합

예 월별 매출액 추이 변화

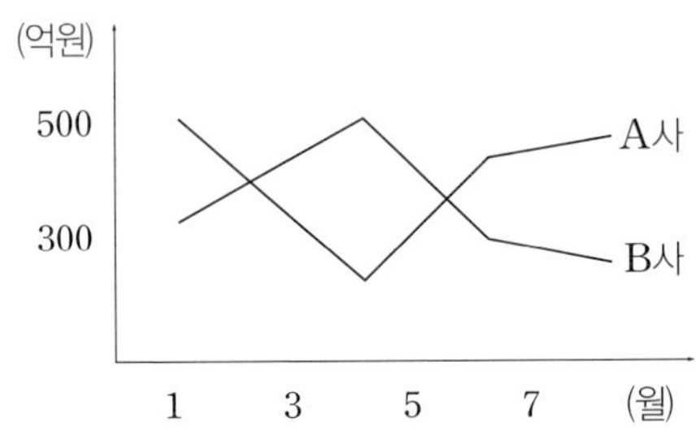

② 막대 그래프

㉠ 비교하고자 하는 수량을 막대 길이로 표시하고, 그 길이를 비교하여 각 수량 간의 대소 관계를 나타내고자 할 때 가장 기본적으로 활용할 수 있는 그래프

㉡ 내역, 비교, 경과, 도수 등을 표시하는 용도로 활용

예 영업소별 매출액

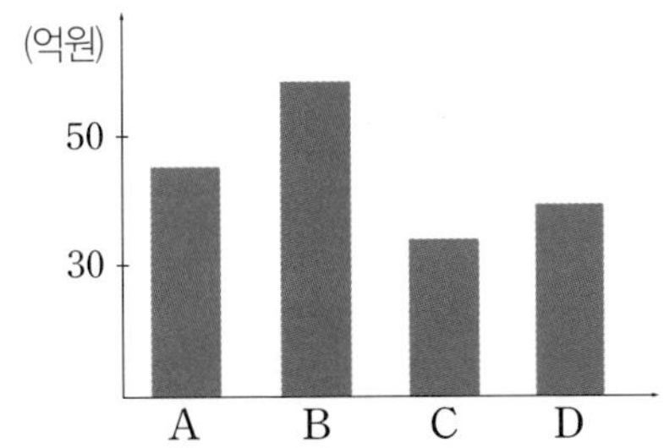

③ 원 그래프

㉠ 내역이나 내용의 구성비를 원에 분할하여 작성하는 그래프

㉡ 전체에 대한 구성비를 표현할 때 다양하게 활용

예 기업별 매출액 구성비 등

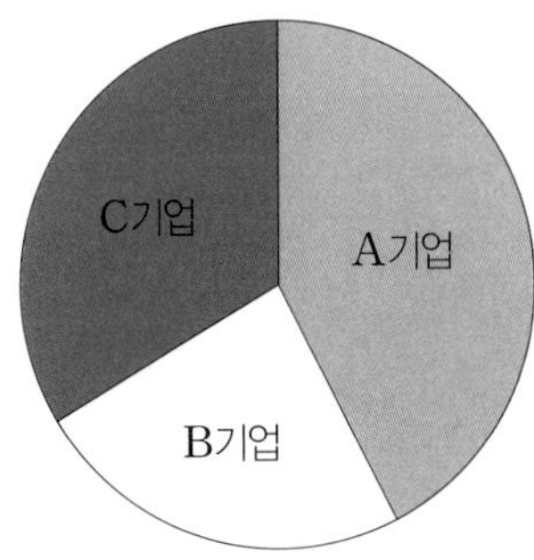

④ 점 그래프

지역분포를 비롯하여 도시, 지방, 기업, 상품 등의 평가나 위치, 성격을 표시하는데 활용할 수 있는 그래프

예 각 지역별 광고비율과 이익률의 관계 등

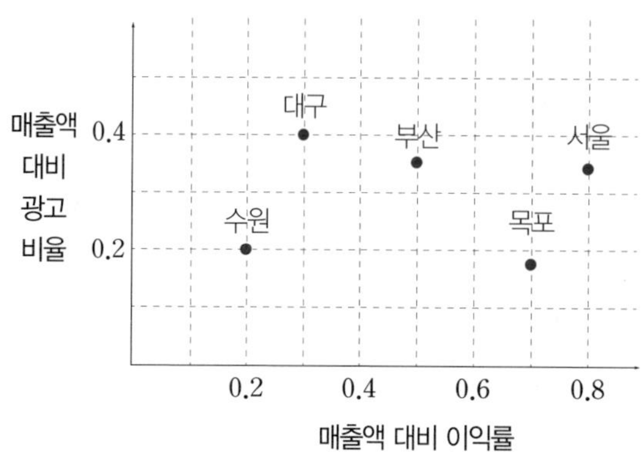

⑤ 층별 그래프

㉠ 선의 움직임 보다는 선과 선 사이의 크기로써 데이터 변화를 나타내는 그래프

㉡ 층별 그래프는 합계와 각 부분의 크기를 백분율로 나타내고 시간적 변화를 보고자 할 때 활용

㉢ 합계와 각 부분의 크기를 실수로 나타내어 시간적 변화를 보고자 할 때 활용

예 월별 · 상품별 매출액 추이 등

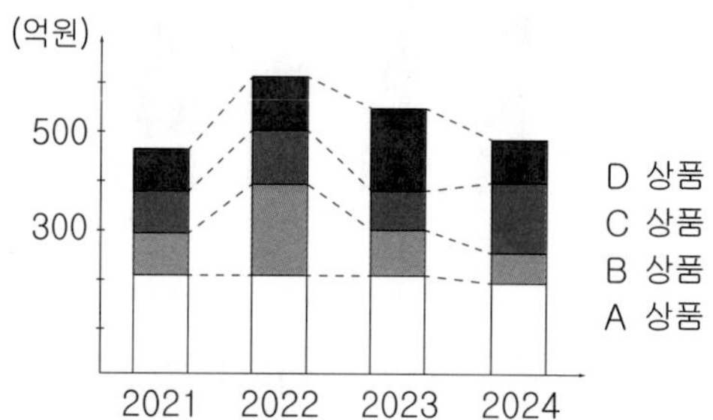

⑥ 레이더 차트(거미줄 그래프)

- 비교하는 수량을 직경 또는 반경으로 나누어 원의 중심에서의 거리에 따라 각 수량의 관계를 나타내는 그래프
- 다양한 요소를 비교할 때, 경과를 나타낼 때 활용

예 상품별 매출액의 월별변동 등

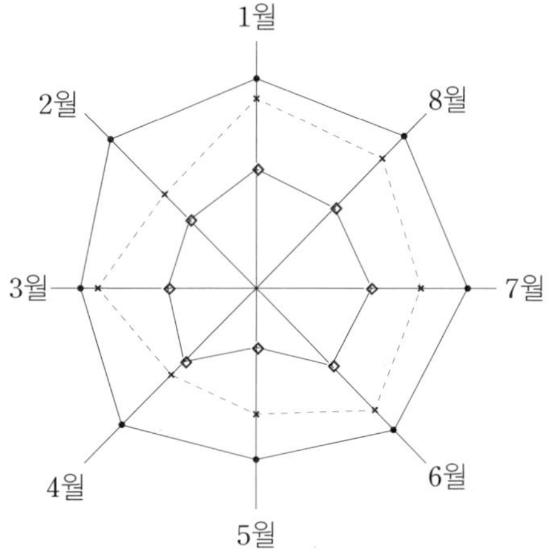

(4) 도표 해석상의 유의사항

① 요구되는 지식의 수준

직업인으로서 자신의 업무와 관련된 기본적인 지식의 습득을 통하여 특별한 지식을 상식화할 필요가 있다.

② 도표에 제시된 자료의 의미에 대한 정확한 숙지

주어진 도표를 무심코 해석하다 보면 자료가 지니고 있는 진정한 의미를 확대하여 해석할 수 있으므로 유의해야 한다.

③ 도표로부터 알 수 있는 것과 알 수 없는 것의 구별

주어진 도표로부터 알 수 있는 것과 알 수 없는 것을 완벽하게 구별할 필요가 있다. 도표를 토대로 자신의 주장을 충분히 추론할 수 있는 보편타당한 근거를 제시해주어야 한다.

④ 총량의 증가와 비율증가의 구분

비율이 같다고 하더라도 총량에 있어서는 많은 차이가 있을 수 있다. 또한 비율에 차이가 있다고 하더라도 총량이 표시되어 있지 않은 경우 비율차이를 근거로 절대적 양의 크기를 평가할 수 없기 때문에 이에 대한 세심한 검토가 요구된다.

⑤ 백분위수와 사분위수의 이해

백분위수는 크기순으로 배열한 자료를 100등분 하는 수의 값을 의미한다.

사분위수란 자료를 4등분한 것으로 제 1사분위수＝제 25백분위수, 제 2사분위수＝제 50백분위수(중앙치), 제 3사분위수＝제 75백분위수에 해당한다.

7 〉 도표작성능력

(1) 도표의 작성절차

① 어떠한 도표로 작성할 것인지를 결정

업무수행 과정에서 도표를 작성할 때에는 우선 주어진 자료를 면밀히 검토하여 어떠한 도표를 활용하여 작성할 것인지를 결정

② 가로축과 세로축에 나타낼 것을 결정

주어진 자료를 활용하여 가로축과 세로축에 무엇을 나타낼 것인지를 결정

③ 가로축과 세로축의 눈금의 크기를 결정

주어진 자료를 가장 잘 표현할 수 있도록 가로축과 세로축의 눈금의 크기를 결정

④ 자료를 가로축과 세로축이 만나는 곳에 표시

자료 각각을 결정된 축에 표시

⑤ 표시된 점에 따라 도표 작성

표시된 점들을 활용하여 실제로 도표 작성

⑥ 도표의 제목 및 단위 표시

도표를 작성한 후에는 도표의 상단 혹은 하단에 제목과 함께 단위를 표기

(2) 도표작성 시 유의사항

① 선(절선) 그래프 작성 시 유의점

㉠ 일반적으로 선(절선)그래프를 작성할 때에는 세로축에 수량(금액, 매출액 등), 가로축에는 명칭구분(연, 월, 장소 등)을 제시한다.

㉡ 축의 모양은 L자형으로 하는 것이 일반적이다.

㉢ 선의 높이에 따라 수치를 파악하는 경우가 많으므로 세로축의 눈금을 가로축의 눈금보다 크게 하는 것이 효과적이다.

㉣ 선이 두 종류 이상인 경우에는 반드시 무슨 선인지 그 명칭을 기입하여 주어야 한다.

② 막대그래프 작성 시 유의점

㉠ 막대를 세로로 할 것인가 가로로 할 것인가의 선택은 개인의 취향이나, 세로로 하는 것이 보다 일반적이다.

㉡ 축은 L자형이 일반적이나 가로 막대그래프는 사방을 틀로 싸는 것이 좋다.

㉢ 세로축에 수량(금액, 매출액 등), 가로축에는 명칭구분(연, 월, 장소, 종류 등)을 제시한다.

㉣ 막대 수가 부득이하게 많을 경우에는 눈금선을 기입하는 것이 알아보기 쉽다.

㉤ 막대의 폭은 모두 같게 하여야 한다.

Chapter 02

수리능력

③ 원 그래프 작성 시 유의점

㉠ 정각 12시의 선을 시작선으로 오른쪽으로 그리는 것이 일반적이다.

㉡ 분할선은 구성비율이 큰 순서로 그린다.

㉢ '기타' 항목은 구성비율의 크기에 관계없이 가장 뒤에 그리는 것이 좋다.

㉣ 각 항목의 명칭은 같은 방향으로 기록하는 것이 일반적이지만, 만일 각도가 작아서 명칭을 기록하기 힘든 경우에는 지시선을 써서 기록한다.

④ 층별 그래프 작성 시 유의점

㉠ 층별을 세로로 할 것인가 가로로 할 것인가 하는 것은 작성자의 기호나 공간에 따라 판단하지만 구성 비율 그래프는 가로로 작성하는 것이 좋다.

㉡ 눈금은 선 그래프나 막대그래프보다 적게 하고 눈금선을 넣지 않아야 하며, 층별로 색이나 모양이 모두 완전히 다른 것이어야 한다.

㉢ 같은 항목은 옆에 있는 층과 선으로 연결하여 보기 쉽도록 한다.

㉣ 세로 방향일 경우 위에서부터 아래로, 가로 방향일 경우 왼쪽에서 오른쪽으로 나열하면 보기가 쉽다.

Chapter 02

예상문제

정답 및 해설 396p

01 어떤 건물의 엘리베이터가 1층에서 5층까지 올라가는 데 걸리는 시간이 20초라 한다. 이 건물의 1층에서 9층까지 올라가는 데 걸리는 시간은?(단, 다른 층에서 멈추는 시간은 무시한다.)

① 28
② 32
③ 36
④ 40

02 58분이 1시간으로 설정되어 있는 시계가 있다. 시각을 1시에 맞춰 놓았는데 시계의 시각이 5시 30분이라면 실제 시간은?

① 5시 17분
② 5시 19분
③ 5시 21분
④ 5시 23분

03 A은행 100명의 승진 대상자 중 80%가 1단계 시험에 합격했고, 이 중 70%만 2단계에 응시했고, 2단계에서 16명이 떨어졌다. 2단계 합격자는 3단계에 모두 응시하였고 3단계 응시자의 승진률은 6할이라 할 때, 최종 승진자는 처음의 몇 %인가?

① 15%
② 18%
③ 24%
④ 30%

04 $\mathrm{A}=\sqrt{(x-1)^2}+\sqrt{(x+1)^2}$일 때, 다음 중 옳은 것은?

> ㉠ $x>1$이면 $\mathrm{A}=2x$
> ㉡ $-1\le x<1$이면 $\mathrm{A}=-2$
> ㉢ $x<-1$이면 $\mathrm{A}=-2x$

① ㉠
② ㉡
③ ㉠, ㉢
④ ㉠, ㉡, ㉢

05 평균은 69, 중앙값은 83, 최빈값은 85인 자연수 5개가 있다. 가장 큰 수와 가장 작은 수의 차가 70일 때, 두 번째로 작은 수는?

① 77
② 78
③ 79
④ 80

06 다음 숫자들은 일정한 법칙에 의해 나열되어 있다. 빈칸에 들어갈 알맞은 숫자는?

> $\frac{3}{10}$　$\frac{7}{15}$　(　)　$\frac{15}{25}$　$\frac{19}{30}$　$\frac{23}{35}$

① $\frac{11}{20}$
② $\frac{10}{25}$
③ $\frac{11}{25}$
④ $\frac{11}{28}$

07 다음은 도표작성 시 수행해야 하는 일들을 무작위로 배열한 것이다. 일반적인 도표작성절차의 순서를 올바르게 했을 때, 마지막으로 고려해야 하는 사항은?

> ㉠ 가로축과 세로축에 나타낼 것을 결정한다.
> ㉡ 어떠한 도표로 작성할 것인지를 결정한다.
> ㉢ 자료를 가로축과 세로축이 만나는 곳에 표시한다.
> ㉣ 가로축과 세로축의 눈금의 크기를 결정한다.
> ㉤ 도표의 제목 및 단위를 표시한다.
> ㉥ 표시된 점들을 활용하여 도표를 작성한다.

① ㉢　　② ㉣
③ ㉤　　④ ㉥

08 다음의 사례를 통하여 알 수 있는 도표 작성 시 고려사항은?

> 제약회사에 근무하는 J씨와 L씨는 동일한 자료를 활용하여 분기별 매출액 변동 그래프를 아래와 같이 작성하였다. J씨는 작성한 분기별 매출액 그래프를 통해 3분기의 매출액이 다른 시기에 비해 월등하게 크다는 결론을 내린 반면, L씨는 3분기의 매출액이 다른 시기에 비해 크기는 하지만 그 차이는 그리 크지 않다는 결론을 내렸다. 이는 같은 자료로 도표를 작성하였음에도 불구하고 해석은 크게 다르게 내린 셈이다.

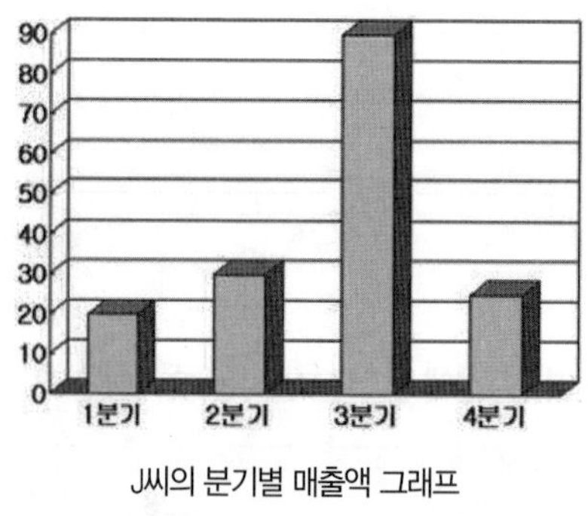

J씨의 분기별 매출액 그래프

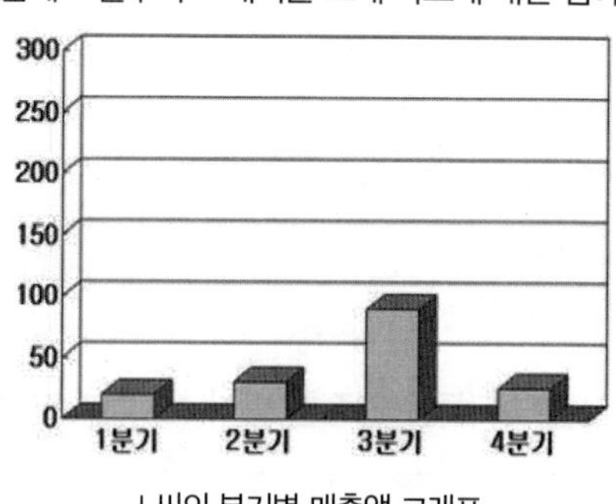

L씨의 분기별 매출액 그래프

① 막대의 폭은 조금씩 다르게 해야 하겠지.
② 막대 그래프는 반드시 가로로 나타내어야 해.
③ 자료의 알맞은 눈금을 사용하여야 시각화에 도움이 돼.
④ 가로축은 수량(금액, 매출액 등)으로 세로축은 명칭구분(년, 월, 장소, 종류 등)으로 정해야 해.

[09~10] 다음은 ○○은행 전산팀 직원 모집에 지원한 사람들의 졸업성적과 면접점수의 상관관계를 조사하여 그 분포수를 표시한 것이다. 지원자 수가 총 100명이라 할 때, 다음 물음에 답하시오.

(단위 : 명)

졸업성적 \ 면접점수	60점	70점	80점	90점	100점
100점	1	5	4	6	1
90점	3	4	5	5	4
80점	1	3	8	7	5
70점	4	5	7	5	2
60점	2	3	5	3	2

09 졸업성적과 면접점수를 합친 총점이 170점 이상인 지원자 중 면접 점수가 80점 이상인 사람을 합격자로 할 때, 합격자 총 수는 몇 명인가?

① 37명 ② 39명
③ 42명 ④ 44명

10 성적이 상위 25% 이내에 드는 사람을 합격자로 할 때, 합격자의 평균을 구하면?(단, 소수점 이하는 무시한다.)

① 180점 ② 181점
③ 182점 ④ 184점

[11～12] 다음 [표1]은 각각의 자전거 대여소의 시간당 대여료를, [표2]는 K씨가 일주일 동안 자전거를 빌려서 탄 시간을 기록한 것이다.

[표1] 자전거 대여소의 시간당 대여료

(단위 : 시간/원)

대여소 \ 시간	0.5	1	1.5	2	2.5	3	3.5	4
A	2,000	2,500	3,000	3,500	4,000	4,500	5,000	5,500
B	2,400	2,800	3,100	3,700	4,000	4,400	4,900	5,300
C	2,500	3,000	3,400	3,700	3,900	4,300	4,700	5,000
D	2,300	2,600	2,900	3,700	4,100	4,600	5,100	5,600

[표2] K씨의 일주일 동안 자전거를 빌려탄 시간

요일	월요일	화요일	수요일	목요일	금요일	토요일	일요일
시간	1.5	2.5	1	3.5	0.5	3	4

11 K씨가 4주 동안 토요일에 탄 자전거의 대여료가 얼마인가?(단, 매주 다른 대여소를 이용)

① 16,800원 ② 17,800원
③ 18,800원 ④ 19,800원

12 K씨가 일주일 동안 한 곳에서만 자전거를 빌려서 탔다면 총 대여료는 어느 대여소가 가장 비싼가?

① A ② B
③ C ④ D

13 다음 〈표〉와 〈그림〉은 2023년 대전광역시 행정구역별 교통 관련 현황 및 행정구역도이다. 이를 이용하여 작성한 그래프로 옳지 않은 것은?

〈표〉 2023년 대전광역시 행정구역별 교통 관련 현황

행정구역 구분	전체	동구	중구	서구	유성구	대덕구
인구(천명)	1,506	249	265	500	285	207

가구수(천가구)	557	99	101	180	102	75
주차장 확보율(%)	81.5	78.6	68.0	87.2	90.5	75.3
승용차 보유대수(천대)	569	84	97	187	116	85
가구당 승용차 보유대수(대)	1.02	0.85	0.96	1.04	1.14	1.13
승용차 통행 발생량(만통행)	179	28	32	61	33	25
화물차 수송 도착량에 대한 화물차 수송 발생량 비율(%)	51.5	46.8	36.0	30.1	45.7	91.8

※ 승용차 1대당 통행발생량 $=\frac{\text{승용차 통행 발생량}}{\text{승용차 보유대수}}$

〈그림〉 대전광역시 행정구역도

① 행정구역별 인구

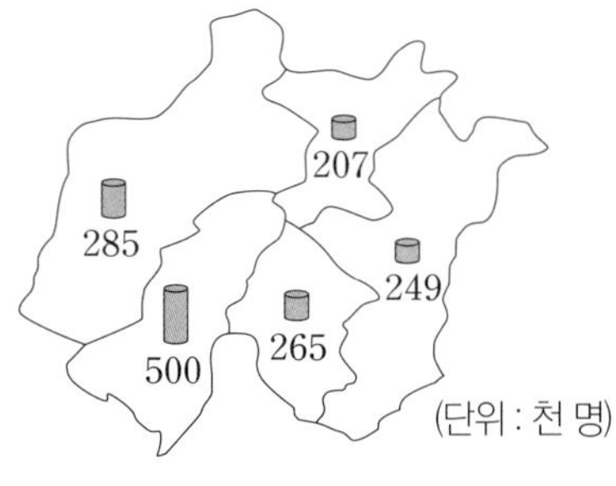

② 행정구역별 주차장 확보율

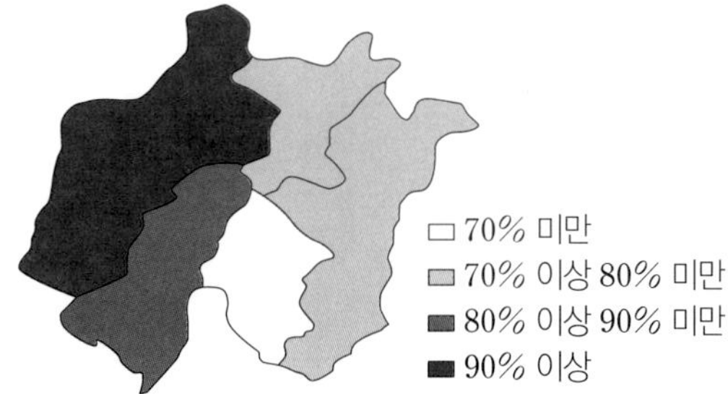

③ 행정구역별 가구당 승용차 보유대수

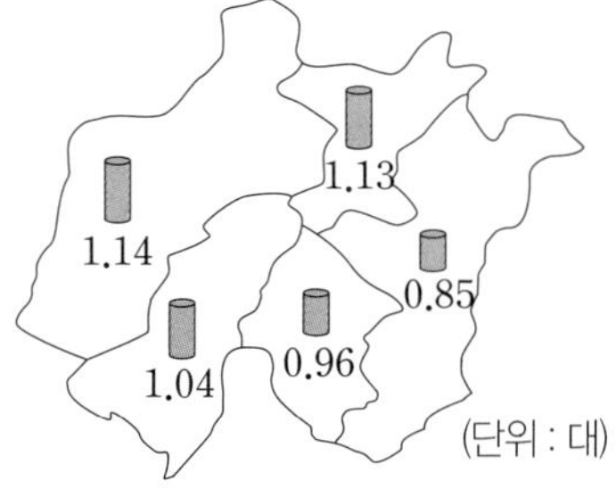

④ 행정구역별 승용차 1대당 통행발생량

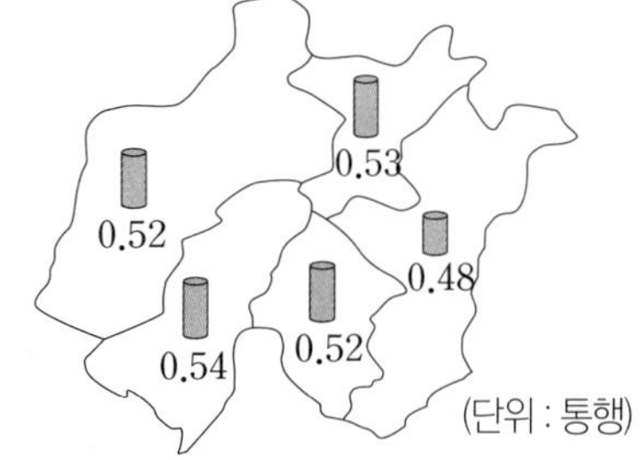

[14～15] 다음 〈표〉는 미국이 환율조작국을 지정하기 위해 만든 요건별 판단기준과 '가'～'카'국의 2023년 자료이다. 물음에 알맞은 답을 고르시오.

〈표 1〉 요건별 판단기준

	A	B	C
요건	현저한 대미무역수지 흑자	상당한 경상수지 흑자	지속적 환율시장 개입
판단 기준	대미무역수지 200억 달러 초과	GDP 대비 경상수지 비중 3% 초과	GDP 대비 외화자산 순매수액 비중 2% 초과

※ 1) 요건 중 세 가지를 모두 충족하면 환율조작국으로 지정됨.
2) 요건 중 두 가지만을 충족하면 관찰대상국으로 지정됨.

〈표 2〉 환율조작국 지정 관련 자료(2023년)

(단위 : 10억 달러, %)

국가＼항목	대미무역수지	GDP 대비 경상수지 비중	GDP 대비 외화자산 순매수액 비중
가	365.7	3.1	−3.9
나	74.2	8.5	0.0
다	68.6	3.3	2.1
라	58.4	−2.8	−1.8
마	28.3	7.7	0.2
바	27.8	2.2	1.1
사	23.2	−1.1	1.8
아	17.6	−0.2	0.2
자	14.9	−3.3	0.0
차	14.9	14.6	2.4
카	−4.3	−3.3	0.1

14 다음 중 미국에 관찰대상국으로 지정되는 국가는 모두 몇 개 국가인가?

① 1개 국가 ② 2개 국가
③ 3개 국가 ④ 4개 국가

15 다음 〈보기〉의 설명 중 옳은 것만을 모두 고르면?

보기
㉠ A요건을 충족하는 국가의 수는 B요건을 충족하는 국가 수보다 2개가 많다. ㉡ 환율조작국으로 지정되는 국가는 2개이다. ㉢ A요건의 판단기준을 '대미무역수지 200억 달러 초과'에서 '대미무역수지 150억 달러 초과'로 바꾸는 경우 관찰대상국 또는 환율조작국으로 지정되는 국가의 수도 달라진다.

① ㉠
② ㉡
③ ㉠, ㉢
④ ㉡, ㉢

16 다음 제시문은 바이러스 V의 감염 여부와 시약 G의 반응 결과에 대한 조사 자료이다. 이를 토대로 '시약 G에 음성 반응을 보인 성인 중 바이러스 V의 감염자 비율'(A)과 '기대손실액'(B)을 구하면?

〈제시문〉

일반인을 바이러스 V 감염자와 비감염자로 분류할 수 있으며, 그 감염여부를 판별하기 위한 시약 G의 반응은 양성 또는 음성으로 나타난다.

전체 성인 중 바이러스 감염자의 비율은 40%이고, 전체 성인 중 시약에 양성 반응을 보인 비율은 20%이며, 바이러스 감염자 중 시약에 양성 반응을 보인 성인의 비율은 35%이다.

바이러스 감염자이면서 음성 반응을 보일 경우의 손실액은 200만원이고, 바이러스 비감염자이면서 양성 반응을 보일 경우의 손실액은 100만원이다.

※ 기대손실액=(감염자이면서 음성 반응을 보일 경우의 성인비율)×(해당 손실액)+(비감염자이면서 양성 반응을 보일 경우의 성인비율)×(해당 손실액)

	(A)	(B)
①	26.0%	58만 원
②	26.0%	140만 원
③	32.5%	58만 원
④	32.5%	140만 원

17 갑과 을은 ○○은행의 걷기 대회에 참가했는데, 갑은 시속 4.25km, 을은 시속 3.75km의 속력으로 걷는다고 한다. 갑은 출발한 후 6시간 뒤 목표지점에 도착하였다고 할 때, 을은 갑이 도착한 뒤 얼마 후에 목표지점에 도착하는가?

① 36분　② 45분

③ 48분　④ 54분

[18~19] 다음 〈표〉는 '갑'국 개인의 연소득에 대한 자료이고, 개인별 소득세산출액은 〈소득세 결정기준〉에 따라 계산한다. 물음에 알맞은 답을 고르시오.

〈표〉 개인별 연소득 현황

(단위 : 만원)

개인	근로소득	금융소득
A	19,000	5,000
B	23,000	0
C	21,000	3,000
D	0	30,000

※ 1) 근로소득과 금융소득 이외의 소득은 존재하지 않음.
2) 모든 소득은 과세대상이고, 어떤 종류의 공제 · 감면도 존재하지 않음.

〈소득세 결정기준〉

- 5천만원 이하의 금융소득에 대해서는 15%의 '금융소득세'를 부과함.
- 과세표준은 금융소득 중 5천만원을 초과하는 부분과 근로소득의 합이고, 〈과세표준에 따른 근로소득세율〉에 따라 '근로소득세'를 부과함(금융소득 5천만원에 대하여 금융소득세를 부과한다.).
- 소득세산출액은 '금융소득세'와 '근로소득세'의 합임.

〈과세표준에 따른 근로소득세율〉

(단위 : %)

과세표준	세율
1,000만원 이하분	5
1,000만원 초과 5,000만원 이하분	10
5,000만원 초과 1억원 이하분	15
1억원 초과 2억원 이하분	20
2억원 초과분	25

• 예를 들어, 과세표준이 2,500만원인 사람의 '근로소득세'는 다음과 같음.
1,000만원 × 5% + (2,500만원 − 1,000만원) × 10% = 200만원

18 A~C 중 소득세산출액이 가장 많은 사람과 가장 적은 사람을 순서대로 바르게 나열한 것은?

① A, C
② B, A
③ B, C
④ C, A

19 다음 중 D의 소득세산출액으로 알맞은 것은?

① 3,950만원
② 4,500만원
③ 5,200만원
④ 5,850만원

20 다음은 '갑' 은행의 팀별 성과급 지급 기준이다. '을'팀의 성과평가결과가 〈보기〉와 같다면 '을'팀에 지급되는 성과급의 1년 총액은 얼마인가?

〈성과급 지급 방법〉

가. 성과급 지급은 성과평가 결과와 연계함

나. 성과평가는 효율성, 안전성, 봉사성의 총합으로 평가하며, 효율성, 안전성, 봉사성의 가중치를 각각 0.4, 0.4, 0.2로 부여함

다. 성과평가 결과를 활용한 성과급 지급 기준

성과평가 점수	성과평가 등급	분기별 성과급 지급액
9.0 이상	A	100만원
8.0 이상 9.0 미만	B	90만원
7.0 이상 8.0 미만	C	70만원
7.0 미만	D	40만원

보기

구분	1/4분기	2/4분기	3/4분기	4/4분기
효율성	7	6	10	8
안전성	9	7	8	9
봉사성	7	8	9	7

① 290만원　　② 300만원
③ 320만원　　④ 330만원

[21～22] 다음 [표]는 65세 이상 진료비 및 약품비에 대한 자료이다.

[표1] 노인인구 진료비

(단위 : 억 원)

구분	2021년	2022년	2023년
총 진료비	580,170	646,623	696,271
노인인구 진료비	213,615	245,643	271,357

[표2] 노인인구 약품비

(단위 : 억 원)

구분	2021년	2022년	2023년
총 약품비	139,259	152,905	162,179
노인인구 약품비	53,864	59,850	64,966

21 **2023년 총 진료비, 약품비에서 노인인구의 진료비와 약품비의 비중을 각각 구하면?(단, 소수점 둘째 자리에서 반올림함)**

	진료비	약품비
①	36%	43.1%
②	37%	42.1%
③	38%	41.1%
④	39%	40.1%

22 위의 자료에 대한 설명으로 옳지 않은 것은?(단, 소수점 둘째 자리에서 반올림함)

① 총 진료비는 증가하고 있다.
② 2022년 노인인구 약품비의 비중은 전년대비 약 0.4% 증가하였다.
③ 2021년 노인인구 진료비의 비중은 약 36.8%이다.
④ 2023년 노인인구 진료비의 비중은 전년대비 약 3% 증가하였다.

23 다음 [표]는 범죄의 발생 검거상황에 관한 자료이다. 검거율이 가장 낮은 범죄는?

[표] 범죄의 발생 검거상황

(단위 : 건)

구분	발생건수	검거건수
재산범죄	573,445	389,937
강력범죄(흉악)	32,963	31,668
강력범죄(폭력)	251,889	239,831
위조범죄	18,569	14,078
과실범죄	7,708	6,912

※ 검거율 : 발생건수에 대한 검거건수의 백분율

① 재산범죄
② 강력범죄(흉악)
③ 강력범죄(폭력)
④ 위조범죄

[24～25] 다음을 〈층간소음 배상 기준 및 금액〉을 근거로 하여 물음에 알맞은 답을 고르시오.

〈층간소음 배상 기준 및 금액〉

층간소음 배상에 대한 기준 및 금액은 아래와 같다.

(1) 층간소음 수인(受忍)한도

- 주간 최고소음도 : 55dB(A)
- 야간 최고소음도 : 50dB(A)
- 주간 등가소음도 : 40dB(A)
- 야간 등가소음도 : 35dB(A)

(2) 층간소음 배상 기준금액 : 수인한도 중 하나라도 초과 시

피해기간	피해자 1인당 배상 기준금액
6개월 이내	600,000원
6개월 초과~1년 이내	750,000원
1년 초과~2년 이내	900,000원

(3) 배상금액 가산기준

- 주간 혹은 야간에 최고소음도와 등가소음도가 모두 수인한도를 초과한 경우에는 30% 가산
- 최고소음도 혹은 등가소음도가 주간과 야간에 모두 수인한도를 초과한 경우에는 30% 가산
- 피해자가 환자, 1세 미만 유아, 수험생인 경우에는 해당 피해자 개인에게 20% 가산

(4) 둘 이상의 가산기준에 해당하는 경우 기준금액을 기준으로 각각의 가산금액을 산출한 후 합산

예 피해기간은 3개월이고, 주간의 최고소음도와 등가소음도가 수인한도를 모두 초과하였고, 피해자가 1인이며 환자인 경우 최대 배상금액 : 500,000원+(500,000원×0.3)+(500,000원×0.2)

※ 등가소음도 : 변동하는 소음의 평균치

24 다음의 상황에서 '갑'이 배상해야 하는 금액은 얼마인가?

아파트 7층에 거주하는 갑이 7개월 전부터 지속적으로 소음을 발생시키자, 6층의 부부가 문제를 제기하였다. 소음을 측정한 결과 주간과 야간 모두 최고소음도는 수인한도를 초과하지 않았으나, 주간 등가소음도는 42dB(A)였으며, 야간 등가소음도는 37dB(A)였다. 부부는 모두 건강했으며, 현재 자녀 없이 두 사람만 거주하고 있는 상태였다.

① 1,500,000원　　② 1,560,000원

③ 1,800,000원　　④ 1,950,000원

25 다음의 상황에서 '을'이 배상해야 할 금액은 얼마인가?

A씨 가족은 1년 3개월 전에 한 아파트로 이사를 왔다. 그런데 이사 온 첫날부터 바로 윗집에 사는 을이 야간에 지속적으로 소음을 발생시켰다. 모두 5인으로 구성된 A씨 가족들 중에는 몸이 아파 병원에 계속 다니고 있는 할머니 한 분과 수험생인 큰 아들이 하나 있었다. A씨 가족의 문제제기로 야간에 소음을 측정한 결과 등가소음도는 40dB(A)였으며, 최고소음도는 52dB(A)이었다.

① 5,850,000원
② 6,030,000원
③ 6,210,000원
④ 6,390,000원

Chapter 03

문제해결능력

- 문제해결능력은 모든 은행권 직장인에게 공통적으로 요구하는 직업기초능력으로 NCS 10과목 중에서 반드시 채택되는 영역이다.
- 문제해결능력은 창조적이고 논리적인 사고를 통하여 이를 올바르게 인식하고 적절히 해결하기 때문에 이해가 중요한 영역이다.
- 핵심이론과 관련된 문제와 응용문제에서 요구하고 있는 언어 추리 및 다양한 업무 상황의 글을 해결하는 능력 등이 문제로 출제된다.

1. 문제해결능력 소개

문제해결능력이란 업무를 수행함에 있어 문제 상황이 발생하였을 경우, 창조적이고 논리적인 사고를 통하여 이를 올바르게 인식하고 적절히 해결하는 능력이다.

2. 문제해결능력 구성

하위능력	정의	세부요소
사고력	업무와 관련된 문제를 인식하고 해결함에 있어 창조적, 논리적, 비판적으로 생각하는 능력	• 창의적 사고 • 논리적 사고 • 비판적 사고
문제처리능력	업무와 관련된 문제의 특성을 파악하고, 대안을 제시, 적용하고 그 결과를 평가하여 피드백하는 능력	• 문제 인식 • 대안 선택 • 대안 적용 • 대안 평가

3. 문제해결능력 분석

(1) 문제해결능력
- 문제의 개념을 알아본다.
- 문제의 유형별 특징을 알아본다.

(2) 사고력
- 사고력에 대해 알아본다.

- 사고의 종류별 특징을 알아본다.

(3) 문제처리능력
- 문제해결의 절차를 알아본다.
- 문제해결 절차의 특징을 알아본다.

1 〉 문제해결능력

(1) 문제란?

원활한 업무수행을 위해 해결되어야 하는 질문이나 의논 대상을 의미한다.

※ **문제점** : 문제의 근본원인이 되는 사항으로 문제해결에 필요한 열쇠인 핵심 사항

(2) 문제의 분류

구분	창의적 문제	분석적 문제
문제제시 방법	현재 문제가 없더라도 보다 나은 방법을 찾기 위한 문제 탐구로 문제자체가 명확하지 않음	현재의 문제점이나 미래의 문제로 예견될 것에 대한 문제 탐구로, 문제자체가 명확함
해결 방법	창의력에 의한 많은 아이디어의 작성을 통해 해결	분석, 논리, 귀납과 같은 논리적 방법을 통해 해결
해답 수	해답의 수가 많으며, 많은 답 가운데 보다 나은 것을 선택	답의 수가 적으며, 한정되어 있음
주요 특징	주관적, 직관적, 감각적, 정성적, 개별적, 특수성	객관적, 논리적, 정량적, 이성적, 일반적, 공통성

(3) 문제의 유형

① 기능에 따른 문제 유형

제조문제, 판매문제, 자금문제, 인사문제, 경리문제, 기술상 문제

② 해결방법에 따른 문제 유형

논리적 문제, 창의적 문제

③ 시간에 따른 문제유형

과거문제, 현재문제, 미래문제

④ 업무수행과정 중 발생한 문제유형

발생형 문제(보이는 문제)	• 눈앞에 발생되어 당장 걱정하고 해결하기 위해 고민하는 문제 • 눈에 보이는 이미 일어난 문제 • 원인지향적인 문제
탐색형 문제(찾는 문제)	• 현재의 상황을 개선하거나 효율을 높이기 위한 문제 • 눈에 보이지 않는 문제 • 잠재문제, 예측문제, 발견문제
설정형 문제(미래 문제)	• 미래상황에 대응하는 장래의 경영전략의 문제 • 앞으로 어떻게 할 것인가 하는 문제 • 목표 지향적 문제 • 창조적 문제

(4) 문제해결

① 정의

문제해결이란 목표와 현상을 분석하고, 이 분석 결과를 토대로 주요과제를 도출하여 바람직한 상태나 기대되는 결과가 나타나도록 최적의 해결안을 찾아 실행, 평가해 가는 활동을 의미한다.

② 의의

㉠ **조직 측면** : 자신이 속한 조직의 관련분야에서 세계 일류수준을 지향하며, 경쟁사와 대비하여 탁월하게 우위를 확보하기 위해 끊임없는 문제해결 요구

㉡ **고객 측면** : 고객이 불편하게 느끼는 부분을 찾아 개선과 고객감동을 통한 고객만족을 높이는 측면에서 문제해결 요구

㉢ **자기 자신 측면** : 불필요한 업무를 제거하거나 단순화하여 업무를 효율적으로 처리하게 됨으로써 자신을 경쟁력 있는 사람으로 만들어 나가는데 문제해결 요구

(5) 문제해결의 기본요소

① 체계적인 교육훈련

② 문제해결방법에 대한 지식

③ 문제에 관련된 해당지식 가용성

④ 문제해결자의 도전의식과 끈기

⑤ 문제에 대한 체계적인 접근

(6) 문제해결 시 갖추어야할 사고

① 전략적 사고

현재 당면하고 있는 문제와 그 해결방법에만 집착하지 말고, 그 문제와 해결방안이 상위 시스템 또는 다른 문제와 어떻게 연결되어 있는지를 생각하는 것이 필요하다.

② 분석적 사고

전체를 각각의 요소로 나누어 그 요소의 의미를 도출한 다음 우선순위를 부여하고 구체적인 문제해결방법을 실행하는 것이 요구된다.

㉠ 성과 지향의 문제 : 기대하는 결과를 명시하고 효과적으로 달성하는 방법을 사전에 구상하고 실행에 옮긴다.

㉡ 가설 지향의 문제 : 현상 및 원인분석 전에 지식과 경험을 바탕으로 일의 과정이나 결과, 결론을 가정한 다음 검증 후 사실일 경우 다음 단계의 일을 수행한다.

㉢ 사실 지향의 문제 : 일상 업무에서 일어나는 상식, 편견을 타파하여 객관적 사실로부터 사고와 행동을 출발한다.

③ 발상의 전환

기존에 갖고 있는 사물과 세상을 바라보는 인식의 틀을 전환하여 새로운 관점에서 바로 보는 사고를 지향한다.

④ 내 · 외부자원의 효과적인 활용

문제해결 시 기술, 재료, 방법, 사람 등 필요한 자원 확보 계획을 수립하고 내 · 외부자원을 효과적으로 활용한다.

(7) 문제해결 시 방해요소

① 문제를 철저하게 분석하지 않는 경우

어떤 문제가 발생하면 직관에 의해 성급하게 판단하여 문제의 본질을 명확하게 분석하지 않고 대책안을 수립하여 실행함으로써 근본적인 문제해결을 하지 못하거나 새로운 문제를 야기하는 결과를 초래할 수 있다.

② 고정관념에 얽매이는 경우

상황이 무엇인지를 분석하기 전에 개인적인 편견이나 경험, 습관으로 증거와 논리에도 불구하고 정해진 규정과 틀에 얽매여서 새로운 아이디어와 가능성을 무시해 버릴 수 있다.

③ 쉽게 떠오르는 단순한 정보에 의지하는 경우

문제해결에 있어 종종 우리가 알고 있는 단순한 정보들에 의존하여 문제를 해결하지 못하거나 오류를 범하게 된다.

④ 너무 많은 자료를 수집하려고 노력하는 경우

무계획적인 자료 수집은 무엇이 제대로 된 자료인지를 알지 못하는 실수를 범할 우려가 많다.

(8) 문제해결 방법

① 소프트 어프로치(Soft approach)

㉠ 대부분의 기업에서 볼 수 있는 전형적인 스타일이다.

㉡ 문제해결을 위해서 직접적인 표현이 바람직하지 않다고 여기며, 무언가를 시사하거나 암시를 통하여 의사를 전달한다.

㉢ 결론이 애매하게 끝나는 경우가 적지 않으나, 그것은 그것대로 이심전심을 유도하여 파악한다.

② 하드 어프로치(Hard approach)

㉠ 서로의 생각을 직설적으로 주장하고 논쟁이나 협상을 통해 서로의 의견을 조정해 가는 방법이다.

㉡ 중심적 역할을 하는 것은 논리, 즉 사실과 원칙에 근거한 토론이다.

㉢ 합리적이긴 하지만 잘못하면 단순한 이해관계의 조정에 그치고 말아서 그것만으로는 창조적인 아이디어나 높은 만족감을 이끌어 내기 어렵다.

③ 퍼실리테이션(Facilitation)

㉠ 깊이 있는 커뮤니케이션을 통해 서로의 문제점을 이해하고 공감함으로써 창조적인 문제해결을 도모한다.

㉡ 구성원의 동기가 강화되고 팀워크도 한층 강화된다는 특징을 보인다.

㉢ 구성원이 자율적으로 실행하는 것이며, 제3자가 합의점이나 줄거리를 준비해놓고 예정대로 결론이 도출되어 가는 것이어서는 안 된다.

㉣ 퍼실리테이션에 필요한 기본 역량

- 문제의 탐색과 발견
- 문제해결을 위한 구성원 간의 커뮤니케이션 조정
- 합의를 도출하기 위한 구성원들 사이의 갈등 관리

2 〉 사고력

(1) 창의적인 사고

① 창의적인 사고란?

당면한 문제를 해결하기 위해 이미 알고 있는 경험과 지식을 해체하여 다시 새로운 정보로 결합함으로써 가치 있고 참신한 아이디어를 산출하는 사고이다.

② 창의적 사고의 특징

㉠ 정보와 정보의 조합이다.

㉡ 사회나 개인에게 새로운 가치를 창출한다.

㉢ 창조적인 가능성이다.

③ 창의적 사고 개발 방법

종류	사고 방법	개발 방법
자유 연상법	생각나는 대로 자유롭게 발상	브레인스토밍
강제 연상법	각종 힌트에 강제적으로 연결 지어서 발상	체크리스트
비교 발상법	주제의 본질과 닮은 것을 힌트로 발상	NM법, Synectics

(2) 논리적 사고

① 논리적 사고란?

㉠ 업무 수행 중에 자신이 만든 계획이나 주장을 주위 사람에게 이해시켜 실현시키기 위해 필요로 하는 능력

㉡ 사고의 전개에 있어서 전후의 관계가 일치하고 있는가를 살피고, 아이디어를 평가하는 능력

② 논리적인 사고를 위한 필요요소

㉠ 생각하는 습관

㉡ 상대 논리의 구조화

㉢ 구체적인 생각

㉣ 타인에 대한 이해

㉤ 설득

③ 논리적인 사고를 개발하는 방법

㉠ 피라미드 구조

허위의 사실이나 현상으로부터 상위의 주장을 만들어나가는 방법

㉡ so what기법

"그래서 무엇이지?" 하고 자문자답하는 의미로, 눈앞에 있는 정보로부터 의미를 찾아내어 가치 있는 정보를 이끌어 내는 사고

(3) 비판적 사고

① 비판적 사고란?

㉠ 어떤 주제나 주장 등에 대해서 적극적으로 분석하고 종합하며 평가하는 능동적인 사고이다.

㉡ 어떤 논증, 추론, 증거, 가치를 표현한 사례를 타당한 것으로 수용할 것인가 아니면 불합리한 것으로 거절할 것인가에 대한 결정을 내릴 때 요구되는 사고력이다.

㉢ 제기된 주장에 어떤 오류가 있는가를 찾아내기 위하여 지엽적인 부분을 확대하여 문제로 삼는 것이 아니라, 지식, 정보를 바탕으로 한 합당한 근거에 기초를 두고 현상을 분석하고 평가하는 사고이다.

② 비판적 사고 개발 태도

㉠ 지적 호기심

㉡ 객관성

㉢ 개방성

㉣ 융통성

㉤ 지적 회의성

㉥ 지적 정직성

㉦ 체계성

㉧ 지속성

㉨ 결단력

㉩ 다른 관점에 대한 존중

㉪ 문제의식

㉫ 고정관념 타파

3 〉 문제 처리 능력

(1) 문제 처리 능력이란?

목표와 현상을 분석하고 이 분석결과를 토대로 문제를 도출하여 최적의 해결책을 찾아 실행, 평가해가는 활동을 할 수 있는 능력이다.

(2) 문제해결절차

① 문제 인식

㉠ 해결해야 할 전체 문제를 파악하여 우선순위를 정하고, 선정문제에 대한 목표를 명확히

하는 단계로, '환경 분석 → 주요 과제 도출 → 과제 선정'을 통해 수행된다.

절차	환경 분석	주요 과제 도출	과제 선정
내용	Business System상 거시 환경 분석	• 분석자료를 토대로 성과에 미치는 영향 • 의미를 검토하여 주요 과제 도출	후보과제를 도출하고 효과 및 실현 가능성 측면에서 평가하여 과제 도출

㉡ 환경 분석 시 사용되는 기법

• 3C 분석 : 사업 환경을 구성하고 있는 요소인 자사(Company), 경쟁사(Competitor), 고객(Customer)을 3C라고 하며, 3C에 대한 체계적인 분석을 통해서 환경 분석을 수행할 수 있다.

• SWOT 분석 : 기업내부의 강점(Strengths), 약점(Weaknesses), 외부환경의 기회(Opportunities), 위협요인(Threats)을 분석 · 평가하고 이들을 서로 연관지어 전략을 개발하고 문제해결 방안을 개발하는 방법이다.

② 문제 도출

㉠ 선정된 문제를 분석하여 해결해야 할 것이 무엇인지를 명확히 하는 단계로 현상에 대하여 문제를 분해하여 인과관계 및 구조를 파악하는 단계이다. '문제 구조 파악 → 핵심 문제 선정'의 절차를 거쳐 수행된다.

절차	문제 구조 파악	핵심 문제 선정
내용	전체 문제를 개별화된 세부 문제로 쪼개는 과정으로 문제의 내용 및 미치고 있는 영향 등을 파악하여 문제의 구조를 도출해내는 것이다.	문제의 큰 영향력을 미칠 수 있는 이슈를 핵심 이슈로 선정한다.

㉡ 문제 구조 파악 시 사용되는 방법

• Logic Tree 방법 : 해결책을 구체화 할 때 제한된 시간 속에 넓이와 깊이를 추구하는 데 도움이 되는 기술로, 주요 과제를 나무모양으로 분해 · 정리하는 기술

③ 원인 분석

㉠ 파악된 핵심문제에 대한 분석을 통해 근본 원인을 도출하는 단계이다. 'Issue 분석 → Data 분석 → 원인 파악'의 절차로 진행된다.

절차	Issue 분석	Data 분석	원인 파악
내용	• 핵심이슈설정 • 가설설정 • Output이미지 결정	• Data 수집계획 수립 • Data 정리, 가공 • Data 해석	근본원인을 파악하고 원인과 결과를 도출

㉡ 원인파악의 패턴

- 단순한 인과관계 : 원인과 결과를 분명하게 구분할 수 있는 경우
- 닭과 계란의 인과관계 : 원인과 결과를 구분하기가 어려운 경우
- 복잡한 인과관계 : 위 두 가지 유형이 복잡하게 서로 얽혀 있는 경우

④ 해결안 개발실행 및 평가

문제로부터 도출된 근본원인을 효과적으로 해결할 수 있는 최적의 해결방안을 수립하는 단계이다. '해결안 도출 → 해결안 평가 및 최적안 선정'의 절차로 진행된다.

절차	해결안 도출	해결안 평가 및 최적안 선정
내용	• 문제로부터 최적의 해결안을 도출 • 아이디어를 명확화	• 최적안 선정을 위한 평가기준 선정 • 우선순위 선정을 통해 최적안 선정

⑤ 실행 및 평가

해결안 개발을 통해 만들어진 실행계획을 실제 상황에 적용하는 활동으로 당초 장애가 되는 문제의 원인들을 해결안을 사용하여 제거하는 단계이다.

절차	실행계획 수립	실행	사후관리(Follow-up)
내용	최종 해결안을 실행하기 위한 구체적인 계획 수립	실행계획에 따른 실행 및 모니터	실행 결과에 대한 평가

Chapter 03 실전문제

정답 및 해설 400p

01 다음 문장 중 의미가 다른 것은?

① 그는 회사에 올 때 결코 서류가방을 들고 오지 않는다.
② 그가 회사에 오는 모든 때는 서류가방을 들고 오지 않는 때이다.
③ 그가 회사에 오는 모든 때는 서류가방을 들고 오는 때가 아니다.
④ 그가 회사에 오지 않을 때는 서류가방을 들고 다닌다.

02 다음 2가지 사례를 읽고 문제해결을 위해서 갖추어야 하는 사고로 옳은 것은?

〈사례1〉
C씨는 영업부서의 신입사원이다. C가 입사한 회사는 보험업에서 다른 기업에 비해 성과가 뒤떨어지는 회사였고, 그 기업에 근무하는 사람들은 모두 현실을 받아들이고 있었다. C는 이러한 상황에 불만을 느끼고 다른 기업과 자신의 기업과의 차이를 분석하게 되었다. 그 결과 C씨는 자신의 회사가 영업사원의 판매교육이 부족하다는 것을 알게 되었고, 이를 문제, 원인, 해결안을 보고서로 제출하였지만, 결국 회사의 전략으로 채택되지 못했다.

〈사례2〉
설계, 기술, 영업, 서비스 각 부문의 핵심 인력들이 모여 최근에 경합하고 있는 B사에 추월당할 우려가 있다는 상황에 대한 회의가 열렸다. 설계부서에서는 우리 회사의 기술이 상대적으로 뒤처져 있는 것을 지적하였으며, 영업부서에서는 제품의 결함이 문제라고 지적하였다. 서비스 부서에서는 매상목표를 달성할 수 없다는 문제를 지적하였으며, 기술 부서에서는 고객의 클레임에 대한 대응이 너무 느리다는 지적이 있었다. 결국 이 회의에서는 회사 내의 내외부적인 자원을 활용하지 못한 채 서로의 문제만을 지적하고 특별한 해결책을 제시하지 못한 채 끝나고 말았다.

① 전략적 사고, 발상의 전환
② 전략적 사고, 내 · 외부 자원의 효과적인 활용
③ 분석적 사고, 내 · 외부 자원의 효과적인 활용
④ 분석적 사고, 발상의 전환

03 다음 중 퍼실리테이션에 의한 문제해결 방법으로 옳은 것은?

> ㉠ 어떤 그룹이나 집단이 의사결정을 잘 하도록 도와주는 일이다.
> ㉡ 깊이 있는 커뮤니케이션을 통해 서로의 문제점을 이해하고 공감함으로써 창조적인 문제해결을 도모할 수 있다.
> ㉢ 대부분의 기업에서 볼 수 있는 전형적인 문제해결 방법이다.
> ㉣ 사실과 원칙에 근거한 토론으로 해결하는 방법이다.
> ㉤ 결론이 애매하게 끝나는 경우가 적지 않다.

① ㉠, ㉡
② ㉠, ㉢
③ ㉢, ㉤
④ ㉡, ㉢, ㉣

04 다음 사례를 읽고, 문제해결과정 중 A공장장이 간과한 과정으로 옳은 것은?

> P사는 1950년대 이후 세계적인 자동차 생산 회사로서의 자리를 지켜왔다. 그러나 최근 P사의 자동차 생산라인에서 문제가 발생하고 있었는데, 이 문제는 자동차 문에서 나타난 멍자국이었다. 문을 어느 쪽으로 보는가에 따라 다르기는 하지만, 이 멍자국은 눌린 것이거나 문을 만드는 과정에서 생긴 것 같았다.
>
> 문을 만들 때는 평평한 금속을 곡선으로 만들기 위해 강력한 프레스기에 넣고 누르게 되는데, 그 때 표면이 올라 온 것처럼 보였다. 실제적으로 아주 작은 먼지나 미세한 입자 같은 것도 프레스기 안에 들어가면 문짝의 표면에 자국을 남길 수 있을 것으로 추정되었다.
>
> 그러던 어느 날 공장의 생산라인 담당자 B로부터 다음과 같은 푸념을 듣게 되었다.
>
> "저는 매일같이 문짝 때문에 재작업을 하느라 억만금이 들어간다고 말하는 재정 담당 사람들이나, 이 멍자국이 진열대까지 올라가면 고객들을 열 받게 해서 다 쫓아 버린다고 말하는 마케팅 직원들과 싸우고 있어요." 처음에 A공장장은 이 말을 듣고도 '멍자국이 무슨 문제가 되겠어?'라고 별로 신경을 쓰지 않았다.
>
> 그러나 자기 감독 하에 있는 프레스기에서 나오는 멍자국의 수가 점점 증가하고 있다는 것을 알게 되었고, 그것 때문에 페인트 작업이나 조립 공정이 점점 늦어짐으로써 회사에 막대한 추가 비용과 시간이 든다는 문제를 인식하게 되었다.

① 원인 분석
② 문제 도출
③ 문제 인식
④ 해결안 개발

05 ○○은행의 직원 A는 월요일부터 목요일까지 회사의 감사에 대비한 대책회의 참석을 한다. A는 담당자로부터 다음 주 월요일부터 금요일 중에서 감사가 실시될 것이라는 정보를 들었다. 감사는 며칠에 나누어 실시될 수 있다고 한다. 다음의 조건이 모두 참이라고 할 때, 감사가 실시될 요일(들)은?

〈조건〉
㉠ 목요일에 감사가 실시된다면, 금요일에도 감사가 실시될 것이다.
㉡ 월요일에 감사가 실시되지 않는다면, 화요일이나 목요일에 실시될 것이다.
㉢ 월요일에 감사가 실시된다면, 수요일에는 실시되지 않을 것이다.
㉣ 목요일과 금요일에 감사가 실시되지 않는다면 화요일에도 감사가 실시되지 않을 것이다.
㉤ A가 대책회의에 참석하지 않는 날에는 감사가 실시되지 않을 것이다.

① 월
② 화
③ 수
④ 월, 화

[06~07] 다음의 〈상황〉과 〈대화〉를 읽고 물음에 가장 알맞은 답을 고르시오.

〈상황〉
지구와 거대한 운석이 충돌할 것으로 예상되자, A국 정부는 인류의 멸망을 막기 위해 갑, 을, 병 세 사람을 각각 냉동캡슐에 넣어 보존하기로 했다. 운석 충돌 후 시간이 흘러 지구에 다시 사람이 살 수 있는 환경이 조성되자, 3개의 냉동캡슐은 각각 다른 시점에 해동이 시작되어 하루 만에 완료되었다. 그 후 갑, 을, 병 세 사람은 2120년 9월 7일 한 자리에 모여 다음과 같은 〈대화〉를 나누었다.

〈대화〉
갑 : 나는 2086년에 태어났습니다. 19살에 냉동캡슐에 들어갔고, 캡슐에서 해동된 지는 정확히 7년이 되었어요.
을 : 나는 2075년 10월생입니다. 26살에 냉동캡슐에 들어갔고, 캡슐에서 해동된 것은 지금으로부터 2년 전입니다.
병 : 난 2083년 5월 17일에 태어났어요. 21살이 되기 두 달 전에 냉동캡슐에 들어갔고, 해동된 건 일주일 전이에요.

※ 이들이 밝히는 나이는 만 나이이며, 냉동되어 있는 기간은 나이에 산입되지 않는다.

06 '갑', '을', '병'의 현재 나이의 합으로 옳은 것은?

① 74세
② 75세
③ 76세
④ 115세

07 '갑', '을', '병' 세 사람 중 냉동캡슐에 가장 늦게 들어간 사람과 냉동캡슐에 가장 오래 보관된 사람의 순서를 모두 바르게 연결한 것은?

	냉동캡슐에 가장 늦게 들어간 사람	냉동캡슐에 가장 오래 보관된 사람
①	갑	갑
②	을	갑 또는 을
③	병	을
④	갑	을 또는 병

08 정부는 우수 중소기업 지원자금을 5000억 원 한도 내에서 아래와 같은 〈지침〉에 따라 A, B, C, D기업에 배분하고자 한다. 지원 금액이 가장 많은 기업과 지원요구금액만큼 지원받지 못하는 기업을 모두 맞게 나열한 것은?

〈지침〉

가. 평가지표별 점수 부여 : 평가지표별로 1위 기업에게는 4점, 2위는 3점, 3위는 2점, 4위는 1점을 부여한다. 다만, 부채비율이 낮을수록 순위가 높으며, 나머지 지표는 클수록 순위가 높다.

나. 기업 평가순위 부여 : 획득한 점수의 합이 큰 기업 순으로 평가순위(1위~4위)를 부여한다.

다. 지원한도

(1) 평가 순위 1위 기업에는 2000억 원, 2위는 1500억 원, 3위는 1000억 원, 4위는 500억 원까지 지원할 수 있다.

(2) 각 기업에 대한 지원한도는 순자산의 2/3로 제한된다.

라. 지원요구금액이 지원한도보다 적은 경우에는 지원요구금액 만큼만 배정한다.

〈표〉 평가지표와 각 기업의 순자산 및 지원요구금액

구분		A	B	C	D
평가 지표	경상이익률(%)	5	2	1.5	3
	영업이익률(%)	5	1	2	1.5
	부채비율(%)	500	350	450	300
	매출액증가율(%)	8	10	9	11
순자산(억 원)		2,400	1,200	900	3,000
지원요구금액(억 원)		1,600	700	500	2,000

① A, B
② A, C
③ D, A
④ D, B

[09~10] 다음 글과 〈상황〉을 근거로 하여 물음에 알맞은 답을 고르시오.

제00조(경계표, 담의 설치권)
① 인접하여 토지를 소유한 자는 공동비용으로 통상의 경계표나 담을 설치할 수 있다. 이 경우 그 비용은 쌍방이 절반하여 부담한다.
② 전항에도 불구하고 토지의 경계를 정하기 위한 측량비용은 토지의 면적에 비례하여 부담한다.
제00조(경계선 부근의 건축)
① 건물을 축조함에는 경계로부터 반미터 이상의 거리를 두어야 한다.
② 인접지소유자는 전항의 규정에 위반한 자에 대하여 건물의 변경이나 철거를 청구할 수 있다. 그러나 건축에 착수한 후 1년을 경과하거나 건물이 완성된 후에는 손해배상만을 청구할 수 있다.
제00조(차면시설의무) 경계로부터 2미터 이내의 거리에서 이웃 주택의 내부를 관망할 수 있는 창이나 마루를 설치하는 경우에는 적당한 차면(遮面)시설을 하여야 한다.
제00조(지하시설 등에 대한 제한) 우물을 파거나 용수, 하수 또는 오물 등을 저치(貯置)할 지하시설을 하는 때에는 경계로부터 2미터 이상의 거리를 두어야 하며, 지하실공사를 하는 때에는 경계로부터 그 깊이의 반 이상의 거리를 두어야 한다.

※ **차면(遮面)시설** : 서로 안 보이도록 가리는 시설
※ **저치(貯置)** : 저축하거나 저장하여 둠

〈상황〉
• 갑과 을은 1,000m^{2}의 토지를 공동으로 구매하였다. 그리고 다음과 같이 A토지와 B토지로 나누어 A토지는 갑이, B토지는 을이 소유하게 되었다.

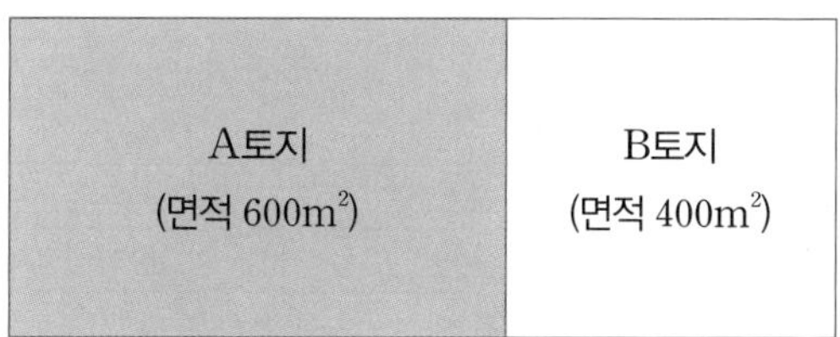

• 갑은 A토지와 B토지의 경계에 담을 설치하고, A토지 위에 C건물을 짓고자 한다. 을은 B토지를 주차장으로만 사용한다.

09 갑과 을은 담을 설치하기 위해 먼저 토지의 경계를 정하기 위한 측량을 하고자 한다. 측량비용이 100만 원이 든다면 갑과 을이 부담하여야 하는 액수를 바르게 연결한 것은?

① 갑 : 50만 원, 을 : 50만 원
② 갑 : 40만 원, 을 : 60만 원
③ 갑 : 60만 원, 을 : 40만 원
④ 갑 : 100만 원, 을 : 100만 원

10 다음 〈보기〉의 내용 중 옳은 것을 모두 고르면?

보기

㉠ 경계에 담을 설치하는 비용이 100만 원이라면 갑이 60만 원, 을이 40만 원을 부담해야 한다.
㉡ 갑이 B토지와의 경계로부터 40센티미터의 거리를 두고 C건물을 완성한 경우, 을은 그 건물의 철거를 청구할 수 없다.
㉢ C건물을 B토지와의 경계로부터 2미터 이내의 거리에 축조한다면, 갑은 C건물에 B토지를 향한 창을 설치할 수 없다.
㉣ 갑이 C건물에 지하 깊이 2미터의 지하실공사를 하는 경우, B토지와의 경계로부터 1미터 이상의 거리를 두어야 한다.

① ㉠, ㉡　　② ㉠, ㉣
③ ㉡, ㉢　　④ ㉡, ㉣

[11～12] 다음은 같은 가격의 동종 전자제품 A, B, C의 사용 연수와 제품 가치의 상관관계를 나타낸 것이다. 제품의 가치에 따라 가격이 결정되며, 구입 시의 제품 가치를 100%라 가정할 때, 다음 물음에 적절한 답을 고르시오.

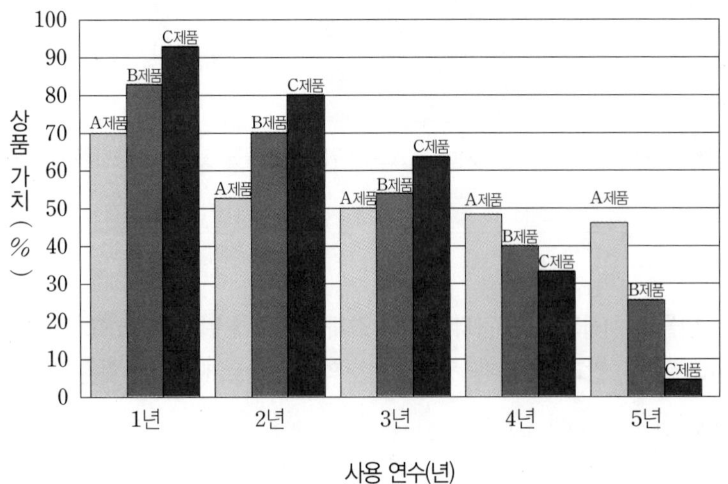

11 구입한지 4년 된 제품 A, B, C를 중고품 시장에 되팔 때 가장 높은 가격을 받게 되는 제품과 가장 낮은 가격을 받게 되는 제품을 순서대로 바르게 짝지은 것은?(다른 조건은 동일한 것으로 간주한다.)

① A, B
② A, C
③ B, A
④ B, C

12 다음 설명 중 옳지 <u>않은</u> 것은?

① A제품은 제품 구입 직후의 중고품 가격이 가장 낮다.
② 3년마다 새로 제품을 구입한다고 할 때는 C제품을 구매하는 것이 가장 유리하다.
③ B제품은 A제품과 C제품보다 장기 사용에 더 유리하다.
④ 구입 후 4년째 되파는 경우 A, B, C 제품 모두 구입가의 절반을 받지 못할 것이다.

13 다음 글을 근거로 판단할 때, 갑이 〈표〉의 기술 단계 중 7개만을 기술 보고서에 포함하는 경우 갑의 최대 선정 지수는?

○ 갑은 다음의 단계를 포함하는 기술 보고서를 20시간 이내에 제출하여야 한다.
○ 보고서가 채택되기 위해서는 총 선정 지수가 높아야 한다.
○ 단계별 선정 지수와 소요 시간은 아래 〈표〉와 같으며, 보고서가 제출 시한보다 1시간 늦을 때마다 선정 지수는 4점씩 감점된다.
○ 보고서 작성은 'A → B → C → D'의 순서로 하여야 하며, 이 4단계는 생략할 수 없다.
○ D단계 이후의 단계는 어떤 것을 선택해도 상관없다.
○ 동일 단계는 반복하지 않으며, 2개 이상의 단계는 동시에 진행할 수 없다.

※ 휴식 시간은 없는 것으로 함.

〈표〉 기술 단계

기술 단계	선정 지수(점)	소요 시간(시간)
A	2	1
B	2	1
C	6	1.5
D	20	7

E	12	3
F	25	10
G	10	0.5
H	60	15

① 53점 ② 61점
③ 76점 ④ 129점

14 ○○은행의 신입사원 '갑'은 입사동기들의 전화번호를 자신의 휴대폰에 저장하였다. 이후 자신의 휴대폰 연락처 메뉴를 통해 동기들을 검색하고자 할 때, 다음 중 옳지 <u>않은</u> 것은?(예를 들어, 'ㄱ'을 누르면 '김찬우', '강희영', '박영규'가 나오고, '77'을 누르면 '7731', '7792' 등이 나온다.)

〈'갑'의 휴대폰 연락처에 저장된 전화번호〉

구분	성명	전화번호
종로지점	강희영	01077317994
영등포지점	김찬우	01022588483
강남지점	남수철	01037325351
동대문지점	박영규	028647792
영등포지점	박정록	01086639247
서대문지점	신유진	01034148658
도봉지점	유영남	01038802966
강남지점	이민준	01047835952
강동지점	최승철	025707620
영등포지점	황현	01075932258

① 'ㅎ'을 누르면 2명이 검색된다.
② '225'를 누르면 모두 같은 지점에 근무하는 2명의 번호가 나온다.
③ 'ㅈ'을 누르면 검색되는 사람은 모두 다른 지점에서 근무한다.
④ '35'를 누르면 서로 다른 지점에 근무하는 2명의 번호가 나온다.

15 다음 〈조건〉과 〈표〉를 근거로 판단할 때, 갑이 만들 수 있는 도시락으로 옳은 것은?

〈조건〉
- 갑은 아래 〈표〉의 3종류(탄수화물, 단백질, 채소)를 모두 넣어서 도시락을 만들려고 한다.
- 열량은 500kcal 이하, 재료비는 3,000원 이하로 한다. (단, 양념은 집에 있는 것을 사용하여 추가 재료비가 들지 않음)
- 도시락 반찬은 다음의 재료를 사용하여 만든다.
  - 두부구이 : 두부 100g, 올리브유 10ml, 간장 10ml
  - 닭불고기 : 닭가슴살 100g, 양파 1개, 올리브유 10ml, 고추장 15g, 설탕 5g
  - 돼지불고기 : 돼지고기 100g, 양파 1개, 올리브유 10ml, 간장 15ml, 설탕 10g
- 도시락 반찬의 열량은 재료 열량의 합이다.

〈표〉

종류	품목	양	가격(원)	열량(kcal)
탄수화물	현미밥	100g	600	150
	통밀빵	100g	850	100
	고구마	1개	500	128
단백질	돼지고기	100g	800	223
	닭가슴살	100g	1,500	109
	두부	100g	1,600	100
	우유	100ml	450	50
채소	어린잎	100g	2,000	25
	상추	100g	700	11
	토마토	1개	700	14
	양파	1개	500	20
양념	올리브유	10ml	–	80
	고추장	15g	–	30
	간장	30ml	–	15
	설탕	5g	–	20

① 현미밥 200g, 닭불고기

② 돼지불고기, 상추 100g

③ 현미밥 300g, 두부구이

④ 통밀빵 100g, 돼지불고기

Chapter 03 문제해결능력

16 다음은 같은 회사의 동료들이 여름휴가 계획에 대해 이야기한 내용이다. A~D 중 잘못 이해하고 있는 사람은 누구인가?

A : 어제 뉴스에서 보니까 달러 가치가 계속 하락하고 있다고 해. 지난주에 1달러 당 1,100원이였는데, 지금은 1,050원 정도니 정말 달러 환율하락이 사실인가 봐.
B : 엔화는 반대로 올랐어. 그래서 일본으로 휴가가기는 힘들 듯 해. 물가가 더 비싸졌거든.
C : 맞아. 얼마 전까지만 해도 1,000엔짜리 도시락 하나가 11,000원 정도였는데, 요즘엔 10,000원이 안 되는 것 같더라구.
D : 그래서 요즘 추세라면 미국 휴가가 나은 것 같아. 미국은 요즘에 비자를 받지 않아도 갈 수 있지?

① A ② B
③ C ④ D

17 다음 글에 제시된 세 가지 행정 원칙과 아래 〈보기〉의 적용 사례를 모두 바르게 연결한 것은?

〈행정의 일반원칙〉
A : 행정작용에 의해 국민의 자유와 권리를 침해하는 경우에는 공익목적 달성에 적합하고 유용한 수단을 선택하여야 한다. 그 중에서도 최소한의 침해를 가져오는 수단을 선택하여야 하고, 침해로 인해 달성되는 공익과 침해되는 사익 간에 상당한 비례관계가 유지되어야 한다.
B : 행정작용에 있어서는 합리적 사유가 없는 한, 국민을 평등하게 대우하여야 한다.
C : 행정기관의 적극적 · 소극적 행위가 지니는 정당성 · 지속성에 대하여 개인이 가지고 있는 신뢰 중에서 국가 입장에서 합리적으로 보호해 주어야 한다고 판단되는 신뢰는 보호되어야 한다.

보기

㉠ 택시운전사가 운전면허정지 기간 중에 운전을 하다가 적발되어 형사처벌을 받았으나, 행정청으로부터 아무런 행정조치가 없어 안심하고 계속 운전업무에 종사하던 중, 3년이 지나 운전면허를 취소하는 행정처분을 받는 것은 불합리하다.
㉡ 당직근무 대기 중 심심풀이로 돈을 걸지 않고 점수따기 화투놀이를 한 사실이 징계사유에 해당되더라도 징계처분으로 파면을 택한 것은 화투놀이를 함께 한 3명을 견책에 처하기로 한 사실을 고려하면 그 재량의 범위를 벗어난 것이므로 위법이다.
㉢ 도로교통법상 음주운전은 면허취소와 1년 이내의 면허정지 중 하나의 벌칙을 받게 되어 있다. 원고에게 이 중 무거운 면허취소처분을 한 것은 가혹할지 모르지만, 음주운전으로 인한 교통사고 방지라는 공익적 필요가 크기 때문에 면허취소가 지나치다고는 볼 수 없다. 원고가 자동차 운전을 생업으로 삼고 있는 사정이 있지만 이 경우에는 더욱 음주운전을 예방해야 할 필요가 있다.

	A	B	C
①	㉠	㉡	㉢
②	㉡	㉢	㉠
③	㉢	㉡	㉠
④	㉠	㉢	㉡

18 다음 글은 조세정책에 관해 '갑'과 '을'이 벌인 논쟁이다. 이 글에 나타난 정책방향에 비추어 볼 때 '을'의 주장과 부합하는 정책으로 가장 적절한 것은?

> 갑이 9조 원 감세안을 주장하면서 감세 논쟁이 불거졌다. 갑은 '서민을 위한 감세'로 소득세율 2%포인트 감세안을 주장하였다. 그러나 을은 이 안이 '부자를 위한 조세 정책'이라고 비판하였다. 이미 직장인의 47%, 자영업자의 51%가 소득세 면제 대상자이기 때문에 이들에게는 실질적 도움이 되지 않는다는 것이다. 또 다른 분석결과에 따르면 일률적인 2%포인트 감세안을 적용할 경우 1천만 원 이하 소득자는 최대 9만원이 절감되지만, 8천만 원 초과 소득자는 최소 3백 9십만 원이 인하되어 오히려 부자들이 큰 혜택을 본다고 한다. 따라서 을은 갑이 제시한 감세안에 대해 반대하며 서민에게 더 유리한 조세정책이 수립되어야 한다고 주장한다.

① 소형 임대아파트 거주자의 주민세를 면제한다.
② 소득세 면제 대상자를 줄인다.
③ 차량 10부제 참여시 자동차세를 10% 감면한다.
④ 주택거래에 대한 취득세 및 등록세의 세율을 0.5%포인트 인하한다.

[19~20] 다음의 〈상황〉을 토대로 물음에 알맞은 답을 고르시오.

> 〈상황 A〉
> '갑'은 3년 전에 1,000만원을 들여 기계를 구입하였으나 현재 이 기계는 노후되어 정상적으로 사용하기 위해서는 수리가 필요한 실정이다. 현재 시장상황을 확인하여 보니 선택 가능한 대안은 다음과 같다.
> 가. 500만원을 지불하고 일부 수리할 경우 기계를 이용하여 100만원짜리 상품 10개를 생산하여 판매할 수 있다. 생산이 끝난 기계는 중고상에 200만원에 팔 수 있다.
> 나. 1,000만원을 들여 기계를 완벽하게 수리할 경우 1,800만원에 중고상에 팔 수 있다.

〈상황 B〉

'을'은 여의도 증권가에서 10년째 식당을 운영하고 있다. 어느 날 인근 증권사에서 매월 200그릇의 설렁탕을 한 그릇 당 1만원에 판매해 줄 것을 요청하였다. 관련 비용을 확인해 본 결과, 재료비는 그릇 당 2,000원이며 설렁탕을 추가 준비하기 위해서는 월급이 150만원인 종업원 한 명을 새로 고용해야 한다. '을'이 선택할 수 있는 대안은 다음과 같다.

가. 신규주문을 수락한다.
나. 신규주문을 거절한다.

〈상황 C〉

'병'은 목재 450만원어치 중 1/3로 의자 10개를 생산하고 나머지로는 식탁 10개를 생산하였다. 시장에서 의자가격은 개당 5만원에, 식탁 가격은 개당 40만원에 형성되어 있다. 만약에 의자와 식탁에 각각 개당 3만원과 5만원의 비용을 추가로 들여 장식하면, 의자 판매가격은 12만원, 식탁 판매가격은 50만원이 된다. '병'이 선택할 수 있는 대안은 다음과 같다.

가. 의자와 식탁 모두 추가장식 없이 판매한다.
나. 의자와 식탁 모두 추가장식을 하여 판매한다.
다. 의자는 추가장식 없이 팔고 식탁은 추가장식을 하여 판매한다.
라. 의자는 추가장식을 하여 팔고 식탁은 추가장식 없이 판매한다.

19 '갑'과 '을'이 모두 순이익을 극대화하는 결정을 하였다고 할 때, 선택한 대안을 모두 바르게 연결한 것은?('순이익=총수익−총비용'이라 가정한다.)

① 갑－가, 을－가
② 갑－나, 을－가
③ 갑－가, 을－나
④ 갑－나, 을－나

20 '병'이 선택할 수 있는 대안 중 순이익이 두 번째로 큰 대안은?('순이익=총수익−총비용'이라 가정한다.)

① 가　　② 나
③ 다　　④ 라

21 다음 글을 근거로 판단할 때, 〈보기〉에서 옳은 것만을 모두 고르면?

갑과 을이 '사냥게임'을 한다. 1, 2, 3, 4의 번호가 매겨진 4개의 칸이 아래와 같이 있다.

1	2	3	4

여기에 갑은 네 칸 중 괴물이 위치할 연속된 두 칸을 정하고, 을은 네 칸 중 화살이 명중할 하나의 칸을 정한다. 갑과 을은 동시에 자신들이 정한 칸을 말한다. 그 결과 화살이 괴물이 위치하는 칸에 명중하면 을이 승리하고, 명중하지 않으면 갑이 승리한다.

예를 들면 갑이 [1|2], 을이 [1] 또는 [2]를 선택한 경우 괴물이 화살에 맞은 것으로 간주하여 을이 승리한다. 만약 갑이 [1|2], 을이 [3] 또는 [4]를 선택했다면 괴물이 화살을 피한 것으로 간주하여 갑이 승리한다.

보기

㉠ 괴물이 위치할 칸을 갑이 무작위로 정할 경우 을은 [1]보다는 [2]를 선택하는 것이 승리할 확률이 높다.

㉡ 화살이 명중할 칸을 을이 무작위로 정할 경우 갑은 [2|3]보다는 [3|4]를 선택하는 것이 승리할 확률이 높다.

㉢ 이 게임에서 갑과 을이 무작위로 정할 경우 을이 선택할 수 있는 경우의 수가 많으므로, 승리할 확률이 높다.

① ㉠　　② ㉡

③ ㉠, ㉢　　④ ㉡, ㉢

22 다음 〈설명〉을 근거로 〈수식〉을 계산한 값은?

〈설명〉

연산자 A, B, C, D는 다음과 같이 정의한다.

A : 좌우에 있는 두 수를 더한다. 단, 더한 값이 10 이하이면 좌우에 있는 두 수를 곱한다. (예 : 3 A 2=6)

B : 좌우에 있는 두 수 가운데 큰 수에서 작은 수를 뺀다. 단, 두 수가 같거나 뺀 값이 10 이하이면 두 수를 곱한다.

C : 좌우에 있는 두 수를 곱한다. 단, 곱한 값이 10 이하이면 좌우에 있는 두 수를 더한다.

D : 좌우에 있는 두 수 가운데 큰 수를 작은 수로 나눈다. 단, 두 수가 같거나 나눈 값이 10 이하이면 두 수를 곱한다.

※ 연산은 '(　)', '{　}'의 순으로 한다.

〈수식〉

{(2 <u>A</u> 3) <u>B</u> (3 <u>C</u> 4)} <u>D</u> 6

① 10

② 12

③ 360

④ 432

23 **서로 성이 다른 3명의 야구선수(김씨, 박씨, 이씨)의 이름은 정우, 선호, 대윤이고, 이들이 맡은 야구팀의 포지션은 1루수, 2루수, 3루수이다. 그리고 이들의 나이는 20세, 23세, 26세이고, 다음과 같은 사실이 알려져 있다. 다음 중 '성씨－이름－포지션－나이'가 제대로 짝지어진 것은?**

㉠ 2루수는 대윤보다 타율이 높고, 대윤은 김 씨 성의 선수보다 타율이 높다.
㉡ 1루수는 박 씨 성의 선수보다 어리나 대윤보다는 나이가 많다.
㉢ 선호와 김 씨 성의 선수는 어제 경기가 끝나고 같이 영화를 보러 갔다.

① 김－정우－1루수－20세

② 박－선호－3루수－26세

③ 이－대윤－3루수－20세

④ 박－정우－2루수－26세

24 **다음 글을 근거로 판단할 때, 스프링클러설비를 설치해야 하는 곳은?**

스프링클러설비를 설치해야 하는 곳은 다음과 같다.

1. 종교시설(사찰 · 제실 · 사당은 제외한다), 운동시설(물놀이형 시설은 제외한다)로서 수용인원이 100명 이상인 경우에는 모든 층
2. 판매시설, 운수시설 및 창고시설 중 물류터미널로서 다음의 어느 하나에 해당하는 경우에는 모든 층
   - 층수가 3층 이하인 건축물로서 바닥면적 합계가 6,000m^2 이상인 것
   - 층수가 4층 이상인 건축물로서 바닥면적 합계가 5,000m^2 이상인 것
3. 다음의 어느 하나에 해당하는 경우에는 모든 층
   - 의료시설 중 정신의료기관, 노인 및 어린이 시설로서 해당 용도로 사용되는 바닥면적의 합계가 600m^2 이상인 것
   - 숙박이 가능한 수련시설로서 해당 용도로 사용되는 바닥면적의 합계가 600m^2 이상인 것

4. 기숙사(교육연구시설 · 수련시설 내에 있는 학생 수용을 위한 것을 말한다) 또는 복합건축물로서 연면적 5,000m^2 이상인 경우에는 모든 층
5. 교정 및 군사시설 중 다음의 어느 하나에 해당하는 경우에는 해당 장소
   • 보호감호소, 교도소, 구치소, 보호관찰소, 갱생보호시설, 치료감호시설, 소년원의 수용거실
   • 경찰서 유치장

① 수용인원이 200인인 물놀이 시설
② 2층 건축물이며 연면적이 6,000m^2인 물류터미널의 모든 층
③ 연면적이 5,000m^2인 5층 기숙사의 모든 층
④ 바닥면적 합계가 500m^2인 노인 시설

25 다음을 근거로 할 때, 아래 〈표〉에서 A국의 전쟁 개시 가능성이 두 번째로 큰 것은?

• A국의 전쟁 개시 결정은 전권을 쥐고 있는 최고 정책 결정자가 내린다. 이 정책결정자는 기대효용(EU; Expected Utility)을 극대화하는 합리적인 행위자이다.
• 정책결정자의 전쟁 개시 결정은 다음의 등식으로부터 계산된 기대효용의 의해 좌우된다.
  EU = P(win)U(win) − P(lose)U(lose)
• P(win)는 A국이 전쟁에서 승리할 가능성이며, P(lose)는 A국이 전쟁에서 패배할 가능성이다. U(win)는 A국이 전쟁에서 승리할 경우의 효용의 크기이며, U(lose)는 A국이 전쟁에서 패배할 경우의 효용의 크기이다.

〈표〉

전쟁에서의 효용의 크기 [U(win)과 U(lose)는 동일함]	전쟁 승리 가능성		
	70%	60%	50%
70	㉠	㉡	㉢
50	㉣		

① ㉠
② ㉡
③ ㉢
④ ㉣

Chapter 04

자원관리능력

- 자원관리능력은 모든 금융권 직장인에게 공통적으로 요구하는 직업기초 능력으로 NCS 10과목 중에서 다소 높은 비중을 차지하고 있는 영역이다.
- 자원관리능력은 직장생활에서 필요한 자원을 확인하고 확보하여 업무 수행에 이를 효율적으로 활용하여 관리하는 능력이다.
- 자원관리능력은 총무, 재무, 인사, 이공계열 등을 바탕으로 실무에 가까운 효율적인 대안을 찾는 능력이 문제로 출제된다.

1. 자원관리능력 소개

자원관리능력이란 업무를 수행하는데 시간, 자본, 재료 및 시설, 인적자원 등의 자원 가운데 무엇이 얼마나 필요한지를 확인하고, 이용 가능한 자원을 최대한 수집하여 실제 업무에 어떻게 활용할 것인지를 계획하고, 계획대로 업무 수행에 이를 할당하는 능력이다.

2. 자원관리능력 구성

하위능력	정의	세부요소
시간관리 능력	업무 수행에 필요한 시간자원이 얼마나 필요한지를 확인하고, 이용 가능한 시간자원을 최대한 수집하여 실제 업무에 어떻게 활용할 것인지를 계획하고 할당하는 능력	• 시간자원 확인 • 시간자원 확보 • 시간자원 활용계획 수립 • 시간자원 할당
예산관리 능력	업무 수행에 필요한 자본자원이 얼마나 필요한지를 확인하고, 이용 가능한 자본자원을 최대한 수집하여 실제 업무에 어떻게 활용할 것인지를 계획하고 할당하는 능력	• 예산 확인 • 예산 할당
물적자원 관리능력	업무 수행에 필요한 자본자원이 얼마나 필요한지를 확인하고, 이용 가능한 자본자원을 최대한 수집하여 실제 업무에 어떻게 활용할 것인지를 계획하고 할당하는 능력	• 물적자원 확인 • 물적 자원 할당
인적자원 관리능력	업무수행에 필요한 인적자원이 얼마나 필요한지를 확인하고, 이용 가능한 인적자원을 최대한 수집하여 실제 업무에 어떻게 활용할 것인지를 계획하고, 할당하는 능력	• 인적자원 확인 • 인적자원 할당

3. 자원관리능력 분석

(1) 자원
 – 자원이 무엇인지 알아본다.

(2) 자원관리
 – 자원관리가 무엇인지 알아본다.

(3) 자원 낭비요인
 – 자원의 낭비요인이 무엇인지 알아본다.

(4) 자원관리과정
 – 효과적인 자원관리과정의 필요성을 알아본다.

1 〉 자원관리능력

(1) 자원관리능력이란

자원관리능력은 직장생활에서 시간, 예산, 물적자원, 인적자원 등의 자원 가운데 무엇이 얼마나 필요한지를 확인하고, 이용 가능한 자원을 최대한 수집하여 실제 업무에 어떻게 활용할 것인지를 계획하고, 계획대로 업무 수행에 이를 할당하는 능력이다.

(2) 자원의 종류

① **시간관리능력** : 기업 활동에서 필요한 시간자원을 파악하고, 시간자원을 최대한 확보하여 실제 업무에 어떻게 활용할 것인지에 대한 시간계획을 수립하고, 이에 따라 시간을 효율적으로 활용하여 관리하는 능력

② **예산관리능력** : 기업 활동에서 필요한 예산을 파악하고, 예산을 최대한 확보하여 실제 업무에 어떻게 활용할 것인지에 대한 예산계획을 수립하고, 이에 따른 예산을 효율적으로 집행하여 관리하는 능력

③ **물적자원관리능력** : 기업 활동에서 필요한 물적자원(재료, 시설자원 등)을 파악하고, 물적자원을 최대한 확보하여 실제 업무에 어떻게 활용할 것인지에 대한 계획을 수립하고, 이에 따른 물적자원을 효율적으로 활용하여 관리하는 능력

④ **인적자원관리능력** : 기업 활동에서 필요한 인적자원을 파악하고, 인적자원을 최대한 확보하여 실제 업무에 어떻게 배치할 것인지에 대한 예산계획을 수립하고, 이에 따른 인적자원을 효율적으로 배치하여 관리하는 능력

(3) 자원관리의 과정

필요한 자원의 종류와 양 파악	→	가능한 자원수집	→	자원활용 계획 수립	→	계획에 따른 수행

(4) 자원의 낭비 요인

① **비계획적 행동** : 자원 활용에 대한 계획 없이 충동적이고 즉흥적으로 행동하는 경우

② **편리성 추구** : 자원의 활용 시 자신의 편리함을 최우선으로 추구하는 경우

③ **자원에 대한 인식 부재** : 자신이 중요한 자원을 가지고 있다는 인식이 없는 경우

④ **노하우 부족** : 자원관리의 중요성은 알고 있으나 효과적으로 수행하는 방법을 알지 못하는 경우

2 〉 시간관리능력

(1) 시간의 특성

① 시간은 매일 24시간이 반복적으로 주어진다.

② 시간은 일정한 속도로 진행된다.

③ 시간의 흐름은 멈출 수 없다.

④ 시간은 빌리거나 저축할 수 없다.

⑤ 시간을 사용하는 방법에 따라 가치가 달라진다.

⑥ 시절에 따라 밀도와 가치가 다르다.

(2) 시간관리의 효과

① **기업 입장에서 시간관리의 효과**

㉠ 생산성 향상

㉡ 가격 인상

㉢ 위험 감소

㉣ 시장 점유율 증가

② **개인 입장에서 시간관리의 효과**

㉠ 스트레스 감소

㉡ 균형적인 삶

㉢ 생산성 향상

㉣ 목표 성취

(3) 시간의 낭비요인

① 외적인 요인 : 본인이 조절할 수 없는 외부인이나 외부에서 발생하는 시간에 의한 것

② 내적인 요인 : 계획의 부족이나 우유부단함 등 개인 내부의 습관에 인한 것

(4) 시간 계획

① 의의 : 시간자원을 최대한 활용하기 위하여 가장 많이 반복되는 일에 가장 많은 시간을 분배하고, 최단시간에 최선의 목표를 달성한다.

② 시간계획의 순서

명확한 목표 설정 → 일의 우선순위 결정 → 예상 소요시간 결정 → 시간 계획서 작성

※ 일의 우선순위 판단 매트릭스

구분	긴급함	긴급하지 않음
중요함	• 긴급하면서 중요한 일 – 위기상황 – 급박한 문제 – 기간이 정해진 프로제트	• 긴급하지 않지만 중요한 일 – 인간관계 구축 – 새로운 기회 발굴 – 중장기 계획
중요하지 않음	• 긴급하지만 중요하지 않은 일 – 잠깐의 급한 질문 – 일부 보고서 및 회의 – 눈앞의 급박한 상황	• 급하지 않고 중요하지 않은 일 – 하찮은 일 – 우편물, 전화 – 시간 낭비거리

③ 시간계획의 기본원리(60 : 40 Rule) : 계획된 행동 60%, 비계획된 행동 40%(계획 외의 행동 20%, 자발적 행동 20%)로 시간 계획을 세운다.

3 〉 예산관리능력

(1) 예산과 예산관리

① 예산 : 사업이나 활동을 하기 위해 필요한 비용을 미리 계산하는 것, 넓은 의미에서는 개인 및 조직의 수입과 지출에 관한 것도 포함된다.

② 예산관리 : 비용 산정+예산 수립+예산 집행(통제)

예산은 실제 비용과 가장 비슷하게 책정하는 것이 바람직하다.
책정비용 > 실제비용 ⇨ 경쟁력 손실
책정비용 < 실제비용 ⇨ 적자의 발생
책정비용＝실제비용 ⇨ 이상적 상태

(2) 직접비용과 간접비용

① **직접비용(Direct Cost)** : 제품의 생산이나 서비스를 창출하기 위해 직접 소비된 비용
→ 재료비, 원료와 장비, 시설비, 여행 및 잡비, 인건비 등

② **간접비용(Indirect Cost)** : 생산에 직접 관련되지 않은 비용
→ 보험료, 건물관리비, 광고비, 통신비, 사무비품비, 각종 공과금 등

(3) 예산관리 절차

① **필요한 과업 및 활동 규명** : 예산 범위 내에서 수행해야 하는 활동과 소요예산 정리

② **우선순위 결정** : 우선적으로 예산이 배정되어야 하는 활동을 도출하기 위해 활동별 예산 지출 규모를 확인하고 우선순위 확정

③ **예산 배정** : 우선순위가 높은 활동부터 예산을 배정하고 사용

(4) 과업세부도

① 과제 및 활동계획 수립 시 가장 기본적인 수단으로 활용되는 그래프

② 필요한 모든 일들을 중요한 범주에 따라 체계화해서 구분해 놓음

4 〉 물적자원관리능력

(1) 물적자원의 종류

① **자연자원** : 자연 상태 그대로의 자원
→ 석유, 석탄, 나무 등

② **인공자원** : 인위적으로 가공하여 만든 자원
→ 시설, 장비 등

(2) 물적자원관리의 중요성

① 물적자원을 효과적으로 관리할 경우 과제 및 사업의 성공으로 경쟁력을 향상시킬 수 있다.

② 물적자원관리가 부족할 경우 과제 및 사업에 실패하여 경제적 손실을 얻게 된다.

(3) 물적자원 활용의 방해요인

① 보관장소를 파악하지 못하는 경우
② 물적자원이 훼손된 경우
③ 물적자원을 분실한 경우
④ 분명한 목적 없이 물적자원을 구입한 경우

(4) 물적자원관리 과정

사무용품과 보관물품의 구분		동일 및 유사 물품으로의 분류		물품 특성에 맞는 보관 장소 선정
• 반복 작업 방지 • 물품활용의 관리성	→	• 동일성의 원칙 • 유사성의 원칙	→	• 물품의 형상 • 물품의 소재

① **사용물품과 보관물품의 구분** : 계속 사용할 물품인지 아닌지를 구분하여 가까운 시일 내에 활용하지 않는 물품은 창고나 박스에 보관한다.
② **동일 및 유사 물품의 분류** : 동일성의 원칙을 반영하여 같은 품종을 작은 장소에 보관하고, 유사성의 원칙대로 유사품은 인접한 장소에 보관해 소요시간을 단축시킨다.
③ **물품의 특성에 맞는 보관 장소 선정** : 재질, 무게, 부피 등 물품의 특성을 고려하여 보관 장소를 선정한 후에 회전대응 보관의 원칙을 지켜 활용 빈도가 상대적으로 높은 것을 가져다 쓰기 쉬운 위치에 먼저 보관한다.

(5) 바코드의 원리를 활용한 물품관리

자신의 물품을 기호화하여 위치 및 정보를 작성해 놓으면 물품을 효과적으로 관리할 수 있다.
① **바코드(Bar Code)** : 컴퓨터가 판독하기 쉽고 데이터를 빠르게 입력하기 위하여 굵기가 다른 검은 막대와 하얀 막대를 조합시켜 문자나 숫자를 코드화 한 것이다.
② **QR코드(Quick Response Code)** : 흑백 격자무늬 패턴으로 정보를 나타내는 매트릭스 형식의 바코드로, 넉넉한 용량을 강점으로 다양한 정보를 담을 수 있다.

5 〉 인적자원관리능력

(1) 인적자원

산업이 발달함에 따라 생산현장이 첨단화, 자동화 되었더라도 물적자원, 예산 등의 생산요소를 효율적으로 결합시켜 가치를 창조하는 일을 하는 것은 바로 사람이기 때문에 기업 경영에서는 구성원들이 능력을 최고로 발휘하기 위한 인적자원의 선발, 배치 및 활용이 중요하다.

(2) 효율적인 인적자원관리의 원칙

① **적재적소 배치의 원리** : 해당 직무 수행에 가장 적합한 인재를 배치해야 한다.

② **공정 보상의 원칙** : 근로자의 인권을 존중하고 공헌도에 따라 노동의 대가를 공정하게 지급해야 한다.

③ **공정 인사의 원칙** : 직무 배당, 승진, 상벌, 근무 성적의 평가, 임금 등을 공정하게 처리해야 한다.

④ **종업원 안정의 원칙** : 직장에서 신분이 보장되고 계속해서 근무할 수 있다는 믿음을 갖게 하여 근로자가 안정된 회사 생활을 할 수 있도록 해야 한다.

⑤ **창의력 계발의 원칙** : 근로자가 창의력을 발휘할 수 있도록 새로운 제안, 건의 등의 기회를 마련하고 적절한 보상을 위해 인센티브를 제공해야 한다.

⑥ **단결의 원칙** : 직장 내에서 구성원들이 소외감을 느끼지 않도록 배려하고, 서로 유대감을 가지고 협동, 단결하는 체제를 이루도록 한다.

(3) 개인 차원에서의 인적자원관리(인맥관리)

① 인맥은 가족, 친구, 직장동료 등 개인이 알고 있거나 관계를 형성하고 있는 사람들을 의미한다.

② 인맥은 핵심인맥과 파생인맥으로 분류할 수 있다.

㉠ **핵심인맥** : 자신과 직접적인 관계가 있는 사람들

㉡ **파생인맥** : 핵심인맥을 통해 알게 된 사람, 우연히 알게 된 사람 등

③ 개인적 차원의 인맥관리 방법으로는 명함관리, 인맥관리카드 작성 등이 있다.

(4) 인적자원의 특성

① **능동성** : 인적자원은 능동적이고 반응적인 성격을 지니고 있으며 성과는 인적자원의 욕구와 동기, 태도와 행동, 만족감에 따라 달라진다.

② **개발가능성** :인적자원은 자연적인 성장, 성숙과 함께 오랜 기간에 걸쳐 개발될 수 있는 잠재능력과 자질을 보유하고 있다.

③ **전략적 자원** : 다양한 자원을 활용하는 주체는 사람이므로 다른 어떤 주제보다도 전략적으로 중요하다.

(5) 인력배치

① 인력배치의 원칙

적재적소주의	• he right man for the right job • 팀원의 능력이나 성격 등과 가장 접합한 위치에 인력을 배치하여 팀원 개개인의 능력을 최대로 발휘해 줄 것을 기대하는 것
능력주의	• 개인에게 능력을 발휘할 수 있는 기회와 장소를 부여하고, 그 성과를 바르게 평가하여 평가된 능력과 실적에 대해 그에 상응하는 보상을 주는 것
균형주의	• 팀 전체의 적재적소를 고려하여 모든 팀원에 대하여 평등하게 인력을 배치하는 것

② 배치의 유형

양적배치	작업량과 조업도, 부족인원을 감안하여 소요인원을 결정하여 배치하는 것
질적배치	적재적소의 배치
적성배치	팀원의 적성 및 흥미에 따른 배치

Chapter 04

예상문제

정답 및 해설 405p

01 다음 격언에서 두드러지는 자원의 종류로 옳은 것은?

- 오늘 할 수 있는 일에만 전력을 쏟으라. – 뉴튼
- 가장 바쁜 사람이 가장 많은 시간을 갖는다. – 알렉산드리아 피네
- 시간과 정성을 들이지 않고 얻을 수 있는 결실은 없다. – 그라시안

① 물적자원
② 시간자원
③ 공간자원
④ 인적자원

[02~03] 다음 주어진 구청의 대관 일정과 안내를 보고 물음에 답하시오.

〈사용허가 대상 시설물〉

구분	위치	규모(m^2)	좌석수	기본 사용료
A 대강당	구청사 1층	320	200	300,000/회
B 대강당	구청사 2층	184	150	100,000/회
C 대강당	구청사 외부 2층	120	80	80,000/회

〈사용시간〉

구분	시간
1회차	09:00~13:00
2회차	13:00~17:00
3회차	17:00~21:00
종일권	09:00~21:00

※ 종일권의 경우 1회~3회차 사용료를 모두 합한다.

〈6월 1일~16일 대관 일정〉

일	월	화	수	목	금	토
					1 • A 대강당 2회차 • C 대강당 3회차	2
3	4 • B 대강당 종일권	5 • A 대강당 1회차	6 현충일	7 • A 대강당 종일권 • C 대강당 1회차, 2회차	8 • A 대강당 종일권 • B 대강당 3회차	9
10	11 • B 대강당 1회차, 3회차 • C 대강당 종일권	12	13 휴관일	14 • B 대강당 2회차, 3회차	15 • B 대강당 1회차 • C 대강당 종일권	16

※ 토요일과 공휴일은 휴관일이다.

02 ○○은행에서는 신입사원 교육을 위해 구청 대강당 강의실을 대관하려고 한다. 신입사원 교육의 참석자가 총 125명이고, 교육은 6월 1일~16일 중 금요일 오전 10시부터 오후 4시까지 진행될 때, 다음 중 가능한 날과 강의실이 알맞게 짝지어 진 것은?

① 6월 1일 A 대강당
② 6월 8일 B 대강당
③ 6월 8일 C 대강당
④ 6월 15일 B 대강당

03 6월 1일~16일의 기간 동안 C 대강당 대관을 통해 해당 구청이 받은 사용료는 총 얼마인가?

① 2,700,000원
② 1,000,000원
③ 900,000원
④ 720,000원

04 ○○은행 일자리 안정 기원단의 나 대리는 2박 3일로 세종시에 출장을 다녀왔다. 나 대리는 출장 기간에 지출한 목록을 다음과 같이 표로 정리하여 영수증과 함께 제출하였다. 다음 중 2박 3일 동안 나 대리가 지출한 총 식대 비용은?

〈표〉 나 대리가 2박 3일 동안 지출한 목록

(단위 : 원)

날짜	결제 내역	결제 시각	금액
6월 18일	고속버스터미널	08:50	21,000
	주먹밥 가게	08:55	2,000
	점심식사	12:40	8,000
	저녁식사	19:20	10,000
	숙박비	21:10	70,000
6월 19일	아침식사	08:05	5,500
	택시	10:35	4,800
	점심식사	12:50	7,000
	저녁식사	18:50	12,000
	숙박비	22:40	60,000
	야식비	23:15	15,000
6월 20일	아침식사	08:25	6,000
	택시	09:45	3,200
	김밥가게	10:10	2,500
	고속버스터미널	10:30	21,000

① 68,000원 ② 68,500원

③ 69,000원 ④ 69,500원

05 다음 주어진 자료를 보고 A~D 중 가장 많은 휴가비를 지급받은 사람은?

○○은행 직원 A~D는 7월 23일~7월 30일 중 3일씩 휴가가 주어졌다. 이에 총무부는 다음 표와 조건을 보고 휴가비를 계산하여 지급하고자 한다.

〈7월 달력〉

일	월	화	수	목	금	토
22	23 직원 A 휴가 직원 B 휴가	24 직원 A 휴가 직원 D 휴가	25 직원 D 휴가 직원 C 휴가	26 직원 C 휴가 직원 A 휴가	27 직원 C 휴가 직원 B 휴가	28
29	30 직원 A 휴가 직원 D 휴가	31				

〈휴가비 지급조건〉

- 기본으로 지급되는 비용은 하루당 40,000원이다
- 주말은 휴가에 포함하지 않으며, 휴가비 또한 지급하지 않는다.
- 일정기간 중 휴가 사용일수 3일 미만인 사람은 제공되는 전체 휴가 비용의 20%를 추가로 지급한다.
- 일정기간 중 휴가 사용일수 3일 초과인 사람은 제공되는 전체 휴가 비용의 20%를 삭감한다.
- 3일의 휴가를 연속으로 사용한 사람에게는 20,000원을 추가 지급한다.

① 직원 A　　② 직원 B
③ 직원 C　　④ 직원 D

06 다음은 P업체 직원 교육 프로그램 및 식사 가격 편성표이다. ○○은행 직원 교육 이수 사항이 아래 표와 같을 때, ○○은행에서 P업체에 2일간 지급해야 하는 총비용은?

〈표1〉 1인당 교육비용(교육 2일간 총비용)

구분	A강사	B강사
교육비용	120,000원	150,000원

※ 수강생의 인원이 20명 이상이면 10% 할인된다.

대리, 주임, 사원은 A강사님의 수업을 듣는다.
부장, 차장, 과장은 B강사님의 수업을 듣는다.

〈표2〉 ○○은행의 직원 교육 이수 현황

(단위 : 명)

부장	차장	과장	대리	주임	사원
6	6	7	10	6	12

〈표3〉 직급별 점심 식대(1일 기준)

(단위 : 원)

부장	차장	과장	대리	주임	사원
15,000	15,000	12,000	10,000	9,000	8,000

※ 식대는 교육 기간 동안 지급한다.

① 6,900,000원　② 6,902,000원
③ 6,920,000원　④ 6,940,000원

07 다음 자료는 ○○은행 홍보부의 하루 업무 스케줄 표이다. 신입사원 A씨가 스케줄을 보고 금일 1시간 동안 진행될 전체 회의 시간을 정하려고 할 때 언제가 가장 적절한가?

〈○○은행 홍보부 하루 스케줄〉

<table>
<tr><th rowspan="2">시간</th><th colspan="6">직급별 스케줄</th></tr>
<tr><th>부장</th><th>차장</th><th>과장</th><th>대리</th><th>주임</th><th>사원</th></tr>
<tr><td>09:00~10:00</td><td></td><td rowspan="2">1차 업무회의</td><td></td><td></td><td rowspan="2">자료조사</td><td>비품 신청</td></tr>
<tr><td>10:00~11:00</td><td>업무회의</td><td rowspan="2">외근</td><td rowspan="2">외근</td><td>자료조사</td></tr>
<tr><td>11:00~12:00</td><td></td><td></td><td></td><td></td></tr>
<tr><td>12:00~13:00</td><td colspan="6">점심시간</td></tr>
<tr><td>13:00~14:00</td><td></td><td></td><td></td><td></td><td></td><td></td></tr>
<tr><td>14:00~15:00</td><td rowspan="2">임원회의</td><td></td><td></td><td>보고서 작성</td><td rowspan="2">홍보구상</td><td rowspan="2">홍보구상</td></tr>
<tr><td>15:00~16:00</td><td rowspan="2">2차 업무회의</td><td>보고서 검토</td><td></td></tr>
<tr><td>16:00~17:00</td><td></td><td></td><td></td><td></td><td>보고서 작성</td></tr>
<tr><td>17:00~18:00</td><td>전략 수집</td><td></td><td>결과 보고</td><td></td><td>보고서 검토</td><td></td></tr>
</table>

① 11:00~12:00　② 13:00~14:00
③ 16:00~17:00　④ 17:00~18:00

08 A대리는 집에서 바로 종로 지점을 방문하여 같이 점심식사를 하고 오후에는 강남 지점을 방문한 뒤 다시 회사로 돌아와 보고를 해야 한다. A대리의 일정을 고려하였을 때, 각각의 교통수단과 교통비가 바르게 짝지어진 것은?(단, 하루 종일 같은 교통수단을 이용한다.)

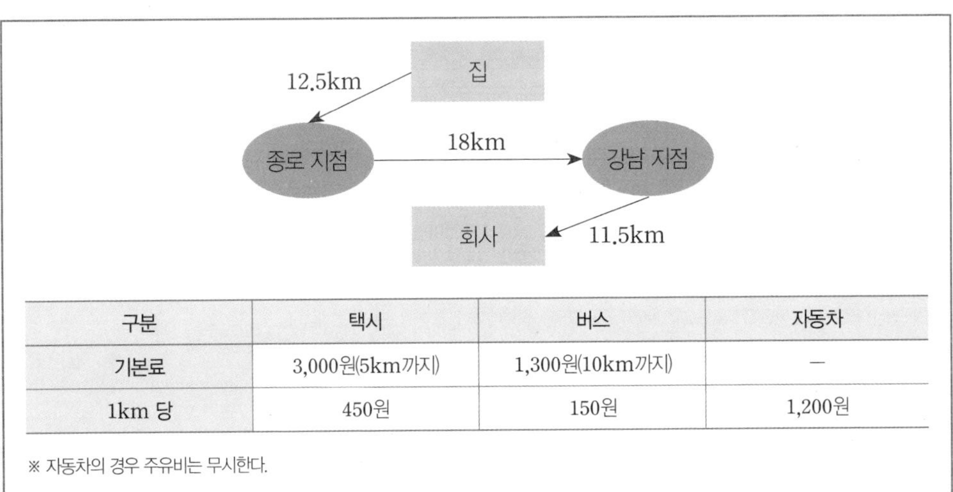

구분	택시	버스	자동차
기본료	3,000원(5km까지)	1,300원(10km까지)	–
1km 당	450원	150원	1,200원

※ 자동차의 경우 주유비는 무시한다.

① 택시, 23,150원
② 택시, 21,150원
③ 버스, 6,700원
④ 자동차, 40,500원

09 화장품 회사에서 근무 중인 A는 신제품 샘플을 3개의 거래처에 동시에 보내야 한다. 고속버스터미널에서 신제품 샘플을 고속버스 화물 택배로 보내기 위해 9시 40분에 터미널에 전화를 하였는데, 10분 전에 각 거래처로 가는 버스가 동시에 출발하였다고 한다. 배차간격을 알아보니 세 버스는 각각 12분, 20분, 24분의 배차 간격을 가지고 있다고 한다. 모든 화물 택배를 의뢰하는 시간이 20분 소요된다고 할 때, A가 택배를 최대한 빨리 보내기 위해서 늦어도 몇 시까지 터미널에 도착해야 하는가?

① 10시 10분
② 10시 30분
③ 10시 50분
④ 11시 10분

[10～11] 다음은 ○○은행 신입 사원들이 받아야 할 교육에 관한 표이다. 물음에 답하시오.

〈표〉 ○○은행 신입사원 강의 일정 및 비용

구분	A강의		B강의		C강의	
	안 강사	박 강사	심 강사	허 강사	이 강사	함 강사
강의 일정	화요일 09:00～12:00 목요일 16:00～19:00	수요일 16:00～19:00 금요일 09:00～12:00	수요일 09:00～12:00 목요일 09:00～12:00	월요일 09:00～12:00 화요일 14:00～17:00	목요일 14:00～17:00 금요일 16:00～19:00	월요일 16:00～19:00 화요일 16:00～19:00
비용	130,000원	115,000원	140,000원	120,000원	120,000원	110,000원

※ 교육은 2주간 진행되며, A강좌～C강좌 3개의 교육 강의는 반드시 이수해야 한다.
같은 강의의 경우에는 어떤 강사의 수업을 들어도 상관없으며, 하루에 세 강의 이상 수강은 불가능하다.
강의 일정은 서로 겹치지 않아야 하고, 강의별로 수강을 위해 이동하는 시간은 고려하지 않는다.

10 이번에 새로 입사한 윤 사원은 교육을 이수해야 한다. 최대한 요일을 적게 나오려고 할 때, 윤 사원이 교육을 받을 강의의 강사들을 바르게 짝지은 것은?

	A강의	B강의	C강의
①	안 강사	심 강사	함 강사
②	안 강사	허 강사	이 강사
③	박 강사	허 강사	함 강사
④	박 강사	심 강사	이 강사

11 이번에 새로 입사한 황 사원은 요일에 상관없이 가장 저렴하게 교육을 듣는 방법을 선택하려고 한다. 다음 중 황 사원의 최저교육비용을 고르면?

① 350,000원
② 355,000원
③ 360,000원
④ 365,000원

[12～13] A회사는 추석을 맞이하여 직원들에게 선물을 제공하려고 한다. 다음을 보고 물음에 답하시오.

〈표1〉 A회사 일부 직원들 목록

부서	직원
인사부	현 부장
	강 과장
	하 대리
	권 사원
총무부	손 차장
	안 과장
	김 대리
	원 사원

〈표2〉 선물의 정가 및 할인율

구분	정가	할인율
한우 세트	180,000원	8%
홍삼 세트	135,000원	10%
기름 세트	80,000원	5%
수제 과일청 세트	85,000원	10%
참치 세트	78,000원	8%
햄 세트	45,000원	8%
건강보조식품 세트	110,000원	5%

〈표3〉 선물 조건

직급	조건
부장	15만원 초과
차장	10만원 초과 15만원 이하
과장	
대리	5만원 초과 10만원 이하
사원	5만원 이하

※ 선물 조건은 정가를 기준으로 한다.

12 A회사 직원들이 희망하는 선물 목록을 나타낸 표이다. 위의 자료를 보고 희망하는 선물 목록을 바꿔야 하는 직원은 누구인가?

부서	직원	희망하는 선물
인사부	현 부장	한우 세트
	강 과장	홍삼 세트
	하 대리	수제 과일청 세트
	권 사원	기름 세트
총무부	손 차장	홍삼 세트
	안 과장	건강 보조식품 세트
	김 대리	참치 세트
	원 사원	햄 세트

① 권 사원　② 강 과장

③ 손 차장　④ 김 대리

13 위의 직원이 조건을 만족하는 선물로 바르게 바꾸었을 때, 직원들에게 나누어줄 선물의 할인된 총 구매 금액이 얼마인지 구하면?

① 741,060원　② 742,160원

③ 743,060원　④ 744,160원

14 A은행은 다음 제시된 조건을 참고하여 회의 일정을 잡고자 한다. 다음 중 기획본부 2차 회의 일정으로 옳은 것을 고르면?

A은행의 기획본부, 관리본부, 상생협력본부, 신성장기술본부는 2021년 상반기 사업을 대비해 각 부서마다 회의를 진행하고자 한다. 회의는 3월 6일(화)~3월 9일(금)까지 각 부서마다 두 번씩 이루어질 예정이며, 오전 10시, 오후 2시, 오후 4시 중 시간대를 선택하여 일정을 정해야 한다.

〈조건〉

- 하루에 최대 두 부서만 회의를 진행할 수 있다.
- 각 시간대마다 한 부서만 회의를 진행할 수 있다.
- 모든 부서는 1차 회의 후 다음날 2차 회의를 진행하며, 둘의 시간대는 겹치지 않는다.

- 화요일, 수요일, 목요일 오전은 행사로 인해 회의실 이용이 불가능하다.
- 기획본부와 신성장기술본부의 1차 회의는 같은 날 진행하며, 신성장기술본부 회의가 먼저 시작한다.
- 관리본부와 상생협력본부의 2차 회의는 같은 날 진행하며, 상생협력본부 회의가 먼저 시작한다.
- 관리본부는 화요일, 수요일에 회의를 진행하지 않고, 기획본부는 목요일, 금요일에 회의를 진행하지 않는다.
- 금요일 오후 2시에 관리본부 2차 회의를 진행한다.

① 화요일, 오후 2시　② 수요일, 오후 2시
③ 수요일, 오후 4시　④ 목요일, 오후 2시

[15～16] ○○은행 임 차장은 회사에서 출발하여 차를 타고 A～E를 거쳐 다시 회사로 돌아오려고 한다. 다음은 각 지점당 연결망 지도를 나타낸 자료이다. 주어진 자료를 보고 물음에 답하시오. (단, A～E를 모두 거쳐야 하고, 같은 곳은 한 번만 지날 수 있다.)

〈표〉 각 지점당 연결망 지도

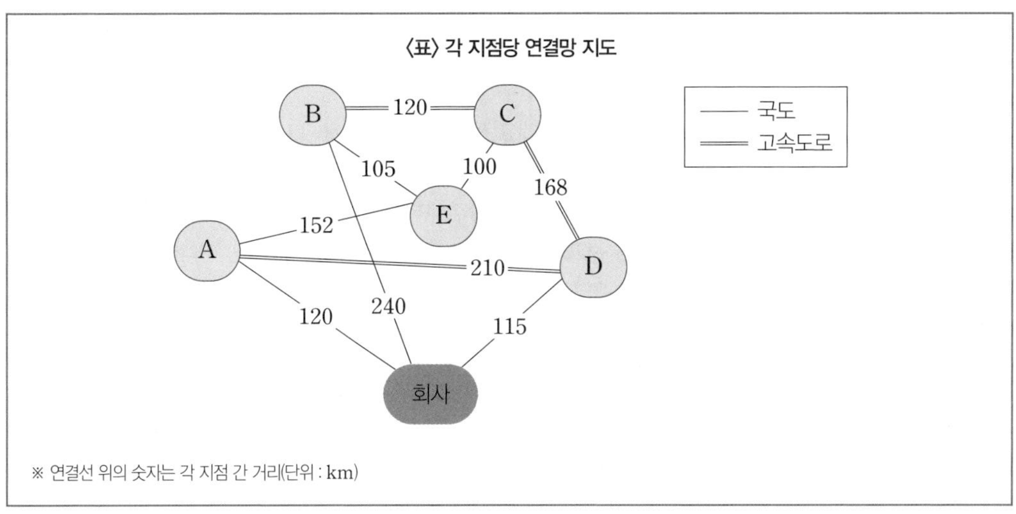

※ 연결선 위의 숫자는 각 지점 간 거리(단위 : km)

15 임 차장이 최단 거리로 출장을 간다고 할 때, 가야 할 거리를 고르면?

① 781km　② 780km
③ 779km　④ 778km

16 임 차장이 최단 거리로 출장을 갔을 때, 주유비를 고르면?(단, 출장을 가는 데 필요한 만큼만 주유하고, 0.1L 단위도 가능하다.)

〈표〉 도로별 연비

(단위 : km/L)

구분	연비
고속도로	20
국도	12

※ 연비는 휘발유 1L당 자동차가 달릴 수 있는 거리를 나타낸다.
휘발유의 가격은 1,800원/L이다.

① 95,300원　　② 96,510원
③ 98,020원　　④ 99,720원

[17～18] 다음은 ○○공사에서 에어컨 관리를 담당하고 있는 갑이 에어컨 관리 매뉴얼의 내용을 모두 정리한 것이다. 이를 토대로 물음에 알맞은 답을 고르시오.

〈사용 시 주의사항〉

1. 에어컨 필터에 먼지가 끼는 경우 냉방 효율이 떨어지고 전기가 많이 소모됩니다. 구입 후 가정에서는 1개월에 한 번씩, 식당에서는 2개월에 한 번씩, 기타 장소에서는 3개월에 한 번씩 청소해 주십시오.
2. 창문으로 햇빛이 들어오는 경우 커튼이나 블라인드로 막아주시면 실내 온도가 2℃ 정도 떨어집니다.
3. 필요 이상으로 설정온도를 낮추면 과도한 전기소모로 인해 전기요금이 많이 나올 뿐만 아니라 고장의 원인이 될 수 있습니다. 설정온도는 25～26℃가 적당합니다.
4. 사용 시 자주 전원을 켰다 껐다를 반복하지 않도록 주의해 주십시오. 이 경우 전기요금이 많이 나올 수 있습니다.
5. 냉방 시 열기기 사용을 삼가 주십시오.
6. 에어컨 바람을 막는 장애물이 없는 곳에 설치해 주십시오.

〈장기 미사용 시 보관방법〉

1. 공기청정 버튼을 눌러 에어컨 내부의 습기와 곰팡이를 제거합니다. 맑은 날 1시간 이상 이 작업을 해야 합니다.
2. 주전원 스위치를 내리고, 전기 플러그를 뽑습니다. 전원을 차단하면 실외기로 전기가 흐르지 않아 천재지변으로부터 안전을 지킬 수 있습니다.
3. 부드러운 천을 사용하여 실내기와 실외기를 깨끗하게 청소합니다.

〈A/S 신청 전 확인 사항〉

증상	확인 사항	조치 방법
운전이 전혀 되지 않음	주전원 스위치가 내려져 있지 않은가?	주전원 스위치를 올려 주세요.
	전압이 너무 낮지 않은가?	정격 전압 220V를 확인하세요.
	정전이 되지 않았는가?	다른 전기기구를 확인해주세요.
정상보다 시원하지 않음	희망 온도가 실내 온도보다 높지 않은가?	희망 온도를 실내 온도보다 낮게 맞추세요.
	제습 또는 공기청정 단독운전을 하고 있지 않은가?	냉방운전을 선택해주세요.
	찬 공기가 실외로 빠져나가고 있지 않은가?	창문을 닫고 창문의 틈새를 막아주세요.
	햇빛이 실내로 직접 들어오지 않는가?	커튼, 블라인드 등으로 햇빛을 막아주세요.
	실내에 열을 내는 제품이 있는가?	열을 내는 제품과 같이 사용하지 마세요.
	실내기와 실외기의 거리가 너무 멀지 않은가?	배관 길이가 10cm 이상이 되면 냉방능력이 조금씩 떨어집니다.
	실외기 앞이 장애물로 막혀 있지 않은가?	실외기의 열교환이 잘 이루어지도록 장애물을 치워 주세요.
찬바람이 연속으로 나오지 않음	제품을 정지한 후 곧바로 운전시키지 않았는가?	실외기의 압축기 보호장치가 동작하였기 때문입니다. 약 3분 후에 찬바람이 나올 것입니다.
운전 정지 후에도 동작이 멈추지 않음	자동건조 기능이 설정되어 있지 않은가?	자동건조 기능 설정 시 운전 정지 후 약 3분간 송풍운전을 통해 제품 내부 습기를 제거해 줍니다.
실내기에서 물이 넘침	무거운 물건이 호스를 누르고 있지 않은가?	호스를 누르고 있는 물건을 제거해주세요.
	배수호스 끝이 물받이 연결부보다 높게 설치되어 있거나 호스가 꼬여 있지 않은가?	배수호스는 물이 잘 빠지도록 물받이 연결부보다 반드시 낮게 설치해야 합니다.

17 **갑은 공사의 여름철 전기 사용량이 과다하다는 통보를 받고 에어컨 관리를 통해 이를 해결하려고 한다. 갑이 취할 수 있는 조치로 가장 적절하지 않은 것은?**

① 실내 등이 켜진 곳에서는 블라인드를 친다.

② 필터 청소를 3개월에 한 번씩 실시한다.

③ 에어컨 실외기를 깨끗이 청소하다.

④ 직원들이 전원 On/Off 버튼을 자주 누르지 않도록 공고한다.

18 ○○공사의 경영지원팀에서 에어컨의 냉방 효율이 떨어진다는 불만이 제기되었다. 다음 중 갑이 확인해야 할 사항으로 가장 적절하지 않은 것은?

① 자동건조 기능이 설정되어 있는지 확인한다.
② 다른 열기기가 있는지 찾아본다.
③ 희망 온도와 실내 온도를 대조해 본다.
④ 실외기 앞에 장애물이 없는지 확인한다.

[19～20] 다음은 ○○회사 사내 복지 제도에 관한 자료이다. 물음에 답하시오.

〈2023년 변경된 사내 복지 제도〉

구분	세부사항
경조사 지원	본인/가족 결혼, 회갑 등 각종 경조사 시 경조금, 화환 및 경조휴가 제공
학자금 지원	고등학생, 대학생 자녀의 학자금 지원
휴가비 지원	• 입사 3년 차 이하 30,000원/일 • 입사 4년 차 이상 50,000원/일
기타	휴직, 4대 보험 지원

〈2023년 1/4분기 지원 내역〉

이름	부서	직위	내역	변경 전	변경 후	금액(천원)
이 현태	인사부	부장	자녀 대학교 진학	지원 불가	지원 가능	2,000
김 병학	검사부	대리	결혼	변경 없음		200
박 지현	총무부	과장	장모상	변경 없음		100
안 임란	감사부	차장	휴가	금액인상		일수비례
송 희철	홍보부	사원	생일	기프트 카드	상품권	50
오 진	심사1부	대리	육아 휴직	금액인상		유가휴급
주 명석	의료계획부	차장	자녀 고등학교 진학	변경 없음		100
윤 성훈	노사협력부	사원	생일	기프트 카드	상품권	50

19 ○○회사 인사팀에서 근무하고 있는 A사원은 2023년에 새롭게 변경된 사내 복지 제도에 따라 지원 내역을 정리했다. 다음 중 잘못 구분된 사원은?

구분	해당인원
경조사 지원	김 병학, 송 희철, 윤 성훈
학자금 지원	이 현태
휴가비 지원	안 임란, 주 명석
기타	박 지현, 오 진

① 이 현태　② 안 임란
③ 박 지현　④ 오 진

20 A사원은 2023년 1/4분기 지원 내역 중 변경 사례를 참고하여 새로운 사내 복지 제도를 정리해 추가로 공지하려고 한다. 다음 중 A사원이 정리한 내용으로 옳지 않은 것은?

① 복지 제도 변경 후 고등학생 자녀뿐 아니라 대학생 자녀까지 학자금을 지원해드립니다.
② 복지 제도 변경 후 육아 휴직에 대한 지원금이 인상되었습니다.
③ 변경 전과 달리 휴가비 지원의 경우 모든 사원에게 동일한 금액으로 지원됩니다.
④ 변경 전과 같이 생일을 제외한 경조사비용은 모든 사원에게 동일한 금액으로 지원됩니다.

Chapter 05

정보능력

- 정보능력은 모든 은행권 직장인에게 공통적으로 요구하는 직업기초 능력으로 NCS 10과목 중에서 많이 채택되는 영역이다.
- 정보능력은 기본적인 컴퓨터를 이용하여 필요한 정보를 수집, 분석, 활용하는 중요한 영역이다.
- 핵심이론과 관련된 컴퓨터 활용 능력을 묻는 문제와 응용문제에서 요구하고 있는 주어진 규칙을 분석 및 적용하는 능력 등이 문제로 출제된다.

1. 정보능력 소개

정보능력이란 업무와 관련된 정보를 수집하고, 이를 분석하여 의미 있는 정보를 찾아내며, 의미 있는 정보를 업무수행에 적절하도록 조직하고, 조직된 정보를 관리하며, 업무 수행에 이러한 정보를 활용하고, 이러한 제 과정에 컴퓨터를 사용하는 능력이다.

2. 정보능력 구성

하위능력	정의	세부요소
컴퓨터활용능력	업무와 관련된 정보를 수집, 분석, 조직, 관리, 활용하는데 있어 컴퓨터를 사용하는 능력	• 컴퓨터 이론 • 인터넷 사용 • 소프트웨어 사용
정보처리능력	업무와 관련된 정보를 수집하고, 이를 분석하여 의미 있는 정보를 찾아내며, 의미 있는 정보를 업무수행에 적절하도록 조직하고, 조직된 정보를 관리하며, 업무 수행에 이러한 정보를 활용하는 능력	• 정보 수집 • 정보 분석 • 정보 관리 • 정보 활용

3. 정보능력 분석

(1) 정보능력

- 자료와 정보의 차이점을 알아본다.
- 정보화 사회의 특징을 알아본다.

(2) 컴퓨터 및 컴퓨터 활용

– 컴퓨터가 활용되는 분야를 알아본다.
– 사이버 공간에서 지켜야 할 예절에 대해 알아본다.

(3) 정보처리
– 정보의 처리과정을 알아본다.
– 개인정보 유출방지법에 대해 알아본다.

1 정보능력

(1) 정보능력이란?

직장생활에서 컴퓨터를 활용하여 수많은 정보 중에서 필요한 정보를 수집하고, 분석하며, 매일 수십 개의 정보가 생성 · 소멸될 정도로 변화가 빠른 정보화시대에서 정보능력은 필수적이다.

(2) 자료 · 정보 · 지식의 차이

구분	내용	활용 예시
자료	• 정보작성을 위하여 필요한 데이터 • 객관적 실제의 반영이며, 그것을 전달할 수 있도록 기호화 한 것	• 고객의 주소, 성별, 이름, 나이, 스마트폰 기종, 스마트폰 활용 횟수 등
정보	• 자료를 특정한 목적과 문제해결에 도움이 되도록 가공한 것	• 중년층의 스마트폰 기종 • 중년층의 스마트폰 활용 횟수
지식	• 정보를 집적하고 체계화하여 장래의 일반적인 사항에 대비해 보편성을 갖도록 한 것	• 스마트폰 디자인에 대한 중년층의 취향 • 중년층을 주요 타깃으로 신종 스마트폰 개발

(3) 정보화 사회

① 정보화 사회란?

이 세상에서 필요로 하는 정보가 사회의 중심이 되는 사회로서 컴퓨터 기술과 정보통신 기술을 활용하여 사회 각 분야에서 필요로 하는 가치 있는 정보를 창출하고, 보다 유익하고 윤택한 생활을 영위하는 사회로 발전시켜 나가는 것을 의미한다.

② 미래의 사회

㉠ 부가가치 창출요인이 토지, 자본, 노동에서 지식 및 정보 생산 요소로 전환

※ 미래사회를 이끌어갈 주요산업 (6T) : 정보기술(IT), 생명공학(BT), 나노기술(NT), 환경기술(ET), 문화산업(CT), 우주항공기술(ST)

㉡ 세계화의 진전

세계화는 모든 국가의 시장이 국경 없는 하나의 세계 시장으로 통합됨을 의미한다. 이때 세계 시장에서 실물 상품뿐만 아니라 노동, 자본, 기술 등의 생산요소와 교육과 같은 서비스의 국제 교류도 모두 포함된다.

㉢ 지식의 폭발적인 증가

미래사회에서는 지식 특히, 과학적 지식이 폭발적으로 증가할 것이다. 2050년경이 되면 지식이 급증하여 지금의 지식은 1% 밖에 사용할 수 없게 될 것이라고 전망하는 미래학자도 있다.

③ 정보화 사회에서 필수적으로 해야 할 일

㉠ 정보검색

㉡ 정보관리

㉢ 정보전파

(4) 컴퓨터의 활용

① 기업 경영 분야에서의 활용

생산에서부터 판매, 회계, 재무, 인사 및 조직관리는 물론 금융 업무까지도 활용하고 있다. 특히 경영정보시스템(MIS), 의사결정지원시스템(DSS), 사무자동화(OA), 전자상거래(EC) 등을 이용하여 업무처리의 효율을 높이고 있다.

② 행정 분야에서의 활용

행정기관에서 민원처리, 각종 행정 통계 등의 여러 가지 행정에 관련된 정보를 데이터베이스를 구축하여 활용하고 있다.

③ 산업 분야에서의 활용

공업, 상업 등 각 분야에서 널리 활용될 뿐만 아니라 중요한 역할을 담당하고 있다. 특히 컴퓨터 이용 설계(CAD)와 컴퓨터 이용 생산(CAM) 등을 이용하여 제품의 경쟁력을 높이고 있다.

④ 기타 분야에서의 활용

컴퓨터는 교육, 연구소, 출판, 가정, 도서관, 예술 분야 등에서도 널리 활용되고 있다. 특히 교육에서 컴퓨터 보조 교육(CAI), 컴퓨터 관리 교육(CMI)과 복잡한 계산이나 정밀한 분석 및 실험 등의 여러 가지 형태로 이용되고 있다.

(5) 정보의 활용

효과적으로 정보를 활용하기 위해서는 기획, 수집, 관리, 활용의 절차를 거치는 것이 바람직하다.

① 정보의 기획

정보활동의 가장 첫 단계로서 정보관리의 가장 중요한 단계이며, 5W2H에 의해 기획을 한다.

5W2H	
WHAT (무엇을)	정보의 입수대상을 명확히 한다.
WHERE (어디서)	정보의 소스(정보원)를 파악한다.
WHEN (언제까지)	정보의 요구(수집)시점을 고려한다.
WHY (왜)	정보의 필요목적을 염두에 둔다.
WHO (누가)	정보활동의 주체를 확정한다.
HOW (어떻게)	정보의 수집방법을 검토한다.
HOW MUCH (얼마나)	정보수집의 비용성(효용성)을 중시한다.

② 정보의 수집

다양한 정보원으로부터 목적에 적합한 정보를 입수하는 것이다. 정보 수집의 목적은 예측을 잘하기 위함으로, 과거의 정보를 모아 연구하는 것도 결국 장래가 어떻게 될까를 예측하기 위해서이다.

③ 정보의 관리

수집된 다양한 형태의 정보를 어떤 문제해결이나 결론도출에 사용하기 쉬운 형태로 바꾸는 일이다. 관리할 때에는 다음 3가지 원칙을 고려해야 한다.

㉠ **목적성** : 사용목적을 명확히 설명해야 한다.

㉡ **용이성** : 쉽게 작업할 수 있어야 한다.

㉢ **유용성** : 즉시 사용할 수 있어야 한다.

④ **정보의 활용** : 정보기기에 대한 이해나 최신 정보기술이 제공하는 주요 기능, 특성에 대한 지식을 아는 능력만 포함되는 것이 아니라, 정보가 필요하다는 문제 상황을 인지할 수 있는 능력, 문제해결에 적합한 정보를 찾고 선택할 수 있는 능력 등 다양한 능력이 기반 되어야 한다.

(6) 인터넷의 문제점

① 불건전 정보의 유통

② 개인 정보 유출

③ 사이버 성폭력

④ 사이버 언어폭력

⑤ 언어 훼손

⑥ 인터넷 중독

⑦ 불건전 교제
⑧ 저작권 침해

(7) 사이버 공간에서 지켜야할 예절 (네티켓)

① 전자우편(E-mail)을 사용할 때의 네티켓

㉠ 메시지는 가능한 짧게 요점만 작성한다.
㉡ 메일 보내기 전에 주소가 올바른지 다시 한번 확인한다.
㉢ 제목은 메시지 내용을 함축해 간략하게 써야한다.
㉣ 가능한 메시지 끝에 성명, 직위, 단체명, 메일주소, 전화번호 등을 포함시키되, 너무 길지 않도록 한다.
㉤ 메일은 쉽게 전파될 수 있기 때문에 메일상에서 타인에 대해 말할 때는 정중함을 지켜야 한다.
㉥ 타인에게 피해를 주는 비방이나 욕설은 쓰지 않는다.

② 온라인 대화(채팅)를 할 때의 네티켓

㉠ 마주보고 이야기하는 마음가짐으로 임한다.
㉡ 대화방에 들어가면 지금까지 진행된 대화의 내용과 분위기를 경청한다.
㉢ 엔터키를 치기 전에 한 번 더 생각한다.
㉣ 광고, 홍보 등을 목적으로 악용하지 않는다.
㉤ 유언비어, 속어와 욕설 게재는 삼가고, 상호 비방의 내용은 금한다.

③ 게시판을 사용할 때의 네티켓

㉠ 글의 내용을 간결하게 요점만 작성한다.
㉡ 제목에는 글의 내용을 파악할 수 있는 함축된 단어를 쓴다.
㉢ 글을 쓰기 전에 이미 같은 내용의 글이 없는지 확인한다.
㉣ 글의 내용 중에 잘못된 점이 있으면 빨리 수정하거나 삭제한다.
㉤ 게시판의 주제와 관련 없는 내용은 올리지 않는다.

④ 공개 자료실에서의 네티켓

㉠ 음란물을 올리지 않는다.
㉡ 상업용 소프트웨어를 올리지 않는다.
㉢ 공개 자료실에 등록한 자료는 가급적 압축한다.
㉣ 프로그램을 올릴 때에는 사전에 바이러스 감염 여부를 점검한다.
㉤ 유익한 자료를 받았을 때에는 올린 사람에게 감사의 편지를 보낸다.

⑤ 인터넷 게임을 할 때의 네티켓

㉠ 상대방에게 항상 경어를 사용한다.
㉡ 인터넷 게임에 너무 집착하지 않는다.
㉢ 온라인 게임은 온라인상의 오락으로 끝나야 한다.
㉣ 게임 중에 일방적으로 퇴장하는 것은 무례한 일이다.
㉤ 매일 본다고 상대를 존중하는 것을 잊어서는 안 된다.
㉥ 게이머도 일종의 스포츠맨이므로 스포츠맨십을 가져야 한다.
㉦ 이겼을 때는 상대를 위로하고, 졌을 때는 깨끗하게 물러서야 한다.

(8) 개인정보

① 개인정보란?

생존하는 개인에 관한 정보로서 정보에 포함되어 있는 성명, 주민등록번호 등의 사항에 의하여 개인을 식별할 수 있는 정보를 말한다. 또한 해당 정보만으로는 특정 개인을 식별할 수 없더라도 다른 정보와 용이하게 결합하여 식별할 수 있는 것들도 모두 포함된다.

② 개인정보의 종류

분류	내용
일반 정보	이름, 주민등록번호, 운전면허정보, 주소, 전화번호, 생년월일, 출생지 등
가족 정보	가족의 이름, 직업, 생년월일, 주민등록번호, 출생지 등
교육 및 훈련 정보	최종학력, 성적, 기술자격증, 전문자격증, 이수훈련 프로그램 등
병역 정보	군번 및 계급, 제대유형, 주특기, 근무부대 등
부동산 및 동산 정보	소유주택 및 토지, 자동차, 저축현황, 현금카드, 주식 및 채권, 고가의 예술품, 보석 등
소득 정보	연봉, 소득의 원천, 소득세 지불 현황 등
기타 수익 정보	보험가입현황, 수익자, 회사의 판공비 등
신용 정보	대부상황, 저당, 신용카드, 담보설정 여부 등
고용 정보	고용주, 회사주소, 상관의 이름, 직무수행 평가 기록 등
법적 정보	전과기록, 구속기록, 이혼기록 등
의료 정보	가족병력기록, 과거 의료기록, 신체장애, 혈액형 등
조직 정보	노조가입, 정당가입, 클럽회원, 종교단체 활동 등
습관 및 취미 정보	흡연 · 음주량, 여가활동, 도박성향, 비디오 대여기록 등

③ 개인정보 유출 방지위한 방법

㉠ 회원 가입 시 이용약관 읽기

㉡ 이용 목적에 부합하는 정보를 요구하는지 확인
㉢ 비밀번호 정기적으로 교체하기
㉣ 정체불명의 사이트는 멀리하기
㉤ 가입 해지 시 정보 파기 여부 확인
㉥ 남들이 쉽게 유추할 만한 비밀번호 사용금지

2 〉 컴퓨터 활용 능력

(1) 인터넷 서비스

① **전자우편(E-mail) 서비스** : 정보 통신망을 이용하여 다른 사용자들과 편지나 여러 정보를 주고받는 통신 방법을 말한다. 전자우편의 주소는 3개의 기본요소인 이름, @, 도메인 이름을 가지고 있다.

② **인터넷 디스크/웹하드** : 웹 서버에 대용량의 저장 기능을 갖추고 사용자가 개인용 컴퓨터의 하드 디스크와 같은 기능을 인터넷을 통하여 이용할 수 있게 하는 서비스를 의미한다.

③ **메신저** : 인터넷에서 실시간으로 메시지와 데이터를 주고받을 수 있는 소프트웨어이다.

④ **전자 상거래(인터넷을 통해 물건 사고팔기)** : 좁은 뜻으로는 인터넷이라는 전자적인 매체를 통하여 상품을 사고팔거나 재화나 용역을 거래하는 사이버 비즈니스를 뜻한다. 넓은 뜻으로는 소비자와의 거래뿐만 아니라 거래와 관련된 공급자, 금융기관, 정부기관, 운송기관 등과 같이 거래에 관련되는 모든 기관과의 관련행위를 포함하는 뜻이다.

(2) 정보검색

① **정보검색이란?**

여러 곳에 분산되어 있는 수많은 정보 중에서 특정 목적에 적합한 정보만을 신속하고 정확하게 찾아내어 수집, 분류, 축적하는 과정을 뜻한다.

② **정보검색 단계**

검색주제 선정 → 정보원 선택 → 검색식 작성 → 결과 출력

③ **검색엔진의 유형**

㉠ **키워드 검색 방식** : 찾고자 하는 정보와 관련된 핵심적인 언어인 키워드를 직접 입력하여 이를 검색 엔진에 보내어 검색엔진이 키워드와 관련된 정보를 찾는 방식

㉡ **주제별 검색 방식** : 인터넷상에 존재하는 웹 문서들을 주제별, 계층별로 정리하여 데이터베이스를 구축한 후 이용하는 방식

Chapter 05 정보능력

㉢ **자연어 검색 방식** : 검색엔진에서 문장 형태의 질의어를 형태소 분석을 거쳐 언제, 어디서, 누가, 무엇을, 왜, 어떻게, 얼마나에 해당하는 5W2H를 읽어내고 분석하여 각 질문에 답이 들어있는 사이트를 연결해 주는 검색엔진

㉣ **통합형 검색 방식** : 사용자가 입력하는 검색어들이 연계된 다른 검색 엔진에게 보내고, 이를 통하여 얻어진 검색 결과를 사용자에게 보여주는 방식

(3) 정보검색 연산자

① 검색과 관련 있는 2개 이상의 단어를 연산자로 조합하여 키워드로 사용하는 것이 가장 일반적인 검색 방법

② 연산자는 대/소문자의 구분이 없고, 앞뒤로 반드시 공백을 넣어주어야 한다.

기호	연산자	검색 조건
*, &	AND	두 단어가 모두 포함된 문서를 검색
|	OR	두 단어가 모두 포함되거나, 두 단어 중에서 하나만 포함된 문서를 검색
−, !	NOT	'−'기호나 '!'기호 다음에 오는 단어를 포함하지 않는 문서를 검색
~, near	인접검색	앞/뒤의 단어가 가깝게 인접해 있는 문서를 검색

(4) 검색엔진의 종류 및 특징

① **검색엔진(Search Engine)** : 인터넷상에 산재해 있는 정보를 수집한 후 이를 체계적으로 데이터베이스로 구축하여 사용자가 원하는 정보를 쉽게 찾을 수 있도록 안내자 역할로 도움을 주는 웹 사이트 또는 프로그램을 뜻한다.

② **포털사이트(Portal Site)** : 사용자가 인터넷에서 어떤 정보를 찾으려고 할 때 가장 먼저 접속하는 사이트를 뜻한다.

㉠ 네이버(Naver) : http://www.naver.com/

㉡ 다음(Daum) : http://www.daum.net/

㉢ 구글(Google) : http://www.google.co.kr/

(5) 인터넷 정보 검색을 할 때의 주의사항

① 검색 엔진의 특징을 알아두어야 한다.

② 적절한 검색 엔진의 선택이 중요하다.

③ 키워드의 선택이 중요하다.

④ 키워드와 검색 연산자를 조합하여 작성한 검색식을 정보 검색에 이용한다.

⑤ 검색속도가 느린 경우 웹 브라우저에서 그림파일을 보이지 않도록 설정하여 검색속도를 높인다.

⑥ 웹 검색이 정보 검색의 최선은 아니므로 도서관, 뉴스 등 다른 방법도 적극 활용한다.

⑦ 웹 검색 결과로 검색 엔진이 제시하는 결과물의 가중치를 너무 신뢰해서는 안 된다.

(6) 응용 소프트웨어

① 워드프로세서 : 우리가 보는 책이나 신문, 잡지 등은 여러 가지 형태의 문자와 그림, 표, 그래프 등이 조화롭게 구성되어 만들어진 것이다. 이와 같이 여러 형태의 문서를 작성, 편집, 저장, 인쇄할 수 있는 프로그램을 워드프로세서라고 한다.

② 스프레드시트 : 전자 계산표 또는 표 계산 프로그램으로 워드프로세서와 같이 문서를 작성하고 편집하는 기능 이외에 수치나 공식을 입력하여 그 값을 계산해내고, 계산 결과를 차트로 표시할 수 있는 특별한 기능을 가지고 있다.

③ 프리젠테이션 : 컴퓨터나 기타 멀티미디어를 이용하여 그 속에 담겨있는 각종 정보를 사용자 또는 대상자에게 전달하는 행위를 의미한다. 프리젠테이션 프로그램은 보고, 회의, 상담, 교육 등에서 정보를 전달하는데 널리 활용되는 것으로 파워포인트, 프리랜스 그래픽스 등이 있다.

④ 데이터 베이스 : 대량의 자료를 관리하고 내용을 구조화하여 검색이나 자료관리 작업을 효과적으로 실행하는 프로그램으로, 테이블, 질의, 폼, 보고서 등을 작성할 수 있는 기능을 가지고 있다.

⑤ 그래픽 소프트웨어: 새로운 그림을 그리거나 그림 또는 사진 파일을 불러와 편집하는 프로그램으로 그림확대, 그림 축소, 필터 기능을 가지고 있다.

⑥ 유틸리티 프로그램 : 사용자가 컴퓨터를 좀 더 쉽게 사용할 수 있도록 도와주는 소프트웨어라고 한다. 유틸리티 프로그램은 본격적인 응용 소프트웨어라고 하기에는 크기가 작고 기능이 단순하다는 특징을 가지고 있으며, 사용자가 컴퓨터를 사용하면서 처리하게 되는 여러 가지 작업을 편리하게 할 수 있도록 도와준다.

(7) 데이터베이스

① 데이터베이스란?

파일시스템에서는 하나의 파일은 독립적이고 어떤 업무를 처리하는데 필요한 모든 정보를 가지고 있다. 파일도 데이터의 집합이므로 데이터베이스라고 볼 수도 있으나 일반적으로 데이터베이스라 함은 여러 개의 서로 연관된 파일을 의미한다.

② 데이터베이스의 필요성

㉠ 데이터 중복을 줄인다.

㉡ 데이터의 무결성을 높인다.

㉢ 검색을 쉽게 해준다.

㉣ 데이터의 안정성을 높인다.

㉤ 개발기간을 단축한다.

③ 데이터베이스의 기능

㉠ 입력기능

㉡ 데이터의 검색 기능

㉢ 데이터의 일괄 관리

㉣ 보고서 기능

④ 데이터베이스의 작업 순서

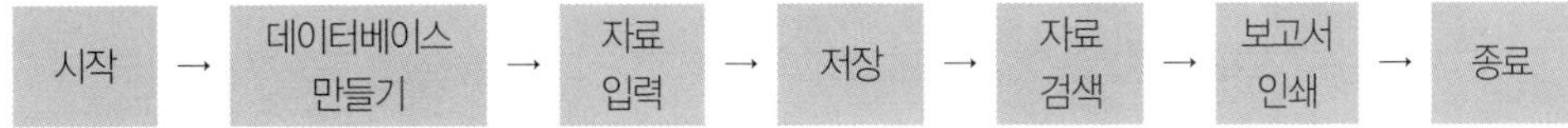

3 정보처리능력

(1) 정보수집

① 정보의 필요성

정보의 활용은 의사결정을 하거나 문제의 답을 알아내고자 할 때 가지고 있는 정보로는 부족하여 새로운 정보가 필요하다는 상황을 인식하는 순간부터 시작된다.

② 정보를 수집할 수 있는 원천(정보원)

㉠ **1차 자료** : 단행본, 학술지 논문, 학술회의자료, 연구보고서, 학위논문, 신문 등

㉡ **2차 자료** : 사전, 백과사전, 편람, 연감, 서지데이터베이스 등

③ 효과적인 정보수집

㉠ 정보는 인간력이다. 중요한 정보를 수집하기 위해서는 우선적으로 신뢰관계가 전제가 되어야 한다.

㉡ 인포메이션이 아닌 인텔리전스를 수집한다.

- **인포메이션** : 하나하나의 개별적인 정보
- **인텔리전스** : 무수히 많은 인포메이션 중에 몇 가지를 선별해 그것을 연결시켜 뭔가 판단하기 쉽게 도와주는 하나의 정보 덩어리

㉢ **선수필승** : 격동의 시대에는 남들보다 1초라도 빠른 정보수집이 결정적인 효과를 가져 올 가능성이 크다.

㉣ 머릿속에 서랍을 많이 만든다. 자신에게 맞는 방법을 찾아 정리를 해놓으면 정보 수집을 효과적으로 할 수 있을 것이다.

㉤ 정보수집용 하드웨어 활용 사람의 기억력은 한계가 있으므로 지금 당장은 유용하지 않은 정보일지라도 향후 유용한 정보가 될 수 있는 것들은 이러한 물리적인 하드웨어를 활용하여 수집하는 것이 필요할 것이다.

(2) 정보분석

① **정보분석이란?**

여러 정보를 상호 관련지어 새로운 정보를 생성해내는 활동

② **정보분석의 절차**

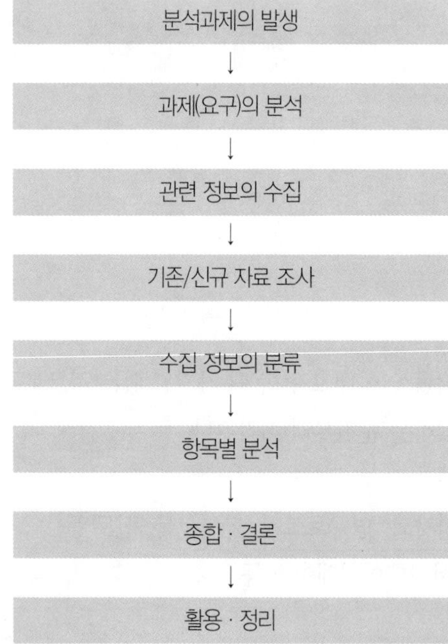

(3) 정보관리

① **목록을 이용한 정보관리**

정보에서 중요한 항목을 찾아 기술한 후 정리하면서 만들어진다.

② **색인을 이용한 정보관리**

주요 키워드나 주제어를 가지고 소장하고 있는 정보원을 관리하는 방식이다. 색인은 정보를

찾을 때 쓸 수 있는 키워드인 색인어와 색인어의 출처인 위치정보로 구성된다.

색인어	+	위치정보	=	색인

③ 분류를 이용한 정보관리

개인이 가지고 있는 정보를 유사한 것끼리 모아 체계화하여 정리를 해두면 나중에 저장해놓은 정보를 찾을 때 검색시간을 단축할 수 있고 관련 정보를 한 번에 찾을 수 있다.

구분	내용	예시
시간적 기준	정보의 발생 시간별로 분류	2020년 봄, 7월 등
주제적 기준	정보의 내용에 따라 분류	정보사회, 서울대학교 등
기능적/용도별 기준	정보가 이용되는 기능이나 용도에 따라 분류	참고자료용, 강의용 등
유형적 기준	정보의 유형에 따라 분류	도서, 비디오, 한글파일 등

(4) 정보활용

① 동적정보

신문이나 TV의 뉴스같이 시시각각으로 변화하는 정보이며, 유통기한이 있는 정보이다.

② 정적정보

잡지나 책에 들어있는 정보처럼 보존되어 멈추어 있는 정보이다.

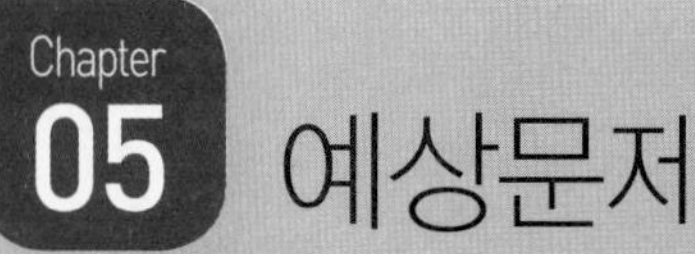

예상문제

정답 및 해설 409p

01 아래의 왼쪽 시트에서 성명 데이터를 오른쪽 시트와 같이 성과 이름 두 개의 열로 분리하기 위해 [텍스트 나누기] 기능을 사용하고자 한다. 다음 중 [텍스트 나누기]의 분리 방법으로 가장 적절한 것을 고르면?

	A
1	김철수
2	박선영
3	최영희
4	한국인

→

	A	B
1	김	철수
2	박	선영
3	최	영희
4	한	국인

① 열 구분선을 기준으로 내용 나누기
② 구분 기호를 기준으로 내용 나누기
③ 공백을 기준으로 내용 나누기
④ 탭을 기준으로 내용 나누기

02 다음 제시된 사무용품 구입 현황 시트에 대한 설명으로 옳지 않은 것을 고르면?

	A	B	C	D
1	사무용품 구입 현황			
2				
3				단위 : BOX
4	월별	구분	수량	가격
5	1월	A4용지	150	3,450,000원
6		서류철	80	64,000원
7		볼펜	120	144,400원
8	2월	A4용지	120	2,760,000원
9		서류철	90	72,000원
10		볼펜	75	90,000원
11				

① [A1:D1] 영역은 '병합하고 가운데 맞춤', 밑줄 '이중 실선'으로 지정한다.
② [A4:D4] 영역은 채우기 색 '회색', '왼쪽으로 맞춤'으로 지정한다.
③ [A5:A7], [A8:A10] 영역은 '병합하고 가운데 맞춤'으로 지정한다.
④ [A4:D10] 영역을 '모든 테두리(⊞)'를 적용하여 표시한다.

03 다음의 설명에 해당하는 용어로 가장 적절한 것은?

- 전신 · 전화 등의 통신 시설에서 통신의 흐름을 지칭하는 용어이다.
- 통상 어떤 통신장치나 시스템에 걸리는 부하를 의미하는 용어로, 그 양이 지나치게 많으면 서버에 과부하가 걸려 전체적인 시스템 기능에 장애를 일으키게 된다.
- 어떤 웹페이지에 한꺼번에 많은 사람들이 접속할 경우에 해당 사이트는 이것이 초과되어 차단되었다는 문구가 나오면서 홈페이지가 차단되기도 한다.

① 스팸(Spam)　　② 트래픽(Traffic)
③ 해킹(Hacking)　　④ 논리폭탄(Logic Bomb)

04 다음 중 윈도우 단축키의 기능이 잘못 연결된 것은?

① Alt+home : 홈페이지로 이동
② Ctrl+W : 현재 창 닫기
③ Alt+Esc : 프로그램 종료
④ Shift+Delete : 영구 삭제

05 '.한국'은 최초의 완전 한글 도메인으로, '.kr'과 같은 공식적 국가 도메인이다. 다음의 등록 기준을 참고로 할 때, 도메인 이름으로 설정할 수 있는 것은?

> 〈한국 도메인 등록 기준〉
> • 허용 문자 : 한글(11,172자), 영문(A~Z) · (a~z), 숫자(0~9), 하이픈(-)
>   – 한글은 1글자 이상 포함하여야 함
>   – 허용 문자 외의 문자나 기호는 인정되지 않음
>   – 하이픈으로 시작하거나 끝나지 않아야 하며, 세 번째와 네 번째 글자에 하이픈이 연이어 올 수 없음
> • 길이 : 음절 기준 1자 이상~17자 이하

① 한국_신한_은행.한국 ② 우리1-W,O,N.한국
③ NH농협2020-.한국 ④ HANA-은행.한국

06 소프트웨어에 대한 설명으로 옳지 않은 것은?

① 워드프로세서 : 여러 가지 형태의 문서를 작성, 편집, 저장, 인쇄할 수 있는 프로그램
② 유틸리티 프로그램 : 새로운 그림을 그리거나 그림 또는 사진 파일을 불러와 편집하는 프로그램
③ 프레젠테이션 : 보고, 회의, 상담, 교육 등에서 정보를 전달하는데 주로 활용되는 프로그램
④ 데이터베이스 : 대량의 자료를 관리하고 구조화하여 검색이나 자료 관리 작업을 효과적으로 실행하는 프로그램

07 다음 중 출력장치인 디스플레이 어댑터와 모니터에 관련된 용어의 설명으로 옳지 않은 것은?

① 픽셀(Pixel) : 화면을 이루는 최소의 단위로서 같은 크기의 화면에서 픽셀 수가 많을수록 해상도가 높아진다.
② 해상도(Resolution) : 모니터 화면의 픽셀 수와 관련이 없으며 해상도에 따라 표시할 수 있는 색상의 수가 달라진다.
③ 점 간격(Dot Pitch) : 픽셀들 사이의 공간을 나타내는 것으로 간격이 가까울수록 영상은 선명하다.
④ 재생률(Refresh Rate) : 픽셀들이 밝게 빛나는 것을 유지하기 위한 것으로, 재생률이 높을수록 모니터의 깜빡임이 줄어든다.

[08～09] 다음 제시된 컴퓨터 관련 부품을 만드는 회사의 제품 코드 생성표를 보고 질문에 답하시오.

시리얼 넘버 생성 방법 : (제조 연도)－(생산 라인)－(제품 종류 번호)－(생산 번호)

예 2023년 4월 5일 서울 A공장 03에서 12,305번째로 만들어진 검은색 마우스

040523－A03－M110－12305

〈표〉 제품 코드 생성표

제조 연도	생산 라인		생산 번호			
예 2023년 5월 10일에 생산 → 051023	서울 A공장	01	M	마우스	100	흰색
		02			110	검은색
		03	K	키보드	200	흰색
	경기 B공장	01			210	검은색
		02			220	남색

08 다음 주어진 시리얼 넘버에 대해 추론한 것으로 옳지 않은 것을 고르면?

062223－B01－K220－15440

① 이 부품은 키보드이다.
② 이 부품은 2023년 6월 22일에 만들어졌다.
③ '15440'을 통해 이 부품의 총 생산 개수를 알 수 있다.
④ 생산라인 B01만으로 어느 공장에서 만들었는지 알 수 있다.

09 다음 중 2022년 11월 30일 서울 A공장 02에서 318번째로 생산된 흰색 마우스의 제품코드로 옳은 것을 고르면?

① 113022－A02－M100－318
② 113022－A02－K100－3108
③ 113022－B02－M100－3180
④ 113022－B01－M110－0318

[10～11] 다음 한국전력공사 사원 번호 부여 방식을 참고하여 물음에 답하시오.

(예시) 충북 사업소 전력계통부 4직급 ○○○
D40－JE06－0100－○○○
(지사 코드)－(부서 코드)－(직급 코드)－(직원 고유 번호)

〈표1〉 지사 코드

지역	코드	지역	코드
서울	A10	충북	D40
경기	B20	전북	E50
인천	C30	부산	F60

〈표2〉 부서 코드

부서	코드	부서	코드
기획부	KE01	신성장기술부	BE04
관리부	GE02	영업본부	OE05
상생협력부	SE03	전력계통부	JE06

〈표3〉 직급 코드

직급	코드	직급	코드
1직급	0010	4직급	0100
2직급	0011	5직급	0111
3직급	0012	6직급	0112

※ 직원 고유 번호 : 입사 후 '가나다 순'으로 번호 매김

10 한국전력공사 신입사원 A씨는 다음과 같은 사원 번호를 부여받았다. 이에 대한 설명으로 옳은 것을 고르면?

B20－GE02－0112－175

① A사원은 서울지사에서 일한다.
② A사원은 관리부에서 일한다.
③ A사원의 직급은 5급이다.
④ A사원은 '이'씨임을 알 수 있다.

11 다음 중 같은 지사 같은 직급에서 일하는 사원들로만 바르게 묶인 것을 고르면?

이름	사원 번호	이름	사원 번호
성 주민	A10－SE03－0011－105	김 병학	B20－KE01－0010－030
임 헌태	C30－JE06－0012－098	김 대수	A10－KE01－0111－178
주 용춘	C30－BE04－0112－042	윤 장철	D40－GE02－0112－056
안 기선	F60－BE04－0011－135	오 경석	E50－JE06－0100－071
이 현철	E50－OE05－0012－244	김 기갑	F60－GE02－0111－095
강 명석	D40－SE03－0111－032	최 태희	D40－OE05－0112－112

① 성 주민, 김 대수
② 임 헌태, 주 용춘
③ 안 기선, 김 기갑
④ 윤 장철, 최 태희

12 인터넷에서 'IBK기업은행'과 'NCS'를 모두 포함하고 '인성검사'는 포함하지 않는 문서를 검색한다고 할 때, 다음 중 연산기호를 가장 바르게 사용한 것은?

① IBK기업은행－NCS ~ 인성검사
② IBK기업은행－NCS * 인성검사
③ IBK기업은행 & NCS | 인성검사
④ IBK기업은행 & NCS ! 인성검사

13 다음은 체육대회를 위해 사들인 물품을 스프레드시트 문서로 정리하고 있는 중이다. 다음 중 주어진 5개의 물품의 구매 금액 중 150만 원 이상만 모아서 따로 합계를 내고 싶을 때 사용할 수 있는 올바른 함수식을 고르면?

	A	B	C	D
1	물품 목록	수량	구매 금액	
2	게임 물품1	270	1,300,000	
3	게임 물품2	200	1,501,000	
4	물과 음료	450	1,530,000	
5	도시락	510	3,080,000	
6	팀조끼	500	800,000	
7				
8	150만 원 이상 구매한 총 구매 금액		(　　)	
9				
10				

① =SUM(B2:B6, “>1,500,000”)

② =SUM(C2:C6, “>=1,500,000”)

③ =SUMIF(B2:C6, “>1,500,000”)

④ =SUMIF(C2:C6, “>=1,500,000”)

14 다음은 A사원이 은행에 적금을 신청하고자 자료를 정리하고 있다. 아래 그림과 같이 연 이율과 월 적금액이 고정되어 있고, 적금기간이 1년, 2년, 3년, 4년, 5년인 경우 각 만기 후의 금액을 확인하기 위한 도구로 적합한 것을 고르면?

	A	B	C	D	E	F
1						
2		연이율	3%		적금기간(연)	만기 후 금액
3		적금기간(연)	1			₩6,083,191
4		월 적금액	500000		1	
5		만기 후 금액	₩6,083,191		2	
6					3	
7					4	
8					5	

① 고급 필터　　② 데이터 통합

③ 목표값 찾기　　④ 데이터 표

15 A회사는 임직원들의 인문학적 소양과 업무능력을 배양하기 위하여 사내 도서관을 설치하고 운영하는 결정을 하였다. 올해 새로 설치되는 사내 도서관에는 다양한 분야의 서적뿐만 아니라 음반, 영화 등 멀티미디어도 함께 배치될 계획이다. 다음의 자료는 귀하의 회사가 모범 사례로 참고하고 있는 B회사의 사내 도서관 관리 방법이다. 이 방법은 어떤 것인가?

> B회사는 5년 전 사내 도서관을 설치하고 현재까지 운영하고 있다. 임직원들의 독서를 권장하기 위하여 다양한 도서와 콘텐츠를 구비하고 도서 대여 서비스를 제공하고 있다. 또한 임직원들의 추천 도서는 반기별 1,000권 이상 꾸준히 구매하고 있다. 이로 인해 지난 5년 동안 2만 여권의 도서 및 콘텐츠를 확보하게 되었으며, 이를 효율적으로 관리하기 위하여 도서명, 저자, 출판일, 출판사 등의 도서 정보를 목록화하는 도서 관리 프로그램을 자체적으로 개발하여 활용하고 있다. 해당 프로그램을 통해 임직원들을 자신이 원하는 도서의 대출 현황과 위치 등을 손쉽게 확인 할 수 있어 그 활용도가 높다고 한다.

① 목록을 활용한 정보관리
② 색인을 활용한 정보관리
③ 분류를 활용한 정보관리
④ 1 : 1 매칭을 활용한 정보관리

16 귀하는 전산팀에서 근무하고 있으며, 최근 신입 인턴이 들어와서 전산업무에 대해 알려주고 있다. 마침 오늘 아침 기획팀에서 컴퓨터가 제대로 작동하지 않는다는 문의가 왔고, 귀하는 컴퓨터에 하드디스크가 제대로 인식하지 못하여 발생된 일이라고 판단하였다. 귀하는 인턴에게 CS팀에 가서 컴퓨터 문제를 해결하고 오라고 지시를 내리고 다음과 같이 해결 방법을 알려주었다. 다음 중 인턴에게 설명한 내용으로 적절하지 않은 것은?

① "컴퓨터 본체 내 하드디스크 전원이 제대로 연결되어 있는지 상태를 확인해요."
② "혹시 하드디스크가 외부적인 충격으로 고장이 나지 않았는지 점검해요."
③ "CMOS Setup에 들어가서 하드디스크 설정 내용이 올바르게 되었는지 확인해요."
④ "컴퓨터 내에 디스크 조각 모음 프로그램을 실행시켜 단편화 제거를 진행해요."

[17～18] 병원에서 근무하는 귀하는 건강검진 관리 현황을 정리하고 있다. 이어지는 질문에 답하시오.

	A	B	C	D	E	F
1						
2	이름	검사구분	주민등록번호	검진일	검사항목 수	성별
3	이지혜	종합검진	960819-2******	2019-11-12	18	
4	김범민	종합검진	010323-3******	2019-03-13	17	
5	조현민	기본검진	020519-3******	2019-09-07	10	
6	임문규	추가검진	921216-1******	2019-11-06	6	
7	윤홍빈	추가검진	980202-1******	2019-04-22	3	
8	정소희	종합검진	001015-4******	2019-02-19	17	
9	김은정	기본검진	891025-2******	2019-10-14	10	
10	박미옥	추가검진	011002-4******	2019-07-21	5	

17 2019년 하반기에 검진 받은 사람의 수를 확인하려 할 때, 사용해야 할 함수는?

① COUNTIF
② COUNTA
③ SUMIF
④ MATCH

18 주민등록번호를 통해 성별을 구분하려고 할 때, 각 셀에 필요한 함수식으로 옳은 것은?

① F3 : =IF(AND(MID(C3,8,1)="2",MID(C3,8,1)="4"),"여자","남자")

② F4 : =IF(AND(MID(C4,8,1)="2",MID(C4,8,1)="4"),"여자","남자")

③ F7 : =IF(OR(MID(C7,8,1)="2",MID(C7,8,1)="4"),"여자","남자")

④ F9 : =IF(OR(MID(C9,8,1)="1",MID(C9,8,1)="3"),"여자","남자")

19 다음 중 입력한 데이터에 지정된 표시형식에 따른 결과가 옳은 것은?

	입력자료	표시형식	결과
①	24678	#.##	24,678
②	2020−05−05	mm−dd	Mar−05
③	14500	[DBNum2]G/표준	壹萬四阡伍百
④	0.457	0%	45.7%

20 다음은 [매크로 기록] 대화상자이다. 각 항목에 대한 설명으로 옳지 않은 것은?

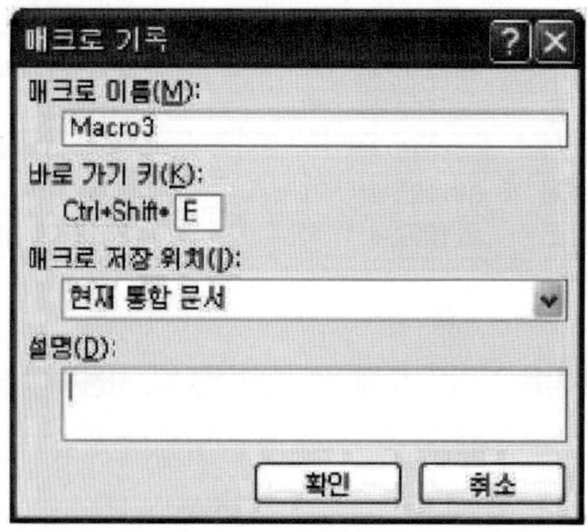

① 매크로 이름 지정 시 첫 글자는 반드시 문자로 작성해야 하고, 두 번째 글자부터 문자, 숫자, 밑줄 문자(_) 등을 사용할 수 있다.
② 바로 가기 키 조합 문자는 영문자와 숫자만 가능하다.
③ 매크로 저장 위치는 개인용 매크로 통합문서, 새 통합 문서 그리고 현재 통합 문서 중 선택할 수 있다.
④ 매크로 실행을 위한 바로 가기 키로 엑셀에서 지정되어 있는 바로 가기 키를 지정할 수도 있다.

Chapter 06

조직이해능력

- 조직이해능력은 모든 직군에 필요하나 NCS 과목으로 비중이 높지 않다. 규모가 큰 기업과 외국인과 협업해야 하는 금융권의 경우 선택된다.
- 일정하게 정해진 유형은 없으나 SWOT 분석 문제와 규정문제, 기타 조직 업무와 외국인을 대할 때의 모습을 묻는 문제가 출제된다.
- 이론과 SWOT 분석 문제는 반드시 이해해야 된다.

1. 조직이해능력 소개

조직이해능력이란 업무를 원활하게 수행하기 위해 국제적인 추세를 포함하여 조직의 체제와 경영에 대해 이해하는 능력이다.

2. 조직이해능력 구성

하위능력	정의	세부요소
국제 감각	주어진 업무에 관한 국제적인 추세를 이해하는 능력	• 국제적인 동향 이해 • 국제적인 시각으로 업무 추진 • 국제적 상황 변화에 대처
조직 체제 이해능력	업무 수행과 관련하여 조직의 체제를 올바르게 이해하는 능력	• 조직의 구조 이해 • 조직의 규칙과 절차 파악 • 조직간의 관계 이해
경영이해 능력	사업이나 조직의 경영에 대해 이해하는 능력	• 조직의 방향성 예측 • 경영조정(조직의 방향성을 바로잡기에 필요한 행위 하기) • 생산성 향상 방법
업무이해 능력	조직의 업무를 이해하는 능력	• 업무의 우선순위 파악 • 업무활동 조직 및 계획 • 업무수행의 결과 평가

3. 조직이해능력 분석

(1) 조직 이해 능력
- 조직의 업무와 운영 및 체제에 대해 알아본다.

(2) 국제 감각
- 국제 감각의 필요와 국제 문화의 이해에 대해 알아본다.
- 국제적인 동향과 국제매너를 알아본다.

(3) 조직 체제 이해 능력
- 조직의 목표와 구조를 알아본다.
- 조직문화와 집단의 특징을 알아본다.

(4) 경영 이해 능력
- 조직의 경영방법과 의사결정 과정을 알아본다.
- 조직의 경영전략과 조직경영 참여에 대해 알아본다.

(5) 업무 이해 능력
- 업무특성과 업무처리과정에 대해 알아본다.
- 업무의 방해 요인을 알아본다.

1 〉 조직 이해 능력

(1) 조직 이해 능력이란?

① 직업인이 속한 조직의 경영과 체제업무를 이해하고, 직장생활과 관련된 국제 감각을 가지는 능력이다.

② 조직은 두 사람 이상이 공동의 목표를 달성하기 위해 의식적으로 구성된 상호작용과 조정을 행하는 행동의 집합체이다.

③ 기업은 직장생활을 하는 대표적인 조직으로 노동, 자본, 물자, 기술 등을 투입하여 제품이나 서비스를 산출하는 기관이다.

(2) 조직의 유형

① 공식성

㉠ 공식조직 : 조직의 규모, 기능, 규정이 조직화된 조직

㉡ 비공식조직 : 인간관계에 따라 형성된 자발적 조직

② 영리성

㉠ 영리조직 : 사기업 등

㉡ 비영리조직 : 정보조직, 병원, 대학, 시민단체 등

③ 조직 규모에 따른 유형

㉠ 소규모 조직 : 가족 소유의 상점 등

㉡ 대규모 조직 : 대기업 등

(3) 경영이란?

조직의 목적을 달성하기 위한 전략, 관리, 운영활동

① 경영의 구성요소

㉠ 경영목적 : 조직의 목적을 달성하기 위한 방법이나 과정

㉡ 인적자원 : 조직의 구성원, 인적자원의 배치와 활용

㉢ 자금 : 경영활동에 요구되는 돈, 경영의 방향과 범위 한정

㉣ 경영전략 : 변화하는 환경에 적응하기 위한 경영활동 체계화

② 경영자의 역할

경영자는 조직의 전략, 관리 및 운영활동을 주관하며, 조직 구성원들과 의사결정을 통해 조직이 나아갈 방향을 제시하고 조직의 유지와 발전에 대해 책임을 지는 사람이다.

㉠ 대인적 역할 : 조직의 대표자, 조직의 리더, 지도자, 상징자

㉡ 정보적 역할 : 외부환경 모니터, 변화전달, 정보전달자

㉢ 의사결정적 역할 : 문제 조정, 대외적 협상 주도, 분쟁 조정자, 자원 배분자, 협상가

(4) 조직체제

① 조직체제 구성요소

㉠ 조직 목표 : 조직이 달성하려는 장래의 상태

㉡ 조직의 구조 : 조직 내의 부문 사이에 형성된 관계로 조직 구성원들의 상호작용(규칙과 규정이 정해진 기계적 조직, 의사결정권이 하부구성원에게 많이 위임되고 업무가 고정적이지 않은 유기적 조직)

㉢ 조직 문화 : 조직 구성원들이 생활양식이나 가치를 공유하는 것

㉣ 규칙 및 규정 : 조직의 목표나 전략에 따라 수립. 조직 구성원들의 활동 범위를 제약하고 일관성을 부여함

② 조직변화

㉠ 조직변화 과정

환경변화 인지 → 조직변화 방향 수립 → 조직변화 실행 → 변화결과 평가

㉡ 조직 변화 유형
- **제품과 서비스** : 제품이나 서비스를 고객의 요구에 부응하는 것
- **전략과 구조** : 조직의 목적 달성과 효율성을 위해 개선하는 것
- **기술** : 신기술이 도립되는 것
- **문화** : 구성원들의 사고와 가치를 변화시켜 조직의 목적과 일치화시키는 것

③ 조직 관계

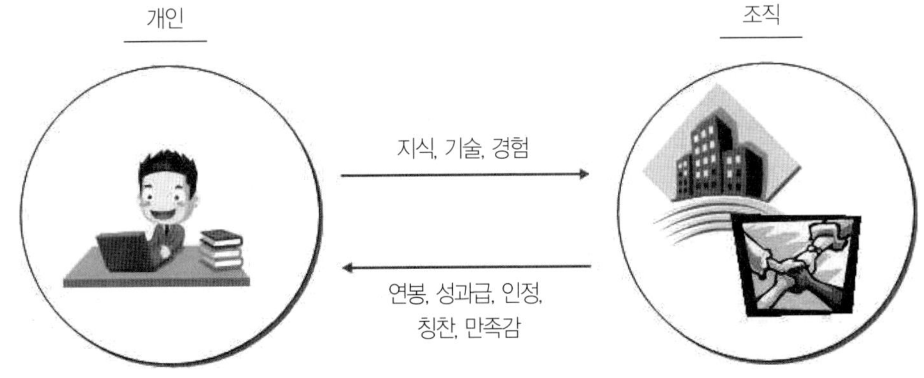

2 〉 경영이해능력

(1) 경영이해능력이란?

직업인이 자신이 속한 조직의 경영 목표와 경영 방법을 이해하는 능력

(2) 경영의 과정

㉠ **경영계획** : 미래상 설정, 대안분석, 실행방안 선정
㉡ **경영실행** : 조직목적 달성
㉢ **경영평가** : 수행결과 감독, 교정 → 피드백

(3) 경영활동 유형

㉠ **외부 경영활동** : 조직 외부에서 조직의 효과성을 높이기 위해 이루어지는 활동
㉡ **내부 경영활동** : 조직 내부에서 인적, 물적 자원 및 생산기술을 관리하는 활동

(4) 의사결정

① 의사결정 과정

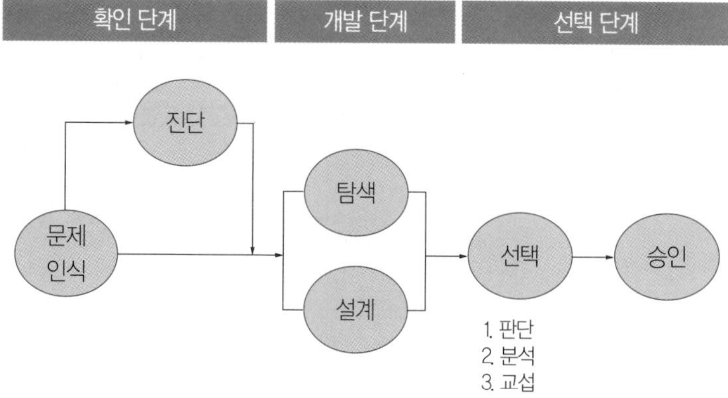

② 집단의사결정의 특징

㉠ 장점

- 한 사람이 가진 지식보다 집단이 가지고 있는 지식과 정보가 더 많아 효과적인 결정을 할 수 있다.
- 집단구성원의 능력이 다르기 때문에 다양한 견해를 가지고 접근할 수 있다.
- 결정된 사항에 대하여 의사결정에 참여한 사람들이 해결책을 수월하게 수용하며, 의사소통의 기회가 향상된다.

㉡ 단점

- 의견이 불일치하는 경우 결정된 사항에 대하여 의사결정을 내리는데 시간이 특정 구성원에 의해 의사결정이 독점될 가능성이 있다.

③ 브레인스토밍

집단의사결정의 대표적인 방법으로 여러 명이 한 가지의 문제를 놓고 아이디어를 비판 없이 제시하여 그 중에서 최선책을 찾아내는 방법

㉠ 다른 사람의 아이디어를 제시할 때에는 비판하지 않는다.

㉡ 문제에 대한 제안은 자유롭게 이루어질 수 있다.

㉢ 아이디어는 많이 나올수록 좋다.

㉣ 모든 아이디어들이 제안되고 나면 이를 결합하고 해결책을 마련한다.

(5) 경영전략

① 경영전략이란?

조직이 변화하는 환경에 적응하기 위하여 경영활동을 체계화하는 것

② 경영전략 추진과정

㉠ **전략 목표 설정** : 비전설정, 미션 설정

㉡ **환경 분석** : 내부 환경 분석, 외부 환경 분석 (SWOT 분석 기법)

ⓒ **경영 전략 도출** : 조직 전략, 사업 전략, 부문 전략

ⓓ **경영 전략 실행** : 경영 목적 달성

ⓔ **평가 및 피드백** : 경영 전략 결과 평가, 전략 목표 및 경영 전략 재조정

③ 경영 전략 유형

ⓐ **차별화 전략** : 조직이 생산품이나 서비스를 차별화하여 고객에게 가치가 있고 독특하게 인식되도록 하는 전략

ⓑ **원가우위 전략** : 원가절감을 통해 해당 산업에서 우위를 점하는 전략으로, 이를 위해서는 대량생산을 통해 단위 원가를 낮추거나 새로운 생산기술을 개발하는 전략

ⓒ **집중화 전략** : 경정조직들이 소홀히 하고 있는 한정된 시장을 원가우위나 차별화 전략을 써서 집중적으로 공략하는 전략

④ 경영참가제도 유형

ⓐ **경영참가** : 경영자의 권한인 의사결정과정에 근로자 또는 노동조합이 참여하는 것

ⓑ **이윤참가** : 조직의 경영성과에 대하여 근로자에게 배분하는 것

ⓒ **자본참가** : 근로자가 조직 재산의 소유에 참여하는 것

- **장점** : 근로자들이 조직에 소속감을 느끼고 몰입하게 되어 발전적 협력이 가능
- **단점** : 경영 능력이 부족한 근로자가 경영에 참여할 경우 의사 경영이 늦어지고 합리적이지 못할 수 있다. 경영자의 고유권한인 경영권이 약화된다. 분배문제를 해결함으로써 노동조합의 단체교섭 기능이 약화될 수 있다.

3 〉 체제이해능력

(1) 체제이해능력이란

조직의 구조와 목적, 체제 구성 요소, 규칙, 규정 등을 이해하는 능력

(2) 조직 목표

① 조직목표의 기능

ⓐ 조직이 존재하는 정당성과 합법성 제공

ⓑ 조직이 나아갈 방향 제시

ⓒ 조직구성원 의사결정의 기준

ⓓ 조직구성원 행동수행의 동기유발

ⓔ 수행평가 기준

ⓕ 조직설계의 기준

② 조직 목표의 특징

㉠ 공식적 목표와 실제적 목표가 다를 수 있음

㉡ 다수의 조직목표 추구 기능

㉢ 조직목표간 위계적 관계가 있음

㉣ 가변적 속성

㉤ 조직의 구성요소와 상호관계를 가짐

③ 조직목표의 분류

㉠ **전체성과** : 영리조직은 수익성, 사회복지 기관은 서비스 제공 등

㉡ **자원** : 조직에 필요한 재료와 재무자원을 획득 등

㉢ **시장** : 시장점유율, 시장에서의 지위향상 등

㉣ **인력개발** : 교육훈련, 승진, 성장 등

㉤ **혁신과 변화** : 불확실한 환경변화에 대한 적응가능성 향상, 내부의 유연성 향상 등

㉥ **생산성** : 투입된 자원에 대비한 산출량 향상, 1인당 생산량 및 투입비용 등

(3) 조직 구조

① 조직구조의 구분

㉠ **기계적 조직** : 구성원들의 업무가 분명하게 정의되고 많은 규칙과 규제들이 있으며, 상하간의 의사소통이 공식적인 경로를 통해 이루어지며 엄격한 위계질서가 존재

㉡ **유기적 조직** : 의사결정권한이 조직의 하부구성원들에게 많이 위임되어 있으며 업무도 고정되지 않고 공유 가능한 조직

② 조직구조의 결정요인

㉠ **전략** : 조직의 목적을 달성하기 위하여 수립한 계획

㉡ **규모** : 소규모조직, 대규모조직

㉢ **기술** : 투입요소를 산출물로 전화시키는 지식, 기계, 절차 등

㉣ **환경** : 안정적 환경은 기계적 조직, 급변하는 환경은 유기적 조직이 적합

③ 조직구조의 형태

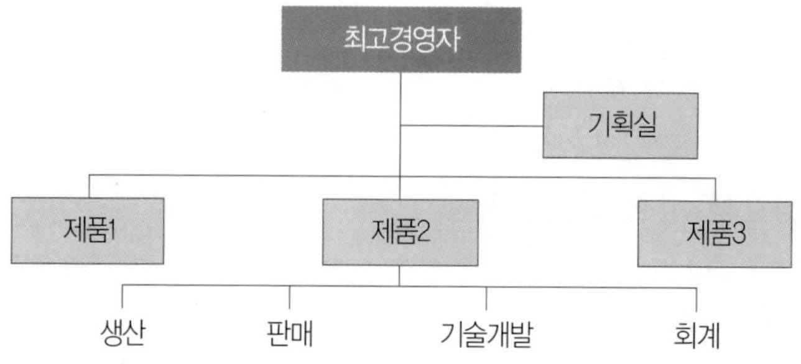

(4) 조직문화

조직구성원들의 공유된 생활양식이나 가치

① 조직문화의 기능

㉠ 조직구성원들에게 일체감, 정체성 부여

㉡ 조직몰입 향상

㉢ **조직구성원들의 행동지침** : 사회화 및 일탈행동 통제

㉣ 조직의 안정성 유지

② 조직문화 구성요소

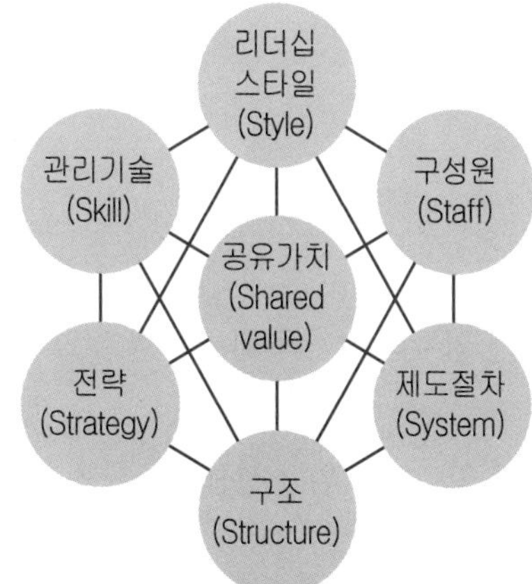

㉠ **공유가치** : 조직 구성원들의 행동이나 사고를 특정 방향으로 이끌어 가는 원칙

㉡ **리더십 스타일** : 구성원들을 이끌어 나가는 리더의 전반적인 조직관리 스타일

㉢ **구성원** : 조직의 인력 구성과 구성원들의 능력

㉣ **시스템** : 조직 운영의 의사 결정과 일상 운영의 틀이 되는 각종 시스템

㉤ **구조** : 조직의 전략을 수행하는데 필요한 틀

㉥ **전략** : 조직의 장기적인 목적과 계획 그리고 이를 달성하기 위한 장기적 행동지침

㉦ **기술** : 하드웨어는 물론 이를 사용하는 소프트웨어 기술

(5) 집단

① 집단의 유형

㉠ **공식적인 집단** : 조직의 공식적인 목표를 추구하기 위해 조직에서 의도적으로 만든 집단

㉡ **비공식적 집단** : 조직구성원들의 요구에 따라 자발적으로 형성된 집단

② 집단 간 관계

㉠ **장점** : 경쟁이 일어나면 집단 내부에서는 응집성이 강화되고 집단의 활동이 더욱 조직화된다.

㉡ **단점** : 집단 간 경쟁이 과열되면 공통된 목적을 추구하는 조직 내에서 집단 갈등은 자원의 낭비, 업무 방해, 비능률 등의 문제를 초래한다.

③ 팀의 역할

㉠ 팀은 다른 집단들에 비해 구성원들의 개인적 기여를 강조하고 개인적 책임뿐만 아니라 상호 공동책임을 중요시한다.

㉡ 팀은 생산성을 높이고 의사결정을 신속하게 내리며 구성원들의 다양한 창의성 향상을 도모하기 위하여 조직되고 성공하기 위해서는 조직 구성원들의 협력의지와 관리자층의 지지가 중요하다.

4 〉 업무이해능력

(1) 업무이해능력이란?

① 직업인이 자신에게 주어진 업무의 성격과 내용을 알고 그에 필요한 지식, 기술, 행동을 확인하는 능력

② 업무는 상품이나 서비스를 창출하기 위한 생산적인 활동

(2) 업무의 종류

부서	업무(예시)
총무부	주주총회 및 이사회개최 관련 업무, 의전 및 비서업무, 집기비품 및 소모품의 구입과 관리, 사무실 임차 및 관리, 차량 및 통신 시설의 운영, 국내외 출장 업무 협조, 복리 후생 업무, 법률자문과 소송 관리, 사내외 홍보 광고 업무
인사부	조직 기구의 개편 및 조정, 업무 분장 및 조정, 인력 수급 계획 및 관리, 직무 및 정원의 조정 종합, 노사 관리, 평가 관리, 상벌 관리, 인사발령, 교육체계 수립 및 관리, 임금제도, 복리 후생 제도 및 지원 업무, 복무 관리, 퇴직 관리
기획부	경영 계획 및 전략 수립, 전사기획 업무 종합 및 조정, 중장기 사업 계획의 종합 및 조정, 경영 정보 조사 및 기획 보고, 경영진단 업무, 종합예산 수립 및 실적 관리, 단기 사업 계획 종합 및 조정, 사업 계획, 손익 추정, 실적 관리 및 분석
회계부	회계 제도의 유지 및 관리, 재무 상태 및 경영실적 보고, 결산 관련 업무, 재무제표 분석 및 보고, 법인세, 부가가치세, 국세 지방세 업무자문 및 지원, 보험가입 및 보상 업무, 고정자산 관련 업무
영업부	판매 계획, 판매 예산의 편성, 시장조사, 광고 선전, 견적 및 계약, 제조 지시서의 발행, 외상매출금의 청구 및 회수, 제품의 재고 조절, 거래처로부터의 불만 처리, 제품의 애프터서비스, 판매원가 및 판매 가격의 조사 검토

(3) 업무의 특성

① 공통된 조직의 목적 지향

② 요구되는 지식, 기술, 도구의 다양성

③ 다른 업무와의 관계, 독립성

④ 업무수행의 자율성, 재량권

(4) 업무수행 계획

① 업무수행 계획 단계

업무지침 확인	활용 자원 확인	업무수행 시트 작성
• 조직의 업무지침 • 나의 업무지침	• 시간 • 예산 • 기술 • 인간관계	• 간트 차트 • 워크 플로 시트 • 체크리스트

② 업무수행 시트

㉠ **간트 차트** : 단계별로 업무를 시작해서 끝나는데 걸리는 시간을 바(bar) 형식으로 표시한 차트이다. 전체 일정을 한 눈에 볼 수 있고, 단계별로 소요되는 시간과 각 업무활동 사이의 관계를 보여준다.

㉡ **워크 플로 시트** : 일의 흐름을 동적으로 보여주는데 효과적인 시트이다. 사용하는 도형을 다르게 표현함으로써 주된 작업과 부차적인 작업, 개인 작업과 협조가 필요한 작업 등을 구분할 수 있다.

㉢ **체크리스트** : 업무의 각 단계를 효과적으로 수행했는지를 스스로 점검해볼 수 있는 도구이다. 시간의 흐름을 표현하는 데에는 한계가 있지만, 업무를 세부적인 활동들로 나누고 각 활동별로 수행수준을 달성했는지를 확인하는데 효과적이다.

(5) 업무 수행 방해요인과 해결책

요인	해결책
방문, 인터넷, 전화, 메신저	시간을 정해 놓고 효과적으로 관리한다.
갈등관리	갈등상황을 받아들이고 이를 객관적으로 평가한다.
스트레스	시간 관리를 통해 업무과중을 극복하고, 명상과 같은 방법으로 긍정적인 사고방식을 가지며, 신체적 운동을 하거나 전문가의 도움을 받는다.

5 〉 국제감각

(1) 국제감각이란?

직장생활을 하는 동안에 다른 나라의 문화를 이해하고 국제적인 동향을 이해하는 능력

① **세계화** : 활동범위가 세계로 확대되는 것

② **국제경영** : 다국적 내지 초국적 기업이 등장하여 범지구적 시스템과 네트워크 안에서 기업 활동이 이루어지는 것

③ **국제 감각이 필요한 이유**

㉠ 세계화에 따른 해외에 직업 투자

㉡ 무역 등 여러 분야의 경제적 이익

(2) 문화충격

① **정의** : 한 문화권에 속한 사람이 다른 문화를 접하게 되었을 때 체험하는 충격

② **이문화 커뮤니케이션**

자신이 속한 조직의 목적을 달성하기 위해 외국인을 설득하거나 이해시켜야 하는 상황에서 서로 상이한 문화 간 커뮤니케이션을 의미한다.

㉠ **언어적 커뮤니케이션** : 의사를 전달할 때 직접적으로 이용되는 것으로 외국어 사용능력 등이 있다.

㉡ **비언어적 커뮤니케이션** : 상대국의 문화적 배경에 입각한 생활양식, 행동규범, 가치관 등

(3) 국제동향

① **국제동향 파악 방법**

㉠ 해외사이트 방문, 신문 국제면 및 국제잡지 정기 구독

㉡ 협의체 사이트를 통해 국제동향 확인

㉢ 업무 관련 외국어 습득

㉣ 국제 학술대회 참석

② **국제적인 법규나 규정 숙지**

업무와 관련된 국제적인 법규나 규정을 제대로 이해하지 못하면 큰 피해를 입을 수 있기 때문에 국제적인 업무를 수행하기 위해서는 국제적인 법규나 규정을 알아봐야 한다.

(4) 국제 매너

① 인사법

㉠ **영미권 인사** : 일어서서 상대방의 눈이나 얼굴을 보고 오른손으로 상대방의 오른손을 힘주어 잡았다가 놓는다. (손끝만 잡는 것은 예의에 어긋난다.)

㉡ **영미권 명함 교환**

- 업무용 명함은 악수를 한 후 명함을 교환하고, 아랫사람이나 손님이 먼저 꺼내 오른손으로 주고, 받는 사람은 두 손으로 받는다.
- 받은 명함은 보고나서 탁자 위에 보이게 놓거나 명함지갑에 넣고, 구기거나 계속 만지지 않는다.

㉢ **미국대화**

- 이름이나 호칭은 어떻게 부를지 먼저 물어본다.
- 인사를 하거나 대화할 때 너무 다가서지 말고 개인공간을 지켜줘야 한다.

㉣ **아프리카 대화** : 시선을 마주하는 것은 실례이므로 코 끝 정도를 보면서 대화한다.

㉤ **러시아 · 라틴아메리카 인사** : 포옹 또는 입맞춤 인사는 친밀함의 표현이다.

② 시간약속

㉠ **영미권** : 시간을 돈과 같이 여겨 시간 엄수를 매우 중요하게 생각한다.

㉡ **라틴아메리카 · 동부 유럽 · 아랍 지역** : 시간 약속은 형식적이며 상대방이 기다릴 것으로 생각한다.

③ 식사예절(서양 요리)

㉠ 스프는 소리를 내지 않고 먹고, 뜨거우면 숟가락을 저어서 식힌다.

㉡ 몸 쪽의 바깥에 있는 식기부터 사용한다.

㉢ 빵은 손으로 떼어 먹으며, 수프를 먹고 난 후부터 먹으며 디저트 직전 식사가 끝날 때까지 먹을 수 있다.

㉣ 생선은 뒤집어 먹지 않고, 스테이크는 잘라 가면서 먹는다.

Chapter
06 예상문제

정답 및 해설 412p

[01~02] 다음은 조직이 변화하는 한 사례이다. 지문을 읽고 이어지는 질문에 답하시오.

> 공학기계를 제작하는 S사에서 근무하고 있는 H부장은 지난 달 보너스를 받았다. 경쟁업체의 도약으로 하마터면 망할 뻔 했던 회사를 살려낸 것이다. 처음 공학기계 제작의 신기술이 세계적으로 알려졌을 때, H부장을 제외한 다른 사람들은 이를 잘 알지 못했고 H부장은 신기술 도입의 중요성을 인지하고 이를 사내에 소개하였다.
>
> 그러나 회사의 다른 사람들은 새로운 기술이 도입될 경우, 기술을 새로 배워야 하는 번거로움과 라인의 변경 등에 따른 추가비용의 부담이 발생한다는 이유로 도입을 꺼려하였다. 그러나 H부장은 경쟁업체가 이를 받아들일 경우 회사에 막대한 손실을 끼칠 것이라는 구체적인 예상결과를 제시하였고, (　　　　　　)에 따른 조직변화 방향을 수립하였다.
>
> 실제로 경쟁업체에서도 신기술을 받아들여 획기적인 발전을 이루었지만, 이에 대해 대비를 하고 철저하게 준비하였던 S사는 계속해서 동종업계 1위 자리를 고수할 수 있었다.

01 위 지문의 빈칸에 들어갈 조직변화의 유형은?

① 제품과 서비스　　② 전략과 구조
③ 기술　　④ 문화

02 지문의 조직변화의 과정에 대한 설명으로 옳지 않은 것은?

① 환경인지 변화 : 신기술의 발명
② 조직변화 방향 수립 : 신기술의 도입
③ 조직변화 실행 : 신기술 예산결과 제시
④ 변화결과 평가 : 동종업계 1위 자리 고수

[03～04] 다음 지문을 읽고 이어지는 질문에 답하시오.

> A씨는 최근 직장을 그만두고 지인들과 컨설팅 회사를 설립하였다. A씨가 직장을 그만두게 된 데에는 최고경영자의 경영이념이 자신의 이념과 상충되었기 때문이다.
>
> 이전 직장의 최고경영자는 신기술을 가장 빠르게 받아들이고 꾸준히 '기술적인 혁신'을 이룩할 것을 경영이념으로 삼았지만, A씨는 조직을 운영하는데 가장 기본이 되는 것은 사람이므로 '인간 존중'이 최우선이라고 생각하였다.
>
> 이에 따라 A씨와 지인들은 '인간 존중'을 경영목적으로 하고, 구체적인 경영전략을 수립하였다. 또한 회사를 운영하기 위한 자금을 마련하여 법인으로 등록하고, 근로자를 모집, 채용하였다.

03 A씨의 경영에 대한 설명으로 옳은 것은?

① 조직 변화를 위해 기술을 최우선의 가치로 선택하였다.
② 인적자원에는 지인들과 모집될 근로자가 속한다.
③ 주로 외부경영활동을 통해 경영이 이루어진다.
④ 조직의 유형은 비영리조직에 속한다.

04 지문의 A씨가 맡은 역할로 옳지 않은 것은?

① 조직의 의사결정을 독점한다.
② 조직의 전략 관리 및 운영활동을 주관한다.
③ 조직의 변화 방향을 설정한다.
④ 조직의 유지와 발전을 책임진다.

05 다음의 조직문화 구성요소 7S모형에 대한 설명 중 옳지 않은 것은?

① 리더십 스타일 : 조직 구성원들의 행동이나 사고를 특정 방향으로 이끌어가는 원칙
② 시스템 : 조직 운영의 의사 결정과 일상 운영의 틀이 되는 각종 시스템
③ 전략 : 조직의 장기적인 목적과 계획 그리고 이를 달성하기 위한 장기적 행동지침
④ 구조 : 조직의 전략을 수행하는데 필요한 틀로서 구성원의 역할과 그들 간의 상호관계를 지배하는 공식요소

06 다음은 A씨가 미국인과 식사를 하는 모습이다. 식사 예절로 옳은 부분은?

A씨는 먼저 수프가 나오자 혹시 소리가 날까 조심하며 먹었다. ㉮ 음식이 나오자 안쪽에 있는 포크나 나이프부터 사용하여 먹었다. ㉯ 수프가 뜨거우면 입으로 불어서 식힌 후 ㉰ 빵과 같이 먹었다. ㉱ 빵은 말랑말랑해서 손으로 떼어 먹다가 스테이크가 나오자 천천히 잘라가면서 먹었다.

① ㉮　② ㉯
③ ㉰　④ ㉱

07 다음 지문에서 A씨와 회사의 상호관계로 옳은 것은?

A씨는 자동차 회사에 다니고 있다. 월요일부터 금요일까지 아침 9시가 되면 어김없이 출근해서 12시까지 일을 하고 점심을 먹는다. 점심식사 이후에 오후 1시부터 6시까지 하루 총 8시간 근무를 한다. A씨가 하는 일은 조립된 자동차의 안전점검을 하는 일이다.

A씨는 자동차 안전점검을 보다 잘 수행하기 위하여 관련 매뉴얼을 읽고 암기하며, 인터넷 동호회에 가입해서 노하우를 공유하기도 한다.

이렇게 열심히 한 달을 일하면 매달 25일에 월급을 받는다. 그리고 성과를 고려하여 1년에 2번씩 성과급이 나온다. A씨는 전체 조직에서 작은 업무지만 성실하게 수행함으로써 성실직원상이라는 표창을 받는 등 만족감을 느끼면서 열심히 생활하고 있다.

	회사 → 개인	개인 → 회사
①	성과급	연봉
②	지식	만족감
③	기술	공헌
④	인정	경험

08 다음은 불량률 해결을 위한 의사결정 과정이다. 지문에서 이어질 의사결정 과정의 선택 단계의 대화로 옳은 것은?

> L씨는 전자회사의 부품조립라인에 근무하는 근로자이다. 최근 부품에서 계속적인 불량품이 발생하여 L씨와 그의 동료들은 이에 대한 해결책을 마련하기 위하여 회의를 개최하였다.
>
> 먼저 그들은 조직 내에서 그 동안 부품 불량 문제가 발생한 경우 어떻게 해결을 해왔는지 관련 자료를 살펴보았다. 그러나 그는 뚜렷한 해결책을 발견하지 못하였고, 문제 해결을 위해 가능한 대안들을 모두 도출하고 관련 자료를 찾아보고 토의하는 과정을 통해 이들의 장단점을 분석하였다.
>
> 결론적으로 대안별 장단점을 비교해 보았더니, 부품 불량 문제가 발생하는 원인을 좀 더 과학적으로 분석할 필요가 있다고 판단되었다.

① 문제가 심각하니 비공식적으로 처리하자.
② 이제 불량 원인을 알았으니 금방 해결 되겠다.
③ 이 부품이 계속 불량이므로 불량률 해결을 포기한다.
④ 아무래도 옆 부서가 이쪽 방면으로 기술이 높으니깐 협력을 제의해야겠어.

[09～11] 다음 월마트와 제너럴일렉트릭을 읽고 이어지는 질문에 답하시오.

> 월마트는 세계 최대의 유통 체인망을 갖춘 그룹이다. 현재 월마트는 전 세계적으로 5,000여 개에 달하는 매장을 가지고 있으며, 그 직원 수도 160만 명이 넘는다. 미국 월마트사의 CEO 샘 월튼은 "월마트의 관리 체계를 하나의 사상으로 집약시켜 본다면, 그것은 바로 대화입니다."라고 말한 바 있다. 월마트는 정보공유와 책임분담을 통해 원활한 대화 문화를 정착시키고자 하였다.
>
> 월마트는 직원을 동반자라고 부른다. 이 회사는 직원들을 잘 보살펴서, 직원들이 스스로를 마치 대가족 안에서 구성원 가운데 하나라고 느끼게 한다. 관리자와 직원들 사이에 동반자 관계를 구축하고자 하는 정신은 월마트 곳곳에 스며들어 있었으며, 이를 통해 직원들은 더 큰 잠재력을 발휘할 수 있었다.
>
> 또한, 월마트는 저가 마케팅과 고객 만족 보장이라는 두 가지 기업정신을 통해 고객들이 돈을 한 푼이라도 아낄 수 있도록 경영하였다. 고객들이 1달러를 아낄 때마다 고객의 신뢰는 더욱 깊어진다고 생각하여 저렴한 가격으로 상품을 판매하였다.
>
> 출처 : 세계 500대 초일류 기업의 관리기법
>
> **제너럴일렉트릭(GE)**
>
> GE는 세계에서 가장 큰 다원화된 서비스회사로 우수한 품질의 하이테크 공업재와 소비재를 제공한다. 뛰어난 CEO로 평가받고 있는 잭 웰치는 노동자들이 자신의 일에 대해 사장보다 더 잘 알고 있다고 생각하여 '전 직원 공동 결정 제도'를 만들어 직원들과 중간관리자들에게도 정책 경영에 참여할 수 있는 기회를 제공하였다.

GE의 기업문화를 대표하는 것 가운데 하나가 바로 의사소통이다. 위에서 아래로, 아래에서 위로의 수직적인 대화와 동료들 간의 수평적 대화도 원활하게 이루어지고 있다. 또한 의사소통 문화를 이룩하였다. 잭 웰치는 사전 약속 없이 부하 매니저와 오찬을 함께 하기도 하며 공장과 사무실을 방문한다. 잭 웰치는 가끔 직접 손으로 쓴 메모를 책임자부터 파트타임 직원에게 보내기도 한다. 그에게 있어 의사소통은 언제 어디서라도 가능한 일이다. 그는 회사의 직원들과 가족 같은 관계를 유지하기 위해 노력하며, 직원들과 이야기하는데 하루의 절반을 쓴다.

GE에서는 다원화 기업으로 하나의 전략을 통일적으로 적용하기 어려웠기 때문에 목표를 간단하게 '1등' 혹은 '2등'으로 정하였다. 이러한 목표에 따라 잭 웰치는 GE에 속하는 모든 기업들이 업계에서 1등이나 2등을 차지하도록 노력했고 그렇지 않으면 매각해 버렸다. 이를 통해 경쟁력 있는 분야에 자원을 집중하고 강력한 경쟁우위를 점할 수 있었다.

출처 : 세계 500대 초일류 기업의 관리기법

09 두 지문에 대한 내용으로 적절하지 않은 것은?

① 샘 월튼과 잭 웰치는 모두 조직구성원들이 조직의 목표에 부합된 행동을 할 수 있도록 이들을 결합하고 관리하는 일을 해야 한다.
② 월 마트와 GE의 경영활동 유형은 내부경영활동 유형에 속한다.
③ GE의 경영참가제도는 이윤참가 유형이다.
④ 월 마트는 경영 전략을 가격과 서비스에 치중하고 있다.

10 GE의 경영참가 제도에 대한 설명으로 옳지 않은 것은?

① 노사 간의 세력 균형을 위해 만들었다.
② 신속하고 합리적인 의사결정이 어려워 질 수 있다.
③ 중간관리자가 권익을 지속적으로 보장할 수 있는지 불투명하다.
④ 노동조합의 단체교섭 기능이 약화될 수 있다.

11 월 마트와 GE의 조직에 대한 설명으로 옳은 것은?

① 월 마트의 공식적인 집단을 위주로 움직인다.
② GE는 기능적 조직구조 형태이다.
③ 월 마트는 조직목표의 분류 중 인력개발에 중점을 두고 있다.
④ GE는 유기적 조직에 속한다.

[12～14] 다음 결재 규정을 보고 이어지는 질문에 답하시오.

결재규정

- 결재를 받으려는 업무에 대해서는 최고결재권자(대표이사)를 포함한 이하 직책자의 결재를 받아야 한다.
- 전결이라 함은 회사의 경영활동이나 관리활동을 수행함에 있어 의사 결정이나 판단을 요하는 일에 대하여 최고결재권자의 결재를 생략하고, 자신의 책임 하에 최종적으로 의사 결정이나 판단을 하는 행위를 말한다.
- 전결사항에 대해서도 위임받은 자를 포함한 이하 직책자의 결재를 받아야 한다.
- 표시내용 : 결재를 올리는 자는 최고결재권자로부터 전결사항을 위임 받은 자가 있는 경우 결재란에 전결이라고 표시하고 최종 결재권자란에 위임 받은 자를 표시한다. 다만, 결재가 불필요한 직책자의 결재란은 상향대각선으로 표시한다.
- 최고결재권자의 결재사항 및 최고결재권자로부터 위임된 전결사항은 아래의 표에 따른다.

구분	내용	금액기준	결재서류	팀장	본부장	대표이사
접대비	경조사비, 사업식대	10만원 이하	접대비지출품의서, 지출결의서	◐◑		
		20만원 초과			◐	◑
		30만원 초과				◐◑
출장비	유류비, 식대	10만원 이하	출장계획서, 출장비신청서	◐		
		20만원 초과			◐	
		30만원 초과				◐
소모품비	소모품		지출결의서	◑		
법인카드	법인카드	10만원 이하	법인카드 신청서, 기안서	◑		
		20만원 초과			◐◑	
		30만원 초과				◑

◐ : 기안서, 출장계획서, 출장비신청서, 접대비지출품의서

◑ : 지출결의서, 각종 신청서

12 K씨는 팀 대표로 동료인 O씨의 결혼식에 축의금 20만원과 화환 5만원을 회사 명의로 결재하여 보내기로 하였다. K씨가 만들어야 할 결재 양식은?

①

접대비지출품의서				
결재	담당	팀장	본부장	최종결재
	K		전결	대표이사

②

접대비지출품의서				
결재	담당	팀장	본부장	최종결재
	K		전결	본부장

③

접대비지출품의서				
결재	담당	팀장	본부장	최종결재
	K	전결		팀장

④

접대비지출품의서				
결재	담당	팀장	본부장	최종결재
	K			팀장

13 사원 D씨는 이번 지방 출장에서 유류비로 10만원을 식비로 25만원을 계획하였다. 다음 중 D씨가 작성한 결재 양식으로 옳은 것은?

①

출장계획서				
결재	담당	팀장	본부장	최종결재
	D		전결	대표이사

②

출장계획서				
결재	담당	팀장	본부장	최종결재
	D		전결	본부장

③

출장계획서				
결재	담당	팀장	본부장	최종결재
	D	전결		팀장

④

출장계획서				
결재	담당	팀장	본부장	최종결재
	D	전결		대표이사

14 이번 달 사내에서 쓸 소모품 10만원을 법인카드로 결제하였다. 다음 중 결재를 받아야 되는 사람은?

① 팀장, 본부장
② 본부장
③ 최종결정자(대표이사)
④ 팀장

15 모기업의 의사결정권을 가진 사람들이 모여서 새로운 사업에 대한 투자 방법을 모색하고 있다. 투자방법과 그에 따른 예상이득은 다음 표와 같다. 각각의 경기상황이 발생할 확률이 동일하다면 의사결정자들이 결정한 투자 방법으로 옳은 것은?

구분	경기상황		
	호황	보통	불황
채권투자	75	70	70
주식투자	60	120	45
은행예금	110	80	65
부동산투자	30	90	130

① 우리는 현재 가장 적은 기대 이득을 취할 수 있는 채권 투자는 피해야 한다.
② 우리는 투자에 대한 운이 나쁘기 때문에 부동산 투자로 가야된다.
③ 우리는 투자에 대한 운이 좋기 때문에 은행 예금에 치중해야 된다.
④ 우리가 현재 가장 많은 기대 이득을 취할 수 있는 곳은 주식 투자이다.

16 다음에서 설명하는 국제 용어는 무엇인가?

> 국민 총소득. 가계, 기업, 정부 등 한 나라의 모든 경제주체가 일정기간에 생산한 총 부가가치를 시장가격으로 평가하여 합산한 소득지표로 해외로부터 자국민이 받은 소득은 포함되고 국내 총생산 중에서 외국인에게 지급한 소득은 제외된다.

① GNI　② GNP
③ GDP　④ GDI

[17～19] 다음은 SWOT에 대한 설명이다. 설명을 읽고 이어지는 질문에 답하시오.

SWOT 분석이란 기업 내부의 강점(Strength)과 약점(Weakness), 기업을 둘러싼 외부의 요인인 기회(Opportunity)와 위협(Threat)이라는 4가지 요소를 규정하고 이를 토대로 기업의 경영전략을 수립하는 기업이다. SO(강점:기회)전략은 시장의 기회를 활용하기 위해 강점을 적극 활용하는 전략이고, WO(약점:기회)전략은 약점을 극복하거나 제거함으로써 시장의 기회를 활용하는 전략이다. ST(강점:위협)전략은 시장의 위협을 회피하기 위해 강점을 사용하는 전략이고, WT(약점:위협) 전략은 위협을 회피하고 약점을 최소화 하거나 없애는 전략이다.

내부환경 / 외부환경	강점(Strength)	약점(Weakness)
기회(Opportunity)	SO(강점:기회)전략	WO(약점:기회)전략
위협(Threat)	ST(강점:위협)전략	WT(약점:위협)전략

17 다음은 한국 핸드폰 중 갤럭시 시리즈에 대한 SWOT분석이다. SWOT분석으로 옳은 것은?

① S : 아이폰을 모방한 듯 한 이미지
② W : 가장 널리 보급된 안드로이드 시스템
③ O : 안드로이드 폰의 확장과 점유율 증가
④ T : 미국, 중국 등에서 안드로이드 폰의 인기 상승

18 다음 SWOT 분석 결과를 보고 세운 전략으로 적절하지 않은 것은?

코카콜라 SWOT분석	
강점	브랜드 가치가 매우 높다.
약점	탄산음료에 치중하고 있다.
기회	코카콜라 생산 재료의 가격이 하락하고 있다.
위협	경쟁 음료를 찾는 수요가 늘어나고 있다.

내부환경 / 외부환경	강점(Strength)	약점(Weakness)
기회(Opportunity)	① 음료의 가격을 인하하고 브랜드 홍보를 이용하여 홍보한다.	② 값이 싼 탄산 외에 다른 음료를 개발한다.
위협(Threat)	③ 새로운 이온 음료를 개발하여 무료 시식 이벤트를 개최한다.	④ 새로운 음료를 개발하여 경쟁 음료에 대응한다.

19 다음 SWOT 분석 결과를 보고 세운 전략으로 적절하지 않은 것은?

야구 선수 S씨 SWOT분석	
강점	• 60km/h가 넘는 빠른 직구 • 각도가 큰 변화구
약점	• 고등학교 때 어깨수술로 인한 투구 수 제한
기회	• 메이저리그 진출 • 투수에게 유리한 홈구장
위협	• 많은 경기 수에 따른 투구 수 조절 • 빠른 공을 잘 치는 강타자들의 등장

내부환경 / 외부환경	강점(Strength)	약점(Weakness)
기회 (Opportunity)	① 직구와 변화구를 발전시켜 메이저리그에서 성공할 수 있게 한다.	② 투수에게 유리한 야구장의 이점을 살려 최대한 적게 던지고 경기를 이길 수 있게 한다.
위협 (Threat)	③ 직구 속도를 높여 강타자들을 견제한다.	④ 어깨를 다시 수술 받고 완치하여 많은 경기에도 충분히 공을 던질 수 있게 한다.

20 귀하는 입사해서 선배들에게 업무 수행 시트의 유용성에 대해 들었다. 다음은 선배들이 말해준 업무에 필요한 내용이다. 이에 귀하가 만들 차트로 알맞은 것은?

> "우리 업무는 시간이 오래 걸리는 일이 많기 때문에 시트를 만들 때, 단계별로 업무를 나눠서 끝나는 데까지 걸리는 시간을 표시하는 것이 유용해. 그래야 전체 일정을 한 눈에 보고 단계별로 소요되는 시간과 각 업무활동 사이의 관계를 쉽게 파악하고 그에 대응할 수 있어."

① 분산형 차트　　② 워크 플로 시트
③ 간트 차트　　④ 체크리스트

Part 2

직무수행능력평가

1 경제

2 경영

3 금융

4 IT / 일반상식

Chapter

01 경제

- 경제는 모든 은행권 직장인에게 공통적으로 요구하는 직무수행능력으로 반드시 숙지하여야 할 이론이다.
- 경제는 모든 은행권 직무수행능력과 관련된 내용이 많기 때문에 전체적인 이해가 중요한 영역이다.
- 핵심이론과 관련된 일반적인 지식 문제와 응용문제에서 요구하고 있는 이론과 개념을 파악하는 능력 등이 문제로 출제된다.

경 제

1 〉 경제

(1) 경제

① **정의** : 경제란 세상을 바르게 다스려 환난에서 백성을 구한다는 '경세제민(經世濟民)'에서 유래된 용어이다. 사람은 욕망을 채우기 위해 재화를 얻으려고 노력한다. 재화를 얻으려면 돈이 필요하므로 기업과 가계 등의 경제 주체들은 돈을 얻기 위해 생산과 판매, 고용, 투자, 소비 등의 활동을 벌인다. 이렇게 인간생활에 필요한 재화와 용역을 생산 · 소비하는 활동을 통틀어 경제라고 한다.

② **경제 주체** : 경제행위를 독자적으로 수행하는 대상으로 가계, 기업, 정부, 외국 등이 있다.

㉠ 가계+기업=민간경제

㉡ 가계+기업+정부=국민경제

㉢ 가계+기업+정부+외국=국제경제

③ **경제의 원칙** : 최소의 비용으로 최대의 효과를 얻으려는 원칙으로 다음과 같이 구분한다.

㉠ **최대잉여 원칙** : 비용과 효과의 차를 최대로 하려는 원칙이다.

㉡ **최대효과 원칙** : 일정한 비용으로 최대의 효과를 얻으려는 원칙이다.

㉢ **최소비용의 원칙** : 일정한 효과를 얻는 데 최소의 비용을 지불하려는 원칙이다.

(2) 경제의 종류

① **거시경제(Macro Economy)** : 경제는 경제 현상을 바라보는 관점의 크기에 따라 거시경제와 미시경제로 나누어진다. 나무가 아닌 숲을 보는 것처럼, 경제 현상을 전체적인 관점에서 파악하는 것을 거시경제라 한다. 예를 들어, 미시경제에서 다루는 세부적인 내용인 생필품가격, 외식가격 등을 합쳐 '물가'라는 개념으로 파악하는 것이다. 거시경제에서는 여러 경제 주체들의 활동을 큰 범위에서 진행되는 경제 현상들, 즉 인플레이션, 실업, 경제성장 등의 측면에서 다룬다. 따라서 거시경제는 정부가 경제정책을 수립할 때 정책방향을 제시하는 역할을 한다.

② **미시경제(Micro Economy)** : 경제 현상을 좁게 해석하고 작게 파악하는 것으로, 미시경제에서는 경제 현상을 이루는 요소들, 즉 버스나 택시 요금, 생필품 가격, 외식비용 등을 파악한다.

③ **디지털경제(Digital Economy)** : 인터넷을 비롯한 정보통신산업을 기반으로 이루어지는 모든 경제활동을 일컫는 용어로 인터넷 쇼핑, 전자상거래 등이 대표적이다. 디지털경제는 인터넷의 확산에 의해 촉발되어 구체화되기 시작한 새로운 경제 패러다임으로 디지털기술의 발전과 이를 활용한 기술혁신에 기초를 두고 있다.

④ **신경제(New Economy)** : 신경제란 1990년대 미국 경제가 이전에는 보기 힘들었던 '고성장 속 저물가' 현상을 보이며 장기호황이 지속 되었던 것에서 비롯된 용어로, 미국 경제가 과거와는 다른 새로운 경제가 되었다는 것을 의미한다. 일반적으로 고성장과 저실업이 지속되는 경기호황은 거의 예외없이 높은 물가상승을 수반하게 되므로 성장과 물가의 상충관계로 인해 경기호황이 장기간 지속되기 어렵다. 그러나 미국 경제는 1991년에 경기확장을 시작해 연 4%에 가까운 높은 성장세를 지속하면서도 물가는 2%대를 유지하는 매우 건전한 모습을 보였다.

⑤ **블러경제(Blur Economy)** : 블러(Blur)란 '흐릿하다'는 뜻으로, 네트워크의 발달에 의해 상거래에서 판매자와 고객의 위치가 혼돈되는 상황을 블러경제라고 한다.

(3) 가계경제

① **최저임금제** : 근로자에 대한 임금의 최저수준을 보장하여 근로자의 생활안정과 노동력의 질적 향상을 꾀하기 위해 도입한 것으로 '최저임금법'을 도입하여 시행하고 있는 제도이다. 최저임금은 근로자의 생계비, 유사 근로자의 임금, 노동생산성 및 소득분배율 등을 고려하여 정하는데, 사업의 종류별로 구분하여 고용노동부장관이 정하고 있다. 따라서 사용자는 최저임금의 적용을 받는 근로자에게 최저임금액 이상의 임금을 지급하여야 하며 최저임금의 적용을 받는 근로자와 사용자 사이의 근로계약 중 최저임금액에 미치지 못하는 금액을 임금으로 정한 부분은 무효로 한다. 이 경우 무효로 된 부분은 이 법으로 정한 최저임금액과 동일한 임금을 지급하기로 한 것으로 의제된다.

② **최저생계비** : 최저생계비란 국민기초생활보장법에 따라 국민이 건강하고 문화적인 생활을 유지하는 데 소요되는 최소한의 비용으로 보건복지부가 정하여 고시하고 있다. 보건복지부장관은 국민의 소득 · 지출수준과 수급권자의 가구유형 등 생활실태, 물가상승률 등을 고려하여 최저생계비를 결정하여야 하며 중앙생활보장위원회의 심의 · 의결을 거쳐 다음 연도의 최저생계비를 공표하여야 한다. 최저생계비는 다음 해 기초생활보장 수급자 선정 및 급여 기준으로 활용되며 최저생계비를 결정하기 위하여 필요한 계측조사를 3년마다 실시하도록 하고 있다.

③ **현금영수증제도** : 현금영수증제도는 조세특례제한법에 규정된 것으로, 현금영수증가맹점이 재화 또는 용역을 공급하고 그 대금을 현금으로 받는 경우 해당 재화 또는 용역을 공급받는 자에게 현금영수증 발급장치에 의해 발급하는 것이다. 현금영수증은 거래일시 · 금액 등 결제내용이 기재된 영수증을 뜻하며, 2005년 1월 1일부터 현금영수증제도가 시행되고 있다. 소비자가 현금과 함께 카드(적립식 카드, 신용카드 등), 휴대전화번호 등을 제시하면, 가맹점은 현금영수증 발급장치를 통해 현금영수증을 발급하고 현금결제 건별 내역이 국세청에 통보되는 제도로 근로소득자이거나 근로소득자의 부양가족인 경우에는 총급여액의 25%를 초과하는 현금영수증 사용금액의 30%를 연말정산 시 소득공제 받을 수 있다.

④ **고용보험제도** : 우리나라에서 1993년 법이 제정되어 1995년 처음 시행된 고용보험제도는 전통적인 의미의 실업보험사업으로 고용안정사업과 직업능력사업 등 노동시장 정책과의 적극적인 연계를 통한 사회보장보험이다. 고용보험은 실업 예방, 고용 촉진 및 근로자의 직업능력 개발과 향상을 꾀하고, 국가의 직업지도와 직업소개기능을 강화하며, 근로자가 실업한 경우에 생활에 필요한 급여를 지급하여 근로자의 생활안정과 구직활동 촉진을 목적으로 한다.

고용보험

① 보험의 관장 : 고용노동부장관

② 고용보험 사업 범위 : 고용안정, 직업능력개발, 실업급여, 육아휴직 급여 및 출산전후 휴가급여

③ 실업 : 근로의 의사와 능력이 있음에도 불구하고 취업하지 못한 상태

④ 실업급여 : 구직급여와 취업촉진수당, 연장급여, 상병급여로 구분

- 취업촉진수당 : 조기재취업 수당, 직업능력개발 수당, 광역구직 활동비, 이주비
- 구직급여 수급요건
  - 이직일 이전 18개월간 피보험 단위기간이 통산하여 180일 이상일 것
  - 근로의 의사와 능력이 있음에도 불구하고 취업하지 못한 상태에 있을 것
  - 이직사유가 수급자격의 제한 사유에 해당되지 아니할 것
  - 재취업을 위한 노력을 적극적으로 할 것
  - 수급자격 인정 신청일 이전 1개월 동안의 근로일 수가 10일 미만일 것

⑤ **지니계수** : 빈부격차와 계층 간 소득분포의 불균형 정도를 나타내는 수치로, 소득이 얼마나

균등하게 분배되는지를 보여주는 척도이다. 0에서 1까지의 수치로 나타나며, 값이 커질수록 불평등함을 나타낸다. 통계청은 매월 실시하는 가계동향조사에서 수집된 표본 가구의 가계부 작성결과를 통한 가구별 연간소득을 기초로 매년 지니계수를 작성 · 공표한다.

⑥ **상대적 빈곤율** : 소득이 중위소득(인구를 소득순으로 나열했을 때 한가운데 있는 사람의 소득)의 50% 미만인 계층이 전체 인구에서 차지하는 비율을 말한다. 상대적 빈곤율은 소득이 빈곤선(중위소득의 절반)에도 못 미치는 빈곤층이 전체 인구에서 차지하는 비율로, 상대적 빈곤율이 높다는 것은 그만큼 상대적으로 가난한 국민이 많다는 것을 의미한다.

⑦ **3면 등가의 법칙** : 국민 경제의 전체 활동은 생산, 분배, 지출의 어느 측면에서 측정하더라도 같은 금액이 된다. 이를 3면 등가의 법칙이라 한다.

⑧ **기펜의 역설(Giffen's Paradox)** : 발견자인 영국의 경제학자 R.기펜에게서 유래한 명칭으로 한 재화의 가격하락이 도리어 그 재화의 수요를 감소시키거나 가격상승이 그 재화의 수요를 증가시키는 현상을 말한다. 보통 한 재화에 대한 가격이 하락하면 소비자의 실질소득이 높아진 것과 같은 효과가 나타나 그 재화의 수요를 증가시키나 마가린과 같은 특수한 재화, 즉 열등재 또는 하급재에서는 소비자가 부유해짐에 따라 마가린의 수요는 감소하고 마가린보다 우등재 · 상급재의 관계에 있는 버터로 대체되어 버터의 수요가 증가한다. 이때 마가린의 가격이 하락하면 소득효과가 양으로 나타나기 때문에 마가린 수요는 감소하며 마가린과 같은 재화를 기펜재(Giffen's Goods)라고 한다. 즉, 기펜의 역설은 재화의 가격이 하락하여 그 재화의 수요가 증가한다는 법칙의 예외 현상이라 할 수 있다.

⑨ **세이의 법칙(Say's Law)** : '공급은 스스로 수요를 창조한다.'는 경제학 법칙으로 프랑스 경제학자 세이가 주장한 이론이다. 재화의 생산에 참가한 생산요소 제공자에겐 생산된 재화의 가치와 동등한 소득이 따라오며 그 소득은 모두 생산물에 대한 수요가 되므로, 재화의 공급은 그 재화에 대한 수요를 만들어낸다. 따라서 이 법칙에 의하면 경제 전반에 걸쳐 생산의 불균형에 의한 부분적 과잉생산은 있어도, 일반적인 과잉생산은 있을 수 없다.

⑩ **한계효용체감의 법칙** : 일정한 기간에 소비되는 재화의 수량이 증가함에 따라 그 추가분에서 얻을 수 있는 한계효용이 점차 감소한다는 법칙으로 한계효용은 욕망의 강도에 정비례하고 재화의 존재량에 반비례한다는 이론이다. 독일의 경제학자 고센이 처음 밝혀낸데서 '고센의 법칙'이라고도 한다.

⑪ **피구효과(Pigou Effect)** : 임금과 물가가 내려가면 사람들이 가지고 있는 화폐 자산의 실질가치는 올라가고, 그 증가가 소비를 늘려서 궁극적으로 고용을 증대시킨다는 이론이다. 주창자인 영국의 경제학자 아서 피구의 이름에서 유래하였다.

⑫ **베블렌효과(Veblen Effect)** : 미국의 경제학자 베블렌이 ≪유한계급론≫에서 고소득 유한계급의 과시하는 소비 행태를 논한 데서 비롯된 것으로 허영심에 의해 수요가 발생하는 효과를

말한다.

⑬ **의존효과(Dependence Effect)** : 미국의 경제학자 갤브레이스가 그의 저서 ≪풍요로운 사회≫에서 전통적 소비자주권과 대립되는 개념으로 사용한 것으로 소비재에 대한 소비자의 수요가 소비자 자신의 자주적 욕망에 의존하는 것이 아닌 생산자의 광고, 선전 등에 의존하여 이루어지는 현상을 나타낸다.

⑭ **래칫효과(Ratchet Effect)** : 소득이 높을 때의 소비행동은 소득이 다소 낮아져도 곧 변하기 어려운데 이처럼 소득이 늘지 않아도 그 소득과 균형 잡힌 상태로 소비가 곧 줄지 않는 현상을 말하며 관성효과라고도 한다.

⑮ **외부효과(External Effect)** : 어떤 사람의 행위가 다른 사람에게 영향을 미치지만 보상을 지급하거나 지급받지 않는 것으로 다시 외부 불경제(External Diseconomy)와 외부경제(External Economy)로 구분되는데 외부불경제는 행동의 당사자가 아닌 사람에게 비용을 발생시키는 것으로, 음의 외부성(Negative Externality)이라고도 하며 외부경제(External Economy)는 행동의 당사자가 아닌 사람에게 편익을 유발하는 것으로, 양의 외부성(Positive Externality)이라고도 한다.

2 〉 경제지표(Economic Indicator)

(1) 국민소득

① **정의** : 한 나라 안의 가계, 기업, 정부 등 모든 경제 주체가 일정기간 동안 새로이 생산한 재화와 서비스의 가치를 금액으로 평가하여 합산한 것으로, 한 나라의 경제수준을 종합적으로 나타내는 대표적인 거시경제지표이다. 포괄범위나 평가방법 등에 따라 국내총생산(GDP), 국민총소득(GNI), 국민순소득(NNI), 국민처분가능소득(NDI), 국민소득(NI), 개인처분가능소득(PDI) 등으로 구분할 수 있다.

② **GDP(국내총생산, Gross Domestic Product)** : 국민경제의 규모를 파악하기 위한 지표로, 국민경제를 구성하는 가계, 기업, 정부 등 경제활동 주체가 일정기간 동안 생산하고 판매한 재화의 총액을 나타낸다. 국내의 내국인과 외국인의 차별을 두지 않고 국내에서 생산한 모든 것을 포함한다.

③ **GNP(국민총생산, Gross National Product)** : 국민이 일정기간 동안(보통 1년) 생산한 재화와 용역을 시장가격으로 평가하고 여기서 중간 생산물을 차감한 총액을 의미한다. 내국인이라면 국내와 외국에서 생산한 모든 것을 총생산에 포함시키지만 외국인은 제외된다. 과거에는 GNP가 국민경제의 지표로 쓰였지만 세계화 시대에 외국인이 국내에서 벌어들이는 돈을 차

감하여 정확한 규모를 파악하기가 어렵기 때문에 내국인과 외국인을 가리지 않고 국경을 단위로 생산한 것을 집계한 GDP가 국가경제를 나타내는 지표로 GNP를 대체하고 있다.

GDP와 GNP

① GDP(국내총생산)＝GNP＋해외로 지불하는 요소소득－해외에서 수취하는 요소소득

② GNP(국민총생산)＝최종생산량의 총량

＝총생산물－중간생산물

＝국민순생산(NNP)＋감가상각비

＝GDP＋자국민의 해외생산－외국인의 국내생산

③ 비교

GDP	GNP
• 국내총생산 • 영토를 기준으로 파악	• 국민총생산 • 거주성을 중심으로 파악

④ GNI(국민총소득, Gross National Income) : 생산활동을 통해 획득한 소득의 실질구매력을 반영한 지표로 '국민소득'으로 줄여 부르기도 한다. 전 국민이 일정기간 동안 올린 소득의 총합으로 GDP가 국민 소득의 실질적인 구매력을 표현하지 못하기 때문에 GNI를 사용한다. 국민소득의 실질 구매력이란 GDP(국내총생산)로 상품을 소비할 수 있는 능력을 뜻한다.

⑤ 경제성장률(Economic Growth Rate) : 경제활동부문이 만들어낸 부가가치가 전년에 비해 얼마나 증가하였는가를 보기 위해 이용하는 지표로, 흔히 경제성장률이라 하면 물가요인을 제거한 실질 GDP 성장률을 의미한다.

⑥ GDP 디플레이터(GDP Deflator) : 명목 GDP를 실질 GDP에 대비한 지수로 경제 전반에서 가장 종합적인 지표로 활용된다. GDP 디플레이터 수치는 명목 GDP 값과 실질 GDP 값 사이의 물가변동분이다. 따라서 GDP 디플레이터를 구하면 물가의 변화를 파악할 수 있다.

⑦ 국민순소득(Net National Income) : 국민총소득(GNI)에서 고정자본소모를 제외한 것을 말한다. 고정자본소모란 공장이나 기계설비 등이 생산활동과정에서 마모되는 것처럼 생산활동에서 이용된 자산의 가치가 감소하는 것을 뜻한다. 고정자본소모를 제외하는 이유는 일정기간 동안 생산된 생산물의 순수한 가치를 평가하기 위해 현재의 생산능력이 저하되지 않고 그대로 유지된 상태에서 생산이 이루어지는 것으로 파악해야 하기 때문이다.

⑧ 국민소득(NI ; National Income) : 한 나라 안에 있는 가계, 기업, 정부 등의 모든 경제주체가 일정기간에 새로이 생산한 재화와 서비스의 가치를 금액으로 평가하여 합산한 것으로, 한 나라의 경제수준을 종합적으로 나타내는 대표적인 지표라 할 수 있다.

⑨ 국민처분가능소득(NDI ; National Disposable Income) : 국민경제 전체가 소비나 저축으로 자유로이 처분할 수 있는 소득의 규모를 의미한다. 즉, 처분가능소득이란 소득에서 세금이나 사

회보장부담금, 비영리단체로의 이전, 타 가구로의 이전 등 비소비지출을 공제하고 남은 소득, 즉 가구에서 이전되는 부분을 제외하고 자유롭게 소비지출할 수 있는 소득을 말한다.

⑩ **개인처분가능소득(PDI ; Personal Disposable Income)** : 개인이 임의로 소비와 저축으로 처분할 수 있는 소득의 크기를 나타내는 것으로, 국민소득을 분배 면에서 볼 때 제도부문별 분류 중 개인 부문의 처분가능소득이 해당된다. 제도부문별 소득계정에서 개인부문에 표시된 소비와 저축을 합산하여 구하며 이는 투자를 위한 자금조달의 원천이 된다.

⑪ **소득** : 가구의 실질적인 재산의 증가를 가져온 일체의 현금 및 현물의 수입을 말하며 경상소득과 비경상소득으로 구성된다.

㉠ **경상소득** : 일상적인 경제활동을 통해 정기적으로 얻는 소득으로서 가구가 근로제공의 대가로 받은 근로소득, 자영사업으로부터의 사업소득, 자산으로부터의 이자, 배당금 등의 재산소득, 정부, 타 가구, 비영리단체 등으로부터 이전되는 이전소득 등 경상적으로 발생하는 소득을 말한다.

㉡ **비경상소득** : 경조소득, 퇴직수당 등 일정하지 않고 확실하지 않으며 일시적으로 발생하는 소득을 말한다.

경 기

1 〉 경기

(1) 경기(Business Condition)

① **정의** : 경기란 경제상태를 나타내는 용어이다. 경제상태가 좋은 경우 즉, 투자와 고용 및 소비 등의 경제활동이 활발한 상태를 호경기(Boom)라고 하며, 반대로 경기가 침체일 경우에는 불경기(Business Slump)라고 한다.

② **경기 변동(Business Cycle)** : 경제활동이 시간에 따라 상승과 하강, 확대와 축소가 반복되는 현상을 일컬어 경기 변동이라 한다. 일반적으로 경기 변동은 호황을 지나 후퇴를 거쳐 불황에 접어들게 되고 불황기를 지나 회복되는 구조를 보인다.

㉠ **호경기** : 경제활동이 가장 활발하며 투자와 고용이 증대되고 수요와 생산이 증가하여 국민소득이 전반적으로 향상되는 시기이다.

㉡ **후퇴기** : 경제활동이 둔화를 보이기 시작하는 시기로 호경기의 과잉 투자와 고용으로 인해 경기가 위축되는 시기이다.

㉢ 불경기 : 모든 경제활동이 쇠퇴하는 시기로 기업의 이윤이 감소하고 기업이 도산하기도 하며 비자발적인 실업자가 늘어난다. 또한 갑자기 심한 불황이 닥칠 경우 보통의 불황과 구별하기 위해 공황(Panic)으로 부르기도 한다. 공황 중에서 강도가 강한 것은 대공황(The Great Depression)으로 칭한다.

㉣ 회복기 : 불경기 이후 투자와 생산 등 모든 경제활동이 다시 활발해지는 시기로 전반적인 경제 수준이 향상되는 시기이다.

③ 경기 파동 : 경기 변동의 주기는 기간에 따라 크게 다음과 같이 분류한다.

㉠ 키친 파동(Kitchen Cycle) : 3~4년을 주기로 하는 단기 파동으로 수요와 생산잉여의 차이인 재고 변동에 의해 발생한다.

㉡ 주글라 파동(Juglar Cycle) : 약 10~12년을 주기로 하는 파동으로 프랑스 경제학자 주글라에 의해 명명된 파동이다. 주글라 파동의 원인은 기업의 설비투자의 변동에 있다.

㉢ 크즈네츠 파동(Kuznets Cycle) : 약 20년을 주기로 하는 파동으로 미국의 경제학자 크즈네츠가 발견한 것이다. 주요 원인으로는 인구증가율과 경제성장률의 변동을 들 수 있다.

㉣ 콘트라티예프 파동(Kontratiev Cycle) : 약 50년을 주기로 하는 장기파동으로 기술의 혁신과 전쟁, 생산량 증감, 식량 과부족 등에 의해 발생한다.

(2) 경기지표(Business Cycle Indicator)

① 경기종합지수(CI ; Composite Indexes of Business Indicators) : 경기흐름을 파악하고 예측할 때 쓰이는 지표로 선행종합지수와 동행종합지수, 후행종합지수로 구분되어 있다. 통계청에서 작성하고 발표한다.

㉠ 선행종합지수(Composite Leading Index) : 투자 관련 건설 · 기계 수주지표나 재고순환, 금리 등의 지표처럼 실제 경기순환에 앞서 변동하는 개별지표를 가공 · 종합하여 만든 지수로 향후 경기 변동의 단기 예측에 이용하는 지수이다. 선행지수는 말 그대로 실제 경기 움직임보다 보통 3~10개월 정도 앞서 변하는 9가지 경제지표를 종합해서 나타낸 것으로 선행지수를 보면 경기를 예측할 수 있다.

㉡ 동행종합지수(Composite Coincident Index) : 동행지수는 경기 움직임과 같이 움직이는 산업생산지수, 수입액 등의 7가지 경제지표를 종합한 지수이다. 동행종합지수는 현재의 경기를 파악하는 데 이용한다.

㉢ 후행종합지수(Composite Lagging Index) : 재고, 소비지출 등 실제 경기순환에 후행하여 변동하는 개별지표를 가공 · 종합하여 만든 지표로 현재 경기의 사후 확인에 이용한다.

㉣ 경기종합지수 경제지표 요소

선행종합지수	재고순환지표, 소비자기대지수, 기계류내수출하지수(선박 제외), 건설수주액(실질), 수출입물가비율, 국제원자재가격지수, 구인구직비율, 코스피지수, 장단기금리차
동행종합지수	광공업생산지수, 건설기성액, 서비스업생산지수(도소매업 제외), 소매판매액지수, 내수출하지수, 수입액, 비농림어업취업자 수
후행종합지수	생산자제품재고지수, 도시가계소비지출(실질), 소비재수입액(실질), 상용근로자 수, 회사채유통수익률

㉤ 경기지수의 선행 · 동행 · 후행 관계

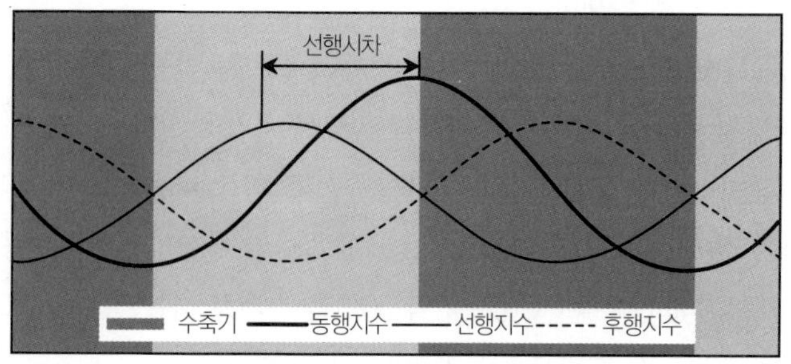

② 소비자심리지수(CSI ; Consumer Survey Index) : 경제지표와의 상관성 및 선행성이 우수한 6개의 주요 구성지수들인 현재생활형편, 생활형편전망, 가계수입전망, 소비지출전망, 현재경기판단, 향후경기전망을 종합한 지수이다.

③ 기업업황지수(BSI ; Business Survey Index) : 기업주를 대상으로 회사 경영과 실적, 계획, 경기판단 등에 대한 조사를 통해 만든 지표이다. 기업주를 대상으로 조사한 것이기 때문에 주관적인 평가일 수 있으나 체감경기를 파악하는 데 유용하게 쓰이므로 단기적 경기지표로 주로 이용된다. BSI 지수 100은 주로 전분기 대비 경기가 불변임을 나타내고, 100보다 크면 호전적임을, 작으면 경기의 악화를 의미한다.

④ 경기동향지수(DI ; Diffusion Index) : 경기동향지수는 경기종합지수와 달리 경기진동의 진폭이나 속도는 측정하지 않고 변화나 방향만을 파악하는 것으로, 경기의 국면 및 전환점을 판단할 경우 이용한다. 경기확산지수라고도 한다.

물 가

1 물가정책

(1) 물가

① 정의 : 물가란 개별 상품 가격의 평균값을 말한다. 가격은 수요와 공급에 의해 결정되는데, 예를 들어 작년에는 배추가 작황이 좋아 김장을 하기 위한 수요보다 공급이 더 많았다면 배추 가격은 떨어질 것이고, 올해에는 기상 등이 좋지 않아 작황이 별로라면 공급이 수요보다 적기 때문에 가격은 오르게 된다. 물가는 물가지수로 표시하는데 현재 시점의 물가와 다른 시점의 물가를 지수로 표시하여 비교하게 된다.

② 인플레이션(Inflation) : 통화량의 지나친 팽창, 즉 상품거래량에 비하여 통화량이 과잉 증가함으로써 물가가 오르고 화폐가치가 떨어지는 현상을 말한다. 원인으로는 과잉투자, 과소생산, 화폐남발, 극도의 수출초과, 생산비 증가 등을 들 수 있다. 인플레이션에서는 산업자본가, 물건소지자, 금전채무자, 수입업자가 유리한 반면 금전채권자, 금융자본가, 은행예금자, 수출업자 등은 불리하다. 인플레이션은 발생원인에 따라 두 가지로 구분되는데, 원가와 임금 등이 올라 발생하는 비용 인플레이션과 경기가 과열되어 수요가 공급을 압도할 때 발생하는 수요 인플레이션이 있다.

> **인플레이션의 종류**
> ① 보틀넥 인플레이션(Bottleneck Inflation) : 수요 증가를 따르지 못하여 가격이 급등하는 일
> ② 스톡 인플레이션(Stock Inflation) : 토지, 주식, 주택, 귀금속 같은 자산의 가격 상승으로 생기는 인플레이션
> ③ 재정 인플레이션(Inflation Caused by Budgetary Deficit) : 정부의 재정 지출이 민간의 자금 수급 밸런스를 깨뜨릴 정도로 지나치게 증가해 필요 이상으로 정부자금이 민간에 유출되는 인플레이션
> ④ 코스트 인플레이션(Cost Inflation) : 생산비용의 상승을 기업이 가격에 전가하면서 발생하는 물가 상승
> ⑤ 수입 인플레이션(Imported Inflation) : 일반적으로 여러 나라로부터 수입된 수입품 가격이 상승해 국내물가가 상승하는 것을 말한다.
> ⑥ 진정 인플레이션(True Inflation) : 완전 고용이 달성되면 생산성은 향상되지 않고 물가만 올라간다는 케인즈의 이론
> ⑦ 크리핑 인플레이션(Creeping Inflation) : 물가가 서서히 오르는 인플레이션
> ⑧ 하이퍼 인플레이션(Hyper Inflation) : 단기간에 발생하는 심한 물가 상승 현상으로 초(超)인플레이션이라고도 불리며 전쟁이나 자연재난 후에 생산이 수요를 따라가지 못하여 생기는 현상

③ 스태그플레이션(Stagflation) : 스태그네이션(Stagnation)과 인플레이션(Inflation)의 합성어로 경제활동이 침체되고 있음에도 물가상승이 계속되는 '저성장 고물가' 상태를 말한다. 원인으

로는 일반적으로 전후의 완전고용과 경제성장의 달성을 위한 팽창위주의 경제정책과 독과점 기업에 의해 주도되는 물가상승 및 물가하방경직성 그리고 자원공급의 인위, 자연적인 문제 등을 들 수 있으며 이를 벗어나기 위한 가장 좋은 길은 기술혁신을 통해 생산성을 증대시키고 상품 생산원가를 감소시켜 상품 가격의 인하를 가져오는 것이다. 이후엔 수요가 증대하고 상품의 재고가 줄어들어 공장이 다시 돌아가면서 일자리가 늘어나기 때문에 상품 생산과 경기가 회복된다.

④ **디플레이션(Deflation)** : 상품거래량에 비해 통화량이 지나치게 적어 물가는 떨어지고 화폐가치가 올라 경제활동이 침체되는 현상이다. 즉, 인플레이션과 반대로 수요가 공급에 훨씬 미치지 못해 물가가 계속 떨어지는 상태를 말한다. 디플레이션은 광범위한 초과공급이 존재하는 상태이며 일반적으로 공급이 수요보다 많으면 물가는 내려가고 기업의 수익은 감소하거나 결손을 내기 때문에 불황이 일어나게 된다. 디플레이션이 발생하면 정부에서는 경기 활성화 정책을 펴게 되는데 주로 부동산과 주식을 활성화하기 위한 정책을 발표한다.

⑤ **리플레이션(Reflation)** : 디플레이션에서 벗어나 아직 심각한 인플레이션까지 이르지 않은 상태를 말한다. 불황의 결과로 생산이나 이윤이 저하되어 실업이 증가하는 경우 정상 수준에 미달되는 물가수준을 어느 정도 인상시켜 인플레이션에 이르지 않을 정도까지 경기를 회복시키기 위해 통화를 팽창시키는 금융정책을 '리플레이션 정책'이라 한다.

⑥ **디스인플레이션(Disinflation)** : 인플레이션을 극복하기 위해 통화증발 억제와 재정 · 금융긴축을 주축으로 하는 경제조정정책을 말한다. 인플레이션을 갑자기 수습하려고 하면 반대로 디플레이션이 되어 여러 가지 폐단을 낳게 되므로, 통화량이나 물가수준을 유지하면서 안정을 꾀하고 디플레이션을 초래하지 않는 범위 안에서 인플레이션을 수습하는 것이 목적이다.

⑦ **인플레션(Inflession)** : 인플레이션(Inflation)과 리세션(Recession)의 합성어로 벨기에의 경제학자 토리핀이 쓴 말이다. 스태그플레이션이 불황과 물가고의 단순한 병존상태를 설명하는 데 비해 토리핀은 이 말로 불황과 물가의 인과관계를 명확히 제시했다.

⑧ **애그플레이션(Agflation)** : 농업(Agriculture)과 인플레이션(Inflation)의 합성어로 곡물가격이 상승하면서 물가가 급등하는 현상이다. 곡물의 수요와 공급의 변화로 인해 발생하며 곡물을 에너지를 사용하는 바이오연료 산업의 발달과 바이오연료에 대한 수요 급증으로 더욱 심화되었고 이러한 상황이 지속될 경우 저개발국가의 저소득층 국민과 곡물자급률이 낮은 국가는 큰 위기를 겪을 수 있다.

⑨ **물가 관련 효과**

㉠ **부의 효과(Wealth Effect)** : 주식이나 부동산 등 자산가격이 뛰면 소비도 늘어나는 현상을 설명한 것으로, 자산의 가격이 뛰어 이득을 본 사람들의 소비의욕이 높아져 실제 소비가 다시 늘어난다는 것을 의미한다.

Chapter 01 경제

ⓒ **밴드왜건 효과(Band-Wagon Effect)** : 재화에 대한 수요가 많아지면 다른 사람들도 그 경향에 편중하여 수요가 늘어나게 된다는 것으로, 타인의 사용 여부에 따라 구매도가 증가하는 현상을 말한다. 밴드왜건 효과는 다양한 방면에서 사용되기도 하는데 정치학에서 밴드왜건 효과는 선거운동에서 우세를 보이는 후보 쪽으로 투표자가 가담하는 현상을 말하기도 한다.

ⓓ **언더독 효과(Underdog Effect)** : 절대적인 강자가 존재할 경우 상대적 약자가 강자를 이겨주기를 바라는 현상으로 밴드왜건 효과에 반대되는 개념이다.

ⓔ **스노브 효과(Snob Effect)** : 백로 효과라고도 하며 다수의 소비자가 구매하는 제품을 꺼리는 구매심리 효과로, 자신은 다른 사람과 다르다는 것을 과시하고자 할 때 나타난다. 예를 들어 뿔테 안경이 대중에게 일반화되어 누구나 착용하게 되면 뿔테 안경은 격이 낮다고 생각하고 착용하지 않는 경우가 이에 해당한다.

ⓕ **가격효과(Price Effect)** : 물가변동에 영향을 받는 명목소득이 일정할 때 상품의 가격이 변화함에 따라 상품의 구매량이 변화하는 것을 말한다. 이는 다시 대체효과와 소득효과로 구분되는데, 상대가격의 변화가 각 상품의 수요 변화에 영향을 미칠 경우, 그 효과를 대체효과라고 하며 소득효과는 상품의 가격변화에 따라 실질소득이 변화하고 이로 인해 상품의 소비량에도 일어나는 변화를 말한다.

(2) 물가정책

① **한국은행** : 한국은행은 금융하부구조로서 금융안정과 물가정책을 제1의 목표로 운영하는 기관이다. 물가가 안정되지 못하면 미래에 대한 불확실성이 높아져 전반적인 경제활동이 위축되고 소득과 자원 배분이 왜곡될 수 있을 뿐 아니라 특히 서민생활의 안정을 해치게 되기 때문에 한국은행은 물가안정을 위한 정책을 펴게 된다.

② **공정거래위원회(Fair Trade Commission)** : 재화가 몇 개의 기업에서만 공급되는 독점시장이 있다면 공급자 측에서 가격을 쉽게 조정할 수 있으므로 이를 규제하기 위한 제도가 있어야 한다. 국무총리실 직속기관인 공정거래위원회는 '독점규제 및 공정거래에 관한 법률'에 따라 독과점 시장을 감시 · 감독하여 가격을 조절하는 역할을 한다.

공정거래위원회의 역할

① 경쟁촉진

- 각종 진입장벽 및 영업활동을 제한하는 반경쟁적 규제를 개혁하고 경쟁제한적 기업결합을 규율함으로써 경쟁적 시장환경을 조성한다.
- 시장지배적 지위남용행위, 부당한 공동행위, 기타 각종 불공정거래행위를 금지함으로써 시장에서의 공정한 경쟁질서를 확립한다.

② 경제력 집중 억제 : 대기업집단 계열사 간 상호출자와 채무보증 금지, 부당내부거래 억제 제도 등을 운영함으로써 선단식 경영체제의 문제점을 시정한다.

③ 소비자 주권 확립

- 소비자에게 일방적으로 불리하게 만들어진 약관조항을 시정하고 표준약관을 보급함으로써 불공정 약관으로 인한 소비자 피해를 방지한다.
- 허위 · 과장의 표시광고를 시정하고 소비자 선택에 꼭 필요한 중요 정보를 공개하도록 함으로써 소비자가 정확한 정보를 바탕으로 합리적인 선택을 할 수 있게 한다.
- 할부거래, 방문판매, 전자상거래 등 특수한 거래분야에서 나타날 수 있는 특수한 유형의 소비자피해를 방지한다.

③ **물가안정에 관한 법률** : 물가를 안정시킴으로써 소비자의 권익을 보호하고 국민생활과 국민경제를 안정시키며 발전시키기 위해 제정되었다. 주요 내용으로는 국민생활의 안정을 위하여 필요하다고 인정하는 중요한 물품의 가격, 부동산 등의 임대료 또는 용역의 대가에 대하여 최고가액을 지정하며, 공공요금을 정하거나 변경하고 매점매석 행위를 금지하는 것을 규정하고 있다.

④ **농수산물 유통 및 가격안정에 관한 법률** : 농수산물의 유통을 원활하게 하고 적정한 가격을 유지하게 함으로써 생산자와 소비자의 이익을 보호하기 위해 제정한 법률로, 농수산물의 생산조정 및 출하조절 등을 통해 농수산물의 물가안정을 도모하고 있다. 또한 농산물과 축산물 및 임산물의 원활한 수급과 가격안정을 도모하고 유통구조의 개선을 촉진하는 재원을 확보하기 위하여 농림축산식품부장관이 '농산물가격안정기금'을 운영한다.

2 〉 물가지수

(1) 물가지수(Price Index)

① **정의** : 물가의 동향을 파악하기 위해 일정시점의 연평균 물가를 100으로 잡고 백분율을 이용해 가격변화 추이를 수치로 나타낸 것을 말한다. 물가의 변동은 그 나라의 투자와 생산, 소비 등을 모두 반영하는 것으로 경제정책 수립에 반드시 필요한 지표이다.

② **종류**

㉠ **소비자물가지수(CPI ; Consumer Price Index)** : 도시가구가 소비생활을 영위하기 위하여 구입하는 일정량의 상품과 서비스의 가격변동을 종합적으로 파악하기 위하여 작성하는 지수로, 소비자가 일정한 생활수준을 유지하는 데 필요한 소비금액의 변동을 나타내므로 소비자의 구매력 측정에 사용한다.

㉡ **수출입 물가지수(Export and Import Price Index)** : 수출입상품의 가격변동을 파악하고 그 가

격변동이 국내물가에 미치는 영향을 사전에 측정하기 위하여 작성되는 지수로서, 수출입 관련 업체들의 수출채산성 변동 및 수입원가부담 등을 파악하는 한편 수출입물가지수의 상호비교를 통하여 가격측면에서의 교역조건을 측정하는 데에 이용한다.

ⓒ **생산자물가지수(PPI ; Producer Price Index)** : 국내시장의 제1차 거래단계에서 기업상호 간에 거래되는 상품과 서비스의 평균적인 가격변동을 측정하기 위하여 작성되는 물가지수이다. 그 대상품목의 포괄범위가 넓어 전반적인 상품과 서비스의 수급 동향이 반영된 일반적인 물가수준의 변동을 측정할 수 있기 때문에 일반목적지수로서의 성격을 갖는다. 지수작성에 이용되는 가격은 제1차 거래단계의 가격, 즉 국내생산품의 경우 부가가치세를 제외한 생산자 판매가격을 원칙으로 한다.

ⓓ **생활물가지수(CPI for Living ; Consumer Price Index for Living Necessaries)** : 생활물가지수(CPI for Living)는 소비자물가지수 조사 품목 중 소비자가 자주 이용하는 생활필수 품목만을 골라 해당 상품의 판매가격을 종합한 값을 말한다.

ⓔ **신선식품지수** : 생활물가지수에서 가공식품을 제외한 채소, 생선, 과일 등 기상과 계절 조건에 따라 변동폭이 큰 상품의 가격을 합해 계산한 지수이다. 생활물가지수와 신선식품지수는 소비자가 자주 이용하는 상품만을 반영하므로 체감물가지수라고 한다.

(2) 물가의 변동

① **원유와 물가** : 현대 경제생활에 필수불가결한 요소인 원유는 자동차, 비행기, 공업원료 등 사용범위가 넓기 때문에 물가에 많은 영향을 미친다. 또한 우리나라는 자원의존도가 해외에 치중되어 있기 때문에 다른 어느 나라보다 유가가 물가에 미치는 영향이 크다고 볼 수 있다. 우리나라는 대부분의 원유를 중동에서 수입하기 때문에 두바이유의 시세가 물가에 큰 영향을 미친다. 하지만 중동은 국제분쟁의 중심인 곳으로 다른 원유들에 비해 원유가격의 변동차가 매우 크다. 따라서 원유 수급에 빨간불이 켜지면 물가가 올라 국민경제가 타격을 받게 된다.

② **유가 정치경제학** : 미국이 9 · 11 테러 배후국가를 이라크로 지목하고 세계평화를 위협하는 대량살상무기를 제거하기 위해 전쟁을 일으켰지만 사실은 석유를 둘러싼 이권을 지키기 위한 수단으로 전쟁을 일으킨 것임을 표현한 말이다. 전 연방준비제도이사회(FRB ; Federal Reserve Board) 의장인 앨런 그린스펀(Alan Greenspan)도 이라크와 미국이 벌인 전쟁을 '석유를 둘러싼 이권 전쟁'이라고 언급하기도 했다.

③ **환율** : 환율이 오르면 물가도 오르게 되는데 특히 제조업 관련 기업은 큰 타격을 받게 된다. 밀가루와 같은 원재료를 수입하는 기업의 경우 환율이 올라 수입재료 가격이 상승하면 국내 완제품 가격이 동반 상승하게 되어 물가에 영향을 미치게 된다.

Chapter 01

예상문제

정답 및 해설 415p

01 넉시(R. Nurkse)가 빈곤의 악순환을 지속시키는 가장 큰 원인으로 본 것은?

① 시장규모의 협소
② 가격기능의 실패
③ 농업중시의 경제
④ 과열적 투기

02 경제생활에서 '무엇을, 어떻게, 누구를 위하여 생산할 것인가?'라는 기본 문제들이 발생하는 가장 근원적인 이유는?

① 경제체제의 다양성
② 국민생활 수준의 차이
③ 자원의 희소성
④ 재화에 대한 기호의 차이

03 다음 중 경제학자와 그들의 저서나 주장이 잘못 연결된 것은?

① Pigou, Arthur Cecil－후생경제학
② R. Nurkse－불균형 성장이론
③ J. Keynes－유효수요이론
④ D. Ricardo－비교생산비설

04 국제금융시장을 이동하는 단기자금을 무엇이라 하는가?

① 소프트 머니
② 하드머니
③ 핫머니
④ 스마트 머니

05 다음 중 중앙은행의 간접 통화관리수단이 아닌 것은?

① 재할인정책
② 지급준비율
③ 공개시장조작
④ 총통화증가율관리

06 수입 20만 원, 저축 4만 원, 식료품비 8만원일 때 엥겔계수는?

① 40%
② 45%
③ 50%
④ 60%

07 1977년에 부가가치세 제도를 채택함으로써 나타난 가장 두드러진 현상은?

① 징세비용이 증대하였다.
② 국민의 실질적 세부담이 줄었다.
③ 조세저항을 현저하게 초래하였다.
④ 조세부담의 형평원리가 저해되었다.

08 다음 중 경제에 대한 내용으로 잘못된 것은?

① 경제란 '경세제민(經世濟民)'에서 유래된 용어이다.

② 용역(Service)이란 인간 욕망의 대상이 되는 물질적 수단을 말한다.

③ 인간생활에 필요한 재화와 용역을 생산 · 소비하는 활동을 통틀어 경제라 한다.

④ 재화(Goods)란 옷과 음식처럼 가시적인 형태의 것과 공기나 전기처럼 비가시적인 형태의 것을 말하는 것이다.

09 경제의 종류에 대해 잘못 설명한 것은?

① 거시경제란 나무가 아닌 숲을 보는 것처럼 경제를 크게 바라보는 것을 말한다.

② 디지털경제란 인터넷을 비롯한 정보통신산업을 기반으로 이루어지는 모든 경제활동을 일컫는 용어로 인터넷 쇼핑, 전자상거래 등이 대표적이다.

③ 미시경제에서는 경제 현상을 이루는 요소들 즉, 버스나 택시 요금, 생필품 가격, 외식비용 등을 파악한다.

④ 블러경제란 1990년대 미국 경제의 장기호황이 이전에는 보기 힘들었던 '고성장 속 저물가' 현상을 보인 것을 뜻하는 용어이다.

10 최저임금제에 대한 내용으로 적절하지 못한 것은?

① 최저임금제는 근로자의 생활안정과 노동력의 질적 향상을 위해 도입되었다.

② 최저임금은 근로자의 생계비, 유사 근로자의 임금, 노동생산성 및 소득분배율 등을 고려하여 보건복지부 장관이 정한다.

③ 최저임금의 적용을 받는 사용자는 해당 최저임금을 그 사업의 근로자가 쉽게 볼 수 있는 장소에 게시하여 주지시킬 의무가 있다.

④ 최저임금의 적용을 받는 근로자와 사용자 사이의 근로계약 중 최저임금액에 미치지 못하는 금액을 임금으로 정한 부분은 무효이다.

11 GDP(국내총생산)와 GNP(국민총생산)에 대한 내용으로 올바르지 <u>못한</u> 것은?

① GDP는 국민경제를 구성하는 가계, 기업, 정부 등 경제활동 주체가 일정 기간 동안 생산하고 판매한 재화의 총액을 나타낸다.

② GDP는 국내의 내국인과 외국인의 차별을 두지 않고 국내에서 생산한 것을 포함한다.

③ 현재에는 GNP가 국민경제의 지표로 많이 이용되고 있다.

④ GNP는 내국인이면 국내에서 생산한 것이든 외국에서 생산한 것이든 모두 총생산에 들어가지만 외국인은 총생산에서 제외된다.

12 다음 중 경기변동에 대한 설명이 <u>잘못된</u> 것은?

① 호경기－경제활동이 가장 활발하여 투자와 고용이 증대되는 시기이다.

② 후퇴기－경제활동이 둔화를 보이기 시작하고 호경기의 과잉 투자와 고용으로 인해 경기가 위축되는 시기로 대공황이 일어나는 시기이다.

③ 불경기－모든 경제활동이 쇠퇴되는 시기로 기업의 이윤이 감소되고 기업이 도산하기도 하며 비자발적인 실업자가 늘어난다.

④ 회복기－불경기 이후 투자와 생산 등 모든 경제활동이 다시 활발해지는 시기로 전반적인 경제 수준이 향상되는 시기이다.

13 경기 파동의 주기가 <u>잘못된</u> 것은?

① 키친 파동 : 3~4년 주기

② 주글라 파동 : 10~12년 주기

③ 크즈네츠 파동 : 20년 주기

④ 콘트라티예프 파동 : 30년 주기

14 인플레이션에 대한 내용으로 틀린 것은?

① 인플레이션이란 물가가 오르고 화폐가치가 떨어지는 현상을 말한다.

② 과잉투자, 과소생산, 화폐남발, 극도의 수출초과, 생산비 증가 등에 의해 발생한다.

③ 원가와 임금 등이 올라 발생하는 비용 인플레이션과 경기가 과열되어 수요가 공급을 압도할 때 발생하는 수요 인플레이션이 있다.

④ 인플레이션에서는 은행예금자, 수출업자가 유리하다.

15 다음 중 연결이 바르지 못한 것은?

① 인플레이션(Inflation)－통화량의 지나친 팽창, 즉 상품거래량에 비하여 통화량이 과잉 증가함으로써 물가가 오르고 화폐가치가 떨어지는 현상

② 디플레이션(Deflation)－상품거래량에 비해 통화량이 지나치게 적어져 물가는 떨어지고 화폐가치가 올라 경제활동이 침체되는 현상

③ 스태그플레이션(Stagflation)－경제활동이 침체되고 있음에도 물가상승이 계속되는 저성장 고물가인 상태

④ 디스인플레이션(Disinflation)－디플레이션에서 벗어나 아직 심각한 인플레이션까지 이르지 않은 상태

16 경제행위를 수행하는 경제 주체에 대한 내용으로 틀린 것은?

① 정부＝국가 경제

② 가계＋기업＝민간 경제

③ 가계＋기업＋정부＝국민 경제

④ 가계＋기업＋정부＋외국＝국제 경제

17 '홍길동'씨는 5년 전에 총 4억 원을 주고 산 땅 1,000평을 지역의 학교재단에 무상기증하기로 했다. 현재 이 땅의 시가가 6억 원이라고 한다면 홍길동씨가 행한 증여의 기회비용은 얼마인가?

① 1억 원
② 2억 원
③ 4억 원
④ 6억 원

18 같이 소비할 때 소비자에게 더 큰 만족감을 주는 두 재화는 어떤 관계에 있는가?

① 독립관계
② 보완관계
③ 대체관계
④ 우등재관계

19 다음 중 기펜재는?

① 쇠고기와 돼지고기
② 가격이 상승해 있는 주식
③ 쌀과 보리
④ 펜과 잉크

20 일물일가(一物一價)의 법칙이 성립되는 경우에 해당되는 것은?

① 완전경쟁 아래서만
② 독립상태 아래서만
③ 과점상태 아래서만
④ 불완전경쟁 아래서만

Chapter

02 경영

- 경영은 모든 은행권 직장인에게 공통적으로 요구하는 직무수행능력으로 반드시 숙지하여야 할 이론이다.
- 경영은 경제학, 일반 상식과 관련된 내용이 많기 때문에 전체적인 이해가 중요한 영역이다.
- 핵심이론과 관련된 일반적인 지식 문제와 응용문제에서 요구하고 있는 이론과 개념을 파악하는 능력 등이 문제로 출제된다.

산 업

1 〉 산업의 종류

(1) 산업

① **정의** : 산업이란 인간이 생계를 유지하기 위하여 일상적으로 종사하는 생산적 활동이라고 할 수 있다. 산업의 분류 방식에는 산업을 1차 산업, 2차 산업, 3차 산업으로 나누는 클라크(Clark)식 분류와, 생산재 산업, 소비재 산업으로 나누는 호프만(Hoffman)식 분류가 있다.

② **클라크식 분류** : 영국의 경제학자 클라크는 산업을 1차와 2차, 3차 산업으로 분류하여 제1차 → 제2차 → 제3차 산업으로 발달한다는 이론을 정립하였다.

㉠ **제1차 산업** : 토지와 바다 등의 자연환경을 이용하여 필요한 물품을 얻거나 생산하는 산업으로 농업과 축산업, 목축업 등이 있다.

㉡ **제2차 산업** : 제1차 산업에서 얻은 생산물이나 천연자원을 가공하여 인간생활에 필요한 물건이나 에너지 등을 생산하는 산업으로 건설업, 광업, 제조업 등의 가공산업을 말한다.

㉢ **제3차 산업** : 제1, 2차 산업에서 생산된 물품을 소비자에게 판매하거나 각종 서비스를 제공하는 산업을 말하며 상업과 운수업, 금융업, 통신업 등의 서비스산업을 총칭한다.

③ **한국표준산업기술분류 (KSIC ; Korean Standard Industrial Classification)**

㉠ **정의** : 통계청에서 업종 관련 통계자료의 정확성을 확보하기 위하여 작성한 것으로 유엔의 국제표준산업분류(ISIC ; International Standard Industrial Classification)에 기초하여 만들어진 통계자료이다. 이 분류를 통해 국내의 산업구조 및 기술변화를 파악할 수

있으며, 분류기준은 현재 수행하고 있는 산업 활동을 그 유사성에 따라 유형화한 것으로 일반행정과 산업 관련정책의 기본 토대로 이용된다.

ⓒ 분류 기준
- 산출물(생산된 재화 또는 제공된 서비스)의 특성
- 산출물의 물리적 구성 및 가공단계
- 산출물의 수요처
- 산출물의 기능 및 용도
- 투입물의 특성
- 원재료, 생산 공정, 생산기술 및 시설 등
- 생산활동의 일반적인 결합형태

(2) 여러 가지 형태의 산업

① **기간산업** : 한 나라 산업의 기본 토대가 되는 기초산업을 말한다. 금속공업, 동력공업, 기계공업, 중화학공업, 교통산업 등으로 국민 경제발전에 중추적인 역할을 한다.

② **리스산업** : 기업에 필요한 기계설비를 장기간 빌려주고 그 대가로 사용료를 받는 산업으로, 시설임대산업이라고도 한다.

③ **실버산업** : 고령자를 대상으로 한 상품을 제조 · 판매하거나 제공하는 것을 목적으로 하는 영리사업으로, 최근 유망산업으로 중시되고 있다. 현재 우리나라의 고령화가 급속도로 진행되어 고령자 인구가 급증하고, 고령자의 경제력이 전체적으로 높아져 구매력이 상승했으며, 자녀수의 감소로 인하여 고령자의 수요가 늘어난 것이 원인이라고 할 수 있다.

④ **정맥산업** : 산업쓰레기를 해체 · 재생 · 재가공을 하는 산업으로 농업폐기물을 다시 플라스틱이나 세제 등으로 만드는 재생산업을 말한다.

⑤ **5S 서비스** : 금융, 호텔, 병원, 수송 등 종래의 전통적인 서비스업 외에 새로 개발된 5가지 서비스산업을 말한다.

ⓐ **서브스티튜트(Substitute) 서비스** : 대리자란 의미의 'substitute'에서 파생된 용어로 기업과 개인의 업무를 대행하는 서비스를 말한다.

ⓑ **소프트웨어(Software) 서비스** : 컴퓨터 시스템의 사용과 유지관리, 프로그램 등의 서비스를 말한다.

ⓒ **시큐리티(Security) 서비스** : 개인, 기업의 안전, 생명, 재산보호를 위한 서비스를 말한다.

ⓓ **소셜(Social) 서비스** : 복지사업 등에 의한 사회보장 확립을 위한 서비스를 말한다.

ⓔ **스페시픽(Specific) 서비스** : 변호사, 의료, 시설학원 등에 의한 특수 서비스를 말한다.

라이선스 생산(License production)
다른 기업이나 개인이 개발하였거나 소유하는 제품 제조에 대한 신기술 · 신제조법 · 노하우 등을 소유하거나 소유자의 허가를 받아서 생산하는 방식을 말한다.

2 〉 지적산업권

(1) 공업소유권(Industrial Property Right)

① **특허권** : 공업상의 물품 및 그 제조방법을 최초로 발명한 사람에게 주어지는 권리를 말한다. 특허요건은 산업상 이용할 수 있는 발명으로서 독창적이어야 하며 특허권을 갖기 위해서는 설정등록을 해야 한다. 특허권의 존속기간은 특허권의 설정등록이 있는 날부터 특허출원일 후 20년이 되는 날까지이다.

② **실용신안권** : 실용신안이란 산업상 이용할 수 있는 물품의 형상 · 구조 또는 조합에 관한 고안을 말하는 것으로 공업상의 물품에 있어 그 형상 · 구조 또는 조합에 관한 실용성 있는 신규의 고안이 한 사람에게 주어지는 권리를 말한다. 다만, 실용신안이라 하더라도 공공의 질서 또는 선량한 풍속을 문란하게 하거나 공중의 위생을 해할 염려가 있는 고안일 경우 실용신안권을 취득할 수 없다. 실용신안권의 존속기간은 실용신안권 설정등록을 한 날부터 실용신안 등록출원일 후 10년이 되는 날까지이다.

③ **디자인권** : 디자인보호법에 의해 보호되는 권리로 과거 의장권에서 디자인권으로 명칭이 바뀌었다. 디자인이란 물품의 형상 · 모양 · 색채 또는 이들을 결합한 것으로서 시각을 통하여 미감을 일으키게 하는 것을 말하며 이러한 의장을 등록한 사람에게 주어지는 권리를 디자인권이라 한다. 디자인권의 존속기간은 디자인권의 설정등록이 있는 날부터 15년으로 되어 있다.

④ **상표권** : 상표란 상품을 생산 · 가공 · 증명 또는 판매하는 것을 업으로 영위하는 자가 자기의 업무에 관련된 상품을 타인의 상품과 식별되도록 하기 위하여 사용하는 것으로 자기상품을 표시하기 위하여 등록하고 전용하는 권리를 상표권이라 한다. 상표권의 존속기간은 상표권의 설정등록이 있는 날부터 10년으로 하되 상표권의 존속기간은 상표권의 존속기간갱신 등록신청에 따라 10년마다 갱신할 수 있어 사실상 영구적으로 보호받을 수 있다.

(2) ISO 9000 시리즈

① **정의** : 제품의 생산 및 유통과정 전반에 걸쳐 국제규격을 제정한 소비자 중심 품질보증제도를 말한다. 우리나라 중소기업의 ISO 인증은 중소기업인증센터, 한국능률협회, 한국생산성본부 등의 기관에서 1992년부터 시행하고 있으며 총 5개로 구성되어 있다.

② ISO 9000 분류

㉠ 9001 : 제품의 디자인 및 개발과 생산, 서비스 등을 내용으로 하는 가장 광범위한 적용범위를 가진 규격이다.

㉡ 9002 : 디자인 개발 또는 서비스에 대해 공급자의 책임이 없는 경우 적용되는 규격이다.

㉢ 9003 : 디자인과 설치 등이 문제가 되지 않는 극히 단순한 제품일 경우 적용되는 규격이다.

㉣ 9004 : 품질관리시스템을 개발하고 실행하기 위한 일반지침이다.

㉤ 9000 : 위 네 가지의 규격 안내서이다.

(3) 품질인증마크

① **정의** : 제품의 품질을 향상시키고 소비자에게 좋은 품질의 제품을 제공할 목적으로 정부나 공신력 있는 기관이 제품 품질을 일정한 기준으로 검사하여 그 우수성을 인정해주는 제도이다.

② **품질인증마크 분류**

㉠ **KC마크** : 중복 인증에 따른 기업의 경제적 부담을 줄이고 소비자들이 하나의 인증마크만을 확인해 좋은 제품을 고를 수 있게 하기 위해 2009년 도입된 국가통합인증마크이다. 총 13개의 법정의무인증마크가 하나로 통합되었다.

㉡ **KS마크** : 우리나라 산업 제품의 품질 개선이나 판매, 사용 등에 관한 기술적 사항을 통일하고 단순화하기 위해 정해진 규격으로, 산업표준심의회에서 심사하여 합격된 제품에 부여한다.

㉢ **전(電)마크** : 전기를 사용하는 제품 중 전기용품안전관리법에 따라 감전, 화재 등 사고가 일어날 가능성에 대한 안전시험을 통과한 제품에 부여한다.

㉣ **Q마크** : 제조업체가 원해서 임의로 부착하는 마크이다. 해당 분야의 민간시험소에 신청하여 품질기준에 합격해야 하고 각종 품질인증 중 유일하게 환불보상제가 보장되어 제품이 불량이거나 제품에 하자가 발생하면 현품으로 바꿔주거나 100% 현금으로 보상받을 수 있다.

㉤ **열마크** : 열을 사용하는 기자재의 열효율과 안전도 등을 검사하여 에너지관리공단이 부여하는 합격증으로, 열사용 기구는 이 표시가 없으면 제조, 판매할 수 없다.

㉥ **GD마크** : 산업디자인진흥법에 따라 상품의 외관, 기능, 재료, 경제성 등을 종합적으로 심사하여 디자인의 우수성이 인정된 상품에 부여하는 마크이다.

㉦ **GP마크** : 포장이 뛰어난 상품에 부여하는 마크이다.

㉧ **EMI마크** : 가전제품에서 발생하는 유재전자파를 억제하는 장치가 부착되었다는 표시이다.

㉨ **환경마크** : 재활용품을 원료로 사용하였거나 폐기할 때 환경을 해치지 않는 상품에 환경부가 부여하는 마크이다.

㉧ **태극마크** : 한국귀금속 감정센터가 일정 품질 이상의 귀금속이라고 평가하여 우수한 공장에 주는 마크이다.

㉨ **LOHAS마크** : 생산과정에서 건강과 환경을 고려한 제품에 한국 표준협회가 부여하는 마크이다.

㉩ **HACCP마크** : 식품의 원료 관리 및 제조, 가공, 조리, 유통의 전 과정에 걸쳐 유해요소를 차단하도록 중점 관리하고 이를 제대로 시행하고 있는 제품에 부여하는 마크이다.

㉪ **GR마크** : 품질이 우수한 재활용품에 부여되는 마크이다.

㉫ **EMI마크** : 가전제품에서 발생하는 유해전자파를 억제하는 장치가 부착되었다는 표시이다.

기 업

1 〉회사

(1) 회사의 형태

① **정의** : 회사란 상행위나 그 밖의 영리를 목적으로 설립한 법인을 의미하며 상법에 규정되어 있다. 기존에는 회사를 합명회사, 합자회사, 주식회사, 유한회사의 네 가지로 구분하였으나, 2012년부터 유한책임회사라는 개념이 도입되어 총 다섯 가지로 구분된다. 유한책임회사는 경직된 지배구조의 주식회사보다 신속하고 유연하며 탄력적인 지배구조를 가지고 있어 출자자가 직접 경영에 참여할 수 있으며 각 사원이 출자금액만 한도로 책임을 지는 회사이다.

② **회사의 종류**

㉠ **합명회사** : 회사의 채무에 대해 무한책임을 지는 2인 이상의 무한책임사원으로 구성된 회사로 회사가 문을 닫을 경우 모두가 책임을 져야 하는 형태이다.

㉡ **합자회사** : 합자회사는 무한책임사원과 유한책임사원으로 조직된 회사로 1인 이상의 무한책임사원과 1인 이상의 유한책임사원으로 구성된 물적 · 인적 회사를 말한다. 즉, 합명회사와 유한회사가 합쳐진 형태로 볼 수 있다.

㉢ **주식회사** : 주식을 발행하여 여러 사람이 자본투자에 참여할 수 있는 회사로 유한책임사원으로 구성된 자본적 결합체를 말한다.

㉣ **유한회사** : 2명 이상 50명 이하의 유한책임사원으로만 구성되는 인적 · 물적 회사로 사원이 일정금액만 투자하여 투자금액에 대해서만 책임지는 회사를 말한다.

㉤ **유한책임회사** : 우리나라의 대부분 회사는 주식회사로 되어 있으나 설립요건이 까다롭고

지배구조가 경직되서 창조적인 아이디어를 가진 청년이나 벤처사업을 구상하는 사람들이 쉽게 회사를 설립할 수 없었다. 이에 2012년 시행된 개정 상법에서 사원의 유한책임을 인정하면서도 회사의 설립 · 운영과 기관 구성 등에서 사적 자치를 폭넓게 인정하는 유한책임회사를 도입하여 벤처기업이나 1인 창조기업과 같은 회사를 쉽게 설립할 수 있도록 하였다.

1인 창조기업 육성에 관한 법률

- 목적 : 창의성과 전문성을 갖춘 국민의 1인 창조기업 설립을 촉진하고 그 성장기반을 조성하여 해당 기업을 육성하기 위해 제정되었다.
- 정의 : 1인 창조기업이란 창의성과 전문성을 갖춘 1인이 상시근로자 없이 지식서비스업, 제조업 등을 영위하는 자를 의미한다.
- 중소기업청의 관리 : 중소기업청장이 1인 창조기업을 육성하기 위하여 3년마다 1인 창조기업 육성계획을 수립하고 시행하도록 하며 1인 창조기업의 실태조사와 조사공표, 1인 창조기업지원센터를 설립 · 운영하도록 하고 있다.
- 조세특례 : 국가와 지방자치단체는 1인 창조기업을 육성하기 위하여 1인 창조기업에 대한 조세특례제한법, 지방세특례제한법, 그 밖의 조세 관계 법률에서 정하는 바에 따라 소득세 · 법인세 · 취득세 · 재산세 및 등록면허세 등의 조세를 감면할 수 있도록 하고 있다.
- 1인 사업 지원 : 지식 서비스 거래를 활성화하기 위하여 지식 서비스지원, 교육훈련 지원 및 연계형 기술개발 지원, 사업 성공 가능성이 높은 아이디어를 가진 1인 창조기업을 선정하여 아이디어의 사업화를 위한 지원을 할 수 있다.

(2) 사회적 기업

① **정의** : 사회적 목적을 우선으로 추구하면서 영업활동을 수행하는 기업으로 취약계층인 저소득자나 고령자, 장애인, 새터민 등에게 일자리와 사회서비스를 제공하며, 수익이 발생하면 사회적 목적 실천을 위해 지역공동체에 다시 투자하는 기업이다. 1997년 외환위기 이후 급증한 실업률과 양극화, 고령화 및 저출산 문제의 심화로 지속가능한 양질의 일자리 창출의 필요성이 대두되면서 나타났고 현재 '사회적기업육성법'에 의해 고용노동부장관의 인증을 받은 기업이 활동 중이다.

② **의의**

㉠ **지속가능한 일자리 제공** : 취약계층을 노동시장으로 통합하는 보람되고 좋은 일자리 확대

㉡ **지역사회 활성화** : 지역사회 통합, 사회적 투자확충을 통한 지역 경제 발전

㉢ **사회서비스 확충** : 새로운 공공서비스 수요 충족, 공공서비스 혁신

㉣ **윤리적 시장 확산** : 기업의 사회공헌과 윤리적 경영문화 확산, 착한 소비문화 구성

③ 사회적 기업의 종류

㉠ 일자리 제공형 : 사회적 취약계층의 자활을 돕기 위한 일자리 제공이 주목적이다.

㉡ 사회적 서비스 제공형 : 기업의 주 목적이 취약계층에 사회적 서비스를 제공하는 것이다.

㉢ 혼합형 : 일자리와 사회적 서비스 두 가지를 동시에 제공한다.

㉣ 지역사회 공헌형 : 지역사회 주민 삶의 질 향상에 기여한다.

㉤ 기타 : 사회적 목적의 실천여부를 고용비율과 사회적 서비스 제공비율 등으로 판단하기 곤란한 기업들이 속한다.

(3) 공정거래

① **카르텔(Cartel)** : 기업 상호 간의 경쟁의 제한이나 완화를 위해 다수의 동종 또는 유사 기업 간에 경쟁을 제한하고 시장을 독점적으로 지배하기 위한 기업형태로 협약에 의해 결합되기 때문에 기업의 자율성과 독립성이 보장된다. 우리나라에서는 공정거래위원회 카르텔 조사국에서 카르텔과 관련한 규제시책을 수립 · 운용하고 있다.

② **트러스트(Trust)** : 기업합동이라고 불리며 동일산업에 참가하고 있는 기업들이 경제적 독립성을 상실하여 새로운 기업으로 합동하는 기업결합방법이다. 이러한 트러스트는 기업 간 합병이나 주식의 매수 등을 통해 의결권을 획득함으로써 당해 시장에서 독점적인 시장행동을 취하고 기업 간의 경쟁을 배제하여 초과이윤을 얻게 되기 때문에 각국에서는 트러스트를 통제하고 있다. 트러스트는 가입 기업들이 독립성을 버리고 단일 기업으로 합동된 것이므로 카르텔보다 강력한 지배력을 갖게 된다.

③ **콘체른(Konzern)** : 법률상으로는 독립되어 있으나 경영상 실질적으로 결합되어 있는 기업결합형태를 의미한다. 즉, 콘체른은 법률상으로 독립성을 유지하면서 실질적으로는 출자 관계에 의해 하나의 기업으로 결합되는 기업결합형태이며 거대 기업이 여러 산업의 다수 기업을 지배할 목적으로 결성된다.

④ **신디케이트(Syndicate)** : 동일 시장 내의 여러 기업이 출자하여 공동판매회사를 설립하고 제품을 판매하는 가장 고도화된 카르텔의 형태로 공동판매소를 두고 판매를 공동으로 한다.

> **셔먼법(Sherman Antitrust Act)**
> 1890년 미국 연방의회의 국내외 시장에서 독점 및 거래 제한을 금지하기 위해 제정한 미국 최초의 독점금지법이다. 시장 경쟁의 대헌장으로 불리는 셔먼법은 국내외 거래를 제한할 능력을 갖춘 기업 간에 이루어지는 어떤 형태의 연합도 불법이며, 미국에서 이루어지는 거래 또는 통상에 대한 어떠한 독점도 허용하지 않는다는 두 가지 핵심 조항을 담고 있다.

2 〉 금산분리

(1) 금산분리(Seperation of Banking and Commerce)

① **정의** : 금산분리란 금융자본과 산업자본을 분리하는 것을 말한다. 금융자본과 산업자본 간에 일정 한도를 두어 대기업들이 금융기관을 소유할 수 없도록 하는 것이다.

㉠ **금산분리 제도 찬성** : 금융과 산업의 자본을 분리하자는 입장에서는 금융자본이 산업자본을 지배하거나 산업자본이 금융자본을 소유하게 될 경우 대기업이 금융기관에 예치된 국민의 저축예금 등을 마음대로 운용하기 때문에 시장의 공정성을 해치고 금융자본이 기업에 편중되어 금융의 부실화를 초래할 수 있다고 주장한다.

㉡ **금산분리 제도 완화** : 자본시장통합법에 따라 우리나라 금융의 국제경쟁력을 강화하기 위해서는 금산분리를 완화해야 한다는 주장이다. 산업자본(대기업)이 금융기관을 소유하게 되면 국제시장에서 해외자본의 영향력에서 벗어나 강력한 국가경쟁력을 가질 수 있다는 것이다. 예를 들어 우리 정부가 외환은행을 매각하려 했을 때 국내에서는 산업자본만이 인수에 나설 수 있었으나 미국계 펀드 '론스타'는 외환은행을 싼값에 사들이고 많은 차익을 남겨 우리 경제에 큰 타격을 입혔다. 이러한 경험을 통해 산업자본이 금융자본을 소유하는 것에 대한 규제를 완화해야 한다고 주장한다.

② **금융지주회사(Financial Holding Company)** : 금융지주회사란 주식 또는 금융업의 영위와 밀접한 관련이 있는 회사를 지배하는 것을 주된 사업으로 하는 회사를 뜻한다. 즉, 은행과 증권, 보험과 같이 분야가 다른 금융회사들의 주식을 사들여 자회사로 편입시키고 자회사도 다른 금융회사의 주식을 사들여 손자회사로 만드는 회사를 말한다. 우리나라에는 은행을 주축으로 하는 은행지주회사가 대부분이지만, 한국투자금융지주의 경우 자회사 중에 은행이 없으며 한국 투자증권처럼 증권사를 주축으로 하는 증권지주사도 있다. 금융지주회사는 여러 자회사의 정보와 서비스를 활용하여 경영을 확대할 수 있어 수익을 더 많이 낼 수 있다.

(2) 합병

① **M&A(Merger and Acquisitions)** : 다른 회사의 경영권을 확보하기 위해 기업을 사들이거나 합병하는 것을 말한다. 기업합병(Merger)과, 다른 하나의 자산 또는 주식의 취득을 통해 경영권을 획득하는 기업인수(Acquisition)를 결합한 용어이다.

구분	신규설립	M&A
장점	• 초기사업 방향 선정 및 계획의 융통성 • 기업의 통제가 용이 • 투자금액의 결정 유통성 • 기존 기업이 지닌 문제점 제거	• 사업착수까지 시간 단축 • 인력과 노하우를 흡수 • 상품, 브랜드, 영업망 확보

단점	• 브랜드 및 영업기반 구축에 시간 필요 • 능력 있는 인재 채용의 어려움 • 투자의 안정성 결여와 기존 업체와 마찰 야기	• 막대한 인수자금 필요 • 이질적인 문화의 조기해소 어려움 • 절차의 복잡성

② **워크아웃(Workout)** : 기업의 재무구조 개선작업을 의미하는 용어로 미국의 GE(General Electric) 회장 잭 웰치에 의해 대중화되었으며 구조조정을 통한 경쟁력 강화의 의미로 사용된다. 워크아웃이란 문제해결을 위해 계획을 수립하고 실행에 옮기는 일련의 과정을 포괄하는 개념으로 기업과 관련하여 기업회생을 위한 각종 구조조정과 경영혁신활동을 의미한다. 기업의 회생 가능성을 판단하였을 때 생존 가능성이 있는 기업을 대상으로 채권금융기관과 기업 당사자가 긴밀히 협력하여 회생을 모색하는 작업이며 기업에 대한 실사 평가를 바탕으로 이루어진다.

③ **황금낙하산(Golden Parachute)** : 적대적 M&A를 방어하는 대표적인 전략으로 인수대상 기업의 경영진이 물러날 경우 거액의 퇴직금이나 보너스, 스톡옵션 등을 주도록 정관에 명시해 기업 인수비용을 높이는 것을 말한다.

경 영

1 〉 경영관리

(1) 조직관리

① **라인조직** : 라인조직이란 명령일원화 원칙을 위한 조직으로 상위권자의 권한과 명령이 하의상달 방식으로 하급자에게 전달되는 조직구조를 뜻한다. 가장 단순하며 편성이 쉬운 조직으로 군대식 조직, 수직적 조직이라고도 한다.

② **기능식 조직** : 기능식 조직은 각 구성원이 수행하는 기능을 중심으로 편성된 조직 형태로 마케팅, 생산, 총무부서처럼 전문적인 지식과 재능에 따라 편성된다. 규모가 작은 분야에서 환경이 안정되고 고도의 전문화가 요구되는 사업에 적합한 형태로 분업화와 조직구성원의 전문화를 제고할 수 있는 장점을 지니고 있다.

③ **라인과 스태프 조직** : 조직의 본질적인 업무를 수행하는 라인과 이들을 원조하고 보조하는 스태프를 결합한 조직구조를 말한다. 즉, 라인에는 전문적인 지식을 가진 핵심 참모가 경영을 하고 스태프는 라인을 원조하기 위해 조언과 협력을 하는 구조이다.

④ **프로젝트 조직** : 기술의 발달이 빠르게 진행되고 이러한 발전된 기술을 선점하는 것이 기업의

경쟁력과 생명을 좌우하는 요소로 부각됨에 따라 동태적인 개방형 시스템을 도입하기 위해 구성된 조직 형태이다. 태스크포스(Task Force)팀이라고도 하며 신시장 개척, 신제품 개발처럼 특정한 사업계획을 추진하는 경우 형성하고 그 사업이 종료되면 해체되는 일시적인 조직이다.

⑤ **매트릭스 조직** : 프로젝트 조직과 기능식 조직을 결합한 형태로 종적인 조직을 기본으로 하고 특정 임무를 수행하는 구성원을 횡적으로 묶어 업무의 효율을 높인 다음 업무가 끝나면 다시 종적으로 복귀하는 특징이 있다.

(2) 조직 편성의 원리

① **계층제 원리** : 조직수행목적을 위한 구성원의 임무를 책임과 난이도에 따라 부여하여 위로 올라갈수록 권한과 책임이 무거운 임무를 수행하도록 편성하는 것을 말한다. 계층제를 확대할 경우 지휘계통을 확립하며 통일성을 확보할 수 있다는 장점이 있으나 의사소통단계가 늘어나 업무의 흐름이 지연된다는 단점도 있다.

② **통솔범위 원리** : 통솔범위란 상관과 감독자가 효과적으로 통제할 수 있는 직원의 수를 의미한다. 관리자의 통솔능력한계를 벗어난 인원을 배치할 경우 지휘통솔에 문제가 발생하여 지시한 의도와 다르게 집행되는 문제가 발생할 수 있으므로 적정한 부하의 수가 어느 정도인지를 파악하는 것이 중요하다.

③ **분업의 원리** : 전문화의 원리라고도 하며 개인별 또는 기관별로 업무를 분담하는 원리를 뜻한다. 분업화를 세분화할 경우 업무 습득 시간은 줄어들지만 조정과 통합이 어려워질 수 있다.

④ **명령통일의 원리** : 조직의 모든 구성원은 오직 한 사람의 상관으로부터 명령을 받아야 한다는 원리이다. 둘 이상의 상관으로부터 지시나 명령을 받을 경우 모순된 지시 등으로 인해 업무에 혼선과 비능률이 발생할 수 있으므로 명령통일의 원리에 따르는 것은 중요하다고 할 수 있다.

⑤ **조정과 종합의 원리** : 분업과 명령통일 원리, 계층제, 통솔범위 원리는 모두 조직의 목적을 합리적이고 효율적으로 달성하기 위해 존재하는 원칙으로 서로 상충되는 부분이 있기 마련이다. 이러한 문제점을 조정하는 원리가 바로 조정과 통합의 원리이다.

(3) 재무관리

① **정의** : 재무관리란 기업의 가치를 극대화하기 위해 기업의 설립과 운영에 필요한 자본을 합리적으로 조달하여 경영활동에 유용하게 관리하는 활동이라고 정의할 수 있다. 재무결정을 하기 위해서는 현재와 미래의 시감차이를 고려하고 미래의 위험성을 예측하여 기업재무의 유동성과 재무구조의 안전성 등을 종합적으로 판단해야 한다.

② 재무관리의 목표

㉠ 재무관리의 목표는 조직의 가치를 극대화하는 데 있다.

㉡ 주로 기업의 자금을 다룬다는 측면에서 조직의 목표와 일치한다.

(4) 인사

① 인사관리

㉠ **정의** : 인사관리(Personnel Management)란 기업의 목적을 달성하기 위하여 필요한 인적자원(Human Resources)을 확보하고 이들의 현재적 또는 잠재적 능력을 최대한으로 계발시킴과 동시에 이를 경영활동에 효율적으로 활용하기 위한 계획적이고 조직적인 관리활동의 체계를 말한다. 즉, 조직 구성원들이 조직의 목적을 달성하는 데 자발적이고 적극적으로 참여하게 함으로써 조직의 발전과 개인의 발전을 아울러 달성하고자 하는 기법이라고 할 수 있다.

㉡ **인사관리 목표** : 인사관리의 목적은 근로자의 삶의 만족과 조직의 생산성 향상이라는 두 가지 측면을 조화롭게 달성하는 데 있다. 이러한 목적을 달성하기 위해서는 조직 구성원이 정신적, 육체적 노동에 자발적으로 참여할 수 있도록 구성원들의 근로 의욕을 북돋워 줌으로써 노동력을 충분히 발휘할 수 있게 해야 한다.

㉢ 인사관리 원칙

- **적재적소의 원칙** : 업무 수행에 적합한 자격 요건을 갖춘 사람을 직무적성에 맞는 위치에 배치하여야 한다는 원칙이다.
- **공정한 평가의 원칙** : 공정한 인사 고과에 의해 이동, 배치, 승진, 상벌 등이 이루어져야 한다는 원칙이다.
- **보상의 원칙** : 신분의 보장과 공정한 보상이 이루어져야 한다는 원칙이다.

② **직무분석** : 직무분석이란 직무를 수행하는 데 요구되는 지식, 능력, 기술, 경험, 책임 등이 무엇인지를 과학적이고 합리적으로 파악하는 것으로 다양한 직업 요소를 이해하기 위한 과정이라고 할 수 있다.

③ **교육** : 기업은 구성원의 업무능력 향상과 인간 완성, 지식 배양 등의 목적으로 교육을 실시한다. 교육의 궁극적인 목적은 기업의 발전과 기업과 개인의 목표를 통합하는 것이라고 할 수 있다. 인적자원은 기업의 핵심요소이므로 기업의 발전을 위해 교육은 매우 중요하다.

㉠ **직장 내 교육(OJT ; On The Job Training)** : 직무를 수행하면서 실시하는 교육훈련을 말한다. 업무에 실제적으로 필요한 지식이나 기능을 배우는 과정으로 교육을 위해 특별한 시간을 할애할 필요가 없어 기업의 입장에서는 비용을 절약할 수 있다는 장점이지만, 교육을 담당하는 자의 입장에서는 일상업무와 교육을 동시에 담당하기 때문에 업무가 과중된다는

단점이 있다.

ⓒ **직장 외 교육(Off-JT ; Off The Job Training)** : 사내 및 사외의 전문가를 초빙하여 직무현장이 아닌 교실에서 강의식으로 교육하는 방식을 말한다. OJT와 달리 실습과정이 없으며 시간적으로 융통성을 발휘하기 어렵지만 일처리의 원리와 일반적 지식을 습득하는 데 유용하다.

ⓒ **자기개발교육(SD ; Self Development)** : 자기성장의욕에 의한 자기훈련을 말한다. 자기개발은 급변하는 환경과 삶의 질을 유지하고 향상시키기 위한 평생교육의 필요성에서 비롯되었다고 볼 수 있으며, 자기개발교육은 전 생애를 통해 이루어지는 것이라고 할 수 있다.

④ **인사고과**

㉠ **정의** : 종업원의 직무수행상의 업적을 측정하는 제도로 승진과 교육훈련, 임금, 인사이동을 위한 자료를 얻기 위해 종업원의 능력과 근무태도를 평가하는 것을 의미한다.

㉡ **종류**

- **서열법** : 종업원의 능력과 성적을 기준으로 종합순위를 매겨 우선순위에 따라 인사고과에 반영하는 방법을 말한다. 서열법은 획일적인 평가로 비능률적이라는 단점이 있지만 시간이 단축되는 효과가 있다.
- **평가척도법** : 전형적인 인사고과의 방법으로서, 종업원의 자질을 평가하기 위해 사전에 마련된 척도를 근거로 평가요소를 제시하여 평정자로 하여금 종업원의 직무수행상 달성 정도를 체크할 수 있도록 하는 방법이다.
- **점수법** : 점수법이란 숙련도, 피로도, 책임감, 작업환경 등의 항목별로 평가점수를 매겨 인사고과에 반영하는 방법이다.
- **강제할당법** : 사전에 평가등급별 인원을 정해놓고 강제할당하는 방법으로 평가등급을 수, 우, 미, 양, 가처럼 나누고 평가를 강제할당시키는 것이다.

> **다면평가제**
> 상급자의 획일적인 인사고과 판단이 아니라 상사평가와 동료평가, 부하평가, 고객평가 등의 결과를 합산해 인사고과 점수를 산정하는 방식을 말한다. 인사고과에 대한 객관성을 높일 수 있고 사과 결과에 대한 반발의 소지를 줄일 수 있다는 장점이 있지만, 시간이 오래 걸리며 평가자에 따라 평가 결과에 차이가 생기는 등 공정성과 정확성이 부족하다는 단점이 있다.

⑤ **노사관계**

㉠ **정의** : 노사관계란 사용자와 노동자 간의 관계를 의미한다. 과거에는 노동자와 자본가와의 관계를 의미하였지만 현재에는 소유와 경영의 분리로 인한 전문경영인이 등장함에 따라 노사관계의 개념이 바뀌어 노동자와 경영자 사이의 관계를 의미하게 되었다.

㉡ **노동3권** : 노동권은 헌법에 보장된 권리로서 근로자는 근로조건의 향상을 위하여 자주적

인 단결권 · 단체교섭권 및 단체행동권을 가진다고 규정되어 있다. 하지만 주요 방위산업체에 종사하는 근로자의 단체행동권은 제한하도록 하고 있으며 공무원의 경우 법률이 정하는 자에 한하여 단결권 · 단체교섭권 및 단체행동권을 가진다고 명시하여 예외적인 사항을 열거하고 있다.

- **단결권** : 근로자들이 자주적으로 노동조합을 설립할 수 있는 권리를 말한다.
- **단체교섭권** : 근로자의 근로조건을 유지 · 개선하기 위해 조합원이 단결하여 사용자와 교섭할 수 있는 권리를 말한다.
- **단체행동권** : 근로자가 사용자에게 근로조건에 관한 자기 측의 주장을 관철하기 위해 단결권을 통해 각종 쟁의 행위를 할 수 있는 권리를 말한다.

㉢ 노동조합 종류

- **오픈 숍(Open Shop)** : 고용관계에 있어 노동조합의 가입 여부를 노동자의 자유의사에 따라 결정할 수 있는 제도로, 고용주는 비조합원인 노동자도 자유롭게 고용할 수 있어 고용주에 의한 조합 약화 수단이 되기도 한다.
- **클로즈드 숍(Closed Shop)** : 회사와 노동조합의 단체협약으로 종업원의 채용 · 해고를 노동조합의 통제하에 위탁하고 회사는 노동조합 이외에서는 종업원을 채용하지 않으며 반드시 조합원 가운데 채용해야 하는 제도이다. 기업의 근로자 전원이 강제로 가입되는 클로즈드 숍은 노동조합의 권리와 단결을 지키는 데 필요한 제도이다.
- **유니언 숍(Union Shop)** : 클로즈드 숍과 오픈 숍의 중간 형태로 고용주는 노동조합 조합원 이외의 노동자도 자유롭게 고용할 수 있으나 일단 고용된 노동자는 반드시 조합원이 되어야 하는 제도이다. 따라서 유니언 숍 협정이 있는 경우 고용된 근로자가 일정기간 내에 조합에 가입하지 않을 경우 그 근로자는 해고된다.

㉣ 노동쟁의 종류

- **동맹파업(Strike)** : 노동자들이 자기들의 요구를 관철하기 위해 작업을 전면 포기하는 것으로 사용자에게 손해를 입혀 사용자로 하여금 노동자의 요구를 받아들이도록 하기 위해 벌이는 쟁의 방법 중에서 가장 철저한 수단이다.
- **불매운동(Boycott)** : 제품을 구매하지 않도록 배척하는 것으로 노동조합에 의한 쟁의 방법이다.
- **태업(Sabotage)** : 직장을 이탈하지 않는 대신 불완전 노동으로 사용자를 괴롭히는 노동쟁의 방식을 말한다. 즉, 불완전 제품을 만든다든지, 원료와 재료를 필요 이상으로 소비한다든지 하는 방식을 통해 사용자에게 피해를 주어 자신들의 요구를 관철하기 위한 쟁의 방법이다.
- **피케팅(Picketing)** : 동맹파업의 보조수단으로 배반자나 파업을 파괴하는 자를 막기 위해

직장 입구에 파수꾼을 두고 작업을 저지, 공중에게 호소하는 방법이다.

- 직장폐쇄(Lockout) : 노사 협상에서 사용자가 자신의 입장을 고취하기 위해 일정기간 동안 직장을 폐쇄하는 것으로 사용자가 취할 수 있는 유일한 쟁의행동이다. 직장폐쇄가 실행되면 노동자들은 직장에 출입이 금지되고 임금을 받지 못하며 노동자가 퇴거에 불응할 경우 형사적 처벌을 받게 된다.

2 경영 가치

(1) 윤리경영

① 정의 : 윤리경영이란 법규준수는 물론 사회가 요구하는 윤리적인 기대를 기업의 경영활동에 반영하는 것을 의미한다. 기업의 가치기준을 기업의 제1차 목적인 이익추구보다 윤리규범에 두고 투명하고 공정한 경영을 통해 기업의 이해관계자인 주주와 고객, 직원과 사회가 함께 가치를 창출하는 바람직한 경영이다.

② 윤리경영의 필요성

㉠ 이익의 극대화 : 기업 내의 탈법적이거나 부당한 정책 등을 뿌리뽑아 잠재적으로 가지고 있는 위험을 제거할 경우 수익구조가 튼실해지기 때문에 이익을 극대화할 수 있다. 과거 미국 엔론(Enron)사의 분식회계처럼 성과주의 경영으로 인한 기업의 탈법행위와 주주들의 주식배당에 대한 집착이 결국 기업의 도산을 가져온 것을 볼 때, 기업은 윤리경영을 통해 이익을 창출해야 한다.

㉡ 회사 평가 향상 : 윤리경영을 천명할 경우 대외적으로 부패 없는 기업으로 이미지를 제고할 수 있으며 우수인재의 이직과 같은 효과 등도 나타난다.

> **가치창조경영(VBM ; Value-Based Management)**
> 기업의 의사결정 기준을 회계상의 매출 이익 중심에서 벗어나 경제적 이익에 근거한 기업 가치를 중심으로 하는 사업관리기법으로 가치중심 경영이라고도 한다. 가치창조경영이 인기가 있는 것은 기존의 근시안적 관점에서 벗어나 장기적인 수익성을 기준으로 기업활동을 기획, 실행, 통제해 나가기 때문이다.

3 마케팅과 관리기법

(1) 마케팅(Marketing)

① 정의 : 제품과 서비스, 아이디어를 개발하고 가격을 결정하며 이들에 관한 정보를 제공하여

그 대가로 자신에게 필요한 것을 얻는 행위를 마케팅이라 한다.

② **마케팅의 기능**

㉠ **물적유통기능** : 제품의 물리적인 이동과 관련한 기능으로 저장과 같이 시간의 효용을 창출하거나 운송과 같이 장소의 효용을 창출하는 것을 말한다.

㉡ **교환기능** : 거래를 통해 물적 소유권이 이전되는 기능을 뜻한다.

㉢ **조성기능** : 교환기능과 물적유통기능을 촉진시키기 위한 시장정보 제공, 표준화 기능, 금융 등의 기능을 말한다.

③ **마케팅 믹스(Marketing Mix)** : 마케팅을 효율적으로 달성하기 위하여 기업이 조정하고 통제하는 수단을 마케팅 믹스라 한다. 크게 네 가지의 구성 요소로 이루어져 있으며 이를 4P's라고 한다.

㉠ **제품(Product)** : 고객의 필요와 요구를 만족시키는 재화와 서비스, 아이디어를 말한다.

㉡ **가격(Price)** : 제품을 얻기 위해 지불하는 것을 말한다.

㉢ **유통(Place)** : 다의적인 정의로 이루어져 있지만 대체적으로 소비자가 제품을 구입하는 장소를 뜻한다.

㉣ **촉진(Promotion)** : 판매자와 구매자 간의 의사소통 수단을 말한다.

④ **관계마케팅** : 고객과의 관계를 유지하기 위한 마케팅의 개념으로 고객을 획득하고 유지하는 마케팅을 뜻한다. 과거에 이윤 추구만을 위해 고객을 끌어들이는 것에 중점을 두었던 것에서 탈피, 고객을 획득하고 획득한 고객과의 유대관계를 유지하는 것에 초점을 맞춘 마케팅이다.

⑤ **내부마케팅(Internal Marketing)** : 제조업 기업이 제품에 투자하여 질을 높이는 것처럼 서비스업무를 하는 기업이 종업원의 자질을 향상시켜 성공적인 마케팅을 수행하기 위한 마케팅을 말한다. 즉, 내부적으로 종업원의 요구를 만족시킬 수 있는 직무를 수행하도록 하고 종업원의 자질을 개발하고 동기를 부여함으로써 이들 종업원들을 유지하고 보유하여 마케팅 수행 종업원들이 일하고 싶은 기업으로 만들고 궁극적으로 진실된 고객을 창조하는 데 그 목적이 있다.

⑥ **마케팅 신소비 용어**

㉠ **머추리얼리즘(Maturialism)** : 젊은 세대가 주도하는 기존 소비시장에 만족하지 못한 중년층이 자신의 삶을 적극적으로 가꾸기 위한 상품을 찾는 소비 패턴을 말한다(예 영화 〈실미도〉, 〈태극기휘날리며〉, 뮤지컬 〈맘마미아〉 등의 주 관객층이 40~50대의 중년 관객인 경우).

㉡ **체리피커(Cherry Picker)** : 기업의 서비스 체계, 유통구조 등의 허점을 찾아내 실속만 챙기는 소비자를 말한다(예 신혼부부가 집들이를 위해 고가의 가구를 구입하였다가 트집을 잡아 집들이가 끝난 후 반품을 하는 경우).

㉢ **매스클루시비티(Massclusivity)** : 소수만을 대상으로 한 생산 방식에 의해 제공되는 고급품

및 고급 서비스를 의미한다(예 의류업체인 퓨마가 BMW의 고가 스포츠카인 '미니쿠퍼' 운전자를 대상으로 한 맞춤생산 방식으로 100만 원대의 운전 전용 운동화를 출시한 경우나 VIP 개념을 뛰어넘어 VVIP(Very Very Important Person) 개념을 도입한 경우 등).

㉣ **걸리시 소비자(Girlish Consumer)** : 성년이 된 이후에도 10대 소녀처럼 어려보이고 싶은 욕구가 늘어남에 따라 보다 더 여성스러움을 추구하는 여성 소비 계층을 의미한다.

㉤ **메트로섹슈얼(Metrosexual)** : 쇼핑몰이나 미용실 등이 인접한 도시에 살면서 패션과 미용, 인테리어, 요리 등 여성적 라이프 스타일에 적극적인 관심을 기울이며 사는 남성을 가리킨다.

⑦ **카테고리 킬러(Category Killer)** : 1980년대 초 미국에서 처음 등장한 용어로 백화점이나 슈퍼마켓 등과 달리 상품 분야별로 전문매장을 특화해 상품을 판매하는 소매점을 의미한다. 우리나라의 대표적인 카테고리 킬러로는 농산물 전문매장인 농협의 하나로마트와 유아용품 전문매장인 맘스맘, 가전제품 전문매장인 하이마트 등이 있다.

⑧ **러브콜(Love Call)** : 단골고객을 상대로 하는 백화점의 편법세일을 지칭하는 용어이다. 바겐세일을 시작하기 전에 단골고객들에게 미리 연락하여 세일가격으로 쇼핑하도록 하고 대금결제는 세일기간에 이루어지도록 하여 세일기간 중에 판매한 것처럼 가장하는 방법이다.

⑨ **프로슈머 마케팅(Prosumer Marketing)** : 최근 기업들이 신제품 개발에 있어 고객 만족을 강조하고 있는데, 프로슈머 마케팅은 이 단계를 뛰어넘어 소비자가 직접 상품의 개발을 요구하며 아이디어를 제안하고 기업이 이를 수용하여 신제품을 개발하는 것으로 고객 만족을 최대화하는 전략이다. 국내에서도 컴퓨터 · 가구 · 의류 등의 분야에서 소비자 공모작품을 적극적으로 수용하고 있다.

⑩ **임페리얼 마케팅(Imperial Marketing)** : 가격파괴와는 정반대의 개념으로 높은 가격과 품질로 소비자를 공략하는 판매 기법이다. 최근 주류업계에서 고급 소주나 막걸리의 개발 등에 활용되고 있다.

⑪ **풀마케팅(Pull Marketing)** : 업체의 광고 · 홍보 활동에 고객들을 직접 주인공으로 참여시키는 판매기법으로 고객의 마음을 끌어당겨 구매심리를 부추기는 효과를 사용하는 기법이다. 대량 생산된 상품을 소비자에게 강매하는 것이 기본방침인 '푸시마케팅(Push Marketing)'과 대별되는 개념이다.

⑫ **플래그십 마케팅(Flagship Marketing)** : 시장에서 성공을 거둔 특정상품 브랜드를 중심으로 마케팅 활동을 집중하는 것이다. 이를 통해 다른 관련 상품에도 대표 브랜드의 긍정적 이미지를 전파, 매출을 극대화하는 전략으로 토털 브랜드(Total Brand) 전략과 상반되는 개념이다. 주로 초일류 이미지를 가진 회사와의 정면대결을 피하기 위해 구사하는 전략으로, 조선맥주가 하이트맥주로 회사 명칭을 변경한 것이 플래그십 마케팅의 대표적인 예이다.

⑬ **니치 마케팅(Niche Marketing)** : 마치 틈새를 비집고 들어가는 것과 같다는 뜻에서 붙여진 이름으로 특정한 성격을 가진 소규모의 소비자를 공략하는 판매기법이다. 시장 전체를 목표로 삼지 않는 대신 소비자의 다양한 기호와 개성에 딱 들어맞는 상품을 개발, 적재적소에 집중 공략한다.

⑭ **퍼플카우 마케팅(Purple Cow Marketing)** : 인상적(Remarkable)이고 계속 화제가 되는(Worth Talking About) 상품을 만들어 상품의 초기 소비자를 장악하는 것이 퍼플카우 마케팅의 핵심이다. 초기 소비자의 마음만 장악하면 이후의 마케팅은 초기 소비자들이 내는 소문만으로도 충분하기 때문이다. 이는 미국의 저명한 마케팅 전문가인 세스 고딘의 저서 《보랏빛 소가 온다》에서 차용한 개념이다. 저자는 만약 눈에 확 띄는 보랏빛 소가 존재한다면 사람들은 소를 주의깊게 계속 쳐다볼 뿐만 아니라 주변 사람들에게 보랏빛 소에 대한 이야기를 퍼뜨리고 다니게 되므로 "인상적인 제품을 창조하고 그런 제품을 열망하는 소수를 공략하라."고 주장한다.

⑮ **동시화 마케팅(Synchro Marketing)** : 불규칙적 수요상태에서 바람직한 수요의 시간패턴에 실제수요의 시간패턴을 맞추기 위한 마케팅기법을 말한다. 주간에 폭주하는 전화수요를 평준화하기 위해 야간에 전화요금을 할인해 주는 제도가 여기에 속한다.

⑯ **버즈 마케팅(Buzz Marketing)** : 소비자들이 자발적으로 메시지를 전달하게 하여 상품에 대한 긍정적인 입소문을 내게 하는 마케팅기법으로 꿀벌이 윙윙거리는(buzz) 것처럼 소비자들이 상품에 대해 말하는 것을 마케팅으로 삼았으며 입소문마케팅 또는 구전마케팅(word of mouth)이라고도 한다.

⑰ **레트로 마케팅(Retro Marketing)** : 일명 복고마케팅으로, 과거의 제품이나 서비스를 현재 소비자들의 기호에 맞게 재해석하여 마케팅에 활용하는 것을 말한다. 복고는 오래된 것이라는 느낌을 줄 수 있지만, 당시를 향유하던 세대들에게는 향수를 불러일으키며 반가움과 위로를 줄 수 있고, 젊은 세대들에게는 새로운 문화를 접하는 듯한 신선함을 줄 수 있으며 현대적 감각을 가미한 새로운 트렌드로 소비자를 유혹하고 있다. 패션분야에서 상대적으로 적용되는 예가 많은데, 그 범위는 패션을 비롯하여 식품, 디자인, 음악, 방송, 영화 등 다양한 분야에서 바람을 일으키고 있다.

(2) 경영관리기법

① **TQC(Total Quality Control)** : 1970년 후반 일본에서 시작된 전사적 품질관리운동으로, 소비자의 입맛에 꼭 맞는 품질의 제품을 경제적이고 합리적으로 만들어내는 체계를 갖추기 위해 회사 전체가 노력하는 것을 말한다. 설계 → 제조 → 판매 → 고객으로 이어지는 흐름 가운데 상품과 직접 관계되는 단계뿐만 아니라 총무 · 인사 등 간접 부문까지도 포함하여 제품관리

에 주력하는 종합적 품질관리운동이다.

② JIT 방식(Just In Time Method) : 생산공장에서 꼭 필요한 물품을 필요한 만큼, 필요한 장소에서 필요한 시간 안에 생산하는 것으로 적시생산시스템이라고도 하며 일본의 도요타 자동차에서 개발한 생산방식이다. 기아차는 세계 최고 자동차 기업인 도요타와 유일하게 경차에서 이익을 내는 스즈키를 벤치마킹해 JIT시스템을 도입하고 국내 최초로 정착시켜 효율적인 선진물류 시스템을 구축하였다. JIT시스템을 국내 자동차 생산환경에 맞도록 개량한 신(新)JIT 시스템을 신차종 모닝에 적용하여 생산한 바 있다.

③ ZD(Zero Defects) 운동 : QC(품질관리) 기법을 일반 관리 사무에까지 확대 적용하여 전사적으로 결점이 없는 일을 하자는 무결점 운동을 의미한다. 구체적으로는 전 종업원에게 경영참가의식을 갖게 하고 사기를 높임으로써 결점을 없앨 수 있도록 협력해 나가는 운동이다. 1960년대 한 미국기업이 미사일의 납기단축을 위해 "처음부터 완전한 제품을 만들자."는 운동을 벌인 것이 시초라고 할 수 있다.

6시그마(Sigma) 운동
불량품이나 에러(Error)의 발생을 백만 개당 3~4개로 줄이자는 운동으로 미국의 모토롤라에서 시작되었지만 이것을 경영전반에 걸친 혁신기법으로 발전시킨 사람은 GE의 잭 웰치 회장이다.

게임스 맨(Games Man)
현대 기업 경영인에게 가장 어울리는 인간 유형을 의미하는 용어이다. 게임스 맨은 변화를 좋아하고 새로운 역할을 적극적으로 떠맡는 타입으로 기업 내의 경쟁을 게임으로 간주하여 같이 일하는 사람을 격려하면서 경쟁에서 이기고 명성과 영광을 얻는 것을 삶의 보람으로 여기는 냉철한 두뇌를 가진 맹렬 기업 경영인이라 할 수 있다.

④ 홀로닉 매니지먼트(Holonic Management) : 홀로닉은 생태학에서 나온 말로 개체와 전체의 유기적인 조화를 뜻한다. 홀로닉 매니지먼트는 조직과 개인을 일체화한 생물학적 경영원리로 기업 구성원 각자가 자율적으로 문제해결이나 사업구조 개혁에 참가하고 그것이 개인과 조직 전체의 발전을 위해 서로 조화와 균형을 이루는 경영을 말한다. 특히 중요한 것은 개인의 자율성과 창의성이 최대한 발휘되는 것이며 그러는 사이에 조직의 발전은 저절로 이루어지게 된다.

Chapter 02

예상문제

정답 및 해설 417p

01 Seed Money를 제대로 설명한 것은?

① 부실기업을 정리할 때 덧붙여 해주는 신규대출
② 소액투자자들로부터 자금을 모아 부동산이나 부동산 관련 대출에 투자하여 발생한 수익
③ 주식투자 대상국이 아닌 제3국에서 조성되는 주식투자용 기금
④ 금융기관이나 증권회사 상호 간에 거래되는 단기의 자금 대차(貸借)

02 다음 중 상품 판매점의 유형에 대한 설명이 바르게 연결되지 않은 것은?

① SSM－기업형 슈퍼마켓
② 스마트 숍 －청결하고 세련되면서 고객맞춤 상품을 갖추고, 친절한 서비스 및 운영 시스템을 구축한 점포
③ 안테나 숍－교외형 재고전문 판매점
④ 체인점－동일한 브랜드 제품을 취급하는 소매 상점을 여러 곳에 두고 중앙에서 통제 · 경영하는 점포 조직

03 주식회사의 이사들이 불법행위 또는 중대한 과실로 인해 회사에 손해를 끼친 경우, 원칙적으로는 회사가 이사들을 상대로 손해배상청구소송을 제기할 수 있으나, 현실적으로 이사들이 그 회사의 경영을 장악하는 한 소송을 제기할 가능성은 거의 없다. 이때 주주들이 회사를 대신하여 이사들에게 손해배상청구소송을 제기하고 승소하는 경우 그 배상금은 회사에 귀속되고 주주는 단지 소송비용만을 보전 받는 상법상의 소수주주권을 무엇이라고 하는가?

① 주주제안
② 주주집단소송
③ 주주대표소송
④ 소액주주소송

04 현행법상 민간사업체의 장애인 의무고용 비율은?

① 1.7%
② 2.7%
③ 3.7%
④ 5.7%

05 운수업, 금융업, 통신업 등의 서비스산업은 몇 차 산업에 속하는가?

① 제1차 산업
② 제2차 산업
③ 제3차 산업
④ 제4차 산업

06 제조업의 해외 생산 등 해외 직접투자가 진전되면 해외에서 고용은 늘어나지만 그만큼 국내에서의 생산이 줄어 고용이 줄어드는 상황을 뜻하는 용어는?

① 부메랑 효과
② 베블런 효과
③ 산업공동화
④ 녹다운 현상

07 다음 중 5S 서비스에 대한 설명이 잘못된 것은?

① 서브스티튜트(Substitute) 서비스 – 기업과 개인의 업무를 대행하는 서비스
② 소프트웨어(Software) 서비스 – 컴퓨터 시스템의 사용과 유지관리, 프로그램 등의 서비스
③ 시큐리티(Security) 서비스 – 개인, 기업의 안전, 생명, 재산보호를 위한 서비스
④ 스페시픽(Specific) 서비스 – 복지사업 등에 의한 사회보장 확립을 위한 서비스

08 다음 중 워크아웃에 대한 내용으로 틀린 것은?

① 워크아웃(Workout)이란 기업의 재무구조 개선작업을 의미하는 용어이다.
② 워크아웃이란 문제해결을 위해 계획을 수립하고 실행에 옮기는 일련의 과정을 포괄하는 개념으로 해석된다.
③ 기업의 회생 가능성 판단 결과 생존 가능성이 있는 기업을 대상으로 한다.
④ 기업 개선 방법으로 장기대출의 단기 전환 등의 구조조정을 추진한다.

09 "처음부터 완전한 제품을 만들자"라는 운동으로 전사적으로 결점이 없는 일을 하자는 것은 무엇인가?

① 헤일로 효과
② 물해 전술
③ 3S 운동
④ ZD 운동

10 다음이 뜻하는 조직은?

> 각 구성원이 수행하는 기능을 중심으로 편성된 조직 형태로 마케팅, 생산, 총무부서처럼 전문적인 지식과 재능에 따라 편성되는 조직이다.

① 라인과 스태프 조직
② 기능식 조직
③ 매트릭스 조직
④ 라인 조직

11 다음 중 재무제표의 종류가 아닌 것은?

① 재무상태표
② 손익계산서
③ 결손금처리계산서
④ 원가관리표

12 다음이 설명하는 교육은 무엇인가?

> 직무를 수행하면서 실시하는 교육훈련으로, 업무에 실제적으로 필요한 지식이나 기능을 배우는 과정에서 교육을 위한 특별한 시간을 할애할 필요가 없어 기업의 입장에서는 비용을 절약할 수 있다는 장점이 있지만 교육을 담당하는 자의 입장에서는 일상업무와 교육을 동시에 담당하기 때문에 업무가 과중된다는 단점이 있다.

① OJT
② Off－JT
③ SD
④ Big Brother

13 인사고과의 종류에 대한 설명이 잘못된 것은?

① 강제할당법－모두에게 인사고과를 할 수 있도록 강제적으로 할당하는 방법
② 서열법－종업원의 능력과 성적을 기준으로 종합순위를 매겨 우선순위에 따라 인사고과에 반영하는 방법
③ 평가척도법－전형적인 인사고과의 방법으로서, 종업원의 자질을 평가하기 위해 사전에 마련된 척도를 근거로 평가요소를 제시하여 평정자로 하여금 종업원의 직무수행상 달성 정도를 체크할 수 있도록 하는 방법
④ 점수법－숙련도, 피로도, 책임감, 작업환경 등의 항목별로 평가점수를 매겨 인사고과에 반영하는 방법

14 8시간 노동제가 국제적으로 정식 선포된 것은?

① 와그너법
② 국제노동헌장
③ 제1인터내셔날
④ 태프트－하틀리법

15 다음 중 무한책임사원과 유한책임사원으로 구성되어 있는 회사는?

① 주식회사
② 합자회사
③ 합명회사
④ 다국적 기업

16 기업회계 기준에서 재무제표에 포함되지 않는 것은?

① 정산표
② 손익계산서
③ 대차대조표
④ 이익잉여금처분계산서

17 생산 합리화 운동의 3S가 아닌 것은?

① 표준화
② 전문화
③ 단순화
④ 조직화

18 불량품이나 에러 발생율을 1백만 개당 3, 4개로 줄이자는 6시그마의 창시자는?

① 마이클 해리(Michael Harry)
② GE의 잭웰치(Jack Welch)
③ 마이클 포터(Michael Porter)
④ 마이클 해머(Michael Hammer)

19 업계 선두기업을 표본으로 삼아 이를 능가하려는 노력을 통해 경쟁력 제고를 꾀하는 기업의 혁신 방법은?

① Reengineering ② Restructuring
③ M&A ④ Bench marking

20 상품명이나 광고주 명을 표시하지 않은 채 광고를 보는 사람에게 호기심을 제공하면서 광고 메시지의 관심을 높임과 동시에 후속광고에 대한 기대를 높이는 광고는?

① 블록광고 ② 티저광고
③ 리스폰스광고 ④ 서브리미널광고

Chapter 03

금융

- 금융은 모든 은행권 직장인에게 공통적으로 요구하는 직무수행능력으로 반드시 숙지하여야 할 이론이다.
- 금융은 일반 상식과 밀접한 내용이 많기 때문에 전체적인 이해가 중요한 영역이다.
- 핵심이론과 관련된 일반적인 지식 문제와 응용문제에서 요구하고 있는 이론과 개념을 파악하는 능력 등이 문제로 출제된다.

금융시장

1 〉 금융시장

(1) 금융(Finance)

① 정의 : 금융이란 이자를 받고 자금을 융통하여 주는 것을 말한다. 즉, 일정기간을 정하고, 앞으로 있을 원금의 상환과 이자변제에 대해 상대방을 신용하여 자금을 이전하는 것을 말한다.

② 금융의 종류

㉠ 일반적인 분류 : 가계, 기업, 정부, 금융기관(가계, 기업, 정부 간 금융의 중개기능)

㉡ 자금조달 주체에 의한 분류 : 기업금융, 소비자금융, 정부의 금융 활동

㉢ 금융기관의 개입 여부 : 직접금융, 간접금융

㉣ 기업의 자금조달 경로에 따른 분류 : 내부자금, 외부자금

(2) 금융시장(Financial Market)

① 정의 : 금융시장이란 흑자부분이 적자부분에 자금을 융통하는 거래가 이루어지는 시장 또는 과정을 의미한다. 금융시장에서는 금리가 자금 수급의 균형을 지키는 역할을 하고, 자금의 초과수요가 있으면 이자율은 상승하며, 그 이자율의 상승은 초과수요를 소멸시킨다. 자금의 초과공급이 있으면 그 역현상이 된다.

② 기능 : 자원배분, 소비자 효용증진, 위험분산, 유동성 제공, 정보수집비용 및 시간절감, 시장규율

(3) 금융시장의 유형

① 단기금융시장, 장기금융시장(자본시장) : 금융거래의 만기에 따른 분류

구분	단기금융시장	장기금융시장
의의	만기 1년 이내의 금융자산이 거래되는 시장	만기 1년 이상의 채권이나 만기가 없는 주식이 거래되는 시장
특징	• 금리변동에 따른 자본손실의 위험 낮음 • 중앙은행의 통화정책으로 인한 일차적 영향을 받음	• 금리변동에 따른 가격변동의 위험 높음 • 중앙은행의 통화정책 외에 기대인플레이션, 재정수지 등에 영향을 받음 • 투자위험이 높음
예시	콜시장, 기업어음시장, 양도성 예금증서시장, 환매조건부 채권매매 시장, 표지어음 시장, 통화안정 증권시장	주식시장, 국채 · 회사채 · 금융채가 거래되는 채권시장

② 채무증서시장과 주식시장 : 금융수단의 성격에 따른 분류

구분	채무증서시장	주식시장
의의	차입자가 만기까지 일정한 이자를 정기적으로 지급할 것을 약속하고 발행한 채무증서가 거래되는 시장	회사의 재산에 대한 지분을 뜻하는 주식이 거래되는 시장
특징	• 단기, 중기, 장기로 구분 • 증권 발행기업 청산 시 : 우선변제권 행사 가능 • 안정적인 미래 현금흐름 : 이자 및 원금 등 고정 소득 발생(고정소득 증권)	• 원리금 상환의무 없음 • 증권 발행기업 청산 시 : 잔여재산에 대해 지분권 행사 • 불안정한 미래 현금 흐름
예시	기업어음시장, 양도성 예금시장, 표지어음시장, 통화안정증권시장, 국채 · 회사채 · 금융채가 거래되는 채권시장	유가증권시장, 코스닥시장, 프리보드 등

③ 발행시장, 유통시장 : 금융거래의 단계에 따른 분류

구분	발행시장	유통시장
의의	장 · 단기 금융상품이 신규로 발행되는 시장	이미 발행된 장 · 단기 금융상품이 거래되는 시장
특징	• 직접발행 : 기업이나 정부부문이 증권을 직접 발행 • 간접발행 : 인수기관이 해당 증권의 발행 사무 대행, 증권을 전부 또는 일부 인수하여 발행 위험 부담, 유통시장 조성 • 국고채 전문 딜러 : 정부의 국고채 발행 시 인수기관의 역할 수행	• 금융상품의 유동성 증대 • 발행시장의 가격에 영향 : 자금 수요자의 자금 조달 비용에 영향을 미침

④ 거래소시장(장내시장), 장외시장 : 금융거래의 장소에 따른 분류

구분	거래소시장	장외시장
의의	시장참가자의 특정 금융상품에 대한 매수 · 매도 주문이 거래소에 집중되도록 한 다음 이를 표준화된 거래 규칙에 따라 처리하는 조직화된 시장	거래소 이외의 장소에 금융거래가 이루어지는 시장
특징	• 거래정보의 투명성 • 한국거래소 : 주식, 채권, 선물 및 옵션상품 거래	• 직접거래시장 : 매매당사자 간 개별접촉으로 거래(비효율적) • 거래정보의 불투명, 상대방의 낮은 익명성

(4) 금융시장의 구조

전통적 금융시장	단기금융시장		콜시장, 환매조건부 채권매매시장, 양도성 예금증서시장, 기업어음시장, 표지어음시장, 통화안정 증권시장
	장기금융시장(자본시장)	채권시장	국채시장, 지방채시장, 회사채시장, 금융채 시장, 특수채시장
		주식시장	유가증권시장, 코스탁시장
		자산유동화 증권시장	부동산, 매출채권(미수금), 유가증권, 주택저당채권
외환시장(전형적 점두시장)	은행 간 시장		금융기관, 외국환중개기관, 한국은행 등이 참여하는 대규모 도매시장
	대고객 시장		은행과 고객 간 외환매매
파생금융 상품시장	주식, 금리, 통화관련시장		선도금리계약, 선물환, 옵션, 스왑 등
	신용파생상품시장		우량기업의 외환표시 회사채
	파생결합증권시장		주가연계증권(ELS), 파생결합증권(DLS)

2 〉 금융시장의 역사

(1) 금융산업의 태동(1878년~1900년)

① 1878년 06월 : (일본)제일은행이 부산에 최초의 은행지점을 개설하여 우리나라에 근대적 은행제도가 도입되었다.

② 1891년 01월 : 일본의 보험회사인 제국생명이 부산에 최초의 지점을 개설하였다.

③ 1897년 02월 : 국내 민간자본을 중심으로 조흥은행의 전신인 한성은행이 설립되었다.

④ 1899년 01월 : 상업은행의 전신인 대한천일은행이 설립되었다.

(2) 금융산업의 체제정비(1960년~1965년)

① 1961년 06월 : 증권의 효율적 거래를 위한 '증권거래법'을 제정하였다.

② 1962년 04월 : 기존의 은행감독부를 은행감독원으로 개편하는 등의 내용을 골자로 '한국은행법'을 개정하였다.

③ 1963년 05월 : 대한증권거래소가 한국증권거래소로 개편되었다.

(3) 금융산업의 발전기(1980년~1985년)

① 1982년 12월 : '금융실명거래에 관한 법률'을 제정하여 시행하였다.

② 1983년 05월 : 제2금융권 예금자보호 기구인 '신용관리기금'을 설립하였다.

③ 1983년 07월 : 금융실명거래제 일부를 실시하였다.

(4) 금융산업의 구조조정 단행(1997년~1998년)

① 1997년 01월 : 한보그룹이 부도처리되었으며 재정경제원, 한국증권 거래소에 주가지수 옵션거래가 허용되었다.

② 1997년 11월 : 정부가 IMF에 긴급구제금융 지원을 요청하는 초유의 사태가 발생하였다. 이로 인하여 정부와 IMF는 총 570억 달러 규모의 자금지원안에 합의하였으며 14개 종금사, 2개 증권사 및 1개 투신사의 영업이 정지되었다. 또한 금융감독위원회를 설립하고 은행감독원, 증권감독원, 보험감독원, 신용관리기금을 금융감독원으로 통합하는 '금융감독기구의 설치 등에 관한 법률'을 제정하였다.

(5) 금융산업의 국제화(2002년~)

① 2002년 10월 : 거래소와 상장지수펀드(ETF) 시장이 개설되었다.

② 2003년 08월 : 방카슈랑스가 시행되면서 자본시장 통합화의 초석을 다지게 되었다.

③ 2003년 10월 : '간접투자자산운용업법'을 제정하여 증권투자신탁업법, 증권투자회사법 및 증권거래법 중 투자자문업 관련 규정 통합간접투자 대상 자산을 기존의 증권에서 파생상품, 부동산 및 실물자산 등으로 확대 시행하였다.

④ 2008년 03월 : 금융위원회가 설립되었다.

금융기관

1 〉 금융기관(Financial Institution)의 분류

(1) 통화창출 여부에 따른 분류

국제통화기금(IMF)은 국제적인 비교가 용이하게 금융기관을 통화창출기능의 유무에 따른 통화금융기관과 비통화금융기관으로 분류하고 있다.

① **통화금융기관** : 통화금융기관은 우리나라에서 유일하게 발권업무를 담당하고 있는 한국은행과, 수신 및 여신업무를 통하여 예금통화를 창출하는 예금은행으로 구성되어 있다. 예금은행은 상업은행과, 일반예금은행의 전문성이나 재원문제 등의 제약으로 인해 자금을 공급하기 어려운 특정부문으로의 원활한 자금조달을 목적으로 설립된 특수은행으로 구성되어 있다.

② **비통화금융기관** : 주로 자금의 이전과 중개를 담당하는 기관으로 취급업무의 성격 및 자금조달 방식에 따라 개발기관, 투자기관, 저축기관, 보험기관으로 분류할 수 있다.

(2) 금융기관

종류		내용
은행	일반은행	• 은행법에 의해 설립된 금융기관 • 시중은행, 지방은행, 외국은행 지점
	특수은행	• 은행법이 아닌 개별적인 특별법에 의해 설립된 금융기관 • 한국산업은행, 한국수출입은행, 중소기업은행, 농업협동조합중앙회, 수산업협동조합중앙회
비은행 예금취급기관		• 은행과 유사한 여수신업무를 취급하지만 제한적인 목적으로 설립된 금융기관 • 자금조달 및 운용 등 취급업무의 범위 제한 • 상호저축은행, 신용협동기구(새마을금고, 상호금융, 신용협동조합), 종합금융회사, 우체국
보험회사	손해보험회사	일반적 손해보험회사, 재보험회사(재보험업무 취급), 보증보험회사
	생명보험회사	일반적 생명보험회사
	기타	우체국, 공제기관, 수출보험공사
증권관련기관		• 금융시장에서 유가증권의 거래와 관련된 업무가 주 업무임 • 증권회사, 자산운용회사, 선물회사, 증권금융회사, 투자자문회사
기타 금융기관	여신전문회사	리스회사, 신용카드회사, 할부금융회사, 신기술사업금융회사
	벤처캐피털회사	중소기업창업투자회사, 기업구조조정전문회사
	신탁회사	투자신탁회사, 부동산투자신탁회사

금융 보조기관	금융하부구조 업무담당	금융감독원, 예금보험공사, 금융결제원
	기타	신용보증기금, 기술신용보증기금, 신용평가회사, 한국자산관리공사, 한국주택금융공사, 한국거래소, 자금중개회사

2 〉 통화금융기관

(1) 중앙은행(Central Bank)

① **설립목적** : 수익을 추구하는 것이 아니라 통화 발행, 물가 안정과 같은 경제적 목적에 따라 운영되는 국책은행이다. 중앙은행은 경제에 적절하게 통화량을 조절하여 생산과 소비, 투자의 경제흐름을 원활하게 하는 윤활유와 같은 역할을 담당한다. 세계 최초의 중앙은행은 1694년 설립된 영국은행이며 우리나라는 1950년 설립된 한국은행이 중앙은행이다.

> **중앙은행의 별칭**
> - 은행의 은행 : 중앙은행은 정부를 대신하여 통화를 발행하며 은행의 경영을 감시하고, 은행에 자금을 대출해주기 때문에 '은행의 은행'이라고도 한다.
> - 정부의 은행 : 중앙은행은 정부의 잉여자금을 보관하거나 정부에 자금을 빌려 주는 역할을 하기 때문에 '정부의 은행'이라고도 한다.

② **한국은행** : 한국은행법에 따라 설립된 무자본 특수법인이며, 효율적인 통화신용정책의 수립과 집행을 통하여 물가안정을 도모함으로써 국민경제의 건전한 발전에 이바지함을 목적으로 한다. 한국은행 산하에 정책결정기구로서 금융통화위원회를 두고 있다.

㉠ 주요업무와 기능

- **화폐(주화)의 발권** : 화폐의 발행은 한국은행만이 갖는 고유 업무이다.
- **금융기관의 예금과 예금지급준비** : 한국은행은 금융기관의 예금을 수입할 수 있다.
- **금융기관에 대한 대출** : 한국은행은 금융통화위원회가 정하는 바에 의하여 금융기관에 대한 여신업무를 할 수 있다.
- **공개시장에서의 증권의 매매 등** : 한국은행은 통화신용정책을 수행하기 위하여 자기계산으로 국채나 정부가 보증한 유가증권을 공개시장에서 매매할 수 있다.
- **한국은행통화안정증권 발행** : 한국은행은 한국은행통화안정증권을 공개시장에서 발행할 수 있다.
- **정부 및 정부대행기관과의 업무** : 국고금 취급, 정부에 속하는 증권 · 문서 기타 고가물을 보호예수, 국가사무 취급을 할 수 있다.

• **민간에 대한 업무** : 한국은행은 한국은행법이 정하는 경우를 제외하고는 정부 · 정부대행기관 또는 금융기관 외의 법인이나 개인과 예금 또는 대출의 거래를 하거나 정부 · 정부대행기관 또는 금융기관 외의 법인이나 개인의 채무를 표시하는 증권을 매입할 수 없다.
• **지급결제업무** : 한국은행은 지급결제제도의 안전성과 효율성을 도모하기 위하여 한국은행이 운영하는 지급결제제도에 관하여 필요한 사항을 정하도록 하고 있다.
• **외국환업무** : 한국은행은 정부의 지시에 따라 대한민국이 회원으로 가입한 국제통화기구 또는 금융기구와의 사무 · 교섭 및 거래에 있어 정부를 대표하는 자격을 갖는다.

(2) 상업은행(Commercial Bank)

① **정의** : 상업은행은 가계나 기업을 상대로 예금을 받고 대출을 하면서 이익을 얻는 일반적인 은행을 말하며 예금은행이라고도 한다. 우리나라에서는 상업은행을 시중은행, 지방은행 및 외국은행 국내 지점으로 구분하고 있다.

② **주체** : 은행은 법인만이 설립할 수 있으며 법인에 해당하는지의 여부는 금융위원회가 결정하도록 하고 있다. 은행을 설립하기 위해서는 자본금이 1천억 원 이상이어야 하며 지방은행의 경우는 250억 원 이상이어야 한다.

③ **업무** : 은행법에 따르면 은행의 업무는 고유업무와 겸영업무 및 부수업무로 나뉜다.

㉠ **고유업무**
• 예금 · 적금의 수입 또는 유가증권, 그 밖의 채무증서의 발행
• 자금의 대출 또는 어음의 할인
• 내국환 · 외국환

㉡ **부수업무** : 은행이 부수업무를 운영하려는 경우에는 그 업무를 운영하려는 날의 7일 전까지 금융위원회에 신고하여야 한다. 다만 부수업무 중 다음 업무는 신고를 하지 않고 운영할 수 있다.
• 채무의 보증 또는 어음의 인수
• 상호부금(상호부김)
• 팩터링(기업의 판매대금 채권의 매수 · 회수 및 이와 관련된 업무)
• 보호예수
• 수납 및 지급대행
• 지방자치단체의 금고대행
• 전자상거래와 관련한 지급대행
• 은행업과 관련된 전산시스템 및 소프트웨어의 판매 및 대여
• 금융 관련 연수, 도서 및 간행물 출판업무

• 금융 관련 조사 및 연구업무

ⓒ 겸영업무 : 은행은 은행업이 아닌 업무 가운데 다음의 업무를 직접 운영할 수 있다.

• 파생상품 업무
• 국채증권, 지방채증권 및 특수채증권 업무
• 집합투자업무 및 신탁업 업무
• 환매조건부매도와 매수업무
• 보험대리점업무 및 신용카드업무 등

(3) 특수은행

① 한국수출입은행(Korea Exim Bank, The Export-Import Bank of Korea)

㉠ 연혁 : 한국수출입은행법에 따라 설립된 은행으로 수출입, 해외 투자 및 해외자원개발 등 대외 경제협력에 필요한 금융을 제공하기 위해 만들어졌다.

㉡ 기능 및 역할

• 남북협력기금(IKCF)에 의한 통일기반 조성에 기여
• 대외경제협력기금(EDCF)을 통한 개발도상국과의 경제협력 증진
• 공적수출신용기관으로 국가수출 지원

② 한국산업은행(Korea Development Bank)

㉠ 연혁 : 한국산업은행법을 근거로 설립된 특수은행으로 주요업무는 기업대출과 정부의 장기자금 융자업무 및 국제금융, 기업구조조정업무 등이다. 2008년 6월 정부의 산업은행 민영화방안 발표로 민영화되면서 KDB금융그룹이 출범, 그동안 한국산업은행이 수행해 온 정책금융역할을 승계하기 위해 한국정책금융공사를 설립하여 운영 중이다.

㉡ 기능 및 역할

• 신용경색 해소를 위한 기업금융 강화
• 유망중소기업 등 지원을 위한 신용여신 확대
• 기업구조조정 및 자본시장 안정화
• 지방화시대에 부응하는 지역개발 및 균형발전 유도

③ IBK기업은행(Industrial Bank of Korea)

㉠ 연혁 : 중소기업은행법에 따라 중소기업자에 대한 효율적인 신용제도를 확립함으로써 중소기업자의 자주적인 경제활동을 원활하게 하게 하기 위해 설립된 특수은행이다.

㉡ 기능 및 역할

• 중소기업자에 대한 자금의 대출과 어음의 할인
• 예금 · 적금의 수입 및 유가증권이나 그 밖의 채무증서의 발행

• 중소기업자의 주식 응모 · 인수 및 사채의 응모 · 인수 · 보증
• 내 · 외국환과 보호예수
• 국고대리점
• 정부, 한국은행 및 그 밖의 금융기관으로부터 자금 차입

④ **수협중앙회** : 수산업협동조합법에 따라 어업인과 수산물가공업자의 경제적 · 사회적 · 문화적 지위 향상과 어업 및 수산물가공업의 경쟁력 강화를 도모하기 위해 설립된 은행이다. 수산업협동조합은 회원조합과 중앙회로 구성되어 있으며 수협중앙회는 어업인들이 조직하는 협동조합인 지구별 조합, 업종별 조합, 수산물가공 조합을 회원으로 구성되어 있다.

⑤ **농협중앙회** : 농업협동조합법에 의해 설립된 특수은행으로 농업인의 경제적 · 사회적 · 문화적 지위를 향상시키고, 농업의 경쟁력을 강화하기 위해 조직되었다. 중앙회는 지역조합, 품목조합 및 품목 조합연합회를 회원으로 구성하고 있으며 농자재 구입과 자금의 융통, 일반은행 업무, 회원의 경제활동 지원 사업을 하고 있다.

3 〉 비은행 예금취급기관(비통화 금융기관)

(1) 종합금융회사

① **정의** : 종합금융회사는 지급결제업무, 보험업무, 가계대출업무 등을 제외한 대부분의 기업금융업무를 영위한다. 과거 '종합금융회사에 관한 법률'을 근거로 일반인의 예금을 받지 않고 외부에서 차입하거나 채권을 발행하여 마련한 자금으로 기업들의 어음을 할인해주는 등 자금을 공급하는 일을 하였다. 또한 해외에서 낮은 금리에 빌린 돈을 국내에서 비교적 높은 금리로 빌려 주는 일에 치중하였다. 좁은 국내 시장에서 30개 이상의 회사가 경쟁적으로 난입하면서 도덕적 해이가 심각해졌고 해외로의 과다한 차입금 상환 부담을 가져와 외환위기를 초래한 원인 가운데 하나가 되었으며 대다수의 종합금융회사는 정리되었다. '종합금융회사에 관한 법률'은 '자본시장과 금융투자업에 관한 법률'로 흡수 · 통합되었다.

② **업무**

㉠ 1년 이내에서 대통령령으로 정하는 기간 이내에 만기가 도래하는 어음의 발행 · 할인 · 매매 · 중개 · 인수 및 보증

㉡ 설비 또는 운전자금의 투자와 융자

㉢ 증권의 인수 · 매출 또는 모집 · 매출의 중개 · 주선 · 대리

㉣ 외자도입, 해외 투자, 그 밖의 국제금융의 주선과 외자의 차입 및 전대

㉤ 채권의 발행

ⓑ 기업의 경영 상담과 기업인수 또는 합병 등에 관한 용역

ⓢ 지급보증

(2) 상호저축은행

① **정의** : 서민과 소규모 점포 상인, 중소기업을 대상으로 수신과 여신업무 등을 담당하던 소규모 금융기관으로, 과거에는 '상호신용금고'로 불리다가 2002년에 '상호저축은행'으로 명칭이 바뀌었다. 상호저축은행법에 의해 운영되며, 상업은행과의 가장 큰 차이점은 금융감독원으로부터 인가받은 이수지역에서만 영업할 수 있는 지역제한이 있다는 것이다. 또한, 상호저축은행은 '주식회사'로 운용되며 예금자보호법의 적용을 받는다.

② **업무**

㉠ 신용계 업무

㉡ 신용부금 업무

㉢ 예금 및 적금의 수입 업무

㉣ 자금의 대출 업무

㉤ 어음의 할인 업무

㉥ 내 · 외국환 업무

㉦ 보호예수 업무

㉧ 수납 및 지급대행 업무

㉨ 기업 합병 및 매수의 중개 · 주선 또는 대리 업무

㉩ 국가 · 공공단체 및 금융기관의 대리 업무

③ **특징** : 일반은행에 비해 대출요건이 까다롭지 않으며 예금의 경우 일반은행에 비해 상대적으로 금리가 높다는 장점을 갖는다. 하지만 상대적으로 적은 점포 수와 높은 대출금리, 영세한 규모의 자산수준 등은 단점으로 작용한다. 또한 대다수의 저축은행이 상장을 하지 않기 때문에 경영상태를 정확히 파악하기가 어려워 2011년 발생한 부산저축은행 사태와 같이 금융사고의 위험성이 다소 큰 편이다.

(3) 신용협동기구(상호금융기관)

① **정의** : 지역이나 직장, 종교, 직업 등 공통된 유대관계를 바탕으로 조합원을 구성하고 자금을 출자하여 만든 금융기관이며 각 조합원 간 금융거래를 통해 조합원에게 금융혜택을 주기 위한 취지로 설립된 비영리 금융기관이다.

② **종류** : 신용협동기구는 새마을금고, 신용협동조합, 상호금융 지역단위 농협과 수협 등으로 나뉜다.

㉠ **새마을금고** : 우리 고유의 자율적 협동조직인 계 · 향약 · 두레 등의 공동체 정신을 계승하여 조합원과 지역공동체의 발전을 위해 설립된 금융협동조합이다. 새마을금고는 지역, 직장을 단위로 한 지역단위금고를 형성하고 이러한 단위금고들이 모여 '새마을금고연합회'라는 중앙조직을 결성한다. 예금자보호법에 의하여 예금자보호를 하지 않고 '새마을금고법'에 의해 예금자보호 준비금을 마련하도록 규정되어 있다.

㉡ **신용협동조합** : '신협'으로 불리는 서민과 중산층을 위한 금융기관으로, 새마을금고처럼 직장이나 지역, 단체를 단위로 하여 결성한다. 은행처럼 예금, 대출, 보험 등의 금융거래를 하며 '신용협동조합법'에 따라 자체적으로 예금자보호를 하고 있다.

㉢ **상호금융** : 농 · 어촌 지역의 영세한 주민들을 조합원으로 구성하여 조합원을 대상으로 한 원활한 금융활동을 하기 위해 조직된 신용협동기구로서 지역단위 농협과 축협, 수협, 산림조합 등으로 구성되어 있다.

(4) 우체국예금

① **정의** : 체신관서에서 간편한 예금과 보험사업 등을 운영하게 하여 금융의 대중화를 기하고 국민의 저축의욕을 북돋기 위한 산업통상 자원부 산하의 우정사업본부의 국영 금융기관이다.

② **특징** : 국가기관이 운영하기 때문에 예금자보호법처럼 보장금액에 한도가 있는 것이 아니고 예금한 금액 전부를 보장받으므로 예금자보호가 확실하며, 일반시중은행들이 영업하지 않는 오지 지역까지 진출하여 지역 서민 금융기관으로 자리매김하고 있다.

4 〉 보험회사

(1) 보험(Insurance)

보험은 사고를 방지하는 목적이 아니라 미래의 우발적인 위험에 대처하기 위하여 평소에 뜻이 맞는 사람들끼리 분담금을 받아 두었다가 사고를 당한 이의 경제적인 부담을 덜어주기 위해 만들어진 상호부조 성격의 계약이다.

(2) 보험회사

① **정의** : 보험회사는 거래하는 보험의 성격과 내용에 따라 손해보험과 생명보험, 제3보험으로 구분하고 있다. 각 보험업을 영위하기 위해서는 금융위원회의 허가를 받아야 하며 보험업의 허가를 받을 수 있는 자는 주식회사, 상호회사 및 외국보험회사로 제한하고 있다.

② **종류**

구분	생명보험	손해보험	제3보험
특징	보험회사가 보험계약자로부터 보험료를 받고 피보험자의 생존 또는 사망과 관련된 우연한 사고가 발생할 경우 일정한 금액을 지급하기로 계약함으로써 효력이 생기는 보험계약을 말한다. 생명보험은 사람의 생사를 보험사고로 보고 보험사고가 발생할 경우 손해의 유무나 다소를 불문하고 일정한 금액을 지급하는 정액보험이라는 점에서 손해보험과 차이가 있다.	위험보장을 목적으로 우연한 사건으로 인해 발생하는 손해에 관하여 금전 및 그 밖의 급여를 지급할 것을 약속하고 대가를 수수하는 계약으로 계약자가 자동차사고, 화재, 도난과 같은 사고로 인하여 손해가 발생한 경우 보상을 해주는 보험이다.	가입자가 질병이나 상해로 인하여 간병을 받아야 할 경우 약정한 계약에 따라 보상받는 보험으로 현행 보험업법에서는 생명보험업이나 손해보험업에 해당하는 보험종목의 전부에 관하여 금융위원회에 따른 허가를 받은 자는 제3보험업을 영위할 수 있도록 규정하고 있다.
예시	사망보험, 생사혼합보험, 생존보험, 연금보험	화재보험, 해상보험, 자동차보험, 재보험, 보증보험	상해보험, 질병보험, 간병보험

5 〉 증권 관련 기관

(1) 증권

증권을 한마디로 정의한다면 재산에 대한 소유를 인정하는 증서라고 할 수 있다. 즉, 기업의 규모가 커지고 필요로 하는 자금이 많아지게 되면 기업은 비싼 이자를 지불하며 은행에서 자금을 차입하는 것보다 주식을 발행하여 자금을 획득하는 것이 유리하다. 또한 투자자의 입장에서도 금융활동을 통해 자산을 늘리려고 하기 때문에 배당금이 나오는 기업 주식에 투자를 하는 것이다. 따라서 기업과 투자자의 이해상충관계가 맞물려 증권을 상품으로 하는 증권시장이 나타나게 되며 이러한 증권을 유통하는 증권회사가 생겨나게 된다.

(2) 종류

증권 관련 기관은 증권회사와 증권금융회사, 자산운용회사, 투자자문 회사 등으로 구분된다.

① **증권회사** : 주식과 채권을 자신이 직접매매(Dealing)하거나 다른 투자자의 매매주문을 받아서 매매수수료를 받는 위탁매매(Brokerage), 또는 기업이 새로 발행하는 주식을 증권회사가 일반 투자자를 모집하여 매매하는 인수 · 주선(Underwriting)을 통해 이익을 창출한다.

② **자산운용회사** : 다양한 방법으로 투자자금을 모아 투자자금(펀드)으로 증권이나 부동산, 어음 등에 투자하여 발생한 수익을 투자자에게 나누어 주고 수수료를 받아 이윤을 창출하는 금융

기관이다.

③ **투자자문회사** : 투자자문회사란 금융투자상품의 가치 또는 금융투자상품의 투자판단에 관한 자문에 응함으로써 영업을 하는 회사로 '자본시장과 금융투자업에 관한 법률'상 일정 자본금과 인력을 갖추어야 하는 증권 관련 기관이다. 자산운용회사는 투자자들의 자금으로 운용하지만 투자자문회사는 투자자 개개인과의 계약을 통해 운용한다는 점에서 자산운용회사와 다르다.

④ **증권금융회사**

㉠ **정의** : 증권금융회사는 증권회사와 증권투자자를 대상으로 자금을 대출해주고 그 이자로 수익을 창출하는 금융기관이다. 우리나라에서는 '한국증권금융'이 유일한 증권금융회사로 1955년에 설립되어 현재까지 운영되고 있다.

㉡ **역할과 기능**

- 증권시장에 자금과 증권을 공급하는 고유업무(증권인수금융, 증권유통금융, 증권담보금융)
- 증권투자자를 보호하기 위한 투자자예탁금 관리, 근로자의 재산 형성과 회사에 대한 주인의식 고취를 지원하는 우리사주제도 지원
- 일반고객의 재테크를 돕는 예금 및 대출업무

6 〉 여신 전문 기관

(1) 정의

예금업무를 하지 않으며 대출을 통해 수익을 달성하는 기관을 말한다. 은행과 비은행 예금기관, 증권기관 및 보험회사를 제외한 나머지 기타 금융기관이 여기에 속한다고 볼 수 있다.

(2) 종류

신용카드회사, 리스회사, 신기술사업금융회사, 할부금융회사(캐피탈회사) 등이 있다.

① **신용카드회사** : 신용카느의 발행 및 관리, 신용카드 이용과 관련된 대금결제 등의 업무를 하는 금융회사이다.

② **리스회사** : 기업이 필요로 하는 기계 · 설비 · 기기 등을 직접 구입하여 정기적으로 사용료를 받고 이를 빌려주는 임대업 회사이다.

③ **할부금융회사(캐피탈 회사)** : 일시불로 구입하기 어려운 고가의 내구재 등을 구입하고자 할 때 필요한 자금을 대여해 주고 이를 분할하여 상환토록 하는 금융회사이다.

금융 관련 제도

1 〉 금융제도

(1) 금융실명제

① 정의 : 차명이나 무기명으로 이루어지는 금융거래의 문제점을 개선하기 위해 금융기관을 통한 금융거래를 할 경우 실지명의에 의해 금융거래를 실시하고 그 비밀을 보장하여 금융거래의 정상화를 이루기 위한 제도이다. 과거 '금융실명거래 및 비밀보장에 관한 긴급 재정경제명령' 대신 1997년 '금융실명거래 및 비밀보장에 관한 법률'이 대체입법으로 제정되어 운용 중이다.

② 내용

㉠ 금융기관을 이용할 경우 본인임을 확인할 수 있는 신분증을 제시하여야 하며 금융기관도 거래자 실명을 확인하여 거래를 해야 한다.

㉡ 실지명의란 주민등록표상의 명의, 사업자등록증상의 명의를 말한다.

㉢ 모든 금융거래에서 실지명의를 확인해야 하는 것은 아니며 다음과 같이 명의확인이 생략 가능한 거래가 있다.

- 실명이 확인된 계좌에 의한 계속거래
- 공과금 수납 및 100만 원 이하의 송금 등의 거래
- 외국통화의 매입
- 외국통화로 표시된 예금의 수입
- 외국통화로 표시된 채권의 매도 등의 거래
- 고용 안정과 근로자의 직업능력 향상 및 생활 안정 등을 위하여 발행되는 채권
- 외국환거래법에 따른 외국환평형기금 채권으로서 외국통화로 표시된 채권
- 중소기업의 구조조정 지원 등을 위하여 발행되는 채권
- '자본시장과 금융투자업에 관한 법률'에 따라 증권금융회사가 발행한 사채
- 그 밖에 국민생활 안정과 국민경제의 건전한 발전을 위하여 발행되는 대통령령으로 정하는 채권

(2) 예금자보호제도

① 정의 : 금융기관이 파산 등의 사유로 예금 등을 지급할 수 없는 상황에 대처하기 위하여 예금보험제도 등을 효율적으로 운영함으로써 예금자 등을 보호하고 금융제도의 안정성을 유지하기 위해 '예금자보호법'을 제정하였다. 즉, 예금자보호법에 의해 설립된 예금보험공사(Korea Deposit Insurance Corporation)가 평소에 금융기관으로부터 보험료를 받아 기금을 적립한

후, 금융기관이 예금을 지급할 수 없게 되면 금융기관을 대신하여 예금을 지급하게 된다.

② **대상** : 은행, 증권회사, 보험회사, 종합금융회사, 상호저축은행, 외국은행 국내지점과 농 · 수협 중앙회가 예금보험대상이다. 이밖에 농 · 수협 지역조합, 신용협동조합, 새마을금고는 예금보험공사의 보호대상이 아니며, 이들은 관련 법률에 따른 자체 기금에 의해 보호하도록 하고 있다.

③ **보호한도** : 예금자보호법상의 금융기관이 영업 정지, 인가 취소 등의 사유로 파산할 경우를 대비하여, 원금과 소정의 이자를 합한 1인당 최고 5천만 원까지 예금을 보호하고 있다. 예금자에게도 부실금융기관을 선택한 것에 대한 책임을 부과한다는 취지에서 예금보호한도를 책정한 것이다. 예금보험공사로부터 보호받지 못한 나머지 예금은 파산한 금융기관이 선순위채권을 변제하고 남은 재산이 있는 경우 이를 다른 채권자들과 함께 채권액에 비례하여 분배함으로써 그 전부 또는 일부를 돌려받을 수 있다.

④ **보호상품** : 원칙상 보호대상은 예금자보호대상 금융기관이 취급하는 '예금'이다. 따라서 실적배당신탁이나 대다수의 금융투자상품은 보호대상에서 제외된다.

구분	보호 금융상품	비보호 금융상품
은행	• 보통예금, 기업자유예금, 별단예금, 당좌예금 등 요구불예금 • 정기예금, 저축예금, 주택청약예금, 표지어음 등 저축성예금 • 정기적금, 주택청약부금, 상호부금 등 적립식예금 • 외화예금 • 원금이 보전되는 금전신탁 등 • 예금보호 대상 금융상품으로 운용되는 확정기여형 퇴직연금 및 개인퇴직계좌 적립금 등	• 양도성예금증서(CD), 환매조건부채권(RP) • 금융투자상품(수익증권, 뮤추얼펀드, MMF 등) • 특정금전신탁 등 실적배당형 신탁 • 은행발행채권, 농 · 수협 중앙회 공제상품 등
투자매매업자 · 투자중개업자	• 금융상품 중 증권 등의 매수에 사용되지 않고, 고객 계좌에 현금으로 남아 있는 금액 • 자기신용대주담보금, 신용거래계좌 설정보증금, 신용공여담보금 등의 현금 잔액 • 원금이 보전되는 금전신탁 등 • 예금보호 대상 금융상품으로 운용되는 확정기여형 퇴직연금 및 개인퇴직계좌 적립금 등	• 금융투자상품(수익증권, 뮤추얼펀드, MMF 등) • 청약자예수금, 제세금예수금, 선물 · 옵션거래예수금, 유통금융대주담보금 • 환매조건부채권(RP), 증권사 발행채권 • 종합자산관리계좌(CMA), 랩어카운트, 주가지수연계증권(ELS), 주식워런트증권(ELW) 등
보험	• 개인이 가입한 보험계약 • 예금보호 대상 금융상품으로 운용되는 확정기여형 퇴직연금 및 개인퇴직계좌 적립금 등	• 보험계약자 및 보험료납부자가 법인인 보험계약 • 보증보험계약, 재보험계약

종금	• 발행어음, 표지어음, 어음관리 계좌(CMA) • 보통예금, 저축예금, 정기예금, 정기적금, 신용부금, 표지어음 등	• 금융투자상품(수익증권, 뮤추얼펀드, MMF 등), 환매조건부채권(RP), 양도성예금증서(CD), 기업어음(CP), 종금사 발행채권 등
상호저축은행	• 저축은행중앙회 발행 자기앞수표 등	• 저축은행 발행채권 등

(3) 자금세탁방지제도(Anti-Money Laundry)

① 정의 : 범죄(마약, 밀수, 조직범죄 등)와 관련된 의심스러운 금융거래를 분석하여 검은돈의 자금세탁과 불법적인 외화의 해외유출을 막기 위해 금융위원회 산하에 금융정보분석원(KoFIU ; Korea Financial Intelligence Unit)을 설립하였다.

② 자금세탁방지제도의 구성

㉠ 고객알기제도(KYC ; Know Your Customer) : 고객확인제도와 비슷한 개념으로 금융기관이 고객의 신원과 목적 등을 파악하여 자금세탁 등에 쓰이는 것을 방지하는 제도이다.

㉡ 고액현금보고제도(CTR ; Customer Transaction Report) : 하루 동안 2천만 원 이상의 현금을 입금하거나 출금한 경우 거래자의 신원과 거래일시, 거래금액 등의 객관적 사실이 전산으로 자동 보고되는 제도이다.

㉢ 혐의거래보고제도(STR ; Suspicious Transaction Report) : 원화1천만 원 또는 외화 5천 달러 상당 이상의 거래로서 금융재산이 불법재산이거나 금융거래 상대방이 자금세탁 행위를 하고 있다고 의심되는 합당한 근거가 있는 거래에 대한 보고를 하는 것을 말한다.

㉣ 고객확인제도(CDD ; Customer Due Diligence) : 거래 시 고객의 성명과 실지명의 이외의 주소, 연락처 등을 추가로 확인하고, 자금세탁 등의 우려가 있는 경우 실제 당사자 여부와 금융거래 목적을 확인하는 제도로 거래를 통해 자금이 자금세탁으로 흘러드는 것을 방지하기 위한 목적이다.

㉤ 강화된 고객확인제도(EDD ; Enhanced Due Diligence) : 고위험 고객 중 범죄 목적이 뚜렷한 자에게 금융서비스를 제공하지 않도록 하는 제도이다.

③ 국제기구

㉠ FATF(Financial Action Task Force) : 1989년 G-7 정상회의에서 금융기관을 이용한 자금세탁에 대처하기 위해 출범했으며, 우리나라는 2009년 10월 정회원으로 가입하였다. 자금세탁방지 국제기준의 제정과 국제협력 강화를 위해 각국의 제도 이행 및 전세계에 걸친 정책적 공조체제를 강화하고 있다.

㉡ APG(Asia Pacific Group on Money Laundering) : 자금세탁방지를 위한 아·태지역 국가 간 협조를 위해 설립하였으며 우리나라는 1998년 10월부터 APG 정회원으로 활동 중이다.

㉢ 에그몽 그룹(Egmont Group of FIUs) : 에그몽 그룹은 각국의 금융정보분석기구(FIU ;

Financial Intelligence Unit) 간 정보교환 등 국제협력을 강화하고 FIU의 신규 설립을 지원하기 위해 1995년 6월 설립되었으며, 우리나라는 2002년 6월 모나코 총회에서 정회원 가입이 승인되었다.

(4) 자본시장과 금융투자업에 관한 법률(자본시장통합법)

① **제정목적** : 과거 금융시장의 규제와 간섭으로 인해 금융기관의 대외경쟁력이 약화되었으므로 국제시장에서 경쟁력을 갖추기 위해 14개로 나뉘어 있던 금융시장 관련 법률을 하나로 통합하여 은행과 보험회사를 제외한 부분의 영업장벽을 철폐하는 '자본시장통합법(자통법)'을 제정하였다.

② **특징** : 금융자유화라는 국제시장의 시류에 맞게 자본시장 내에서 규제를 완화하는 것이 가장 큰 특징이다. 자통법이 시행되기 전에는 은행법과 증권업법, 자산운용법에 따라 한정된 분야에서 자신의 업무밖에 할 수 없었으나 자통법 시행으로 인해 업무영역의 규제가 사라지게 되었다.

③ **주요 내용**

㉠ **포괄주의 방식 채택** : 금융상품을 만들기 위해 금융감독기관에 허가를 받던 것에서 탈피하여 자유롭게 상품을 만들고 판매할 수 있도록 하였다.

㉡ **증권사의 지급결제 허용** : 증권사도 은행과 동일한 입 · 출금 등 지급결제업무를 하도록 허용하였다.

㉢ **업무영역의 확대** : 자산운용사, 증권사, 선물회사 등은 어떠한 상품도 매매할 수 있으며 상호 간의 인수 · 합병을 통해 거대 금융투자회사를 설립할 수 있게 되었다.

(5) 채무자 구제제도

금융기관에 과중한 채무를 지고 있는 자의 채무를 조정하기 위해 변제기 유예, 상환기간 연장 등의 방법을 사용하여 갱생의 의지가 있는 자의 경제적 자립을 돕는 제도로, 개인워크아웃(신용회복위원회), 배드뱅크(부실 채권 전담 은행) 프로그램(한마음금융), 개인회생(법원), 개인파산(법원) 제도가 있다.

① **개인워크아웃** : 변제능력이 있으나 당장 형편이 여의치 않은 자를 대상으로 하는 제도로 금융기관 공동협약에 따라 신용회복위원회가 운영하며 채무가 5억 원 이하, 연체기간이 3개월 이상인 개인이 신청할 수 있다.

② **배드뱅크 프로그램** : 대상채무자가 회사로부터 장기 · 저리로 신규대부를 받아 채권금융기관에 대한 기존 대출채권을 상환하고 채권금융기관은 대상채무자에 대한 신용불량정보 등록을 해제하여 대상채무자의 신용회복을 활성화하는 프로그램이다.

③ **개인회생** : 상환능력이 있는 채무자의 경제적 파산을 방지하기 위해 법원이 시행하는 제도로 무담보 채무가 5억 원 이내, 담보채무가 10억 원 이내로 합이 15억 원 이내인 개인이 신청할 수 있으며 법원의 인가결정에 따라 집행하게 된다.

④ **개인파산** : 파산법에 의해 파산을 선고하고 잔여 채무에 대한 변제의무를 면제시키는 제도로 채무의 규모와 관계없이 시행할 수 있다.

(6) 서민대출제도

① **새희망홀씨대출** : 시중은행에서 실시하는 대출로 저소득자를 위한 생계지원을 목적으로 하고 있으며 2천만 원 이내에서 대출이 가능하다.

② **햇살론** : 새마을금고, 농협, 수협 등과 같은 상호금융기관이 취급하는 상품으로 생계자금과 창업자금, 사업운용자금으로 구분한다.

③ **미소금융** : 제도권 금융을 사용하기 어려운 사람을 대상으로 무담보 소액대출사업과 채무조정 지원, 취업알선 등을 통해 금융소외계층의 경제적 자립을 돕는 제도이다.

2 〉 금융보조기관

(1) 정의

금융기관이 원활하게 거래할 수 있도록 보조 역할을 하는 기관을 말한다.

(2) 종류

① **금융위원회**

㉠ **목적** : 국무총리 소속하에 금융정책, 외국환업무취급기관의 건전성 감독 및 금융감독에 관한 업무를 수행하는 중앙행정기관이다. 금융위원회 안에 증권 · 선물을 따로 심의하기 위한 증권선물위원회를 두고 있으며, 증권선물위원회의 감독을 받는 금융감독원을 지도하고 있다.

㉡ **역할**

- 금융 정책 및 제도에 관한 사항
- 금융기관 감독 및 검사 · 제재에 관한 사항
- 금융기관의 설립, 합병, 전환, 영업 양수 · 양도 및 경영 등의 인 · 허가에 관한 사항
- 자본시장의 관리 · 감독 및 감시 등에 관한 사항
- 금융중심지의 조성 · 발전에 관한 사항

- 금융 및 외국환업무취급기관의 건전성 감독을 위한 양자 · 다자간 협상 및 국제협력에 관한 사항
- 외국환업무취급기관의 건전성 감독에 관한 사항

② **금융감독원**

㉠ **정의** : 금융기관에 대한 검사 · 감독업무 등을 수행하기 위하여 설립된 무자본 특수법인으로 금융위원회의 지도 · 감독을 받는다. 과거 은행감독원, 증권감독원, 보험감독원, 신용관리기금의 감독기관이 현재의 금융감독원으로 통합되었다.

㉡ **업무**

- 대상 감독금융기관의 업무 및 재산상황에 대한 검사
- 법률과 규정에 의거한 검사결과에 따른 대상 감독금융기관의 제재
- 금융기관의 건전성 확보 및 공정한 시장질서 확립과 금융소비자 보호
- 금융위원회 및 소속기관에 대한 업무지원

㉢ **대상 감독금융기관**

- 은행법에 따른 인가를 받아 설립된 은행
- 자본시장과 금융투자업에 관한 법률에 따른 금융투자업자, 증권금융회사, 종합금융회사 및 명의개서대행회사
- 보험업법에 의한 보험사업자
- 상호저축은행법에 의한 상호저축은행과 그 중앙회
- 신용협동조합법에 의한 신용협동조합 및 그 중앙회
- 여신전문금융업법에 의한 여신전문금융회사 및 겸영여신업자
- 농업협동조합법에 의한 농업협동조합중앙회의 신용사업부문
- 수산업협동조합법에 의한 수산업협동조합중앙회의 신용사업부문
- 다른 법령에서 금융감독원이 검사를 하도록 규정한 기관
- 기타 금융업 및 금융관련업무를 영위하는 자로서 대통령령이 정하는 자

③ **금융결제원** : 어음교환, 은행지로업무 처리센터 역할과 직불 및 신용카드 VAN서비스 등을 하고 있으며 금융결제원과 금융기관 사이에 전자시스템을 연결하여 지급결제서비스를 제공한다.

④ **예금보험공사(Korea Deposit Insurance Corporation)** : 금융기관이 파산 등의 사유로 예금 등을 지급할 수 없는 상황에 처할 경우 예금자보호법에 의해 예금의 지급을 보장하여 예금자를 보호하고 금융제도의 안정성을 확립하기 위해 설립된 금융위원회 산하 기금관리기관이다.

⑤ **한국자산관리공사(KAMCO ; Korea Asset Management Corporation)** : 예금보험공사와 마찬가지로 금융위원회 산하기관이며 금융기관 부실채권(NPL ; Non performing Loan)의 인수,

정리 및 기업구조 조정업무를 통해 금융기관의 구조조정을 단행하는 금융보조기관이다. 금융기관 부실채권이란 금융기관이 기업 등에게 대출한 자금 가운데 회수하지 못한 채권으로, 부실채권이 많아지면 금융기관의 경영이 어려워지기 때문에 금융위기가 발생할 수 있다. 따라서 자산공사가 이러한 채권을 사들여 다른 투자자들에게 되팔게 된다.

⑥ **한국거래소(KRX ; Korea Exchange)** : 한국증권거래소와 코스닥, 한국선물거래소, 코스닥위원회가 합병된 통합거래소로 2009년 2월 한국증권선물거래소에서 '한국거래소'로 개명하였다. 한국거래소는 증권 및 장내파생상품의 공정한 가격 형성과 그 매매, 그 밖의 거래의 안정성 및 효율성을 도모하기 위해 설립된 기관이다.

⑦ **한국무역보험공사(K-SURE ; Korea Trade Insurance Corporation)** : 2010년 7월 한국수출보험공사에서 새롭게 출범한 한국무역보험공사는 무역보험법에 의거해 설립된 기관으로 K-SURE는 'Korea Trade Insurance Corporation' 가운데 Korea의 'K'와 Insurance의 'sure'를 합성하여 만들었다. 한국무역보험공사는 무역이나 대외거래와 관련하여 발생하는 위험을 담보하기 위한 무역보험제도를 효율적으로 운영하여 무역과 해외투자를 촉진하는 역할을 담당한다.

⑧ **한국주택금융공사(Korea Housing Finance Corporation)** : 한국주택금융공사법에 의해 설립된 기관으로 장기모기지론, 주택연금, 유동화증권, 주택금융신용보증의 4가지 업무를 통해 주택금융 등의 장기적 · 안정적 공급을 촉진하여 주택금융이 원활히 이루어지도록 정부가 만든 금융보조기관이다.

⑨ **신용평가회사** : 기업이나 금융기관을 대상으로 신용을 평가하고 그 내용을 제공하는 회사로 기업의 등급을 매겨 신용도를 평가한다. 신용평가회사가 발행한 정보는 금융기관이나 투자자들이 대출과 투자에 활용한다. 우리나라에는 한국신용정보, 한국신용평가, 한국기업평가사 등의 신용평가회사가 있다.

⑩ **자금중개회사** : 금융기관 간 단기자금 대여를 통해 수수료를 챙기는 금융보조기관으로 자통법에 따라 금융위원회의 인가를 받아 설립하도록 하고 있다.

금리

1 〉 금리(Interest Rate)

(1) 정의

금리란 이자의 개념으로 금융시장에서 자금을 사용한 사용료에 해당하며, 자금의 수요와 공급을 조정하는 역할을 한다. 자금이라는 '상품'에 대한 수요가 많을 경우 당연히 금리는 오르게 되며, 반대로 공적자금 투입 등과 같이 자금의 공급이 많아지면 금리는 내려가게 된다.

이자와 금리

① 이자 : 다른 사람에게 빌린 돈을 갚을 때 사용료를 책정하여 돌려주는 돈을 빌린 대가를 말한다.

② 금리(이자율) : 이자율이란 원금에 대한 이자의 비율을 나타낸 것으로 이자의 크기에 따라 금리(이자율)가 결정된다. 이자를 돈을 빌린 것에 대한 대가라고 정의한다면 금리는 대가의 크기를 결정짓는다고 할 수 있다.

(2) 금리의 종류

① 구분기준에 따른 분류

구분기준	종류	내용
계산방법에 따른 분류	단리	원금에 대한 이자를 계산
	복리	
물가변동고려 여부	명목금리	원금에 대한 이자 + 이자에 대한 이자
	실질금리	물가상승에 따른 구매력의 변화를 감안하지 않음
실제지급(부담) 여부	표면금리	명목금리 – 물가상승률
	실효금리	실제로 지급받거나 부담하는 금리
금융시장에 따른 분류	콜금리	금융기관 간 단기 자금거래가 이루어지는 콜시장의 금리
	채권수익률	채권시장에서 형성되는 금리

② **제로금리** : 기업의 투자를 늘리고 개인의 소비를 촉진하기 위한 경기부양정책 중 하나로 실질금리를 거의 0%에 가깝게 인하한 금리를 말한다.

③ **자금조달비용지수(COFIX)** : 주택담보대출에 적용되는 금리로 주택담보대출 시 기존에 사용하던 양도성예금증서(CD)금리는 시중금리와 차이가 있고 은행의 자금조달비용을 정확히 반영하지 못하므로, 이를 보완하여 새롭게 도입한 대출기준금리를 말한다.

④ **코리보(KORIBOR)** : 영국 런던의 은행 간 단기자금 거래 시 적용되는 금리인 리보(LIBOR ; London Inter-bank Offered Rates)를 모태로 한 것으로 우리나라 15개의 금리제시은행에서 제시한 금리 중 기간별 금리를 통합 산출한 단기 기준금리를 말한다.

⑤ **공정금리** : 중앙은행이 금융기관에 자금대출을 하면서 적용하는 금리를 말한다.

⑥ **외평채 가산금리** : 우리나라의 대외 신인도를 나타내는 금리로 외평채란 외국환평형기금채권(Foreign Exchange Stabilization Bond)의 준말이다. 원화가치가 불안정할 경우 외환의 매

매를 통해 원화가치를 안정시키는데, 이때 미리 준비해 놓은 자금을 외국환평형기금이라 하며 이 기금을 마련하기 위해 정부가 발행한 채권이 외국환평형기금채권이다.

(3) 단리와 복리

금리의 계산방법에 따라 단리법과 복리법으로 구분한다.

① 단리법 : 원금에 대해서만 약정된 이자율로 계산하는 방식을 말한다.

② 복리법 : 원금과 이자에 이자를 더하여 계산하는 방식으로 단리법보다 이자가 많아지는 특징이 있다.

(4) 금리의 기능

① 합리적 배분기능 : 여유자금은 항상 금리가 높은 곳으로 유입되므로 금리는 자금의 이동을 촉진한다고 할 수 있다. 그에 따라 자금이 많은 이익을 창출할 수 있는 산업으로 흘러들게 되므로, 전체적인 규모로 볼 경우 금리는 산업에 윤활유와 같은 역할을 담당한다고 할 수 있다.

② 자금의 공급과 수요의 조절기능 : 금리는 수요와 공급이 만나는 시점에서 결정되는데, 자금의 공급보다 수요가 많은 경우 돈을 빌리는데 많은 돈을 주어야 하므로 금리가 오르게 되고 반대로 수요가 적고 공급이 많아지면 금리는 내려가게 된다.

(5) 금리에 영향을 미치는 요인

① 기업의 투자와 생산 가계의 소비 등이 위축될 경우 시중 자금의 수요가 줄어들어 금리는 떨어지게 된다.

② 금융기관에서 하는 대출 영업에 필요한 자금은 대부분 가계의 저축예금으로 충당하고 있는데, 경제활동이 둔화될 경우 가계소득이 줄어들어 저축을 줄이게 된다. 저축을 줄이면 금융기관의 보유자금이 줄어들기 때문에 대출을 할 수 있는 여력이 작아지므로 금리는 오르게 된다.

③ 기업이 경제전망을 낙관하여 투자를 늘리고 가계도 소비를 늘리게 되면 자금의 수요가 많아지므로 금리는 오르게 된다.

2 〉 금리정책

(1) 기준금리(Base Rate)

한 나라의 금리를 대표하는 정책금리로 각종 금리의 기준이 된다. 중앙은행은 기준금리를 정하여 각종 금리의 기준이 되도록 하며, 그 수준은 국내외 경제상황의 변화에 맞추어 유동적으로 조정한다.

(2) 기준금리결정

한국은행의 기준금리는 한국은행의 정책 심의기구인 '금융통화위원회'가 결정하도록 되어 있다. 즉, 금융통화위원회에서 기준금리를 정하면 한국은행이 실행에 옮기도록 되어 있는데 이러한 금융정책을 실행에 옮기기 위해 공개시장 조작, 지급준비율 조정, 재할인율 조정, 총액한도대출 조정 등의 수단을 사용한다.

① **공개시장 조작(Open Market Operation)** : 중앙은행이 금리수준을 조절하기 위한 목적으로 증권시장에서 증권을 대량으로 매매하여 시중의 통화량을 조절하는 것을 말한다.

② **지급준비율 조정** : 지급준비율이란 금융기관이 고객의 예금을 차질 없이 지급할 수 있도록 조성해 놓아야 하는 일정비율을 말한다. 중앙은행인 한국은행이 최저지급준비율을 정하며 그에 따라 금융기관이 지급준비금을 조성하도록 하고 있다. 지급준비율은 금융기관입장에서는 부담이 되기 때문에 한국은행은 지급준비율을 조정하여 금리를 조절한다.

③ **총액한도대출** : 총액한도대출은 중소기업에 대한 육성지원을 위해 중앙은행이 은행기관에 중소기업자금을 빌려주는 제도로 금융통화위원회에서 한국은행이 대출할 수 있는 총액을 정하고 은행별로 대출가능금액의 한도를 마련하여 운영하고 있다. 총액한도대출은 다른 대출보다 금리가 낮기 때문에 기업이나 통화량에 큰 영향을 미치므로 이러한 영향력을 이용하여 금리를 조절하는 수단으로 활용한다.

④ **재할인율 조정** : 중앙은행인 한국은행이 금융기관에 빌려 주는 자금의 금리를 조정하여 통화량을 줄이거나 늘리는 금융정책 수단으로, 낮은 금리로 한국은행이 제공한 대출자금은 기업과 통화량에 큰 영향을 미치기 때문에 이를 금리조정수단으로 이용하고 있다.

(3) 금리변동

① 한국은행이 금리를 올릴 경우 은행의 대출은 줄어들며 통화량도 줄어들게 되어 경기가 위축하는 단계에 들어서게 된다.

② 반대로 금리가 내려갈 경우 은행의 대출이 늘어나고 통화량도 늘어나 경기가 상승되는 효과를 가져온다.

(4) 주가와 금리

금리가 낮으면 기업이 은행에서 사업자금을 빌리는 데 드는 부담이 경감되기 때문에 자금을 많이 확보하여 이익이 늘어나게 된다. 따라서 기업의 주가는 상승하게 된다.

3 〉 국제금리

(1) 국제기준금리

국제기준금리란 자금거래에 적용되고 기준이 되는 금리를 말하는 것으로, 대표적인 국제금리로는 미국의 연방준비제도 이사회(FRB ; Federal Reserve Board)에서 작성하는 연방기금금리(FFR ; Federal Funds Rate), 단기기금의 추이를 판단할 때 쓰이는 리보(LIBOR ; London Inter-Bank Offered Rates), 미국의 재무부에서 발행하는 1년 미만의 단기채권금리인 T-Bill Rate, 2~10년 사이의 중기채권인 T-Note Rate, 장기채권인 T-Bond Rate 등이 있다.

(2) 연방공개시장위원회(FOMC ; Federal Open Market Committee)

미국의 중앙은행이자 12개 연방준비은행을 총괄하는 기관인 연방준비 제도이사회(FRB) 산하에 있는 단체로 공개시장조작정책의 수립과 집행을 담당하는 기구로서 위원들이 회의를 통해 기준금리를 조절하는 중요한 역할을 하고 있다.

통 화

1 〉 화폐

(1) 화폐

인간의 농경생활을 통해 잉여재산이 발생함에 따라 서로에게 필요한 물건을 교환하고 부를 축척하기 위한 수단으로 화폐가 등장하였다. 이로 인해 물건과 물건의 직접교환이 아니라 물건과 화폐의 간접교환이 이루어지게 되었다.

(2) 화폐의 기능

① **교환수단** : 원시사회에서는 직접적인 물물교환을 통해 거래를 하는 불편함이 있었지만, 화폐를 이용하면서부터 쉽게 거래할 수 있게 되었다.

② **보관수단** : 화폐는 언제든지 교환이 가능한 수단으로 부를 축척하는 기능을 가지고 있다.

③ **지불수단** : 원하는 물건의 값을 치르는 지불기능과 거래로 인하여 발생한 채무를 결제할 수 있는 기능을 가지고 있다.

(3) 화폐의 종류

화폐는 시대에 따라 여러 가지 재료와 모양으로 사용되어 왔는데 화폐의 종류를 살펴 보면 화폐의 발전과정을 알 수 있다. 화폐는 시대의 흐름에 따라 '상품화폐 → 금속화폐 → 지폐 → 신용화폐 → 전자화폐'로 발전해 왔다.

① **상품화폐(Commodity Money)** : 원시사회에서는 물물교환 시 발생하는 불편을 줄이고자 물품을 사용하였는데, 이를 상품화폐(실물화폐)라고 한다. 조개, 곡물, 무기, 소금 등 누구나 수용 가능한 물품을 화폐로 이용하였다.

② **금속화폐(Metallic Money)** : 금 · 은으로 주조된 화폐로 상품화폐보다 휴대와 보관이 용이하나 만들 수 있는 금과 은의 양이 부족하기 때문에 지폐가 출현하게 되었다.

③ **지폐(Paper Money)** : 금속화폐의 단점인 휴대성과 마모성을 보완한 화폐이다. 지폐는 국가가 신용을 보장한다.

④ **신용화폐(Credit Money)** : 돈을 대신하여 쓸 수 있도록 은행에서 발행한 수표, 어음, 예금화폐 등으로 은행화폐라고도 한다.

⑤ **전자화폐(Electronic Cash)** : 정보통신사업의 발달로 등장한 것으로 현금의 성질을 전자적인 정보로 변형시킨 새로운 형태의 화폐이다.

⑥ **암호화폐(Crypto-currrency)** : 지폐, 동전 등의 실물 없이 온라인에서 거래되는 화폐를 말한다.

2 〉 통화

(1) 통화

통화는 유통화폐의 준말로, 특정한 시대에 유통수단 내지 지불수단으로 통용되고 있는 화폐의 구체적인 형태를 말한다. 즉, 통화라는 것은 국가 또는 국가가 발행권한을 부여한 기관에 의하여 금액이 표시된 지불수단으로서 강제통용력이 인정되는 것을 말하므로, 금액이 표시되지 않았거나 강제통용력이 인정되지 않는 것은 통화로 보기 어렵다.

(2) 통화의 종류

형법에서는 통화를 화폐와 지폐, 은행권의 세 가지로 구분하고 있다.

① **화폐** : 금화나 은화, 니켈화처럼 금속화폐인 경화(Hard Currency)를 말한다. 우리나라에서 통용되는 화폐는 주화이다.

② **지폐** : 정부나 기타 발행권자에 의해 발행된 화폐대용증권을 말한다.

③ **은행권** : 지폐의 일종으로 정부의 인가를 받은 특정 은행이 발행하는 화폐대용증권을 말하

며, 우리나라에서는 한국은행만이 은행권을 발행할 수 있으므로 현재 대한민국의 통화는 한국은행권과 주화가 있다고 할 수 있다.

(3) 수표와 어음

① 수표(Check)

㉠ 정의 : 수표란 발행인이 수취인에게 소정의 금액(정해진 금액)을 지급할 것을 약정한 증권이다. 수표는 수표법상의 요건을 구비해야 한다.

㉡ 종류

- 자기앞수표(Cashier's Check) : 은행과 같은 금융기관이 발행하는 수표로 발행인이 자신을 지급인으로 지정하여 발행하는 수표라 하여 자기지시수표라고도 한다.
- 당좌수표 : 은행과의 신용을 통해 당좌계좌를 개설하여 당좌예금을 개설한 자가 발행인이 되고 은행이 지급인이 되는 수표이다. 신용을 바탕으로 거래하기 때문에 당좌계좌가 부도날 수도 있으며, 발행하거나 작성한 자가 발행한 후에 예금 부족, 거래정지처분이나 수표계약의 해제 또는 해지로 인하여 제시기일에 금액이 지급되지 아니한 경우 부정수표단속법에 따라 형사처분을 받을 수 있다.
- 가계수표 : 가계수표란 영세 자영업자가 은행에 가계종합예금계좌를 개설하여 발행하는 수표로, 은행이 지급을 보증하는 은행보증가계수표와 일반가계수표로 구분한다.

② 어음(Bill)

㉠ 정의 : 약정해 놓은 금액을 미래의 특정한 날짜에 무조건 지급해야 하는 유가증권이다. 주로 외상거래 시에 현금 대신 이용하며, 은행과 당좌거래계좌를 개설하여 당좌은행으로부터 지급받은 어음액지급지를 사용해야 한다.

㉡ 종류

- 약속어음 : 발행인이 수취인에게 직접 지급금액을 지급한다는 어음으로 어음에 지급받을 자 또는 지급받을 자를 지시할 자의 명칭을 표시하도록 되어있다.
- 환어음 : 어음을 발행한 자가 수취인에게 직접 지급액을 주지 않고 제3자를 통해 주는 어음을 말한다. 환어음은 주로 국제거래에서 추심이나 송금할 경우 사용한다.
- 백지어음 : 일반적인 어음의 형식적 요건인 만기나 발행일자를 기재하지 않은 어음으로 어음법상 효력이 있다.
- 융통어음 : 상품거래를 바탕으로 한 어음이 아니라 어음 발행자가 일시적으로 자금을 빌리기 위해 사용하는 어음을 말한다.
- 기승어음 : 기승어음이란 발행인과 수취인 상호 간의 신용을 이용하여 금융을 받기 위해 금액, 만기일을 같게 한 어음을 작성하여 교환하는 것을 말하며 민법상 사회질서를 위

반한 사항에 해당하여 무효이다.

• **전자어음** : 전자어음의 발행 및 유통에 관한 법률에 따라 2005년부터 사용된 것으로 발행인이나 수취인 등의 요건을 전자형태로 나타낸 어음이다.

(4) 통화제도

① **금본위제도(Gold Standard)** : 통화의 표준단위가 금으로 정해져 있거나 일정량의 금 가치에 연계되어 있는 화폐제도로 정부에서 비축한 금에 따라 통화량을 결정하는 것을 뜻한다. 즉, 금으로 화폐의 가치를 나타낸 것을 말하며 금본위제도하에서 언제라도 금으로 교환이 가능한 화폐를 태환화폐라 한다.

② **관리통화제도(Managed Currency System)** : 통화관리기관에 의해서 통화량을 조절하는 제도를 뜻한다.

③ **금환본위제도(Gold Exchange Standard)** : 금본위제도를 시행하는 다른 국가의 통화를 보유하여 자국 통화의 안정을 도모하려는 제도를 말한다.

④ **금핵본위제도** : 국내에서는 은행권이나 지폐처럼 경제적이고 유통이 편리한 화폐를 유통시키고 금은 중앙에 집중 보유하는 제도를 말한다.

(5) 본원통화(High-Powered Money, Money Base)

① **정의** : 중앙은행인 한국은행이 지폐와 동전 등 화폐발행의 독점적 권한을 통해 공급한 통화를 말한다. 한국은행이 예금은행에 대해 대출을 하거나, 외환을 매입하거나, 또는 정부가 중앙은행에 보유하고 있는 정부예금을 인출할 경우 본원통화가 공급된다. 본원통화를 조절하면 시중통화량이 조절되기 때문에 통화관리수단으로 이용하고 있다.

② **구성**

본원통화	현금통화 + 지급준비금
	현금통화 + (시재금 + 지준예치금)
	(현금통화 + 시재금) + 지준예치금
	화폐발행액 + 지준예치금

3 〉 지급결제(Payment and Settlement System)

(1) 정의

① 경제주체 사이의 거래에서 현금보다는 어음이나 수표, 계좌이체, 각종 카드 및 전자화폐 등

현금 이외의 수단이 거래 규모나 거래의 성격에 따라 다양하게 사용되고 있다. 현금 이외의 비현금수단을 사용할 경우 채권과 채무관계가 발생하게 되는데, 거래 당사자들 사이에서 발생하는 채권 · 채무관계를 경제주체들이 각종 경제활동에 따라 지급수단을 이용하여 해소하는 행위를 지급결제라고 한다.

② 지급결제가 원활히 이루어지지 않을 경우 금융안정을 도모하기 어렵기 때문에 각국의 중앙은행과 금융기관이 참가하여 지급결제제도를 운영하고 있다.

③ 우리나라는 한국은행의 '지급결제제도 운영 · 관리규정'에 의거하여 지급결제제도를 운영하고 있다.

지급결제의 단계

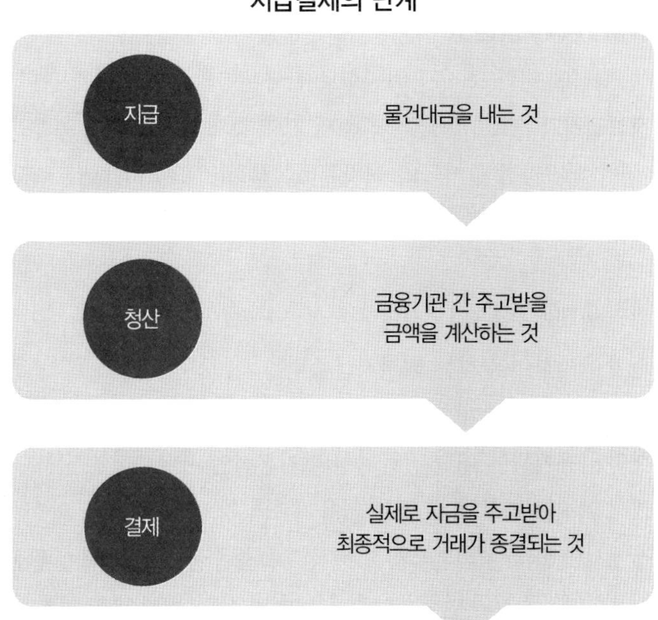
지급
물건대금을 내는 것
청산
금융기관 간 주고받을
금액을 계산하는 것
결제
실제로 자금을 주고받아
최종적으로 거래가 종결되는 것

(2) 구성

① **거액결제시스템** : 거액결제시스템은 금융기관 사이에서 자금거래 등을 결제하는 시스템으로 한국은행이 구축한 신한국은행금융결제망(BOK-Wire)이 있으며 은행, 금융투자회사, 보험회사 등 대다수 금융기관이 참가하고 있다.

② **소액결제시스템** : 기업과 가계, 금융회사의 소액거래를 결제하는 시스템으로 금융결제원이 구축한 소액결제시스템이 있다. 이 시스템은 소액대량을 처리하는 구조로 어음교환시스템, 지로시스템, 은행공동망, 전자상거래 지급결제시스템 등이 있다. 일반은행과 저축은행, 신용협동기구가 고객과 거래할 경우에 주로 이용한다.

※ 자통법 시행에 따라 증권회사도 소액결제시스템 서비스를 시작하게 되면서 증권사 상품인 '종합자산관리계좌(CMA ; Cash Management Account)'를 통해 은행기관처럼 입 · 출금 거래와 공과금 납부, 지로 사용 등을 할 수

있게 되었다.

③ **증권결제시스템** : 한국예탁결제원이 구축한 시스템으로, 유가증권인 주식 등의 거래 시 사용한다.

④ **외환결제시스템** : 외환시장에서 외환의 매도기관과 매입기관 사이에 사고판 통화를 서로 교환 · 지급함으로써 채권 · 채무관계를 종결시키는 지급결제시스템이다.

4 〉 통화정책

(1) 금융통화위원회(Monetary Board)

① 정의 : 한국은행법에 따라 조직된 위원회로 한국은행의 통화정책에 관한 주요 사항을 심의 · 의결하는 정책결정기구로서 한국은행 총재 및 부총재를 포함하여 총 7인의 위원으로 구성된다. 한국은행법 제정과정에 미국의 연방준비이사회(FRB ; Federal Reserve Board) 제도를 도입함으로써 한국은행법에 금융통화위원회가 등장하게 되었다.

② 업무

㉠ 한국은행권 발행에 관한 기본적인 사항

㉡ 금융기관이 유지하여야 하는 최저지급준비율

㉢ 한국은행의 금융기관에 대한 재할인 기타 여신업무의 기준 및 이자율

㉣ 한국은행의 금융기관에 대한 긴급여신의 기본적인 사항

㉤ 한국은행이 여신을 거부할 수 있는 금융기관의 지정

㉥ 공개시장에서의 한국은행의 국채 또는 정부보증증권 등의 매매에 관한 기본적인 사항

㉦ 한국은행통화안정증권의 발행 · 매출 · 환매 및 상환 등에 관한 기본적인 사항

㉧ 한국은행통화안정계정의 설치 및 운용에 관한 기본적인 사항

㉨ 극심한 통화수축기에 있어서의 금융기관 외의 영리기업에 대한 여신의 기본적인 사항

㉩ 지급결제제도의 운영 · 관리에 대한 기본적인 사항

㉪ 금융기관 및 지급결제제도 운영기관에 대한 자료제출 요구

㉫ 금융감독원에 대한 금융기관 검사 및 공동검사 요구

㉬ 금융기관의 각종 예금에 대한 이자 기타 지급금의 최고율

㉭ 금융기관의 각종 대출 등 여신업무에 대한 이자 기타 요금의 최고율

(2) 통화정책

중앙은행의 통화정책수단은 금리정책수단과 일맥상통하며 공개시장조작, 지급준비율 조정, 재할인율 조정, 총액한도대출 조정 등의 수단을 사용한다.

① **공개시장 조작** : 중앙은행이 물가를 안정시키기 위한 공적인 목적으로 채권을 매매하는 것을 말한다. 채권은 만기일이 도래할 경우 반드시 이자를 지급받는 투자수단으로 활용되기 때문에 중앙은행은 금융기관이나 투자자를 상대로 '공개시장'에 채권을 매매하여 시중의 통화량과 금리를 조절하려 한다.

② **총액한도대출** : 총액한도대출은 중소기업에 대한 육성지원을 위해 중앙은행이 은행기관에 중소기업자금을 빌려주는 제도로 금융통화위원회에서 한국은행이 대출할 수 있는 총액을 정하고 은행별로 대출가능금액의 한도를 마련하여 운영하고 있다. 총액한도대출은 다른 금리보다 싸기 때문에 기업이나 통화량에 큰 영향을 미치므로 이러한 영향력을 이용하여 금리를 조절하는 수단으로 활용한다.

③ **재할인율 조정** : 중앙은행인 한국은행이 금융기관에 빌려주는 자금의 금리를 조정하여 통화량을 줄이거나 늘리는 금융정책 수단으로, 한국은행이 낮은 금리로 제공한 대출자금은 기업과 통화량에 큰 영향을 미치기 때문에 이를 금리조정수단으로 이용하고 있다.

④ **지급준비율 조정** : 지급준비율이란 금융기관이 고객의 예금을 차질 없이 지급할 수 있도록 조성해 놓아야 하는 일정비율을 말한다. 중앙은행인 한국은행이 최저지급준비율을 정하며 그에 따라 금융기관이 지급준비금을 조성하도록 하고 있다. 지급준비율은 금융기관입장에서는 부담이 되기 때문에 지급준비율을 조정하여 금리와 통화량을 조절한다.

(3) 통화지표 및 유동성 지표

① **정의** : 통화지표란 통화량 측정의 기준이 되는 지표를 말하며 2006년 IMF의 권고와 돈의 흐름에 대한 보다 현실적인 지표의 필요성으로 인해 한국은행이 새로운 통화지표를 발표하였다. 기존의 M1(협의통화), M2(광의통화)는 그대로 두고, M3를 개편하여 Lf(금융기관유동성)로 만들고 L(광의유동성)을 새로 포함시켰다.

② **구성**

명칭	구성
M1(협의통화)	결제성예금 + 현금통화
M2(광의통화)	M1 + 2년 미만 정기 예 · 적금, MMF, 기타 수익증권, 시장형상품(CD, RP, 표지어음), 2년 미만 금융채, 2년 미만 금전신탁, 기타(CMA, 2년 미만 외화예수금, 자발어음 등)
Lf(금융기관 유동성)	M2 + 2년 이상 장기금융상품 등, 생명보험 계약준비금 및 증권금융예수금
L(광의 유동성)	Lf + 기타 금융기관상품(손해보험사 장기저축성 보험계약준비금, 증권사 RP, 예금보험공사채, 자산관리공사채, 여신전문기관 발행채 등), 국채, 지방채, 회사채

국제금융

1 〉 국제금융기구

(1) 정의

국제금융기구는 우리에게 친숙한 국제통화기금(IMF)과 같은 국제통화기구와, 국제금융공사(IFC)와 같은 세계은행그룹기구 등을 지칭하는 것으로 금융에 대한 전문적인 역할에 따라 분류한다. 국제금융기구는 각 국가 간에 협력관계를 구축하고 금융기능을 통합하는 것을 목적으로 한다.

(2) 국제금융기구의 역할과 기능

① 시장안정을 위한 선진국과 개발도상국 간의 협조

② IMF, 세계은행 등의 국제금융시스템에 대한 개혁

③ 통화위기에 대한 정책 방향

(3) 국제금융기구의 분류

기구	부속기관
국제통화기금(IMF)	–
상품공동기금(CFC)	–
세계은행그룹(World Bank Group)	• 국제부흥개발은행(IBRD) • 국제금융공사(IFC) • 국제개발협회(IDA) • 국제투자분쟁해결본부(ICSID) • 국제투자보증기구(MIGA)
국제결제은행(BIS)	• 바젤은행감독위원회(BCBS) • 지급결제제도위원회(CPSS) • 세계금융제도위원회(CGFS) • 시장위원회(MC)
지역개발금융기구	• 유럽부흥개발은행(EBRD) • 미주개발은행(IADB) • 아시아개발은행(ADB) • 아프리카개발은행(AfDB)

2 〉 국제금융기구에의 가입조치에 관한 법률

(1) 목적

우리나라의 경우 국제금융기구에 가입하여 각 국제금융기구의 협정 이행에 필요한 조치를 할 수 있도록 '국제금융기구에의 가입조치에 관한 법률'을 제정하여 시행하고 있다.

(2) 운영

① 기획재정부장관은 각 국제금융기구가 내는 출자금 전부 또는 일부를 한국은행으로 하여금 출자하게 할 수 있다.

② 기획재정부장관은 출자를 할 때 국무회의의 심의를 거치고 대통령의 승인을 얻어 각 국제금융기구의 협정이 규정하는 바에 따라 미합중국통화 기타 자유교환성 통화나 금 · 지금 또는 내국통화로 출자금 전액을 납입하거나 분할하여 납입할 수 있도록 하고 있다.

③ 기획재정부장관은 각 국제금융기구의 대한민국의 정위원이 되며, 한국은행 총재는 그 대리위원이 된다. 다만, 국제결제은행의 경우에는 한국은행 총재가 정위원이 된다.

④ 한국은행 총재는 기획재정부장관의 지시를 받아 각 국제금융기구와의 사무 · 교섭 및 거래에서 정부를 대표한다.

(3) 출자대상 기구

① 국제통화기금
② 국제부흥개발은행
③ 국제개발협회
④ 국제금융공사
⑤ 아시아개발은행
⑥ 아프리카개발기금
⑦ 아프리카개발은행
⑧ 상품공동기금
⑨ 국제투자보증기구
⑩ 유럽부흥개발은행
⑪ 국제결제은행
⑫ 미주개발은행
⑬ 미주투자공사
⑭ 다자투자기구

3 〉 국제통화기금(IMF ; International Monetary Fund)

(1) 설립배경

통화정책의 국제협력, 국제무역의 균형 성장, 환율의 안정을 목표로 설립되었으며 우리나라는 1955년에 가입하였다.

(2) 기능

① 가맹국의 환율정책 및 외환제도 관련 규제에 대한 감시

② 가맹국의 국제수지조정 지원

(3) 특징

돈을 출자한 액수(쿼타, quota)에 따라 의결권이 작용하기 때문에 가장 많은 돈을 투자한 미국이 강력한 권한을 갖는다. 우리나라는 1997년 외환위기 당시 기금에 구제신청을 하여 IMF의 관리체계에 따라 부실 금융기관과 기업의 퇴출 등의 개혁과정을 거쳤다.

4 〉 세계은행(WB ; World Bank)

(1) 설립배경

제2차 세계대전 후 전후복구자금 지원과 개발도상국에 대한 경제개발자금 지원을 위해 1945년 국제부흥개발은행(IBRD ; International Bank for Reconstruction and Development)이 설립되었고, 최빈국들에게 개발자금을 지원하기 위해 1960년 국제개발협회(IDA ; International Development Association)가 설립되었다.

(2) 세계은행그룹(World Bank Group) 구성

세계은행그룹은 국제부흥개발은행(IBRD), 국제개발협회(IDA), 국제금융공사(IFC), 국제투자보증기구(MIGA), 국제투자분쟁해결본부(ICSID)로 구성되어 있다.

① **국제부흥개발은행(IBRD ; International Bank for Reconstruction and Development)**

㉠ **설립목적 :** 전쟁복구와 개발도상국의 경제개발 지원을 위하여 설립하였으며 우리나라는 1955년에 가입하였다. IMF 가입국에 한하여 가입자격이 부여되는 것이 특징이다.

㉡ **기능 및 역할 :** 개발도상국의 개발자금 융자와 기술지원 개발계획 자문역할을 한다.

② **국제개발협회(IDA ; International Development Association)**

㉠ **설립목적 :** 최빈국의 경제개발 지원과 생활수준 향상을 목적으로 창설된 기구로 우리나라

는 1961년 창설회원국으로 가입하였다. 국제개발부흥은행(IBRD) 회원국에 한하여 가입 자격을 부여하며 국제개발부흥은행(IBRD)의 총재가 국제개발협회의 직책을 겸임한다.

㉡ **기능 및 역할** : 저소득 개발도상 가맹국가에 대한 장기 자금 융자를 담당한다.

③ **국제금융공사(IFC ; International Finance Corporation)**

㉠ **설립목적** : 개발도상 가맹국가의 민간기업과 자본시장 육성을 통해 민간경제부문의 활성화 및 경제발전 지원을 위해 설립하였다. 우리나라는 1964년에 가입하였으며, 국제개발협회(IDA)처럼 IBRD 가맹국만이 가입자격을 갖고 있다.

㉡ **기능 및 역할** : 가맹국 민간부문에 대한 투자와 융자를 담당하고 있다.

④ **국제투자보증기구(MIGA ; Multilateral Investment Guarantee Agency)** : 광범위한 투자진흥활동을 통해 위험 가능성이 많은 개발도상국에 대한 투자를 촉진하려는 목적에서 설립된 기구로 다자간투자기구라고도 한다. 민간기업 및 상업기업은행에 송금, 몰수, 전쟁 등의 비상업적 위험이 발생하는 경우에 위험을 보증한다.

⑤ **국제투자분쟁해결본부(ICSID ; International Center for Settlement of Investment Disputes)** : '국가와 다른 국가의 국민 간에 일어난 투자 분쟁에 관한 협약(워싱턴협약)'에 의하여 설립된 기구로 투자자와 투자유치국 간의 투자로부터 발생한 법률상의 분쟁을 중재로 처리하는 기관이다. 우리나라에서는 '대한상사중재원'이 분쟁조정업무를 수행하고 있다.

5 〉 상품공동기금(CFC ; Common Fund for Commodities)

(1) 설립배경

개발도상국들의 자원개발과 1차 산업 육성을 지원하기 위해 1980년 6월 국제무역연합협의회(UNCTAD) 총회의 결의로 창설된 정부 간 국제기구이다.

(2) 기능 및 역할

① 국제상품협정상의 완충재고 유지를 위한 금융지원

② 1차 산품(전혀 가공되지 않은 원료형태의 생산품)의 개발 촉진 및 교역조건 개선을 위한 연구개발지원

③ 1차 산품 분야에 관한 가맹국 간 정보교환 및 정책협의 촉진

6 〉 국제결제은행(BIS ; Bank for International Settlements)

(1) 설립목적

중앙은행 간 협력 증진과 원활한 국제금융결제를 목적으로 1930년 1월 20일 설립된 기구로 금융정책의 조정, 국제통화문제에 관한 토의 · 결정 등에 중요한 역할을 수행하고 있다. 우리나라는 1997년에 가입하였다.

(2) 구성

① 바젤은행감독위원회(BCBS ; Basel Committee on Banking Supervision)
② 지급결제제도위원회(CPSS ; Committee on Payment and Settlement Systems)
③ 세계금융제도위원회(CGFS ; Committee on the Global Financial System)
④ 시장위원회(MC ; Market Committee)

(3) 기능 및 역할

① '중앙은행의 은행'으로 역할을 하고 있다.
② 국제적인 신용질서유지를 위한 기능도 맡고 있다.
③ 은행들의 리스크 증대에 대처하기 위해 은행의 자기자본규제에 대한 국제적 통일기준을 설정했다.

7 〉 지역개발금융기구

(1) 아시아개발은행(ADB ; Asian Development Bank)

① **설립목적** : 아시아와 태평양 지역 개발도상국가의 경제개발 지원을 목적으로 설립된 기구로 본부는 필리핀의 수도 마닐라에 있으며, 우리나라는 설립 당시 가맹국으로 가입하였다.
② **기능 및 역할**
㉠ 가맹국의 융자 및 투자, 협조융자 사업을 전개하고 있다.
㉡ 사업계획 수립과 집행 및 자문용역 등을 지원하기 위한 기술지원 등을 펼치고 있다.

(2) 아프리카개발은행(AfDB ; African Development Bank)

① **설립목적** : 아프리카 지역 낙후된 국가의 경제 활성화를 지원하기 위해 설립된 기구로 1964년에 설립되었으며 우리나라는 1982년 12월에 가입하였다.

② 기능 및 역할

㉠ 아프리카의 경제와 사회개발사업을 지원하고 있으며, 개발재원의 조달과 공공 및 민간투자의 촉진을 유도하고 있다.

㉡ 국가 개발 프로젝트와 참가기업에 대한 조사연구 및 선정 개발 사업계획의 작성, 자금조달 및 집행에 필요한 기술지원 등을 하고 있다.

(3) 유럽부흥개발은행(EBRD ; European Bank for Reconstruction and Development)

① 설립목적 : 러시아 및 동부 유럽국가들의 경제개발을 지원하기 위해 1991년 창설된 국제금융기관으로, 중동부 유럽 국가들의 시장경제체제 전환을 지원하여 이들 국가의 경제발전과 부흥에 기여하는 것이 주된 목적이다.

② 기능 및 역할

㉠ 지원대상 국가들에 대한 기술지원 개발계획 수립 · 진행 및 체제 전환 자문을 담당한다.

㉡ 동유럽의 경제개혁에 따른 합작사업이나 사회간접자본 정비사업 등에 장기자금을 제공하는 것을 주 업무로 하고 있다.

(4) 미주개발은행그룹(IDB ; Inter-American Development Bank)

① 설립목적 : 중남미 지역 개발도상국가의 경제발전과 사회개발 촉진 및 중남미 지역 경제 통합을 위해 설립된 기구로 미국과 캐나다를 비롯하여 아르헨티나, 베네수엘라 등의 나라가 가입국이며 우리나라는 2005년에 승인을 받아 가입국이 되었으나 의결권은 미미한 상태이다.

② 기능 및 역할 : 중남미와 카리브해 지역의 경제 · 사회 개발을 지원하는 역할을 하고 있다.

8 〉 국제금융관련 회의

(1) G-20 정상회의

① 설립배경 : 세계경제체제에 있어 경제 및 금융정책 현안에 관한 대화를 확대하고 세계경제가 안정적이며 지속 가능한 성장을 할 수 있도록 중요 국가 간의 협력을 증대하기 위해 창설되었다. 'G-20'의 'G'는 Group의 머리글자를 따온 것이고 '20'은 참가국의 수를 의미한다.

② 참가국

분류	국가
G-7	미국, 일본, 영국, 프랑스, 독일, 캐나다, 이탈리아
아시아	한국, 중국, 인도, 인도네시아

중남미	아르헨티나, 브라질, 멕시코
아프리카, 중동	사우디아라비아, 남아프리카공화국
유럽, 이외	러시아, 터키, 호주 , EU 의장국

※ 국제기구로는 IMF(국제통화기금), IBRD(세계은행), ECB(유럽중앙은행)이 참가하고 있다.

③ 기능 및 역할 : 지난 30년간 신흥개발도상국가들이 세계경제에서 차지하는 비중이나 역할이 확대되었으나 국제금융체계가 이러한 여건의 변화를 제대로 반영하지 못하고 있다는 것을 인식하고 세계경제의 새로운 패러다임을 구축하는 역할을 수행할 것으로 기대하고 있다.

(2) ASEAN+3

① 정의 : 동남아시아 국가연합(ASEAN ; Association of South East Asian Nations)과 대한민국, 일본, 중화인민공화국의 3개 국가를 포함한 협동 포럼을 말한다.

② 참가국

분류	국가
아세안국가(10)	미얀마, 라오스, 타이, 캄보디아, 베트남, 필리핀, 말레이시아, 브루나이, 싱가포르, 인도네시아
동아시아 국가(3)	한국, 일본, 중국

③ 기능 및 역할 : 국가 간의 대외협력을 통하여 평화와 번영의 동북아시대를 지향하는 것을 목표로 하고 있으며 입지경쟁력을 확보하여 산업경쟁력을 증강하고 외국인 투자를 유치하여 동아시아 통합에 대비하고자 한다.

(3) 경제협력개발기구 (OECD ; Organization for Economic Cooperation and Development)

경제협력과 발전을 위한 조직으로서 민주정부와 시장경제에 헌신하는 34개 회원국가로 구성되어 사회 · 경제적인 문제에 대해 공동으로 대안을 모색하기 위한 선진국 중심의 국제기구이다. 프랑스 파리에 본부를 두고 있다.

(4) 세계경제포럼(WEF ; World Economic Forum)

매년 1~2월 스위스 다보스에서 열리는 국제민간회의로 개최지의 이름을 따 다보스포럼(Davos Forum)이라고도 불린다. 전 세계의 저명한 기업인 · 경제학자 · 저널리스트 · 정치인 등이 모여 세계 경제에 대해 토론하고 연구하며 전 세계의 경제상황을 개선하기 위해 각국의 사업을 연결하여, 지역사회의 산업 의제를 결정하는 독립적 비영리재단 형태로 운영된다. 본부는 스위스 제네바에 위치해있고 글로벌 경쟁력 보고서를 공식 발표하고 있으며 연차총회 외에도 지역별, 산업별 회의를 운영함으로서 세계무역기구(WTO)나 G7 등과 함께 국제 경제에 큰 영향력을 미친다.

(5) 국제자금세탁방지기구(FATF ; Financial Action Task Force on Money Laundering)

자금세탁 방지를 위한 불법자금 모니터링 및 국제 간 협력체제 지원을 위해 설립된 국제기구로 1989년 OECD 산하기구로 출범했다. 세계 각 지역에서의 자금세탁 방지 조직을 개발하고 회원국을 확대하여 국제 조직과 협력을 구축해 전 세계적으로 자금세탁 방지 및 테러자금 조달 차단을 위한 네트워크를 확립하도록 노력하고 있다. 또한 이행하도록 권고한 사항에 대한 회원국의 행동을 감시하고, 매년 자금세탁의 진행추세와 대응조치를 검토하는 유형분석을 실시하고 있다.

Chapter 03

예상문제

정답 및 해설 419p

01 돈을 빌려주고, 필요한 돈을 빌림으로써 자금이 공급자에게서 수요자에게로 융통되는 것은?

① 금융 ② 금리
③ 대출 ④ 선물

02 금융시장을 사용기간에 따라 구분한 것으로 옳은 것은?

① 소비금융시장－할부금융시장
② 직접금융시장－간접금융시장
③ 발행시장－유통시장
④ 장기금융시장－단기금융시장

03 다음 중 금융체계를 이루는 요소가 아닌 것은?

① 금융기관 ② 금융시장
③ 금융하부구조 ④ 금융스트레스

04 금융기관을 통화금융기관과 비통화금융기관으로 분류할 것을 권고한 기관은?

① IBRD
② BIS
③ IMF
④ ADB

05 금융기관을 금융서비스에 따라 분류할 경우 금융보조기관에 해당하지 않는 것은?

① 금융감독원
② 금융결제원
③ 예금보험공사
④ 종합금융회사

06 제1금융권과 제2금융권의 차이점을 잘못 말하고 있는 것은?

	제1금융권	제2금융권
①	많은 점포 수	적은 점포 수
②	제도권 금융	비제도권 금융
③	낮은 금리	높은 금리
④	까다로운 대출 자격	비교적 쉬운 대출

07 다음 중 은행의 고유업무가 아닌 것은?

① 내국환
② 외국환
③ 자금의 대출
④ 상호부금

08 다음 중 특수은행의 종류가 아닌 것은?

① 한국수출입은행 ② IBK기업은행
③ 한국산업은행 ④ 산림협동조합

09 종합금융회사에 대한 내용으로 틀린 것은?

① 종합금융회사는 예금을 창출하는 통화예금기관에 해당한다.
② 과거 해외에서 낮은 금리에 돈을 빌려 높은 금리로 국내에 대출하는 업무를 주로 해왔었다.
③ 많은 종합금융회사가 난입함에 따라 도덕적 해이가 심해져 외환위기를 초래하는 원인으로 꼽히기도 했다.
④ 현재 '자본시장과 금융투자업에 관한 법률'에 의해 운용되고 있다.

10 상호저축은행에 대한 내용으로 틀린 것은?

① 상호신용금고로 불리기도 했다.
② 서민과 소상인을 대상으로 여신업무와 수신업무를 담당해 왔다.
③ 운용지역에 관계없이 영업이 가능하다.
④ 예금자보호법의 적용을 받는다.

11 다음 ( ) 안에 들어갈 알맞은 용어는?

> (   )이란 BIS 기준 자기자본비율이 8% 이상, 고정이하 여신비율이 8% 미만인 저축은행을 가리키는 용어이다.

① 7 · 7클럽 ② 8 · 8클럽
③ 5 · 5클럽 ④ 4 · 4클럽

12 **금융실명거래 및 비밀보장에 관한 법률의 내용으로 옳지 않은 것은?**

① 금융기관에 종사하는 자는 명의인의 서면상의 요구나 동의를 받지 아니하고는 그 금융거래의 내용에 대한 정보 또는 자료를 타인에게 제공하거나 누설하여서는 안 된다.
② 실지명의란 주민등록표상의 명의, 사업자등록증상의 명의를 말한다.
③ 금융기관을 이용할 경우 본인임을 확인할 수 있는 신분증을 제시해야 한다.
④ 법원의 제출명령 또는 법관이 발부한 영장에 의한 거래정보 등을 제공할 경우에도 명의인의 동의를 받아야 한다.

13 **예금자보호법에 대한 내용으로 은행에서 보호받을 수 있는 상품이 아닌 것은?**

① 보통예금　　② 정기적금
③ 주택청약예금　　④ 환매조건부채권

14 **범죄수익 재산들을 합법적으로 취득한 것으로 가장하여 본래 출처를 위장하는 수법을 이르는 말은?**

① 환치기　　② 자금세탁
③ 공중협박　　④ 차명계좌

15 **다음 중 자금세탁방지제도의 구성 요소를 잘못 말하고 있는 사람은?**

① 영희 – 고액현금보고제도는 하루 동안 2천만 원 이상의 현금을 입금하거나 출금한 경우 거래자의 신원과 거래일시, 거래금액 등 객관적 사실이 전산으로 자동 보고되는 제도를 말해.
② 소연 – 고객확인제도는 고객알기제도와 유사하다고 볼 수 있지.
③ 영일 – 혐의거래보고제도는 원화 1천만 원 또는 외화 5천 달러 상당 이상의 거래일 경우 무조건 보고하도록 하고 있는 제도야.
④ 화영 – 강화된 고객확인제도는 고위험 고객 중 범죄 목적이 뚜렷한 자에게 금융서비스를 제공하지 않도록 하는 정책을 뜻하지.

16 **다음 중 채무자 구제제도에 대해 바르게 설명한 것은?**

① 개인워크아웃 – 무담보 채무가 5억 원 이내, 담보채무가 10억 원 이내로 합이 15억 원 이내인 개인이 신청한다.

② 배드뱅크 프로그램 – 대상채무자가 회사로부터 장기 · 저리로 신규대부를 받아 채권금융기관에 대한 기존 대출채권을 상환하고 채권금융기관은 대상채무자에 대한 신용불량정보를 등록을 해제하여 대상채무자의 신용을 회복시키는 제도이다.

③ 개인회생 – 채무가 5억 원 이하, 연체기간이 3개월 이상인 개인이 신청할 수 있다.

④ 개인파산 – 채무의 규모에 따라 신청을 못 할 수 있다.

17 **다음 중 서민과 저소득층을 위한 대출제도가 <u>아닌</u> 것은?**

① 햇살론
② 새희망홀씨대출
③ 미소금융
④ 운전자금대출

18 **금융보조기관이 <u>아닌</u> 것은?**

① 금융위원회
② 금융감독원
③ 예금보험공사
④ 신용협동기구

19 금융감독원과 금융위원회에 대한 내용으로 틀린 것은?

① 금융위원회는 국무총리 소속기관이다.
② 금융위원회는 금융에 관한 정책 및 제도에 관한 사항을 관장한다.
③ 금융위원회에 자본시장의 불공정거래 조사를 위한 증권선물위원회를 둔다.
④ 금융감독원은 금융위원회의 업무 · 운영 · 관리에 대한 지도 · 감독을 한다.

20 다음 보기의 역할을 맡고 있는 기관은?

- 어음교환과 은행지로업무 처리센터 역할
- 직불 및 신용카드 VAN서비스
- 금융결제원과 금융기관 사이에 전자시스템을 연결하여 지급결제서비스를 제공

① 한국예탁결제원
② 금융결제원
③ 한국자산관리공사
④ 한국수출보험공사

Chapter

04 IT/일반상식

- IT/일반상식은 모든 은행권 직장인에게 공통적으로 요구하는 직무수행능력으로 반드시 숙지하여야 할 이론이다.
- IT/일반상식은 모든 은행권 직무수행능력과 관련된 내용이 많기 때문에 전체적인 이해가 중요한 영역이다.
- 핵심이론과 관련된 일반적인 지식 문제와 응용문제에서 요구하고 있는 이론과 개념을 파악하는 능력 등이 문제로 출제된다.

IT

◉ 앱이코노미(App Economy)

스마트폰 보급이 일반화되면서 사용자들의 다양한 요구를 앱 스토어라는 개방형 장터를 통해 충족할 수 있게 되었다. 사용자들은 앱 스토어에서 원하는 앱(Application)을 구입할 수 있고 개발자들은 보다 혁신적인 앱(App) 개발에 뛰어들면서 앱 이코노미가 등장하게 되었다. PC와 달리 스마트폰에서는 정보검색과 음악감상, e-Mail 확인, 게임, 금융거래, 소셜네트워크서비스(SNS) 등의 프로그램이 앱을 통해 구현되기 때문에 모바일 앱(Mobile App)이 새로운 경제 구도를 만들고 있다.

◉ 위성 위치확인 시스템(GPS ; Global Positioning System)

여러 대의 인공위성을 이용해서 선박이나 항공기, 자동차 등의 정확한 위치를 측정하거나 순항 미사일의 궤적을 유도하기 위해 만들어진 시스템이다. 이는 원래 미국 국방부가 군사적인 목적으로 개발한 것으로 22,000km 상공에 24개의 위성을 쏘아 올려 지상의 어떤 지점에서든 최소 4개의 위성이 24시간 관측 가능하도록 배치해두었다. 이 시스템은 지상에서 간단한 장비만 가지고도 정확한 위치를 연속적으로 측정할 수 있고, 컴퓨터와 연결하면 다양한 서비스가 가능하다는 장점이 있다.

◉ 데이터 마이닝(Data Mining)

대용량의 데이터로부터 숨겨져 있는 의미 있는 지식을 찾아내는 과정을 의미한다. 과거 정보기술과 인터넷이 보편화되기 전에는 사용되는 데이터의 양이 많지 않았기 때문에 데이터 마이닝의 효용은 높지 않았으나 웹 2.0시대에 돌입하여 누구나 웹에 접속, 데이터를 생산할 수 있게 되면서 데이터 마이닝의 중요성이 대두되었다. 또한 정보를 저장하는 데 들어가는 비용 역시 데이터 마이닝 분야를 발전시키는 원동력이 되었다고 볼 수 있다.

◉ 네트워크 토폴로지

① **스타형** : 네트워크의 각 컴퓨터에서 나온 케이블 세그먼트가 허브라는 중앙 구성요소에 연결된다. 허브를 거친 컴퓨터는 네트워크의 모든 컴퓨터로 신호가 전송된다.

② **트리형** : 하위에 물리적 링크가 연결되는 클라이언트가 위치하게 되며, 또다시 그 클라이언트의 하위로 또 다른 클라이언트가 물리적 링크로 연결되는 구조이다.

③ **그물(mesh)형** : 각 컴퓨터가 별도의 케이블을 통해 모든 다른 컴퓨터로 연결된다. 이 연결은 네트워크를 통해 중복 경로를 제공하므로 한 케이블이 고장 나면 또 다른 케이블이 트래픽을 전달하여 네트워크가 계속 작동한다.

④ **버스형** : 네트워크의 모든 컴퓨터들이 연속된 케이블 또는 세그먼트에 접속되어 직선으로 연결된 구조이다.

⑤ **링형** : 하나의 호스트에 두 개의 링크로 양 옆에 있는 다른 호스트에 연결이 되어 둥그런 모양으로 연결이 되어 있는 형태이다.

◉ 전력선 통신망(PLC ; Power Line Communication Network)

집안에 있는 전기콘센트에 통신기기를 연결하여 인터넷을 할 수 있도록 하는 것이다. 가정에서 사용하는 전력선은 약 60Hz의 교류 주파수만을 사용한다. 여기에 수십 MHz 이상의 고주파 신호를 함께 실어보내고 종단에선 주파수가 다른 두 신호를 분리해 주는 필터를 사용해 통신 주파수만을 걸러 인터넷이 가능하도록 하는 것이 전력선 통신기술(PLC)의 핵심이다. 따라서 일반 가전기기 동작에는 전혀 영향을 미치지 않는다. 전력선 통신기술 개발의 활성화는 정보가전, 원격검침, 초고속 인터넷 통신분야 등에서 기존의 인프라를 다양하게 활용할 수 있다는 것을 의미한다.

◉ VoIP(Voice over Internet Protocol)

컴퓨터 네트워크상에서 음성 데이터를 인터넷 프로토콜 데이터 패킷으로 변화하여 일반 전화망에서의 전화 통화와 같이 음성 통화를 가능하게 해주는 일련의 통신 서비스 기술이다. 일반 전화는 전화회선 교환방식을 이용하여 일정회선을 독점 사용하므로 회선당 비용이 높아 시외나 국제전화 요금이 비싸다. 그러나 VoIP는 패킷 전송 방식을 사용하므로 기존의 회사 전용망이나 국가 기간망 등을 이용하여 음성 데이터를 패킷이라는 작은 단위로 나누어 전송하므로 회선의 독점을 막고 기존의 회선을 사용하므로 보다 저렴하게 음성 통화를 할 수 있다.

◉ 사물지능통신(M2M ; Machine to Machine)

사물에 센서와 통신 기술을 적용하여 사람 대 사물, 사물 대 사물 간 정보를 수집하고 가공한 다음 처리하는 미래 방송통신 융합 서비스를 의미한다. 여기에 이용되는 센서는 각각 유용한 정보를 수집하며 수집된 정보는 한곳에 모아져 사물지능통신망을 통해 원격으로 전송되고 정보를 필요로 하는 곳에서 언제 어디서나 편리하게 받아 볼 수 있다.

◉ 스턱스넷(Stuxnet)

발전소와 공항, 철도 등 사회 기간시설을 파괴할 목적으로 제작된 악성코드를 말한다. 스턱스넷은 원자력 발전소나 송유관 등 주요 산업 기반시설에 쓰이는 원격 통합감시제어 시스템에 침투하여 차단 시설을 마음대로 작동시키는 초정밀 악성코드로 북한, 알카에다 등 국제사회에서 위험군으로 분류된 국가나 조직들이 스턱스넷 같은 신종 사이버 무기를 공격수단으로 활용할 가능성이 높아져 국제사회의 골칫거리가 되었다. 실제로 스턱스넷이 2009년 말까지 이란의 핵 프로그램에 침투해 원심분리기 1,000여 개를 망가뜨린 사례가 보고되기도 했다.

◉ 테더링(Tethering)

블루투스나 USB 케이블을 인터넷 접속이 가능한 기기에 이용하여 다른 기기에도 인터넷에 접속할 수 있게 해주는 기술을 말한다. '테더링'의 사전적 의미는 '능력의 한계나 범위'로, 즉 범위 안에서 인터넷을 가능하게 하는 것으로 해석할 수 있다. 테더링을 이용할 경우 스마트폰이 일종의 무선 공유기나 랜의 역할을 하며 노트북 등에서 와이파이를 이용하여 인터넷에 접속할 수 있다.

◉ 보트넷(Botnet)

애드웨어나 스파이웨어와 같은 악성코드를 감염시키는 악성코드 봇(Bot)에 감염되어 해커가 자유자재로 제어할 수 있는 좀비 PC들로 구성된 네트워크를 말한다. 보트넷은 피싱메일을 비롯한 스팸메일 발송이나 특정 사이트에 수없이 접속패킷을 발생시켜 마비시키는 디도스 공격에 활용되거나 이용자들의 컴퓨팅을 몰래 모니터함으로써 신용카드번호와 같은 금융정보를 빼내는 범죄행위에 이용한다.

◉ 스푸핑(Spoofing)

외부 침입자가 특정 인터넷 주소로 사용자의 방문을 유도한 뒤 사전에 지정한 코드가 작동되도록 만들어 사용자 권한을 획득하거나 개인 정보를 빼내는 수법을 말한다. 바이러스 메일을 유포한 뒤 사용자가 메일을 열면 바이러스가 자동 실행되어 사용자 비밀번호 등 개인정보가 유출된다.

◉ 피싱(Phishing)

금융기관 등의 웹사이트 메일로 위장하여 개인의 인증정보나 신용카드번호, 계좌정보 등을 빼내 이를 불법적으로 이용하는 사기수법이다. 이메일을 금융기관의 창구 주소로 보내는 것이 대표적인 수법이다.

◉ 파밍(Pharming)

남의 도메인을 훔쳐가거나 도메인 네임서버(DNS) 혹은 프록시 서버 주소를 조작해 사용자들이 진짜 사이트 주소(URL)을 입력해도 가짜 사이트로 연결되도록 하는 방식의 인터넷 사기를 말한다.

◉ 스미싱(SMiShing)

SMS와 Phishing을 합성한 용어로, 휴대 전화에 문자 메시지를 발송해 악성코드가 존재하는 사이트에 접속하도록 유도하여 악성코드를 휴대 전화에 설치한 뒤 정보를 유출하는 사기 수법이다.

◉ 매스미디어(Mass Media)

특정 수용자를 대상으로 하지 않고 불특정의 모든 대상에게 대량의 정보를 전달하는 매체이다. 즉, 신문 · 잡지 · 영화 · 라디오 · 텔레비전 등으로 어떤 사실이나 사상 등의 의미와 내용을 대중에게 전달해서 널리 효과를 미치는 문화수단을 말한다.

◉ 맥루한의 미디어 결정론

마셜 맥루한(M. McLuhan)은 1965년 그의 저서 《미디어의 이해》에서 '미디어는 메시지이다(Media is message).'라고 강조하였다. 즉, 미디어가 전달하는 것은 그 내용과 전혀 다른, 곧 미디어 그 자체의 특질(형태)이라는 것이다. 커뮤니케이션 과정에서 다른 모든 요소(메시지)에 영향을 미치는 미디어의 중요성을 강조하면서 메시지와 채널의 결합으로 생기는 결과적 영향을 '마사지(massage)'라고 표현하기도 했다.

◉ 핫 · 쿨미디어(hot · cool media)

마셜 맥루한이 모든 미디어를 그것이 전달하는 정보의 정밀도와 수용자의 참여도에 따라 구분한 이론이다. 신문과 영화, 라디오처럼 한 가지 감각에만 집중하게 하는 매체는 핫미디어이지만 텔레비전, 전화, 만화 등은 여러 감각의 활용을 이끌어내는 쿨미디어이다. 즉, 쿨미디어는 핫미디어보다 정보의 정밀도가 낮아서 수용자의 높은 참여, 즉 더 많은 상상력이 요구되는 포괄적인 성격의 매체이다.

◉ 언론의 4이론

① **권위주의 이론** : 매스미디어의 기능은 정치권력구조에 의해서 결정되며 수행되는 정부의 정책을 지지하고 발전시키는 것이라고 주장하는 이론이다.

② **자유주의 이론** : 17, 18세기에 유럽에서 태동하여 미국에서 꽃피운 이론이다. 언론은 정부로부터 아무 제약 없이 자유로운 사상의 시장으로서의 역할을 해야 한다는 것이다.

③ **소비에트 공산주의 이론** : 자본가 계급이 언론을 소유하는 한 언론의 자유는 발전할 수 없기 때문에 사회주의 국가에서는 언론을 국유화하거나 당의 엄격한 통제 아래 두어야 한다는 것이다.

④ **사회책임주의 이론** : 언론은 정부로부터 자유로우면서도 국민에 대해서는 책임을 져야 한다는 것으로 자유주의 언론관에 대한 반성에서 나온 이론이다. 이 이론은 1947년 자유롭고 책임 있는 언론에 대한 허친스 위원회의 보고서에서 처음 제시되었다.

◉ 저널리즘의 유형

저널리즘은 매스커뮤니케이션을 이용하여 공적인 사실이나 사건에 관한 정보를 보도하고 논평하는 활동을 말한다.

① **뉴 저널리즘(new journalism)** : 사건을 객관적으로 보도하는 전통적인 방법을 비판하여 생긴 것으로, 취재대상을 밀착취재하고 문학적 표현을 써서 보도하는 르포르타주의 일종이다.

② **팩 저널리즘(pack journalism)** : 한 사건에 대한 다양한 측면에서 취재가 이루어지지 않고 취재 방법이나 시각 등이 획일적인 저널리즘을 가리킨다.

③ **포토 저널리즘(photo journalism)** : 취재대상을 사진기술로서 표현 · 보도하는 저널리즘을 가리킨다.

④ **옐로 저널리즘(yellow journalism)** : 대중의 원시적 본능을 자극하고 호기심에 호소하며 흥미 본위의 보도를 하는 선정주의적 경향을 띠는 저널리즘으로, 그러한 신문을 가리켜 옐로 페이퍼라고 한다.

⑤ **블랙 저널리즘(black journalism)** : 공개되지 않은 이면적 사실을 폭로하는 저널리즘을 가리킨다.

⑥ 경마 저널리즘(horse race journalism) : 선거 보도 형태의 하나로서 후보자의 득표 상황만을 집중 보도하는 것으로, 선거에서 누가 이기느냐의 관점에서만 바라보는 시각이다. 선거의 이슈가 무엇이고, 유권자가 이번 선거를 어떤 성격의 선거로 바라보는가 하는 점은 소홀히 취급되고, 오로지 누가 이기느냐에만 중점을 두고 선거를 바라보는 보도 태도이다.

⑦ 그래프 저널리즘(graph journalism) : 사진이나 미술작품 또는 책에 실린 그림 등을 주체로 한 신문 · 잡지 등의 출판형태이다.

⑧ 제록스 저널리즘(xerox journalism) : 극비 문서를 복사기로 몰래 복사해서 발표하는 저널리즘을 말한다. 문서를 근거로 한 폭로기사 일변도의 안일한 취재방법과 언론 경향을 꼬집는 말이다.

◉ 액세스권(Right of Access)

신문, 방송 등의 매스미디어가 거대화되고 정보가 일방적으로 흐를 우려가 있는 현대사회에서 일반 시민이 매스미디어에 접근하여 비판이나 반론을 제기할 수 있는 권리이다. 액세스권을 실현시키는 방법으로는 반론권, 의견 광고, 매스미디어에 대한 비판 등이 있다.

◉ 반론권(反論權)

정기간행물이나 방송 등에서 공표된 기사에 의해 피해를 입은 사람이 발행인이나 편집자에게 피해를 입었다는 사실을 주장하여 그 사람이 피해를 입었다는 주장을 정기간행물이나 방송에 게재해 줄 것을 요구할 수 있는 권리를 말한다.

◉ 알권리

국민이 정치적 · 사회적 문제에 관한 정보를 자유롭게 알 수 있는 권리, 자신을 둘러싸고 있는 현실에 대한 정보에 접근할 수 있는 권리이다. 개인을 둘러싼 사회적 환경의 영향력이 점차 커짐에 따라, 또 기술과 정보의 발달에 따른 지구 생활권화에 따라 개인들은 자신을 둘러싼 현실에 대한 정보를 구하고 찾을 권리가 생기게 되는 것이다.

◉ 언론 옴부즈맨

옴부즈맨(Ombudsman)이라는 용어는 본래 스웨덴에서 '중재인'이라는 행정상의 개념으로 시작되었다. 이것이 언론분야에 수용되어, 언론활동을 감시하고 수용자의 불만과 의견을 접수하여 그 결과를 언론활동에 반영함으로써 수용자의 권익을 보호하는 장치라는 의미를 갖게 되었다.

◉ 미디어 효과이론

① **탄환이론(Bullet Theory)** : '강효과 이론' 또는 '피하주사이론'이라고도 하며, 총알이 목표물을 명중시킨다면 총을 쏜 사람이 의도한 대로 효과가 나는 것처럼 대중매체가 수용자에게 메시지를 주입하면 효과가 직접적이고 강력하게 나타난다는 것이다.

② **의존효과이론(Dependancy Theory)** : 언론매체의 효과는 수용자가 언론매체를 신뢰하여 의존 정도가 높을 때, 사회의 갈등 폭이 클 때, 언론매체가 정보기능을 성공적으로 수행할 때 커지며 사회구조를 변화시켜 언론매체의 효과는 커진다는 것이다.

③ **침묵의 나선이론(The Spiral of Science)** : 독일의 노엘레 노이만(NoelleNeumann)이 1974년 제시한 이론으로, 이 이론은 여론을 획일화의 압력으로 이해한다. 즉, 사람은 자신이 소수여론에 속해 있으면 그 문제에 관해서 침묵하려는 경향이 있어 사람들이 침묵하면 할수록 타인들은 특별한 관점이 나타나지 않는다고 느끼게 되고, 사람들은 더욱 침묵하게 되어 언론매체의 입장은 점점 더 다수의 의견으로 여겨지게 되어 침묵의 나선효과는 가속화된다는 것이다.

④ **이용과 충족이론** : 카츠(Katz)가 내세운 이론으로 매스미디어를 통한 인간들의 상호 작용은 그들이 미디어의 내용을 어떻게 이용하며 또한 미디어의 내용으로부터 어떠한 충족을 얻고 있는가에 대한 고찰에 의해서 더 정확하게 설명될 수 있다는 것이다.

⑤ **문화적 규범이론** : 언론매체는 수용자에게 현실세계에 대한 정보를 전달해 줌으로써 직접적이자 강력한 영향력을 미치고 있다는 이론으로, 이 이론은 언론매체 중 특히 텔레비전이 수용자에게 현실세계에 대한 특정 이미지를 개발하는 힘을 가지고 있다는 점을 강조한다.

⑥ **제한효과이론** : 매스미디어의 효과는 강력하지도, 직접적이지도 않으며 수용자 개인들의 심리적 차이와 사회계층적 영향 및 사회적 관계 등에 의해 제한을 받아서 단지 선별적이고 한정적으로 나타나게 될 뿐이라는 이론이다.

◉ 종합편성채널

뉴스를 비롯하여 드라마 · 교양 · 오락 · 스포츠 등 모든 장르를 편성하여 방송할 수 있는 채널로 모든 장르를 편성한다는 점에서는 지상파와 동일하나 케이블TV나 위성TV를 통해서만 송출하기 때문에 여기에 가입한 가구만 시청할 수 있다. 또 24시간 종일 방송을 할 수 있고, 중간광고도 허용된다.

◉ 가상 스튜디오(Virtual Studio)

컴퓨터 그래픽으로 만들어낸 가상의 세트와 실제 세트를 합성하여 만든 공간에서 영상 화면을 제작할 수 있는 스튜디오를 의미한다. 크로마키 합성기술을 이용하여 제작자가 원하는 세트를 그래픽으로 만들 수 있기 때문에 아주 적은 비용과 시간만으로도 세트를 자유자재로 변경할 수 있다. 국내에서는 선거방송이나 일기예보에 주로 많이 활용되고 있으며, 실제 출연자는 블루 스크린 앞에서 전후 · 좌우 이동하며 시청자에게는 마치 실제 세트에서 방송을 하는 것처럼 진행하게 된다.

◉ **발롱 데세(Ballon D'essai)**

기상상태를 관측하기 위해 띄우는 관측기구에서 비롯된 말로, 반향이 불확실한 주장에 관해 시험적으로 하나의 의견이나 정보를 저널리즘에 흘려 세론의 동향을 탐색하기 위해 이용하는 여론관측 수단이라는 의미로 쓰인다. 정보화시대의 진전과 함께 정치가 등이 이용하며 부정적인 결과가 나오면 이미 한 말을 뒤집는 경우도 있다.

◉ **스테이션 브레이크(Station Break)**

한 프로그램이 끝나고 다음 프로그램으로 넘어가는 시간을 말한다. 한때는 이 시간에 자국(自局)의 국명 또는 국내광고(局內廣告) 등을 하였으나 점차 막간의 짧은 광고 등을 방송하게 되었다. 스테이션 브레이크는 앞 프로그램의 길이에 따라 결정되며 이 시간에 광고주 입장에서나 방송국 쪽에서 자유롭게 활용할 수 있다.

◉ **플러시(Flush)**

통신사가 빅뉴스를 빠른 시간에 계약된 방송국, 신문사 등에 보내는 것을 말한다. 이 플러시에 의해 신문사는 호외를 발행하며, 방송국은 프로그램을 중단하고 속보를 내보낸다.

◉ **스탠바이(stand-by) 프로그램**

스포츠 실황 중계 등이 날씨 등의 이유로 중계방송이 불가능할 때가 있는데, 이에 대비하여 미리 방송 준비를 해두는 프로그램을 말하며, '레인코트 프로그램(Raincoat program)'이라고도 한다.

◉ **클리킹 현상**

리모콘에 의한 텔레비전 시청형태를 말한다. 보고 있던 프로그램이 재미가 없어서 채널을 바꾸는 'soft clicking', 언제 보아도 재미가 없는 프로그램에 제재를 가하는 'hard clicking', 여러 재미있는 프로그램을 놓치지 않으려고 이리저리 채널을 바꾸는 'lovely clicking', 이리저리 돌리다 선택을 한 다음 채널을 바꾸는 'rational clicking' 등이 있다.

◉ 타블로이드판(Tabloid Size)

보통 신문의 크기를 블랭킷판(Blanket Sheet)이라 하는데 블랭킷판의 1/2 크기인 신문 · 잡지의 판형을 타블로이드판이라 한다. 업계신문이나 학교신문, 신문형식의 사보나 기관지 등에 많이 사용되는 판형이며, 무가지로 제공되는 신문들도 대부분 타블로이드판이다.

◉ 퓰리처상(Pulitzer Prize)

저명한 저널리스트였던 퓰리처의 유언에 따라 1917년 제정된 것으로 문학, 보도, 음악 분야에서 뛰어난 작품에 수여되는 상이다. 뉴스 · 보도사진 등 14개 부문, 문학 6개 부문, 음악 1개 부문에서 일반 대중에게 공헌한 미국인의 작품업적에 대해 시상한다. 컬럼비아대학교 언론대학원에 있는 퓰리처상 선정위원회가 매년 4월에 수상자를 발표하고 5월에 컬럼비아대학교에서 시상식이 열린다.

◉ 국제기자연맹(國際記者聯盟, International Federation of Journalists)

1952년 5월 5일 벨기에의 브뤼셀에서 14개국 언론단체가 모여 창립한 단체로, 순수한 일선 기자들만으로 구성된 국제조직이다. 단체의 목적은 언론의 자유와 언론인들의 권익을 옹호하고 직업상의 윤리규정을 확보하는 데 있다. 총회는 2년마다 회원국을 돌며 개최되며, 신문노조의 기능을 가진 단체이어야 가입할 수 있다. 우리나라는 1964년에 관훈클럽이 준회원으로 가입하였고, 1966년 5월 베를린에서 열린 제8차 세계대회 때 한국기자협회가 정회원으로 가입하였다. 또 2001년 제24차 총회가 대한민국에서 개최되었다.

◉ 신문의 날

1896년 4월 7일에 《독립신문》이 창간된 날을 기념하여 언론인들이 제정한 날이다. 1957년 4월 7일 창립된 한국신문편집인협회는 이날부터 일주일 동안을 신문주간으로 정하였다.

◉ 3B의 법칙

3B는 미인(Beauty), 아기(Baby), 동물(Beast)을 말한다. 이들 요소는 광고의 주목률을 쉽게 높일 수 있는 것들이므로 광고 메시지를 제작할 때 이 세 가지를 고려해야 한다는 것이 3B의 법칙이다.

◉ AE제도(Account Executive System)

AE는 광고기획자를 말하며, 광고주와의 커뮤니케이션을 담당하는 한편, 광고주를 위한 광고계획을 수립하고, 광고대행사 내에서는 광고주를 대신하여 광고주의 활동을 지휘한다. AE제도는 광고대행사가 광고 계획의 수립, 문안 · 도안 작성, 제작기술의 표현, 제작업무의 작성 등과 함께 광고효과의 측정까지 책임을 지고 대행하는 제도이다.

◉ AIDMA의 원칙

광고의 일반적인 원칙을 나타내는 것으로 AIDMA는 관심(Attention), 흥미(Interest), 욕구(Desire), 기억(Memory), 구매행동(Action) 등 다섯 단어의 머리글자이다. 광고는 소비자들의 관심과 흥미를 촉발시키고 욕구를 불러일으켜야 하며 강렬한 기억을 남겨 구매할 수 있도록 해야 한다는 것이다.

◉ 다그마 이론(DAGMAR Theory)

다그마(DAGMAR)는 'Defining Advertising Goals for Measured Advertising Results'의 머리글자로, 광고목표를 구체적으로 설정하면 광고효과 측정이 가능하다는 이론이다. 광고목표는 특정 오디언스를 통해 특정 기간 동안 달성하여야 할 과업이며, 이러한 광고목표를 계량화가 가능한 수치로 정한다면 광고효과를 계량화할 수 있다는 이론이다.

◉ 빙산 이론

Dodge 이론이라고도 하며, 미국의 shewood dodge의 광고는 그 기업, 상품에 대해 친밀성이 있을 때 효과가 크다는 이론이다. 이론에 따르면 빙산은 보통 해면 밑에 80%가 숨어 있는데, 이 부분이 소위 기업과 상품의 친밀성을 의미한다는 것이다. 친밀성은 이미지, 높은 상기, 기억의 3가지로 이루어지는데, 해면 위의 얼음에 도달해서 효과가 크게 되는 것은 광고가 이 해면 밑의 3요소와 동조할 때이다.

◉ 인포테인먼트(Infortainment)

'Information'과 'Entertainment'의 합성어로 오락적인 요소가 가미된 정보를 의미한다. 경직된 분위기의 정보제공에서 탈피하여 친근하게 정보를 전달하기 위한 방법으로 방송 프로그램, 마케팅, 교육, IT, 산업 분야 등 다방면에서 이용된다.

◉ 인포데믹스(Infordemics)

정보(Information)와 전염병(Epidemics)의 합성어로, 정보의 확산으로 발생하는 각종 문제와 부작용인 정보전염병을 의미한다. 웹 2.0시대로 접어들면서 사용자 참여와 공유가 더욱 활발해짐에 따라 잘못된 정보나 행동에 관한 루머들이 인터넷, 휴대 전화 등과 같은 IT기기나 미디어를 통해 빠르게 확산되고 근거 없는 공포나 악소문을 증폭시켜 사회, 정치, 경제, 안보 등에 위기를 초래하고 있다.

◉ 아젠다 세팅(Agenda Setting)

매스미디어가 의식적 내지 무의식적으로 현재 이슈에 대한 대중들의 생각과 토론을 설정하는 방식을 가리킨다. 즉, 대다수 국민들은 언론에서 부각시키는 사건을 중요하게 생각하는데, 이를 이용하여 언론에서 부각시킬 이슈들을 자의적으로 설정하고 반복 보도함으로써 보다 중요한 이슈가 있음에도 언론에서 자주 보도된 사건을 대중에게 중요한 이슈로 세뇌시키고 착각하게 만든다. 그렇게 되면 실제로는 중요하지만 언론에서 부각하지 않는 이슈는 대중들의 기억에서 사라지게 되어 정부와 언론에 의한 획일적인 통제가 이루어진다.

◉ OTP

무작위로 생성되는 난수의 일회용 패스워드를 이용하는 사용자 인증 방식으로, 보안을 강화하기 위해 도입한 시스템이다. 로그인 할 때마다 일회성 패스워드를 생성하여, 동일한 패스워드가 반복 사용됨으로써 발생하는 보안 취약점을 극복하기 위하여 도입되었다.

◉ 뱅크사인

블록체인 기술을 기반으로 하는 인증서 서비스로, 기존의 공인인증서를 다른 은행이나 증권사에서 사용하려면 각각 등록해야 했으나, 뱅크사인을 이용하면 한 번의 발급으로 여러 은행에서 사용할 수 있다는 장점이 있다.

일반상식

◉ WTO

World Trade Organization. 세계무역기구. 세계 무역의 장벽을 감소시키거나 없애기 위해 등장한 것으로, GATT ; General Agreement on Tariffs and Trade(1947년 시작된 관세 및 무역에 관한 일반 협정)의 대체 기구(UN 독립기구)이다.

◉ WTO의 주요기능

① 다자간 무역협정을 관리 및 이행

② 다자간 무역협상을 주도

③ 회원국 간 발생할 수 있는 무역분쟁을 해결

④ 회원국의 무역정책 변화를 감독

◉ WEF

World Economic Forum. 세계경제포럼. 스위스 다보스에서 매년 초 총회가 열리기 때문에 다보스 포럼으로 더 잘 알려져 있다. 세계의 저명한 기업인, 경제학자, 저널리스트, 정치인 등이 모여 세계경제에 대해 토론하고 연구하는 국제민간회의로 세계경제포럼 산하 국제경영개발원(IMD)이 발표하는 '국가경쟁력보고서' 등을 통해 세계의 경제정책 및 투자환경에 큰 영향을 미치기도 한다.

◉ FTA

Free Trade Agreement. 자유무역협정. 국가 간 상품의 자유로운 이동을 위해 상호 간 수출입 관세와 시장점유율 제한 등의 무역 장벽을 제거하기로 약정한 것으로, 특정 국가 간의 상호 무역 증진을 위해 서비스나 물자의 이동을 자유화시키는 협정이다.

FTA의 장점과 단점

㉠ 장점 : 자유로운 상품 거래와 문화 교류

㉡ 단점 : 자국의 취약 산업 붕괴 등

◉ RTA

Regional Trade Agreement. 지역무역협정. 소수 회원국 간에 배타적 무역특혜를 주는 협정으로, GATT와 WTO 체제로 대표되는 다자주의와 대비되는 개념이다. 지역무역협정에는 FTA, 관세동맹, 공동시장, 완전경제통합 형태의 단일시장 등이 있다.

◉ EU

European Union. 대다수 서유럽 국가들이 공동의 경제 · 사회 · 안보 정책 실행을 위해 창설한 국제기구로, 마스트리히트 조약(1992. 2. 7. 체결,1993. 11. 1. 발효)에 따라 창설되었다. 현재 가입국 수는 27개국이다.

◉ Eurozone

유로(Euro)를 국가 통화로 사용하는 국가나 지역을 부르는 말이다.

- 유로화 통용국(19국) : 오스트리아, 벨기에, 키프로스, 핀란드, 프랑스, 독일, 그리스, 아일랜드, 이탈리아, 룩셈부르크, 몰타, 네덜란드, 포르투갈, 슬로바키아, 슬로베니아, 스페인, 에스토니아, 라트비아, 리투아니아
- 유로화 비통용국(8국) : 덴마크, 스웨덴, 불가리아, 체코, 헝가리, 크로아티아, 폴란드, 루마니아

◉ NAFTA

North America Free Trade Agreement. 미국 · 캐나다 · 멕시코 3국이 관세와 무역 장벽을 폐지하고 자유무역권을 형성한 협정이다. 1992년 12월 3국 정부가 조인하여 1994년 1월부터 발효되었다.

◉ ASEAN

Association of South-East Asian Nations. 동남아시아국가연합. 동남아시아 지역의 경제적 · 사회적 기반 확립을 목적으로 1967년 설립된 지역협력기구로, 사무국은 인도네시아의 자카르타에 있다.

◉ CAFTA

China-ASEAN Free Trade Agreement. 중국-아세안 자유무역협정. 중국과 아세안, 즉 동남아시아국가연합 10개국 사이에 체결된 자유무역협정(FTA)을 말한다. 2002년 11월 자유무역협정을 체결하기 위한 기본 협정에 서명하였고, 2010년 1월 전면 발효되었다. 세계 인구의 3분의 1에 해당하는 중국-아세안 10개국의 인구가 하나의 경제권으로 연결됨으로써 북미자유무역지대(NAFTA)와 유럽연합(EU)을 잇는 또 하나의 거대 경제권이 탄생한 것이다. 또한 아세안 지역의 시장을 선점하기 위한 한국 · 중국 · 일본 3개국 사이의 경쟁이라는 측면에서 볼 때 중국이 아세안과 통합시장을 만듦으로써 그 주도권을 선점하게 되었다는 의미도 갖는다.

◉ IBRD(국제부흥개발은행)

International Bank for Reconstruction and Development. 세계은행(World Bank)이라고도 한다. 1944년 브레턴우즈협정(Bretton Woods Agreement)에 따라 국제연합의 전문기관으로서 제2차 세계대전 후 각국의 전쟁피해 복구와 개발을 위해 1946년에 설립되었다. 주요 목적은 가맹국의 정부 또는 기업에 융자하여 경제 · 사회 발전에 기여하고, 국제무역의 확대와 국제수지의 균형을 도모하며, 저개발국(개발도상국)에 대한 기술원조를 제공하는 것이다.

◉ ADB(아시아개발은행)

아시아 · 태평양 지역의 경제성장 및 경제협력 촉진과 역내 개도국의 경제개발 지원을 목적으로

1966년 8월 한국과 일본, 필리핀 등 31개국이 참여해 설립됐다. 우리나라는 설립 당시부터 가입했으며 이후 회원국이 꾸준히 증가해 2018에는 역내 48개국과 미국, 독일을 포함한 역외 19개국 등 총 67개국으로 늘어났다.

◉ BRICS

급속한 경제성장을 거듭하고 있는 브라질 · 러시아 · 인도 · 중국 · 남아프리카공화국의 신흥경제 5개국을 일컫는 말이다. 처음에는 'BRICs'로 골드만 삭스가 브라질 · 러시아 · 인도 · 중국의 4개국을 지칭하였으나 2010년 남아프리카공화국이 포함되면서 BRICS로 그 의미가 확대되었다.

◉ EEF

Eastern Economic Forum. 동방경제포럼. 2015년부터 매년 9월 러시아 블라디보스토크에서 열리는 국제회의로, 러시아가 극동 지역 개발 투자유치를 목적으로 아시아 지역 국가와 협력하기 위해 마련했으며 경제개발 협력이 목적이나 외교, 안보 현안을 논의하기도 한다. 블라디미르 푸틴 러시아 대통령의 주도로 추진되었다.

◉ MINTs

멕시코 · 인도네시아 · 나이지리아 · 터키의 4개국 국가명의 첫 글자를 조합한 신조어로 피델리티가 처음 만들었으며, 짐 오닐이 2014년에 세계경제의 차세대 주자로 'MINTs'가 부상할 것이라고 전망하였다. 이 국가들의 공통된 장점은 인구가 많으면서도 젊은 층의 비중이 높아 고령화에 따른 잠재 성장률 하락을 걱정할 필요가 없고, 모두 산유국이라서 자원도 풍부하며 교역의 관문으로 지리적 이점도 가지고 있다는 것이다.

◉ G7

Group of 7(World Economic Conference of the 7 Western Industrial Countries). 세계 무역을 지배하고 있는 미국, 영국, 프랑스, 독일, 이탈리아, 캐나다, 일본 등 7개 국가를 말한다. 세계정세에 대한 기본인식을 같이하고, 선진공업국 간의 경제정책조정을 논의하며, 자유세계 선진공업국들의 협력과 단결의 강화를 추진한다. 2019년 G7 정상회의는 프랑스 비아리츠에서 열렸다.

◉ G20

Group of 20(G20 major economies, Group of Twenty Finance Ministers and Central Bank Governors). 산업화된 국가들의 모임으로, 회원국은 19개 경제 대국(대한민국, 일본, 중

국, 인도, 인도네시아, 사우디아라비아, 프랑스, 독일, 이탈리아, 영국, 캐나다, 멕시코, 미국, 브라질, 아르헨티나, 러시아, 터키, 남아프리카 공화국, 오스트레일리아)과 유럽 연합(EU)이다.

◉ APEC

Asia-Pacific Economic Cooperation. 아시아-태평양경제협력체. 대한민국, 일본, 태국, 말레이시아, 인도네시아, 싱가포르, 필리핀, 브루나이, 중국, 대만, 홍콩, 러시아, 베트남(이상 아시아 13개국), 캐나다, 미국, 멕시코, 칠레, 페루(이상 미주 5개국), 호주, 뉴질랜드, 파푸아뉴기니(이상 오세아니아 3개국) 등 21개국이 참여하고 있다.

◉ ASEM

Asia Europe Meeting. 세계 경제의 큰 축인 아시아-북미-유럽연합 간의 균형적 경제발전 모색을 위해 창설된 지역 간 회의체이다.

◉ OECD

Organization for Economic Cooperation and Development. 경제협력개발기구. 경제발전과 세계무역 촉진을 위하여 발족된 국제기구이다.

- 설립목적 : 경제, 사회 부문별 공통 문제에 대한 최선의 정책 방향을 모색하고 상호의 정책을 조정함으로써 공동의 안정과 번영을 도모하는 것이 목적이다.
- 특징
  - 최고 의결기관으로 회원국 대표들로 구성되는 이사회가 전원합의제로 운영된다.
  - 이사회의 특수 정책사업을 운영하기 위한 보좌기구로서 별도 위원회와 자문기구들이 설치되어 있다.
- 본부 : 프랑스 파리
- 발족 : 1961년 9월 30일
- 한국 : 한국은 1996년 12월에 29번째 회원국으로 가입했다.

◉ OPEC

Organization of Petroleum Exporting Countries. 석유수출국기구. 국제석유자본(석유메이저)에 대한 발언권을 강화하기 위하여 결성된 조직이다. 회원국들은 국제석유가격 조정 및 회원국 간의 협력을 도모하며 2019년 기준 중동 5개국(사우디아라비아, 쿠웨이트, 아랍에미리트, 이란, 이라크), 아프리카 7개국(나이지리아, 리비아, 알제리, 가봉, 콩고, 적도기니), 에콰도르 등의 산유국이 소속되어있다.

◉ **UN**

United Nations. 국제연합. 유엔가입 절차는 사무총장 → 안전보장이사회 → 총회 순으로 심의된다. 사무총장은 신청서를 접하면 안보리에 회부하고 안보리 의장은 이를 15개 이사국과 협의하여 의제 채택 여부를 결정하는데 9표 이상이 찬성하면 의제가 채택된다(안전보장이사회는 미국, 영국, 프랑스, 러시아, 중국 등의 5개 상임이사국과 10개의 비상임이사국으로 구성된다).

◉ **WFP**

World Food Programme. 유엔세계식량계획. 전 세계 기아 퇴치를 위해 세워진 국제연합(UN) 산하의 식량 원조 기구로 1960년 국제연합식량농업기구(FAO)가 주도해 출범했다. 주요 활동은 굶주리는 사람들에게 식량을 원조하고 재해나 분쟁이 발생한 지역에 구호 작업을 벌이는 일이다. 또 기아 발생을 예방하기 위한 다양한 활동도 병행하며 필요한 자금은 세계 각 나라에서 걷은 기부금과 성금을 통해 마련한다.

◉ **UNICEF**

United Nations Children's Fund. 국제연합아동기금. 전쟁 등의 이유로 굶주리는 어린이를 돕기 위해 활동하는 유엔기구이다.

◉ **NGO**

정부와 관련 없는 민간 국제단체. 'Non-Governmental Organization'(비정부기구)의 약칭으로 NPO(Non-Profit Organization)와 같은 의미로 사용한다.

◉ **국경없는 의사회**

1968년 나이지리아 비아프라 내전에 파견된 프랑스 적십자사의 대외 구호 활동에 참가한 청년 의사와 언론인들이 1971년 파리에서 결성한 긴급의료단체이다. 전쟁 · 기아 · 질병 · 자연재해 등으로 인해 의사의 구조를 필요로 하는 상황이 발생하면 세계 어느 지역이든 주민들의 구호에 임한다.

◉ **국제사면위원회**

Amnesty International. 인권침해, 특히 언론과 종교의 자유에 대한 탄압과 반체제 인사들에 대한 투옥 및 고문행위를 세계 여론에 고발하고, 정치범의 석방과 필요한 경우 그 가족들의 구제를 위해 노력하는 국제기구이다.

◉ 국제사법재판소

International Court of Justice. 국가 간의 분쟁을 법적으로 해결하는 국제연합기관이다. 국제연합 총회 및 안전보장이사회에서 선출된 15명의 재판관으로 구성되며, 원칙으로 국제법을 적용하여 심리한다.

◉ 그린피스

Greenpeace. 멸종 위기에 있는 동물류를 보호하고 환경훼손을 막으며, 환경을 더럽히는 기업이나 정부 당국과 직접 맞섬으로써 환경에 대한 경각심을 높이는 데 힘쓰는 국제환경보호단체이다.

◉ 쇼비니즘

Chauvinism. 자국의 이익을 위해서는 수단과 방법을 가리지 않으며 국제 정의조차도 부정하는 배타적 애국주의이다.

◉ 징고이즘

Jingoism. 어느 집단사회에서 발생하는 타 집단에 대한 심리상태를 표현하는 용어로, 맹목적으로 나타나는 경우를 말한다.

◉ 교조주의

Dogmatism. 어떤 개념, 학설은 영원불변하다고 주장하며 구체적 조건과 변화된 상황 및 새로운 인식과 실천적 경험을 고려하지 않는 비역사적이고 추상적인 사고방식을 말한다. 특정한 사고나 사상을 절대적인 것으로 받아들여 현실을 무시하고 이를 기계적으로 적용하려는 태도이다.

◉ 란츠게마인데

Landsgemeinde. 직접 민주주의의 한 형태로, 세계에서 국민 투표제가 가장 발달한 스위스의 몇몇 주에서 1년에 한 번씩 성인 남녀가 광장에 모여 주(州)의 중요한 일들을 직접 결정하는 것이다.

◉ 백색국가

'안전 보장 우호국', '화이트리스트', '화이트 국가'라고도 하며 각국 정부가 안보상 문제가 없다고 판단한 '안보 우방 국가'로, 자국 제품 수출 시 허가 절차 등에서 우대를 해주는 국가를 말한다. 특히 무기 개발 등 안전보장에 위협이 될 수 있는 전략물자 수출과 관련해 허가신청이 면제되는 국가를 가리킨다. 통상적으로 해외로 수출되는 제품은 안보 문제없이 적절한 관리가 이뤄지고 있는지 개별적으로 심사해야 할 필요가 있는데, 백색국가로 지정될 경우 절차와 수속에서 우대를 받게 된다. 일본 정부가 2019년 8월 2일 우리나라를 수출절차 간소화 혜택을 인정하는 백색국가에서 제외하는 수출무역관리령 개정안을 의결하자, 우리 정부 역시 8월 12일 일본을 우리의 백색국가에서 제외하기로 대응 방침을 밝혔다. 일본의 한국 백색국가 제외 조치는 8월 28일부터 시행됐으며, 우리나라의 일본 백색국가 제외 조치는 9월 18일부터 시행됐다. 이로써 한국의 백색국가는 기존 29개국에서 28개국이 되었다.

◉ 범인인도협정

범죄자가 입국한 경우 그 범죄자를 인도할 것을 규정하는 국가 간 조약이다. 국제법상 타국에 대한 범인 인도의 의무는 없기 때문에 특별히 조약을 체결해 서로 범인 체포를 돕기로 하는 것인데 2개 당사국 간의 쌍무조약인 것이 보통이다.

◉ 홍콩 범죄인 인도법 개정안

Hong Kong Extradition Law. 홍콩의 범죄 용의자를 범죄인 인도협정을 체결한 국가에 인도할 수 있도록 하는 법안. 홍콩은 영국, 미국 등 20개 국가와 범죄인 인도협정을 체결한 상태이지만 중국과 대만 등의 국가와는 체결하지 않았다. 홍콩시민들은 이 법안의 개정안에 협정대상국으로 중국이 포함된 것에 대해 중국이 현 체제에 반대한 사람들을 정치범으로 몰아 제거하기 위한 수단으로 악용할 수 있다며 반대하고 있다. 이에 중국은 정치범에 대해서는 인도하지 않겠다고 했지만 입법예고에 반발한 시민들은 2019년 6월 100만 명의 반대시위를 시작으로 9월초까지 투쟁을 벌였다. 결국 9월 4일 홍콩정부가 이 개정안을 완전 폐지함으로써 3개월 동안 진행된 홍콩시민들의 반(反)정부, 반 중국 시위는 새로운 전기를 맞게 되었다.

◉ 코로나바이러스감염증-19

2019년 12월 중국 우한에서 처음 발생한 뒤 전 세계로 확산된, 새로운 유형의 코로나바이러스(SARS-COV-2) 감염에 의한 호흡기 증후군이다. 코로나바이러스 감염증-19는 감염자의 비말(침방울)이 호흡기나 눈, 코, 입의 점막으로 침투될 대 전염된다. 감염되면 약 2~14일(추정)의 잠복기를 거친 뒤 발열(37.5도) 및 기침이나 호흡곤란 등 호흡기 증상, 폐렴이 주증상으로 나타나지만 무증상 감염 사례도 드물게 나오고 있다.

Chapter 04

예상문제

정답 및 해설 421p

01 UN의 정기총회는 어느 때 개최되는가?

① 매년 9월 1일
② 매년 9월 셋째 화요일
③ 매년 10월 첫째 화요일
④ 매년 10월 1일

02 UNESCO는 어떤 기구의 약자인가?

① 국제노동기구
② 국제민간항공기구
③ 국제식량농업기구
④ 국제연합교육과학문화기구

03 해방 이후 강대국에 의한 신탁통치를 결정하여 남한에서 미 군정의 토대를 마련한 국제회의는?

① 모스크바회담　② 카이로회담
③ 포츠담회담　④ 얄타회담

04 선거공영제를 위한 두 가지 원칙은?

① 기회균등과 비용의 후보자 부담원칙
② 부정선거 방지와 비용의 국가 부담원칙
③ 기회균등과 비용의 국가 부담원칙
④ 부정선거 방지와 비용의 정당 부담원칙

05 미성년자 입장불가의 경우에 성년자는 입장할 수 있다는 해석은?

① 확대해석
② 유추해석
③ 물론해석
④ 반대해석

06 기소편의주의란?

① 범죄가 성립하고 소송조건이 완비된 경우에도 검사가 반드시 기소를 강제당하지 않고 기소·불기소에 관한 재량권이 인정되는 제도
② 피의자에 대한 구속이 적법한지의 여부를 법원이 심사하는 제도
③ 민사 또는 형사소송에 있어서 제1심 판결이 법령에 위반된 것을 이유로 하여 고등 법원에 항소를 하지 않고 직접 대법원에 상소하는 제도
④ 확정판결 전에 시간의 경과에 의하여 형벌권이 소멸하는 제도

07 표준시와 지방시에 대한 설명으로 틀린 것은?

① 평균태양이 남중한 순간을 그 지방에서 12시라 정한 시간을 지방시라 한다.
② 우리나라는 서울에 태양이 남중한 순간을 12시로 정하고 있다.
③ 우리나라는 동경 135도선의 지방시를 표준시로 쓰고 있다.
④ 우리나라의 표준시는 영국 그리니치 지방시보다 9시간 빠르다.

08 계절풍이 부는 이유는?

① 기단의 내습에 의하여
② 열대성 고기압에 의하여
③ 제트류의 영향에 의하여
④ 고위도 지방의 방전현상으로 인하여

09 뉴턴의 법칙에 관한 설명으로 틀린 것은?

① 버스를 타고 가다 급정거해서 앞으로 넘어지는 현상은 관성의 법칙이다.
② 관성의 법칙은 물체에 힘을 가하지 않으면 물체는 그대로 정지해 있고, 움직이던 물체는 일정 속도로 계속 움직이는 현상이다.
③ 제2법칙은 가속도의 크기는 질량에 비례하고 방향에 비례한다는 것이다.
④ 가속도는 힘에 비례하고 질량에 반비례한다.

10 다음 중 연결이 틀린 것은?

① 1세대 통신망－FDMA
② 2세대 통신망－CDMA
③ 3세대 통신망－WCDMA
④ 4세대 통신망－HSDPA

11 **정보유통 혁명을 가져온 인터넷에 이어 제조업체의 생산 · 유통 · 거래 등 모든 과정을 컴퓨터 망으로 연결, 자동화 · 정보화 환경을 구축하고자 하는 첨단 컴퓨터 시스템은?**

① CAD
② CDMA
③ CALS
④ CIM

12 **컴퓨터의 소프트웨어는 상용화 과정을 거치는 동안 여러 버전으로 일반인들에게 공개되거나, 사용할 수 있는 기회를 준다. 이런 버전에는 각기 명칭이 있는데, 다음 중 그 설명이 잘못된 것은?**

① 베타버전 – 정식으로 프로그램을 공개하기 전에 테스트를 목적으로 한정된 집단, 또는 일반에 공개하는 버전이다.
② 셰어웨어 – 일정기간 동안 사용해 보고 계속 사용하고 싶은 경우에만 정식 등록을 통해 구입할 수 있는 방식으로 일부 기능 또는 사용 가능 기간에 제한을 둔다.
③ 프리웨어 – 무료로 사용할 수 있는 소프트웨어로 프로그램을 임의로 수정할 수 있다.
④ 트라이얼 – 셰어웨어와 같은 개념으로 일부 기능만을 사용할 수 있도록 만들어둔 버전이다.

13 **퍼지 컴퓨터(Fuzzy Computer)의 특징으로 옳지 못한 것은?**

① 규칙(Rule) 안의 모순이나 외부로부터의 장해에 강하다.
② 추론속도가 초당 20만 회 이상이다.
③ '크다', '작다' 등의 불확실한 데이터는 처리가 불가능하다.
④ 일상생활에서 사용하고 있는 언어를 사용하여 프로그램을 짤 수 있다.

14 다음의 전자상거래 주체에 따른 분류 중 기업과 기업을 거래당사자로 하는 전자상거래 방식을 나타내는 것은?

① B2C
② B2B
③ C2C
④ B2G

15 프로그램을 실행하기 위하여 프로그램을 보조기억장치로부터 컴퓨터의 주기억장치에 올려 놓는 기능을 가진 시스템 소프트웨어는?

① emulator
② preprocessor
③ linker
④ loader

16 매체 접근권(right of access)은 다음 중 어떤 권리를 말하는가?

① 정보 청구권
② 국민의 알권리
③ 경영 참여의 권리
④ 미디어에 지면이나 시간을 요구하는 권리

17 신문 · 방송에 관련된 다음 용어 중 설명이 잘못된 것은?

① 커스컴(CUSCOM) : 특정 소수의 사람들을 상대로 전달되는 통신 체계
② 엠바고(embargo) : 기자회견이나 인터뷰의 경우 발언자의 이야기를 정보로서 참고할 뿐 기사화해서는 안 된다는 조건을 붙여 하는 발표
③ 전파월경(spill-over) : 방송위성의 전파가 대상지역을 넘어서 주변국까지 수신이 가능하게 되는 현상
④ 블랭킷 에어리어(blanket area) : 난시청 지역

18 브레인스토밍(Brainstorming)의 원리에 맞지 않는 것은?

① 다른 사람의 아이디어를 결합하여 사용한다.
② 가급적 많은 아이디어를 생성해야 한다.
③ 양보다 질을 중시하여 아이디어를 생성해야 한다.
④ 타인의 아이디어를 비판하지 않아야 한다.

19 세계 3대 교향곡에 해당하지 않는 것은?

① 베토벤의 〈운명교향곡〉
② 슈베르트의 〈미완성교향곡〉
③ 모차르트의 〈주피터교향곡〉
④ 차이코프스키의 〈비창교향곡〉

20 2008년 5월에 타계한 박경리는 우리 문학사에 큰 획을 그은 작가이다. 다음 중 박경리의 작품이 아닌 것은?

① 김약국의 딸들
② 파시
③ 시장과 전장
④ 엄마의 말뚝

Part 3

실전모의고사

Chapter 01

실전모의고사 1회

- 영역을 구별하여 의사소통능력, 수리능력, 문제해결능력 각 20문항, 자원관리능력, 정보능력, 조직이해능력 각 10문항, 경제, 경영, 금융, IT/일반상식 각 10문항으로 구성되어 있습니다.
- 시작시간을 정하여 실전처럼 풀어보세요.(130문항 130분)

정답 및 해설 **423p**

01 다음 기사를 읽고, 기사의 내용과 일치하지 않는 것은?

KB의 세상을 바꾸는 금융! 더 나은 세상을 만들어 갑니다.

KB국민은행이 2018년 국내 은행 중 가장 적극적인 사회공헌 활동을 펼치고 있어 주목을 받고 있다. 지난 23일 전국은행연합회가 공시한 '2018 은행 사회공헌활동보고서'에 따르면 KB국민은행은 2018년 총 1,902억원의 사회공헌활동 금액을 지출하며, 2018년 사회공헌 1등 은행으로 자리매김했다.

KB국민은행은 KB금융그룹 차원의 '세상을 바꾸는 금융'이라는 기업의 사회적 가치 목표 달성을 위해 미래 세대의 육성, 사회적 가치 창출 등 지속 가능한 사회를 구현하기 위해 노력하고 있다. 특히, '청소년'과 '다문화 가정'이 희망을 갖고 자신의 꿈을 펼칠 수 있도록 교육과 문화활동을 지속적으로 지원하여 건전한 사회구성원으로의 성장을 도모하고 있다.

또한, 2007년부터 꾸준히 진행해왔던 학습/다문화 멘토링, 강연형 멘토링, 공부방 조성 등 청소년 교육 관련 사업들을 2018년 「청소년의 멘토 KB!」라는 대표사회공헌 브랜드로 리뉴얼해, 사업간의 유기적인 연결고리를 형성했다.

「청소년의 멘토 KB!」는 '멘토링'을 핵심 테마로 하는 KB국민은행의 대표적 사회공헌 사업이다. 최근 4차 산업혁명과 같은 사회 · 교육 환경의 변화로 청소년들에게 다각적이고 체계적인 교육 지원의 필요성이 대두되어 학습 멘토링, 진로 멘토링, 디지털 멘토링 등 3가지 영역에서 양질의 교육 서비스를 지원한다.

① KB국민은행은 2018년 사회공헌금으로 총 1,902억원을 사용하였다.

② KB국민은행은 다문화 가정에 대해 교육과 문화활동을 지원하고 있다.

③ KB국민은행은 2018년 처음으로 청소년 지원 사업을 시작하였다.

④ 「청소년의 멘토 KB!」는 학습 · 진로 · 디지털 멘토링 등 3가지 영역의 교육 서비스를 지원한다.

02 다음 기사를 읽고, 기사의 내용과 일치하는 것은?

우리금융그룹, '꿈나무 장학사업' 실시

임직원 자발적 기부로 조성된 '우리사랑기금' 활용 장학금 지원

2011년부터 1800여명의 장학생 대상으로 미래 인재 육성 사업 지속

우리금융그룹은 서울시 중구 우리은행 본점에서 '우리은행 꿈나무 장학생 장학금 전달식'을 갖고, 지역아동센터 장학생 74명에게 장학금을 전달했다고 16일 밝혔다. 이날 행사에는 손태승 우리금융그룹 회장과 장학생 대표 30명이 참석했다.

우리은행은 학업에 성실히 임하는 초중고 학생 가운데 지역아동센터의 추천을 받아 꿈나무 장학생을 선정했다. 선정된 학생들에게 장학금과 소정의 선물을 수여했다.

꿈나무 장학사업은 우리은행 임직원이 급여 일부를 자발적으로 기부해 조성한 '우리사랑기금'을 바탕으로 2011년부터 지속해 온 사회공헌활동이다. 우리은행은 지역아동센터 초중고 학생 중 모범생을 선정해 장학금을 지원하고 있다.

손태승 우리금융그룹 회장은 "자랑스러운 꿈나무 장학생들이 우리나라, 나아가 세계 곳곳에서 선한 영향력을 끼치는 인재로 성장하길 바란다"며 "우리금융그룹은 앞으로도 미래 인재 육성을 위해 다양한 사회공헌활동을 펼치겠다"고 전했다.

한편 우리금융그룹은 전국 영업점을 중심으로 지역사회 복지기관 및 지역아동센터와 자매결연을 맺고 임직원들이 활발한 자원봉사활동을 실시하고 있으며, 지역아동센터 대상 금융교육 사업, 소외계층 지원을 위한 우수 사회복지기관 프로그램 후원 등 다양한 사회공헌활동을 펼치고 있다.

① 꿈나무 장학금은 우리금융그룹 수익에서 지원한다.

② 우리은행 꿈나무 장학생 장학금 전달식에는 장학생 74명이 참석하였다.

③ 꿈나무 장학사업은 초 · 중 · 고 · 대학생을 대상으로 지역아동센터의 추천을 받아 꿈나무 장학생을 선정했다.

④ 우리금융그룹은 전국 영업점을 중심으로 지역사회 복지기관과 자매결연을 맺고 임직원들이 자원봉사활동을 실시하고 있다.

03 다음 중 (가)~(라)를 순서에 맞게 바르게 배열한 것은?

(가) 아담 스미스의 '보이지 않는 손'이라는 가정은 시장에서 개인의 이익 추구 활동을 제한하지 않는 것이 전체 이윤을 극대화하는 최선의 방책임을 보여주는 것으로 간주되었다. 그렇다면 다음의 경우는 어떠한가?

(나) 하지만 목초지의 수용한계를 넘어 양을 키울 경우, 목초가 줄어들어 그 목초지에서 양을 키워 얻을 수 있는 전체 생산량이 줄어든다. 나아가 수용한계를 과도하게 초과할 정도로 사육 수가 늘어날 경우 목초지 자체가 거의 황폐화된다.

(다) 공동 소유의 목초지에 양을 치기에 알맞은 풀이 자라고 있다고 생각해보자. 일정 넓이의 목초지에 방목할 수 있는 가축 수에는 일정한 한계가 있기 마련이다. 즉, '수용 한계'가 존재하는 것이다. 그 목초지에 한 마리를 더 방목시킨다고 해서 다른 가축들이 갑자기 죽거나 병에 걸리는 것은 아니다.

(라) 예를 들어 수용한계가 양 20마리인 공동 목초지에서 4명의 농부가 각각 5마리의 양을 키우고 있다고 해보자. 그중 한 농부가 자신의 이익을 늘리고자 방목하는 양의 수를 늘리면 수를 늘린 농부의 경우 그의 수익이 기존보다 조금 늘어난다. 손실을 만회하기 위해 다른 농부들도 사육 수를 늘리고자 할 것이다. 이러한 상황이 장기화 될 경우, 농부들의 총이익은 기존보다 감소할 것이다.

① (가) → (나) → (다) → (라)
② (가) → (나) → (라) → (다)
③ (가) → (다) → (나) → (라)
④ (가) → (다) → (라) → (나)

04 다음 중 보이스피싱 범죄와 관련한 토론 참여자의 주장을 가장 적절하게 분석한 것은?

사회 : 최근 보이스피싱 범죄가 모든 금융권으로 확산되면서 피해액이 늘어나고 있습니다. 이에 금융 당국이 은행에도 일부 보상 책임을 지게 하는 방안을 검토하는 것으로 알려지고 있습니다. 이에 대해 어떻게 생각하십니까?

영수 : 개인들이 자신의 정보를 잘못 관리한 책임까지 은행에서 진다는 것은 문제가 있습니다. 도와드릴 수 있다면 좋겠지만 은행 입장에서도 한계가 있는 부분이 있어 안타까울 뿐입니다.

민수 : 소비자들이 자신의 개인 정보 관리에 다소 부주의함이 있다는 것은 인정합니다. 그러나 개인의 부주의를 얘기하는 것보다는 정부가 근본적인 해결책을 모색하는 것이 더욱 시급합니다.

① 영수와 달리, 민수는 보이스피싱 피해에 대한 책임을 소비자에게만 전가해서는 안 된다고 생각한다.
② 영수와 민수는 보이스피싱 범죄의 확산에 대한 일차적 책임이 은행과 정부에 있다고 생각한다.
③ 영수는 보이스피싱 범죄를 근본적으로 해결하기 위해 은행의 역할을, 민수는 정부의 역할을 강조한다.
④ 사회자는 보이스피싱의 범죄의 확산으로 인한 피해액 증가를 우려하면서, 은행과 금융 당국의 공동책임을 전제로 질문을 하고 있다.

05 다음은 국민연금재정에 대한 예측자료이다. 이 자료와 관련한 정책대안 및 실행계획으로 가장 적절하지 않은 것은?

> 현재 시행되고 있는 국민연금제도는 노후보장을 위한 사회적 장치의 하나이다. 하지만 현재의 보험료율 9%를 고정시키고 급여수준을 은퇴 전 소득의 60%로 유지할 경우 2030년에 적립기금이 6백44조 원(2000년 기준)으로 최고조에 달하며, 2036년에 수지차(보험료 수입과 보험금 지출의 차이) 적자가 시작되어 2047년에 기금 고갈이 발생할 것으로 예상된다. 현재 빠른 속도로 진행되는 고령화와 저출산으로 연금을 받을 노인인구는 증가하고 보험료를 낼 근로세대는 감소하고 연금관리의 효율성은 낮은 수준에 머물고 있어 연금제도의 개혁이 절실하다. 현재의 연금급여 수준을 그대로 유지하기 위해서는 2050년에는 소득의 30%를 연금 보험료로 내게 되며 그 결과 경제성장 동력이 소진되는 결과를 초래할 것으로 예상된다.

① 보험료율은 점진적으로 높이고 연금급여 수준은 점진적으로 낮추는 정책을 실시한다.
② 관련법규의 개정을 통하여 연기금의 수익률을 제고할 수 있는 투자처의 확대 방안을 모색한다.
③ 유족연금의 중복급여 제한 규정의 완화, 신용불량자 급여압류 제한 등 국민연금 급여제도의 개선책을 마련한다.
④ 연기금운용조직의 혁신을 통하여 연기금관리의 전문성을 높이고 연금가입자의 대표성을 강화하여 연기금운용위원회를 활성화한다.

06 다음 글의 내용과 가장 가까운 것은?

> 정보의 가장 기본적인 원천은 인간이 체험하는 감각이다. 돌이 단단하고 물이 부드럽다는 것은 감각을 통해서 알 수 있다. 그러나 감각이 체계적인 지식으로 발전하는 데는 문제가 있다. 그것은 바로 감각이 주관적이어서 사람과 시기에 따라 동일하지 않기 때문이다. 그래서 예로부터 철학자들은 감각을 중시하지 않았지만, 존 로크와 같은 경험론자들은 감각의 기능을 포기하지 않았다. 왜냐하면 감각을 통하지 않고서는 어떤 구체적인 것도 얻을 수 없다고 생각했기 때문이다.

① 나는 생각한다. 그러므로 나는 존재한다.
② 마음을 다하면 인간의 본성을 알게 되고, 인간의 본성을 알게 되면 천명을 알게 될 것이다.
③ 종 치는 것을 보지 못했다면 종을 치면 소리가 난다는 것을 모를 것이다.
④ 세계의 역사는 다름이 아니라 바로 자유 의식의 진보이다.

07 다음 글을 읽고 추론한 내용으로 가장 적절한 것은?

한 연구원이 어떤 실험을 계획하고 참가자들에게 이렇게 설명했다.

"여러분은 지금부터 둘씩 조를 지어 함께 일을 하게 됩니다. 여러분의 파트너는 다른 작업장에서 여러분과 똑같은 일을, 똑같은 노력을 기울여 할 것입니다. 이번 실험에 대한 보수는 각 조당 5만 원입니다."

실험 참가자들이 작업을 마치자 연구원은 참가자들을 세 부류로 나누어 각각 2만 원, 2만 5천 원, 3만 원의 보수를 차등 지급하면서, 그들이 다른 작업장에서 파트너가 받은 액수를 제외한 나머지 보수를 받은 것으로 믿게 하였다.

그 후 연구원은 실험 참가자들에게 몇 가지 설문을 했다. '보수를 받고 난 후에 어떤 기분이 들었는지, 나누어 받은 돈이 공정하다고 생각하는지'를 묻는 것이었다. 연구원은 설문을 하기 전에 3만 원을 받은 참가자가 가장 행복할 것이라고 예상했다. 그런데 결과는 예상과 달랐다. 3만 원을 받은 사람은 2만 5천 원을 받은 사람보다 덜 행복해 했다. 자신이 과도하게 보상을 받아 부담을 느꼈기 때문이다. 2만 원을 받은 사람도 덜 행복해 한 것은 마찬가지였다. 받아야 할 만큼 충분히 받지 못했다고 생각했기 때문이다.

① 인간은 공평한 대우를 받을 때 더 행복해 한다.
② 인간은 남보다 능력을 더 인정받을 때 더 행복해 한다.
③ 인간은 타인과 협력할 때 더 행복해 한다.
④ 인간은 상대를 위해 자신의 몫을 양보했을 때 더 행복해 한다.

08 간도협약이 무효라는 주장을 뒷받침하기 위해 이 글이 의존하는 원칙이 아닌 것은?

중국은 간도협약에 의거하여 현재 연변조선자치주가 된 간도 지역을 실질적으로 지배하고 있다. 그렇다면 간도협약은 어떤 효력을 가질까. 이 협약은 을사늑약을 근거로 일본이 대한제국(이하 한국)을 대신하여 체결한 조약이다. 그러나 을사늑약은 강압에 의해 체결된 조약이므로 조약으로서 효력이 없다. 따라서 이 조약에 근거하여 체결된 간도협약은 당연히 원천적으로 무효일 수밖에 없다.

설사 을사늑약이 유효하다 하더라도, 일본이 간도협약을 체결할 권리가 있는가. 을사늑약은 "일본은 금후 한국의 외국에 대한 관계 및 사무를 감리, 지휘하며"(제1조), "한국 정부는 금후 일본 정부의 중개에 의하지 않고는 국제적 성질을 가진 어떠한 조약 또는 약속을 하지 못한다"(제2조)고 규정하고 있다. 이 업무를 담당하기 위해 일본은 한국에 통감을 두도록 되어 있으나, "통감은 단지 외교에 관한 사항만을 관리한다"(제3조)고 규정되어 있다. 이러한 문맥에서 본다면, 한국은 일본 정부의 중개를 거쳐 조약을 체결해야 하며, 일본은 한국의 외교를 '감리, 지휘'하도록 되어 있다. 즉, 조약 체결의 당사자는 어디까지나 한국이어야 한다. 그렇기 때문에 조약 체결의 당사자가 될 수 없는 일본이 체결한 간도협약은 무효이다. 만약에 일본의 '감리, 지휘'를 받아서 한국이 간도협약을 체결했다면 간도협약은 유효하다고 하겠다. 또 일본이 보호국으로서 외교 대리권이 있다 하더라도 그것은 '대리'에 한정되는 것이지, 한국의 주권을 본질적으로 침해하는 영토의 처분권까지 포함하는 것은 아니다.

일반적으로 보호국이 피보호국의 외교권을 대리하는 경우, 보호국은 피보호국의 이익을 보호하는 것이 바른 의무이고, 그러한 목적 하에서 외교권을 대리해야 한다. 그런데 간도협약의 경우는 일본이 자국의 이익을 위해서 만주에 대한 권익과 간도 영유권을 교환한 것이다. 간도협약은 피보호국(한국)을 희생시키고 보호국(일본)의 이익을 확보한 것이기 때문에 보호국의 권한 범위를 벗어나는 것이다.

간도협약이 유효하다고 가정하더라도, 협약의 당사자는 일본과 중국으로서 한국은 제3국에 해당된다. 조약은 당사국에게만 효력이 있을 뿐, 제3국에게는 아무런 영향을 미치지 않는다는 국제법의 일반 원칙에 의해서도 간도협약에 의한 간도 영유권의 변경은 있을 수 없다.

① 법적 효력이 없는 계약에 기초하여 체결된 계약은 무효이다.
② 계약 당사자가 아닌 제3자라 하더라도 그 계약을 무효화할 수 있다.
③ 계약 당사자들의 자유로운 의사에 의해 체결되지 않은 계약은 무효이다.
④ 계약 당사자 혹은 대리자가 자신의 정당한 의무를 버리고 체결한 계약은 무효이다.

09 다음 글의 내용이 참이라고 할 때 〈보기〉의 문장 중 반드시 참인 것을 모두 고르면?

우리는 사람의 인상에 대해서 "선하게 생겼다" 또는 "독하게 생겼다"라는 판단을 할 뿐만 아니라 사람의 인상을 중요시한다. 오래 전부터 사람의 얼굴을 보고 그 사람의 길흉을 판단하는 관상의 원리가 있었다. 관상의 원리를 어떻게 받아들여야 할까?

관상의 원리가 받아들일 만하다면, 얼굴이 검붉은 사람은 육체적 고생을 하기 마련이다. 그런데 우리는 주위에서 얼굴이 검붉지만 육체적 고생을 하지 않고 편하게 살아가는 사람을 얼마든지 볼 수 있다. 관상의 원리가 받아들일 만하다면, 우리가 사람의 얼굴에 대해서 갖는 인상이란 한갓 선입견에 불과한 것이 아니다. 사람의 인상이 평생에 걸쳐 고정되어 있다고 할 수 있는 경우에만 관상의 원리는 받아들일 만하다. 또한 관상의 원리가 받아들일 만하지 않다면, 관상의 원리에 대한 과학적 근거를 찾으려는 노력은 헛된 것이다. 실제로 많은 사람들이 관상의 원리가 과학적 근거를 가질 것이라고 기대한다. 그런데 우리는 자주 관상가의 판단이 받아들일 만하다고 느끼고, 그런 느낌 때문에 관상의 원리가 과학적 근거를 가질 것이라고 기대하는 것이다. 관상의 원리가 실제로 과학적 근거를 갖는지의 여부는 논외로 하더라도, 관상의 원리에 대하여 과학적 근거가 있을 것이라고 기대하는 사람은 관상의 원리에 의존하는 것이 우리의 삶에 위안을 주는 필요조건 중의 하나라고 믿는다.

보기

ㄱ. 관상의 원리는 받아들일 만한 것이 아니다.
ㄴ. 우리가 사람의 얼굴에 대해서 갖는 인상이란 선입견에 불과하다.
ㄷ. 사람의 인상은 평생에 걸쳐 고정되어 있다고 할 수 있다.
ㄹ. 관상의 원리에 대한 과학적 근거를 찾으려는 노력은 헛된 것이다.

① ㄱ, ㄹ

② ㄴ, ㄷ

③ ㄷ, ㄹ

④ ㄱ, ㄴ, ㄹ

10 다음은 표준 개인정보 유출사고 대응 매뉴얼이다. ㉠~㉣ 중 가장 적절하지 <u>않은</u> 것은?

단계	상세 업무
사고인지 및 긴급조치	㉠ <u>개인정보 유출사고 신고 접수 및 사고인지</u> ㅇ 피해 최소화를 위한 긴급조치 수행
정보주체 유출통지	ㅇ 정보주체에게 개인정보 유출사실 통지(5일 이내)
개인정보 유출신고	㉡ <u>1천명 이상의 개인정보 유출 시 한국인터넷진흥원에 유출신고</u>
민원대응반 운영	ㅇ 개인정보 유출사고 규모 및 성격에 따라 민원대응반 구성
고객민원 대응	㉢ <u>행정자치부 소집 및 유관기관 협조체계 확인</u>
피해구제 절차	ㅇ 개인정보 유출에 대한 피해구제 절차 안내
보안기능 강화	ㅇ 사고 원인 분석 및 보안 강화 · 기능 개선
결과 보고	ㅇ 기관장 및 이사회에 개인정보 유출사고 결과보고서 작성 및 보고
재발방지	㉣ <u>개인정보 유출사고 사례 전파 교육 및 개선 대책 시행</u>

① ㉠

② ㉡

③ ㉢

④ ㉣

11 다음의 상관관계를 이해한 뒤 빈칸에 들어갈 말로 가장 적절한 것은?

> 50세 : 지천명(知天命) = 60세 : (　　　　)

① 미수(米壽)

② 이순(耳順)

③ 환갑(還甲)

④ 고희(古稀)

12 다음의 빈칸에 들어갈 단어를 순서대로 알맞게 고른 것은?

고고한 시풍과 소탈한 인품으로 '문단의 멋쟁이'로 (　　　　)받던 신석정 선생은 1907년 전남 부안에서 태어나 고승 박한영 스님에게 수업을 받았다. 선생은 1930년에 [시문학]에 동인으로 참여해 박용철과 함께 순수시운동을 일으켰는데, 이때의 서울 생활을 제외하고 평생을 부안과 전주에서 농사를 지으며 전원생활을 했다. 1974년 (　　　　)할 때까지 [슬픈목가], [빙하], [산의 서곡] 등 자연과 함께하는 삶에 대한 시를 주로 썼다.

① 추앙 – 타계
② 존경 – 입적
③ 경멸 – 별세
④ 추대 – 붕어

13 밑줄 친 부분과 관련된 사자 성어로 가장 적절한 것은?

전국 시대 말, 진나라의 공격을 받은 조나라 혜문왕은 동생인 평원군을 초나라에 보내어 구원군을 청하기로 했다. 이십 명의 수행원이 필요한 평원군은 그의 삼천여 식객 중에서 십구 명은 쉽게 뽑았으나, 나머지 한 명을 뽑지 못한 채 고심했다. 이때에 모수라는 식객이 나섰다. 평원군은 어이없어하며 자신의 집에 언제부터 있었는지 물었다. 모수가 삼년이 되었다고 대답하자 평원군은 재능이 뛰어난 사람은 숨어 있어도 저절로 사람들에게 알려지게 되는 법인데, 모수의 이름을 들어본 적이 없다고 답했다. 그러자 모수는 "나리께서 이제까지 저를 단 한 번도 주머니 속에 넣어 주시지 않았기 때문입니다. 하지만 이번에 주머니 속에 넣어 주신다면 끝뿐이 아니라 자루까지 드러날 것입니다." 하고 재치 있는 답변을 했다. 만족한 평원군은 모수를 수행원으로 뽑았고, 초나라에 도착한 평원군은 모수가 활약한 덕분에 국빈으로 환대받고, 구원군도 얻을 수 있었다.

① 오월동주(吳越同舟)
② 낭중지추(囊中之錐)
③ 마이동풍(馬耳東風)
④ 근묵자흑(近墨者黑)

14 다음은 성 주임이 사내 봉사활동 진행을 위한 기안서를 올린 것이다. 다음 중 잘못 작성된 부분을 고르면?

> 2024년 3차 봉사활동
>
> | 팀장 | 본부장 | 대표 |
> |---|---|---|
> | | | |
>
> 기안 부서 : 경영지원팀
> 수신 : 경영관리부
> ㉠ 참조 : 총무부, 회계팀
> 제목 : 사내 봉사활동 진행 건
>
> ㉡ 아래와 같이 기안서를 제출하오니 검토 후 결재해 주시기 바랍니다.
>
> —아래—
>
> 1. 목적 : 보육원의 아이들을 보살피며 직원들의 화합 도모
> 2. ㉢ 일시 및 장소 : 2020.09.21. 회사 후문 주차장
> 3. ㉣ 대상 및 인원 : 전 직원(최소 25명 이상)
> 4. 예상 경비 : 첨부 서류 참조
>
> 첨부서류
> • 회사 후문 주차장 위치 및 약도
> • 예상 경비 내역

① ㉠ ② ㉡
③ ㉢ ④ ㉣

15 다음은 아래 내용을 기초로 근로소득 변동에 따른 가처분소득(可處分所得)의 변화를 나타낸 그래프이다. 이에 대한 설명 중 옳지 않은 것을 고르면?

> A국가는 근로소득이 300달러 미만인 저소득 근로자에게 세금을 부과하지 않고 보조금을 주는 정책을 시행하고 있다. 이 경우 근로소득이 300달러 미만이어서 보조금을 받은 근로자의 가처분소득은 근로소득에 보조금을 더한 금액이 된다. 한편, 근로소득이 300달러를 초과하는 근로자에게 세금을 부과하며, 이 경우 가처분소득은 근로소득에서 세금을 차감한 금액이 된다.

〈그래프〉 근로소득 변동에 따른 가처분소득의 변화

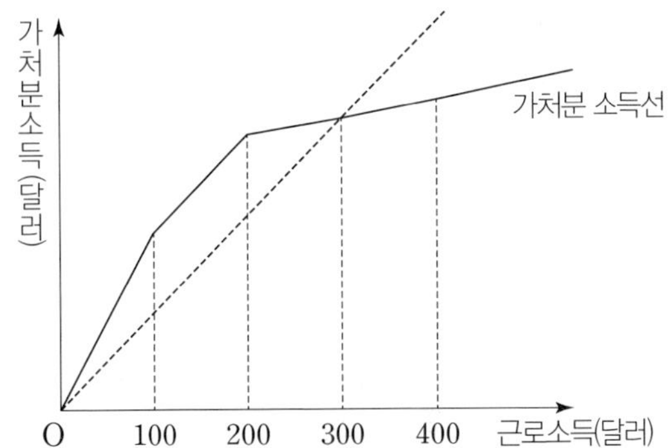

※ 점선은 보조금이나 세금이 없는 경우에 가처분소득이 근로소득과 일치하는 선으로, 기울기는 1임
100달러 이상 200달러 미만 구간에서 가처분소득선의 기울기는 1임

① 100달러 미만 구간에서는 근로소득 1달러 증가 시 가처분소득의 증가액이 1달러보다 크다.
② 100달러 이상 200달러 미만 구간에서 근로소득과 보조금은 정비례 관계이다.
③ 200달러 이상 300달러 미만 구간에서는 근로소득 증가에 비례하여 보조금은 감소한다.
④ 근로소득이 250달러인 근로자는 근로소득이 150달러인 근로자보다 보조금이 적다.

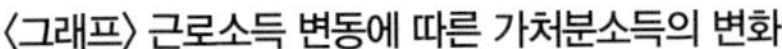

16 다음 제시된 인사 예절 매뉴얼을 보고 적절하지 않은 반응을 고르면?

〈인사 예절 매뉴얼〉
- 기본 예절
  - 인사는 내가 먼저 해야 한다.
  - 일어서서 인사해야 한다.
  - 상대방이 보지 못했거나, 인사를 받지 않는 경우에도 인사해야 한다.
- 상황에 따른 인사 각도
  - 10°~15° : 간단한 인사로 사내에서 마주치거나, 용건이 있을 때 하는 인사에 적합하다.
  - 25°~30° : 가장 보편적인 인사로 외부에서 마주치거나 손님이 오셨을 때 하는 인사에 적합하다.
  - 40°~45° : 정중한 인사로 감사나 사과 등을 표할 때 하는 인사에 적합하다.
- 인사 방법
  - 인사말을 간단히 먼저 말한 후에 인사해야 한다.
  - 허리를 굽힐 때에는 빨리, 펼 때에는 서서히 펴는 것이 좋다.
  - 미소를 띤 표정으로 인사해야 한다.

① A사원 : 일이 바빠서 손님을 보고 눈인사를 하고 지나쳤어.
② B사원 : 아침에 과장님께 인사했지만 날 못보고 지나치셨어.
③ C사원 : 휴게실에서 앉아 있다가 대리님을 발견하고 일어서서 인사했어.
④ D사원 : 회의실에서 실수를 하는 바람에 팀장님께 45°의 각도로 사과 인사를 드렸어.

17 다음 글의 내용으로부터 확인할 수 없는 사실은?

「경제육전(經濟六典)」의 형전(刑典) 내에 말하기를, "근년 이래 무릇 옥(獄)을 결단하는 자가 율문(律文)에 밝지 못하여 그 사사로이 사람의 죄를 내리고 올리므로, 형벌이 적중하지 못하여 원통하고 억울한 것을 호소할 데가 없어서 화기(和氣)를 손상하기에 이르니, 진실로 염려하지 않을 수 없다" 하였습니다. 이제 「대명률(大明律)」은 시왕(時王)의 제도이니, 마땅히 봉행(奉行)하여야 하는 것이나 밝게 알기가 쉽지 않으니, 마땅히 이미 통용되는 이두문[吏文]으로 이를 번역 · 반포하여 관리가 학습하게 함으로써, 그들이 태(笞) 하나 장(杖) 하나라도 반드시 율(律)에 의해 시행하게 해야 할 것입니다. 만약 율문(律文)을 살피지 않고 망령된 뜻으로 죄를 가볍게 하거나 무겁게 하는 자는 그 죄로써 벌줄 것입니다. 또 형을 언도하는 자는 사람의 죽고 사는 것이 매였으므로 삼가지 않을 수 없습니다. (「태종실록」 1집, 313면)

상참(常參)을 받고 정사를 보았다. 임금이 좌우 근신(近臣)에게 이르기를, "비록 사리(事理)를 아는 사람이라 할지라도, 율문에 의거하여 판단이 내려진 뒤에야 죄의 경중을 알게 되거늘, 하물며 어리석은 백성이야 어찌 죄지은 바가 크고 작음을 알아서 스스로 고치겠는가. 비록 백성들로 하여금 율문을 다 알게 할 수는 없을지나, 따로 큰 죄의 조항만이라도 뽑아 적고 이를 이두문으로 번역하여서 민간에 반포하여 우부우부(愚夫愚婦)들로 하여금 범죄를 피할 줄 알게 함이 어떻겠는가" 하니, 이조판서 허조가 아뢰기를, "신은 폐단이 일어나지 않을까 두렵습니다. 간악한 백성이 진실로 율문을 알게 되오면, 죄의 크고 작은 것을 헤아려서 두려워하고 꺼리는 바가 없이 법을 제 마음대로 농간하는 무리가 이로부터 일어날 것입니다" 하므로, 임금이 말하기를, "그렇다면, 백성으로 하여금 알지 못하고 죄를 범하게 하는 것이 옳겠느냐. 백성에게 법을 알지 못하게 하고, 그 범법한 자를 벌주게 되면, 조삼모사(朝三暮四)의 술책에 가깝지 않겠는가. 더욱이 조종(祖宗)께서 율문을 읽게 하는 법을 세우신 것은 사람마다 모두 알게 하고자 함이니, 경들은 고전을 상고하고 의논하여 아뢰라" (중략) "허조의 생각에는, 백성들이 율문을 알게 되면 쟁송(爭訟)이 그치지 않을 것이요, 윗사람을 능멸하는 폐단이 점점 늘어날 것이라 하나, 모름지기 세민(細民)으로 하여금 금법(禁法)을 알게 하여 두려워서 피하게 함이 옳겠다" 하고, 드디어 집현전에 명하여 옛적에 백성으로 하여금 법률을 익히게 하던 일을 상고하여 아뢰게 하였다. (「세종실록」 3집, 426면)

① 태종실록에 따르면, 형벌을 집행하는 관리들은 이두문으로 문자 생활을 하였다.
② 세종실록에 따르면, 백성들 중에서 이두문으로 문자 생활을 한 이들이 있었다.
③ 세종실록에 따르면, 세종은 백성에게 주요 법률 내용을 이두문으로 번역 · 반포하여 관리의 법집행을 바르게 하고자 하였다.
④ 태종실록에 따르면, 「대명률(大明律)」을 해석하지 못해 법집행을 적절하게 하지 못한 관리들이 있었다.

18 다음 글의 내용과 일치하지 않는 것은?

저명한 경제학자 베어록(P. Bairoch)이 미국을 가리켜 근대적 보호주의의 모국이자 철옹성이라고 표현한 바 있듯이, 아마도 유치산업* 장려정책을 가장 열성적으로 시행한 국가는 미국일 것이다. 하지만 미국 학자들은 이 사실을 좀처럼 인정하지 않고 있으며, 일반 지식인들도 이 사실을 인식하지 못하는 듯하다. 유럽 산업혁명 연구의 권위자인 경제사학자 트레빌콕(C. Trevilcock)도 1879년에 시행된 독일의 관세인상에 대해 논평하면서 당시 '자유무역 국가인 미국'을 포함한 모든 국가들이 관세를 인상하고 있었다고 서술하고 있을 정도이다.

또 관세가 높은 것을 인정하는 경우에도 그것의 중요성은 폄하하는 경우가 많았다. 예를 들어 노벨경제학상 수상자인 노스(D. North)는 최근까지 미국 경제사에 관한 논문에서 관세에 대해 단 한 번 언급하였는데 그나마 관세는 미국의 산업 발전에 별 영향을 미치지 못했기 때문에 더 논의할 필요가 없다고 했다. 그는 구체적 근거를 제시하지도 않은 채 매우 편향적인 참고문헌을 인용하면서 "남북전쟁 이후 관세의 보호주의적 측면이 강화되었지만 관세가 제조업 성장에 상당한 영향을 주었다고 믿기는 의심스럽다."라고 주장하였다.

그러나 좀 더 세밀하고 공정하게 역사적 자료를 살펴보면 대부분의 신흥공업국들이 펴온 유치산업 보호정책이 미국의 산업과 과정에서 쉽게 발견되고 있고, 미국 경제발전에도 매우 중요한 영향을 끼쳤다는 것을 알 수 있다. 연방정부가 탄생하기 이전의 식민지 시대부터 국내산업의 보호는 미국 정부의 현안 문제였다. 영국은 식민지 국가들의 산업화를 바라지 않았고 그 목표를 달성하기 위한 정책들을 차분히 실행하였다. 미국이 독립을 맞이할 즈음 농업 중심의 남부는 모든 형태의 보호주의 정책에 반대하였지만 초대 재무장관인 해밀턴(A. Hamilton)으로 대표되는 제조업 중심의 북부는 보호주의 정책을 원하였다. 그리고 남북전쟁이 북부의 승리로 끝났다는 사실로부터 우리는 이후 미국 무역정책의 골격이 보호주의로 되었음을 어렵지 않게 추론해 낼 수 있다.

*유치산업 : 장래에는 성장이 기대되나 지금은 수준이 낮아 국가가 보호하지 아니하면 국제 경쟁에서 견딜 수 없는 산업

① 미국 학자들은 자국이 보호주의 정책을 통해서 경제성장을 달성하였다는 사실을 인정하려 하지 않는다.
② 남북전쟁에서 남부가 패배한 것은 자유무역 정책을 취했기 때문이다.
③ 미국의 경제발전이 자유무역 방식으로 이루어진 것만은 아니다.
④ 일반적으로 후발 산업국들은 유치산업 보호정책을 취하였다.

19 다음 글을 읽고, 주제로 알맞은 것은?

상업성에 치중한다는 이미지를 극복하기 위해 자사 브랜드를 의도적으로 노출하지 않는 '노 브랜드 콜라보레이션'이 도입되고 있다. 그 사례로 한 기업이 특정 예술 작품을 모티프로 한 기획전을 콜라보레이션 형태로 진행하되, 일반인은 기획전을 관람하면서도 직접적으로 해당 기업의 존재를 알아차리지 못하게 되는 경우를 들 수 있다. 이는 소비자들의 브랜드에 대한 긍정적인 인식이 반드시 구매라는 시장 반응으로 연결되지는 않는다는 한계를 소비자들의 감성에 호소하는 방법을 통해 극복하기 위한 하나의 대안이기도 하다.

① 콜라보레이션의 의의
② 콜라보레이션의 다양한 유형
③ 콜라보레이션의 개념과 기원
④ 노 브랜드 콜라보레이션의 도입과 그 이유

20 다음 글의 내용과 일치하는 것을 고르면?

'공인인증서의 기반이 되는 공개키기반구조(PKI), 기술표준 개발, 세계 최초 전자투표 도입, 스카이프(Skype), 미 국가안보국(NSA)에 보안 솔루션 납품' 유럽 발트해 연안에 있는 발트 3국 중 하나인 에스토니아를 설명하는 키워드다. 남한의 절반도 안 되는 면적에 인구가 130만 명뿐인 도시국가 규모의 에스토니아는 우리에게는 잘 알려지지 않은 정보기술(IT) 분야 선진국이다. 에스토니아가 IT강소국이 된 배경에는 정보화 교육이 있다. 에스토니아는 1990년대 말, 초등학교 1학년부터 정보화 교육을 실시해 왔다. 어릴 때부터 수학적 사고방식을 배양하고 프로그래밍, 로봇 등 IT에 흥미를 돋울 수 있는 과목들을 가르치고 있다.

① 에스토니아는 우리에게 잘 알려지지 않은 군사 강국이다.
② 정보화 교육은 에스토니아가 IT강소국이 되는 바탕이 되었다.
③ 인터넷 전화 '스카이프'는 스마트폰의 보급으로 자취를 감췄다.
④ 유럽연합(EU)의 정보기술본부 역시 에스토니아를 기반으로 하고 있다.

21 매월 A씨는 80,000원씩, B씨는 60,000원씩 은행에 적금을 넣는다. 현재 A씨는 840,000원, B씨는 180,000원을 저축되어 있다면 A씨의 적금 금액이 B씨의 적금 금액의 3배가 되는 때는 언제인가?

① 3개월 후
② 4개월 후
③ 5개월 후
④ 6개월 후

22 어떤 일을 끝마치는 데 강 대리와 방 대리는 각각 혼자하면 5시간, 8시간이 걸린다. 먼저 강 대리 혼자 2시간 동안 그 일을 한 후, 방 대리 혼자 남은 일을 끝마쳤다. 방 대리가 혼자 일한 시간은?

① $\frac{18}{5}$시간
② 3시간
③ 4시간
④ $\frac{24}{5}$시간

23 도영이는 주식 투자를 하여 원금의 40%를 손해 봤다. 손해를 본 시점에서 원금을 회복하려면, 대략 몇 %의 이익을 보아야 하는가?

① 약 60%
② 약 62.5%
③ 약 66.7%
④ 약 70%

[24~25] 다음은 도시별 인구와 컴퓨터 보유수를 나타낸 자료이다. 이를 토대로 다음 물음에 답하시오.

구 분	인구(만 명)	인구 100명당 컴퓨터 보유수(대)
A시	102	24
B시	80	15
C시	63	41
D시	45	30

24 컴퓨터 보유수가 가장 많은 도시와 가장 적은 도시를 순서대로 맞게 나열한 것은?

① A, B
② A, D
③ C, B
④ C, D

25 한 가구의 평균 가족 수를 4명이라고 할 때, 가구당 평균 1대 이상의 컴퓨터를 보유하고 있는 도시를 모두 고른 것은?

① C
② C, D
③ A, C, D
④ B, C, D

[26～27] 다음 〈표〉는 2024년 한 도시의 5개 구(區) 주민의 닭고기 소비량에 관한 자료이다. 〈표〉와 〈조건〉을 토대로 하여 물음에 알맞은 답을 고르시오.

〈표〉 5개 구 주민의 닭고기 소비량 통계

(단위 : kg)

구(區)	평균(1인당 소비량)	표준편차
A	(㉠)	5.0
B	(㉡)	4.0
C	30.0	6.0
D	12.0	4.0
E	(㉢)	8.0

※ 변동계수(%)$=\frac{\text{표준편차}}{\text{평균}}\times 100$

〈조건〉

- A구의 1인당 소비량과 B구의 1인당 소비량을 합하면 C구의 1인당 소비량과 같다.
- A구의 1인당 소비량과 D구의 1인당 소비량을 합하면 E구 1인당 소비량의 2배와 같다.
- E구의 1인당 소비량은 B구의 1인당 소비량보다 6.0kg 더 많다.

26 다음 중 ㉠~㉢에 해당하는 1인당 닭고기 소비량(kg)을 바르게 연결한 것은?

	㉠	㉡	㉢
①	10	20	26
②	14	16	22
③	16	14	20
④	20	10	16

27 변동계수가 가장 큰 구(區)와 가장 작은 구(區)를 모두 바르게 연결한 것은?

	변동계수가 가장 큰 구	변동계수가 가장 작은 구
①	B	A
②	E	C
③	B	C
④	E	A

28 다음 〈표〉는 산업재산권 유지를 위한 등록료에 관한 자료이다. 다음 중 권리 유지비용이 가장 많이 드는 것은?

〈표〉 산업재산권 등록료

(단위 : 원)

구분 권리		설정등록료 (1~3년분)	연차등록료						
			4~6 년차	7~9 년차	10~12 년차	13~15 년차	16~18 년차	19~21 년차	22~25 년차
특허권	기본료	81,000	매년 60,000	매년 120,000	매년 240,000	매년 480,000	매년 960,000	매년 1,920,000	매년 3,840,000
	가산료(청구범위의 1항마다)	54,000	매년 25,000	매년 43,000	매년 55,000	매년 68,000	매년 80,000	매년 95,000	매년 120,000
실용 신안권	기본료	60,000	매년 40,000	매년 80,000	매년 160,000	매년 320,000	−		
	가산료(청구범위의 1항마다)	15,000	매년 10,000	매년 15,000	매년 20,000	매년 25,000			
디자인권		75,000	매년 35,000	매년 70,000	매년 140,000	매년 280,000	−		
상표권		211,000(10년분)	10년 연장 시 256,000						

※ 권리 유지비용은 설정등록료와 연차등록료의 합으로 구성됨.

※ 특허권, 실용신안권의 기본료는 청구범위의 항 수와는 무관하게 부과되는 비용임. 예를 들어, 청구범위가 1항인 경우 기본료와 1항에 대한 가산료가 부과됨.

① 청구범위가 1항인 특허권에 대한 4년간의 권리 유지

② 청구범위가 3항인 실용신안권에 대한 5년간의 권리 유지

③ 한 개의 디자인권에 대한 6년간의 권리 유지

④ 한 개의 상표권에 대한 10년간의 권리 유지

29 표준 업무시간이 80시간인 업무를 각 부서에 할당해 본 결과, 다음과 같은 〈표〉를 얻었다. 어느 부서의 업무효율이 가장 높은가?

〈표〉 부서별 업무시간 분석결과

부서명	투입인원(명)	개인별 업무시간(시간)	회 의	
			횟수(회)	소요시간(시간/회)
A	2	41	3	1
B	3	30	2	2

C	4	22	1	4
D	4	17	3	2

※ 1) 업무효율 $=\frac{\text{표준업무시간}}{\text{총 투입시간}}$

2) 총 투입시간은 개인별 투입시간의 합임.

개인별 투입시간 = 개인별 업무시간 + 회의 소요시간

3) 부서원은 업무를 분담하여 동시에 수행할 수 있음.

4)투입된 인원의 개인별 업무능력과 인원당 소요시간이 동일하다고 가정함.

① A부서　② B부서

③ C부서　④ D부서

[30～31] 다음 〈표〉는 임차인 A～E의 전 · 월세 전환 현황에 대한 자료이다. 물음에 알맞은 답을 고르시오.

〈표〉 임차인 A～E의 전 · 월세 전환 현황

(단위 : 만원)

임차인	전세금	월세보증금	월세
A	(　　)	25,000	50
B	42,000	30,000	60
C	60,000	(　　)	70
D	38,000	30,000	80
E	58,000	53,000	(　　)

※ 전 · 월세 전환율(%) $=\frac{\text{월세}\times 12}{\text{전세금}-\text{월세보증금}}\times 100$

30 다음 중 B와 D의 전 · 월세 전환율을 모두 바르게 연결한 것은?

	B의 전 · 월세 전환율	D의 전 · 월세 전환율
①	6%	12%
②	6%	10%
③	8%	12%
④	8%	10%

31 다음 〈보기〉의 설명 중 옳은 것만을 모두 고르면?

보기

㉠ A의 전 · 월세 전환율이 6%라면, 전세금은 3억원이다.
㉡ C의 전 · 월세 전환율이 3%라면, 월세보증금은 3억 2천만원이다.
㉢ E의 전 · 월세 전환율이 12%라면, 월세는 50만원이다.

① ㉠ ② ㉢
③ ㉠, ㉡ ④ ㉡, ㉢

32 다음은 2011~2014년 주택건설 인허가 실적에 대한 〈보고서〉이다. 〈보고서〉의 내용을 작성하는 데 직접적인 근거로 활용되지 않은 자료는?

〈보고서〉

㉠ 2014년 주택건설 인허가 실적은 전국 51.5만호(수도권 24.2만호, 지방 27.3만호)로 2013년(44.1만호) 대비 16.8% 증가하였다. 이는 당초 계획(37.4만호)에 비하여 증가한 것이지만, 2014년의 인허가 실적은 2011년 55.0만호, 2012년 58.6만호, 2013년 44.1만호 등 3년 평균(2011~2013년, 52.6만호)에 미치지 못하였다.

㉡ 2014년 아파트의 인허가 실적(34.8만호)은 2013년 대비 24.7% 증가하였다. 아파트 외 주택의 인허가 실적(16.7만호)은 2013년 대비 3.1% 증가하였으나, 2013년부터 도시형생활주택 인허가 실적이 감소하면서 3년 평균(2011~2013년, 18.9만호) 대비 11.6% 감소하였다.

㉢ 2014년 공공부문의 인허가 실적(6.3만호)은 일부 분양물량의 수급 조절에 따라 2013년 대비 21.3% 감소하였으며, 3년 평균(2011~2013년, 10.2만호) 대비로는 38.2% 감소하였다. 민간부문(45.2만호)은 2013년 대비 25.2% 증가하였으며, 3년 평균(2011~2013년, 42.4만호) 대비 6.6% 증가하였다.

㉣ 2014년의 소형(60m^{2}이하), 중형(60m^{2}초과 85m^{2}이하), 대형(85m^{2}초과) 주택건설 인허가 실적은 2013년 대비 각각 1.2%, 36.4%, 4.9% 증가하였고, 2014년 85m^{2}이하 주택건설 인허가 실적의 비중은 2014년 전체 주택건설 인허가 실적의 약 83.5%이었다.

① 지역별 주택건설 인허가 실적 및 증감률

(단위 : 만호, %)

구분	2013년	3년 평균(2011~2013)	2014년		
				전년대비 증감률	3년 평균 대비 증감률
전국	44.1	52.6	51.5	16.8	−2.1
수도권	19.3	24.5	24.2	25.4	−1.2
지방	24.8	28.1	27.3	10.1	−2.8

② 2011~2013년 지역별 주택건설 인허가 실적

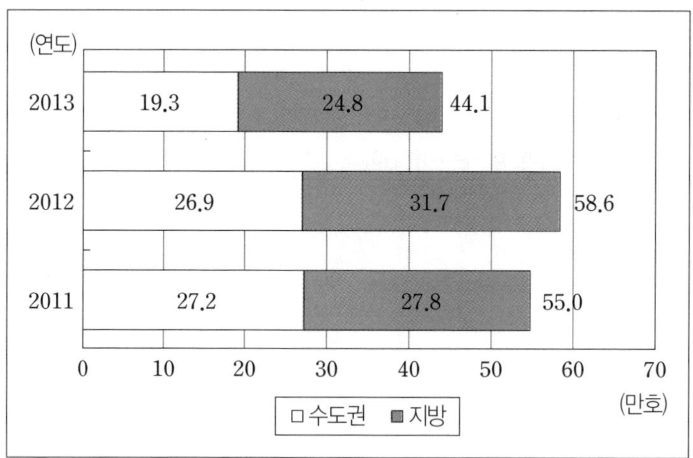

③ 건설 주체별 · 규모별 주택건설 인허가 실적 및 증감률

(단위 : 만호, %)

구분		2013년	3년 평균 (2011~2013)	2014년		
					전년대비 증감률	3년 평균 대비 증감률
건설 주체	공공부문	8.0	10.2	6.3	−21.3	−38.2
	민간부문	36.1	42.4	45.2	25.2	6.6
규모	60m²이하	17.3	21.3	17.5	1.2	−17.8
	60m²초과 85m²이하	18.7	21.7	25.5	36.4	17.5
	85m²초과	8.1	9.6	8.5	4.9	−11.5

④ 공공임대주택 공급 실적 및 증감률

(단위 : 만호, %)

구분	2013년	3년 평균 (2011~2013)	2014년		
				전년대비 증감률	3년 평균 대비 증감률
영구 · 국민	2.7	2.3	2.6	−3.7	13.0
공공	3.1	2.9	3.6	16.1	24.1
매입 · 전세	3.8	3.4	3.4	−10.5	0.0

33 다음 〈표〉는 농산물 도매시장의 품목별 조사단위당 가격에 대한 자료이다. 이를 이용하여 작성한 그래프로 옳지 않은 것은?

〈표〉 품목별 조사단위당 가격

(단위 : kg, 원)

구분	품목	조사 단위	조사단위당 가격		
			금일	전일	전년 평균
곡물	쌀	20	52,500	52,500	47,500
	찹쌀	60	180,000	180,000	250,000
	검정쌀	30	120,000	120,000	106,500
	콩	60	624,000	624,000	660,000
	참깨	30	129,000	129,000	127,500
채소	오이	10	23,600	24,400	20,800
	부추	10	68,100	65,500	41,900
	토마토	10	34,100	33,100	20,800
	배추	10	9,500	9,200	6,200
	무	15	8,500	8,500	6,500
	고추	10	43,300	44,800	31,300

① 쌀, 찹쌀, 검정쌀의 조사단위당 가격

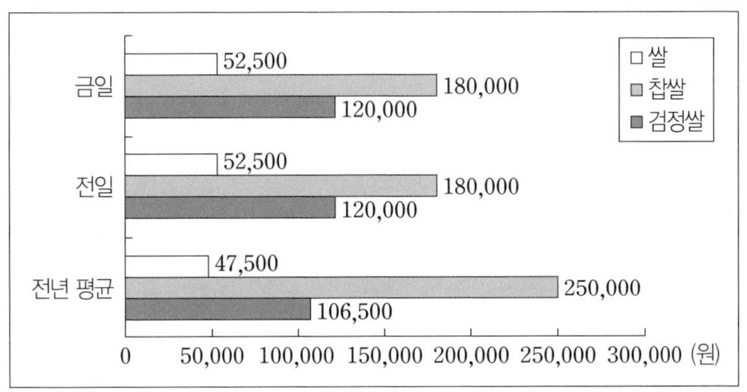

② 채소의 조사단위당 전일가격 대비 금일가격 등락액

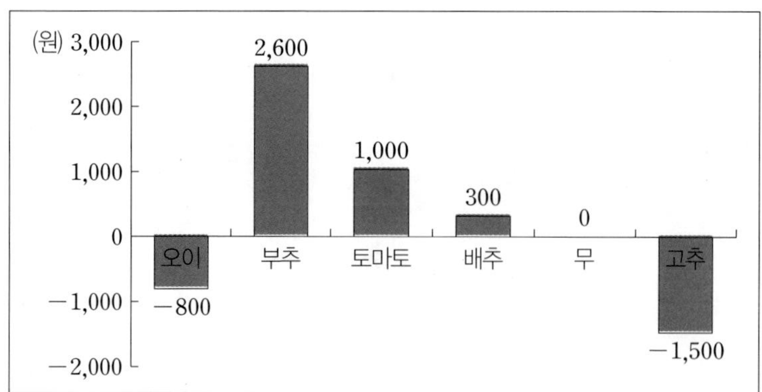

③ 채소 1kg당 금일가격

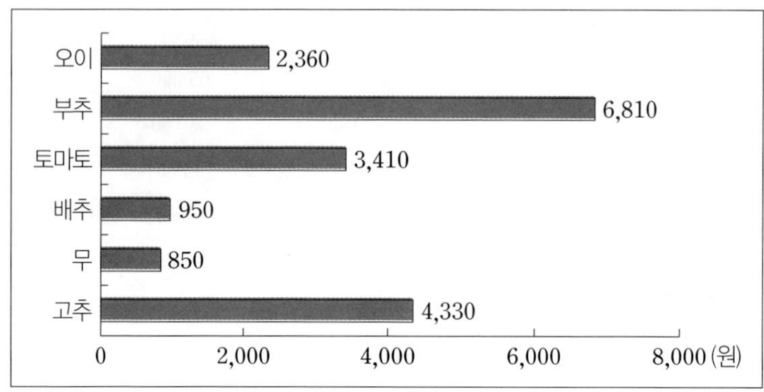

④ 곡물 1kg당 금일가격

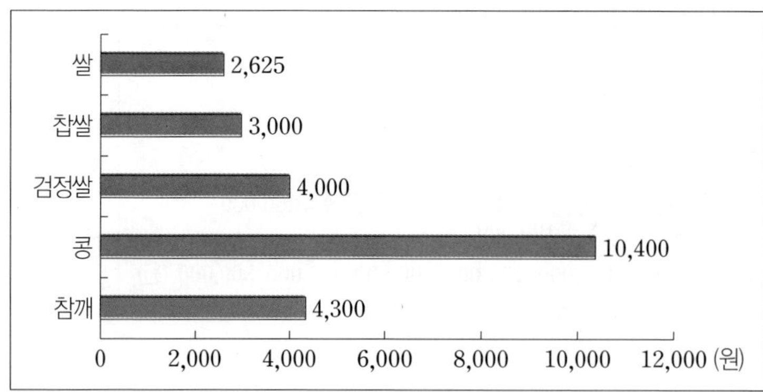

[34~35] 다음 표는 2024년 1월 1일 오후 3시에서 4시까지 서울 영등포구의 대형 마트 3곳을 방문한 고객의 연령대별 비율과 총고객수를 각각 조사한 것이다. 이를 토대로 다음 물음에 알맞은 답을 고르시오.

구 분	10대 이하 고객	20대 고객	30대 고객	40대 고객	50대 이상 고객	총고객수
A마트	7%	25%	28%	22%	18%	1,500명
B마트	4%	12%	39%	24%	21%	2,000명
C마트	11%	26%	27%	20%	16%	(　　)명

34 A마트를 방문한 30대 미만의 고객수는 동일 동시간대에 B마트를 방문한 30대 미만 고객수의 몇 배인가?

① 1.09배　② 1.2배
③ 1.5배　④ 1.8배

35 2024년 1월 1일 오후 3시에서 4시 사이에 C마트를 방문한 40대 고객의 수가 동일 동시간대 A마트를 방문한 50대 이상의 고객수의 2배라 할 때 표의 (　　)안에 가장 적합한 것은?

① 2,500명　② 2,700명
③ 2,800명　④ 3,000명

[36~37] 다음 글을 읽고 물음에 알맞은 답을 고르시오.

A국과 B국은 대기오염 정도를 측정하여 통합지수를 산정하고 이를 바탕으로 경보를 한다.

A국은 5가지 대기오염 물질 농도를 각각 측정하여 대기환경지수를 산정하고, 그 평균값을 통합지수로 한다. 통합지수의 범위에 따라 호흡 시 건강에 미치는 영향이 달라지며, 이를 기준으로 그 등급을 아래와 같이 6단계로 나눈다.

〈A국 대기오염 등급 및 경보기준〉

등급	좋음	보통	민감군에게 해로움	해로움	매우 해로움	심각함
통합지수	0~50	51~100	101~150	151~200	201~300	301~500
경보색깔	초록	노랑	주황	빨강	보라	적갈
행동지침	외부활동 가능		외부활동 자제			

※ 민감군 : 노약자, 호흡기 환자 등 대기오염에 취약한 사람

B국은 A국의 5가지 대기오염 물질을 포함한 총 6가지 대기오염 물질의 농도를 각각 측정하여 대기환경지수를 산정하고, 이 가운데 가장 높은 대기환경지수를 통합지수로 사용한다. 다만 오염물질별 대기환경지수 중 101 이상인 것이 2개 이상일 경우에는 가장 높은 대기환경지수에 20을 더하여 통합지수를 산정한다. 통합지수는 그 등급을 아래와 같이 4단계로 나눈다.

〈B국 대기오염 등급 및 경보기준〉

등급	좋음	보통	나쁨	매우 나쁨
통합지수	0~50	51~100	101~250	251~500
경보색깔	파랑	초록	노랑	빨강
행동지침	외부활동 가능		외부활동 자제	

36 **A국의 5가지 대기오염 물질의 대기환경지수가 각각 '80, 50, 110, 90, 70'이고, B의 대기환경지수 산정에서 추가된 대기오염 물질의 대기환경지수가 '110'이라 할 때, A국과 B국의 통합지수를 모두 맞게 연결한 것은?**

	A국 통합지수	B국 통합지수
①	80	85
②	110	105
③	110	110
④	80	130

37 다음 〈보기〉에서 옳은 설명을 모두 맞게 고른 것은?

보기

㉠ A국과 B국의 통합지수가 동일하더라도, 각 대기오염 물질의 농도는 다를 수 있다.
㉡ A국이 대기오염 등급을 '해로움'으로 경보한 경우, 그 정보만으로는 특정 대기오염 물질 농도에 대한 정확한 수치를 알 수 없다.
㉢ B국 국민이 A국에 방문하여 경보색깔이 노랑인 것을 확인하였다면, B국의 경보기준을 따를 때 외부 활동이 가능하다.

① ㉠, ㉡
② ㉠, ㉢
③ ㉡, ㉢
④ ㉠, ㉡, ㉢

[38～39] 다음의 표는 지하층이 없고 건물마다 각 층의 바닥 면적이 동일한 건물 A, B, C, D의 건물 정보를 나타낸 것이다. 여기서 건축면적은 건물 1층의 바닥 면적을 말하며, 연면적은 건물의 각 층 바닥 면적의 총합을 말한다. 이 정보를 토대로 다음에 물음에 알맞은 답을 고르시오.

건물명	건폐율(%)	대지면적(m^2)	연면적(m^2)
A	50	300	600
B	60	300	
C	60	200	720
D	50	200	800

※건폐율(%)=(건축면적÷대지면적)×100

38 건물 A와 D의 층수를 합하면 얼마인가?

① 6층
② 8층
③ 10층
④ 12층

39 건물 B와 C의 층수가 같다고 할 때, 건물 B의 연면적은 얼마인가?

① 1,240m^2
② 1,080m^2
③ 960m^2
④ 800m^2

40 K은행의 고객인 갑은 자신의 예금상품이 만기가 되어 은행을 방문하였다. 다음의 조건을 토대로 할 때, 갑이 K은행으로부터 수령할 수 있는 이자는 얼마인가?

〈가입 상품의 조건〉

- 상품명 : K은행 행복한 예금상품
- 가입자 : 갑(본인)
- 계약기간 : 24개월
- 저축금액 : 2천만원
- 저축방법 : 거치식
- 이자지급방식 : 만기일시지급, 단리식
- 기본이자율(계약당시, 세전)

1개월	6개월	12개월	24개월	36개월	48개월
0.5%	1%	1.3%	1.6%	1.8%	1.9%

- 우대금리(세전)
  - 계약당시 자신이 세운 목표 또는 꿈을 성취했을 경우 : 0.1%
  - 본인의 추천으로 타인이 해당 상품을 가입한 경우 : 0.05%
  - 타인의 추천으로 해당 상품을 본인이 가입한 경우 : 0.05%
- 기타 사항
  - 갑은 지인의 추천으로 해당 상품을 가입함.
  - 해당 상품 계약 시 세운 목표를 성취하여 은행이 이를 확인함.
  - 해당 상품에서 발생하는 이자는 15%가 과세됨.

① 272,000원 ② 280,500원
③ 289,000원 ④ 297,500원

41 다음 〈상황〉과 〈표〉를 근거로 판단할 때, 여섯 사람이 서울을 출발하여 대전에 도착할 수 있는 가장 이른 예정시각은?(단, 다른 조건은 고려하지 않는다)

〈상황〉

○○증권의 동기 6명은 연수에 참가하기 위해 같은 고속버스를 타고 함께 대전으로 가려고 한다. 고속버스터미널에는 은행, 편의점, 화장실, 패스트푸드점, 서점 등이 있다.

다음은 고속버스터미널에 도착해서 나눈 대화내용이다.

A : 버스표를 사야하니 저쪽 은행에 가서 현금을 찾아올게.

B : 그럼 그 사이에 난 잠깐 저쪽 편의점에서 간단히 먹을 김밥이라도 사올게.

C : 그럼 난 잠깐 화장실에 다녀올게. 그리고 저기 보이는 패스트푸드점에서 햄버거라도 사와야겠어. 너무 배고프네.
D : 나는 버스에서 읽을 책을 서점에서 사야지. 그리고 화장실도 들러야겠어.
E : 그럼 난 여기서 F랑 기다리고 있을게.
F : 지금이 오전 11시 50분이니까 다들 각자 볼일 마치고 빨리 돌아와.

각 시설별 이용 소요시간은 은행 30분, 편의점 10분, 화장실 20분, 패스트푸드점 25분, 서점 20분이다.

〈표〉

서울 출발 시각	대전 도착 예정시각	잔여좌석 수
12:00	14:00	7
12:15	14:15	12
12:30	14:30	9
12:45	14:45	5
13:00	15:00	10
13:20	15:20	15
13:40	15:40	6
14:00	16:00	8
14:15	16:15	21

① 14:15
② 14:45
③ 15:00
④ 15:20

42 다음 글을 근거로 판단할 때 ○○년 9월 1일의 요일은?

○○년 8월의 첫날 팀장 A는 LPG 원료비 변동예측에 관한 보고서를 이달 내에 제출하라고 B에게 지시하였다. B는 8월의 마지막 금요일인 네 번째 금요일에 보고서를 제출하려 하였으나, A팀장의 외근으로 제출하지 못했고, 8월의 마지막 월요일인 네 번째 월요일에 제출하였다.

※ 날짜는 양력 기준

① 화요일
② 수요일
③ 목요일
④ 금요일

[43~44] 다음 글을 근거로 하여 물음에 알맞은 답을 고르시오.

甲은 〈가격표〉를 참고하여 〈조건〉에 따라 동네 치킨 가게(A~D)에서 치킨을 배달시켰다.

〈조건〉

조건1. 프라이드치킨, 양념치킨, 간장치킨을 한 마리씩 주문한다.

조건2. 동일한 가게에 세 마리를 주문하지 않는다.

조건3. 주문금액(치킨 가격+배달료)의 총 합계가 최소가 되도록 한다.

〈가격표〉

(단위 : 원)

동네 치킨 가게	치킨 가격 (마리당 가격)			배달료	배달가능 최소금액
	프라이드 치킨	양념 치킨	간장 치킨		
A	7,000	8,000	9,000	0	10,000
B	7,000	7,000	10,000	2,000	5,000
C	5,000	8,000	8,000	1,000	7,000
D	8,000	8,000	8,000	1,000	5,000

※ 배달료는 가게당 한 번만 지불한다.

43 제시된 〈조건〉에 따라 주문할 때, 주문이 가능한 조합은 모두 몇 개인가?

① 1가지
② 2가지
③ 3가지
④ 4가지

44 제시된 〈조건〉과 〈가격표〉를 고려할 때, 다음 〈보기〉의 내용 중 옳은 것을 모두 고르면?

보기

㉠ A가게에는 주문하지 않았다.

㉡ 총 주문금액은 23,000원이며, '조건 2'를 고려하지 않는다면 총 주문금액은 22,000원이다.

㉢ B가게가 휴업한 경우 총 주문금액은 달라지게 된다.

① ㉠
② ㉡
③ ㉠, ㉡
④ ㉡, ㉢

45 한 해의 43번째 수요일은 어느 달에 속하는가?

① 9월 ② 10월
③ 11월 ④ 12월

[46～47] 다음 〈조건〉과 〈7월 날씨〉를 근거로 하여 물음에 알맞은 답을 고르시오.

〈조건〉

- 날씨 예측 점수는 매일 다음과 같이 부여한다.

실제 \ 예측	맑음	흐림	비
맑음	10점	6점	0점
흐림	4점	10점	6점
비	0점	2점	10점

- 한 주의 주중(월～금) 날씨 예측 점수의 평균은 매주 5점 이상이다.
- 7월 1일부터 19일까지 요일별 날씨 예측 점수의 평균은 다음과 같다.

요일	월	화	수	목	금
날씨 예측 점수 평균	7점 이하	5점 이상	7점 이하	5점 이상	7점 이하

〈7월 날씨〉

구분	월	화	수	목	금	토	일
날짜			1	2	3	4	5
예측			맑음	흐림	맑음	비	흐림
실제			맑음	맑음	흐림	흐림	맑음
날짜	6	7	8	9	10	11	12
예측	맑음	흐림	맑음	맑음	맑음	흐림	흐림
실제	흐림	흐림	(　)	맑음	흐림	비	흐림
날짜	13	14	15	16	17	18	19
예측	비	비	흐림	비	비	흐림	흐림
실제	맑음	맑음	흐림	(　)	비	흐림	비

※ 위 달력의 같은 줄을 한 주로 한다.

46 다음 중 7월 8일의 실제 날씨로 가장 알맞은 것은?

① 맑음
② 흐림
③ 비
④ 맑음 또는 흐림

47 다음 중 7월 16일의 실제 날씨로 가장 알맞은 것은?

① 맑음
② 흐림
③ 비
④ 비 또는 흐림

48 다음의 글과 〈상황〉을 근거로 판단할 때, '을'이 차순위매수신고를 하기 위해서는 '을'의 매수신고액이 최소한 얼마를 넘어야 하는가?

> 법원이 진행하는 부동산 경매를 통해 부동산을 매수하려는 사람은 법원이 정한 해당 부동산의 '최저가매각가격' 이상의 금액을 매수가격으로 하여 매수신고를 하여야 한다. 이때 신고인은 최저가매각가격의 10분의 1을 보증금으로 납부하여야 입찰에 참가할 수 있다. 법원은 입찰자 중 최고가매수가격을 신고한 사람(최고가매수신고인)을 매수인으로 결정하며, 매수인은 신고한 매수가격(매수신고액)에서 보증금을 공제한 금액을 지정된 기일까지 납부하여야 한다. 만일 최고가매수신고인이 그 대금을 기일까지 납부하지 않으면, 최고가매수신고인 외의 매수신고인은 자신이 신고한 매수가격대로 매수를 허가하여 달라는 취지의 차순위매수신고를 할 수 있다. 다만 차순위매수신고는 매수신고액이 최고가매수신고액에서 보증금을 뺀 금액을 넘어야 할 수 있다.
>
> 〈상황〉
>
> 갑과 을은 법원이 최저가매각가격을 3억 원으로 정한 A주택의 경매에 입찰자로 참가하였다. 갑은 매수가격을 3억 5천만 원으로 신고하여 최고가매수신고인이 되었다. 그런데, 갑이 지정된 기일까지 대금을 납부하지 않았다.

① 3천만 원
② 2억 7천만 원
③ 3억 원
④ 3억 2천만 원

49 다음은 한 관광회사에서 〈관광지 운영 및 이동시간〉과 〈조건〉을 근거로 하여 일일 관광패키지를 구성하려고 한다. 아래 〈보기〉에서 옳은 것만을 모두 고르면?

〈관광지 운영 및 이동시간〉

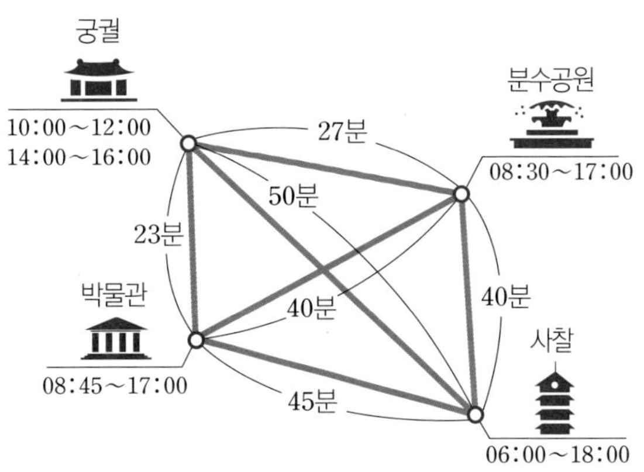

〈조건〉

- 하루에 4개 관광지를 모두 한 번씩 관광한다.
- 각 관광에 소요되는 시간은 2시간이며, 관광지 운영시간 외에는 관광할 수 없다.
- 궁궐에서는 가이드투어만 가능하다. 가이드투어는 10시와 14시에 시작하며, 시작 시각까지 도착하지 못하면 가이드투어를 할 수 없다.

※ 식사 및 휴식시간은 없는 것으로 가정한다.

보기

㉠ 사찰에서부터 관광을 시작해야 한다.
㉡ 박물관과 분수공원의 관광 순서가 바뀌어도 무방하다.
㉢ 마지막 관광을 종료하는 시각은 16시 30분 이후이다.

① ㉠
② ㉢
③ ㉠, ㉡
④ ㉠, ㉡, ㉢

50 다음 글의 내용이 참일 때, 한국수력원자력에서 직원으로 채용할 수 있는 지원자들의 최대 인원은?

> 금년도 직원 채용시 한국수력원자력(한수원)에서 요구하는 자질은 지식의 전문성, 안전 의식, 사회적 책임감, 투철한 윤리 의식이다. 한수원은 이 네 가지 자질 중 적어도 세 가지 자질을 지닌 사람을 채용할 것이다. 지원자는 갑, 을, 병, 정이다. 이 네 사람이 지닌 자질을 평가했고 다음과 같은 정보가 주어졌다.
>
> (가) 갑이 지닌 자질과 정이 지닌 자질 중 적어도 두 개는 일치한다.
> (나) 사회적 책임감은 병만 가진 자질이다.
> (다) 만약 지원자가 사회적 책임감의 자질을 지녔다면, 그는 안전 의식이라는 자질도 지닌다.
> (라) 안전 의식의 자질을 지닌 지원자는 한 명이다.
> (마) 갑, 병, 정은 지식의 전문성이라는 자질을 지니고 있다.

① 0명　② 1명
③ 2명　④ 3명

51 다음의 A, B, C, D가 퇴직할 때 받게 되는 연금액수는 근무연수와 최종평균보수월액에 의해 결정된다. 아래의 〈연금액수 산출방법〉을 따를 때 〈보기〉의 예상 중 옳은 것으로 묶은 것은?(다만, 연금은 본인에게만 지급되며 물가는 변동이 없다고 가정한다.)

> **〈연금액수 산출방법〉**
> 연금액수 산출방법에는 월별연금 지급방식과 일시불연금 지급방식이 있다.
> (1) 월별연금지급액＝최종평균보수월액×{0.5＋0.02×(근무연수－20)}
> (다만, 월별연금지급액은 최종평균보수월액의 80%를 초과할 수 없다.)
> (2) 일시불연금지급액＝(최종평균보수월액×근무연수×2)＋{최종평균보수월액×(근무연수－5)×0.1}

〈표〉 퇴직자 연금액수 산출자료

퇴직자	근무연수(년)	최종평균보수월액(만원)
A	20	100
B	35	100
C	37	100
D	10	200

보기

㉠ A의 일시불연금지급액은 D의 일시불연금지급액보다 많을 것이다.
㉡ A가 100개월밖에 연금을 받을 수 없다면 월별연금보다 일시불연금을 선택하는 것이 유리할 것이다.
㉢ B가 C보다 월별연금지급액을 4만원 더 받게 될 것이다.
㉣ D가 월급에 변화없이 10년을 더 근무한다면 D의 일시불연금지급액은 현재 받을 수 있는 일시불연금 지급액의 두 배가 넘을 것이다.

① ㉠, ㉡
② ㉠, ㉣
③ ㉡, ㉢
④ ㉡, ㉣

52 다음은 철강 수급난을 해결하기 위해 제시된 〈정책 대안〉과 각 대안의 〈수립 근거〉이다. 대안과 근거를 모두 옳게 연결한 것은?

〈정책 대안〉
A. 수급 불안정이나 가격 인상 요인 등을 종합 · 검토하여 조기 경보 체제 수립
B. 철강 대리점의 사재기 행위에 대한 집중 단속뿐만 아니라 생산자와 공급자 사이의 직거래를 강화
C. 철강재 총수요의 일정 부분을 해외에서 조달할 수 있도록 수입선 확보
D. 고철 종합단지 조성 등 낙후한 고철 유통망에 대한 제도적 지원을 통하여 고철의 수급 안정 추구

〈수립 근거〉
㉠ 철강재의 수급 불안정이 가시화되고 가격 인상이 발생한 이후에는 수급 안정 대책의 효과가 적다.
㉡ 철강재에 대한 공급원 다변화는 철강재의 안정적 공급과 가격 안정을 도모한다.
㉢ 국내 철강재 시장이 고철 가격의 변화에 의해 영향을 받는다.
㉣ 철강재의 경우 복잡한 유통단계를 거쳐 거래가 이루어지고, 이러한 철강재 유통시장의 불투명성과 정보의 부족이 가격 상승을 유발한다.

	(A)	(B)	(C)	(D)
①	㉠	㉡	㉢	㉣
②	㉠	㉣	㉡	㉢
③	㉡	㉠	㉣	㉢
④	㉡	㉣	㉠	㉢

53 다음의 〈표〉와 같은 두 가지 투자계획이 있다. 이를 토대로 판단할 때 타당한 것을 〈보기〉에서 모두 고르면?

〈표〉 투자계획별 비용과 수익

(단위 : 만 원)

투자계획	현재투자비용	1년 후 수익(현재투자비용＋순수익)
X	2,000	2,160
Y	200	240

※ 다만, 각 투자계획은 1년 후 종료되며 중복투자는 불가능하다.
※ 세금 등 다른 비용은 없는 것으로 한다.

보기

㉠ 투자계획에 투자하는 대신 같은 기간 은행에 예금했을 경우 이자율이 연 6%라고 가정한다면, 투자계획 X는 은행예금보다 바람직하지 않을 것이다.
㉡ 투자계획에 투자하는 대신 같은 기간 은행에 예금했을 경우 이자율이 연 15%라고 가정한다면, 투자계획 Y를 채택하는 것이 은행예금보다 바람직할 것이다.
㉢ 기간당 수익률만을 비교하면, 투자계획 Y가 X보다 바람직하다.
㉣ 각각의 투자계획에 필요한 자금 전액을 연 6%의 이자로 빌릴 수 있다고 가정할 때 기간당 순수익이 큰 것을 선택한다면, 투자계획 X와 Y 중에서 Y를 선택하게 될 것이다.

① ㉠, ㉡
② ㉡, ㉢
③ ㉢, ㉣
④ ㉠, ㉡, ㉣

54 '갑'은 어느 날 밤 A회사의 택시가 사고를 내고 도주하는 것을 목격하고 그 택시 색깔을 파란색으로 판정하였다. '갑'이 야간에 초록색과 파란색을 구분하는 능력에 관한 실험 결과인 다음 〈표〉를 이용할 때, 이에 대한 〈보기〉의 설명 중 옳은 것을 모두 고르면?(단, A회사 택시는 총 500대로, 400대는 초록색, 나머지 100대는 파란색이다.)

〈표〉 '갑'이 야간에 색깔을 구분하는 능력에 관한 실험 결과

(단위 : 회)

'갑'의 판정 / 실제 택시 색깔	초록색	파란색	합
초록색	64	16	80
파란색	4	16	20
계	68	32	100

보기

㉠ 사고 현장에서 '갑'이 목격한 택시가 실제 파란색일 확률은 0.5이다.
㉡ 실험에서 '갑'이 초록색으로 판정한 택시가 실제 초록색일 확률은 0.9 이상이다.
㉢ '갑'의 판정 능력에 변함이 없다는 가정 하에, A회사의 초록색 택시가 300대이고 파란색 택시가 200대였다면 사고에 대한 '갑'의 판정이 맞을 확률은 높아진다.

① ㉠
② ㉢
③ ㉠, ㉡
④ ㉠, ㉡, ㉢

55 '갑'은 2024년 2월 14일 A지역에 위치한 B지점에 한 식물을 파종하였다. 다음 〈조건〉과 〈표〉를 근거로 할 때, 이 식물의 발아예정일로 옳은 것은?

〈조건〉

- A지역 기온측정 기준점의 고도는 해발 50m이고, B지점의 고도는 해발 650m이다.
- A지역의 날씨는 지점에 관계없이 동일하나, 기온은 고도에 의해서 변한다. 지점의 고도가 10m 높아질 때마다 기온은 0.1℃씩 낮아진다.
- 발아예정일 산정방법
  1) 파종 후, 일 최고기온이 3℃ 이상인 날이 연속 3일 이상 존재한다.
  2) 1)을 만족한 날 이후, 일 최고기온이 0℃ 이하인 날이 1일 이상 존재한다.
  3) 2)를 만족한 날 이후, 일 최고기온이 3℃ 이상인 날이 존재한다.
  4) 발아예정일은 3)을 만족한 최초일에 6일을 더한 날이다. 단, 1)을 만족한 최초일 다음날부터 3)을 만족한 최초일 사이에 일 최고기온이 0℃ 이상이면서 비가 온 날이 있다면 그 날 수만큼 발아예정일이 앞당겨진다.

〈표〉 2024년 A지역의 날씨 및 기온측정 기준점의 일 최고기온

날짜	일 최고기온(℃)	날씨	날짜	일 최고기온(℃)	날씨
2월 15일	3.8	맑음	3월 6일	7.9	맑음
2월 16일	3.3	맑음	3월 7일	8.0	비
2월 17일	2.7	흐림	3월 8일	5.8	비
2월 18일	4.0	맑음	3월 9일	6.5	맑음
2월 19일	4.9	흐림	3월 10일	5.3	흐림
2월 20일	5.2	비	3월 11일	4.8	맑음
2월 21일	8.4	맑음	3월 12일	6.8	맑음
2월 22일	9.1	맑음	3월 13일	7.7	흐림

2월 23일	10.1	맑음	3월 14일	8.7	맑음
2월 24일	8.9	흐림	3월 15일	8.5	비
2월 25일	6.2	비	3월 16일	6.1	흐림
2월 26일	3.8	흐림	3월 17일	5.6	맑음
2월 27일	0.2	흐림	3월 18일	5.7	비
2월 28일	0.5	맑음	3월 19일	6.2	흐림
2월 29일	7.6	맑음	3월 20일	7.3	맑음
3월 1일	7.8	맑음	3월 21일	7.9	맑음
3월 2일	9.6	맑음	3월 22일	8.6	흐림
3월 3일	10.7	흐림	3월 23일	9.9	맑음
3월 4일	10.9	맑음	3월 24일	8.2	흐림
3월 5일	9.2	흐림	3월 25일	11.8	맑음

① 2024년 3월 19일 ② 2024년 3월 23일
③ 2024년 3월 27일 ④ 2024년 3월 29일

56 다음 글을 근거로 판단할 때, 〈보기〉에서 옳은 것만을 모두 고르면?(단, 주어진 조건 외에 다른 조건은 고려하지 않는다)

A회사의 모든 직원이 매일 점심 식사 후 요일별로 제공되는 빵을 먹었다. 직원 가운데 갑, 을, 병, 정 네 사람은 빵에 포함된 특정 재료로 인해 당일 알레르기 증상이 나타났다. A회사는 요일별로 제공된 빵의 재료와 갑, 을, 병, 정에게 알레르기 증상이 나타난 요일을 아래와 같이 표로 정리했으나, 화요일에 제공된 빵에 포함된 두 가지 재료가 확인되지 않았다. 갑, 을, 병, 정은 각각 한 가지 재료에 대해서만 알레르기 증상을 보였다.

구분	월	화	수	목	금
재료	밀가루, 우유	밀가루, ?, ?	옥수수가루, 아몬드, 달걀	밀가루, 우유, 달걀	밀가루, 우유, 달걀, 식용유
알레르기 증상 발생자	갑	갑, 정	을, 정	갑, 정	갑, 병, 정

※ 알레르기 증상은 발생한 당일 내에 사라진다.

보기

㉠ 갑이 알레르기 증상을 보인 것은 우유 때문이다.
㉡ 갑, 을, 병은 서로 다른 재료에 대하여 알레르기 증상을 보였다.
㉢ 화요일에 제공된 빵의 확인되지 않은 재료 중 한 가지는 달걀이다.
㉣ 만약 화요일에 제공된 빵에 포함된 재료 중 한 가지가 옥수수가루였다면, 을의 알레르기 증상은 달걀 때문이다.

① ㉠, ㉡
② ㉠, ㉣
③ ㉡, ㉢
④ ㉡, ㉣

57 **경제학과 교수 7명(A~G)은 다음 〈조건〉에 따라 새 학기 과목을 개설하려고 한다. 각 교수들의 강의 가능 과목이 〈보기〉와 같을 때 다음 중 옳지 않은 것은?**

〈조건〉
- 학과장인 C는 한 과목만 가르칠 수 있다.
- 학과장인 C는 일주일에 하루만 가르칠 수 있다.
- 학과장 이외의 다른 교수들은 모두 두 과목씩 가르쳐야 한다.
- 계량경제학과 경제학원론은 각각 적어도 두 강좌가 개설된다.
- 계량경제학은 이틀에 나누어서 강의하며, 경제학원론도 마찬가지다.
- 계량경제학과 경제학원론 이외에는 동일 과목이 동시에 개설될 수 없다.

보기

A : 경제학원론, 미시경제학, 경제사
B : 경제수학, 경제통계분석, 계량경제학
C : 경제사, 경제학원론, 계량경제학
D : 거시경제학, 경제학원론, 국제경제학
E : 미시경제학, 화폐금융론, 경제학원론
F : 거시경제학, 재정학, 재정정책
G : 계량경제학, 공공경제론, 경제통계분석

① 학과장은 경제사를 강의한다.
② 경제학원론은 최대 세 강좌가 개설될 수 있다.
③ 거시경제학과 재정학은 둘 다 개설될 수도 있다.
④ 국제경제학이 개설되면 거시경제학은 개설될 수 없다.

58 다음 〈규칙〉과 〈결과〉에 근거하여 판단할 때, '갑'과 '을' 중 승리한 사람과 '갑'이 사냥한 동물의 종류 및 수량으로 가능한 조합은?

〈규칙〉
- 이동한 거리, 채집한 과일, 사냥한 동물 각각에 점수를 부여하여 합계 점수가 높은 사람이 승리하는 게임이다.
- 게임시간은 1시간이며, 주어진 시간 동안 이동을 하면서 과일을 채집하거나 사냥을 한다.
- 이동거리 1미터 당 1점을 부여한다.
- 사과는 1개 당 5점, 복숭아는 1개 당 10점을 부여한다.
- 토끼는 1마리 당 30점, 여우는 1마리 당 50점, 사슴은 1마리 당 100점을 부여한다.

〈결과〉
- 갑의 합계점수는 1,590점이다. 갑은 과일을 채집하지 않고 사냥에만 집중하였으며, 총 1,400미터를 이동하는 동안 모두 4마리의 동물을 잡았다.
- 을은 총 1,250미터를 이동했으며, 사과 2개와 복숭아 5개를 채집하였다. 또한 여우를 1마리 잡고 사슴을 2마리 잡았다.

	승리한 사람	갑이 사냥한 동물의 종류 및 수량
①	갑	토끼 2마리와 여우 2마리
②	갑	토끼 3마리와 사슴 1마리
③	을	토끼 2마리와 여우 2마리
④	을	토끼 3마리와 여우 1마리

59 다음 〈표〉는 ○○은행의 직원 A~F의 성과평가점수에 관한 자료이다. 〈표〉와 〈조건〉을 이용하여 직원 A, B, D의 점수를 바르게 나열한 것은?

〈표〉 직원 A~F의 성과평가점수

(단위 : 점)

직원	A	B	C	D	E	F
점수	( )	( )	( )	( )	9	9

〈조건〉
- ○ 평가점수는 자연수이며, 최댓값은 10점이다.
- ○ 6명의 평균점수는 8.5점이다.
- ○ 직원 D의 점수는 직원 B보다 2점 높다.

ㅇ 직원 A의 점수는 직원 D보다 높다.
ㅇ 평가점수가 같은 직원은 C, E, F뿐이다.

	A	B	D
①	10	6	8
②	10	5	7
③	8	5	7
④	8	4	6

60 **다음은 소득불평등에 대한 인식 중 '소득동차성'에 관한 태도를 조사하기 위해 갑국과 을국의 대학생들에게 실시한 설문과 그에 대한 응답을 정리한 것이다. 〈보기〉의 설명 중 옳은 것을 모두 고르면?(단, 소득동차성은 '사회구성원의 소득이 모두 같은 비율로 증가하거나 감소하는 경우 소득불평등도에는 변화가 없다'라는 공리임)**

〈설문〉
문1) (5, 8, 10)의 소득분포가 (10, 16, 20)의 소득분포로 변하였을 경우
a. 불평등도는 증가하였다.
b. 불평등도는 불변이다.
c. 불평등도는 감소하였다.
문2) (5, 8, 10)의 소득분포가 (10, 13, 15)의 소득분포로 변하였을 경우
a. 불평등도는 증가하였다.
b. 불평등도는 불변이다.
c. 불평등도는 감소하였다.
문3) 사회구성원들의 소득이 서로 다른 상태에서 각 개인의 소득이 모두 두 배가 되었을 경우
a. 불평등도는 증가하였다.
b. 불평등도는 불변이다.
c. 불평등도는 감소하였다.
문4) 사회구성원들의 소득이 서로 다른 상태에서 각 개인에게 동일한 소득을 더해주었을 경우
a. 불평등도는 증가하였다.
b. 불평등도는 불변이다.
c. 불평등도는 감소하였다.

〈표〉 한국과 미국의 대학생들에게 실시한 설문조사 결과

구분	응답자 수(명)	문 1)			문 2)			문 3)			문 4)		
		a(%)	b(%)	c(%)	a(%)	b(%)	c(%)	a(%)	b(%)	c(%)	a(%)	b(%)	c(%)
갑국	691	47	22	31	11	19	70	41	30	29	7	41	52
을국	1,108	35	51	14	9	31	60	40	47	13	6	35	59

보기

㉠ 소득불평등에 대한 인식은 국가에 따라 달라질 수 있다.

㉡ 모든 구성원의 소득이 같은 비율로 증가하는 경우 갑국 대학생들은 을국 대학생들에 비해 불평등도가 증가하였다고 응답한 비율이 높다.

㉢ 모든 구성원에게 동일한 소득을 더해주었을 경우를 수치로 표현했을 때, 불평등도가 감소하였다고 응답한 대학생의 수는 갑국이 을국보다 많다.

㉣ 똑같이 소득이 두 배 증가하는 경우에 수치로 표현했을 때보다는 문자로 표현했을 때 을국은 불평등도가 감소했다고 응답하는 비율이 높아진다.

① ㉠, ㉡　　② ㉠, ㉣

③ ㉡, ㉢　　④ ㉡, ㉣

[61～62] 운송회사에 근무 중인 M은 배송할 화물의 운송 계획을 세우고 있다.

[자료 1] 철도 노선도

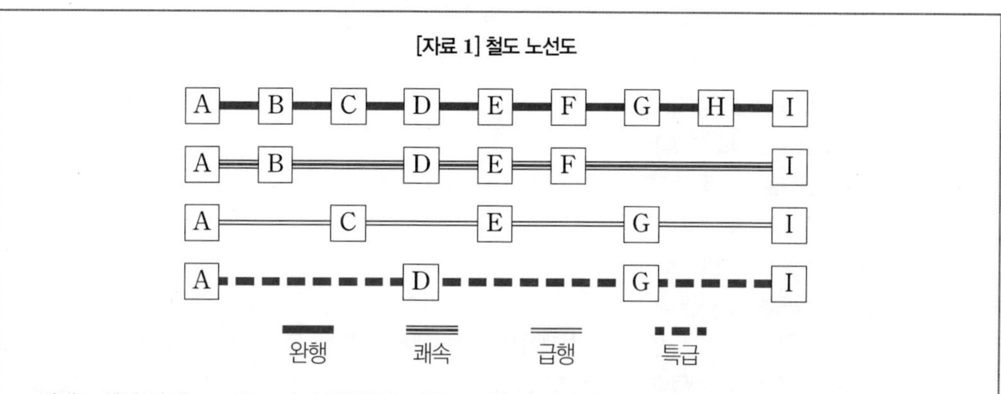

• 전체 노선의 길이는 720km이며 완행열차 기준으로 한 역 사이의 거리는 동일하다.

• 모든 노선은 기점과 종착역을 제외하고 역에 들릴 때마다 10분씩 정차한다.

• 연비는 해당 연료 1L당 열차가 달릴 수 있는 거리를 나타낸다.

[자료2] 노선 정보

구분	평균 속력(km/h)	연료	1리터(L)당 연료가격(원)	연비(km/L)
완행	80	무연탄	800	2
쾌속	120	중유	1,000	4
급행	180	디젤	1,600	6
특급	360	가솔린	2,400	5

61 A역에서 화물을 실어 I역까지 배송할 때, 총 연료비가 가장 저렴하게 드는 철도 노선으로 옳은 것은?

① 완행 ② 쾌속
③ 급행 ④ 특급

62 A역에서 화물을 실어 I역까지 배송할 때, 가장 빨리 도착하는 노선과 가장 늦게 도착하는 노선의 배송 시간의 차로 옳은 것은?

① 7시간 50분 ② 6시간 40분
③ 4시간 20분 ④ 2시간 10분

[63~64] 다음은 ○○회사 워크샵을 위해 진행 업체에 대해 조사한 자료이다. 물음에 답하시오.

〈표1〉 진행 프로그램 가격표(1일 기준)

(단위 : 원)

구분	A업체	B업체	C업체
팀 미션형	28,000	35,000	37,000
액티비티형	40,000	38,000	39,000
힐링형	25,000	28,000	30,000

※ 1인 기준 가격임
액티비티형은 장비 비용 추가(15,000/1인)

〈표2〉 업체별 이벤트

A업체	B업체	C업체
• 20인 이상 전체 가격의 10% 할인 • 팀 미션형 프로그램 5% 할인 • 2년 이내 재등록 시 전체 가격의 20% 할인	• 20인 이상 전체 가격의 10% 할인 • 힐링형 프로그램 5% 할인 • 2년 이내 재등록 시 전체 가격의 25% 할인	• 25인 이상 전체 가격의 10% 할인 • 액티비티형 장비 비용 무료 • 2년 이내 재등록 시 전체 가격의 15% 할인

〈표3〉 업체별 만족도

구분	A업체	B업체	C업체
팀 미션형	8점	8점	9점
액티비티형	9점	9점	8점
힐링형	7점	8점	9점

〈표4〉 ○○회사 하계 워크샵 계획

- 팀 미션형 참여 인원 : 8명, 액티비티형 참여 인원 : 12명, 힐링형 : 3명
- 20개월 전 B업체, 8개월 전에는 C업체 이용함
- 프로그램은 하루만 진행한다.

63 업체를 선정하기 전 서과장이 전체 프로그램 만족도가 24점 이하인 곳은 선택하지 말라고 지시하였다. 이때 가장 저렴하게 업체를 선정할 수 있는 비용은?(단, 1원 단위는 버림한다.)

① 약 650,360원 ② 약 661,260원
③ 약 672,160원 ④ 약 683,060원

64 자료 조사 중 ○○회사가 프로그램 비용의 일부를 지원해주는 서비스인 사업주 할인제도의 자격이 된다는 것을 알게 되었다. 이 제도를 시행하고 있는 A업체를 선정한다고 할 때, ○○회사가 할인받게 되는 비용은 얼마인가?(단, 1원 단위 이하는 버림한다.)

〈사업주 할인제도〉

구분	5인 미만	5인~10인	10인 초과
팀 미션형	5%	8%	10%
액티비티형	8%	10%	12%
힐링형	5%	8%	10%

※ 1일 기준 할인이며, 추가할인도 가능하다.
액티비티 장비는 할인에서 제외된다.

① 약 70,530원 ② 약 71,030원
③ 약 72,130원 ④ 약 73,230원

65 총무팀은 회의를 위하여 9월 둘째 주 회의실을 예약하고자 한다. 다음 〈표1〉~〈표3〉을 보고 나타낸 반응 중 옳은 것을 고르면?

〈총무팀 회의 관련 자료〉
- 일정 : 9월 둘째 주 2시간(요일, 시간 미정)
- 참석 인원 : 15명
- 필요 품목 : 빔 프로젝터, 마이크

〈표1〉 회의실 안내

구분	2층 회의실	3층 회의실	4층 회의실
수용 인원	8명 미만	8명 이상 15명 이하	25명 미만
특징	• 단상 • 마이크 2개 • 화이트보드	• 빔 프로젝터 • 마이크 1개 • 화이트보드	• 빔 프로젝터 • 마이크 3개 • 화이트보드

〈표2〉 회의실 9월 둘째 주 일정표

시간	회의실	월요일	화요일	수요일	목요일	금요일
09:00~11:00	2층		예약	예약		
	3층	예약	예약	예약		예약
	4층	예약	예약		예약	예약
11:00~12:30	2층	예약				예약
	3층					
	4층			예약		
12:30~13:30	점심시간					
13:30~15:00	2층				예약	예약
	3층				예약	
	4층					
15:00~15:30	회의실 점검시간					
15:30~17:00	2층		예약			
	3층					
	4층	예약			예약	예약

〈표3〉 회의실 주의사항

- 수용 인원을 초과하여 사용하지 않는다.
- 점심시간에는 회의실을 사용하지 않는다.
- 업무시간 외에는 회의실을 사용하지 않는다.
- 회의실 점검시간에는 회의실을 사용하지 않는다.
- 목요일 오전에는 3층 회의실 빔 프로젝터 추가 점검으로 사용이 불가능하다.
- 17시 이후에는 회의실 사용이 불가능하다.

① A사원 : 모든 조건을 만족하는 회의실은 2층이고, 월요일 09:00~11:00이야.
② B사원 : 모든 조건을 만족하는 회의실은 3층이고, 금요일 11:00~12:30이야.
③ C사원 : 모든 조건을 만족하는 회의실은 3층이고, 수요일 09:00~11:00이야.
④ D사원 : 모든 조건을 만족하는 회의실은 4층이고, 수요일 09:00~11:00이야.

[66~67] 근로복지공단 영업3팀 장 과장은 미국 LA로 출장을 다녀왔다. 장 과장은 출장 기간에 지출한 내역을 다음과 같이 정리하여 영수증과 함께 제출하였다. 물음에 답하시오.

날짜	결제 시간	지출 내역	비용
10월 9일	10:20	공항 셔틀버스	10,000원
	12:00	왕복 항공료	752,000원
	12:25	편의점 간식	12,000원
10월 10일	15:05	점심 식사	15달러
	16:00	택시비	10달러
	20:15	저녁 식사	22달러
	21:20	2박 3일 숙박비	270달러
10월 11일	08:45	아침 식사	무료
	09:20	버스비	5달러
	13:30	점심 식사	13달러
	18:50	저녁 식사	17달러
	21:00	접대비	150달러
	22:05	택시비	12달러
10월 12일	07:30	아침 식사	무료
	09:10	택시비	8달러
	11:30	편의점 간식	11달러
10월 13일	13:00	공항 셔틀버스	10,000원

66 다음 중 장 과장이 정리한 내역에 대한 설명으로 옳은 것은?

① LA 숙소는 조식을 유료로 제공하였다.
② 숙박비는 2박 3일치를 2번에 나눠 결제하였다.
③ LA에서 교통수단은 모두 택시를 이용했다.
④ 출 · 입국 시 모두 공항 셔틀버스를 이용했다.

67 현재 1달러에 1,100원의 환율이라고 할 때, 다음 중 10월 11일에 지출한 한화 기준 비용은?

① 208,500원
② 211,000원
③ 214,300원
④ 216,700원

68 한국전력공사는 여름을 맞이해 각 팀에게 회식비를 제공했다. 다음 〈표1〉, 〈표2〉를 참고했을 때, 회식비를 가장 많이 사용한 순서대로 고르면?

〈표1〉 회식비 사용 장소

(단위 : 명)

구분	사용 장소	인원 수
총무팀	A식당	7
	B식당	10
	C식당	6
경영관리팀	A식당	5
	B식당	8
	C식당	14
마케팅팀	A식당	10
	B식당	3
	C식당	3
배전사업팀	A식당	12
	B식당	10
	C식당	8

〈표2〉 각 식당의 특징

식당	특징
A	• 1인당 12,000원 • 10인 이상 주문 시 10% 할인
B	• 1인당 9,000원 • 5인 이상 주문 시 5% 할인
C	• 1인당 15,000원 • 60,000원 이상 계산 시 8% 할인

※ 모든 식당은 1인당 요금으로 계산함

① 마케팅팀 – 총무팀 – 경영관리팀 – 배전사업팀
② 경영관리팀 – 총무팀 – 배전사업팀 – 마케팅팀
③ 배전사업팀 – 경영관리팀 – 총무팀 – 마케팅팀
④ 총무팀 – 마케팅팀 – 배전사업팀 – 경영관리팀

[69~70] 다음 제시된 정보보안전략팀의 하계휴가 계획표를 보고 물음에 답하시오.

〈정보보안전략팀 휴가 규정〉
- 이미 정해진 업무 일정은 조정이 불가능하다.
- 정보보안전략팀 소속 직원은 모두 7명이다.
- 사무실에는 최소 5명이 근무하고 있어야 한다.
- 휴가는 3일을 반드시 붙여 써야 하고, 주말 및 공휴일은 휴가 일수에서 제외한다.
- 휴가는 8월 중에 모두 다 다녀와야 한다.

〈표1〉 8월 달력

일	월	화	수	목	금	토
			1	2	3	4
5	6	7	8	9	10	11
12	13	14	15 광복절	16	17	18
19	20	21	22	23	24	25
26	27	28	29	30	31	

〈표2〉 개인별 일정

팀원	업무일정	희망 휴가일
송 부장	8월 1일 ~ 8월 3일(출장)	8월 14일 ~ 8월 17일
김 차장	8월 30일 ~ 8월 31일(출장)	8월 6일 ~ 8월 8일
박 과장	8월 13일 ~ 8월 14일(출장)	8월 1일 ~ 8월 3일
신 대리	8월 20일 ~ 8월 21일(교육)	8월 9일 ~ 8월 13일
이 대리	8월 23일 ~ 8월 28일(출장)	8월 20일 ~ 8월 22일
허 대리	8월 3일 ~ 8월 6일(교육)	8월 27일 ~ 8월 29일
심 사원	8월 7일 ~ 8월 9일(교육)	8월 29일 ~ 8월 31일

69 다음 주어진 정보보안전략팀 휴가 규정에 따라 희망 휴가 일정을 조율하고자 할 때, 동의를 구해야 할 팀원을 고르면?

① 송 부장
② 박 과장
③ 신 대리
④ 허 대리

70 다음 중 위의 문제에서 휴가 일정을 조정하게 된 팀원이 새롭게 희망 휴가일을 제출하였을 때, 적절한 날짜를 고르면?(단, 다른 팀원들의 일정이나 해당 팀원의 업무 일정에는 변화가 없다.)

① 8월 7일~8월 9일
② 8월 10일~8월 14일
③ 8월 16일~8월 20일
④ 8월 22일~8월 24일

71 아래 워크시트에서 [A2:B8] 영역을 참조하여 [E3:E7] 영역에 학점별 사원 수를 표시하고자 한다. 다음 중 [E3] 셀에 수식을 입력한 후 채우기 핸들을 이용하여 [E7] 셀까지 계산하려고 할 때 [E3] 셀에 입력해야 할 수식으로 옳은 것을 고르면?

	A	B	C	D	E
1	사내 시험 성적 분포				
2	이름	학점		학점	사원 수
3	김현미	B		A	2
4	조미림	C		B	1
5	심기훈	A		C	2
6	박원석	A		D	1
7	이영준	D		F	0
8	최세종	C			

① =COUNTIF(B3:B8, D3)　② =COUNTIF($B$3:$B$8, D3)
③ =SUMIF($B$3:$B$8, D3)　④ =SUM($B$3:$B$8, D3)

72 다음 시트에서 정상판매수량과 할인판매수량의 합계를 구하기 위해 [B6] 셀에 들어갈 수식으로 알맞은 것은?

	A	B	C
1	일자	정상판매수량	할인판매수량
2	7월21일	20	6
3	7월22일	15	
4	7월23일	35	
5	7월24일	30	9
6	합계	115	

① =COUNTIF(B2:B5,">=9")　② =CONUTIF(B2,C2,C5)
③ =SUM(B2,C2,C5)　④ =SUM(B2:B5,C2,C5)

73 네티켓(netiquette)은 네티즌이 사이버 공간에서 지켜야 할 비공식적인 규약이나 예절이라고 할 수 있는데, 인터넷이라는 가상공간은 익명성과 쌍방향성이라는 특성으로 인해 현실공간에 비해 이러한 예절이 오히려 더 요구된다고 할 수도 있다. 다음의 내용에 해당하는 네티켓(㉠~㉢)을 모두 바르게 연결한 것은 무엇인가?

1. (㉠)
  - 대화방 입장 시 지금까지 진행된 대화의 내용과 분위기를 경청한다.
  - 마주보고 이야기하는 마음가짐으로 임한다.
  - 엔터키를 치기 전에 한 번 더 생각한다.
  - 광고나 홍보 등의 목적으로 악용하지 않는다.
  - 유언비어와 속어, 욕설은 삼가고, 상호비방의 내용은 금한다.
2. (㉡)
  - 메시지는 가능한 짧게 요점만 쓴다.
  - 제목은 메시지 내용을 함축해 간략하게 쓴다.
  - 가능한 메시지 끝에 signature를 포함시키되, 너무 길지 않게 한다.
  - 쉽게 전파될 수 있으므로, 타인에 대해 말할 때는 정중함을 지켜야 한다.
  - 타인에게 피해를 주는 언어를 쓰지 않는다.

3. (㉢)
- 주제와 관련 없는 내용은 올리지 않는다.
- 글의 내용은 간결하게 요점만 작성하고, 제목에는 내용을 파악할 수 있는 함축된 단어를 쓴다.
- 글을 쓰기 전에 이미 같은 내용의 글이 없는지 확인한다.
- 글의 내용 중에 잘못된 점이 있으면 빨리 수정 · 삭제한다.

① ㉠ 온라인 채팅 시의 네티켓
㉡ 전자우편 사용 시의 네티켓
㉢ 게시판을 사용 시의 네티켓

② ㉠ 온라인 채팅 시의 네티켓
㉡ 공개 자료실에서의 네티켓
㉢전자우편 사용 시의 네티켓

③ ㉠ 공개 자료실에서의 네티켓
㉡ 전자우편 사용 시의 네티켓
㉢ 게시판을 사용 시의 네티켓

④ ㉠ 공개 자료실에서의 네티켓
㉡ 게시판을 사용 시의 네티켓
㉢ 전자우편 사용 시의 네티켓

74 다음 글에서 설명하는 용어로 알맞은 것은?

- 온라인 공간에서 사용자 간의 자유로운 의사소통과 정보 공유, 인적 네트워크를 구축할 수 있도록 하는 온라인 서비스를 뜻하는 용어이다.
- 인맥관리서비스 혹은 사회연결망서비스, 커뮤니티형 웹사이트라는 용어로 설명하기도 한다.
- 가장 큰 장점은 누구나 콘텐츠를 생산할 수 있고, 빠른 속도로 많은 사람에게 콘텐츠를 전달할 수 있다는 점이다
- 트위트, 페이스북, 인스타그램 등이 대표적인 웹사이트이다.

① Web hard
② Wi－Fi
③ SNS
④ Blockchain

75 다음 중 컴퓨터 운영체제(OS)에 대한 설명으로 옳지 않은 것은?

① 운영체제는 소프트웨어만을 집중적으로 관리하는 컴퓨터 시스템의 한 부분이다.
② 시스템의 메모리를 관리하고, 응용프로그램이 제대로 실행될 수 있도록 제어한다.
③ 사용자와 하드웨어 사이의 매개체 역할을 하는 소프트웨어이다.
④ 프로세스 및 기억장치관리, 파일, 컴퓨터에 설치된 프로그램 등을 관리하는 역할을 한다.

[76~77] 다음 제시문을 읽고 물음에 알맞은 답을 고르시오.

[바코드 생성 방법]
- 1~3번 자리 : 국가식별코드
- 4~7번 자리 : 제조업체번호
- 8~12번 자리 : 상품품목번호
- 13번 자리＝판독검증용 기호(난수)

[국가별 바코드 번호]

국가	번호	국가	번호	국가	번호
한국	880	그리스	520	멕시코	750
일본	450~459	중국	690~695	콜롬비아	770
필리핀	480	노르웨이	700~709	싱가포르	888

[제조업체별 바코드 번호]

제조업체	번호	제조업체	번호	제조업체	번호
A	1062	B	1684	C	1182
D	1128	E	2564	F	1648
G	6185	H	8197	I	2654

[상품품목별 바코드 번호]

상품품목	번호	상품품목	번호	상품품목	번호
스낵류	64064	양념류	23598	바디케어	14589
캔디류	72434	통조림	64078	스킨케어	15489
파이류	72440	음료수	72444	메이크업	32335

76 한 수입 제품의 바코드 번호를 확인하니, '4801648724349'였다. 이에 대한 정보를 모두 옳게 연결한 것은?

	국가	제조업체	상품품목
①	일본	F	캔디류
②	일본	B	파이류
③	필리핀	F	파이류
④	필리핀	F	캔디류

77 국내의 C업체에서 생산한 음료제품의 바코드 번호로 가장 알맞은 것은?

① 8801128724445
② 8801182724404
③ 8881182724440
④ 8801182724442

[78～79] 다음 A은행의 계좌번호 생성 방법을 보고 물음에 답하시오.

> 예 (지점번호)－(계정목적)－(발급순서, 랜덤번호)
> 210－798－00419
> 적금을 목적으로 A은행 여의도 지점에서 41번째로 발급받고 랜덤번호 9인 계좌번호

〈표1〉 지점번호

지점	번호	지점	번호	지점	번호
종로 지점	110	목동 지점	330	역삼 지점	430
서울역 지점	100	구로 지점	320	삼성역 지점	420
여의도 지점	210	사당 지점	310	압구정 지점	410
신도림 지점	200	강남 지점	300	동대문 지점	400

〈표2〉 계정목적

계정 목적	보통예금	저축예금	적금	대출	펀드	기업 자유
번호	641	712	798	859	887	924

78 다음 주어진 계좌번호에 대한 설명으로 옳은 것은?

> 330－859－05071

① A은행의 목동지점에서 발행된 계좌번호이다.
② 펀드를 위해 만든 계좌번호이다.
③ 5071번째 발행된 계좌번호이다.
④ 같은 목적으로 가입한 사람의 수를 알 수 있다.

79 다음 중 계좌번호에 대한 설명으로 옳지 않은 것은?

① 430－641－01200 : 보통예금을 목적으로 발행된 계좌번호이다.
② 300－712－00811 : A은행의 강남지점에서 발행된 계좌번호이다.
③ 100－924－00755 : 기업자유를 목적으로 75번째 발행된 계좌번호이다.
④ 400－887－01287 : 동대문 지점에서 대출을 목적으로 발행된 계좌번호이다.

80 다음 중 함수식에 대한 결과값으로 옳은 것은?

	함수식	결과
①	=POWER(2,3)	9
②	=QUOTIENT(14,3)	5
③	=EVEN(－3)	－4
④	=ODD(7)	9

81 경영활동은 외부경영활동과 내부경영활동으로 구분하여 볼 수 있다. 다음 〈보기〉 중 외부경영활동에 대한 설명으로 적절한 것을 모두 고른 것은?

보기

㉠ 조직 내부에 대한 관리를 통해 조직 효과성을 높이는 활동이다.
㉡ 기업에서는 주로 시장에서 이루어진다.
㉢ 인사관리, 재무관리, 생산관리 등이 해당된다.
㉣ 총수입을 극대화하고 총비용을 극소화하는 활동이다.

① ㉠, ㉡
② ㉠, ㉣
③ ㉡, ㉢
④ ㉡, ㉣

82 다음 중 조직변화에 대한 설명으로 가장 적절하지 않은 것은?

① 조직변화는 조직에서의 환경 변화를 인지하고 그 수용가능성을 평가한 후, 새로운 아이디어를 내거나 새로운 기술을 채택하는데 기여한다.
② 제품이나 서비스의 변화는 고객이나 새로운 시장 확대를 위해서 이루어진다.
③ 기존의 조직구조와 경영방식, 경영시스템에 따라 조직변화가 이루어진다.
④ 조직변화는 관리자층의 변화방향에 대해 공감하고 그러한 변화를 실행하는 역할을 담당한다.

83 다음 지문이 설명하고 있는 것은 무엇인가?

정책 금리가 0에 가까운 초저금리 상태에서 경기부양을 위해 중앙은행이 시중에 돈을 푸는 정책으로, 정부의 국채나 여타 다양한 금융자산의 매입을 통해 시장에 유동성을 공급하는 것이다. 이는 중앙은행이 기준금리를 조절하여 간접적으로 유동성을 조절하던 기존 방식과 달리, 국채나 다른 자산을 사들이는 직접적인 방법으로 시장에 통화량 자체를 늘리는 통화정책이다. 자국의 통화가치를 하락시켜 수출경쟁력을 높이는 것이 주목적이다. 통화량이 증가하면 통화가치가 하락하고, 원자재 가격이 상승하여 물가는 상승한다. 한 나라의 이것은 다른 나라 경제에도 영향을 미칠 수 있다. 예를 들면 미국에서 이것이 시행되어 달러 통화량이 증가하면 달러가치가 하락하여 미국 상품의 수출경쟁력은 강화되나, 원자재 가격이 상승하여 물가는 상승하며, 달러가치와 반대로 원화가치(평가절상, 환율하락)는 상승한다.

출처 : 시사상식사전

① 기회비용　② 구매력 평가지수
③ 양적 완화　④ 출구전략

[84～85] 다음은 귀하의 회사의 조직도이다. 조직도를 보고 이어지는 질문에 답하시오.

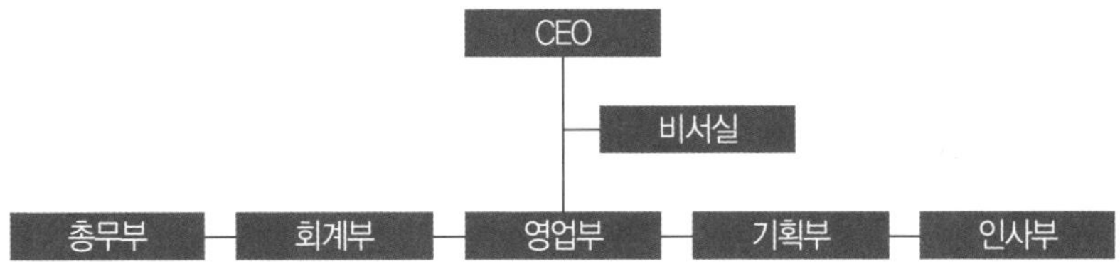

84 다음 중 아래의 업무를 보고 귀하가 다니게 될 부서로 옳은 것은?

집기비품 및 소모품의 구입하고 사무실 임차 및 관리하는 업무와 차량 및 통신시설을 운영하는 업무를 주로하고 때에 따라 복리후생과 법률자문과 소송 업무에 투입될 수 있다는 내용이었다.

① 비서실　② 총무부
③ 회계부　④ 영업부

85 귀하는 A대기업에 입사하여 다음과 같은 전달사항을 각 부서에 전달하라고 지시받았다. 전달사항을 전하기 위해 귀하가 가야할 부서는?

> "먼저 ㉮에 가서 이달 노사와 퇴직관리에 관한 사항을 금요일까지 올리라고 전하고 ㉯에 가서 이번 달 중장기 사업계획을 종합하고 거래처의 불만처리 사항을 정리해서 다음 주에 회의를 갖자고 전하세요."

① ㉮ 인사부 ㉯ 기획부
② ㉮ 영업부 ㉯ 회계부
③ ㉮ 인사부 ㉯ 총무부
④ ㉮ 총무부 ㉯ 기획부

86 다음 중 세계화와 국제 감각에 대한 설명으로 옳지 않은 것은?

① 업무의 효율적 수행을 위해서는 국제법규와 규정을 정확하게 파악해야 하고 업무동향을 파악하고 있어야 한다.
② 이문화 커뮤니케이션은 언어적 · 비언어적 커뮤니케이션으로 구분할 수 있다.
③ 국제 감각을 배양함으로써 이문화의 우열을 객관적으로 파악할 수 있어야 한다.
④ 세계화가 진행됨에 따라 직업인들도 세계 수준으로 의식 · 태도를 확대해야 한다.

87 다음 〈표〉와 〈그림〉은 각 국가가 가지고 있는 문화적 환경을 분석한 결과 확인된 고배경문화와 저배경문화의 특성과 해당 국가들을 보여주고 있다. 글로벌경영활동을 수행하는 과정에서 가장 적절하지 못한 것은?

〈표〉

구분	고배경문화	저배경문화
법률 또는 법률가	덜 중요하다.	매우 중요하다.
개인의 말	매우 중요하며 개인의 비공식적인 의사표시가 보증의 역할을 한다.	크게 중시하지 않는다. 서면으로 보증한다.
공간개념	서로 어울리는 공간을 중요시 여긴다.	개인적인 공간을 중요하게 여기고 침해받는 것을 싫어한다.
시간개념	시간구분이 분명하지 않다.	'시간은 돈이다'하는 개념이 매우 강하다.
협상	오래 끄는 것이 보통이다. 협상의 목적은 모든 당사자 들이 서로 충분히 이해하여 저절로 해결되도록 한다.	매우 신속히 수행한다.
경쟁입찰	빈번하지 않다.	일반적이다.

〈그림〉

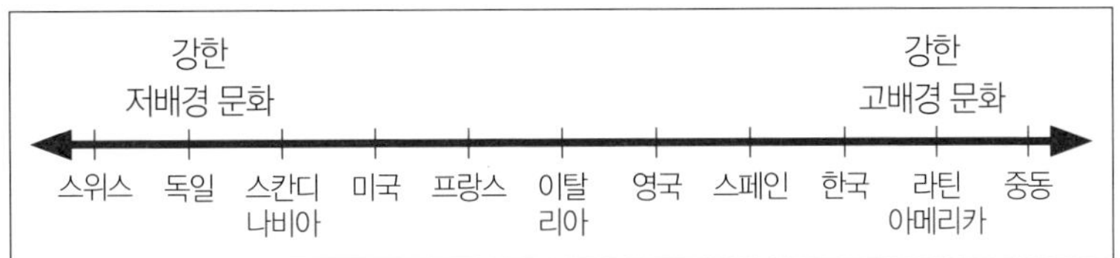

① 스위스는 강한 저배경국가로서 개인적인 공간을 중요하게 여기고 침해받는 것을 싫어한다. 따라서 한국의 수출업자는 스위스의 수입업자와 처음 만나 이야기할 때 지나치게 접근하는 것을 피해야한다.

② 독일의 경우 저배경국가로서 법률을 매주 중요시한다. 따라서 독일에서 현지기업과 분쟁이 발생한 경우 법적 조치를 통해 해결하는 것이 바람직하다고 할 것이다.

③ 중동은 강한 고배경국가로서 협상을 오래 끌며 협상 당사자들이 서로 충분히 이해하여 저절로 협상이 해결되도록 하는 것을 중시한다. 따라서 중동에 진출한 프랑스기업이 현지기업과 신속하게 협상을 진행하여 시간을 단축함으로써 문화적 갈등의 발생가능성을 낮추어야 한다.

④ 스칸디나비아 국가는 저배경국가에 가깝고 영국은 중간수준이며, 스페인은 다소 고배경국가에 가깝다. 따라서 스칸디나비아 기업의 경우 영국기업보다 스페인기업과의 사업활동에서 문화적 차이로 인한 갈등 발생가능성이 더 높다.

88 다음은 국내의 한 커피전문점의 경쟁력과 시장 환경에 관한 SWOT분석이다. 대응 전략과 그 내용 연결이 가장 적절하지 않은 것은?

강점(Strength)	약점(Weakness)
• 테이크아웃(take－out) 커피 전문점 시장의 선도 기업 • 커피 분야의 확고한 브랜드 이미지 보유 • 커피의 우수한 질 확보 • 고급화 전략의 정착 • 직원 중심의 기업문화 지향	• 일회용품의 과다 발생 • 브랜드 이미지 부각에 대한 반감 • 좁고 다소 혼잡한 매장 • 높은 가격으로 인한 가격경쟁력 약화 • 직영점 중심의 경영체제로 인한 높은 비용부담
기회(Opportunity)	**위협(Threat)**
• 소비자들의 커피 인식 및 취향의 변화 • 최신 트렌드 및 신세대 문화와의 결합 • 해외 경험자들의 증가 • 일상 속의 휴식 공간으로서의 매장 • 다른 회사와의 협력 및 연계를 통한 시너지 효과	• 커피전문점의 증가로 인한 경쟁심화 • 불안정한 원두 가격 • 외국 커피전문점이라는 거부감 • 경쟁 회사들의 공격적 마케팅 증가

① SO전략 : 고급화 전략을 통해 최신 트렌드를 선도하는 이미지를 구축한다.
② ST전략 : 브랜드 경쟁력을 강화하여 다른 회사와의 경쟁에서 차별성을 유지한다.
③ WO전략 : 커피의 질적 우수성을 소비자들의 호감과 연결시키는 광고전략을 전개한다.
④ WT전략 : 가맹점을 늘림으로써 원두가격 인상에 따른 가격경쟁력 약화를 방지한다.

89 다음은 한 기업의 〈직무전결표〉의 내용 중 일부이다. 이에 따라 업무를 처리할 때 적절한 내용을 〈보기〉에서 모두 고르면?

〈직무전결표〉

직무내용	대표이사	위임전결권자		
		전무	상무	부서장
신입 및 경력사원 채용	○			
사원 교육훈련 승인			○	
부서장급 인사업무		○		
부서 단위 인수인계업무			○	
월별 업무 보고				○
해외 관련 업무 보고		○		
신규 사업 계약	○			
일반 관리비 집행			○	
사내 운영위원회 위원 위촉		○		

보기

㉠ 신입사원을 대상으로 진행되는 교육훈련의 승인을 상무이사의 결재를 받아 집행하였다.
㉡ 경영지원부와 홍보부의 인수인계업무는 부서장의 전결로 처리하였다.
㉢ 대표이사의 부재로 인해 2020년 하반기에 체결 예정인 사업 계약을 전무이사가 전결로 처리하였다.
㉣ 중국 관련 업무에 대한 보고와 운영위원회 위촉에 관한 내용의 결재권자는 같다.

① ㉡
② ㉠, ㉣
③ ㉠, ㉡, ㉢
④ ㉠, ㉡, ㉢, ㉣

90 조직의 경영전략은 경영자의 경영이념이나 조직의 특성에 따라 다양하다. 이 중 대표적인 경영전략으로 마이클 포터(M. Porter)의 본원적 경쟁전략이 있다. 본원적 경쟁전략은 해당 사업에서 경쟁우위를 확보하기 위한 전략으로, 크게 3가지로 구분된다. 다음에 글의 내용은 본원적 경쟁전략 중 무엇에 대한 설명인가?

> 이 전략은 특정 시장이나 고객에게 한정된 전략으로, 다른 전략이 산업 전체를 대상으로 하는 것에 비해 특정 산업을 대상으로 하는 특징을 지닌다. 이는 경쟁조직들이 소홀히 하고 있는 한정된 시장을 다른 전략을 사용하여 집중적으로 공략하는 방법에 해당한다.

① 차별화 전략
② 집중화 전략
③ 원가우위 전략
④ 성장전략

91 무차별곡선과 가격선이 접하는 점은 무엇을 의미하는가?

① 이윤의 극대화
② 생산의 균형
③ 생산량 극대
④ 효용의 극대화

92 어떤 주부가 개당 효용이 10, 8, 6, 4, 2에 해당하는 사과 5개를 10,000원에 구입하였는데, 이들 사과를 먹어 본 결과 만족도(효용)는 개당 1,000원에 달한다고 했을 때 이 주부의 소비자 잉여는 얼마인가?

① 10,000
② 20,000
③ 30,000
④ 40,000

93 후진국이나 저소득자가 선진국이나 고소득자의 소비방식을 모방하며 소비를 증대시키는 경향은?

① 가격효과
② 시너지효과
③ 전시효과
④ 의존효과

94 다음 중 케인즈가 개발한 개념이 아닌 것은?

① 승수이론
② 유효수요의 원리
③ 이윤율의 저하현상
④ 유동성 선호설

95 파레토 최적에 대한 설명으로 틀린 것은?

① 생산의 효율에 있어서는 한 생산물을 감소시키지 않고는 다른 생산물을 증가시킬 수 없다.
② 한 소비자의 효용을 증가시키려면 다른 소비자의 효용을 감소시키지 않으면 안된다.
③ 사회후생을 평가하는 하나의 기준으로, 자원의 효율적 분배를 뜻한다.
④ 시장경제에서만 얻어질 수 있다.

96 경기 순환의 한 국면으로 호황이 중단되며 생산활동 저하, 실업률 상승 등이 생기는 현상을 무엇이라고 하는가?

① 콜로니
② 리세션
③ 크라우딩 아웃
④ 스템페드현상

97 현재의 경기상태를 나타내는 지표를 동행지수라고 한다. 동행지수의 지표가 아닌 것은?

① 도소매판매액지수
② 시멘트소비량
③ 중간재출하지수
④ 생산자출하지수

98 1980년대 말 버블경제 붕괴 이후 10여 년간 경기의 장기침체를 벗어나지 못하자 일본 정부는 경기 부양을 위한 방편으로 제로금리 정책을 폈지만 기대했던 투자 및 소비의 활성화 등 수요확대 효과가 전혀 나타나지 않았다. 다음 경제이론 중 일본 경제의 이러한 상황과 밀접하게 연관되어 있는 것은?

① 화폐착각(Money Illusion)
② 유동성 함정(Liquidity Trap)
③ 구축효과(Crowding－out Effect)
④ J커브효과(J－curve Effect)

99 2009년 1월 사토시 나카모토라는 필명의 프로그래머가 개발한 것으로, 실제 생활에서 쓰이는 화폐가 아닌 정부나 중앙은행, 금융회사의 개입 없이 온라인상에서 개인과 개인이 직접 돈을 주고받을 수 있도록 암호화된 가상 화폐의 이름은?

① 스테이블 코인 ② 비트코인
③ JPM 코인 ④ 라이트코인

100 쿨머니(Cool Money)의 특성이 아닌 것은?

① 사회 책임 경영 ② 미래지향성
③ 장기투자 ④ 불안정성

101 단골 고객을 상대로 하는 편법적인 세일을 지칭하는 용어는?

① 해피콜(Happy Call) ② 러브콜(Love Call)
③ 캐치 세일(Catch Sale) ④ 클로징 세일(Closing Sale)

102 카테고리 킬러(Category Killer)란?

① 가구 · 완구 등 특정 품목만을 집중적으로 취급하는 전문 할인점
② 한 곳에서 여러 가지 다양한 물건을 싸게 파는 할인점 체인
③ 패션업계에서 보기 드문 히트 상품을 가리키는 말
④ 여러 제품의 특징을 동시에 선전하는 광고기법

103 외국계 또는 외국 기업과 관계없는 순수 한국형 할인점은?

① 코스트코 ② 홈플러스
③ E마트 ④ 프라이스클럽

104 다음 전자상거래 유형에 대한 풀이가 잘못된 것은?

① B2B－Business to Business(기업 대 기업)
② B2G－Business to Government(기업 대 정부)
③ E2E－Engineer to Engineer(엔지니어 대 엔지니어)
④ B2C－Business to Client(기업 대 고객)

105 신용장(L / C)의 뜻을 바르게 설명한 것은?

① 수출상의 거래은행이 수입상 앞으로 발행하는 서류
② 수출상품의 보증을 위하여 생산국을 증명하는 증서
③ 수입상이 상품수입을 위하여 수출상 앞으로 보내는 주문서
④ 상품대금의 지급보증을 위하여 수입상의 거래은행이 발행하는 서류

106 다음 중 기업 결합형태가 가장 강력한 것은?

① 콘체른 ② 카르텔
③ 트러스트 ④ 신디케이트

107 신디케이트(Syndicate)는 어디에 속하는가?

① 카르텔 ② 트러스트
③ 콘체른 ④ 콤비나트

108 경영에서 M&A는 무엇을 의미하는가?

① 기업인수합병 ② 기업이미지 통일화
③ 신(新)경영분석기법 ④ 경영자협회

109 **근로기준법이 정한 근로자 최저연령은?**

① 19세 ② 15세
③ 17세 ④ 13세

110 **다음 중 통상임금의 조건이 아닌 것은?**

① 정기성 ② 고정성
③ 일률성 ④ 합리성

111 **한국거래소의 약자는?**

① KRX ② UAMCO
③ K−SURE ④ KAMCO

112 **다음이 뜻하는 용어는?**

대출금리가 예금금리보다 낮아지는 현상

① 예대마진 ② 역마진 현상
③ 예대금리차 ④ 연동금리차

113 **다음 중 금리에 대한 설명이 잘못 연결된 것은?**

① 콜금리 − 금융기관끼리 서로 돈을 빌려 주는 것을 '콜'이라 하며 이때 적용하는 금리를 말한다.
② 예금금리 − 고객이 맡긴 예금에 대해 금융기관이 지급해야 하는 금리를 말한다.
③ 자금조달비용지수(COFIX) − 주택담보대출에 적용되는 대출기준금리를 말한다.
④ 제로금리 − 기업의 투자를 늘리고 개인의 소비를 촉진하기 위한 경기부양정책 중 하나로 명목금리를 거의 0%에 가깝게 인하한 금리를 말한다.

114 다음 중 설명이 <u>잘못된</u> 것은?

① 총액한도대출 : 총액한도대출은 중소기업에 대한 육성지원을 위해 중앙은행이 은행기관에 중소 기업자금을 빌려 주는 제도이다.

② 공개시장 조작 : 중앙은행이 금리수준을 조절하기 위한 목적으로 증권시장에서 증권을 대량으로 매매하여 시중의 통화량을 조절하는 것을 말한다.

③ 재할인율 조정 : 금융통화위원회에서 한국은행이 대출할 수 있는 총액을 정하고 은행별로 대출 가능금액의 한도를 마련하여 운영하고 있다.

④ 지급준비율 조정 : 지급준비율이란 금융기관이 고객의 예금을 차질 없이 지급할 수 있도록 조성해 놓아야 하는 일정비율로, 지급준비율은 금융기관 입장에서는 부담이 되기 때문에 한국은행은 지급준비율을 조정하여 금리를 조절한다.

115 화폐가 발전해온 순서를 올바르게 나타낸 것은?

① 금속화폐 → 상품화폐 → 지폐 → 신용화폐 → 전자화폐

② 상품화폐 → 지폐 → 금속화폐 → 신용화폐 → 전자화폐

③ 상품화폐 → 금속화폐 → 신용화폐 → 지폐 → 전자화폐

④ 상품화폐 → 금속화폐 → 지폐 → 신용화폐 → 전자화폐

116 여신에 대해 <u>잘못</u> 설명한 것은?

① 여신이란 수신을 통해 조달된 자금을 빌려주어 수익을 얻는 것을 말한다.

② 일반적으로 여신이란 대출을 말한다.

③ 담보여신이란 담보물건을 맡기고 담보물건의 감정가액 범위 내에서 취급되는 여신을 말한다.

④ 여신 업무는 여신승인신청 → 여신상담 → 여신의 실행 → 여신의 회수 순서로 진행된다.

117 수표에 대한 설명으로 옳은 것은?

① 수표는 수표법상의 요건을 구비하지 않아도 강제력이 인정된다.

② 자기앞수표는 은행과 같은 금융기관이 발행하는 수표로 발행인이 자신을 지급인으로 지정하여 발행하는 수표라 하여 자기지시수표라고도 불린다.

③ 당좌수표는 은행보증가계수표와 일반가계수표로 구분한다.

④ 가계수표는 은행과의 신용을 통해 당좌계좌를 개설하고 당좌예금을 개설한 자가 발행인이 되며 은행이 지급인이 되는 수표이다.

118 방카슈랑스에 대한 내용으로 틀린 것은?

① 방카슈랑스는 프랑스어인 Banque(은행)와 Assurance(보험)의 합성어로 은행에서 보험을 판매할 수 있도록 한 제도를 뜻한다.

② 금융기관이 보험사와의 제휴를 통해 은행창구에서 보험상품도 함께 판매를 하도록 하는 서비스이다.

③ 보험사는 대규모의 은행점포망을 통해 판매 채널을 쉽게 확보할 수 있다는 장점이 있어 많이 이용하고 있다.

④ 우리나라에서는 은행이 보험회사를 설립하여 계열회사로 만드는 형태로 운영하는 것이 일반적인 형태이다.

119 다음 중 통화제도에 대한 설명이 바르지 못한 것은?

① 금본위제도(Gold Standard) – 통화의 표준 단위가 금으로 정해져 있거나 일정량의 금 가치에 연계되어 있는 화폐제도

② 관리통화제도(Managed Currency System) – 통화관리기관에 의해서 통화량을 조절하는 제도

③ 금환본위제도(Gold Exchange Standard) – 금본위제도를 시행하는 다른 국가의 통화를 보유하여 자국 통화의 안정을 도모하려는 제도

④ 금핵본위제도 – 국내에서는 금을 유통시키고 금은 중앙에 은행권이나 지폐 등을 집중 보유하는 제도

120 본원통화를 구성하는 방법이 잘못된 것은?

① 현금통화＋지급준비금
② 현금통화＋(시재금＋지준예치금)
③ (현금통화＋시재금)＋지준예치금
④ 화폐발행액＋지급준비금

121 팔레스타인 난민들이 이스라엘에 대항해 벌인 대중궐기로, 1987년 이스라엘군 지프차에 치여 팔레스타인 사람이 사망한 사건을 계기로 이스라엘에 대한 저항운동으로 시작된 것은?

① 무자헤딘 ② 친디아가
③ 아랍연맹 ④ 인티파다

122 우리 헌법은 '대한민국의 영토는 한반도와 그 부속도서로 한다.'라고 규정하고 있으나 현실적으로는 휴전선 이북에는 대한민국의 통치권이 미치지 않고 있다. 이런 현상의 이유는?

① 헌법의 규범적 성격이 없기 때문이다.
② 헌법의 타당성은 있으나 그 실효성이 없기 때문이다.
③ 헌법의 실효성은 있으나 그 규범성이 없기 때문이다.
④ 헌법의 규범성은 있으나 그 타당성이 없기 때문이다.

123 다음 중 임기가 같은 것으로 묶인 것은?

① 대통령 – 국회의장 ② 국회의원 – 감사위원
③ 감사위원 – 검찰총장 ④ 일반법관 – 한국은행총재

124 다음 중 아날로그(Analog)와 디지털(Digital)에 관한 설명 중 틀린 것은?

① 봉화대의 신호는 초기적인 디지털 형식의 신호체계이다.
② 디지털 압축기술을 이용하면 하나의 전송채널에 여러 신호를 싣는 다중화(Multiplex)가 가능하다
③ 아날로그 신호의 주파수(Frequency)란 신호가 1초 동안 사이클을 이루는 횟수이다.
④ 아날로그 신호를 디지털화하기 위해서는 자연적인 신호를 양자화(Quantization)한 뒤 표본화(Sampling)하는 과정을 거친다.

125 생체리듬을 조절하는 호르몬으로 최근 노화방지약으로도 주목받고 있는 것은?

① 멜라토닌 ② 칼시토닌
③ 프로제스테론 ④ 도파민

126 **우리나라 겨울철 기상통보에 많이 이용되는 지역은?**

① 바이칼호 ② 아랄해
③ 말라시호 ④ 카스피해

127 **브라질의 리우데자네이루에서 열린 지구환경 회의에서 우리나라가 가입한 2개 협약은?**

① 생물다양성협약, 기후변화협약 ② 바젤협약, 기후변화협약
③ 생물다양성협약, 산림보전협약 ④ 바젤협약, 산림보전협약

128 **게이트어레이(Gate Array)란?**

① 컴퓨터 전화번호 시스템 ② 음을 전신신호로 바꾸는 장치
③ 초정밀을 요하는 주문형 논리회로 ④ 디지털 전송기술을 이용한 통신망

129 **다음 중 연결이 틀린 것은?**

① 블랙 저널리즘 – 개인이나 집단의 약점을 이용해 이를 발표하겠다고 위협하는 행위
② 경마 저널리즘 – 흥미에만 초점이 맞춰진 취재 행위
③ 옐로 저널리즘 – 일반인의 본능을 자극하여 흥미 위주로 보도하는 행위
④ 제록스 저널리즘 – 상황을 파악하지 못한 상태에서 가지고 온 자료에 따라 기사를 작성하는 행위

130 **韋編三絕(위편삼절)에서 '韋'의 뜻은?**

① 위나라 ② 묶다
③ 가죽 ④ 부드러움

Chapter 02

실전모의고사 2회

- 영역을 구별하여 의사소통능력, 수리능력, 문제해결능력 각 20문항, 경제, 경영, 금융, IT/일반상식 각 10문항으로 구성되어 있습니다.
- 시작시간을 정하여 실전처럼 풀어보세요.(100문항 100분)

정답 및 해설 441p

01 다음 기사를 읽고, 현 상태에서 문규가 최대로 받을 수 있는 금리로 적절한 것은?

KEB하나은행, 『금연성공 적금』 출시

KEB하나은행은 금융권 최초로 보건복지부 「국가금연 지원서비스」와 연계한 「금연성공 적금」을 출시한다고 20일 밝혔다.

새해를 앞두고 금연을 다짐하는 손님들이 적금 가입을 통해 금연 성공과 함께 우대금리도 받을 수 있어 1석 2조의 효과를 누릴 수 있는 상품이다.

「금연성공 적금」은 가입과 함께 '금연응원 알람서비스'를 신청하면 은행에서 매일 금연응원 메시지를 발송하며, 원하는 저축금액을 문자로 회신하면 간편하게 입금할 수 있다.

실명의 개인 대상으로 매일 1천원부터 1만원까지 자유롭게 저축이 가능하며 가입기간은 1년이다. 20일 기준 기본금리 연 1.0%에 금연응원 메시지 회신 또는 HAI뱅킹을 통해 100회차 이상 입금 시 연 0.5%의 우대 금리를 제공하고, 보건소 및 금연지원센터를 통한 금연성공 판정 시 연 1.5%의 특별금리가 더해져 최종 연 3.0%의 금리를 제공한다.

KEB하나은행 리테일상품부 관계자는 "연초마다 혼자 다짐하는 금연을 이제는 '금연성공 적금'과 함께하여 성공하길 바란다"며, "앞으로도 손님의 생활패턴과 밀착한 특화상품을 지속적으로 개발해 출시하겠다"고 밝혔다.

문규는 하나은행의 금연성공 적금을 가입하였고, 금연응원 알람서비스를 신청하였다. 하지만 일이 너무 바빠 금연응원 메시지에는 회신하지 않았다. 대신 HAI뱅킹을 통하여 매일 한번씩 5000원을 120번 입금하였다. 문규는 금연 중이나 보건소나 금연지원센터에 방문하여 금연 성공 판정검사를 한 적은 없다.

① 연 1.0%　　② 연 1.5%
③ 연 2.0%　　④ 연 3.0%

02 다음 IBK의 보도자료 내용에 대한 설명으로 가장 적절하지 않은 것은?

IBK기업은행, 기업고객 대상 'IBK Biz－Plus 적금' 출시

최고 1.0%포인트 우대금리 제공…필요시 분할해지 · 중도인출 가능

9월 말까지 0.2%포인트 우대금리 추가제공 이벤트…최고 연 3.0% 가능

IBK기업은행(은행장 김○○)은 개인사업자와 법인 고객을 대상으로 최대 1.0%포인트(p) 우대금리를 제공하는 'IBK Biz－Plus 적금'을 판매한다고 10일 밝혔다. 우대금리는 계약기간에 따라 최대 0.6%포인트, 창업기업, 장기거래기업, 적금 재예치기업 중 한 가지 조건을 충족하면 0.1%포인트, 대출거래기업, 비대면채널 가입, 만기 월수 4분의 3 이상 자동이체 입금, 목표자금 달성(개인사업자 2천만원, 법인 1억원) 조건 중 한 가지 조건을 충족할 때마다 각 0.1%포인트씩 최대 0.3%포인트 적용받을 수 있다.

정기적립식과 자유적립식으로 가입 가능하고 최초 계약기간은 6개월에서 5년 이하 월 단위로 정할 수 있다. 자유적립식은 만기 시 1년 단위로 최고 9회까지 자동연장 할 수 있어 최장 10년까지 운용 가능하다. 만기 전 자금이 필요할 경우 정기적립식은 최소 잔액 1만원을 유지하면 분할해지 가능하고, 자유적립식은 재예치 이후 최소 잔액 1만원을 유지하면 재예치 원리금 내에서 중도인출 할 수 있다. 정기적립식은 월 1만원 이상, 자유적립식은 월 1만원부터 2천만원 이내에서 가입 가능하다. 판매한도는 총 2조원으로 올 연말까지 판매하고 한도가 미리 소진되면 판매 종료한다.

상품 출시를 기념해 9월 30일까지 월부금 5백만원 이상 가입 고객을 대상으로 특별우대금리 0.2%포인트를 추가로 제공하는 이벤트를 진행한다. 3년 만기 상품은 최대 연 2.6%, 5년 만기는 최대 연 3.0% 금리를 제공받는다.

기업은행 관계자는 "계약기간이 길수록 우대금리를 높여 금리상승에 따라 적금을 갈아타는 불편을 최소화하고 분할해지와 중도인출을 통해 자금관리의 편의성을 높였다"고 밝혔다.

① 'IBK Biz－Plus 적금'의 우대금리는 계약기간에 따라 0.6%포인트까지 적용받을 수 있다.
② 자유적립식으로 가입하는 경우 계약기간은 6개월 이상이며, 연장하는 경우 최장 10년까지 운용할 수 있다.
③ 창업기업이나 장기거래기업의 경우 'IBK Biz－Plus 적금'에서 최대 0.1%포인트의 우대금리를 적용받을 수 있다.
④ 9월 말까지 월부금이 5백만원 이상인 가입 고객은 특별우대금리가 적용되어 만기 기간에 따라 최대 연 3.0% 금리를 제공받을 수 있다.

03 다음은 ○○은행에서 진행하고 있는 행사 포스터이다. 포스터를 보고 해당 행사에 대해 잘못 파악한 사람은?

○○은행 가족사랑 이벤트

출시기념 이벤트

• 행사 기간 : 2023년 12월 16일(수) ~ 2023년 12월 31일(목)

• 세부내용

대상	응모조건	보상
가족사랑 통장 · 적금 · 대출 신규 가입대상	① 가족사랑 통장 신규 ② 가족사랑 적금 신규 ③ 가족사랑 대출 신규	• 가입고객 모두에게 OTP 또는 보안카드 무료발급
가족사랑 고객	가족사랑 통장 가입 후 다음 중 1가지 이상 신규 ① 급여이체 신규 ② 가맹점 결제대금 이체 신규 ③ 신용(체크)카드 결제금액 20만원 이상 ④ 가족사랑 대출 신규(1천만원 이상)	• 여행상품권(200만원)(1명) • 최신 핸드폰(3명) • 한우세트(300명) • 연극 티켓 2매(전 고객)
국민행복카드 가입고객	① 국민행복카드 신규＋당행 결제 계좌 등록	• ○○은행 고객 Gold 등급 (1,000명)

▶당첨자 발표 : 2024년 1월 초(예정), 홈페이지 공지 및 문자 · 이메일 통보

※ 유의사항

- 상기 이벤트 당첨자 중 핸드폰 등 연락처 누락, 수령 거절 등의 고객 사유로 1개월 이상 상품 미수령시 당첨이 취소될 수 있습니다.
- 제세공과금은 ○○은행이 부담하며 본 이벤트는 당행의 사정으로 변경 또는 중단될 수 있습니다.
- 당첨고객은 추첨일 기준 해당당품 유지고객에 한하며, 당첨발표는 추첨일 기준 1월 중 ○○은행 홈페이지에서 확인하실 수 있습니다.
- 기타 자세한 내용은 인터넷 홈페이지(www.○○bank.co.kr)를 참고하시거나, 가까운 영업점, 고객센터(0000－0000)에 문의하시기 바랍니다.

① 웅태 : 이 행사는 2023년 12월에 약 보름간 진행되는구나.

② 종찬 : 가족사랑 통장을 신규로 만든다면 모두 OTP 또는 보안카드를 무료로 받을 수 있어.

③ 혜영 : 가족사랑 통장으로 급여이체를 신규로 하고, 가맹점 결제대금 이체를 신규로 한다면 한우세트를 모두 받을 수 있어.

④ 수연 : 이번 이벤트에 제세공과금은 ○○은행에서 부담하지만, 이벤트에 당첨되어도 전화가 오지 않으니 유의해야겠어.

04 **다음은 음주운전 예방대책을 마련하기 위해 외부 연구기관에 의뢰하여 발간된 보고서의 일부분이다. 이 연구결과에 근거하여 도출될 수 있는 예방대책으로 옳지 않은 것은?**

일반적으로 단기적인 효과를 가지는 음주운전의 처벌 및 단속에도 불구하고 우리나라에서 1991년 이후 전반적으로 교통사고 사망자 수의 지속적인 감소가 나타나고 있는 것은, 여러 가지 장기적인 효과를 가지는 수단들과 함께 음주문화의 실질적인 개선이 있었기 때문인 것으로 생각된다. 음주운전 예방대책에서 형량이나 벌금과 같은 형사적인 처벌을 강화하는 것은 별다른 효과를 나타내기 어렵고, 나타낸다고 하더라도 이것은 단기적인 효과에 불과하다는 각국의 음주운전 연구들이 제시되고 있다.

그러나 음주운전에 대한 단속강화에 대해서는 다소 논란의 여지는 있지만, 이것이 지속적으로 이루어진다면 음주운전의 억제효과를 나타내며, 장기적으로 효과가 있다는 연구도 보고되고 있다. 또한 면허정지나 취소와 같은 행정처분의 경우도 상당한 효과를 가질 것으로 생각된다. 왜냐하면 이것이 음주운전을 억제하는 효과가 없다고 하더라도 최소한 면허가 없는 동안에 운전을 하기는 어려울 것이기 때문이다.

따라서 한국의 음주운전 예방대책은 형량이나 벌금의 강화보다는 면허취소와 같은 행정처분을 활용한 방향으로 나아가는 것이 필요하고, 또 일상적인 단속이 필요하며, 장기적인 측면에서 알코올 소비를 줄여나갈 수 있는 정책이 필요하다고 하겠다. 그리고 무엇보다도 중요한 것은 음주문화의 개선과 음주운전에 대한 인식의 개선이 필요하다고 하겠다.

① 술에 대한 세금을 대폭 인상한다.
② 음주운전자에 대한 음주운전방지 프로그램을 강화한다.
③ 운전면허취소 기준을 혈중알코올농도 0.1%에서 0.08%로 내린다.
④ 단속경찰을 대거 투입하여 연 2회 '음주운전집중단속주간'을 선정하여 음주운전을 단속한다.

05 **의료보험 가입이 의무화 될 때 〈보기〉의 조건에 맞는 선택은?**

보기
- 정기적금에 가입하면 변액보험에 가입한다.
- 주식형 펀드와 해외 펀드 중 하나만 가입한다.
- 의료보험에 가입하면 변액보험에 가입하지 않는다.
- 해외펀드에 가입하면 주택마련저축에 가입하지 않는다.
- 연금저축, 주택마련저축, 정기적금 중에 최소한 두 가지는 반드시 가입한다.

① 변액보험에 가입한다.
② 주식형 펀드에 가입한다.
③ 정기적금에 가입한다.
④ 연금저축에 가입하지 않는다.

06 다음의 빈칸에 가장 들어갈 말로 가장 적합한 것은?

> 지난해 부산지방경찰청에서는 300억 원 상당의 물품을 압수하였으며, 그 중 150억 원에 달하는 자동차, 보석류, 컴퓨터 등이 금주 토요일 경매에 (　　)할(될) 예정이다. 이 물품들은 모두 상태가 양호하며 당 행사에서 바로 판매될 것이다.

① 낙찰　　② 응찰
③ 입찰　　④ 상장

07 다음 문장의 밑줄 친 부분과 같은 의미로 사용된 것은?

> 경제적 생산 과정 안에서 벌어지는 여러 가지 유형의 노동 통제 외에 생산 과정 바깥에서도 전사회적으로 냉전, 반공, 숭미(崇美) 이데올로기에 의한 국가관의 확산, 가부장적 이데올로기의 강조, 질서와 능력, 이성과 합리의 <u>이름</u>으로 은폐된 국가 권력의 공고화와 저항 세력의 억압이 행해진다.

① 선생님은 딸아이의 <u>이름</u>을 순 우리말로 지었다.
② 저기 있는 식당은 전주비빔밥으로 <u>이름</u>난 식당이다.
③ 문제의 단체는 수재민 구호라는 <u>이름</u>으로 사기를 쳤다.
④ 그러한 행동은 제 <u>이름</u>을 스스로 깎아 내리는 것이다.

08 다음의 남북러 가스관사업에 대한 기사에서 추론할 수 있는 내용으로 적절하지 <u>않은</u> 것은?

> 강승균 한국투자증권 연구원은 18일 "최근 남북러 가스관사업이 재조명되고 있다"며 "남북러 가스관 사업이 본격화하면 에너지 안보 확보 측면에서 가스공사가 사업을 주도할 가능성이 크다"고 내다봤다. 남북러 가스관(PNG, Pipeline Natural Gas)사업은 러시아의 천연가스를 파이프라인을 통해 북한을 거쳐 한국에 들어오는 사업으로 최근 대북제재 완화 가능성이 커지면서 기대감이 높아지고 있다.
>
> 남북러 가스관사업이 성사되면 파이프라인을 통해 들어오는 러시아의 천연가스는 장기적으로 인도네시아, 말레이시아, 예멘 등에서 들여오는 약 500만 톤가량의 기존 장기 액화천연가스(LNG) 물량을 대체할 것으로 예상된다.
>
> 강 연구원은 "남북러 가스관사업의 건설비용 약 34억 달러 가운데 상당부분은 가스공사의 설비투자로 진행될 가능성이 높다"며 "가스공사가 남북러 가스관 사업을 맡으면 요금기저 확대에 따른 보장이익 증가세가 앞으로 10년 동안 계속될 것"이라고 전망했다.

가스공사는 천연가스 등 공공재를 공급하는 공공기관으로 공익사업회계에 따라 생산원가에 적정투자보수(보장이익)를 더해 총괄원가를 책정한다. 적정투자보수는 요금기저와 투자보수율의 곱으로 산출되는데 요금기저는 설비투자가 늘어나면 상승하는 구조를 띠고 있다. 가스공사는 현재 남북러 가스관사업과 무관하게 에너지 안보차원에서 가스 저장비율을 늘리기 위해 제5기지 등 생산기지를 확장하고 있다. 이에 따른 설비투자 증가로 보장이익은 2020년까지 지속적으로 늘어난다.

강 연구원은 "가스공사는 남북러 가스관 사업 관련 기대감과 함께 생산기지 확대에 따른 보장이익 증가, 우호적 가스정책에 힘입은 국내 사업의 안정적 이익 증가, 해외자원사업의 의미 있는 성과 등을 고려해 볼 때 기업가치가 지속적으로 상승할 것"이라고 바라봤다.

① 가스공사의 설비투자가 남북러 가스관사업의 건설비용에서 가장 큰 비중을 차지할 것이다.
② 남북러 가스관사업은 북한에 대한 국제사회의 제재 강도에 따라 실행가능성이 결정될 것이다.
③ 남북러 가스관사업을 통해 들여올 천연가스는 기존의 액화천연가스 물량을 대체하는 효과를 가져올 것이다.
④ 가스공사가 가스관사업을 주도하기 위해 가스 저장비율을 늘리기 위해 생산기지를 확장할 계획이다.

09 다음 글의 내용과 관련된 속담으로 가장 적절한 것은?

우리 토박이말이 있는데도 그것을 쓰지 않고 외국에서 들여온 말을 쓰는 버릇이 생겼다. '가람'이 옛날부터 있는데도 중국에서 '강(江)'이 들어오더니 '가람'을 물리쳤고 '뫼'가 있는데도 굳이 '산(山)'이 그 자리에 올라 앉고 말았다. (중략)

원래 '외래어'란, 우리말로는 적당하게 표현할 말이 없을 때에 마지못해 외국말에서 빌려다 쓰다 보니 이제 완전히 우리말과 똑같이 되어 버린 것을 말한다. '학교, 선생, 비행기, 가족계획' 등등의 무수한 한자어가 그것이며, '버스, 빌딩, 커피, 뉴스' 등등 서양에서 들여온 외국어가 그것이다.

① 굴러 온 돌이 박힌 돌 뺀다.
② 발 없는 말이 천 리 간다.
③ 낮말은 새가 듣고 밤말은 쥐가 듣는다.
④ 말은 해야 맛이고 고기는 씹어야 맛이다.

10 다음 제시된 명함 예절 매뉴얼을 보고 옳지 않은 반응을 고르면?

〈명함 예절 매뉴얼〉

• 받을 때
  - 부득이한 경우가 아니면 동시 교환은 예절에 어긋나므로 하지 않아야 한다.
  - 상대방이 보는 앞에서 명함을 훼손하는 행위는 하지 않아야 한다.
  - 명함의 아래쪽을 두 손으로 잡아서 받아야 한다.
  - 이름이 한자로 되어 있을 시, 물어보는 것은 예절에 어긋나지 않는다.

• 줄 때
  - 상대방의 명함을 받을 경우, 받은 후에 즉시 나의 명함을 주어야 한다.
  - 거래처 직원이 방문한 경우 거래처 직원이 먼저 명함을 주어야 한다.
  - 직원이 고객에게 먼저 주어야 한다.
  - 아랫사람이 윗사람에게 먼저 주어야 한다.
  - 상대방이 바로 읽을 수 있는 방향으로 돌려서 명함을 주어야 한다.

① 명함을 주고받을 때 동갑이어도 동시 교환은 예절에 어긋난다.
② 거래처 직원이 방문한 경우 거래처 직원의 명함 받고 나의 명함도 주어야 한다.
③ 이름이 한자로 되어 있는 명함일 때 모르는 한자가 있어도 물어보지 않는 것이 예절이다.
④ 고객과의 만남이 있을 경우 나의 명함을 먼저 주어야 한다.

11 19세기 유럽의 경제성장에 대한 보고서를 작성하기 위해 관련된 〈경제 이론〉과, 19세기 유럽 경제에 관한 〈역사적 사실〉을 다음과 같이 수집 · 정리하였다. 〈경제 이론〉과 〈역사적 사실〉로부터 추론할 수 없는 것은?

〈경제 이론〉

1. 생산 요소는 자원 · 노동 · 자본으로 삼분할 수 있다.
2. 생산성의 결정요인 중 인적자본은 지식 또는 숙련에 대한 투자에서 창출된다.
3. 인구는 기하급수적으로 증가하나 식량 공급은 산술급수적으로 증가하는 경향이 있기 때문에 결국 인간은 최저생활수준을 영위할 수밖에 없다.
4. 경제성장을 분석하기 위해서는 생산의 결정요인을 다양하게 분류할 필요가 있다. 총생산은 자원 · 인구 · 자본 · 기술 · 제도의 함수로 상정될 수 있다.
5. 한 사회가 자원을 최대한 사용하고 있을 경우, 경제성장을 위해서는 생산성을 높이는 기술적 · 제도적 측면에서 혁신이 필요하다.
6. 농업 생산성이 증가하면 적은 노동력만 농업 부문에 투입할 수 있게 되어 타 부문에 투입될 수 있는 잉여노동력이 생기게 된다.

〈역사적 사실〉

㉠ 유럽의 인구는 1730년경부터 증가하기 시작하여 19세기에 들어서 약 2억 명에 달하였다.

㉡ 유럽에는 광물자원이 풍부하고, 새로운 자원 확보를 위한 활동도 활발하였다. 한편 의무교육의 원리가 프랑스 혁명에 의해 보급되었으나, 19세기 말까지는 유럽 각국에서 큰 발전을 이루지는 못했다.

㉢ 증기기관의 제작기술은 19세기에 들어 중대한 발전을 이룩하여 증기기관의 동력과 열효율이 대폭 증대되었다.

㉣ 프랑스 혁명으로 봉건제의 잔재가 일소되었으며, 나폴레옹 법전에 의하여 보다 합리적인 법률 제도가 구축되었다.

① 19세기 유럽의 경제성장의 원인으로 인적자본의 축적에 의한 생산성 증가를 제시하기는 어렵다.

② 19세기 유럽의 경제성장은 풍부한 인구와 자원을 바탕으로 기술 · 제도적 혁신이 뒷받침되어 가능하였다.

③ 경제 이론 4와 5를 따른다면 경제 이론 1은 19세기 유럽 경제성장의 주요 원인을 충분히 설명할 수 없다.

④ 19세기 유럽의 경제성장의 원인으로 농업 생산성 증가로 인한 농업 종사자 비율 감소가 타 산업 부문의 성장을 유발한 것을 들 수 있다.

12 다음 〈복용설명서〉에 관한 설명으로 옳은 것을 〈보기〉에서 모두 고르면?

〈복용설명서〉

1. 약품명 : 갑 2. 복용법 및 주의사항 - 식전 15분에 복용하는 것이 가장 좋으나 식전 30분부터 식사 직전까지 복용이 가능합니다. - 식사를 거르게 될 경우에 복용을 거릅니다. - 식이요법과 운동요법을 계속하고, 정기적으로 혈당(혈액 속에 섞여 있는 당분)을 측정해야 합니다. - 야뇨(夜尿)를 피하기 위해 최종 복용시간은 오후 6시까지로 합니다. - 저혈당을 예방하기 위해 사탕 등 혈당을 상승시킬 수 있는 것을 가지고 다닙니다.	1. 약품명 : 을 2. 복용법 및 주의사항 - 매 식사 도중 또는 식사 직후에 복용합니다. - 복용을 잊은 경우 식사 후 1시간 이내에 생각이 났다면 즉시 약을 복용하도록 합니다. 식사 후 1시간이 초과되었다면 다음 식사에 다음 번 분량만을 복용합니다. - 씹지 말고 그대로 삼켜서 복용합니다. - 정기적인 혈액검사를 통해서 혈중 칼슘, 인의 농도를 확인해야 합니다.

보기

㉠ 식사를 거르게 될 경우 갑은 복용할 수 없고, 을은 식사 중이나 식사 후 한 시간 내에 복용한다.

㉡ 갑과 달리 을을 복용하는 경우 정기적으로 혈액검사를 해야 한다.

㉢ 동일 시간에 식사를 30분 동안 한다고 할 때, 두 약의 복용시간은 최대 1시간 30분 차이가 날 수 있다.

㉣ 저녁식사 전 갑을 복용하려면 저녁식사는 늦어도 오후 6시 30분에는 시작해야 한다.

① ㉠, ㉡　　② ㉠, ㉣

③ ㉡, ㉢　　④ ㉡, ㉣

13 다음 〈보기〉 중 전제가 참일 때 결론이 반드시 참인 논증을 펼친 것을 모두 고르면?

보기

㉠ 갑이 A은행의 종로지점에 발령을 받으면, 을은 동대문지점에 발령을 받아. 그런데 을은 A은행 동대문지점에 발령을 받지 않았어. 그러므로 갑은 종로지점에 발령을 받지 않았어.

㉡ A은행이 프로야구 메인타이틀 스폰서가 된다면, A은행의 프로농구팀은 우승을 할 거야. 그런데 A은행의 프로농구팀이 우승을 했어. 따라서 A은행은 프로야구 메인타이틀 스폰서가 되었어.

㉢ A은행은 다음 달에 금리가 좋은 신규상품을 출시한다면, 은행 홈페이지 이벤트 참가자를 대상으로 경품 행사가 진행될 거야. 그런데, 다음 달 신규상품 출시가 취소되었어. 그래서 홈페이지 이벤트 참가자를 대상으로 한 경품 행사는 진행되지 않을 거야.

① ㉠　　② ㉢

③ ㉠, ㉡　　④ ㉡, ㉢

14 다음 글의 내용과 일치하지 않는 것은?

우리가 알고 있는 한 완전하게 경제적 평등을 이룩한 사회는 예전에도 없었고 지금도 없다. 인간의 사회에는 보통 사람들만 살고 있는 것이 아니라, 남보다 훨씬 잘 사는 사람과 끼니조차 잇기 힘든 사람들이 반드시 섞여 살기 마련이다. 사람마다 생긴 모습이 제각각인 것처럼 경제적 지위에도 서로 차이가 나는 것이 자연스러운 일인지도 모른다. 생긴 모습의 차이는 그저 한 번 웃어버리고 잊을 수도 있을 정도의 것일 수도 있다. 그러나 경제적 지위의 차이는 그렇지 않다. 그것은 삶의 질과 직결되는 중요한 문제이기 때문에 결코 쉽게 넘길 수 없는 것이다.

그렇다면 어떤 이유에서 사람들의 경제적 지위에 차이가 생기는 것인가? 불평등을 일으키는 원인으로 제일 먼저 생각할 수 있는 것은 사람마다 달리 타고난 '능력'이다. 정신적, 육체적 능력의 차이가 경제적 성패를 좌우하는 중요한 요인이라는 사실에는 의심의 여지가 없다. 마이크로 소프트사의 빌 게이츠같이 머리가 좋은 사람, 슈퍼스타로 알려진 직업 운동선수들이 이를 입증해 준다.

다음으로 생각해 볼 수 있는 것은 부모로부터 '상속받은 재산'의 차이다. 본인이 잘났고 못났고에 관계없이, 많은 유산을 상속받은 사람이 부자가 되는 것이다. 말하자면 한 세대의 경제적 지위가 유산 상속을 통해 다음 세대로 세습되는 것이라고 할 수 있다. 경제적 지위가 유산 상속을 통해 세습되는 정도는 사회의 제도나 관습에 따라 달라질 수 있다. 예컨대 어떤 사회에서는 상속세가 매우 무겁게 부과되어 부의 세습이 힘든 반면, 다른 사회에서는 유명무실하여 쉽게 세습될 수 있는 등의 차이가 있을 수 있다.

개인의 자유로운 '선택'의 결과로서 소득이나 재산에 격차가 생길 수도 있다. 열심히 일하여 많이 벌겠다는 선택을 하는 사람이 있는 반면, 조금만 일하고 적게 벌면서 시간의 여유를 갖겠다고 마음먹은 사람도 있다. 고등학교를 마치자마자 돈을 벌기로 선택하는 사람도 있고, 대학원까지 다닌 다음 취직하기를 선택하는 사람도 있다.

힘들고 어렵더라도 높은 보수에 끌려 해외로 나가는 사람도 있고, 낮은 보수를 받더라도 국내에서 취업하는 사람도 있다. 또 부지런히 저축하여 재산을 모으는 사람이 있는가 하는 반면, 써 버리기를 좋아하여 한 푼도 모으지 못하는 사람도 있다.

조금 우습게 들릴지 모르지만 '운수'가 좋고 나쁨도 경제적 지위의 불평등을 일으키는 중요한 원인이 된다. 객관적인 여건으로 보면 거의 비슷한 두 사람이라 할지라도, 운이 좋고 나쁨에 경제적 성패가 엇갈리는 경우를 우리 주위에서 흔하게 볼 수 있다. 사업에는 예상하지 못하던 일들이 갑자기 생겨나기도 한다.

난방 사업에 뛰어든 사업가의 예를 들어 이를 설명해 보자. 이 사람이 가진 기술이 뛰어나고 사업 감각이 세련되었다고 할지라도, 그가 사업을 시작한 그 해 겨울이 예상과는 달리 보기 드물게 따뜻했다고 생각해 보자. 그는 결국 사업상의 이익을 볼 수 있을 만큼의 난방 기구 수요자들이 생기지 않아서 도산의 아픔을 맛볼 수밖에 없다. 이 경우는 사업의 실패를 운수의 탓으로밖에 설명할 길이 없을 것이다.

마지막으로 정부의 정책, 차별 대우, 혹은 부정부패와 같은 '사회적 요인'을 경제적 지위에 차이를 가져오게 하는 요인으로 지적할 수 있다. 예를 들어 경제의 외형적 성장을 극대화시키는 데 주력한 나머지 성장 잠재력이 큰 몇 개 부문에 정부의 지원을 집중시키는 정책은 부의 편중을 심화시킬 수 있다. 지난날의 '성장 우선주의' 경제 정책은 우리 사회에 이러한 경제적 불평등의 씨앗을 뿌려 놓았고 그 후유증은 아직도 완전히 치유되지 못하고 있다. 더구나 정치와 경제의 유착에 의한 몇몇 사람들의 엄청난 축재는 자본주의 경제 질서의 기반이라고 할 수 있는 부의 정당성마저 뒤흔들게 되어 사회 전체에 여러 가지 불행한 결과들을 가져왔다.

① 소득보다 시간의 여유를 더 중요시하는 사람도 있다.
② 경제적 평등을 이룩했던 과거 시대의 상황을 고찰할 필요가 있다.
③ 사람마다 능력이 다르기 때문에 경제적 지위의 차이가 생길 수 있다.
④ 과거의 성장 우선주의 경제 정책으로 인해 경제적 불평등이 유발되었다.

15 다음 글의 내용과 일치하지 않는 것은?

경제 성장은 장기적인 관점에서 국내 총생산(GDP)이 지속적으로 증가하는 것이다. 그러나 경제가 꾸준히 성장하는 국가라 하더라도, 경기는 좋을 때도 있고 나쁠 때도 있다. 경기 변동은 실질 GDP*의 추세를 장기적으로 보여 주는 선에서 단기적으로 그 선을 이탈하여 상승과 하락을 보여 주는 현상을 말한다. 경기 변동을 촉발하는 주원인에 대해서는 여러 견해가 있다.

1970년대까지는 경기 변동이 일어나는 주원인이 민간기업의 투자 지출 변화에 의한 총수요* 측면의 충격에 있다는 견해가 우세했다. 민간 기업이 미래에 대해 갖는 기대에 따라 투자 지출이 변함으로써 경기 변동이 촉발된다는 것이다. 따라서 정부가 총수요 충격에 대응하여 적절한 총수요 관리 정책을 실시하면 경기 변동을 억제할 수 있다고 보았다. 그러나 1970년대 이후 총수요가 변해도 총생산은 변하지 않을 수 있다는 비판이 제기되자, 이에 따라 금융 당국의 자의적인 통화량 조절이 경기 변동의 원인으로 작용한다는 주장이 제기되었다.

이후 루카스는 경제 주체들이 항상 '합리적 기대'를 한다고 보고, 이들이 불완전한 정보로 인해 잘못된 판단을 하여 경기 변동이 발생한다는 '화폐적 경기 변동 이론'을 주장하였다. 합리적 기대란 어떤 정보가 새로 들어왔을 때 경제주체들이 이를 적절히 이용하여 미래에 대한 기대를 형성한다는 것이다. 그러나 경제 주체들에게 주어지는 정보가 불완전하기 때문에 그들은 잘못 판단할 수 있으며, 이로 인해 경기 변동이 발생하게 된다. 루카스는 가상의 사례를 들어 이를 설명하고 있다.

일정 기간 오직 자신의 상품 가격만을 아는 한 기업이 있다고 하자. 이 기업의 상품 가격이 상승했다면, 그것은 통화량의 증가로 전반적인 물가 수준이 상승한 결과일 수도 있고, 이 상품에 대한 소비자들의 선호도 변화 때문일 수도 있다. 전반적인 물가 상승에 의한 것이라면 기업은 생산량을 늘릴 이유가 없다. 하지만 일정 기간 자신의 상품 가격만을 아는 기업에서는 아무리 합리적 기대를 한다 해도 가격 상승의 원인을 정확히 판단할 수 없다. 따라서 전반적인 물가 수준이 상승한 경우에도 그것이 선호도 변화에서 온 것으로 판단하여 상품 생산량을 늘릴 수 있다. 이렇게 되면 근로자의 임금은 상승하고 경기 역시 상승하게 된다. 그러나 일정 시간이 지나 가격 상승이 전반적인 물가 수준의 상승에 의한 것임을 알게 되면, 기업은 자신이 잘못 판단했음을 깨닫고 생산량을 줄이게 된다.

그러나 이러한 루카스의 견해로는 대규모의 경기 변동을 모두 설명하기 어렵다는 비판이 제기되었다. 이에 따라 일부 학자들은 경기 변동의 주원인을 기술 혁신, 유가 상승과 같은 실물적 요인에서 찾게 되었는데, 이를 '실물적 경기 변동 이론'이라고 한다. 이들에 의하면 기업에서 생산성을 향상시킬 수 있는 기술 혁신이 발생하면 기업들은 더 많은 근로자를 고용하려 할 것이다. 그 결과 고용량과 생산량이 증가하여 경기가 상승하게 된다. 반면 유가가 상승하면 기업은 생산 과정에서 에너지를 덜 쓰게 되므로 고용량과 생산량은 줄어들게 된다.

최근 일부 학자들은 한 나라의 경기 변동을 설명하는 중요한 요소로 해외 부문을 거론하고 있다. 이들은 세계 각국의 경제적 협력이 밀접해지면서 각국의 경기 변동이 서로 높은 상관관계를 가진다고 보고, 그에 따라 경기 변동이 국제적으로 전파될 수 있다고 생각한다.

*실질 GDP : 물가 변동에 의한 생산액의 증감분을 제거한 GDP.

*총수요 : 국민 경제의 모든 경제 주체들이 소비, 투자 등의 목적으로 사려고 하는 재화와 용역의 합.

① 경제가 장기적으로 성장하는 국가에서도 실질 GDP가 단기적으로 하락하는 기간이 있을 수 있다.

② 민간 기업의 투자 지출 변화에서 오는 충격을 경기 변동의 주원인으로 보는 입장에서는 정부의 적절한 총수요 관리 정책을 통해 경기 변동을 억제할 수 있다고 본다.

③ 실물적 경기 변동 이론에서는 유가 상승이 생산 과정에서 쓰이는 에너지를 감소시켜서 생산량을 늘리는 실물적 요인으로 작용한다고 본다.

④ 실물적 경기 변동 이론에서는 대규모로 일어나는 경기 변동을 설명하기 어렵다는 점을 들어 화폐적 경기 변동이론을 비판한다.

Chapter 02 실전모의고사 2회

16 다음 글의 내용과 일치하지 않는 것은?

자본주의 경제체제는 이익을 추구하는 인간의 욕구를 최대한 보장해 주고 있다. 기업 또한 이익 추구라는 목적에서 탄생하여, 생산의 주체로서 자본주의 체제의 핵심적 역할을 수행하고 있다. 곧, 이익은 기업가로 하여금 사업을 시작하게 된 동기가 된다.

이익에는 단기적으로 실현되는 이익과 장기간에 걸쳐 지속적으로 실현되는 이익이 있다. 기업이 장기적으로 존속, 성장하기 위해서는 단기 이익보다 장기 이익을 추구하는 것이 더 중요하다. 실제로 기업은 단기 이익의 극대화가 장기 이익의 극대화와 상충될 때에는 단기 이익을 과감하게 포기하기도 한다.

자본주의 초기에는 기업이 단기 이익과 장기 이익을 구별하여 추구할 필요가 없었다. 소자본끼리의 자유 경쟁 상태에서는 단기든 장기든 이익을 포기하는 순간에 경쟁에서 탈락하기 때문이다. 그에 따라 기업은 치열한 경쟁에서 살아남기 위해 주어진 자원을 최대한 효율적으로 활용하여 가장 저렴한 가격으로 상품을 공급하게 되었다. 이는 기업의 이익 추구가 결과적으로 사회 전체의 이익도 증진시켰다는 의미이다. 이 단계에서는 기업의 소유자가 곧 경영자였기 때문에, 기업의 목적은 자본가의 이익을 추구하는 것으로 집중되었다.

그러나 기업의 규모가 점차 커지고 경영 활동이 복잡해지면서 전문적인 경영 능력을 갖춘 경영자가 필요하게 되었다. 이에 따라 소유와 경영이 분리되어 경영의 효율성이 높아졌지만, 동시에 기업이 단기 이익과 장기 이익 사이에서 갈등을 겪게 되는 일도 발생하였다. 주주의 대리인으로 경영을 위임받은 전문 경영인은 기업의 장기적 전망보다 단기 이익에 치중하여 경영 능력을 과시하려는 경향이 있기 때문이다. 주주는 경영자의 이러한 비효율적 경영 활동을 감시함으로써 자신의 이익은 물론 기업의 장기 이익을 극대화하고자 하였다.

오늘날의 기업은 경제적 이익뿐 아니라 사회적 이익도 포함된 다원적인 목적을 추구하는 것이 일반적이다. 현대 사회가 어떠한 집단도 독점적 권력을 행사할 수 없는 다원사회로 변화했기 때문이다. 이는 많은 이해 집단이 기업에게 상당한 압력을 행사하기 시작했다는 것을 의미한다. 기업 활동과 직 · 간접적 이해관계에 있는 집단으로는 노동조합, 소비자 단체, 환경 단체, 지역 사회, 정부 등을 들 수 있다. 기업이 이러한 다원 사회의 구성원이 되어 장기적으로 생존하기 위해서는, 주주의 이익을 극대화하는 것은 물론 다양한 이해 집단들의 요구도 모두 만족시켜야 한다. 그래야만 기업의 장기 이익이 보장되기 때문이다.

① 기업은 자본주의 체제의 생산 주체이다.
② 기업은 단기적 손해를 감수하면 장기적 이익을 보장 받는다.
③ 자본주의 초기에도 기업은 사회 전체의 이익을 증진시켰다.
④ 전문 경영인에 대한 적절한 감시가 없으면 기업의 장기 이익이 감소할 수도 있다.

17 다음 글의 내용과 일치하지 않는 것은?

세계화는 인적 유동성의 증가, 커뮤니케이션의 향상, 무역과 자본 이동의 폭증 및 기술 개발의 결과이다. 세계화는 세계 경제의 지속적인 성장 특히 개발도상국의 경제발전에 새로운 기회를 열어주었다. 동시에 그것은 급격한 변화의 과정에서 개발도상국의 빈곤, 실업 및 사회적 분열, 환경 파괴 등의 문제를 야기하였다.

정치적인 면에서 세계화는 탈냉전 이후 군비 축소를 통해 국제적 · 지역적 협력을 도모하는 새로운 기회들을 제공하기도 하였다. 그러나 국제사회에서는 민족, 종교, 언어로 나뉜 분리주의가 팽배하여 민족 분규와 인종 청소 같은 사태들이 끊이지 않고 있다.

또한 세계화 과정에서 사람들은 정보 혁명을 통해 더 많은 정보를 갖고 여러 분야에서 직접 활동할 수 있게 되었다. 예를 들어 시민들은 인터넷이라는 매체를 통해 정부나 지방자치단체의 정책 결정 과정에 참여하게 되었다. 그러나 정보 혁명의 혜택에서 배제된 사람들은 더욱 심각한 정보 빈곤 상태에 빠져 더 큰 소외감을 갖게 되었다.

한편 세계화는 사상과 문화도 이동시킨다. 세계화로 인해 제3세계의 오랜 토착 문화와 전통이 손상되고 있음은 익히 알려진 사실이다. 그러나 이런 부정적인 측면만 있는 것은 아니다. 세계화는 기업 회계의 규범에서부터 경영 방식, 그리고 NGO들의 활동에 이르기까지 자신이 지나간 자리에 새로운 사상과 관습을 심고 있다.

이에 따라 대부분의 사회에서 자신들이 이러한 세계화의 수혜자가 될 것인가 아니면 피해자가 될 것인가 하는 문제가 주요 쟁점이 되고 있다. 세계화가 자신들의 사회에 아무런 기여도 하지 않은 채 그저 전통문화만을 파괴해버리는 태풍이 될 것인지 혹은 불합리한 전통과 사회집단을 와해시키는 외부적 자극제로 작용하여 근대화를 향한 단초를 제공해 줄 것인지에 대한 논의가 한창 진행 중이다.

① 세계화는 민주주의의 질적 향상을 통해 국가의 의미를 강화하였다.
② 세계화는 개방도상국의 근대화를 촉진할 수도 있지만 전통문화를 훼손할 수도 있다.
③ 세계화는 정보의 빈익빈 부익부를 조장하여 정보 빈곤 상태에 빠진 사람들을 소외시켰다.
④ 세계화는 협력을 이끄는 힘이 되지만 다른 한편으로는 분열을 조장하는 위협이 되기도 한다.

18 다음 글의 내용과 일치하는 것을 고르면?

EU 철강 협회는 EU 회원국의 철강업체들이 중국이나 대만 그리고 한국에서 수입하는 철강 제품 때문에 어려움을 겪고 있다고 주장했다. 최근 철강 제품 수입이 크게 늘어나면서 철강 제품 가격이 25%까지 떨어졌으며 수천 명의 근로자들이 일자리를 잃을 위기에 빠져있다고 분석했다. 특히 지난 한 해 동안 중국에서 수입한 철강 제품 톤 수는 지난해의 두 배인 100만 톤에 이른다. 특히 EU 철강 협회는 중국에서 수입되는 철강 제품 중에 냉각 압연 철강재와 용융 도금된 철강재를 문제 삼았다. 이러한 EU 철강 협회의 주장은 최근 미국 철강 협회가 중국산 철강 제품에 대해서 정부에 덤핑 판정을 요구하면서 더 힘을 얻고 있다.

① EU 회원국에 가장 많은 철강 제품을 수출한 나라는 중국이다.
② 미국 정부는 중국산 철강 제품에 반덤핑관세를 부과할 계획이다.
③ 중국에서 수입되는 철강 제품 중 가장 많은 것은 냉각 압연 철강재이다.
④ 철강 제품의 공급이 많아지면서 철강 제품 가격이 떨어졌다.

[19～20] 다음 글을 읽고 물음에 답하시오.

생활에 여유를 주는 공간이라면 더 큰 공간일수록 좋으리라는 생각을 할 수도 있다. 그러나 한국적 공간 개념에는 그와 같은 여유를 추구하면서도 그것이 큰 공간일수록 좋다는 생각은 포함되어 있지 않은 것 같다. 왜 여유의 공간을 넓은 공간으로 생각하지 않았을까? 우리의 국토가 너무 좁기 때문이었을까? 넓은 공간을 유지하기에는 너무 가난했기 때문이었을까? 이러한 부정적 해답도 가능할 것이다. 그러나 그것을 긍정적으로 받아들여서 적극적인 가치 부여를 한다면 거기에는 아주 중요한 사상적 근거가 전제되어 있음을 발견할 수 있다. 그것은 한마디로 말하자면 자연과 인간이 조화를 이루어야 한다는 사상이다. 가장 인간을 위하는 공간은 곧 가장 자연을 위하는 공간이 되어야 한다는 사상이다. 인간은 결코 자연을 정복할 것이 아니라 자연과의 조화 속에서 궁극적인 가치들을 추구해야 한다는 사상이다. 자연과의 조화를 최대한으로 살리는 공간 개념을 근거로 하고 있음이 중요한 것이다.

건축 행위라는 것은 자연 환경을 인간의 생활환경으로 고쳐 가는 행위라고 할 수도 있다. 물질문명의 발달은 계속 더 적극적인 건축 행위를 필요로 하는 것도 사실이다. 더 많은 공간을 차지하는, 더 크고 화려한 건축물을 요구해 오는 사람들에게 건축은 아무 거리낌없이 건축 행위를 계속해 왔다. 그러나 이제는 그러한 팽창 위주의 건물 행위가 무제한 계속될 수 없다는 사실에 부딪히게 되었다. 인간의 요구 조건만이 아니라 자연의 필요조건도 들어주어야 한다는 것을 인식하게 되었다. 새로운 공간 설계를 원하는 고객도 그것만으로는 충분하지 않다는 생각을 하게 되었다. 우리의 건축 행위가 적극적으로 어떤 가치를 만들어 내느냐도 생각해야 하지만 그것으로 인해서 어떤 부정적 결과가 야기되는 지도 고려해 봐야 한다는 뜻이다. 여기서 네거티비즘이라고 한 것은 이러한 부정적 측면도 고려해 보는 사고방식을 표현하기 위한 것이다

네거티비즘은 결코 건축 행위를 하지 말자는 뜻이 아니다. 적극적으로 건축 행위를 하되 긍정적인 면과 밝은 면, 또는 인간 중심적인 면이나 건축주의 요청만을 고려하기 때문에 건축 설계에서 제외되기 쉬운 중요한 측면들을 신중하게 고려하자는 것이 네거티비즘의 뜻이다. 그러므로 이것은 하나의 건축 행위가 전제하고 있는 기본 가치관에 관한 문제가 된다. 네거티비즘은 하나의 건축 사상 내지는 건축 철학적 입장이다.

19 **다음 중 '네거티비즘' 건축에 대한 설명으로 가장 적절한 것은?**

① 자연에 대한 적극적인 건축행위이다.
② 건축주의 요구조건을 충실히 수행한다.
③ 가능한 한 넓은 여유의 공간을 확보한다.
④ 인간과 자연과의 조화를 지향한다.

20 **글쓴이가 자신의 견해를 강조하기 위해 인용할 수 있는 시조로 가장 알맞은 것은?**

① 이런들 어떠하며 저런들 어떠하리. / 만수산(萬壽山) 드렁칡이 얽어진들 그 어떠하리. / 우리도 이같이 얽어져 백 년(百年)까지 누리리라.
② 십 년(十年)을 경영(經營)하야 초려삼간(草廬三間) 지여 내니, / 나 한 간 달 한 간에 청풍(淸風) 한 간 맛져 두고, / 강산(江山)은 들일 듸 업스니 둘러 두고 보리라.
③ 구렁에 낫는 풀이 봄비에 절로 길어 / 알을 이 업스니 긔 아니 조흘소냐. / 우리는 너희만 못ᄒᆞ야 실람겨워 ᄒᆞ노라.
④ 국화야 너는 어이 삼월(三月) 동풍(東風) 다 보ᄂᆞ고 / 낙목한천(落木寒天)에 네 홀로 픠엿ᄂᆞ다. / 아마도 오상고절(傲霜孤節)은 너뿐인가 ᄒᆞ노라.

21 **어떤 수에 8을 곱해야 할 것을 실수로 8로 나누고 다시 20을 더해야 할 것을 실수로 20을 뺐더니 22가 되었다. 실수를 하지 않고 바르게 계산할 때 나오는 수는?**

① 2708 ② 2718
③ 2728 ④ 2738

22 **1부터 15까지의 숫자가 적힌 같은 크기와 모양을 가진 구슬이 주머니 속에 들어 있다. 이 주머니에서 구슬을 한 개 꺼낼 때 나올 수 있는 숫자의 평균은?**

① 6 ② 7
③ 8 ④ 9

23 신입사원 연수 준비 담당자로 지정된 A대리는 4개의 인쇄소 중 비용이 가장 저렴한 인쇄소를 선택하여 자료를 준비하려고 한다. 다음 주어진 자료를 보고 연수를 준비하는 A대리가 선택할 인쇄소와 지급해야 할 금액을 바르게 짝지은 것을 고르면?

〈신입사원 연수 자료 준비사항〉
- 참석 인원은 총 120명이다.
- 사원 전체와 진행 요원 15명의 자료를 모두 준비해야 한다.
- 인쇄해야 하는 연수 자료는 표지 제외 120장이다.
- 연수 자료의 앞과 뒤에 컬러 표지 한 장씩 처리해야 한다.
- 연수 자료는 무선제본 처리를 해야 한다.

〈표〉 각 인쇄소의 비용 및 이벤트

구분	가 인쇄소	나 인쇄소	다 인쇄소	라 인쇄소
페이지 당 비용	35원	47원	38원	45원
컬러 표지 한 장 당 비용	500원	450원	550원	400원
무선제본 처리 비용	1,800원	1,200원	1,500원	1,000원
이벤트	5만 원 할인 쿠폰 지급	무선 제본 처리 비용 무료	컬러 표지 비용 무료	전체 가격 10% 할인

① 가 인쇄소, 818,000원
② 나 인쇄소, 810,800원
③ 다 인쇄소, 818,100원
④ 라 인쇄소, 810,800원

24 같은 회사의 '갑'과 '을'은 함께 사내 걷기대회에 함께 참가하였다. '갑'은 시속 4.62km, '을'은 3.3km의 속력으로 걷는다고 할 때, '갑'이 5시간 후 목표지점에 도착하였다면, '을'은 '갑'이 도착한 뒤 얼마 후에 도착하는가?(단, 출발부터 도착까지 쉬는 시간은 없으며, 출발지에서 도착지까지 모두 같은 코스를 걷는다고 가정한다.)

① 40분 후
② 1시간 20분 후
③ 2시간 후
④ 2시간 40분 후

25 같은 팀 영업사원인 '갑, 을'은 지난 달 두 사람이 합해서 250대의 에어컨을 판매했다. 이번 달에 '갑'은 전달 대비 에어컨 판매수량이 30% 증가했고, '을'은 20% 감소했으며, 두 사람이 합해서 20% 증가했다. 이번 달 '을'의 에어컨 판매수량은?

① 40대 ② 44대
③ 50대 ④ 60대

26 위조지폐일 가능성이 있는 10장의 지폐 중 진짜 위조지폐는 3장이 있다고 한다. 위조지폐에 대한 전문지식이 없는 '갑'과 '을' 두 사람이 순서대로 지폐를 한 장씩 고를 때, 두 장 모두 위조지폐일 확률은?(단, 먼저 고른 지폐는 다시 섞지 않는다.)

① $\frac{3}{50}$ ② $\frac{1}{15}$
③ $\frac{1}{10}$ ④ $\frac{2}{9}$

27 다음 〈표〉는 과목 등급 산정기준과 과목별 이수단위 및 '갑'의 과목별 석차에 대한 자료이다. 〈표〉와 〈평균등급 산출 공식〉에 따라 산정한 '갑'의 4개 과목 평균등급을 M이라 할 때, M의 범위로 옳은 것은?

〈표 1〉 과목 등급 산정기준

등급	과목석차 백분율
1	0% 초과 4% 이하
2	4% 초과 11% 이하
3	11% 초과 23% 이하
4	23% 초과 40% 이하
5	40% 초과 60% 이하
6	60% 초과 77% 이하
7	77% 초과 89% 이하
8	89% 초과 96% 이하
9	96% 초과 100% 이하

※ 과목석차 백분율(%) $= \frac{\text{과목석차}}{\text{과목이수인원}} \times 100$

〈표 2〉 과목별 이수단위 및 민수의 과목별 석차

과목 \ 구분	이수단위(단위)	석차(등)	이수인원(명)
국어	3	270	300
영어	3	44	300
수학	2	27	300
과학	3	165	300

〈평균등급 산출 공식〉

$$평균등급 = \frac{(과목별\ 등급 \times 과목별\ 이수단위)의\ 합}{과목별\ 이수단위의\ 합}$$

① $3 \leq M < 4$ ② $4 \leq M < 5$
③ $5 \leq M < 6$ ④ $6 \leq M < 7$

[28～29] 다음의 〈표〉는 어느 나라의 기업 기부금 순위 상위 기업의 현황과 연도별 기부금 추이를 나타낸 것이다. 물음에 알맞은 답을 고르시오.

〈표 1〉 2023년 기부금 순위 상위 5개 기업 현황

순위	기업명	총기부금(억 원)	현금기부율(%)
1	A	350	20
2	B	300	24
3	C	280	26
4	D	250	15
5	E	240	29

〈표 2〉 연도별 기부금 추이

구분 \ 연도	2019	2020	2021	2022	2023
기부금 총액(억원)	5,520	6,240	7,090	7,820	8,220
기업 기부금 총액(억원)	1,980	2,190	2,350	2,610	2,760

28 다음 중 2023년의 현금기부금 액수가 가장 많은 기업은 어디인가?

① A기업　② B기업
③ C기업　④ E기업

29 다음 〈보기〉의 설명 중 옳은 것을 모두 고르면?

보기

㉠ 기부금 총액과 기업의 기부금 총액은 매년 지속적으로 증가하였다.
㉡ 기부금 총액에서 기업의 기부금이 차지하는 비중은 매년 지속적으로 증가하였다.
㉢ 2023년 상위 5개 기업의 총기부금은 기부금 총액의 17% 이하이다.

① ㉠　② ㉢
③ ㉠, ㉢　④ ㉡, ㉢

30 다음 〈표〉는 세계적인 초고층 건물의 층수와 실제높이를 나타낸 것이다. 건물의 층수에 따른 예상높이를 계산하는 식이 '예상높이(m)=2×층수+200'과 같이 주어질 때, 예상높이와 실제높이의 차이가 가장 큰 건물과 가장 작은 건물을 순서대로 바르게 나열한 것은?

〈표〉 세계 초고층 건물 층수 및 실제높이

건물 이름	층수	실제높이(m)
A 빌딩	108	442
B 타워	102	383
C 빌딩	101	449
D 타워	88	422
E 빌딩	89	398

① C 빌딩, A 빌딩　② D 타워, B 타워
③ C 빌딩, B 타워　④ D 타워, E 빌딩

[31～32] 다음 〈표〉는 저작물 구입 경험이 있는 초 · 중 · 고등학생 각각 1,000명을 대상으로 저작물 구입 실태에 관한 설문조사를 실시한 결과이다. 물음에 알맞은 답을 고르시오.

〈표 1〉 저작물 구입 경험 현황

(단위 : %)

종류 \ 학교급	초등학교	중학교	고등학교
음악	29.3	41.5	58.6
영화, 드라마, 애니메이션 등 영상물	31.2	34.3	39.6
컴퓨터 프로그램	45.6	45.2	46.7
게임	58.9	57.7	56.8
사진	16.2	20.5	27.3
만화/캐릭터	73.2	53.3	62.6
책	68.8	66.3	82.8
지도, 도표	11.8	14.6	15.0

※설문조사에서는 구입 경험이 있는 모든 저작물 종류를 선택하도록 하였음.

〈표 2〉 정품 저작물 구입 현황

(단위 : %)

정품 구입 횟수 비율 \ 학교급	초등학교	중학교	고등학교
10회 중 10회	35.3	55.9	51.8
10회 중 8～9회	34.0	27.2	25.5
10회 중 6～7회	15.8	8.2	7.3
10회 중 4～5회	7.9	4.9	6.8
10회 중 2～3회	3.3	1.9	5.0
10회 중 0～1회	3.7	1.9	3.6
전체	100.0	100.0	100.0

31 제시된 〈표〉를 바탕으로 작성한 다음 〈보고서〉 내용 중 옳은 것을 모두 고르면?(단, 설문 참여자는 모든 문항에 응답하였다.)

〈보고서〉

본 조사결과에 따르면, ㉠ 전반적으로 '만화/캐릭터'는 초등학생이 중학생이나 고등학생보다 구입 경험의 비율이 높은 것으로 나타났으며, '컴퓨터 프로그램'이나 '게임'은 학교급 간의 차이가 모두 2%p 미만이다. ㉡ 위 세 종류를 제외한 나머지 항목에서는 모두 고등학생이 중학생이나 초등학생에 비하여 구입 경험의 비율이 높았다. ㉢ 초 · 중 · 고 각각 응답자의 절반 이상이 모두 정품만을 구입했다고 응답하였다. 특히, ㉣ 모두 정품으로 구입했다고 응답한 학생의 비율은 중학교에서 가장 높았다.

① ㉠, ㉢
② ㉠, ㉣
③ ㉡, ㉢
④ ㉡, ㉣

32 10회 중 5회 이하 정품을 구입하였다고 응답한 학생의 비율이 가장 높은 학교급과 가장 낮은 학교급 간의 해당 응답 학생 수 차이는 얼마인가?

① 62명
② 63명
③ 67명
④ 68명

33 다음 〈표〉는 어느 렌트카 회사에서 제시하는 요금제이다. 이에 대한 〈보기〉의 설명 중 옳은 것을 모두 고르면?

〈표〉 렌트카 요금제

요금제	기본 요금	연장 요금
A	1시간 15,000원	초과 30분당 1,000원
B	3시간 17,000원	초과 30분당 1,300원

※ 연장 요금은 기본 요금 시간 초과 시 30분 단위로 부과됨. 예를 들어, 1시간 1분 이용 시에는 1시간 30분 요금이 적용됨.

보기

㉠ 렌트 시간이 2시간 10분이라면, A 요금제보다 B 요금제가 더 저렴하다.
㉡ 렌트 시간이 3시간 30분이라면, B 요금제보다 A 요금제가 더 저렴하다.
㉢ 렌트 시간이 5시간이라면, A 요금제보다 B 요금제가 더 비싸다.
㉣ B 요금제의 연장 요금을 30분당 2,000원으로 인상한다면, 4시간 사용 시 A 요금제와 B 요금제의 요금은 같다.

① ㉠, ㉡
② ㉠, ㉣
③ ㉡, ㉢
④ ㉢, ㉣

34 다음 글을 근거로 판단할 때, 〈보기〉에서 옳은 것만을 모두 고르면?

- '갑~정'은 다음 그림과 같은 과녁에 각자 보유한 화살을 쏜다. 과녁은 빨간색, 노란색, 초록색, 파란색의 칸으로 4등분이 되어 있다. 화살은 반드시 4개의 칸 중 하나의 칸에 명중하며, 하나의 칸에 여러 개의 화살이 명중할 수 있다.

- 화살을 쏜 사람은 그 화살이 명중한 칸에 쓰인 점수를 받는다.
- 화살의 색깔과 화살이 명중한 칸의 색깔이 일치하면 칸에 쓰인 점수보다 1점을 더 받는다.
- 노란색 화살이 파란색 칸에 명중하는 경우에만 칸에 쓰인 점수보다 1점을 덜 받는다.
- '갑~정'이 보유한 화살은 다음과 같으며, 각자가 보유한 화살을 전부 쏘아 얻은 점수를 합하여 최종 점수를 계산한다. 단, 각 화살은 한 번씩만 쏜다.

사람	보유 화살
갑	빨간색 화살 1개, 노란색 화살 1개
을	초록색 화살 2개
병	노란색 화살 1개, 초록색 화살 1개
정	초록색 화살 1개, 파란색 화살 1개

보기

㉠ '갑'의 최종 점수의 최솟값은 '을'의 최종 점수의 최솟값과는 다를 것이다.
㉡ '을'의 최종 점수의 최댓값과 '정'의 최종 점수의 최댓값은 같을 것이다.
㉢ '갑'과 '병'의 최종 점수가 10점으로 같았다면, 노란색 화살들은 모두 초록색 칸에 명중한 것이다.
㉣ '병'과 '정'의 화살 4개가 모두 같은 칸에 명중했고 최종 점수가 같았다면, 그 칸은 파란색일 수 있다.

① ㉠, ㉡
② ㉠, ㉣
③ ㉡, ㉢
④ ㉡, ㉣

35 〈그림 1〉은 점 분포의 세 가지 유형을 보여주고 있고, 〈그림 2〉는 〈그림 1〉에 있는 두 지점 1, 2를 중심으로 각각 특정한 반지름의 동심원을 그렸을 때 포함되는 점(○)의 개수의 추세를 표현하고 있다. 〈그림 1〉의 A~C를 〈그림 2〉의 (ㄱ)~(ㄹ) 중 세 개와 일대일 대응시킬 때, 가장 적절한 것은?

〈그림 1〉 점 분포의 세 가지 유형

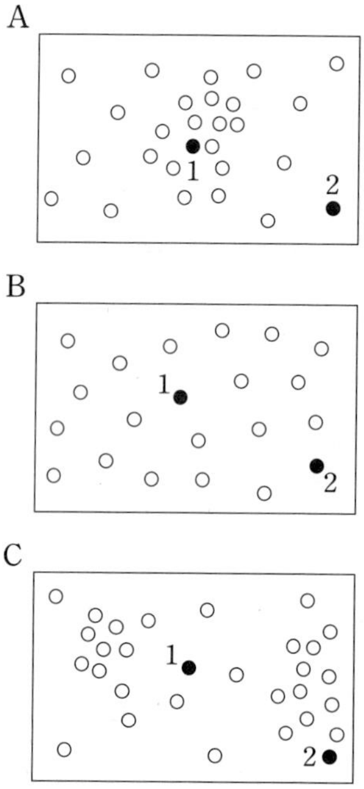

A

B

C

〈그림 2〉 반지름의 크기에 따른 점의 개수

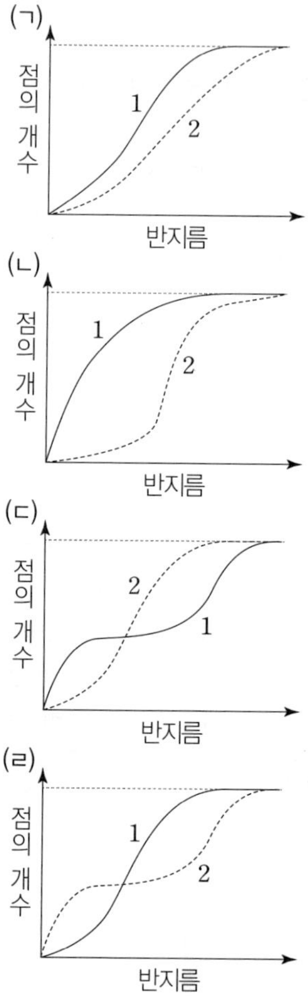

(ㄱ) 점의 개수 / 반지름

(ㄴ) 점의 개수 / 반지름

(ㄷ) 점의 개수 / 반지름

(ㄹ) 점의 개수 / 반지름

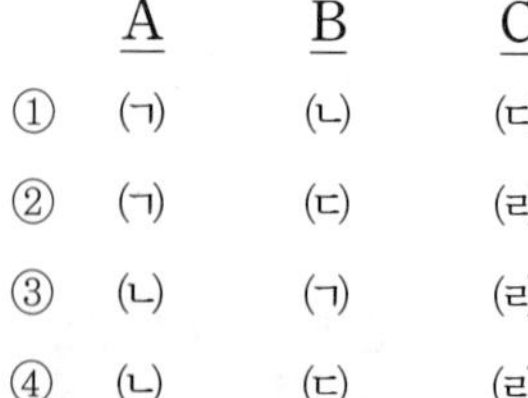

	A	B	C
①	(ㄱ)	(ㄴ)	(ㄷ)
②	(ㄱ)	(ㄷ)	(ㄹ)
③	(ㄴ)	(ㄱ)	(ㄹ)
④	(ㄴ)	(ㄷ)	(ㄹ)

36 '갑'은 2020년 1월 전액 현금으로만 다음 〈표〉와 같이 지출하였다. 만약 '갑'이 2020년 1월에 A~C신용카드 중 하나만을 발급받아 〈표〉와 동일하도록 그 카드로만 지출하였다면, 〈신용카드별 할인혜택〉에 근거한 총 할인액이 가장 큰 카드부터 순서대로 바르게 나열한 것은?

〈표〉 2020년 1월 지출내역

(단위 : 만원)

분류	세부항목		금액	합
교통비	버스 · 지하철 요금		8	20
	택시 요금		2	
	KTX 요금		10	
식비	외식비	평일	10	30
		주말	5	
	카페 지출액		5	
	식료품 구입비	대형마트	5	
		재래시장	5	
의류구입비	온라인		15	30
	오프라인		15	
여가 및 자기계발비	영화관람료(1만원/회×2회)		2	30
	도서구입비(2만원/권×1권, 1만5천원/권×2권, 1만원/권×3권)		8	
	학원 수강료		20	

〈신용카드별 할인혜택〉

(1) A신용카드
- 버스 · 지하철, KTX 요금 20% 할인(단, 할인액의 한도는 월 2만원)
- 외식비 주말 결제액 5% 할인
- 학원 수강료 10% 할인
- 최대 총 할인한도액은 없음.

(2) B신용카드
- 버스 · 지하철, KTX 요금 10% 할인(단, 할인액의 한도는 월 1만원)
- 외식비 평일 결제액 10% 할인
- 온라인 의류구입비 10% 할인
- 도서구입비 권당 3천원 할인(단, 권당 가격이 1만2천원 이상인 경우에만 적용)
- 최대 총 할인한도액은 월 4만원

(3) C신용카드
- 버스 · 지하철, 택시 요금 10% 할인(단, 할인액의 한도는 월 1만원)
- 카페 지출액 10% 할인
- 재래시장 식료품 구입비 10% 할인

- 영화관람료 회당 2천원 할인(월 최대 2회)
- 학원 수강료 7.5% 할인
- 최대 총 할인한도액은 없음.

※ 1) 할부나 부분청구는 없음.
2) A~C신용카드는 모두 연회비가 없음.

① A－B－C ② A－C－B
③ B－A－C ④ B－C－A

[37~38] 다음 〈표〉는 1921~1930년 우리나라의 대일무역 현황을 나타낸 자료이다. 물음에 알맞은 답을 고르시오.

〈표〉 우리나라의 대일무역 현황 및 국내총생산

연도	대일 수출액(천엔)	대일 수입액(천엔)	대일 무역총액(천엔)	대일 무역총액 지수	국내총생산(천엔)
1921	197	156	353	100	1,299
1922	197	160	357	101	1,432
1923	241	167	408	116	1,435
1924	306	221	527	149	1,573
1925	317	234	551	156	1,632
1926	338	248	586	166	1,609
1927	330	269	599	170	1,606
1928	333	295	628	178	1,529
1929	309	315	624	177	1,483
1930	240	278	518	147	1,158

※ 대일무역총액지수$=\frac{\text{당해연도 대일무역총액}}{\text{1921년 대일무역총액}}\times 100$

37 다음 〈보기〉의 내용 중 옳은 것을 모두 고르면?

> **보기**
> ㉠ 대일 수출액은 매년 증가하다가 감소하였으나, 대일 수입액은 매년 증가하였다.
> ㉡ 국내총생산은 1920년대 중반까지 증가하다 이후에는 지속적으로 감소하였다.
> ㉢ 1927년의 대일무역총액지수는 170이다.
> ㉣ 1922년의 전년대비 국내총생산 증가율은 10% 이하이다.

① ㉠, ㉡　　② ㉠, ㉣
③ ㉡, ㉢　　④ ㉡, ㉣

38 위의 〈표〉를 바탕으로 작성한 다음 그래프 중 옳지 않은 것은?

① 당해연도 국내총생산 대비 당해연도 대일무역총액

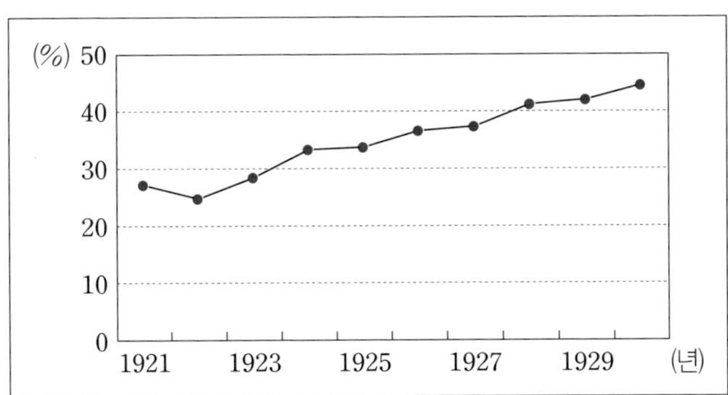

② 연도별 대일무역수지(대일수출액 − 대일수입액)

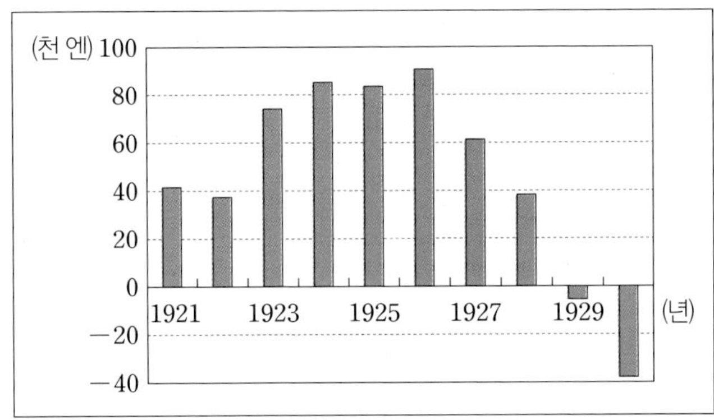

③ 전년대비 대일수출액 증감률

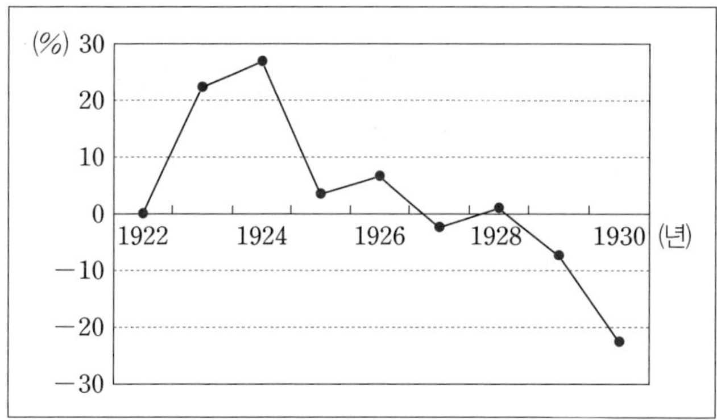

④ 당해연도 국내총생산 대비 당해연도 대일수입액

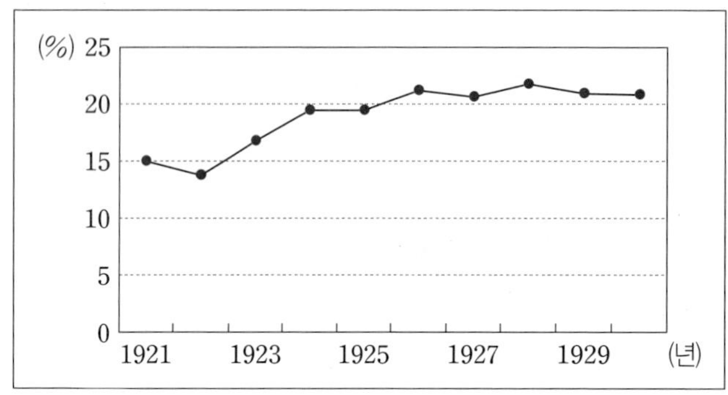

[39～40] 다음의 〈표〉는 한 통신회사의 휴대폰 요금제에 관한 내용이다. 이를 토대로 하여 다음 물음에 답하시오.

〈표〉 '갑' 통신사 요금제 종류별 이용조건

부과 기준 \ 요금제	A요금제	B요금제	C요금제
월 기본요금(원)	25,000	15,000	20,000
10초당 통화요금(원)	12	19	15
월 무료통화(분)	120분	60분	90분
1건당 문자발신요금(원)	없음	15	10
월 무료 문자(건)	—	20건	50건
데이터 이용요금(원/100MB)	2,000	3,000	2,200

39 세 요금제 중 월 통화시간이 3시간이고 문자 메시지는 50건 보내며, 데이터 이용량이 500MB인 사람이 가장 저렴하게 이용할 수 있는 요금제와 가장 비싼 요금제를 순서대로 바르게 나열한 것은?(단, 제시된 부과 기준대로 요금이 부과되며 기타 부가세 등은 없는 것으로 한다.)

① A요금제, B요금제
② A요금제, C요금제
③ B요금제, A요금제
④ C요금제, B요금제

40 '갑' 통신사의 B요금제를 이용하고 있는 사람이 7월 한 달 동안 통화시간이 2시간 30분이었고 문자 메시지를 80건 보냈으며, 데이터 이용량이 400MB였다면, 그가 부담해야 할 7월 이용요금은 얼마인가?(단, 기타 부가세 등은 없는 것으로 한다.)

① 34,740원
② 36,450원
③ 38,160원
④ 39,870원

41 다음 〈그림〉은 외국인 직접투자의 투자건수 비율과 투자금액 비율을 투자규모별로 나타낸 자료이다. 이에 대한 〈보기〉의 설명 중 옳은 것을 모두 고르면?

〈그림〉 투자규모별 투자건수 비율과 투자금액 비율

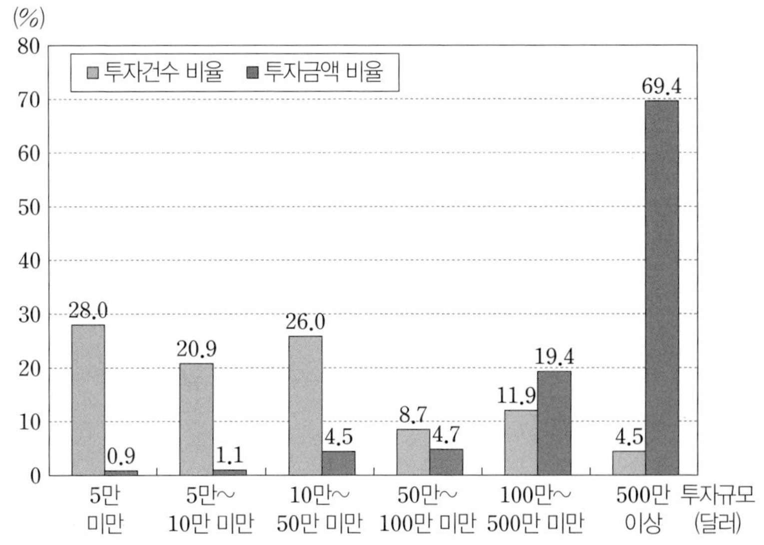

※ 1) 투자규모는 외국인 직접투자의 건당 투자금액을 기준으로 구분함.

2) 투자건수 비율(%)= $\frac{\text{투자규모별 외국인 직접투자 건수}}{\text{전체 외국인 직접투자 건수}} \times 100$

3) 투자금액 비율(%)= $\frac{\text{투자규모별 외국인 직접투자금액합계}}{\text{전체 외국인 직접투자금액합계}} \times 100$

보기

㉠ 투자규모가 100만 달러 이상인 투자금액 비율은 85% 이상이다.

㉡ 투자규모가 100만 달러 이상인 투자건수는 5만 달러 미만의 투자건수보다 적다.

㉢ 투자규모가 50만 달러 미만인 투자건수 비율은 70% 이하이다.

㉣ 투자규모가 100만 달러 이상 500만 달러 미만인 투자금액 비율은 50만 달러 미만의 투자금액 비율보다 작다.

① ㉠, ㉡ ② ㉠, ㉣

③ ㉡, ㉢ ④ ㉡, ㉣

[42~43] 다음의 〈상황〉을 토대로 하여 물음에 알맞은 답을 고르시오.

〈상황〉

- 갑은 같은 온실에서 5가지 식물(A~E)을 하나씩 동시에 재배하고자 한다.
- A~E의 재배가능 온도와 각각의 상품가치는 다음과 같다.

식물 종류	재배가능 온도(℃)	상품가치(원)
A	0 이상 20 이하	10,000
B	5 이상 15 이하	25,000
C	25 이상 45 이하	30,000
D	20 이상 30 이하	15,000
E	15 이상 25 이하	35,000

- 준석이는 온도만 조절할 수 있으며, 식물의 상품가치를 결정하는 유일한 것은 온도이다.
- 온실의 온도는 한 번 설정하면 변경할 수 없다.

42 다음 중 갑이 가장 많은 식물을 재배할 수 있는 온도로 가장 알맞은 것은?(단, 주어진 조건 외에 다른 조건은 고려하지 않는다.)

① 13℃ ② 17℃

③ 21℃ ④ 25℃

43 다음 중 갑이 얻을 수 있는 상품가치의 총합이 가장 큰 온도와 그때의 상품가치의 총합을 모두 바르게 나열한 것은?(단, 주어진 조건 외에 다른 조건은 고려하지 않는다.)

① 15℃, 70,000원
② 20℃, 80,000원
③ 25℃, 80,000원
④ 30℃, 70,000원

44 다음 〈상황〉을 근거로 판단할 때, 갑이 보유한 A통장의 잔액은 얼마인가?(이자나 수수료 등은 없는 것으로 한다.)

〈상황〉
- 갑이 보유한 통장 잔액의 합은 다음 〈표〉와 같다.
- 갑은 이 은행에서 각각의 통장을 하나씩만 보유하고 있다.

〈표〉

통장 종류	통장 잔액의 합(만원)
㉠ : A통장, B통장	㉠ : 1,700
㉡ : C통장, D통장	㉡ : 2,000
㉢ : A통장, E통장	㉢ : 1,400
㉣ : B통장, C통장	㉣ : 1,800
㉤ : D통장, E통장	㉤ : 2,100

① 500만원
② 600만원
③ 700만원
④ 800만원

45 다음 〈규칙〉을 근거로 판단할 때, 아래 〈보기〉에서 옳은 것만을 모두 고르면?

- 갑은행의 친선 농구대회는 아래와 같은 대진표에 따라 진행되며, 11개의 참가팀은 추첨을 통해 동일한 확률로 A부터 K까지의 자리 중에서 하나를 배정받아 대회에 참가한다.

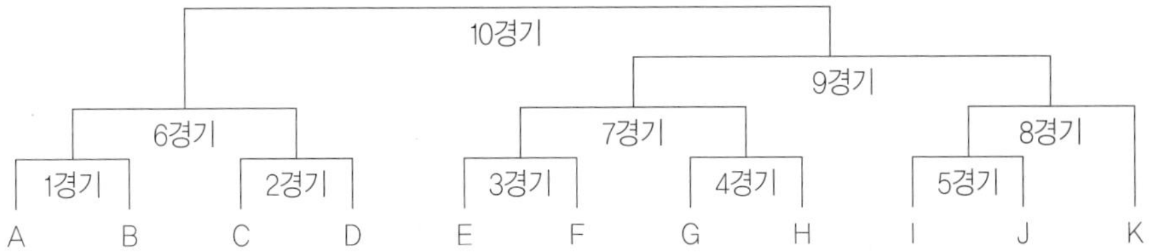

10경기
9경기
6경기 7경기 8경기
1경기 2경기 3경기 4경기 5경기
A B C D E F G H I J K

• 대회는 첫째 날에 1경기부터 시작되어 10경기까지 순서대로 매일 하루에 한 경기씩 쉬는 날 없이 진행되며, 매 경기에서는 무승부 없이 승자와 패자가 가려진다.
• 각 경기를 거듭할 때마다 패자는 제외시키면서 승자끼리 겨루어 최후에 남은 두 팀 간에 우승을 가리는 승자 진출전 방식으로 대회를 진행한다.

보기

㉠ 이틀 연속 경기를 하지 않으면서 최소한의 경기로 우승할 수 있는 자리는 총 5개이다.
㉡ 첫 번째 경기에 승리한 경우 두 번째 경기 전까지 3일 이상을 경기 없이 쉴 수 있는 자리에 배정될 확률은 50% 미만이다.
㉢ 총 4번의 경기를 치러야 우승할 수 있는 자리에 배정될 확률이 총 3번의 경기를 치르고 우승할 수 있는 자리에 배정될 확률보다 높다.

① ㉠
② ㉢
③ ㉠, ㉡
④ ㉡, ㉢

46 어느 기업에서 3명의 지원자(현민, 지현, 준영)에게 5명의 면접위원(A, B, C, D, E)이 평가점수와 순위를 부여하였다. 비율점수법과 순위점수법을 적용한 결과가 〈표〉와 같을 때, 이에 대한 설명으로 옳은 것은?

〈표 1〉 비율점수법 적용 결과

(단위 : 점)

면접위원 지원자	A	B	C	D	E	전체합	중앙3합
현민	7	8	6	6	1	28	19
지현	9	7	6	3	8	( )	( )
준영	5	8	7	2	6	( )	( )

※ 중앙3합은 5명의 면접위원이 부여한 점수 중 최곳값과 최젓값을 제외한 3명의 점수를 합한 값임.

〈표 2〉 순위점수법 적용 결과

(단위 : 순위, 점)

면접위원 지원자	A	B	C	D	E	순위점수합
현민	2	1	2	1	3	11
지현	1	3	3	2	1	( )
준영	3	2	1	3	2	( )

※ 순위점수는 1순위에 3점, 2순위에 2점, 3순위에 1점을 부여함.

① 순위점수합이 가장 큰 지원자는 '현민'이다.
② 비율점수법 중 중앙3합이 가장 큰 지원자는 순위점수합도 가장 크다.
③ 비율점수법 적용 결과에서 평가점수의 전체합과 중앙3합이 큰 값부터 등수를 정하면 지원자의 등수는 각각 같다.
④ 비율점수법 적용 결과에서 평가점수의 전체합이 가장 큰 지원자는 '준영'이다.

47 **다음은 경제통합을 구상 중인 국가들과 그 이외 국가(갑, 을)의 통상관계에 대한 것이다. 〈표〉는 현재 갑, 을 국가가 경제통합추진 국가들과 맺고 있는 통상관계 방식을 말한다. 향후 이들 추진국가의 경제가 통합될 것으로 예상됨에 따라 갑과 을 국가가 취할 전략으로 적절한 것을 〈보기〉에서 골라 가장 바르게 짝지은 것은?**

> 경제통합이란 경제통합을 이룩한 역내국(경제통합 회원국)에 대해서는 무역, 산업, 금융 등의 여러 분야에서 상호 간의 장벽을 완화하거나 제거함으로써 일국 내의 거래와 동일한 상황을 추구하려는 형태를 의미한다. 결국 경제통합이란 경제통합을 체결한 역내국에 대해서는 하나의 국가 내 거래와 동일하게 무역제한을 철폐하면서, 역외국가(비회원국)에 대해서는 차별적인 무역제한조치를 부과하는 제도이다.

〈표〉

구분	수출	현지생산
갑	100%	0%
을	0%	100%

보기

ㄱ. 관세를 피하기 위한 방어적 해외직접투자전략
ㄴ. 경제통합 회원국들 간의 비교우위를 고려한 합리적 해외직접투자 재배치전략
ㄷ. 경제통합지역의 잠재적 수요증가가 예측될 때의 공격적 해외직접투자전략

	갑	을
①	ㄱ, ㄴ	ㄴ, ㄷ
②	ㄱ, ㄴ	ㄱ, ㄷ
③	ㄱ, ㄷ	ㄴ, ㄷ
④	ㄴ, ㄷ	ㄱ, ㄴ

[48~49] 다음 글과 〈평가 결과〉를 근거로 하여 물음에 알맞은 답을 고르시오.

갑국에서는 현재 정부 재정지원을 받고 있는 복지시설(A~D)을 대상으로 다섯 가지 항목(환경개선, 복지관리, 복지지원, 복지성과, 중장기 발전계획)에 대한 종합적인 평가를 진행하였다.

평가점수의 총점은 각 평가항목에 대해 해당 시설이 받은 점수와 해당 평가항목별 가중치를 곱한 것을 합산하여 구하고, 총점 90점 이상은 1등급, 80점 이상 90점 미만은 2등급, 70점 이상 80점 미만은 3등급, 70점 미만은 4등급으로 한다.

평가 결과, 1등급 시설은 특별한 조치를 취하지 않으며, 2등급 시설은 관리 정원의 5%를, 3등급 이하 시설은 관리 정원의 10%를 감축해야 하고, 4등급을 받으면 관리 정원의 20% 감축해야 하고 정부의 재정지원도 받을 수 없다.

〈평가 결과〉

평가항목(가중치)	A시설	B시설	C시설	D시설
환경개선(0.2)	80	90	85	90
복지관리(0.2)	95	70	65	55
복지지원(0.2)	95	70	75	80
복지성과(0.2)	95	70	60	60
중장기 발전계획(0.2)	90	95	50	65

48 다음 〈보기〉의 내용 중 옳은 것을 모두 고르면?

보기

㉠ A시설은 관리 정원을 감축하지 않아도 된다.
㉡ B시설은 관리 정원의 5%를 감축해야 한다.
㉢ C시설은 평가 등급이 4등급에 해당하는 시설이다.
㉣ D시설은 관리 정원을 감축해야 하고 정부의 재정지원도 받을 수 없다.

① ㉠, ㉡ ② ㉠, ㉢
③ ㉡, ㉣ ④ ㉢, ㉣

49 다음 중 평가항목에서 환경개선의 가중치를 0.3으로, 복지지원의 가중치를 0.1로 바꿀 때 B시설과 D시설의 평가 결과에 따른 조치를 모두 맞게 나열한 것은?

	B시설	D시설
①	관리 정원의 10% 감축	관리 정원의 20% 감축, 정부 재정지원을 받을 수 없음
②	관리 정원의 5% 감축	관리 정원의 10% 감축
③	관리 정원의 10% 감축	관리 정원의 10% 감축
④	관리 정원의 5% 감축	관리 정원의 20% 감축, 정부 재정지원을 받을 수 없음

50 다음 글과 〈상황〉을 근거로 판단할 때, 갑이 A와 B에게 팔게 되는 땅의 면적을 모두 맞게 연결한 것은?

> 한 도형이 다른 도형과 접할 때, 안쪽에서 접하는 것을 내접, 바깥쪽에서 접하는 것을 외접이라고 한다. 이를테면 한 개의 원이 다각형의 모든 변에 접할 때, 그 다각형은 원에 외접한다고 하며 원은 다각형에 내접한다고 한다. 한편 원이 한 다각형의 각 꼭짓점을 모두 지날 때 그 원은 다각형에 외접한다고 하며, 다각형은 원에 내접한다고 한다. 정다각형은 반드시 내접원과 외접원을 가지게 된다.
>
> 〈상황〉
>
> 갑은 새로운 사업 수행을 위해 자신이 소유한 땅을 처분해 자금을 마련하기로 하였다. 자신의 땅은 가로, 세로가 모두 100m인 정사각형의 토지이다. 갑은 "정사각형의 내 땅에 내접하는 원을 그리고, 다시 그 원에 내접하는 정사각형을 그린다. 그 내접하는 정사각형에 해당하는 땅을 A에게 팔고, 나머지 부분은 B에게 팔겠다."라고 하였다.

	A에게 팔 땅의 면적	B에게 팔 땅의 면적
①	3,000m^2	7,000m^2
②	4,000m^2	6,000m^2
③	5,000m^2	5,000m^2
④	6,000m^2	4,000m^2

51 다음 글을 근거로 판단할 때, 〈보기〉에서 옳은 것만을 모두 고르면?

• 'OO코드'는 아래 그림과 같이 총 25칸(5 × 5)으로 이루어져 있으며, 각 칸을 흰색으로 채우거나 검정색으로 채우는 조합에 따라 다른 코드가 만들어진다.

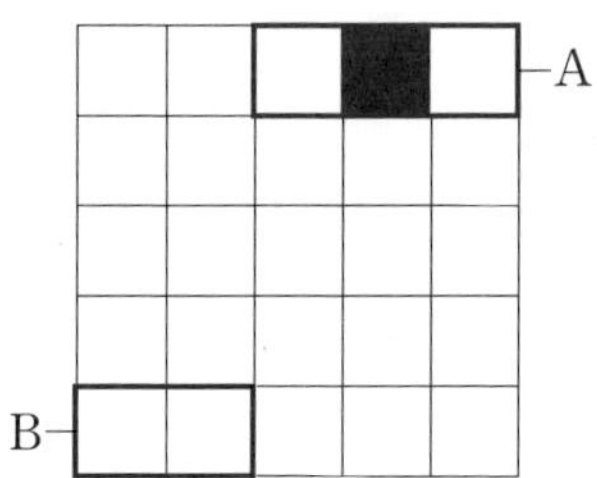

• 상단 오른쪽의 3칸(A)은 항상 '흰색 – 검정색 – 흰색'으로 OO코드의 고유표시를 나타낸다.
• 하단 왼쪽의 2칸(B)은 코드를 제작한 지역을 표시하는 것으로 전 세계를 총 4개의 지역으로 분류하고, '갑'지역은 '흰색 – 흰색'으로 표시한다.

※ 코드를 회전시키는 경우는 고려하지 않음.
※ '2^{10} = 1,024'임.

보기

㉠ '갑'지역에서 만들 수 있는 코드 개수는 100만 개를 초과한다.
㉡ 각 칸을 기존의 흰색과 검정색뿐만 아니라 빨간색과 파란색으로도 채울 수 있다면, 만들 수 있는 코드 개수는 기존보다 100만 배 이상 증가한다.
㉢ 만약 상단 오른쪽의 3칸(A)도 다른 칸과 마찬가지로 코드 만드는 것에 사용토록 개방한다면, 만들 수 있는 코드 개수는 기존의 6배로 증가한다.

① ㉠ ② ㉡
③ ㉢ ④ ㉠, ㉡

52 다음은 OO은행 직원인 '갑'과 '을'을 대상으로 3년간 실시한 사내 친절도 평가점수의 변화를 나타낸 표이다. 〈보기〉의 설명 중 옳은 것을 모두 고르면?

〈표 1〉 '갑'의 점수 변화

년/월	2020/3	2021/3	2022/3	2023/3
점수(점)	71	73	78	80

〈표 2〉 '을'의 점수 변화

년/월	2020/3	2020/9	2021/3	2021/9	2022/3	2022/9	2023/3
점수(점)	83	85	87	88	90	91	92

보기

㉠ 3년 동안 갑과 을의 점수 총 변화량은 같다.
㉡ 연중 점수 변화의 흐름을 살펴보기에는 을의 자료가 갑의 자료보다 더 적절하다.
㉢ 3년 전 동월대비 2023년 3월 갑의 점수 증가율은 을의 점수 증가율보다 더 낮다.

① ㉡　　② ㉢
③ ㉠, ㉡　　④ ㉡, ㉢

53 다음은 주택매매에 대한 '갑'과 '을' 간의 협상과정을 보여준다. 협상 결과가 (가)에서 (나)로 바뀌는 데 영향을 미친 요인들을 〈보기〉에서 모두 알맞게 고른 것은?

(가) '갑'은 시세가 3억 원짜리인 아파트를 사고 싶어 한다. 그러나 그만큼의 돈을 지불하고 싶은 생각이 없었기에 2억 5천만 원에 팔라고 집주인인 '을'에게 제의한다. 반면 '을'은 싼 가격에 급하게 팔 이유는 없다고 생각한다. 그리고 2억 7천 5백만 원이라는 가격을 제시한다. 결국 '갑'은 이 금액을 받아들여 계약 날짜를 정하고 헤어졌다.

(나) 약속한 계약일에 다시 만난 자리에서 '갑'은 '을'에게 한 달 안에 이사하고 싶다고 했다. '갑'은 현재 원룸에 거주하고 있어 불편할 뿐만 아니라 비용도 만만치 않게 들어 가급적 빨리 이사하고 싶었기 때문이다. '을'의 경우 일찍 집을 비우는 것은 그다지 큰 문제는 아니었지만, 애초에는 석 달 정도 더 머물고 이사할 계획이었다고 한다. 따라서 일찍 비워줄 경우 예상치 않은 비용이나 노력이 들어갈 것이 틀림없었다. 이에 '갑'은 두 달 정도 후에 이사할 수 있으면 5백만 원을 더 지불하겠다고 하였고 '을'이 이를 받아들여 결국 계약은 2억 8천만 원에 체결된다.

보기

㉠ 상대방의 요구를 수용할 때 발생하는 비용과 이익에 대한 인지
㉡ 협상과정에서 상대방의 요구를 충족시킬 만한 새로운 대안의 제시
㉢ 상대방이 최대한 얼마만큼 양보할 수 있는가에 대한 정보
㉣ 5백만 원은 '갑'의 노력과 '을'의 편리성을 보상하는 데에 적절한 액수라는 인식

① ㉠, ㉡　　② ㉠, ㉢
③ ㉡, ㉢　　④ ㉡, ㉣

54 다음 〈기준〉과 〈현황〉을 근거로 판단할 때, 지방자치단체 A~D 중 중점관리대상만을 모두 고르면?

〈기준〉

○ 지방재정위기 사전경보지표

(단위:%)

지표 경보 구분	통합재정 수지적자 비율	예산대비 채무비율	채무 상환비 비율	지방세 징수액 비율	금고잔액 비율	공기업 부채비율
주의	25 초과 50 이하	25 초과 50 이하	12 초과 25 이하	25 이상 50 미만	10 이상 20 미만	400 초과 600 이하
심각	50 초과	50 초과	25 초과	25 미만	10 미만	600 초과

○ 중점관리대상 지방자치단체 지정기준

– 6개의 사전경보지표 중 '심각'이 2개 이상이면 중점관리대상으로 지정

– '주의' 2개는 '심각' 1개로 간주

〈현황〉

(단위:%)

지표 지방 자치단체	통합재정 수지적자 비율	예산대비 채무비율	채무 상환비 비율	지방세 징수액 비율	금고잔액 비율	공기업 부채비율
A	15	20	6	45	17	650
B	40	30	10	40	22	350
C	30	20	15	60	30	250
D	60	30	30	55	25	150

① A, C　　② A, D

③ B, C　　④ B, D

55 다음 〈표〉는 3 · 1독립운동의 시기별 투쟁 형태를 분석한 것이다. 이에 대한 설명 중 옳지 않은 것은?

〈표〉 시기별 3 · 1독립운동의 투쟁발생장소 및 투쟁형태

시기별	투쟁발생장소(곳)	투쟁형태			
		단순투쟁(건)	폭력투쟁(건)		합계(건)
			일제의 비발포	일제의 발포	
3월 초순	113	97	15	15	127

3월 중순	120	103	23	8	134
3월 하순	214	164	57	24	245
4월 초순	280	173	75	51	299
4월 중순	39	27	5	7	39
4월 하순	4	3	1	0	4
계	770	567	176	105	848

① 투쟁이 가장 많이 발생한 시기에는 일제의 발포가 가장 많았다.
② 동일 장소에서 2건 이상 투쟁이 발생한 경우도 있었다.
③ 3월 초순에 비해 4월 초순의 폭력투쟁건은 4배 이상이다.
④ 3월 중순의 폭력투쟁건에서 일제의 발포한 것의 비율은 25% 이하이다.

56 **올해 ○○○○공사에서는 100억 원의 예산규모 내에서 추진하고자 하는 사업 A에 대해서 다음과 같은 조건의 5개의 투자안과 선택기준이 있다. 여기서 투자안이란 투자 가능성이 있는 단위사업 또는 투자계획을 말하며, 하나의 투자대안은 여러 가지 투자안의 집합으로 구성되거나, 아무 투자안도 선택하지 않는 행위를 의미한다고 한다. 다음 설명 중 옳은 것은?**

〈투자안의 비용 및 편익〉

투자안	P1	P2	P3	P4	P5
투자액	42억 원	45억 원	12억 원	53억 원	13억 원
기대편익	39억 원	42억 원	14억 원	52억 원	12억 원

〈선택기준〉
- 투자대안에서 각 투자안은 한 번씩만 선택될 수 있다.
- P1과 P2는 상호 배타적인 투자안이다. 즉, P1과 P2를 동시에 선택할 수 없다.
- P3, P1에 의존적인 투자안이다. 즉 P3채택을 위해서는 P1도 채택되어야 한다.
- 대안의 효과는 '총기대편익－총투자액'이다.

① P1, P2, P3를 선택하여 투자대안을 구성하였다.
② P2, P4, P5를 선택하여 투자대안을 구성하였다.
③ P3, P4, P5를 선택하여 투자대안을 구성하였다.
④ 어떤 투자안도 선택하지 않는 것이 최선의 투자대안이다.

[57～58] A사원은 그 날의 날씨와 평균 기온을 고려하여 〈조건〉에 따라 자신이 마실 음료를 고른다. 다음은 음료의 메뉴판과 이번 주 일기예보이다. 자료를 읽고, 이어지는 질문에 답하시오.

〈메뉴판〉

(단위 : 원)

커피류			차 및 에이드류		
구분	작은 컵	큰 컵	구분	작은 컵	큰 컵
아메리카노	3,900	4,300	자몽에이드	4,200	4,700
카페라떼	4,400	4,800	레몬에이드	4,300	4,800
바닐라라떼	4,600	5,000	자두에이드	4,500	4,900
카페모카	5,000	5,400	밀크티	4,300	4,800

〈이번 주 일기예보〉

구분	7월 22일 일요일	7월 23일 월요일	7월 24일 화요일	7월 25일 수요일	7월 26일 목요일	7월 27일 금요일	7월 28일 토요일
날씨	흐림	맑음	맑음	흐림	비	비	맑음
평균기온	24℃	26℃	28℃	27℃	27℃	25℃	26℃

〈조건〉

- A사원은 맑거나 흐린 날에는 차 및 에이드류를 마시고, 비가 오는 날에는 커피류를 마신다.
- 평균기온이 26℃ 미만인 날에는 작은 컵으로, 26℃ 이상인 날은 큰 컵으로 마신다.
- 커피를 마시는 날 중 평균기온이 25℃ 미만인 날은 아메리카노를, 25℃ 이상 27℃ 미만인 날은 바닐라라떼를, 27℃인 날은 카페라떼를, 28℃ 이상인 날은 카페모카를 마신다.
- 차 및 에이드를 마시는 날 중 평균기온이 27℃ 미만인 날은 자몽에이드를, 27℃ 이상인 날은 자두에이드를 마신다. 단, 비가 오지 않는 화요일과 목요일에는 반드시 밀크티를 마신다.

57 오늘은 7월 26일이라고 할 때, A사원이 오늘 마실 음료는?

① 아메리카노 큰 컵　② 카페라떼 큰 컵
③ 바닐라라떼 작은 컵　④ 카페모카 큰 컵

58 A사원은 24일에 직장동료인 B사원에게 음료를 사주고자 한다. B사원에게는 자신이 전날 마신 음료와 같은 종류의 음료를 사준다고 할 때, A사원이 음료 두 잔을 주문하며 지불할 금액은?

① 8,700원　② 9,000원
③ 9,200원　④ 9,500원

[59~60] 다음은 호텔별 연회장 대여 현황에 대한 자료이다. 자료를 보고 이어지는 질문에 답하시오.

〈호텔별 연회장 대여 현황〉

건물	연회장	대여료	수용 가능 인원	회사로부터 거리	비고
A호텔	연꽃실	140만원	200명	6km	2시간 이상 대여 시 추가비용 40만원
B호텔	백합실	150만원	300명	2.5km	1시간 초과 대여 불가능
C호텔	매화실	150만원	200명	4km	이동수단 제공
	튤립실	180만원	300명	4km	이동수단 제공
D호텔	장미실	150만원	250명	4km	-

59 총무팀에 근무하고 있는 이 대리는 김 부장에게 다음과 같은 지시를 받았다. 이 대리가 연회장 예약을 위해 지불해야 할 예약금은 얼마인가?

> 다음 주에 있을 회사 창립 20주년 기념행사를 준비해야 할 것들 알려줄게요. 먼저 다음 주 금요일 오후 6시부터 8시까지 사용 가능한 연회장 리스트를 뽑아서 행사에 적합한 연회장을 예약해 주세요. 연회장 대여를 위한 예산은 160만원이고, 회사에서의 거리가 가까워야 임직원들이 이동하기에 좋을 것 같아요. 행사 참석 인원은 240명이고, 이동수단을 제공해준다면 우선적으로 고려하도록 하세요. 예약금은 대여료의 10%라고 하니 예약 완료하고 지불하도록 하세요.

① 14만원　② 15만원
③ 16만원　④ 17만원

60 회사 창립 20주년 기념행사의 연회장 대여 예산이 200만원으로 증액된다면, 이 대리는 어떤 연회장을 예약하겠는가?(단, 이동수단 제공을 최우선적으로 고려한다.)

① A호텔 연꽃실　② B호텔 백합실
③ C호텔 매화실　④ C호텔 튤립실

61 다음 중 3대 신용평가 기관에 들지 않는 것은?

① 무디스　② S&P
③ 피치　④ 가트너

62 다음 중 서킷브레이커에 대한 설명으로 틀린 것은?

① 주식시장에서 주가가 갑자기 등락하는 경우 시장에 미치는 충격을 완화하기 위해 도입되었다.
② 1987년 10월 블랙먼데이 이후 주식시장의 붕괴를 막기 위해 도입되었다.
③ 주식매매를 일시 정지하는 제도이다.
④ 코스닥의 경우 거래량이 가장 많은 종목의 가격이 6% 이상 상승할 때에도 발동된다.

63 파생결합증권에 대한 설명 가운데 잘못된 것은?

① 주가지수와 이자율, 통화 실물자산 등을 기초자산으로 한다.
② 장내, 장외 파생상품부터 환율, 일반상품, 신용위험 등이 포함된다.
③ 개발범위가 한정되어있다.
④ 기후 같은 자연환경 변화도 기초자산이 될 수 있다.

64 다음 중 설명이 옳은 것은?

① 빅맥지수 : 높을수록 달러화에 비해 해당통화가 저평가된다.
② 펠리컨 경제 : 한국 경제의 자립도를 높이는 것을 의미한다.
③ 외환보유고 : 민간과 통화당국에서 대외지급용으로 보유한 외화자산이다.
④ 세이프가드 : 한 나라가 특정 국가에 대해 직 · 간접적으로 모든 거래를 중지한다.

65 증시의 상승과 하락의 폭이 확대되면서 변화가 심할 때 상대적으로 주가의 변동성이 낮은 종목으로 이루어진 상품에 분산 투자하는 전략은?

① 바벨 전략
② 로우볼 전략
③ 매입보유 전략
④ 롱 – 쇼트 전략

66 신용평가기관으로부터 투자부적격자 판정을 받거나 신용평가를 받지 못하는 경우, 즉 중간 이하의 신용평가 등급을 받은 채권을 총칭하는 말은?

① 양키본드 ② 전환사채
③ 콜론 ④ 정크본드

67 비과세 종합저축에 대한 설명으로 잘못된 것은?

① 노인, 장애인 등 저소득 소외계층을 대상으로 한다.
② 이자에 대해서 세금이 전혀 없다.
③ 노령자의 가입자격은 만 65세 이상이다.
④ 비과세한도가 3,000만원이다.

68 필립스곡선이 나타내는 것은?

① 저축과 소비의 관계
② 환율과 국제수지의 관계
③ 생산과 소득의 관계
④ 물가상승률과 실업률의 관계

69 비경제활동인구에 대한 설명 중 틀린 것은?

① 만 18세 이상의 인구부터 포함된다.
② 구직을 단념한 사람들도 포함된다.
③ 조사기관 또는 국가별로 다를 수 있다.
④ 노동시장의 활력 저하와 체감경기 하락의 요인이다.

70 **백색국가에 대한 설명으로 틀린 것은?**

① 자국 제품 수출 시 허가 절차 등에서 우대를 해주는 국가를 말한다.

② 무기 개발 등 안전보장에 위협이 될 수 있는 전략물자 수출과 관련해 허가신청이 면제되는 국가를 가리킨다.

③ 지정될 경우 절차와 수속에서 우대를 받게 된다.

④ 5년에 두 차례 전략물자에 대한 포괄허가를 받는다.

71 **다음 중 '직장 내 괴롭힘 금지법'에 대한 설명으로 옳지 않은 것은?**

① 근로기준법과 별도의 법으로 제정되었다.

② 누구든지 직장 내 괴롭힘 발생 사실을 사용자에게 신고할 수 있다.

③ 사용자는 피해 사실을 접수했을 경우에는 시정할 의무를 갖는다.

④ 사업자는 직장 내 괴롭힘의 예방 및 발생 시 조치에 관한 사항을 취업

72 **모성보호법상 보장하고 있는 우리나라 직장 여성의 출산 휴가 기간은?**

① 70일 ② 80일

③ 90일 ④ 100일

73 **산업재해보험제도에 대한 설명 중 틀린 것은?**

① 4대 보험제도 중 가장 먼저 도입되었다.

② 다른 보험제도와 마찬가지로 보험료를 근로자와 사용자가 동등하게 납부한다.

③ 상시 1인 이상 사업장도 당연 적용대상이다.

④ 개별사업장의 보험료는 사업종류별 보험요율과 개별실적요율을 모두 적용하여 결정된다.

74 뉴하드워커란?

① 직장을 선택하는 데 있어서 이상과 낭만을 중시하는 세대
② 대기업이나 방대한 조직체에 묻혀 무사안일에 빠져 있는 종업원
③ 사회적으로 존경받는 지위나 신분에 있으면서도 자신의 참모습에 대하여 괴로워하는 세대
④ 모든 분야의 전문가로 조직되어 각종 과제를 분석, 예측하거나 필요한 정보를 제공하고 기술을 개발하는 사람

75 현대 경영에서 TQM은 무엇을 가리키는가?

① 최고 경영진 확보
② 전사적 품질경영
③ 최대 양산체제
④ 태프트 경영기법

76 산업재산권 중 물건의 형상, 색채, 도안 등을 외관상 아름답게 변경하거나 개량한 자에게 부여하는 배타적인 전용권은?

① 특허권
② 실용신안권
③ 디자인권
④ 상표권

77 현행법상 부당노동행위에 해당되지 않는 것은?

① 노동조합의 결성을 이유로 한 근로자의 해고
② 사용자의 단체교섭 거부
③ 단체교섭 협의사항의 불이행
④ 조합에 대한 재정적인 원조

78 제너럴 스트라이크란?

① 동일 산업 전체의 전면적 파업
② 단식투쟁에 의한 파업
③ 노동조합원의 노동거부
④ 의식적으로 작업을 태만히 하는 행위

79 노동자를 신규채용 할 때 고용주는 조합원 여부를 막론하고 채용할 수 있으나, 일단 채용되면 반드시 노동조합에 가입해야 하는 제도를 무엇이라 하는가?

① 유니언숍
② 오픈숍
③ 클로즈드숍
④ 에이전시숍

80 노동3권에 대한 설명 중 틀린 것은?

① 단결권, 단체교섭권, 단체행동권을 말한다.
② 근로조건의 향상을 위해서 행사할 수 있다.
③ 근로기준법은 근로조건의 상한을 규정하고 있다.
④ 사회권에 속한다.

81 금융통화위원회의 업무 관장사항이 아닌 것은?

① 한국은행이 여신을 거부할 수 있는 금융기관을 지정
② 한국은행권 발행에 관한 기본적인 사항
③ 금융기관 및 지급결제제도 운영기관에 대한 자료제출 요구
④ 예금보험기금의 관리 및 운용

82 지역개발금융기구의 부속기관이 아닌 것은?

① 미주개발은행(IADB)
② 유럽부흥개발은행(EBRD)
③ 아프리카개발은행(AfDB)
④ 국제부흥개발은행(IBRD)

83 다음의 보기에서 설명하고 있는 국제금융기구는?

> • 중앙은행의 은행으로 역할
> • 국제적인 신용질서유지를 위한 역할
> • 은행의 자기자본규제에 대한 국제적 통일기준을 설정

① 국제결제은행 ② 국제금융공사
③ 국제투자보증기금 ④ 상품공동기금

84 다음 중 신용정보에 대한 내용으로 틀린 것은?

① 수신업무에서보다 여신업무에서 개인의 고객신용정보가 더욱 까다롭게 요구된다.
② 신용정보는 공적 집중기관과 사적 집중기관으로 이원화되어 관리되고 있다.
③ 전국은행연합회는 영리를 목적으로 신용정보를 수집 관리한다.
④ 신용정보업자는 통신사업자, 유통업자, 중소기업 등으로부터도 이동통신요금 체납정보, 백화점 카드대금 연체정보, 상거래채권 연체정보 등의 신용정보를 자체적으로 수집한다.

85 신탁을 종료해야 하는 경우가 아닌 것은?

① 신탁행위로 정한 사유가 발생한 때
② 수탁자가 관리를 적절히 하지 못하여 신탁재산을 멸실한 경우
③ 신탁의 목적을 달성한 경우
④ 신탁의 목적을 달성할 수 없게 된 경우

86 고위험 고객 중 범죄 목적이 뚜렷한 자에게 금융서비스를 제공하지 않도록 하는 제도로 '강화된 고객확인제도'를 뜻하는 용어는?

① EDD ② STR
③ CTR ④ KYC

87 **다음 (　　) 안에 들어갈 알맞은 용어는?**

> 정기예금에 양도성을 부여한 것으로 은행이 무기명식으로 발행한 정기예금증서로 (　　　　　)(이)라 한다. 예금자보호법의 대상이 아니며 중도해지가 불가하지만 유통시장에 매각하여 현금화할 수 있다.

① 양도성예금증서　　② 단기금융상품펀드
③ 환매조건부채권　　④ 표지어음

88 **자금세탁방지제도(Anti－Money Laundry)에 대한 내용으로 옳지 않은 것은?**

① 금융기관으로부터 범죄와 관련된 의심스러운 금융거래를 분석하여 검은돈을 차단하기 위한 제도이다.
② 불법적인 외화의 해외유출은 자금세탁방지법에 해당하지 않는 내용이다.
③ 마약과 밀수, 조직범죄 등이 대상 범죄에 해당한다.
④ 금융위원회 산하 금융정보분석원(KoFIU ; Korea Financial Intelligence Unit)을 설립하여 자금세탁방지제도를 수행하고 있다.

89 **원천징수에 대한 내용으로 틀린 것은?**

① 수입금액을 지급할 때 지급받는 자가 부담할 세액을 지급자가 국가를 대신하여 미리 징수하는 것을 말한다.
② 원천징수는 탈세를 방지하는 역할을 한다.
③ 납세자 입장에서는 세금의 부담이 늘어난다.
④ 원천징수의무자가 정부를 대신하여 징수를 하게 되어 징수비용이 절약된다.

90 **일정한 사유가 발생하여 은행에 즉시 채무를 갚아야 하는 것을 뜻하는 것으로 채무자가 채무기간 동안의 이익을 상실하여 즉시 갚아야 하는 의무는?**

① 검색의 항변권　　② 분별의 이익
③ 기한 전 변제의무　　④ 연대의 항변권

91 **현재 사용되고 있는 '좌파', '우파'의 용어를 처음 사용한 시기는?**

① 러시아혁명　　② 중국의 문화대혁명
③ 쿠바혁명　　④ 프랑스혁명

92 **백서(白書)란?**

① 형사피고인의 자백서이다.
② 국정감사보고서의 별칭이다.
③ 백지 위임장을 말한다.
④ 일반적으로 정부가 발표하는 행정현황 조사보고서이다.

93 **데이터의 전송방식 중 반이중통신에 대해 맞는 것은?**

① 고정된 한쪽 방향으로만 전송이 가능하다.
② 데이터의 송 · 수신을 번갈아가며 실행할 수 있는 방식이다.
③ 데이터를 양쪽 방향으로 동시에 송 · 수신할 수 있는 방식이다.
④ 라디오에서 많이 사용하는 방식이다.

94 **세계 최초의 DNA 컴퓨터에 대한 설명으로 <u>틀린</u> 것은?**

① 미국의 와이즈만 연구소가 세계 최초로 개발하였다.
② 컴퓨터의 소프트웨어와 하드웨어가 모두 DNA, 효소 등 생체분자로 이루어졌다.
③ DNA를 구성하는 4개의 염기분자로 데이터를 표현한다.
④ 인체 세포 안에서 비정상적인 생화학 징후를 추적, 질병을 찾아낼 수 있을 것으로 전망한다.

95 일정 기간 동안 모아진 변동자료를 필요한 시점에서 일괄처리하는 자료 처리 방식은?

① Operating System
② Transaction Processing
③ Batch Processing
④ Real Time Processing

96 다음 중 정보사회에서 정보 보안을 위협하기 위해 웜(Worm)의 형태를 이용하는 것에 해당하지 않는 것은?

① 분산 서비스 거부 공격
② 버퍼 오버플로 공격
③ 슬래머
④ 트로이 목마

97 뒤르켐은 아노미 상태가 어떤 상태에서 발생한다고 하였는가?

① 심리적 불안 상태가 계속될 때
② 사회가 급격히 변동하고 있을 때
③ 사회성원들 간의 갈등이 존재할 때
④ 사회화 과정이 잘 이루어지지 못했을 때

98 우리나라에서 차세대 성장동력으로 '신약과 첨단의료기기'를 전략적으로 육성하기 위해 국내 의료 산업의 첨단화의 중심기지화로 선정한 지역은?

① 대구, 오송
② 광주, 강릉
③ 이천, 여주
④ 문경, 장흥

99 다음 설명 중 틀린 것은?

① 자바 애플릿은 브라우저상에서 작동하며, 그 PC의 하드디스크에 자료를 쓸 수 없다.
② 리눅스와 그누텔라는 공개 소스 배포 방식에 의해 개발되었다.
③ 블루투스(Bluetooth)란 10m 정도의 근거리 무선통신을 지원하는 인터페이스 규격이다.
④ 비밀키를 수신자의 공개키로 암호화하여 수신자만 비밀키를 알아낼 수 있도록 한 것을 전자인 증서라 한다.

100 24절기 중 가을의 마지막 절기는?

① 寒露 ② 霜降
③ 白露 ④ 秋分

Part 4

정답 및 해설

PART 1 **직업기초능력평가**

01 의사소통능력

02 수리능력

03 문제해결능력

04 자원관리능력

05 정보능력

06 조직이해능력

PART 2 **직무수행능력평가**

01 경제

02 경영

03 금융

04 IT/일반상식

PART 3 **실전모의고사**

01 실전모의고사 1회

02 실전모의고사 2회

01 의사소통능력

01 ④	02 ①	03 ④	04 ③	05 ③	06 ①	07 ④	08 ④	09 ④	10 ①
11 ④	12 ④	13 ④	14 ②	15 ①	16 ④	17 ④	18 ①	19 ④	20 ④
21 ①	22 ②	23 ④	24 ③	25 ①					

01 정답 ④

자신의 생각과 느낌을 효과적으로 표현하는 것과 타인의 생각과 느낌, 사고를 이해하는 상대방을 배려하는 태도는 의사소통의 기본적인 필수요소이고, 직장생활에서 이러한 의사소통의 필수요소를 통하여 조직 구성원 간의 공통 목표를 추구해 나가고 성과를 이룬다.

02 정답 ①

A씨는 공식석상에서 연설을 하였으므로 공식적 말하기에 해당된다. 공식적 말하기는 준비된 내용을 대중을 상대로 하여 말하는 것을 말한다.

03 정답 ④

외국어능력을 향상시키기 위해서는 실수를 겁내지 말고 기회가 있으면 외국어로 말하는 것이 좋다. 외국인 친구를 만날 수 있는 기회를 만들어 대화를 나누는 것도 좋은 방법이다.

04 정답 ③

해당 기사는 NH농협은행에서 신종 코로나바이러스로 인해 피해를 받은 개인과 기업에 대한 금융지원 관련 기사이다. NH농협은행은 '신종 코로나 바이러스' 확산으로 피해를 입은 개인과 중소기업을 대상으로 금융지원을 실시하고, 대출지원 대상은 신종 코로나바이러스 감염으로 입원 · 격리된 개인, 중국 수출입 실적이 있는 중소기업 등이다. 기업은 최대 5억원, 개인은 최대 1억원까지 신규자금을 지원하며, 최고 1.00% 이내(농업인 최대 1.70% 이내) 대출금리 감면받을 수 있다.

05 정답 ③

해당 기사는 만19~34세의 대학생, 대학원생, 취업준비생, 중소기업 재직 1년 미만의 사회초년생 등으로 서민금융진흥원의 보증서를 발급받은 고객을 대상으로 제공하는 대출에 관한 기사이다. 청년층의 생활안정을 위하여 햇살론 Youth 대출이 출시되었다. 따라서 빈칸에 들어갈 말로 가장 적절한 것은 '청년 생활안정을 지원합니다!'이다.

①, ④ 관련된 내용은 언급되지 않았다.

② 서민금융진흥원의 보증서를 발급받은 고객을 대상으로 제공하는 서비스이다.

06 정답 ①

경청이란 일반적으로 다른 사람의 말을 주의 깊게 끝까지 듣고 공감하는 능력을 말한다. 제시된 대화에서 을팀장은 갑사원의 말이 채 끝나기 전에 자신의 말을 함으로써 갑사원의 발언을 가로막고 있다. 따라서 을팀장은 상대의 말을 가로막지 말고 끝까지 경청하는 자세가 필요하다. 따라서 가장 바람직한 경청의 방법은 ①이다.

07 정답 ④

진외(陳外)는 아버지의 어머니, 즉 할머니쪽 친족원을 지시한다는 것을 알 수 있으며, 종숙(從叔)은 아버지보다 한 세대 위에서 방계화된 친족원임을 보여주는 형태소 종(從)과 숙(叔)이 결합된 것으로 조부의 남자형제의 아들을 지시한다는 내용을 통해 친할머니의 남자형제의 아들임을 알 수 있다.

증대고모의 경우 세대를 나타내는 형태소 증대와 방계의 정도를 지시하는 형태소 고모가 결합된 것으로 증(曾)이나 증대(曾大)는 3세대 높거나 낮은 친족원이라는 내용과 아버지쪽 여자형제를 고모라고 지칭하는 것을 통해 증조부의 여자형제를 나타냄을 알 수 있다. 따라서 진외종숙은 '친할머니의 남자형제의 아들', 증대고모는 '증조부의 여자형제'이다.

08 정답 ④

첫 번째와 두 번째 단락에서는 우리 사회에서 높은 대학진학률이 지속되고 있는 이유를 설명하고 있다. 그리고 세 번째 단락은 이것이 한쪽 측면에서 단순하게 고려할 문제가 아니며, 그것은 경제적 요인과 사회적 요인을 비롯한 여러 요인이 함께 고찰되어야 한다고 하였다. 따라서 글의 주제문 또는 중심문장으로 가장 알맞은 것은 '대졸자의 공급과잉 문제를 해결하기 위해서는 여러 요인을 함께 고려하여야 한다.'이다.

① 첫 번째 단락에서 대졸자의 평균 임금은 '임금의 하방 경직성'이 작용하므로, 공급과잉 상태가 되어도 쉽게 떨어지지 않는다고 하였다. 따라서 수요 공급의 법칙에 따라 움직이는 것이 아니라 할 수 있다.

② 제시문에서 직접 언급된 내용이 아니다.

③ 제시된 글을 통해 유추해 볼 수 있는 내용이나 글의 주제문으로 보기는 어렵다. 제시된 글은 높은 대학진학률을 보이는 이유를 언급하면서 대졸자의 평균 임금이 높다는 것을 한 원인으로 설명하고 있다.

09 정답 ④

본문에서 원자 전체는 알짜 전하가 영이기 때문에 전기적으로 중성이라고 하였으므로, 두 물체 사이의 인력이 약해지는 것은 접촉 시 일부 전하가 이동하여 알짜 전하의 양이 적어졌기 때문이라는 ④의 추정은 옳은 설명이다.

①, ② 같은 부호의 전하 사이에는 척력이 작용한다고 하였으므로 내용과 일치하지 않는다.

③ 두 물체를 맞비비면 반대 부호의 전하로 대전되긴 하지만, 전하의 부호에 대해서는 제시되지 않았으므로 추정할 수 없다.

10 정답 ①

박쥐는 성대에서 주파수가 40~50kHz인 초음파를 만들어 입이나 코로 방사한다. 따라서 입이나 코에서 초음파를 만들어내는 것이 아니라 성대에서 만들어낸다.

③ 박쥐는 달팽이관이 감긴 횟수가 인간보다 더 많아 인간이 들을 수 없는 범위의 초음파까지 박쥐는 들을 수 있다고 언급하고 있으므로, 달팽이관의 감긴 횟수는 초음파를 지각하는 능력과 관련이 있음을 알 수 있다.

④ 나방은 왼쪽과 오른쪽 귀에 들리는 초음파의 강약 차이에 따라 박쥐가 다가오는 좌우 수평 방향을 알 수 있고, 초음파의 강약 변화가 반복적으로 나타나는지 아닌지에 따라 박쥐가 다가오는 상하 수직 방향도 알 수 있다.

11 정답 ④

빈칸 앞의 문장에서 물리학자들은 탁구공이 튈 방향을 예언하지 못한다고 하였고, 빈칸 다음의 내용은 과학적 예측과 관련하여 예상하지 못한 변수에 대한 구체적 사례를 들고 있다. 따라서 빈칸에 가장 알맞은 내용은 ④이다.

12 정답 ④

제목과 본론의 내용을 토대로 볼 때, 소비를 단순히 억제 또는 조장하기 보다는 자아를 확립한 소비를 강조하고, 소비를 긍정적 · 주체적으로 활용할 것을 제시하고 있다. 따라서 소비 현상에 있어서는 '주체적인 소비 철학의 확립'이 결론에서 제시할 수 있는 주제어로 가장 어울린다. 또한 소비와 인격의 관계에 있어서는 소비에 지배되는 인격이 아니라 스스로 소비를 다스릴 수 있는 건전한 인격이 필요하다는 내용이 주제로 적합하다. 따라서 ④가 결론에 들어갈 내용으로 가장 적합하다.

13 정답 ④

제시된 글은 외부성으로 인해 발생하는 비효율성 문제를 예를 들어 설명하였고, 이에 대한 해결책으로 전통적인 경제학에서 제시한 보조금 또는 벌금과 같은 정부의 개입을 제시하였다. 따라서 글의 주제문으로 가장 알맞은 것은 '외부성이 초래하는 문제를 해결하기 위한 정부의 개입'이다.

14 정답 ②

제시문의 '셋째, 전체로서 어떤 사물의 모임 B에 대해서는 B의 부분의 부분은 언제나 B 자신의 부분이라는 원리가 성립한다.'라는 내용과 ②의 내용은 부합되지 않는다. 즉, 모임의 세 번째 특성에서 볼 때, 팀의 부분으로서 부서의 부분들인 부원들도 팀의 부분에 해당한다.

① 제시문의 '셋째, 전체로서 어떤 사물의 모임 B에 대해서는 B의 부분의 부분은 언제나 B 자신의 부분이라는 원리가 성립한다. 그렇지만 집합과 원소 사이에는 그런 식의 원리가 성립하지 않는다.'라는 내용과 부합된다. 즉, 홀수들만으로 이루어진 집합들의 집합은 그 원소가 홀수들만으로 이루어진 집합 자체가 되며, 홀수를 원소로 갖지는 않는다.

③ 제시문의 '둘째, 전체로서 어떤 사물의 모임이 있을 때 우리는 그 모임의 부분이 무엇인지를 미리 결정할 수 없다. 반면에 집합이 주어져 있을 때에는 원소가 무엇인지가 이미 결정되어 있다'라는 내용에 부합되는 내용이다. 즉, 집합의 경우 집합이 홀수들의 집합이라고 주어졌을 때, 그 대상들이 홀수인지의 여부에 따라 원소인지 여부가 이미 결정되어 있는 것이다.

④ 제시문의 '첫째, 전체로서 사물의 모임은 특정한 관계들에 의해 유지되며, 그런 관계가 없으면 전체 모임도 존재하지 않는다.'라는 내용과 부합하는 내용이다. 즉, 팀이라는 모임을 유지하는 팀원 간의 관계가 사라지면 더 이상 모임으로서의 팀이라 할 수 없게 되는 것이다.

15 정답 ①

㉠ 제시문에서 '참이라고 가정하면 거짓이 되고 거짓이라고 가정하

면 참이 되는 문장을 역설적이라고 한다'라고 하였는데, "이 문장은 거짓이다"라는 문장을 참이라 가정하면 거짓이 되고, 거짓이라고 가정하면 참이 된다. 따라서 이 문장은 역설을 발생시킨다고 할 수 있다.

㉡ 제시문 중간 이후 부분에서 언급된 '이술적'에 대한 정의에서 볼 때, '맛있다'는 표현 자체가 맛있을 수는 없으므로 의미상 '이술적'이라 할 수 있다. 따라서 ㉡은 참이 되며, 역설에 해당되지는 않는다.

㉢ '시끄럽다'는 표현 자체가 시끄러운 소리가 나는 것이 아니므로, 이는 '이술적'이라 할 수 있다. 따라서 ㉢은 거짓이며, 역설에 해당되지는 않는다.

따라서 〈보기〉 중 역설을 발생시키는 것은 ㉠뿐이다.

16 정답 ④

해명자료 (2)는 유학생, 주재원 등은 국내 주소지가 단독세대원인 경우가 거의 없다는 내용이므로, 단독세대원인 유학생 등이 겪고 있는 아이핀 발급문제가 해결되었다는 해석은 적절하지 않다. 즉, 단독세대원이 거의 없다는 것만으로는 단독세대원인 사람이 지닌 문제가 해결되었는지를 알 수가 없으므로, ④와 같이 해석할 수는 없다.

① 신문 보도의 (1)은 유학생 등 재외국민들은 아이핀 발급이 어렵다는 개략적인 설명인데 비해, (2)의 경우 이를 보다 상세히 설명하였다.

② 신문 보도 (2)의 '주민등록증이 있더라도 단독세대원은 공공아이핀 발급이 불가능'이라고 한 부분에서 알 수 있는 내용이다.

③ 밑줄 친 부분은 비문이다. 그 이유는 앞 뒤 문장의 접속 대상이 대등하지 않기 때문이다. 문장의 접속 대상이 대등하지 않아 어법상 자연스럽지 않고, 정확한 의미를 파악할 수 없다. 이는 "본인과 세대원이 주민등록증 발급을 신청하거나 대리인이 신청함으로써", 또는 "본인과 세대원의 주민등록증 발급일자를 제출(확인)하거나 대리인이 아이핀 발급을 신청함으로써" 등으로 고쳐야 한다.

17 정답 ④

㉠과 ㉢이 참이므로, 'A은행의 모든 대출금리 > B은행의 모든 대출금리 > D은행의 모든 대출금리'가 성립한다. 또한 ㉡에 따라, C은행의 일부 대출금리는 가장 높은 B은행 대출금리보다 낮으며, C은행의 나머지 대출금리의 범위는 알 수 없다. 이를 종합할 때, C은행의 일부 대출금리는 가장 높은 B은행의 대출금리보다 낮으므로 A은행의 모든 대출금리보다 낮다는 것을 알 수 있다. 따라서 ④는 언제나 참이 된다.

① ㉠과 ㉢이 참이므로, A은행의 모든 대출금리는 D은행의 모든 대출금리보다 높다. 따라서 ①은 거짓이 된다.

② ㉠~㉢에서 C은행의 일부 대출금리를 제외한 나머지 대출금리의 범위는 알 수 없다. 따라서 ②가 반드시 참이 된다고 할 수는 없다.

③ ㉡에서 C은행의 일부 대출금리가 가장 높은 B은행의 대출금리보다 낮다는 것을 알 수 있으나, 그것이 어느 정도 낮은 지는 알 수 없다. 따라서 ③이 반드시 참이라 할 수는 없다.

18 정답 ①

미세먼지란 입자크기가 매우 작은 먼지로 지름이 10μm보다 작은 미세먼지(PM10)와 지름이 2.5μm보다 작은 미세먼지(PM2.5)로 나뉜다. 만약 미세먼지의 농도와 성분이 동일하다면 입자의 크기가 더 작을수록 건강에 해롭다.

19 정답 ④

주어진 문장들의 공통적인 제재는 동물의 의사소통이다. 동물의 행동이 아닌 또 다른 의사소통 수단인 소리에 관하여 글이므로 ㉠이 가장 먼저 위치하면 된다. ㉠의 내용에 부연 설명을 보태는 ㉣이 다음에 위치하면 된다. ㉠과 ㉣의 주장에 반대되는 인간의 소리와 동물의 소리의 차이를 '그러나'라는 역접 접속사를 사용하여 ㉡이 말하고 있다. 그리고 ㉡의 주장을 뒷받침하는 근거를 ㉢에서 제시하고 있다. 따라서 가장 알맞은 문장 배열은 '㉠ → ㉣ → ㉡ → ㉢'이다.

20 정답 ④

문서의 가독성을 높이기 위하여 쉼표를 사용하는 것은 좋지만, 쉼표를 틈틈이 사용하게 되면 불필요한 수식 혼란과 간결성 저하로 오히려 가독성을 떨어뜨릴 우려가 있다. 따라서 쉼표나 마침표의 경우는 적당히 필요한 경우에만 사용하는 것이 좋다.

21 정답 ①

'경제학이 재배하는'은 '경제학이 지배하는'으로, '더 비싼 갑을 지불하더라도'는 '더 비싼 값을 지불하더라도'로 고쳐써야한다. 또, '지금 우리가 격고 있는'은 '지금 우리가 겪고 있는'으로 고쳐 써야한다. 따라서 잘못 쓰인 글자는 총 3개이다.

22 정답 ②

주어진 어구의 '닿다'는 '기회, 운 따위가 긍정적인 범위에 도달하다'라는 뜻으로 ②의 '닿다'와 같은 의미로 사용되었다.

① '소식 따위가 전달되다'라는 의미로 쓰였다.
③ '어떤 곳에 이르다'라는 의미로 쓰였다.
④ '어떤 대상에 미치다'라는 의미로 쓰였다.

23 정답 ④

차돌에 바람 들면 석돌보다 못하다는 말은 오달진(야무진) 사람일수록 한번 타락하면 걷잡을 수 없게 된다는 말이다.

① 용 못 된 이무기 방천 낸다
② 풀 베기 싫어하는 놈이 단 수만 센다
③ 절에 가면 중노릇 하고 싶다

24 정답 ③

둘째 단락에서 '하나의 멀티미디어의 객체를 텔레비전용, 영화용, 모바일 기기용 등 표준적인 화면 표시 장치에 맞추어 각기 독립적인 이미지 소스로 따로 제공하는 것이 아니라, 하나의 이미지 소스를 다양한 화면 표시 장치에 맞도록 적절히 변환하는 기술을 요구하고 있다'라고 하였는데, 이를 통해 다양한 스마트 기기에 대응하기 위해서는 동일한 이미지를 다양한 화면 표시 장치라는 환경에 맞추어 적절히 변환하는 것이 필요하다는 것을 알 수 있다. 따라서 ③은 글의 내용과 일치하지 않는다.

① 첫째 단락의 '일반적으로 디지털 이미지는 화소에 의해 정보가 표현되는데, M×N개의 화소로 이루어져 있다. 여기서 M과 N은 가로와 세로의 화소 수를 의미하며, M 곱하기 N의 값을 해상도라 한다'라는 내용과 일치되는 내용이다.
② 둘째 단락의 '무선 네트워크와 모바일 기기의 사용이 보편화되면서 다양한 스마트 기기의 보급이 진행되고 있다. 스마트 기기는 그 사용 목적이나 제조 방식, 가격 등의 요인에 의해 각각의 화면 표시 장치들이 서로 다른 해상도와 화면 비율을 가진다'라는 내용과 일치된다.
④ 셋째 단락의 '이러한 수정에서 입력 이미지에 있는 콘텐츠 중 주요 콘텐츠는 그대로 유지되어야 한다. 즉, 리타겟팅 처리 후에도 원래 이미지의 중요한 부분을 그대로 유지하면서 동시에 왜곡을 최소화하는 형태로 주어진 화면에 맞게 이미지를 변형하여야 한다'라는 내용과 일치되는 내용이다.

25 정답 ①

㉠의 '다양한 접근'은 원래 이미지의 중요한 부분을 그대로 유지하면서 동시에 왜곡을 최소화하는 형태로 주어진 화면에 맞게 이미지를 변형하는 다양한 접근법을 말한다. 그런데 ①의 경우 화면 전반에 흩어져 있는 콘텐츠를 무작위로 추출하여 화면을 재구성하는 방법이므로, ㉠의 조건에 부합하는 사례로 볼 수 없다.

② 전체 풍경에 대한 구도가 그대로 유지될 수 있도록 풍경 사진의 해상도를 조절하는 방법은 원래 이미지의 중요 부분을 그대로 유지하면서 화면에 맞게 이미지를 변형하는 방법이 될 수 있으므로, ㉠의 다양한 접근에서 언급한 조건에 부합한다.
③ 인물 사진에서 인물의 주요 부분을 왜곡하지 않고 필요 없는 부분을 잘라 내는 방법도 ㉠의 조건에 부합하는 사례가 된다.
④ 상품 사진에서 상품을 충분히 인지할 수 있을 정도의 범위 내에서 가로 · 세로 비율을 조절하는 방법도 ㉠의 조건에 부합하는 사례가 된다.

PART 1 직업기초능력평가

02 수리능력

01 ④ 02 ③ 03 ③ 04 ③ 05 ① 06 ① 07 ③ 08 ③ 09 ② 10 ④
11 ② 12 ④ 13 ④ 14 ④ 15 ① 16 ③ 17 ③ 18 ② 19 ③ 20 ②
21 ④ 22 ④ 23 ① 24 ④ 25 ③

01 정답 ④

1층에서 5층까지 4개의 층을 올라가는 데 걸리는 시간이 20초이므로, 1개의 층을 올라가는 데 걸리는 시간은 $20\div4=5$(초)이다. 따라서 1층에서 9층까지 8개의 층을 올라가므로, 걸리는 시간은 $5\times8=40$(초)이다.

02 정답 ③

시계상 1시간은 실제 58분이므로, 시계가 4시간 30분을 움직였다면 실제 경과한 시간은 $270\times\frac{58}{60}=261$(분)이다. 즉, 4시간 21분이 경과했으므로, 현재 시각은 5시 21분이다.

03 정답 ③

1단계에서 100명의 80%가 합격했으므로 $100\times\frac{80}{100}=80$(명)이 1단계 시험을 합격했다. 이 중 70%만 2단계 시험을 응시하였으므로, 2단계 응시자는 $80\times\frac{70}{100}=56$(명)이다. 2단계에서 16명이 떨어졌으므로, 3단계 시험의 응시자는 40명이다. 3단계 응시자의 승진률이 6할이므로 , 최종 승진자는 $40\times\frac{60}{100}=24$(명)이다. 따라서 최종 승진자는 처음의 $24\div100\times100=24$(%)이다.

04 정답 ③

㉠ $x>1$이면 $\mathrm{A}=(x-1)+(x+1)=2x$

㉢ $x<-1$이면 $\mathrm{A}=-(x-1)-(x+1)=-2x$

㉡ $-1\le x<1$이면 $\mathrm{A}=-(x-1)+(x+1)=2$

05 정답 ①

자연수 5개의 중앙값이 83이고 최빈값이 85이므로, 자연수의 5개는 ○, ○, 83, 85, 85이다. 가장 큰 수와 가장 작은 수의 차가 70이므로 가장 작은 수는 15이다. 평균이 69이므로 두 번째로 작은 수를 구하면

(15+○+83+85+85)÷5=69, ○=77

06 정답 ①

나열된 분수의 분모와 분자를 각각 나누어 보면, 분모의 수는 5씩 커지고 있고, 분자의 수는 4씩 커지고 있다. 따라서 빈칸에 들어갈 알맞은 숫자는 $\frac{11}{20}$이다.

07 정답 ③

일반적인 도표는 어떠한 도표로 작성할 것인지를 결정하는 것부터 시작하고, 작성절차의 순서를 올바르게 나열해보면 ㉡ – ㉠ – ㉣ – ㉢ – ㉥ – ㉤순이다. 따라서 마지막으로 고려해야 하는 사항은 ㉤이다.

08 정답 ③

J씨와 L씨의 그래프는 같은 정보로 만들어진 그래프로, J씨는 눈금을 자료에 맞게 작은 수로 나누었다. 따라서 눈금을 크게 한 L씨의 그래프보다 한눈에 3분기의 매출액이 다른 시기의 매출액보다 월등히 높다는 결론을 내릴 수 있었다.

① 막대의 폭은 모두 같게 해야 한다.
② 막대를 세로로 할 것인가, 가로로 할 것인가는 개인의 취향이나, 세로로 하는 것이 일반적이다.
④ 가로축은 명칭구분(년, 월, 장소, 종류 등)으로 세로축은 수량(금액, 매출액 등)으로 정한다.

09 정답 ②

총점이 170점 이상인 지원자는 총 44명이다. 이 중에서 면접 점수가 80점 이상인 지원자(괄호)는 면접점수가 70점인 5명을 제외한 39명이다.

면접점수 / 종업성적	60점	70점	80점	90점	100점
100점	1	5	(4)	(6)	(1)
90점	3	4	(5)	(5)	(4)
80점	1	3	8	(7)	(5)
70점	4	5	7	5	(2)
60점	2	3	5	3	2

10 정답 ④

지원자가 100명이므로 성적 상위 25%는 총점이 높은 상위 25명을 말하며, 이는 아래 표의 밑줄 친 사람을 말한다.

면접점수 / 졸업성적	60점	70점	80점	90점	100점
100점	1	5	4	6	1
90점	3	4	5	5	4
80점	1	3	8	7	5
70점	4	5	7	5	2
60점	2	3	5	3	2

따라서 합격자들의 평균을 구하면, '{(200×1)+(190×10)+(180×14)}÷25=184.8(점)'이다. 소수점 이하는 무시하므로 184점이 합격자인 상위 25%의 평균이 된다.

11 정답 ②

K씨는 토요일에 자전거를 3시간을 이용하였으므로 각 자전거의 대여소마다 3시간 이용요금을 더하면 된다.

- A 대여소 : 4,500원
- B 대여소 : 4,400원
- C 대여소 : 4,300원
- D 대여소 : 4,600원

모두 더하면 17,800원이다.

12 정답 ④

각 자전거 대여소마다 대여료를 구하면

- A : 3,000+4,000+2,500+5,000+2,000+4,500+5,500 =26,500(원)
- B : 3,100+4,000+2,800+4,900+2,400+4,400+5,300 =26,900(원)
- C : 3,400+3,900+3,000+4,700+2,500+4,300+5,000 =26,800(원)
- D : 2,900+4,100+2,600+5,100+2,300+4,600+5,600 =27,200(원)

따라서 가장 비싼 대여소는 D이다.

13 정답 ④

승용차 1대당 통행발생량은 '$\frac{\text{승용차 통행 발생량}}{\text{승용차 보유대수}}$'이므로, 유성구의 승용차 1대 통행발생량은 '$\frac{330,000}{116,000}=2.84$', 대덕구는 '$\frac{250,000}{85,000}=2.94$', 서구는 '$\frac{610,000}{187,000}=3.26$', 중구는 '$\frac{320,000}{97,000}=3.3$', 동구는 '$\frac{280,000}{84,000}=3.33$'이 된다. 따라서 ④의 '행정구역별 승용차 1대당 통행발생량'은 정확하게 작성된 그래프가 아니다.

①, ②, ③ 그래프가 모두 〈표〉에 제시된 수치를 정확하게 반영하여 작성하였다.

14 정답 ④

〈표 1〉에서 지정된 요건 중 두 가지만을 충족하면 관찰대상국으로 지정된다고 하였고, 요건 중 세 가지를 모두 충족하면 환율조작국으로 지정된다고 하였다. 따라서 요건 중 두 가지만 충족되는 국가의 수를 찾으면 된다. 요건별 판단 기준은 '대미무역수지 200억 달러 초과'와 'GDP 대비 경상수지 비중 3% 초과', 'GDP 대비 외화자산 순매수액 비중 2% 초과'이므로, 이를 기준으로 하여 〈표 2〉의 자료에서 충족하는 국가를 표시하면 다음과 같다.

항목 / 국가	대미무역수지	GDP 대비 경상수지 비중	GDP 대비 외화자산 순매수액 비중
가	365.7	3.1	−3.9
나	74.2	8.5	0.0
다	68.6	3.3	2.1
라	58.4	−2.8	−1.8
마	28.3	7.7	0.2
바	27.8	2.2	1.1
사	23.2	−1.1	1.8
아	17.6	−0.2	0.2
자	14.9	−3.3	0.0
차	14.9	14.6	2.4
카	−4.3	−3.3	0.1

따라서 '가', '나', '마', '차'가 요건 두 가지만을 충족하므로, 관찰대상국으로 지정되는 국가는 모두 4개 국가이다.

15 정답 ①

㉠ A요건을 충족하는 국가의 수는 '가, 나, 다, 라, 마, 바, 사'의 7개이며, B요건을 충족하는 국가 수는 '가, 나, 다, 마, 차'의 5개이다. 따라서 A요건을 충족하는 국가의 수는 B요건을 충족하는 국가 수보다 2개가 많다.

㉡ 환율조작국으로 지정되기 위해서는 요건 세 가지를 모두 충족해야 한다. 〈표 2〉의 국가 중 세 가지 요건을 모두 충족하는 국가는 '다'뿐이다. 따라서 환율조작국으로 지정되는 국가는 1개이다.

㉢ A요건의 판단기준을 '대미무역수지 200억 달러 초과'에서 '대미무역수지 150억 달러 초과'로 바꾸는 경우, A요건을 충족하는 국가는 '아'국 하나가 추가된다. 그런데 '아'국의 경우 'GDP 대비 경상수지 비중 3% 초과', 'GDP 대비 외화자산 순매수액 비중 2% 초과' 요건에는 해당되지 않으므로, 결과적으로 관찰대상국

또는 환율조작국으로 지정되는 국가 수도 바뀌지 않는다.

16 정답 ③

전체 성인에서 바이러스 감염자(40%) 중 양성 반응(35%)을 보인 성인의 비율은 전체 14%이고 감염자(40%) 중 음성 반응(65%)을 보인 성인의 비율은 전체 26%이다.

전체 성인 중 양성 반응을 보인 비율이 20%이므로, 비감염자 중 양성 반응을 보인 비율은 20－14＝6(%)가 된다.

전체 성인의 비감염자 비율 60%에서 양성 반응을 보인 비율은 10%이고, 음성 반응을 보인 비율은 90%이므로 전체 성인에서 비감염자 중 음성 반응을 보인 비율은 54%가 된다. 음성 반응을 보인 성인은 감염자 26%와 비감염자 54%로 80%가 되고, 여기서 감염자의 비율은 $\frac{26}{80}\times 100 = 32.5$(%)가 된다.

기대손실액＝(0.26×200만 원)＋(0.06×100만 원)

＝58만 원

17 정답 ③

'거리＝속력×시간'이므로, 갑이 6시간 동안 목표지점까지 걸은 거리는 '4.25×6＝25.5(km)'가 된다. 여기서 '시간＝$\frac{거리}{속력}$'이므로, 을이 목표지점까지 걷는데 걸린 시간은 '$\frac{25.5}{3.75}$＝6.8(시간)'이 된다. 따라서 을은 갑이 걸린 시간보다 0.8시간 더 걸려 도착한 셈이므로, '60×0.8＝48(분)' 후에 도착하게 된다.

18 정답 ②

A~C의 소득세산출액을 제시된 〈소득세 결정기준〉과 〈과세표준에 따른 근로소득세율〉에 따라 계산하면 다음과 같다.

㉠ A의 소득세산출액

- 근로소득세 : 1,000×0.05＋4,000×0.1＋5,000×0.15 ＋9,000×0.2＝3,000만원
- 금융소득세 : 5,000×0.15＝750만원

따라서 A의 소득세산출액은 '3,750만원'이 된다.

㉡ B의 소득세산출액

- 근로소득세 : 1,000×0.05＋4,000×0.1＋5,000×0.15 ＋10,000×0.2＋3,000×0.25＝3,950만원
- 금융소득세 : 0원

따라서 B의 소득세산출액은 '3,950만원'이 된다.

㉢ C의 소득세산출액

- 근로소득세 : 1,000×0.05＋4,000×0.1＋5,000×0.15 ＋10,000×0.2＋1,000×0.25＝3,450만원
- 금융소득세 : 3,000×0.15＝450만원

따라서 C의 소득세산출액은 '3,900만원'이 된다.

따라서 A~C 중 소득세산출액이 가장 많은 사람은 B이고, 가장 적은 사람은 A이다.

19 정답 ③

D의 경우 근로소득은 없고 금융소득만 30,000(만원)이 존재한다. 〈소득세 결정기준〉에서 5천만원 이하의 금융소득에 대해서는 15%의 금융소득세를 부과하며, 과세표준은 금융소득 중 5천만원을 초과하는 부분과 근로소득의 합이고, 〈과세표준에 따른 근로소득세율〉에 따라 '근로소득세'를 부과한다고 하였다. 따라서 5,000만원의 금융소득을 제외한 25,000만원과 근로소득의 합이 과세표준이 되며, 이에 대해서는 〈과세표준에 따른 근로소득세율〉에 따라 근로소득세를 부과한다. 이를 토대로 D의 소득세산출액을 구하면 다음과 같다.

- 금융소득세 : 5,000×0.15＝750만원
- 근로소득세 : 1,000×0.05＋4,000×0.1＋5,000×0.15 ＋10,000×0.2＋5,000×0.25＝4,450만원

따라서 D의 소득세산출액은 '5,200만원'이 된다.

20 정답 ②

〈성과급 지급 방법〉에서 성과평가는 효율성, 안전성, 봉사성의 총합으로 평가하며, 효율성, 안전성, 봉사성의 가중치를 각각 0.4, 0.4, 0.2로 부여한다고 했으므로, 이를 토대로 분기별 성과평가 점수를 구하면 다음과 같다.

- 1/4분기 : 7×0.4＋9×0.4＋7×0.2＝7.8
  ∴ 분기별 성과급 지급액은 '70만원'
- 2/4분기 : 6×0.4＋7×0.4＋8×0.2＝6.8
  ∴ 분기별 성과급 지급액은 '40만원'
- 3/4분기 : 10×0.4＋8×0.4＋9×0.2＝9.0
  ∴ 분기별 성과급 지급액은 '100만원'
- 4/4분기 : 8×0.4＋9×0.4＋7×0.2＝8.2
  ∴ 분기별 성과급 지급액은 '90만원'

따라서 '을'팀에 지급되는 성과급의 1년 총액은 '300만원'이 된다.

21 정답 ④

2023년 노인인구의 진료비의 비중은 $\frac{271,357}{696,271}\times 100 \fallingdotseq 39\%$

노인인구의 약품비의 비중은 $\frac{64,966}{162,179}\times 100 \fallingdotseq 40.1\%$

22 정답 ④

2022년 노인인구 진료비의 비중은 $\frac{245,643}{646,623}\times 100 \fallingdotseq 38\%$이고, 2023년 노인인구 진료비의 비중은 39%이므로 전년대비 약 1% 증가하였다.

① 표1에서 알 수 있다.

② 2021년 노인인구 약품비의 비중은 $\frac{53,864}{139,259}\times100≒38.7\%$이고, 2022년 노인인구 약품비의 비중은 $\frac{59,850}{152,905}\times100≒39.1\%$ 전년대비 약 0.4% 증가하였다.

③ 2021년 노인인구 진료비의 비중은 $\frac{213,615}{580,170}\times100≒36.8\%$이다.

23 정답 ①

재산범죄 : $\frac{389,937}{573,445}\times100≒68\%$

강력범죄(흉악) : $\frac{31,668}{32,963}\times100≒96.1\%$

강력범죄(폭력) : $\frac{239,831}{251,889}\times100≒95.2\%$

위조범죄 : $\frac{14,078}{18,569}\times100≒75.8\%$

과실범죄 : $\frac{6,912}{7,708}\times100≒89.7\%$

따라서 범죄 중 검거율이 가장 낮은 범죄는 '재산범죄'이다.

24 정답 ④

6층의 층간소음 측정 결과 최고소음도는 수인한도를 초과하지 않았으나, 등가소음도는 주간과 야간 모두 수인한도를 초과하였다. 7층의 소음으로 인한 피해기간이 7개월이며, 등가소음도가 주간과 야간에 모두 수인한도를 초과하므로 기준금액을 기준으로 30% 가산하여 합산하여야 한다. 또한 피해자의 수는 2인이다. 따라서 이를 토대로 배상금액을 정하면 '{750,000원+(750,000원×0.3)}×2=1,950,000원'이 된다.

25 정답 ③

A씨 가족의 경우 야간에 최고소음도와 등가소음도가 모두 수인한도를 초과한 경우에 해당하므로 기준금액에서 30%를 가산하여 합산한다. A씨 가족의 피해기간은 1년 3개월이며, 피해자 수는 모두 5인이다. 그리고 가족 중 할머니는 환자이고 큰 아들은 수험생이므로, 두 사람에 대해서는 기준금액에 20%를 가산하여 합산하여야 한다. 따라서 A씨 가족에게 을이 배상해야 할 금액은 '[{900,000원+(900,000×0.3)}×5]+{(900,000×0.2)×2}=6,210,000원'이 된다.

03 문제해결능력

01 ④	02 ③	03 ①	04 ③	05 ①	06 ①	07 ④	08 ③	09 ③	10 ④
11 ②	12 ③	13 ③	14 ④	15 ④	16 ③	17 ③	18 ①	19 ②	20 ③
21 ①	22 ②	23 ③	24 ③	25 ④					

01 정답 ④

대우 명제를 이용해 풀 수 있다.
①, ②, ③의 대우 명제는 '서류가방을 들고 오면 회사에 가지 않는다.' 이고 ④의 대우 명제는 '서류가방을 들지 않으면 회사에 간다.'이다. 따라서 의미가 다른 것은 ④이다.

02 정답 ③

〈사례 1〉은 분석적 사고가 필요함을 나타내는 사례로, C가 분석적인 사고를 통해서 제출한 보고서를 회사가 수용하지 못한 문제점을 보여준다.
〈사례 2〉는 내 · 외부 자원의 효과적인 활용이 중요함을 의미하는 사례로, 조직의 내외부자원의 활용을 효과적으로 하지 못하는 회사의 모습을 보여준다.

03 정답 ①

㉠ **어떤 그룹이나 집단이 의사결정을 잘 하도록 도와주는 일이다.** : 퍼실리테이션
㉡ **깊이 있는 커뮤니케이션을 통해 서로의 문제점을 이해하고 공감함으로써 창조적인 문제해결을 도모할 수 있다.** : 퍼실리테이션
㉢ **대부분의 기업에서 볼 수 있는 전형적인 문제해결 방법이다.** : 소프트 어프로치
㉣ **사실과 원칙에 근거한 토론으로 해결하는 방법이다.** : 하드 어프로치
㉤ **결론이 애매하게 끝나는 경우가 적지 않다.** : 소프트 어프로치

04 정답 ③

제시된 사례는 문제해결과정 중 문제인식 단계의 중요성에 대한 사례이다. 사례에서 A공장장은 처음에 문제를 인식하지 못하다가 상황이 점점 악화되자 문제가 있다는 것을 알게 되었다. 만약 A공장장이 초기에 문제 상황을 인식하였다면, 초기에 문제 상황에 적절하게 대처함으로써 비용과 시간의 소비를 최소화할 수 있었을 것이다. 이러한 사례를 통해서 문제인식이란 해결해야 할 전체 문제를 파악하고, 문제에 대한 목표를 명확히 하는 활동이라는 것을 알 수 있다.

05 정답 ①

제시된 〈조건〉 중 ㉤을 통해 금요일에는 감사가 실시되지 않는다는 사실을 알 수 있다. ㉠의 대우인 "금요일에 감사가 실시되지 않으면 목요일에도 감사가 실시되지 않는다"가 참이므로, 목요일에도 감사가 실시되지 않음을 알 수 있다. 따라서 목요일과 금요일에 감사가 실시되지 않으므로 ㉣에 따라 화요일에도 감사가 실시되지 않는다는 사실을 알 수 있다. 또한 여기서 화요일과 목요일에 감사가 실시되지 않는다는 사실과 ㉡의 대우인 "화요일과 목요일에 감사가 실시되지 않으면 월요일에 감사가 실시될 것이다"가 참이라는 것을 통해, 월요일에는 감사가 실시된다는 것을 알 수 있다. 월요일에 감사가 실시되므로, ㉢에 따라 수요일에는 감사가 실시되지 않는다. 따라서 이상을 종합하면 월요일에만 감사가 실시된다는 것을 알 수 있다.

06 정답 ①

세 사람의 나이는 만 나이이며, 냉동되어 있는 기간은 나이에 산입되지 않는다고 하였다. 이를 토대로 나이를 구하면 다음과 같다.

- **갑** : 19살에 냉동캡슐에 들어갔고, 냉동캡슐에서 해동된 지 7년이 지났으므로, 갑은 만 '26세'가 된다.
- **을** : 26살에 냉동캡슐에 들어갔고, 해동된 지 2년이 지났으므로, 현재의 만 나이는 만 '28세'이다.
- **병** : 20세 10개월에 냉동캡슐에 들어갔고, 일주일 전에 해동되었으므로 아직 만 '20세'이다.

따라서 세 사람의 나이의 합은 '74세'이다.

07 정답 ④

세 사람이 냉동캡슐에 보관된 기간을 살펴보면 다음과 같다.

- **갑** : 2086년에 태어나 만 19살에 냉동캡슐에 들어갔고, 캡슐에서 해동된 지는 정확히 7년이 되었다고 했으므로, 2105년에 냉동캡슐에 들어가 2113년 9월 7일에 나왔다는 것을 알 수 있다.
- **을** : 2075년 10월생으로 26살에 냉동캡슐에 들어갔고, 지금으로부터 2년 전에 해동되었다고 했으므로, 2101년 10월 이후에서 2102년 9월 사이에 들어가서, 2118년 9월에 나왔다는 것을 알 수 있다.
- **병** : 2083년 5월 17일에 태어나 21살이 되기 두 달 전에 냉동캡

슐에 들어갔고, 해동된 지 일주일이 되었다고 하였다. 따라서 2104년 3월 17일에 들어가 2120년 8월 31일에 나왔다는 것을 알 수 있다.

따라서 냉동캡슐에 가장 늦게 들어간 사람은 '갑'이며, 냉동캡슐에 가장 오래 보관된 사람은 '을 또는 병'이다.

08 정답 ③

지침의 '가'와 '나'에 규정된 대로 평가지표별 점수를 부여하여 그 평가순위를 부여하고, '다'와 '라'에 따른 지원한도와 실제 지원금액을 구하면 다음과 같다.

(금액 단위 : 억원)

구분	A	B	C	D
순위(총점)	2위(10점)	3위(9점)	4위(8점)	1위(13점)
순자산	2,400	1,200	900	3,000
각 기업에 대한 지원한도	1,600(순자산의 2/3)	800(순자산의 2/3)	600(순자산의 2/3)	2,000(순자산의 2/3)
지원요구금액	1,600	700	500	2,000
기업별 실제 지원금액	1,500	700	500	2,000

따라서 지원 금액이 가장 많은 기업은 2,000억원을 지원한 D기업이고, 지원요구금액만큼 지원받지 못하는 기업은 A기업이다.

09 정답 ③

제시된 글의 제00조(경계표, 담의 설치권) 제2항에서 '전항에도 불구하고 토지의 경계를 정하기 위한 측량비용은 토지의 면적에 비례하여 부담한다'라고 했다. 여기서 갑은 600m^2의 토지를 소유하고 있으며, 을은 400m^2를 소유하고 있으므로, 토지의 면적에 비례하여 '6 : 4'로 부담해야 한다. 따라서 갑은 60만 원, 을은 40만 원을 부담해야 한다.

10 정답 ④

㉡ 제시된 글의 제00조(경계선 부근의 건축) 제1항에서 '건물을 축조함에는 경계로부터 반미터 이상의 거리를 두어야 한다'라고 하였고, 제2항에서 '인접지소유자는 전항의 규정에 위반한 자에 대하여 건물의 변경이나 철거를 청구할 수 있다. 그러나 건축에 착수한 후 1년을 경과하거나 건물이 완성된 후에는 손해배상만을 청구할 수 있다'라고 하였다. 따라서 반미터(50센티미터) 이상의 거리를 두지 않고 건축에 착수하여 건물을 완공한 경우는, 철거를 청구할 수는 없고 손해배상만을 청구할 수 있다. 따라서 ㉡은 옳은 내용이다.

㉣ 제시된 글의 제00조(지하시설 등에 대한 제한)에서 '지하실공사를 하는 때에는 경계로부터 그 깊이의 반 이상의 거리를 두어야 한다'라고 했으므로, C건물에 지하 깊이 2미터의 지하실공사를 하는 경우, B토지 경계로부터 1미터 이상의 거리를 두어야 한다. 따라서 ㉣도 옳은 내용이 된다.

㉠ 제시된 글의 제00조(경계표, 담의 설치권) 제1항에서 '인접하여 토지를 소유한 자는 공동비용으로 통상의 경계표나 담을 설치할 수 있다. 이 경우 그 비용은 쌍방이 절반하여 부담한다'라고 했으므로, 경계에 담을 설치하는 비용은 쌍방이 절반하여 50만 원씩 부담해야 한다.

㉢ 제시된 글의 제00조(차면시설의무)에서는 '경계로부터 2미터 이내의 거리에서 이웃 주택의 내부를 관망할 수 있는 창이나 마루를 설치하는 경우에는 적당한 차면(遮面)시설을 하여야 한다'라고 했으므로, B토지와의 경계로부터 2미터 이내의 거리에 축조한 건물에는 창을 설치할 수 있으며, 여기에 적당한 차면시설을 하여야 한다.

11 정답 ②

구입 가격이 같은 동종의 제품이며 다른 조건은 동일하다고 가정하였으므로, 중고품 시장에 판매할 당시의 상품 가치에 따라 가격의 높고 낮음이 결정된다. 따라서 제시된 도표에서 사용 연수가 4년일 때의 상품 가치가 가장 높은 A제품의 판매 가격이 가장 높고, C제품의 가격이 가장 낮다.

12 정답 ③

4년 이후의 상품 가치가 가장 높은 제품은 A제품이다. 따라서 장기 사용에 가장 유리한 제품은 A제품이다. 따라서 ③은 옳지 않다.

① A제품은 구입 후 1년 후 상품 가치가 가장 낮은 제품이므로, 구입 직후 중고품 가격도 가장 낮다고 할 수 있다.

② 3년째 상품 가치가 가장 높은 것은 C제품이므로 가장 높은 중고품 가격으로 되팔 수 있다. 따라서 3년마다 새로 제품을 구입하는 경우 C제품을 구입하는 것이 가장 유리하다.

④ 사용 연수가 4년인 경우 A, B, C제품 모두 상품 가치가 50% 이하이므로, 되파는 경우 모두 구입가의 절반을 받지 못할 것이다.

13 정답 ③

보고서 작성 시 'A, B, C, D'의 단계는 포함하여야 한다고 했는데, 이 단계까지의 총 선정 지수는 '30점'이고 총 소요 시간은 '10.5시간'이다. 남은 E~H 중 소요 시간 당 선정 지수가 가장 낮은 단계인 F는 제외하고, 가장 높은 G는 포함해야 한다. 따라서 'A, B, C, D, G'의 경우 총 선정 지수는 '40점', 총 소요 시간은 '11시간'이 된다. 남은 E와 H 중 선정 지수가 가장 큰 H단계만 포함시키는 경우, 총 소요 시간은 6시간 초과되므로 총 선정 지수는 '40+60-24=76점'이 된다. 여기에 E단계까지 포함시키는 경우 3시간이 추가되므로,

총 선정 지수는 '76+12−12=76점'으로 같다. 따라서 갑의 최대 선정 지수는 '76점'이 된다.

14 정답 ④

'35'를 누르면 남수철과 이민준의 전화번호가 검색되는데, 남수철과 이민준은 모두 강남지점에 근무하고 있으므로, ④는 옳지 않다.

① 'ㅎ'을 누르면 '강희영', '황현' 2명이 검색된다.
② '225'를 누르면 김찬우의 '01022588483'와 황현의 '01075932258'의 번호가 나온다. 김찬우와 황현은 모두 영등포지점에 근무하고 있다.
③ 'ㅈ'을 누르면 검색되는 사람은 '박정록', '신유진', '이민준'이 검색되는데, 각각 영등포지점, 서대문지점, 강남지점에 근무하고 있다.

15 정답 ④

〈조건〉에서 〈표〉의 3종류(탄수화물, 단백질, 채소)를 모두 넣어서 도시락을 만들며, 열량은 500kcal 이하, 재료비는 3,000원 이하로 한다고 하였다. 이에 따라 〈조건〉에서 제시한 도시락 반찬의 열량과 재료비를 구하면 다음과 같다.

- **두부구이(두부 100g, 올리브유 10ml, 간장 10ml)** : 열량 185kcal, 재료비 1,600원
- **닭불고기(닭가슴살 100g, 양파 1개, 올리브유 10ml, 고추장 15g, 설탕 5g)** : 열량 259kcal, 재료비 2,000원
- **돼지불고기(돼지고기 100g, 양파 1개, 올리브유 10ml, 간장 15ml, 설탕 10g)** : 열량 370.5kcal, 재료비 1,300원

④의 경우 통밀빵 100g의 열량은 100kcal이고, 돼지불고기의 열량은 370.5kcal이므로 열량이 500kcal을 초과하지 않는다. 가격도 '850+1,300=2,150원'으로 3,000원 이하이며, 탄수화물과 단백질, 채소가 모두 포함되어 있다. 따라서 갑이 만들 수 있는 도시락으로 적절하다.

① 현미밥 200g의 열량은 300kcal이므로, 닭불고기의 열량 259kcal과 더하면 500kcal을 초과한다.
② 돼지불고기와 상추는 단백질과 채소에 해당하므로, 탄수화물이 빠져 있다.
③ 현미밥 300g의 열량은 450kcal이므로, 두부구이의 열량 185kcal을 더하면 500kcal을 초과한다.

16 정답 ③

엔화의 가치가 상승(엔화 환율상승)하면 원화의 상대적 가치는 하락하므로, 1,000엔이 10,000원에서 11,000원이 될 수 있다. 따라서 C는 반대로 설명하였다.

① 달러 가치가 하락(달러 환율하락)하면 달러에 대비한 우리나라 화폐 가치가 상대적으로 올라간 것이 된다(평가절상). 따라서 달러 가치가 하락될 때는 1달러 당 1,100원에서 1,050원이 될 수 있다.
② 엔화 가치가 상승하면(엔화 환율상승)하면, 우리나라의 화폐 가치는 상대적으로 하락한다. 따라서 일본 여행 시 전보다 경비 지출이 늘어나므로 일본으로 휴가가기가 힘들어 진다고 할 수 있다.
④ 미국을 관광이나 비즈니스 목적으로 방문하는 경우, 2008년 11월부터 원칙적으로 비자 없이도 방문할 수 있게 되었다. 이 경우 미국정부의 전자여행허가제(ESTA)에 따라 승인을 받아야 한다.

17 정답 ③

제시된 행정의 일반원칙의 내용은 다음과 같다.

- A : 행정작용이 국민의 권리를 침해하는 경우 최소한의 침해 수단을 선택하여야 하고, 침해로 인해 달성되는 공익과 침해되는 사익 간에 상당한 비례관계가 유지되어야 한다는 비례의 원칙에 대한 내용이다.
- B : 합리적 사유가 없는 한, 행정작용은 국민을 평등하게 대우하여야 한다는 평등의 원칙이다.
- C : 행정기관은 합리적 보호가치가 있는 개인의 정당한 신뢰를 보호해주어야 한다는 신뢰보호의 원칙에 대한 내용이다.

이를 토대로 〈보기〉의 사례를 검토하면 다음과 같다.

㉠ 운전면허정지 기간 중의 운전으로 형사처벌된 후에도 3년 간 아무런 행정조치가 없어 운전을 계속하였다면 행정청이 아무런 조치를 하지 않을 것으로 신뢰하고 운전한 것이라 할 수 있으므로, 그 후 운전면허취소처분이 행해졌다면 운전자의 이러한 신뢰는 합리적으로 보호해주어야 할 필요가 있다. 따라서 C(신뢰보호 원칙)의 적용사례가 된다.
㉡ 당직근무 대기 중 화투놀이를 한 사안에 있어, 함께 한 다른 3명에게는 견책처분을 내리고 1명만을 파면처분을 했다면, 이는 국민을 평등하게 대우하여야 한다는 원칙에 어긋난다고 할 수 있다. 따라서 이는 B(평등원칙)의 적용사례에 해당한다.
㉢ 음주운전에 대한 처벌 수단인 면허취소와 1년 이내의 면허정지 중 교통사고 방지라는 공익적 필요에 따라 보다 무거운 처벌인 면허취소처분을 한 사안이므로, 침해로 인해 달성되는 공익과 침해되는 사익 간에 상당한 비례관계를 고려하여 판단한 사례에 해당한다. 따라서 A(비례의 원칙)의 적용사례가 된다.

따라서 행정 원칙과 아래 〈보기〉의 적용 사례를 바르게 연결한 것은 ③이다.

18 정답 ①

을은 갑의 감세안이 서민에게는 실질적 도움이 되지 않고 부자들이 더 큰 혜택을 본다고 비판하면서, 서민에게 더 유리한 조세정책이 수

립되어야 한다고 주장하고 있다. 이러한 을의 주장에 부합하는 정책은 ①이다. 소형 임대아파트 거주자 경우가 대부분 서민이므로, 거주자의 주민세를 면세하는 경우 실질적으로 서민에게 더 유리한 조세 정책이 될 수 있다.

② 소득세 면제 대상자를 선별하여 그 범위를 결정하지 않은 채 막연히 소득세 면제 대상자를 줄이는 것은 서민에게 더 유리한 정책이라 보장할 수 없다. 제시문에서 언급한 것처럼, 실제 많은 직장인과 자영업자가 소득세 면제 혜택을 보고 있으며 이 중에는 많은 서민이 포함되어 있으므로, 막연히 면제 대상자를 줄이면 면제를 받지 못하게 되는 서민이 발생할 수 있기 때문이다.

③ 차량 10부제의 경우 일반 서민의 참가율보다는 자동차를 2대 이상 소유할 수 있는 부자의 참가율이 높을 가능성이 크며, 자영업 종사 등으로 인해 차량 10부제에 참여할 수 없는 서민들이 발생할 수 있다. 또한 배기량의 크기에 비례해서 부과되는 자동차세를 일률적으로 10% 감면한다면, 배기량이 큰 차를 소유하고 있는 부자에게 감면혜택이 더 크게 돌아가게 된다. 따라서 ③의 정책도 서민에게 실질적으로 더 유리한 정책으로 볼 수 없다.

④ 주택거래에 대한 취득세와 등록세는 거래되는 주택의 가격에 비례하므로, 일률적인 감면비율을 적용할 경우 고가의 주택 거래자에게 돌아가는 혜택이 상대적으로 더 크다고 할 수 있다. 또한 취 · 등록세는 주택거래에 기인하여 부과되는 세금이므로, 감면으로 인한 혜택은 주택의 거래가 많은 부자에게 더 많다고 할 수 있다. 따라서 ④는 서민에게 더 유리한 정책으로 보기 어렵다.

19 정답 ②

'순이익=총수익−총비용'이므로, 상황별 순이익을 구하면 다음과 같다.

㉠ **상황 A의 대안별 순이익**
- 가 : {(100만원×10개)+200만원}−500만원=700만원
- 나 : 1,800만원−1,000만원=800만원

따라서 '갑'은 대안 '나'를 선택하는 것이 순이익을 극대화하는 결정에 해당한다.

㉡ **상황 B의 순이익** : 신규주문을 수락하는 경우 발생하는 매출 증가액은 200만원(=200그릇×1만원)이며, 비용은 190만원[=(2,000원×200그릇)+150만원]이므로, 순이익은 10만원이 된다. 따라서 '을'은 신규주문을 수락하는 것이 순이익을 극대화하는 결정이므로, '가'대안을 선택해야 한다.

20 정답 ③

'순이익=총수익−총비용'이므로, 〈상황 C〉에서 '병'이 선택할 수 있는 대안별 순이익은 다음과 같다.

- 가 : {(5만원×10개)+(40만원×10개)}−450만원=0원
- 나 : {(12만원×10개)+(50만원×10개)}−(450만원+30만원+50만원)=90만원
- 다 : {(5만원×10개)+(50만원×10개)}−(450만원+50만원)=50만원
- 라 : {(12만원×10개)+(40만원×10개)}−(450만원+30만원)=40만원

따라서 '병'의 대안 중 순이익이 두 번째로 큰 대안은 '다'이다.

21 정답 ①

㉠ 괴물이 위치할 칸을 갑이 무작위로 정할 경우 정할 수 있는 칸은 [1][2], [2][3], [3][4]의 세 가지이므로, [1]이 선택될 확률은 1/3이 되고 [2]가 선택될 확률은 2/3이 된다. 따라서 을의 입장에서는 [1]보다는 [2]를 선택하는 것이 승리할 확률이 높으므로, ㉠은 옳다.

㉡ 화살이 명중할 칸을 을이 무작위로 정할 경우, 갑이 어떤 연속된 두 칸을 정하더라도 을이 그것을 선택할 확률은 2/4가 된다. 따라서 이 경우는 갑과 을은 승리 확률이 같으므로, ㉡은 옳지 않다.

㉢ 갑과 을이 무작위로 정할 경우, ㉡과 마찬가지로 갑의 어떤 연속된 두 칸을 정하더라도 을이 그것을 선택할 확률이 모두 2/4(1/2)가 되어 같으므로, 승리 확률도 같다고 할 수 있다. 따라서 ㉢도 옳지 않다.

22 정답 ②

〈설명〉에서 연산은 '( )', '{ }'의 순으로 한다고 했으므로, 제시된 〈수식〉의 경우 연산 A와 C를 먼저하고, 다음으로 B, 마지막으로 D를 해야 한다. 순서대로 〈설명〉에 따라 연산을 진행하면 다음과 같다.

- **연산 A를 시행한 경우** : {6 B (3 C 4)} D 6
- **연산 C를 시행한 경우** : {6 B 12} D 6
- **연산 B를 시행한 경우** : 72 D 6
- **연산 D를 시행한 경우** : 12

따라서 수식을 계산한 값은 '12'가 된다.

23 정답 ③

제시된 사실을 통해 연결 관계를 파악하면 다음과 같다.

㉠ 2루수, 대윤, 김씨는 서로 동일인이 아님을 알 수 있다. 따라서 대윤은 박씨이거나 이씨이다.

성		이씨 또는 박씨	김씨
이름		대윤	
포지션	2루수		
나이			

㉡ 1루수, 박씨, 대윤은 서로 동일인이 아님을 알 수 있다. 따라서 대윤은 이씨이고 김씨는 1루수이다. 또한 나이를 따져보면 '대윤 <1루수<박씨'의 순서임을 알 수 있다. 따라서 대윤은 20세, 1루수는 23세, 박씨는 26세가 된다.

성	박씨	이씨	김씨
이름		대윤	
포지션	2루수	3루수	1루수
나이	26세	20세	23세

㉢ 선호와 김씨는 서로 동일인이 아님을 알 수 있으므로, 선호는 박씨가 되며, 남은 정우는 김씨가 된다.

성	박씨	이씨	김씨
이름	선호	대윤	정우
포지션	2루수	3루수	1루수
나이	26세	20세	23세

따라서 연결 관계가 제대로 짝지어진 것은 ③이다.

24 정답 ③

기숙사 건축물의 경우 연면적 5,000m² 이상인 경우에는 모든 층에 스프링클러설비를 설치해야 한다.

① 운동시설 중 물놀이형 시설은 스프링클러설비 설치 대상에서 제외한다고 하였다.

② 층수가 3층 이하인 물류터미널 건축물의 경우 바닥면적 합계가 6,000m² 이상이어야 스프링클러설비를 설치한다. 연면적이 6,000m²인 2층 건물은 바닥면적이 6,000m²가 될 수 없으므로, 설치해야 하는 장소가 아니다.

④ 노인 및 어린이 시설의 경우 해당 용도로 사용되는 바닥면적의 합계가 600m² 이상인 곳에 스프링클러설비를 설치해야 한다고 하였으므로, 설치해야 하는 장소로 적절하지 않다.

25 정답 ④

정책결정자는 기대효용을 극대화하는 합리적 행위자이며, 전쟁 개시 결정은 기대효용의 의해 좌우된다고 했으므로, 결국 기대효용(EU)이 큰 순서대로 전쟁 개시 가능성도 크다고 할 수 있다. 전쟁 승리 가능성이 70%(0.7)이라면, 패배 가능성은 30%(0.3)가 되므로, 제시문의 산출식과 〈표〉의 자료를 통해 각각의 기대효용을 구하면 다음과 같다.

- ㉠ : $0.7 \times 70 - 0.3 \times 70 = 28$
- ㉡ : $0.6 \times 70 - 0.4 \times 70 = 14$
- ㉢ : $0.5 \times 70 - 0.5 \times 70 = 0$
- ㉣ : $0.7 \times 50 - 0.3 \times 50 = 20$

따라서 A국의 전쟁 개시 가능성이 두 번째로 큰 것은 ㉣이다.

PART 1 직업기초능력평가

04 자원관리능력

정답 해설

01 ②	02 ②	03 ④	04 ①	05 ③	06 ②	07 ②	08 ②	09 ④	10 ④
11 ②	12 ①	13 ④	14 ②	15 ②	16 ④	17 ③	18 ①	19 ③	20 ③

01 정답 ②

시간은 개개인에 있어서도 중요하지만 기업의 입장에서 매우 중요한 요소이다. 시간 관리능력이란 직장생활에서 시간자원이 얼마나 필요한지를 확인하고, 이용 가능한 시간자원을 최대한 수집하여 실제 업무에 어떻게 활용할 것인지를 계획하고 할당하는 능력으로서 직업인에게 매우 중요한 능력이다. 시간의 의미를 알고 낭비하지 않고 효과적으로 계획하여 사용할 수 있는 능력을 향상해야 한다.

02 정답 ②

신입사원 교육의 참석자가 총 125명이므로 A 대강당, B 대강당만 수용가능하고 오전 10시부터 오후 4시까지 진행하므로 1회차와 2회차를 이어서 이용하던지, 종일권을 이용해야 한다. 따라서 6월 8일은 B 대강당이 3회차에만 대관이 있으므로 1회차와 2회차를 이어서 이용하면 교육을 진행할 수 있다.

① 6월 1일 A 대강당은 이미 2회차에 일정이 있으므로 대관할 수 없다.
③ 6월 8일 C 대강당은 125명을 수용할 수 없다.
④ 6월 15일 B 대강당은 이미 1회차에 일정이 있으므로 대관할 수 없다.

03 정답 ④

6월 1일~16일 기간 동안 C 대강당을 이용한 내역을 살펴보면

- 1일 : 3회차
- 7일 : 1회차, 2회차
- 11일 : 종일권
- 15일 : 종일권

종일권의 경우 1회~3회차 사용료를 모두 합하므로 C 대강당은 해당 기간 동안 총 9회 대관되었다. 따라서 C 대강당의 사용료는 1회에 80,000원이므로

∴ 9 × 80,000 = 720,000원

04 정답 ①

2박 3일 출장기간 동안 사용한 식대를 정리해보면

- 18일 : 2,000 + 8,000 + 10,000 = 20,000
- 19일 : 5,500 + 7,000 + 12,000 + 15,000 = 39,500
- 20일 : 6,000 + 2,500 = 8,500

따라서 나 대리가 지출한 총 식대 비용은

20,000 + 39,500 + 8,500 = 68,000원

05 정답 ③

각 직원의 휴가비를 계산해보면

직원 A의 경우 23일~24일, 26일, 30일로 총 4일 휴가를 보냈으므로

{40,000(원) × 4(일)} × 0.8 = 128,000(원)

직원 B의 경우 23일, 27일로 총 2일 휴가를 보냈으므로

{40,000(원) × 2(일)} × 1.2 = 96,000(원)

직원 C의 경우 25일~27일로 총 3일 연속휴가를 보냈으므로

{40,000(원) × 3(일)} + 20,000(원) = 140,000(원)

직원 D의 경우 24일~25일, 30일로 총 3일 휴가를 보냈으므로

40,000(원) × 3(일) = 120,000(원)

따라서 직원 C가 가장 많은 휴가비를 지급받는다.

06 정답 ②

먼저 교육비용부터 계산해보면

A강사님의 수업을 듣는 수강생은 10 + 6 + 12 = 28(명)이므로

10% 할인이 되어 120,000 × 28 × 0.9 = 3,024,000(원)

B강사님의 수업을 듣는 수강생은 6 + 6 + 7 = 19(명)이므로

150,000 × 19 = 2,850,000(원)

또한 하루 점심 식대를 구해보면

(15,000 × 6) + (15,000 × 6) + (12,000 × 7) + (10,000 × 10) + (9,000 × 6) + (8,000 × 12) = 90,000 + 90,000 + 84,000 + 100,000 + 54,000 + 96,000 = 514,000(원)

즉, 교육 2일 동안 식대는 514,000 × 2 = 1,028,000(원)이다.

따라서 근로복지공단이 P업체에 지급해야 하는 총비용은

3,024,000 + 2,850,000 + 1,028,000 = 6,902,000(원)이다.

07 정답 ②

주어진 홍보부 직급별 스케줄에서 모든 스케줄이 비어있는 1시간은

13:00~14:00 뿐이므로 이때 회의를 진행하는 것이 가장 적절하다.

08 정답 ②

A대리가 이동하는 경로는 집 → 종로 지점 → 강남 지점 → 회사이므로 각각의 교통수단별 교통비를 계산해보면

(i) 택시를 이용한 경우
집 → 종로 지점 : 3,000+(12.5−5)×450=6,375(원)
종로 지점 → 강남 지점 : 3,000+(18−5)×450=8,850(원)
강남 지점 → 회사 : 3,000+(11.5−5)×450=5,925(원)
6,375+8,850+5,925=21,150(원)

(ii) 버스를 이용한 경우
집 → 종로 지점 : 1,300+(12.5−10)×150=1,675(원)
종로 지점 → 강남 지점 : 1,300+(18−10)×150=2,500(원)
강남 지점 → 회사 : 1,300+(11.5−10)×150=1,525(원)
1,675+2,500+1,525=5,700(원)

(iii) 자동차를 이용한 경우
전체 이동거리는 12.5+18+11.5=42(km)이므로
42×1,200=50,400(원)

따라서 A대리가 택시를 이용한 경우 21,150원, 버스를 이용한 경우 5,700원, 자동차를 이용한 경우 50,400원이 교통비로 든다.

09 정답 ④

거래처 3곳을 가는 버스의 배차 간격은 12분, 20분, 24분이므로, 세 수의 최소공배수를 구하면 120(분)이다. 9시 40분 통화에서 10분 전에 3곳을 가는 버스가 동시에 출발하였다고 했으므로, 동시에 출발한 시간은 9시 30분이며, 다음에 동시에 출발하는 시간은 120분 후인 11시 30분이 된다. 따라서 택배를 보내기 위해 의뢰하는 시간이 20분 소요되므로, A는 늦어도 11시 10분까지는 터미널에 도착하여야 한다.

10 정답 ④

주어진 강의 일정을 정리해보면 다음과 같다.

구분	월	화	수	목	금
09:00~12:00	B, 허 강사	A, 안 강사	B, 심 강사	B, 심 강사	A, 박 강사
14:00~17:00		B, 허 강사		C, 이 강사	
16:00~19:00	C, 함 강사	C, 함 강사	A, 박 강사	A, 안 강사	C, 이 강사

(i) A강의 – 안 강사로 듣는다면
B강의 – 허 강사, C강의 – 이 강사로 듣게 되므로 월, 화, 목, 금요일이 나오게 된다. 또는 B강의 – 심 강사, C강의 – 함 강사로 듣게 되므로 월, 화, 수, 목요일이 나오게 된다.

(ii) A강의 – 박 강사로 듣는다면
B강의 – 심 강사, C강의 – 이 강사로 듣게 되므로 수, 목, 금요일이 나오게 된다.

(i)~(ii)을 통해 윤 사원이 최대한 요일을 적게 나오는 경우는 수, 목, 금요일 3일이며, A강의 – 박 강사, B강의 – 심 강사, C강의 – 이 강사로 들어야 한다.

11 정답 ②

강의별로 가장 최저교육비용의 강사들을 찾으면 A강의 – 박 강사, B강의 – 허 강사, C강의 – 함 강사이다. 이때, 화요일에 B강의와 C강의의 시간이 겹치므로 비용이 만 원 차이인(B강의는 2만 원 차이) C강의를 이 강사로 바꾸면 겹치는 것이 없이 최저교육비용으로 강의를 듣게 된다.
따라서 황 사원의 최저교육비용은
115,000+120,000+120,000=355,000원이다.

12 정답 ①

〈표3〉 선물 조건에 따라 사원은 정가가 5만 원 이하 선물만 가능하다. 그런데 인사부 권 사원은 정가가 8만 원인 기름세트를 희망하므로 조건을 충족하지 않는다. 따라서 권 사원은 정가가 5만 원 이하인 '햄 세트'로 희망하는 선물을 바꿔야 한다.

13 정답 ④

A회사 직원들이 희망하는 선물 목록을 바르게 정리하면 다음과 같다.

부서	직원	희망하는 선물
인사부	현 부장	한우 세트
	강 과장	홍삼 세트
	하 대리	수제 과일청 세트
	권 사원	햄 세트
총무부	손 차장	홍삼 세트
	안 과장	건강 보조식품 세트
	김 대리	참치 세트
	원 사원	햄 세트

또한 선물에 할인율을 적용한 가격은 다음과 같다.

구분	정가	할인율	할인 가격
한우 세트	180,000원	8%	165,600원
홍삼 세트	135,000원	10%	121,500원
기름 세트	80,000원	5%	76,000원
수제 과일청 세트	85,000원	10%	76,500원
참치 세트	78,000원	8%	71,760원
햄 세트	45,000원	8%	41,400원
건강보조식품 세트	110,000원	5%	104,500원

직원들에게 나누어줄 선물의 총 구매 금액을 구해보면
165,600+(121,500×2)+76,500+71,760+(41,400×2)+104,500=744,160원

14 정답 ②

주어진 조건을 통해 관리본부와 상생협력본부는 목요일, 금요일에 진행한다고 했으므로 두 부서 모두 목요일에 1차 회의, 금요일에 2차 회의를 하게 되며, 이때 2차 회의는 상생협력본부가 먼저 시작한다. 또한 금요일 오후 2시에 관리본부 2차 회의를 진행한다고 했으므로, 상생협력본부는 오전 10시에 2차 회의가 있다는 것을 알 수 있다.

목요일 오전에는 회의가 없으므로 관리본부 1차 회의는 목요일 오후 4시가 가장 적절하다(관리본부 2차 회의가 금요일 오후 2시에 진행하므로 목요일 오후 2시는 제외). 이로 인해 상생협력본부 1차 회의는 목요일 오후 2시에 진행한다. 또한 기획본부와 신성장기술본부는 화요일, 수요일에 진행한다고 했으므로 두 부서 모두 화요일에 1차 회의, 수요일에 2차 회의를 하게 되며, 이때 1차 회의는 신성장기술본부가 먼저 시작한다.

화요일 오전에는 회의가 없으므로 신성장기술본부 1차 회의는 오후 2시이고, 기획본부 1차 회의는 오후 4시가 가장 적절하다. 또한 수요일에 신성장기술본부 2차 회의는 오후 4시, 기획본부 2차 회의는 오후 2시가 가장 적절하다.

제시된 조건을 모두 반영했을 때 결과는 다음과 같다.

구분	화요일	수요일	목요일	금요일
오전 10시				상생협력본부 2차
오후 2시	신성장기술 본부 1차	기획본부 2차	상생협력본부 1차	관리본부 2차
오후 4시	기획본부 1차	신성장기술 본부 2차	관리본부 1차	

따라서 기획본부 2차 회의는 수요일 오후 2시에 진행한다.

15 정답 ②

A~E까지 모든 지점을 한 번만 지나는 경로는 다음 세 가지이다.

(i) 회사 – A – E – B – C – D – 회사
(회사 – D – C – B – E – A – 회사)
120+152+105+120+168+115=780km

(ii) 회사 – A – D – C – E – B – 회사
(회사 – B – E – C – D – A – 회사)
120+210+168+100+105+240=943km

(iii) 회사 – D – A – E – C – B – 회사
(회사 – B – C – E – A – D – 회사)
115+210+152+100+120+240=937km

따라서 임 차장이 최단 거리로 간다면 780km를 갈 것이다.

16 정답 ④

앞에서 구한 최단거리는 '회사 – A – E – B – C – D – 회사'이고, 고속도로와 국도를 나눠 계산해보면

(i) 국도인 경우
회사 – A, A – E, E – B, D – 회사
120+152+105+115=492(km)
연비가 12km/L이므로 주유해야 하는 양은 492÷12=41L

(ii) 고속도로인 경우
B – C, C – D
120+168=288(km)
연비가 20km/L이므로 주유해야 하는 양은 288÷20=14.4L

따라서 최단 거리로 이동한 경우 총 41+14.4=55.4(L)의 기름이 필요하고, 1L에 1,800원이므로 주유비는 55.4×1,800=99,720원이다.

17 정답 ③

부드러운 천을 사용하여 실외기를 깨끗하게 청소하는 것은 〈장기 미사용시 보관방법〉에 해당한다. 실외기 청소를 통해서 전기 사용량이 줄어든다고 보기는 어렵다.

① 〈사용 시 주의사항〉에서 창문으로 햇빛이 들어오는 경우 블라인드로 막아주면 실내 온도가 2℃ 정도 떨어진다고 했으므로, 실내 에어컨 설정 온도를 과도하게 낮추지 않아도 되어 전기 사용량은 감소하게 된다.
② 에어컨 필터에 먼지가 끼는 경우 냉방 효율이 떨어지고 전기가 많이 소모된다고 했으므로, 적정한 기간에 청소하는 것은 전기 소모를 줄일 수 있는 방법이 된다.
④ 에어컨 사용 시 자주 전원을 'on/off' 하는 경우 전기요금이 많이 나올 수 있다고 했으므로, 이를 하지 않도록 공지하는 것도 전기 사용량을 줄이는 방법이 된다.

18 정답 ①

자동건조 기능은 운전 정지 후의 동작과 관련된 내용이므로, 에어컨의 냉방 효율과는 직접적인 관련이 없다. 자동건조 기능은 운전 정지 후 일정시간 동안 송풍운전을 가동하여 제품 내 습기를 제거해 주는 기능이다.

② 실내에 열을 내는 다른 제품이 있으면 실내 온도 상승의 원인이 될 수 있으므로, 이를 확인하는 것도 방법이 된다.
③ 희망 온도가 실내 온도보다 높은 경우 시원한 바람이 나오지 않으므로, 에어컨이 시원하지 않을 경우 확인해 볼 사항에 해당한다.
④ 실외기 앞에 장애물이 있는 경우 열교환이 잘 이루어지지 않아 정상보다 시원하지 않을 수 있다. 따라서 확인할 사항으로 적절하다.

19 정답 ③

지원구분에 따르면 장모상은 경조사 지원에 포함되어야 한다. 따라서 잘못 구분된 사원은 박지현이다.

20 정답 ③

변경 전과 달리 휴가비 지원의 경우 입사 3년차 이하 사원은 30,000원/일, 입사 4년차 이상 사원은 50,000원/일로 다른 금액이 지원된다. 따라서 A사원이 정리한 내용으로 옳지 않은 것은 ③이다.

① 고등학생 자녀의 학자금은 변동 없이 1,000,000원을 지원해주고, 대학생 자녀는 지원 불가에서 가능으로 바뀌었으므로 복지 제도 변경 후 고등학생 자녀뿐 아니라 대학생 자녀까지 학자금을 지원해줌을 알 수 있다.

② 복지 제도 변경 후 기타 지원 중 하나인 육아 휴직에 대한 지원금이 일수대비 인상되었다.

④ 변경 전과 같이 생일을 제외한 경조사비용은 모든 사원에게 동일한 금액 100,000원으로 지원된다.

PART 1 직업기초능력평가

05 정보능력

01 ①	02 ②	03 ②	04 ③	05 ④	06 ②	07 ②	08 ③	09 ①	10 ②
11 ④	12 ④	13 ④	14 ④	15 ①	16 ④	17 ①	18 ③	19 ③	20 ②

01 정답 ①

너비가 일정한 텍스트 나누는 방법은 [텍스트 마법사]에서 각 필드의 너비(열 구분선)을 지정하는 것이 다. 오른쪽 시트와 같이 성과 이름 사이에 구분선을 넣으려면 원하는 위치에 마우스를 클릭한다.

02 정답 ②

[A4 : D4]은 월별, 구분, 수량, 가격이 쓰여 있는 영역으로 '가운데 맞춤'으로 지정해야 한다.

03 정답 ②

컴퓨터 용어에서 트래픽(Traffic)은 전화나 인터넷 연결선으로 전송되는 데이터의 양을 지칭하는 용어이다. 트래픽 양이 많다는 것은 전송되는 데이터의 양이 많다는 것을 뜻하며, 트래픽이 너무 많으면 서버에 과부하가 걸려 기능에 문제가 발생하기도 한다. 홈페이지를 예로 들어 보자면, 홈페이지를 인터넷 브라우저에 띄우기 위해서는 서버에 파일을 올려놓고 사용자가 웹페이지에 접속을 할 때마다 필요한 정보를 다운로드 해야 하는데, 여기서 다운로드 되는 정보의 양이 바로 트래픽이다. 홈페이지에 접속해서 여러 페이지를 열어보거나 이미지나 동영상 등을 내 컴퓨터로 다운로드할 때 홈페이지와 연결된 서버의 트래픽 양이 증가하게 되며, 이러한 상황이 발생하면 서버의 트래픽이 줄어들거나 초기화될 때까지 웹페이지에 접속하기 어려워진다.

04 정답 ③

'프로그램 종료 기능'을 가지는 단축키는 'Alt+F4'이다.

① 'Alt+home'은 '홈페이지로 이동하기'를 수행하는 단축키이다.
② 'Ctrl+W'는 현재 열려 있는 창을 닫는 역할을 수행하는 단축키이다.
④ 'Shift+Delete'는 휴지통으로 보내지 않고 영구적으로 삭제하는 단축키이다.

05 정답 ④

④의 경우, 한글과 영문 소문자, 하이픈(-) 등이 사용되었고 하이픈으로 끝나지 않았으며, 세 번째와 네 번째 글자에 하이픈이 연이어 온 것도 아니다. 따라서 설정할 수 있는 도메인이 된다.

① 언더바(_)는 허용 문자에 포함되지 않으므로, 설정할 수 없는 도메인이다.
② 한글과 숫자, 영문은 허용문자이나 콤마(,)는 허용 문자에 포함되지 않으므로, 설정할 수 없는 도메인이다.
③ 하이픈(-)으로 끝나지 않아야 하므로, 설정할 수 없다.

06 정답 ②

소프트웨어란 컴퓨터를 이용하여 문제를 처리하는 프로그램 집단을 말한다.

- **유틸리티 프로그램** : 사용자가 컴퓨터를 사용하면서 처리하게 되는 작업을 편리하게 할 수 있도록 도와주는 소프트웨어
- **그래픽 소프트웨어** : 새로운 그림을 그리거나 그림 또는 사진 파일을 불러와 편집하는 프로그램

07 정답 ②

- **해상도(Resolution)** : 모니터 등의 출력장치가 내용을 얼마나 선명하게 표현할 수 있느냐를 나타내는 단위로, 픽셀(Pixel)의 수에 따라 결정된다.

08 정답 ③

주어진 시리얼 넘버를 해석해보면 2023년 6월 22일 경기 B공장 01에서 15,440번째로 만들어진 남색 키보드이다.
따라서 '15440'을 통해 이 부품의 총 생산 개수는 알 수 없다.

09 정답 ①

주어진 조건을 시리얼 넘버로 표현하면 다음과 같다.

- **제조 연도** : 113022
- **생산 라인** : A02

• 제품 종류 번호 : M100
• 생산 번호 : 318
이를 종합하면 113022－A02－M100－318

10 정답 ②

A사원의 사원 번호를 살펴보면
• B20 : 경기지사에서 일한다.
• GE02 : 관리부서에서 일한다.
• 0112 : 6직급이다.
• 175 : 입사 후 '가나다 순'으로 번호를 매겨진 것이다.
따라서 보기 중 옳은 설명은 ②이다.

① A사원은 경기지사에서 일한다.
③ A사원의 직급은 6급이다.
④ A사원은 '이'씨임을 알 수 없다.

11 정답 ④

같은 지사 같은 직급에서 일하는 사원들을 고르려면 사원 번호에서 첫 번째 코드와 세 번째 코드가 같아야 한다. 따라서 윤장철, 최태희 사원이 충북 지사에서 6직급으로 같이 일하고 있다. 나머지 보기의 사원들은 서로 지사는 같지만 직급이 달라 답이 될 수 없다.

12 정답 ④

연산기호 '&'와 '*'는 두 단어가 모두 포함된 문서를 검색하는 연산자 'AND'를 의미하며, 연산기호 '－'와 '!'는 뒤에 오는 단어를 포함하지 않는 연산자 'NOT'를 의미한다. 따라서 'IBK기업은행'과 'NCS'를 모두 포함하고 '인성검사'는 포함하지 않는 문서를 검색하는 경우 ④가 가장 적절하다.

① '~'나 'near'는 앞 · 뒤의 단어가 가깝게 인접해 있는 문서를 검색하는 인접검색을 나타내는 연산기호이다.
② '－'와 '*'의 순서가 바뀌었다.
③ '|'는 두 단어가 모두 포함되거나, 두 단어 중 하나만 포함된 문서를 검색하는 연산자 'OR'을 의미한다.

13 정답 ④

주어진 문제에서 150만 원 이상의 구매 금액의 총합이라는 조건이 있으므로 SUM이 아닌 SUMIF를 이용하면 함수식은 SUMIF(C2:C6, ">＝1,500,000")이다.

①, ② SUM 함수를 이용하면 조건 없이 총합이 구해진다.
③ B영역이 포함되어 있고, 150만 원 이상인 조건이 만족하지 않는다.

14 정답 ④

데이터 표는 특정 값의 변화에 따른 결과 값의 변화 과정을 표의 형태로 표시해주는 도구이다. 지정한 특정 값의 수에 따라 단일 표와 이중 표로 구분하며 결과 값은 반드시 변화하는 특정 값을 포함한 수식으로 작성되어야 한다. 실행하는 방법은 [데이터]탭 → [데이터 도구]그룹 → [가상분석] → [데이터 표]이다.

15 정답 ①

주어진 자료에 의하면 B회사는 사내 도서관을 관리하기 위하여 도서의 명칭과 저자, 출판일, 출판사 등의 정보를 목록화하고 있고, 이러한 관리방법은 필요한 내용을 손쉽게 검색하여 찾을 수 있다는 장점이 있다. 따라서 이는 정보관리 방법 중 '목록을 활용한 정보관리'에 해당한다.

16 정답 ④

디스크 조각 모음을 실행하려 단편화를 제거하는 작업은 컴퓨터를 최적화시켜서 컴퓨터의 속도와 성능을 개선시키는 것이다. 따라서 하드디스크 인식 문제와는 관련이 없는 작업이다.

17 정답 ①

COUNTIF는 지정한 범위 내에서 조건에 맞는 셀의 개수를 구하는 함수이고, 적절한 함수식은
'＝COUNTIF(D3:D10,">＝2019－07－01")'이다.

18 정답 ③

성별을 구별하기 위해서는 주민등록번호의 7번째 자리로 판별할 수 있다. "1" 또는 "3"이라면 남자, "2" 또는 "4"라면 여자이다. 따라서 성별을 구별하기 위한 적절한 함수식은 ③이다.

①, ② AND 함수는 인수의 모든 조건이 참일 경우에 성별을 구분하여 표시할 수 있으므로 적절하지 않다.
④ 함수식에서 "남자"와 "여자"가 바뀌었다.

19 정답 ③

[DBNum1], [DBNum2] 등의 서식들은 표시형식에서 기타 범주에 있는 서식으로써 숫자(한자), 숫자(한자 – 갖은자), 숫자(한글) 등으로 표시해주는 함수이다.

① #.## 으로 적용하게 되면 결과는 '24678.'이 나온다. 소수점 앞에

있는 수는 그대로 나타낸다.

② mm – dd로 적용을 하면 결과는 '05 – 05'로 나타난다.

④ '0%'으로 지정을 할 경우 결과는 '46%'가 산출된다.

20 정답 ②

매크로 바로가기 키는 숫자를 사용할 수 없다.

PART 1 직업기초능력평가

06 조직이해능력

01 ③	02 ③	03 ②	04 ①	05 ①	06 ④	07 ④	08 ④	09 ③	10 ①
11 ④	12 ②	13 ①	14 ④	15 ①	16 ①	17 ③	18 ③	19 ③	20 ③

01 정답 ③

지문은 신기술의 도입으로 인한 변화에 대한 내용이기 때문에 기술로 인한 조직변화의 유형에 속한다.

- **제품과 서비스** : 기존 제품이나 서비스의 문제점을 인식하고 고객의 요구를 받아들이는 방법으로 고객을 늘리거나 시장을 확대할 때의 사용하는 방법이다.
- **전략과 구조** : 조직의 목적을 달성하고 효율성을 높이기 위해서 조직의 경영과 관계된 조직구조, 경영방식, 시스템 등을 개선하는 방법이다.
- **기술** : 새로운 기술이 도입되는 것으로 신기술이 발명되었을 때나 생산성을 높이기 위해 이루어지는 방법이다.
- **문화** : 구성원들의 사고방식이나 가치체계를 변화시키는 것으로 조직의 목적과 일치시키기 위한 방법이다.

02 정답 ③

조직변화 실행에는 조직변화가 수립되고 실제 일어난 변화의 모습이 해당된다.

- 조직변화의 과정은 환경인지 변화 → 조직변화 방향 수립 → 조직변화 실행 → 변화 결과 평가 순으로 이루어진다.
- 지문의 경우는 신기술이 발명되어 환경이 변화되었고, 신기술을 도입하자는 H부장의 방향 수립 단계를 거쳐 동종업계 1위 자리를 고수하는 결과를 받았다. 조직변화의 실행에 대한 내용은 지문에서 찾을 수 없다

03 정답 ②

경영의 구성요소 중 경영목적은 '인간존중', 인적자원은 지인들과 모집될 근로자이며, 자금과 경영전략은 구체적으로 제시되지 않았지만 수립하고 마련하였다고 되어있다.

- 기술을 최우선 가치로 선택한 것은 이전 직장의 경우이다.
- 지문에서는 외부경영활동 중심인지 내부경영활동 중심인지 알 수 없다.
- 사기업이기 때문에 영리조직에 속한다. 비영리조직에는 정부조직, 병원, 대학, 시민단체 등이 있다.

04 정답 ①

지문의 A씨는 경영자이다. 경영자는 조직구성원들과 의사결정을 통해 조직의 방향을 제시하고 이끌어야 하며, 의사결정을 독점하는 것은 옳지 않다.

05 정답 ①

조직 구성원들의 행동이나 사고를 특정 방향으로 이끌어가는 원칙은 공유가치이다.

- 리더십 스타일은 조직 구성원들의 행동이나 사고를 특정 방향으로 이끌어 나가는 리더의 전반적인 조직관리 스타일이다.
- **조직문화 구성요소 7S모형** : 공유가치, 리더십스타일, 구성원, 시스템, 구조, 전략, 관리기술

06 정답 ④

빵은 손으로 떼어먹는 것이 맞는 예절이다.

① 바깥쪽에서부터 포크나 나이프를 사용한다.
② 수프가 뜨거우면 숟가락으로 저어서 식힌다.
③ 빵은 수프를 먹고 난 후에 먹으며 디저트 직전부터 식사가 끝날 때까지 먹는다.

07 정답 ④

회사는 A씨를 인정하여 표창을 주었고, A씨는 자신이 공부하고 배운 경험을 살려서 회사에 도움이 되었다.

① 성과급과 연봉 모두 회사가 개인에게 주는 부분이다.
② 지식은 개인이 회사에, 만족감은 회사가 개인에게 주는 부분이다.
③ 기술과 공헌은 모두 개인이 회사에 주는 부분이다.

08 정답 ④

지문의 마지막 부분에서 좀 더 과학적으로 분석할 필요가 있다고 제시했기 때문에 이어질 선택 단계에서는 과학적으로 분석할 방법을 선택하는 내용이 나와야 적절하다.

정답 해설

09 정답 ③

GE의 '전 직원 공동 결정제도'는 정책 경영에 참여하는 경영참가 유형이다.

10 정답 ①

경영 효율성 제고(근로자나 노동조합이 새로운 아이디어 제시, 현장에 적합한 개선방안 마련)를 위해 만들었다.

- **노사 간의 세력 균형** : 근로자 또는 노동조합의 의사를 반영하여 공동으로 문제를 해결
- **경영참가제도의 문제점** : ②, ③, ④ 외에 '경영자 고유의 권리인 경영권이 약화시킬 수 있다.' 등이 포함된다.

11 정답 ④

GE는 비공식적인 상호의사소통이 이루어지고 하부구성원들이 의사결정권한이 있는 유기적 조직에 속한다.

① 지문에서 월 마트의 공식적인 집단을 확인할 수 없다.
② GE는 사업별 조직구조의 형태를 가지고 있다.
③ 월 마트는 생산성 및 시장에 조직목표의 중점을 두고 있다.

12 정답 ②

20만 원 초과의 접대비지출품의서는 최고결재권자(대표이사) 또는 전결을 위임 받은 본부장에게 결재를 받고, 지출결의서는 최고결재권자의 결재를 받아야한다. 접대비지출품의서는 최종 결재를 본부장이 전결 받았기 때문에 본부장 란에 전결을 들어가고, 최종 결재란에 본부장의 서명이 들어가야 한다.

13 정답 ①

출장비가 30만 원이 초과하는 경우 출장계획서와 출장비신청서는 최종결정자(대표이사)의 결재를 받아야 하고, 규정상 최종결정자 이하의 직책자들의 결재를 받아야 한다.

14 정답 ④

소모품비는 지출액과 관계없이 팀장에게 결재받아야 하며, 법인카드 신청서는 10만 원 이하는 팀장이 결재한다. 따라서 팀장 한명에게 결재를 받으면 된다.

15 정답 ①

경기상황 발생 확률이 동일하기 때문에 각각 호황, 보통, 불황일 때의 이득의 합을 3으로 나눈 값이 가장 많은 기대 이득을 취할 수 있다. 215/3으로 채권 투자가 가장 낫다.

② 운이 나쁘다고 생각한다면 예상이득이 낮은 채권투자 70, 주식투자 45, 은행 예금 65, 부동산 투자 30을 비교해 보면 된다. 그 중 가장 큰 채권투자를 하는 것이 옳은 선택이다.
③ 운이 좋다고 생각한다면 예상이득이 가장 높은 채권투자 75, 주식 투자 120, 은행 예금 110, 부동산 투자 130을 비교해 보면 된다. 그 중 가장 큰 부동산 투자를 하는 것이 옳은 선택이다.
④ 경기상황 발생 확률이 동일하기 때문에 각각 호황, 보통, 불황 일 때의 이득의 합을 3으로 나눈 값이 가장 많은 기대 이득을 취할 수 있다. 255/3으로 은행 예금이 가장 높다.

16 정답 ①

- GNP : 국민총생산. 한 나라 국민이 일정기간 생산한 모든 최종 재화와 서비스를 시장가격으로 평가한 것으로 GDP와 다르게 영토 중심이 아닌 국적이 기준이 된다.
- GDP : 국내총생산량. 한 나라 영역 내에서 가계, 기업, 정부 등 경제 주체에 의해 일정 기간 생산된 모든 최종 재화와 서비스를 시작 가격으로 한 평가로 한국은행이 담당하여 분기, 반기, 연간 단위로 공표한다.
- DI : 실질 지표. 실질 GDI는 실질 GDP에서 교역 조건 변화에 따른 실질적인 무역손익을 더한 개념이다.

17 정답 ③

안드로이드 폰이 확장되고 점유율이 증가하는 것은 갤럭시 폰을 확장시킬 수 있는 기회(Opportunity)에 해당한다.

① 모방한 듯한 이미지는 약점에 해당한다.
② 가장 널리 보급된 안드로이드 시스템은 강점으로 부각시킬 수 있다.
④ 타국에서 안드로이드 폰의 인기가 상승하는 것은 기회에 해당한다.

18 정답 ③

ST전략은 강점을 활용하여 위협요소를 최소화 하거나 회피하는 전략으로 브랜드 가치가 높은 것을 이용하여 경쟁 음료에 대응할 방법을 모색해야 한다. 새로운 이온 음료의 개발은 약점을 보완하는 전략이다.

19 정답 ③

위협의 요인으로 빠른 공을 잘 치는 강타자가 등장했기 때문에 빠른 직구가 아닌 변화구를 이용하여 이들을 이기는 전략이 적절하다.

20 정답 ③

지문은 미국의 간트가 창안한 작업진도 도표인 간트 차트의 내용이다.

경제

01 ①	02 ③	03 ②	04 ③	05 ④	06 ③	07 ④	08 ②	09 ④	10 ②
11 ③	12 ②	13 ④	14 ④	15 ④	16 ①	17 ④	18 ②	19 ②	20 ①

01 정답 ①

넉시(R. Nurkse)는 저개발국의 경우 소득수준이 낮기 때문에 저축과 구매력이 떨어져 시장규모가 협소해지므로 투자부족 현상을 가져와 저생산을 하게 되며, 저생산은 다시 저소득으로 이어져 빈곤의 악순환이 계속된다고 하였다.

02 정답 ③

인간의 욕구를 충족시키는 수단인 자원의 희소성이 근본적인 경제문제를 낳는다.

03 정답 ②

- **불균형 성장이론** : 허쉬만(A. O. Hirschman)이 주장한 이론으로서 한 산업의 발전이 다른 산업의 발전을 유발하기 때문에 연관효과가 크고, 국내 자원을 많이 이용할 수 있는 선도산업을 육성하여 집중 투자함으로써 경제성장을 유도하자는 전략이다.

04 정답 ③

- **소프트 머니** : 직접선거운동이 아닌 정책홍보와 정당활동을 통해 무제한의 기부를 허용하는 기부선거자금
- **하드머니** : 개인과 단체 또는 정치단체가 일정 후보자나 정당을 지원하는 일종의 선거자금
- **핫머니** : 국제금융시장을 이동하는 단기성 자금. 각국 단기금리의 차이, 환율의 차이에 의한 투기적 이익을 목적으로 하는 것과 국내 통화불안을 피하기 위한 자본도피 등 두 종류가 있음
- **스마트 머니** : 장세변화에 따라 신속하게 움직이는 자금으로 시장정보에 민감한 기관들이 보유한 현금 등이 여기에 해당함

05 정답 ④

④는 직접적 통화관리수단이다.

06 정답 ③

소비지출＝20만 원－4만 원＝16만 원

엥겔계수＝식료품비/소비지출×100이므로

8/16×100＝50%

07 정답 ④

부가가치란 생산과정에서 개개의 기업 또는 산업에 새로이 부가된 가치를 말하는데, 조세의 부담이 거래의 과정을 통하여 납세의무가 있는 사업자로부터 최종소비자에게 전가되는 간접소비세이다. 따라서 조세부담의 형평성이라는 문제를 안고 있다고 볼 수 있다.

08 정답 ②

대학에서 강사가 하는 강의나 미용사가 하는 네일케어처럼 우리 눈에 보이지는 않지만 필요에 의해서 행해지는 일을 용역이라 한다. 인간 욕망의 대상이 되는 물질적 수단은 재화(Goods)이다.

09 정답 ④

블러경제(Blur Economy)에서 블러(Blur)란 '흐릿하다'는 뜻으로 블러경제란 네트워크의 발달에 의해 상거래에서 판매자와 고객의 위치가 혼돈되는 상황을 말한다.

10 정답 ②

최저임금은 근로자의 생계비, 유사 근로자의 임금, 노동생산성 및 소득분배율 등을 고려하여 정하는데, 사업의 종류별로 구분하여 고용노동부장관이 정하고 있다.

11 정답 ③

과거에는 GNP가 국민경제의 지표로 쓰였지만 세계화 시대에 외국인이 국내에서 벌어들이는 돈을 차감하여 정확한 규모를 파악하기가 어렵기 때문에 내국인과 외국인을 가리지 않고 국경을 단위로 생산한 것을 집계한 GDP가 국가경제를 나타내는 지표로 GNP를 대체하고 있다.

12 정답 ②

공황이 일어나는 시기는 불경기이다.

13 정답 ④

- **콘트라티예프 파동(Kontratiev Cycle)** : 약 50년을 주기로 하는 장기파동으로 기술의 혁신과 전쟁, 생산량 증감, 식량 과부족 등에 의해 발생한다.

① **키친 파동(Kitchen Cycle)** : 3~4년을 주기로 하는 단기 파동으로 수요와 생산잉여의 차이인 재고 변동에 의해 발생한다.
② **주글라 파동(Juglar Cycle)** : 약 10~12년을 주기로 하는 파동으로 프랑스 경제학자 주글라에 의해 명명된 파동이다. 주글라 파동의 원인은 기업의 설비투자의 변동에 있다.
③ **크즈네츠 파동(Kuznets Cycle)** : 약 20년을 주기로 하는 파동으로 미국의 경제학자 크즈네츠가 발견한 것이다. 주요 원인으로 인구증가율과 경제성장률의 변동을 들 수 있다.

14 정답 ④

인플레이션에서는 산업자본가, 물건소지자, 금전채무자, 수입업자가 유리하고, 금전채권자, 금융자본가, 은행예금자, 수출업자 등은 불리하다.

15 정답 ④

디스인플레이션(Disinflation)이란 인플레이션을 극복하기 위한 정책으로 통화증발 억제와 재정 · 금융긴축을 주축으로 하는 경제조정정책을 말한다.

16 정답 ①

경제 주체란 경제행위를 독자적으로 수행하는 대상으로 가계, 기업, 정부, 외국 등이 있다. 정부 자체를 국가 경제라 하지 않는다.

17 정답 ④

기회비용은 과거 시점이 아닌 현재 시점에서의 선택비용이다.

18 정답 ②

- **우등재와 열등재** : 우등재와 열등재를 나누는 기준은 가격이 아니라 소득이 변하였을 때 그 재화에 대한 수요가 어떻게 변화하는가를 보는 것이다. 우등재는 가격이 내리거나 소득이 증가하면 수요는 늘어나는 반면 열등재는 가격이 내리면 소비가 증가하고 소득이 올라가면 소비가 감소하는 재화를 말한다.

19 정답 ②

①과 ③은 대체재, ④는 보완재이다.

20 정답 ①

- **일물일가의 법칙** : 완전경쟁이 이루어지고 있는 시장에서는 같은 상품에는 오직 하나의 가격만이 있다는 원칙이다.
- **완전경쟁** : 생산자와 소비자가 시장의 가격 결정에 아무런 영향을 미칠 수 없는 시장을 말한다. 현실적으로는 존재할 수 없는 이론적인 모형이다.

경영

01 ①	02 ③	03 ③	04 ②	05 ③	06 ③	07 ④	08 ④	09 ④	10 ②
11 ④	12 ①	13 ①	14 ②	15 ②	16 ①	17 ④	18 ①	19 ④	20 ②

01 정답 ①

• Seed Money : 종잣돈. 부실기업 희생을 지원하기 위해 금융기관에서 새로 융자해 주는 돈을 말한다.

② 리츠(REITs)에 대한 설명이다.
③ 역외펀드(Off – shore Fund)에 대한 설명이다.
④ 콜머니에 대한 설명이다.

02 정답 ③

안테나 숍은 제조업체들이 자사 제품에 대한 소비자의 평가를 파악하거나 타사 제품에 대한 정보를 입수하기 위하여 운영하는 유통망을 이르는 말이다. 교외형 재고 전문 판매점은 아웃렛이다.

03 정답 ③

• **주주대표소송** : 몇 명의 소액주주가 대표자가 되어 이사의 책임을 추궁하기 위해 제기하는 소송을 말한다. 즉, 회사의 경영자인 이사가 의무를 위반했을 때, 일부 주주가 회사를 대신해서 문제된 이사를 상대로 개인적 손해배상을 청구하는 제도다.
• **주주집단소송** : 한 명의 주주라도 부실경영을 한 기업에 대한 손해배상 청구소송에서 승소했을 때, 다른 주주들도 별도의 재판 없이 똑같은 배상을 받을 수 있도록 한 제도이다.

04 정답 ②

장애인 의무고용 비율은 공공부문(국가와 지자체)은 3%이며 민간영역은 2.7%이다.

05 정답 ③

제3차 산업은 제1, 2차 산업에서 생산된 물품을 소비자에게 판매하거나 각종 서비스를 제공하는 산업을 말하며, 상업과 운수업, 금융업, 통신업 등의 서비스산업을 총칭한다.

06 정답 ③

산업공동화(Deindustrialization)에 대한 내용이다. 제조업의 해외 생산 등 해외 직접투자가 진전되면 해외에서의 고용은 늘어나지만 그만큼 국내에서의 생산이 줄어 고용이 줄어들게 된다. 이는 국내의 생산능력 저하로 이어지는데 이를 산업공동화라고 한다. 산업공동화 논의는 미국 내의 보호주의가 고조되는 가운데 등장한 것으로, 기업이 국내생산보다 원가가 비교적 싼 해외로부터 부품과 제품을 조달하고 있기 때문에 미국경제에서 제조업이 차지하는 비율이 낮아지고 있다는 것을 지적하면서 비롯되었다.

07 정답 ④

스페시픽(Specific) 서비스란 변호사, 의료, 시설학원 등에 의한 특수 서비스를 말한다.

• **5S 서비스** : 5S 서비스란 금융, 호텔, 병원, 수송 등 종래의 전통적인 서비스업 외에 새로 개발된 5가지 서비스산업을 말한다.
• **서브스티튜트(Substitute) 서비스** : 대리자란 의미의 'substitute'에서 파생된 용어로 기업과 개인의 업무를 대행하는 서비스를 말한다.
• **소프트웨어(Software) 서비스** : 컴퓨터 시스템의 사용과 유지관리, 프로그램 등의 서비스를 말한다.
• **시큐리티(Security) 서비스** : 개인, 기업의 안전, 생명, 재산보호를 위한 서비스를 말한다.
• **소셜(Social) 서비스** : 복지사업 등에 의한 사회보장 확립을 위한 서비스를 말한다.
• **스페시픽(Specific) 서비스** : 변호사, 의료, 시설학원 등에 의한 특수 서비스를 말한다.

08 정답 ④

기업개선 작업 방법으로 금융기관의 대출금 출자전환, 단기대출의 중장기 전환 등 대출 구조조정과 대상 기업의 감사, 자산매각 등이 있으며 이들을 병행하여 추진한다.

• **워크아웃(Workout)** : 기업의 재무구조 개선작업을 의미하는 용어로 미국의 GE(General electric) 회장 잭 웰치에 의해 대중화되었으며 구조조정을 통한 경쟁력 강화의 의미로 사용된다. 워크아웃이란 문제해결을 위해 계획을 수립하고 실행에 옮기는 일련의 과정을 포괄하는 개념으로 기업과 관련하여 기업회생을 위한 각종 구조조정과 경영혁신활동을 의미한다. 기업의 회생 가능성을

판단하였을 때 생존 가능성이 있는 기업을 대상으로 채권금융기관과 기업 당사자가 긴밀히 협력하여 회생을 모색하는 작업이며 기업에 대한 실사 평가를 바탕으로 이루어진다.

09 정답 ④

- **ZD(Zero Defects) 운동** : QC(품질관리) 기법을 일반 관리 사무까지 확대 적용하여 전사적으로 결점이 없는 일을 하자는 무결점 운동을 의미한다.

10 정답 ②

기능식 조직은 각 구성원이 수행하는 기능을 중심으로 편성된 조직형태로 마케팅, 생산, 총무부서처럼 전문적인 지식과 재능에 따라 편성된다. 규모가 작은 분야에서 환경이 안정되고 고도의 전문화가 요구되는 사업에 적합한 형태로 분업화와 조직구성원의 전문화를 제고할 수 있는 장점을 지니고 있다.

11 정답 ④

재무제표란 기업의 이해 관계자들인 주주나 채권자 등에게 기업의 재무상태나 경영성과에 대한 회계정보를 제공하기 위하여 일정한 양식으로 작성한 보고서를 말한다. 상법에는 대차대조표(재무상태표), 손익계산서 및 이익잉여금처분계산서 또는 결손금처리계산서를 재무제표로 하고 있다.

12 정답 ①

① OJT는 'On The Job Training'의 약자로 보기는 직장 내 교육에 대한 설명이다.
② 직장 외 교육(Off-JT ; Off The Job Training)은 사내 및 사외의 전문가를 초빙하여 직무현장이 아닌 교실에서 강의식으로 교육하는 방식을 말한다.
③ 자기개발교육(SD ; Self Development)은 자기성장의욕에 의한 자기훈련을 말한다. 자기개발은 급변하는 환경과 삶의 질 유지 · 향상을 위한 평생교육의 필요성에서 비롯되었다고 볼 수 있다.
④ 빅브라더(Big Brother) 제도란 군대의 사수와 부사수의 관계처럼 선배사원이 신입사원을 입사 후 6개월 동안 일대일로 보살펴 주는 제도를 말한다.

13 정답 ①

강제할당법이란 사전에 평가등급별 인원을 정해놓고 강제할당하는 방법으로 수, 우, 미, 양, 가처럼 나누고 평가를 강제적으로 할당시키는 것이다.

14 정답 ②

국제노동헌장이라 부르는 베르사유조약 제13편의 '노동편'에서 8시간 노동제가 국제적으로 정식 선포되었다.

15 정답 ②

주식회사는 유한책임사원으로만 구성되어 있다.

16 정답 ①

- **정산표** : 손익 계산서를 만들 때까지의 계산 과정을 한데 모아 나타낸 표이다.
- **이익잉여금처분계산서** : 이월이익잉여금의 수정사항과 당기이익잉여금의 처분사항을 명확하게 보고하기 위해 작성하는 재무제표이다.

17 정답 ④

3S 운동은 표준화(Standardization), 단순화(Simplification), 전문화(Specialization)를 지향하는 생산성 향상운동이다.

18 정답 ①

- **6시그마** : 6 Sigma. 모토로라 등록 상표인 6σ는 100만 개 중 3, 4개의 불량률(DPMO, Defects Per Million Opportunities)을 추구한다는 의미에서 나온 말이다. 마이클 해리(Michael Harry)박사가 주창자이다.

19 정답 ④

- **Bench Marking** : 경쟁 업체 또는 특정 분야에서 뛰어난 업체의 장점을 면밀히 분석한 후 자사의 경영과 생산에 합법적으로 응용하는 것을 말한다.
- **Reengineering** : 조직 재충전. 기업의 성과를 획기적으로 향상시키기 위해 업무수행 프로세스 전 과정을 완전히 재검토하고 근본적으로 재설계하는 경영기법이다.
- **Restructuring** : 리스트럭처링은 M&A 합병 및 인수 외에도 LBO(인수할 회사 자체를 담보로 두어 금융기관에서 대출받은 자금으로 기업 인수)나 제휴 전략까지 포괄하는 개념으로 M&A를 적극적으로 활용한 사업단위의 재구축이다.
- **M&A** : 기업 인수 · 합병

20 정답 ②

티저광고에 관한 이야기로, '얼굴 없는 광고' 또는 '뚜껑광고'라고도 한다.

금융

01 ①	02 ④	03 ④	04 ③	05 ④	06 ②	07 ④	08 ④	09 ①	10 ③
11 ②	12 ④	13 ④	14 ②	15 ③	16 ②	17 ④	18 ④	19 ④	20 ②

01 정답 ①

금융은 돈을 빌려주고 빌리는 일이다. 예를 들어 가계에서 여유자금이 생기면 금융기관에 예치하고 반대로 가계가 적자 상태가 되면 다시 금융기관을 통해 자금을 차입하여 조달받는 것이 금융이다.

02 정답 ④

금융시장은 사용기간에 따라 만기 1년 이내의 금융상품이 거래되는 단기금융시장과 상환기간이 1년이 넘는 장기금융 시장으로 구분할 수 있다.

② 자금을 조달하는 방식과 운용방식에 따라 직접금융과 간접금융으로 구분한다.

③ 증권시장은 유가증권을 발행, 인수, 모집하는 단계의 발행시장과 일단 발행한 증권을 매매하는 단계인 유통시장으로 나눌 수 있다.

03 정답 ④

금융체계는 금융기관, 금융시장, 금융하부구조로 이루어져 있다. 금융하부구조란 금융기관이 금융거래를 금융시장에서 원활히 수행할 수 있도록 하는 금융제도와 법규를 비롯해 금융기관과 금융시장을 감시 · 감독하는 금융감독기구, 예금보험공사와 같은 보조금융기관 등을 말한다.

04 정답 ③

국제통화기금(IMF)은 국제적인 비교가 용이하게 금융기관을 통화 창출기능의 유무에 따라 분류하고 있다.

05 정답 ④

종합금융회사는 비은행 예금취급기관에 해당한다.

06 정답 ②

제1금융권은 일반은행, 지방은행 등이며, 제2금융권은 은행을 제외한 나머지 증권 · 보험사, 상호저축은행, 새마을금고 등을 총칭한다. 제1금융과 제2금융은 모두 제도권 금융에 속한다. 제1금융은 가장 다양한 금융상품을 취급하고 있으며 많은 점포를 가지고 있어 거래하기 편리하고 많은 사람들이 이용하기 때문에 금리가 낮다는 장점이 있지만 신용등급에 따라 이용에 불편함이 있을 수 있다. 제2금융권은 대출조건이 제1금융에 비해 까다롭지 않아서 대출이 빠르고 손쉽게 차입할 수 있으나 금리가 높다는 단점이 있다. 비제도권 금융은 제3금융권이다.

07 정답 ④

상호부금은 은행의 부수업무에 해당한다.

08 정답 ④

특수은행은 IBK기업은행, 한국산업은행, 한국수출입은행, 농업협동조합중앙회 및 수산업협동조합중앙회의 신용사업부문 등 5개이다.

09 정답 ①

종합금융회사는 예금을 창출하는 통화예금기관이 아닌 비통화금융기관에 속한다.

10 정답 ③

상호저축은행은 상호저축은행법에 의해 운용 중이며 상업은행(Commercial Bank)과의 가장 큰 차이점은 금융감독원으로부터 인가받은 이수지역에서만 영업을 할 수 있는 제한이 있다는 것이다.

11 정답 ②

국제결제은행(BIS) 기준 자기자본비율이 8% 이상, 고정이하 여신비율이 8% 미만인 저축은행을 가리키며, 8 · 8클럽에 해당할 경우 우량저축은행으로 판단한다. 하지만, 정부가 8 · 8클럽에 해당하는 우량 저축은행에 대해 대출한도를 완화해 줌으로써 저축은행의 부실을 키웠다는 비판을 받고 자기자본비율을 10%로 강화하기로 하였다.

12 정답 ④

금융기관에 종사하는 자는 명의인의 서면상의 요구나 동의를 받지 않고서는 그 금융거래의 내용에 대한 정보 또는 자료를 타인에게 제공하거나 누설하여서는 안 된다. 다만 법원의 제출명령 또는 법관이 발부한 영장에 의해 거래정보 등을 제공할 경우에는 명의인의 동의를 필요로 하지 않는다.

13 정답 ④

환매조건부채권은 비보호상품이다.

14 정답 ②

자금세탁에 대한 내용이다.

15 정답 ③

혐의거래보고제도(STR)는 원화 1천만 원 또는 외화 5천 달러 상당 이상의 거래로서 금융재산이 불법재산이거나 금융거래 상대방이 자금세탁 행위를 하고 있다고 의심되는 합당한 근거가 있는 거래에 대한 보고를 하는 것으로, 금융기관 종사자의 주관적인 판단을 요한다고 볼 수 있다.

16 정답 ②

① **개인워크아웃** : 변제능력이 있으나 당장 형편이 여의치 않은 자를 대상으로 하는 제도로 금융기관 공동협약에 따라 신용회복위원회가 운영하며 채무가 5억 원 이하, 연체기간이 3개월 이상인 사람이 신청할 수 있다.

③ **개인회생** : 상환능력이 있는 채무자의 경제적 파산을 방지하기 위해 법원이 시행하는 제도로 무담보 채무가 5억 원 이내, 담보채무가 10억 원 이내로 합이 15억 원 이내인 개인이 신청하여 법원의 인가결정에 따라 집행하게 된다.

④ **개인파산** : 파산법에 의해 파산을 선고하고 잔여 채무에 대한 변제의무를 면제시키는 제도로 채무의 규모와 관계없이 시행할 수 있다.

17 정답 ④

햇살론, 새희망홀씨대출, 미소금융 등이 서민대출제도에 해당한다.

18 정답 ④

금융보조기관이란 금융기관이 원활하게 거래를 할 수 있도록 보조 역할을 하는 기관을 말하며 감독기관인 금융위원회, 금융감독원과 지급결제기관인 금융결제원, 예금보험공사, 한국자산관리공사, 한국거래소, 한국수출보험공사 등이 금융보조기관에 속한다.

19 정답 ④

금융감독원은 금융기관에 대한 검사 · 감독업무 등을 수행하기 위하여 설립된 무자본 특수법인으로 금융위원회의 지도 · 감독을 받는다. 과거 은행감독원, 증권감독원, 보험감독원, 신용관리기금의 감독기관이 현재의 금융감독원으로 통합되었다.

20 정답 ②

금융결제원(Korea Financial Telecommunications & Clearings Institute)은 효율적인 어음교환제도 및 지로제도를 확립하고 금융공동망을 구축하여 자금결제 및 정보유통을 원활하게 함으로써 건전한 금융거래의 유지발전과 금융기관 이용자의 편의를 제공하고 있다.

IT / 일반상식

01 ②	02 ④	03 ①	04 ③	05 ④	06 ①	07 ②	08 ①	09 ③	10 ④
11 ③	12 ③	13 ③	14 ②	15 ④	16 ②	17 ②	18 ③	19 ③	20 ④

01 정답 ②

UN의 정기총회는 매년 9월 셋째 화요일에 열리나, 특별한 안건이 있을 경우에는 특별총회 또는 긴급총회가 소집된다.

02 정답 ④

- UNESCO : United Nations Educational, Scientific and Cultural Organization.

03 정답 ①

'모스크바 3상회의'라고도 한다.

04 정답 ③

- **선거공영제** : 선거운동의 무분별함으로 인한 폐단을 방지하고 선거의 공정성을 견지하기 위한 제도. 선거공영제는 크게 관리공영제와 비용공영제로 나뉜다.

05 정답 ④

- **반대해석** : 법문이 규정하는 요건과 반대의 요건이 존재하는 경우에 그 반대의 요건에 대하여 법문과 반대의 법적 판단을 하는 해석.
- **확대 · 축소해석** : 법조문의 의미를 넓게 해석하면 확대 해석, 한정하여 해석하면 축소해석.
- **유추해석** : 법조문에 포함되어 있지 않은 사항에 대해 유사규정을 적용하는 것. 형법에서는 엄격히 금지함
- **물론해석** : 입법 취지로 보아 유사한 사항에 대한 해석(자동차 통행금지, 자전거는 통행 가능).
- **문리해석** : 법의 1차적 해석방법. 법조문을 문장 그대로 해석하는 방법.
- **유권해석** : 국가의 권위 있는 기관의 법규 해석.
- **학리해석** : 법이론에 의한 해석.

06 정답 ①

- **기소편의주의** : 검사에게 기소 · 불의 재량의 여지를 인정하는 제도이다.
- **기소독점주의** : 형사소송법상 검사에게만 공소권이 있다는 주의이다.

07 정답 ②

우리나라의 현재 표준시는 동경 135°를 사용하고 있다. 즉, 우리나라의 낮 12시는 동경 135° 지점에 태양이 남중하는 순간이다.

- **지방시** : 그리니치 이외의 지점의 자오선을 기준으로 한 시각으로 그리니치의 본초자오선상의 지방평균태양시를 특히 세계시라고 부르며 세계 각국이 공통으로 사용한다. 한국은 동경 135°인 지점의 지방시를 표준시로 사용한다.
- **표준시** : 각 나라나 각 지방에서 쓰는 표준 시각을 말한다. 평균 태양이 자오선을 통과하는 때를 기준으로 정하는데, 일반적으로 경도 15°차이마다 1시간씩 다른 표준시를 사용한다.
- **남중** : 지구가 자전을 하여 천체가 천구의 북쪽 위쪽으로 자오선을 통과하는 것을 말하며 정중 또는 자오선통과라고도 한다.
- **날짜변경선** : 동경 180°의 선을 따라 남극과 북극을 잇는 경계선이다.

08 정답 ①

계절풍은 계절에 따라 바람의 방향이 반대가 되는 현상으로, 공기의 밀도와 대륙과 해양의 온도 차이 때문이다. 우리나라에서는 겨울에는 북서풍(시베리아 고기압), 여름에는 남동풍(북태평양 고기압)의 두드러진다.

09 정답 ③

뉴턴의 운동의 제2법칙은 운동의 법칙(law of motion)으로, 물체의 가속도의 크기는 그것이 받는 힘의 크기에 비례하고 질량에 반비례한다는 것이다.

10 정답 ④

4세대 통신망인 LTE(Long Term Evolution)는 HSDPA보다 무려 12배 이상 무선데이터 전송 속도가 빨라졌다. HSDPA은 3.5세대 통신망으로, CDMA에 영상 통화 기능이 추가된 것이다.

① 1세대 통신망인 FDMA(Frequency Division Multiple Access)는 아날로그 방식으로 단순히 음성전달만 할 수 있었다.
② 2세대 통신망인 CDMA(Code Division Multiple Access)는 디지털 방식으로 전환되어 음성과 문자를 전달할 수 있게 되었다.
③ 3세대 통신망인 WCDMA(Wideband Code Division Multiple Access)는 데이터의 전달이 가능해 졌다.

11 정답 ③

CALS(Commerce At Light Speed)는 제품의 기획과 설계에서부터 부품조달, 생산, 사후관리, 폐기까지 상품의 모든 라이프사이클 과정에서 발생하는 각종 정보를 디지털화하여 메이커와 협력업체 등 관련기업들과 공유, 경영에 활용하는 기업 간 정보시스템이다.

12 정답 ③

프리웨어는 제작자가 프로그램에 아무 조건도 달지 않고, 일반에게 완전한 형태의 프로그램을 공개하는 것을 의미하지만, 여전히 판권은 제작자에게 남아 있으므로 상업적인 의도로 사용하거나 임의 수정은 할 수 없다.

13 정답 ③

퍼지 컴퓨터는 인간의 직감이나 경험에 바탕을 둔 애매한 행동까지 컴퓨터에 적용시킨 것이다.

14 정답 ②

B2C(Business To Customers)는 기업과 소비자 간 거래, B2B(Business To Business)는 기업과 기업 간 거래, B2G(Business to Government)는 기업과 정부 간 거래를 의미한다.

15 정답 ④

로더(loader)는 디스크나 테이프에 저장된 목적 프로그램을 읽어서 주기억장치에 올린 다음 수행시키는 프로그램이다. 목적 프로그램을 재배치하고 주기억장치 내에 프로그램 공간을 확보하며 실제 프로그램을 디스크나 테이프에서 읽고 여러 목적 프로그램이나 라이브러리 루틴과의 링크 작업 등을 한다.

16 정답 ②

정보 엑세스권은 '알권리'와 같은 뜻으로 쓰인다.

17 정답 ②

②는 오프 더 레코드(Off the Record)에 관한 설명이며, 엠바고는 일정 시점까지의 보도금지를 뜻하는 용어이다.

18 정답 ③

브레인스토밍은 어떤 한 가지 주제에 관하여 관계되는 사람이 모여 집단의 효과를 살려 아이디어의 연쇄반응을 일으키게 함으로써 자유분방하게 아이디어를 내는 방법으로 아이디어의 질보다 양을 중시한다.

19 정답 ③

세계 3대 교향곡은 베토벤의 〈운명〉, 슈베르트의 〈미완성교향곡〉, 차이코프스키의 〈비창〉이 있다.

20 정답 ④

〈엄마의 말뚝〉은 박완서가 1980년대에 발표한 연작소설이다.

PART 3 실전모의고사

01 실전모의고사 1회

정답 해설

001 ③	002 ④	003 ③	004 ①	005 ③	006 ③	007 ①	008 ②	009 ①	010 ③
011 ②	012 ①	013 ②	014 ③	015 ②	016 ①	017 ③	018 ②	019 ④	020 ②
021 ①	022 ④	023 ③	024 ③	025 ②	026 ④	027 ②	028 ②	029 ①	030 ①
031 ④	032 ④	033 ③	034 ③	035 ②	036 ④	037 ①	038 ④	039 ②	040 ④
041 ③	042 ④	043 ③	044 ③	045 ②	046 ③	047 ④	048 ④	049 ③	050 ②
051 ②	052 ②	053 ②	054 ④	055 ③	056 ③	057 ④	058 ②	059 ①	060 ①
061 ②	062 ①	063 ③	064 ①	065 ④	066 ④	067 ④	068 ③	069 ②	070 ④
071 ②	072 ④	073 ①	074 ③	075 ①	076 ④	077 ④	078 ①	079 ④	080 ③
081 ④	082 ③	083 ③	084 ②	085 ①	086 ③	087 ③	088 ③	089 ②	090 ②
091 ④	092 ②	093 ③	094 ③	095 ④	096 ②	097 ③	098 ②	099 ②	100 ④
101 ②	102 ①	103 ③	104 ④	105 ④	106 ④	107 ①	108 ①	109 ②	110 ④
111 ①	112 ②	113 ④	114 ③	115 ④	116 ④	117 ②	118 ④	119 ④	120 ④
121 ④	122 ②	123 ②	124 ④	125 ①	126 ①	127 ①	128 ③	129 ④	130 ③

001 정답 ③

해당 기사는 KB국민은행의 청소년, 다문화 가정에 대한 교육 · 문화활동 지원 사업에 관한 내용의 기사이다. KB국민은행은 2007년부터 시행하던 청소년 지원 사업을 2018년 「청소년의 멘토 KB」라는 브랜드로 리뉴얼해 4차 산업혁명과 같은 사회 · 교육 환경의 변화로 청소년들에게 다각적이고 체계적인 교육 지원의 필요성이 대두되어 학습 멘토링, 진로 멘토링, 디지털 멘토링 등 3가지 영역에서 양질의 교육 서비스를 지원하였다.

002 정답 ④

해당기사는 우리금융그룹에서 실시하는 꿈나무 장학사업에 관한 기사이다. 우리금융그룹은 전국 영업점을 중심으로 지역사회 복지기관 및 지역아동센터와 자매결연을 맺고 임직원들이 활발한 자원봉사활동을 실시하고 있으며, 지역아동센터 대상 금융교육 사업, 소외계층 지원을 위한 우수 사회복지기관 프로그램 후원 등 다양한 사회공헌 활동을 펼치고 있다.

① 꿈나무 장학사업은 임직원들의 자발적인 기부금으로 조성된 '우리사랑 기금'으로 지원된다.

② 우리은행 꿈나무 장학생 장학금 전달식에는 장학생 30명이 참석하였다.

③ 꿈나무 장학사업은 초 · 중 · 고 학생을 대상으로 지역아동센터의 추천을 받아 꿈나무 장학생을 선정했다.

003 정답 ③

주어진 글은 시장에서 개인의 이익 추구 활동을 제한하지 않는 것이 전체 이윤을 극대화하는 최선의 방책이 아님을 주장하는 글이다. 그 예로 농부가 사육하는 양의 수를 들고 있다. 따라서 농부의 예시를 드는 이유를 설명하는 (가)가 가장 먼저 위치한다. 그리고 양을 사육하는 데에는 '수용 한계'가 존재함을 알려주는 (다)가 (가) 다음으로 위치한다. (나)와 (라)는 (다)의 내용에 부정적인 결과를 나타낸다. 따라서 (나)의 역접 접속사인 '그러나'를 사용하여 글을 전개하면 된다. 그리고 (나)의 예시를 드는 (라)가 다음에 위치하면 된다. 따라서 알맞은 문단 배열은 (가) → (다) → (나) → (라)이다.

004 정답 ①

제시된 토론은 보이스피싱 범죄로 인한 피해액 증가에 대해 은행에도 일부 보상 책임을 지게 하는 방안에 대해 토론한 것이다. 우선 영수는 개인(소비자)이 자신의 정보를 잘못 관리해 보이스피싱 피해를 입은 것이므로 이에 대해 은행이 책임을 지는 것은 한계가 있다는 입장이다. 이에 비해 민수는 소비자들의 과실을 일부 인정하지만 보이스피싱의 피해를 막기 위해서는 개인 차원이 아니라 정부가 근본적인 해결책을 모색해야 한다는 입장이다. 따라서 영수와 달리, 민수는 보이스피싱 피해에 대한 책임을 소비자에게만 전가해서는 안 된다는 ①이 적절한 분석이 된다.

② 영수는 보이스피싱 범죄의 확산에 대한 일차적 책임은 자신의 정

보를 잘못 관리한 개인(소비자)에게 있다고 생각한다.

③ 민수는 보이스피싱 범죄를 근본적으로 해결하기 위해 정부의 역할을 강조하고 있으나, 영수의 경우 은행의 역할을 강조하고 있는 것은 아니다. 영수는 근본적으로 자신의 정보를 잘못 관리한 개인에게 책임이 있으며, 이를 은행에 전가하는 데는 한계가 따른다고 하였다.

④ 사회자는 보이스피싱 범죄 확산으로 피해액이 증가하고 있다는 사실과, 이에 금융 당국이 은행에도 일부 보상 책임을 지게 하는 방안을 검토한다는 사실만을 언급하였다. 따라서 사회자가 은행과 금융 당국의 공동책임을 전제로 질문을 한다는 내용은 적절하지 않은 분석이 된다.

005 정답 ③

유족연금의 중복 급여 제한 규정을 완화하고 신용불량자의 급여 압류를 제한하는 정책을 편다면, 연금 지출이 늘어나 연금 재정이 악화될 것이므로 적절한 정책대안으로 볼 수 없다.

① 보험료율을 높이면 보험료 수입은 늘어날 것이고 연금급여 수준을 낮추면 보험금 지출은 줄어들어 수지차 적자가 줄어들 것이므로 적절한 정책대안이 된다.

② 연기금의 수익률을 제고할 수 있는 투자처를 확대하면 연금 재정이 좋아질 것이므로 적절한 정책대안이 된다.

④ 연기금 관리의 전문성을 높이는 것은 연금 재정에 도움이 되며, 연금가입자의 대표성을 강화하여 연기금운용위원회를 활성화하면 연금가입자의 참여는 늘어나고 연금에 대한 저항은 줄어들 것이므로, 적절한 정책대안이 된다.

006 정답 ③

제시문의 첫째 문장인 '정보의 가장 기본적인 원천은 인간이 체험하는 감각이다'와 마지막 두 문장인 '예로부터 철학자들은 감각을 중시하지 않았지만, 존 로크와 같은 경험론자들은 감각의 기능을 포기하지 않았다. 왜냐하면 감각을 통하지 않고서는 어떤 구체적인 것도 얻을 수 없다고 생각했기 때문이다'를 통해 글의 핵심 내용을 파악할 수 있다. 주제문에 해당되는 것은 마지막 문장의 '감각을 통하지 않고서는 어떤 구체적인 것도 얻을 수 없다'이다. 따라서 이러한 내용과 가장 가까운 것은 ③이다. 즉, 시각적 감각인 종 치는 것을 보지 못했다면 종을 치면 소리가 난다는 구체적인 지식을 알 수 없다는 것이다.

①, ②, ④ 구체적인 감각을 통해 파악하는 경험적인 내용이 아니라 모두 관념적인 내용에 해당하므로, 글의 주제와 거리가 멀다.

007 정답 ①

제시된 글의 실험은 똑같은 일을 두 사람이 조를 이루어 한 후 두 사람에게 보수를 지급한 후 반응을 설명한 것으로, 글 후반부의 내용에서 알 수 있듯이 한 사람이 다른 사람보다 보수를 많이 받거나 적게 받는 경우보다 두 사람이 동일한 보수를 받는 경우 더 행복해 했다는 내용이다. 여기서 동일한 보수는 곧 공평한 대우를 의미하므로, 이 글을 통해 추론할 수 있는 내용으로 가장 적절한 것은 ①이 된다.

② 제시된 실험에서 똑같은 일을 똑같은 노력으로 두 사람이 수행한 후, 한 사람이 다른 사람보다 보수를 더 많이 받은 경우(능력을 더 인정받은 경우) 동일한 보수를 받은 경우(공평한 대우를 받은 경우)보다 덜 행복해 한다는 것을 알 수 있다. 따라서 ②는 이러한 내용과 배치된다.

③ 제시문의 실험에서 초점이 되는 것은 타인과의 협력이 아니라 자신과 타인과의 공평한 보상이 된다.

④ 상대를 위해 자신의 몫을 양보하는 내용은 제시문에서 언급된 내용이 아니다.

008 정답 ②

②는 간도협약이 무효라는 글의 내용과는 직접 관련이 없는 원칙이다. 제3자와 관련된 글의 마지막 단락에서 '조약은 당사국에게만 효력이 있을 뿐, 제3국에게는 아무런 영향을 미치지 않는다는 국제법의 일반 원칙에 의해서도 간도협약에 의한 간도 영유권의 변경은 있을 수 없다'라고 하였는데, 이는 간도협약이 제3국인 한국에는 아무런 영향을 미치지 않는다는 점을 지적한 것이지 제3국이 그 조약을 무효화할 수 있다는 것을 의미하지는 않는다.

① 첫째 단락에서 '을사늑약은 강압에 의해 체결된 조약이므로 조약으로서 효력이 없다. 따라서 이 조약에 근거하여 체결된 간도협약은 당연히 원천적으로 무효일 수밖에 없다'라고 하였다. 이는 강압에 의해 체결되어 법적 효력이 없는 을사늑약에 근거하여 체결한 간도협약은 당연히 무효라는 것이므로, ①의 원칙은 간도협약이 무효라는 주장을 뒷받침하는 원칙에 해당한다.

③ 첫째 단락에서 간도협약의 근거가 된 을사늑약이 강압에 의해 체결된 조약이므로 무효라 하였고, 둘째 단락에서 을사늑약의 규정에 의해서도 조약 체결의 당사자는 어디까지나 한국이어야 하며, 체결의 당사자가 될 수 없는 일본이 체결한 간도협약은 무효라 하였다. 이를 통해 볼 때 계약 당사자들의 자유로운 의사에 의해 체결되지 않은 계약은 무효라는 것은 간도협약은 무효라는 주장을 뒷받침하는 원칙이 될 수 있다.

④ 셋째 단락에서 보호국(일본)이 피보호국(한국)의 외교권을 대리하는 경우 피보호국의 이익을 보호해야 하는 의무가 있는데, 일본은 이를 저버리고 자국의 이익을 위해 간도 영유권을 교환해 버린

것이므로 간도협약은 무효라 하였다. 따라서 ④는 이를 뒷받침하는 원칙에 해당한다.

009 정답 ①

ㄱ. 설문에서 제시된 글의 내용이 참이라고 하였는데, 둘째 단락의 '관상의 원리가 받아들일 만하다면, 얼굴이 검붉은 사람은 육체적 고생을 하기 마련이다. 그런데 우리는 주위에서 얼굴이 검붉지만 육체적 고생을 하지 않고 편하게 살아가는 사람을 얼마든지 볼 수 있다'는 부분이 참이라고 한다면, 관상의 원리는 받아들일 만한 것이 아니라고 할 수 있다. 따라서 'ㄱ'은 참이 된다.

ㄹ. 둘째 단락의 '관상의 원리가 받아들일 만하지 않다면, 관상의 원리에 대한 과학적 근거를 찾으려는 노력은 헛된 것이다'가 참이므로, 'ㄹ(관상의 원리에 대한 과학적 근거를 찾으려는 노력은 헛된 것이다)'도 반드시 참이 된다.

ㄴ. 둘째 단락에서 '관상의 원리가 받아들일 만하다면, 우리가 사람의 얼굴에 대해서 갖는 인상이란 한갓 선입견에 불과한 것이 아니다'가 참인 명제라 할 때, 이 명제의 대우인 "우리가 사람의 얼굴에 대해서 갖는 인상이 한갓 선입견에 불과한 것이라면, 관상의 원리는 받아들일 만한 것이 아니다"는 참이 되며, 이 명제의 이인 "관상의 원리가 받아들일 만하지 않다면, 우리가 사람의 얼굴에 대해서 갖는 인상이란 한갓 선입견에 불과하다"는 반드시 참이라 할 수 없다. 'ㄱ'에서 보았듯이 '관상의 원리는 받아들일 만한 것이 아니다'는 항상 참이므로, 'ㄴ(우리가 사람의 얼굴에 대해서 갖는 인상이란 선입견에 불과하다)'은 항상 참이라고 할 수 없다.

ㄷ. 둘째 단락의 '사람의 인상이 평생에 걸쳐 고정되어 있다고 할 수 있는 경우에만 관상의 원리는 받아들일 만하다'가 참이므로, 그 대우 명제인 "관상이 받아들일 만하지 않다면 사람의 인상이 평생에 걸쳐 고정되어 있다고 할 수 없다"도 반드시 참이 된다. 관상은 받아들일 만하지 않은 것이므로 'ㄷ(사람의 인상은 평생에 걸쳐 고정되어 있다고 할 수 있다)'은 참이 될 수 없다.

010 정답 ③

고객민원 대응 단계에서는 개인정보 유출 사고의 2차 피해를 방지하기 위하여 고객의 민원에 맞는 대응을 하고, 고객의 불안을 해소시켜주는 단계로 행정자치부 소집 및 유관기관 협조체계 확인은 적절하지 않다. 유출사고 대응센터 소집 및 유관기관 협조체계 확인은 사고인지 및 긴급조치 단계에서 해야 할 일이다.

011 정답 ②

지천명(知天命)은 쉰 살을 가리키는 말로 두 단어는 동의어 관계이다. 이순(耳順)은 생각하는 것이 원만하여 어떤 일을 들으면 곧 이해가 된다는 뜻으로, 나이 예순 살을 이르는 말이다.

① **미수(米壽)** : 88세의 나이를 이르는 말
③ **환갑(還甲)** : 육십갑자의 '갑(甲)'으로 되돌아온다는 뜻으로, 예순한 살을 이르는 말(= 회갑)
④ **고희(古稀)** : 70세의 나이를 의미하는 말이며, 같은 말로는 종심(從心), 희수(稀壽) 등이 있음

012 정답 ①

- **추앙(推仰)** : 높이 받들어 우러러 봄
- **타계(他界)** : 인간계를 떠나서 다른 세계로 간다는 뜻으로, 사람의 죽음 특히 귀인(貴人)의 죽음을 이르는 말

② **입적(入寂)** : '승려'가 죽음
③ **경멸(輕蔑)** : 깔보아 업신여김
별세(別世) : 윗사람이 세상을 떠남
④ **추대(推戴)** : 윗사람을 떠받듦
붕어(崩御) : '임금'이 세상을 떠남

013 정답 ②

제시된 글은 '낭중지추(囊中之錐)'의 유래를 나타낸 글이다. 이는 '주머니 속의 송곳'이라는 뜻으로, 뾰족한 송곳은 가만히 있어도 반드시 뚫고 비어져 나오듯이 뛰어난 재능을 가진 사람은 남의 눈에 띔을 비유하는 말이다.

① **오월동주(吳越同舟)** : '오나라 사람과 월나라 사람이 한 배에 타고 있다'는 뜻으로, 어려운 상황에서는 원수라도 협력하게 됨을 이르는 말이다.
③ **마이동풍(馬耳東風)** : 말의 귀에 동풍이라는 뜻으로, 남의 비평이나 의견을 조금도 귀담아 듣지 아니하고 흘려버림을 이르는 말이다.
④ **근묵자흑(近墨者黑)** : '먹을 가까이 하면 검어진다'는 뜻으로, 나쁜 사람을 가까이하면 그 버릇이 물들기 쉽다는 말이다.

014 정답 ③

기안서는 의사를 결정하기 위하여 문서를 작성하여 결재를 올리는 것을 의미하므로 기안의 목적과 세부 내용을 개략적으로 서술해야 한다. 봉사활동 기안서일 경우 봉사활동의 목적과 내용, 일시 등을 적어 줘야 하는데 주어진 기안서에는 정확한 시간에 대한 내용이 나타나 있지 않기 때문에 ⓒ이 옳지 않다.

015 정답 ②

100달러 이상 200달러 미만 구간의 가처분 소득선의 기울기는 근로소득선의 기울기 1과 같다. 이는 해당 구간에서 보조금이 정액으로 일정하다는 것을 의미한다. 보조금은 가처분소득선과 근로소득선의 거리인데 일정한 거리를 나타내고 있다. 근로소득과 보조금이 정비례 관계에 있다면 근로소득이 증가함에 따라 보조금도 증가해야 한다. 이는 100달러 미만 구간에 해당한다.

① 100달러 미만 구간에서는 가처분 소득선의 기울기가 근로소득선의 기울기인 1보다 크다. 즉 근로소득이 증가함에 따라 가처분 소득이 더 많이 증가함을 의미한다.
③ 200달러 이상 300달러 미만 구간에서 가처분 소득선의 기울기가 근로소득선의 기울기 1보다 작다.
④ 근로소득이 250달러, 150달러인 경우 각각 가처분 소득선과 근로소득선의 거리를 비교해보면 근로소득이 250달러인 근로자의 보조금이 더 적다.

016 정답 ①

일이 바빠도 손님을 봤을 때는 25°~30°의 각도로 인사를 해야 한다.

② 상대방이 보지 못한 경우에도 인사해야 한다.
③ 일어서서 인사해야 한다.
④ 정중한 사과를 표할 때 40°~45°의 각도로 인사를 해야 한다.

017 정답 ③

③은 세종실록이 아니라 태종실록에서 언급된 내용이다. 세종실록에서는 어리석은 백성을 위해 법률 내용을 이두문으로 번역하여 보다 쉽게 이해할 수 있도록 하자는 내용을 제시하였고, 태종실록에서는 대명률(大明律)을 이두문으로 번역 · 반포하여 옥(獄)을 결단하는 관리들이 법을 제대로 시행하도록 하자는 내용을 제시하였다.

018 정답 ②

미국이 독립을 맞이할 무렵 농업 중심의 남부는 모든 형태의 보호주의 정책에 반대하였지만 제조업 중심의 북부는 보호주의 정책을 원하였다는 제시문의 내용을 통해 남북전쟁에서 남부가 패배한 것은 자유무역 정책을 취했기 때문이라는 내용을 유추하기는 어렵다.

019 정답 ④

이 글은 상업성에 치중한다는 이미지를 극복하기 위해 노 브랜드 콜라보레이션이 도입되었음을 밝히고 있다. 따라서 글의 주제는 '노 브랜드 콜라보레이션의 도입과 그 이유'이다.

020 정답 ②

'에스토니아가 IT강소국이 된 배경에는 정보화 교육이 있다.'를 통해서 지문의 내용과 일치함을 알 수 있다.

① 에스토니아는 우리에게 잘 알려지지 않은 정보기술(IT) 분야 선진국이다. 군사 강국이라는 말은 지문에 제시되지 않았다.
③ '스카이프(Skype)'는 에스토니아를 설명하는 키워드로만 언급되었다.
④ 지문에 제시되지 않은 내용이다.

021 정답 ①

A씨의 x개월 후의 적금 금액은 $840,000+80,000x$(원)이고, B씨의 x개월 후의 적금 금액은 $180,000+60,000x$(원)이다. A씨의 적금 금액이 B씨의 적금 금액의 3배가 되는 x를 찾으면,

$840,000+80,000x=3(180,000+60,000x)$

$300,000=100,000x$

$\therefore x=3$(개월)

022 정답 ④

어떤 일의 양을 40(최소공배수)이라고 가정하면 1시간 동안 강 대리, 방 대리는 각각 8, 5의 일을 한다. 강 대리가 2시간 동안 한 일을 16이므로 방대리가 남은 24만큼의 일을 하였다. 따라서 방 대리가 남은 일을 하는 데 걸린 시간은 $24\div5=\frac{24}{5}$(시간)이다.

023 정답 ③

도영이가 투자한 원금을 a라 하면, 손해 본 금액은 $\frac{2}{5}$a이다. 따라서 남은 원금은 $\frac{3}{5}$a이다. 이를 회복하려면 남은 원금의 이익이 $\frac{2}{5}$a를 넘어야 한다. 이익률을 r이라 하면

$\frac{3}{5}a\times r=\frac{2}{5}$, $r=\frac{2}{3}=0.6666\cdots$

따라서 약 66.7%의 이익을 보아야 원금을 회복할 수 있다.

024 정답 ③

인구 만 명당 컴퓨터 보유수는 A시가 2,400대, B시가 1,500대, C시가 4,100대, D시가 3,000대이다. 따라서 도시별 컴퓨터 보유수를 구하면, A시의 컴퓨터 수는 '$102\times2,400=244,800$(대)'이며, B시는 '$80\times1,500=120,000$(대)', C시의 수는 '$63\times4,100=258,300$(대)', D시의 수는 '$45\times3,000=135,000$(대)'이다. 따라서 컴퓨터를 가장 많이 보유한 도시는 C이며, 가장 적게 보유한 도시는 B이다.

025 정답 ②

한 가구의 평균 가족 수를 4명이라고 할 때 A도시의 인구 100명당(25가구당) 컴퓨터 보유수가 24대이므로, 이 도시의 한 가구당 컴퓨

터 보유수는 '$\frac{24}{25}$=0.96(대)'이다. B도시의 한 가구당 컴퓨터 보유수는 '$\frac{15}{25}$=0.6(대)', C도시의 경우 '$\frac{41}{25}$=1.64(대)', D도시의 경우 '$\frac{30}{25}$=1.2(대)'이다. 따라서 한 가구당 1대 이상의 컴퓨터를 보유한 도시는 C와 D이다.

026 정답 ④

1인당 닭고기 소비량을 구하기 위해 〈조건〉에 따라 식을 세우면 다음과 같다.

- ㉠+㉡=30.0
- ㉠+12.0=2㉢
- ㉢=㉡+6.0

세 식을 연립하여 풀면, ㉠은 20(kg), ㉡은 10(kg), ㉢은 16(kg)이 된다.

027 정답 ②

'변동계수(%)=$\frac{\text{표준편차}}{\text{평균}}$'이므로, 각 구의 평균과 〈표〉의 표준편차를 대입하여 구할 수 있다. A~E의 평균은 '20, 10, 30, 12, 16'이므로, 각각의 변동계수는 '25%, 40%, 20%, (대략) 33.3%, 50%'가 된다. 따라서 변동계수가 가장 큰 구는 E이며, 변동계수가 가장 작은 구는 C가 된다.

028 정답 ②

'청구범위가 3항인 실용신안권에 대한 5년간의 권리 유지비용'은 다음과 같이 구성된다.

㉠ 설정등록료

- 기본료 : 60,000원
- 가산료 : 15,000×3(3항)=45,000원

㉡ 연차등록료

- 기본료 : 40,000×2(4, 5년차)=80,000원
- 가산료 : 10,000×3(3항)×2(4, 5년차)=60,000원

따라서 ②의 권리 유지비용은 '245,000원'으로 가장 많다.

① 청구범위가 1항인 특허권에 대한 4년간의 권리 유지비용은 '81,000+54,000+60,000+25,000=220,000원'이 된다.

③ 한 개의 디자인권에 대한 6년간의 권리 유지비용은 4~6년차의 연차등록료를 포함하므로, '75,000+(35,000×3)=180,000원'이 된다.

④ 한 개의 상표권에 대한 10년간의 권리 유지비용은 '211,000원'이다.

029 정답 ①

'업무효율=$\frac{\text{표준 업무시간}}{\text{총 투입시간}}$'이며, '개인별 투입시간=개인별 업무시간+회의 소요시간'이고 총 투입시간은 개인별 투입시간의 합이라 하였으므로, 이에 따라 부서별 업무효율을 구하면 다음과 같다.

부서명	투입인원(명)	개인별 투입시간	총 투입시간	업무효율
A	2	44(41+3)	88(44×2)	대략 0.91(80/88)
B	3	34(30+4)	102(34×3)	대략 0.78(80/102)
C	4	26(22+4)	104(26×4)	대략 0.77(80/104)
D	4	23(17+6)	92(23×4)	대략 0.87(80/92)

따라서 업무효율이 가장 높은 부서는 A부서이다.

030 정답 ①

전·월세 전환율은 '$\frac{\text{월세}\times 12}{\text{전세금}-\text{월세보증금}}\times 100$'이므로, B와 D의 전·월세 전환율을 구하면 다음과 같다.

B의 전·월세 전환율=$\frac{60\times 12}{42,000-30,000}\times 100=6\%$

D의 전·월세 전환율=$\frac{80\times 12}{38,000-30,000}\times 100=12\%$

031 정답 ④

㉡ '전·월세 전환율(%)=$\frac{\text{월세}\times 12}{\text{전세금}-\text{월세보증금}}\times 100$'이므로, '$3=\frac{70\times 12}{60,000-\text{월세보증금}}\times 100$'이 성립한다. 이를 풀면 C의 월세보증금은 '32,000(만원)'이 된다. 따라서 ㉡은 옳다.

㉢ '$12=\frac{\text{월세}\times 12}{58,000-53,000}\times 100$'이 성립하므로, E의 월세는 '50만원'이 된다. 따라서 ㉢도 옳은 설명이다.

㉠ '전·월세 전환율(%)=$\frac{\text{월세}\times 12}{\text{전세금}-\text{월세보증금}}\times 100$'이므로, '$6=\frac{50\times 12}{\text{전세금}-\text{월세보증금}}\times 100$'이 성립한다. 이 식을 풀면, A의 전세금은 '35,000(만원)'이 된다. 따라서 ㉠은 옳지 않은 설명이다.

032 정답 ④

④의 "공공임대주택 공급 실적 및 증감률"의 내용은 보고서에서 찾아볼 수 없으므로, 보고서 작성의 직접적 근거로 활용되지 않았다.

① "지역별 주택건설 인허가 실적 및 증감률"은 ㉠의 '2014년 주택 건설 인허가 실적은 전국 51.5만호(수도권 24.2만호, 지방 27.3만호)로 2013년(44.1만호) 대비 16.8% 증가하였다'라는 보고서 내용의 직접적인 근거가 된다.

② "2011~2013년 지역별 주택건설 인허가 실적"은 ㉠의 '이는 당초 계획(37.4만호)에 비하여 증가한 것이지만, 2014년의 인허가 실적은 2011년 55.0만호, 2012년 58.6만호, 2013년 44.1만호 등 3년 평균(2011~2013년, 52.6만호)에 미치지 못하였다'라는 내용의 직접적 근거이다.

③ "건설 주체별 · 규모별 주택건설 인허가 실적 및 증감률"은 보고서 ㉢과 ㉣의 직접적인 근거가 된다.

033 정답 ③

채소 1kg당 금일가격은 '$\frac{\text{채소 금일가격(원)}}{\text{조사단위(kg)}}$'으로 구할 수 있다.

③의 '무'같은 경우 조사단위가 '15(kg)'이므로, 무 1kg당 금일가격은 '$\frac{8500}{15}$≒567(원)'이 되므로, 그래프의 내용이 옳지 않다.

① 쌀, 찹쌀, 검정쌀의 조사단위당 가격은 품목별 조사단위당 가격의 〈표〉의 내용에서 확인할 수 있다.

② 채소의 조사단위당 전일가격 대비 금일가격 등락액도 〈표〉의 내용을 통해 확인할 수 있다.

④ 곡물 1kg당 금일가격은 '$\frac{\text{곡물 금일가격(원)}}{\text{조사단위(kg)}}$'으로 구할 수 있으며, 그래프가 〈표〉의 내용을 제대로 반영하고 있다.

034 정답 ③

A마트를 방문한 30대 미만의 고객 비율은 10대 이하 고객이 7%, 20대 고객이 25%이므로 모두 32%이며, 따라서 해당 고객수는 '1,500×0.32=480(명)'이다. 한편, B마트를 방문한 30대 미만의 고객 비율은 모두 16%이므로, 해당 고객수는 '2,000×0.16=320(명)'이 된다. 따라서 A마트를 방문한 30대 미만의 고객수(480명)는 동일 동시간대에 B마트를 방문한 30대 미만 고객수(320명)의 1.5배이다.

035 정답 ②

A마트를 방문한 50대 이상의 고객 비율은 18%이므로, 고객수는 '1,500×0.18=270(명)'이 된다. 따라서 같은 시간대에 C마트를 방문한 40대 고객의 수는 2배인 540(명)이 되어야 한다. C마트를 방문한 40대 고객의 비율이 20%이므로, '(　　)×0.2=540(명)'이 성립한다. 따라서 (　　)에 들어갈 수치는 2,700(명)이다.

036 정답 ④

A국은 5가지 대기오염 물질의 대기환경지수를 산정해 그 평균값을 통합지수로 한다고 했으므로, A국의 통합지수는 '$\frac{(80+50+110+90+70)}{5}=80$'이 된다.

B국은 A국의 5가지 대기오염 물질을 포함한 총 6가지 대기오염 물질의 대기환경지수 중 가장 높은 대기환경지수를 통합지수로 하되, 대기환경지수 중 101 이상인 것이 2개 이상일 경우에는 가장 높은 대기환경지수에 20을 더하여 통합지수를 산정한다고 하였다. 따라서 오염물질별 대기환경지수가 101 이상인 것이 2개 있으므로, 가장 높은 대기환경지수인 110에 20을 더한 '130'이 통합지수가 된다.

따라서 모두 맞게 연결한 것은 ④이다.

037 정답 ①

㉠ A국은 5가지 대기오염 물질 농도를 측정해 대기환경지수를 산정한 후, 그 평균값을 통합지수로 한다고 했다. 이에 비해 B국은 총 6가지 대기오염 물질의 농도를 측정해 대기환경지수를 산정하고, 이 가운데 가장 높은 대기환경지수를 통합지수로 한다고 했다. 따라서 양국의 통합지수가 같더라도 각 대기오염 물질의 농도는 다를 수 있으므로, ㉠은 옳은 설명이 된다.

㉡ A국은 5가지 대기오염 물질 농도를 통해 대기환경지수를 산정하여 그 평균값을 통합지수로 한다고 했으므로, 통합지수에 따른 대기오염 등급이 '해로움'에 해당한다는 것만으로는 특정 대기오염 물질의 농도를 정확히 알 수는 없다. 따라서 ㉡도 적절한 설명이 된다.

㉢ B국에서 경보색깔이 노랑인 경우는 '외부활동 자제'에 해당한다. 따라서 B국의 경보기준에 따를 때 외부활동을 자제해야 한다.

038 정답 ④

각 층의 바닥 면적이 동일하므로 '층수=연면적÷건축면적'이 된다. 따라서 건축면적을 알면 층수를 구할 수 있다. 그런데 '건폐율=(건축면적÷대지면적)×100'이라고 하였으므로, '건축면적=건폐율×대지면적÷100'이 성립한다.

이에 따라 우선 A의 건축면적을 구하면

'50×300÷100=150(m^2)'이고, A의 층수는 '600÷150=4(층)'이 된다.

마찬가지로 하여 D의 건축면적을 구하면

'50×200÷100=100(m^2)'이고, 층수는 '800÷100=8(층)'이다.

따라서 두 건물의 층수를 합하면 12층이다.

039 정답 ②

건축면적은 '건폐율×대지면적÷100'이고 층수는 '연면적÷건축면적'이 된다. 따라서 C의 건축면적은 '200×60÷100=120(m^2)', 층수는 '720÷120=6(층)'이다. 건물 B와 C의 층수가 같다고 했으므로, B의 층수도 6층이 된다. 한편 '연면적=층수×건축면적'이므로 '연면적=층수×(건폐율×대지면적÷100)'도 성립한다. 따라서 건물 B의 연면적은 '6×(60×300÷100)=1,080(m^2)'가 된다.

040 정답 ④

갑의 계약기간은 24개월이므로 기본이자율은 1.6%이다. 여기서 상품 계약 시 세운 목표를 성취하였고, 지인의 추천으로 해당 상품을 가입하였으므로 0.15%가 추가된다. 따라서 적용되는 금리는 모두 1.75%이다. 갑은 24개월을 가입하였고 이자는 단리식이 적용된다고 하였으므로, 이자는 '20,000,000×1.75%=350,000(원)'이다. 그런데 이는 세전 금리이므로, 지급되는 이자는 여기서 15%를 제외해야 한다. 따라서 '350,000×85%=297,500(원)'이 된다.

041 정답 ③

〈상황〉을 통해 각자 볼일을 보는데 A는 30분(은행), B는 10분(편의점), C는 45분(화장실+패스트푸드점), D는 40분(서점+화장실)이 소요된다는 것을 알 수 있다. 따라서 지금 시간이 오전 11시 50분이므로, 모두 돌아오는 시간은 12시 35분이 된다. 그런데 12시 45분 버스의 경우 잔여좌석 수가 5개뿐이므로, 다음의 13시 버스를 타야 한다. 따라서 대전에 도착할 수 있는 가장 이른 예정시각은 15시가 된다.

042 정답 ④

8월은 31일까지 있으므로, 월요일이 네 번만 있기 위해서는 8월 1일이 '화, 수, 목, 금' 중의 하나이어야 한다. 그런데 8월 1일~3일까지에 해당하는 요일은 8월에 모두 다섯 번이 돌아오므로, 금요일은 8월 4일 이후가 되어야 한다. 그런데 금요일이 8월 5일~7일이 되는 경우, 월요일은 8월 1일~3일이 되므로, 적합하지 않다. 따라서 8월 4일이 금요일이 되어야 한다. 4일이 금요일인 경우 8월 31일은 목요일이므로, 9월 1일은 금요일이 된다.

043 정답 ③

〈조건〉에 따라 주문금액은 '치킨 가격+배달료'의 총 합계이며, 주문금액의 총 합계가 최소가 되도록 주문해야 한다. 그런데 A가게의 경우, 배달가능 최소금액(10,000원)과 치킨 가격의 구성상 〈조건〉을 만족할 수 없어 제외된다.

우선, 프라이드치킨의 경우 가장 저렴한 C가게에서 주문해야 한다. 그리고 C가게의 경우 배달가능 최소금액이 7,000원이므로, 다른 치킨 하나를 추가로 주문해야 한다. 이를 통해 주문 가능한 조합을 찾아보면 다음과 같다.

㉠ C가게에서 프라이드(5,000원)와 양념치킨(8,000원)을 주문하는 경우 주문금액은 14,000원이 된다. 남은 간장치킨은 가장 저렴한 D가게에서 주문해야 하므로 주문금액은 9,000원이 된다. 이 조합의 경우 총 주문금액은 23,000원이 된다.

㉡ C가게에서 프라이드와 간장치킨(8,000원)을 주문하는 경우 주문금액은 14,000원이 된다. 이 경우 양념치킨은 B 또는 C에서 주문할 수 있으며, 주문금액은 모두 9,000원으로 같다. 이 두 조합의 경우도 총 주문금액이 23,000원이 된다.

따라서 〈조건〉을 모두 고려하여 주문할 수 있는 조합은 모두 3가지이다.

044 정답 ③

㉠ 〈조건〉에 따라 주문금액의 총 합계가 최소가 되도록 주문해야 한다. A가게의 배달가능 최소금액은 10,000원이 되므로, 두 가지의 치킨을 주문해야 하는데, 치킨 가격의 구성상 이 경우는 〈조건〉을 만족할 수 없으므로 A가게에서는 주문할 수 없다.

㉡ 〈조건〉을 모두 만족시키는 조합은 C가게에서 프라이드와 양념치킨을 주문하고 D가게에서 간장치킨을 주문하는 조합과, C가게에서 프라이드와 간장치킨을 주문하고 B 또는 C가게에서 양념치킨을 주문하는 조합이 되며, 이 조합의 경우 총 주문금액은 모두 '23,000원'이 된다. '조건 2(동일한 가게에 세 마리를 주문하지 않는다)'를 고려하지 않는다면, C가게에서 모두 주문하는 것이 총 주문가격이 가장 낮은 경우이며, 이 경우 총 주문가격은 '22,000원'이 된다.

㉢ B가게가 휴업한 경우도 ㉡의 세 조합 중 두 조합으로 주문할 수 있으므로, 이 경우 총 주문금액은 달라지지 않는다.

045 정답 ②

매년 첫 번째 수요일은 1월 1일에서 1월 7일 사이에 있다. 그리고 42주는 '42×7=294일'이므로, 43번째 수요일은 '294일+1일=295일'에서 '294일+7일=301일' 사이에 있다. 매년 1월 1일을 기준으로 295일과 301일은 모두 10월이다. 따라서 43번째 수요일은 언제나 10월에 속한다.

046 정답 ③

7월 8일은 수요일이고, 수요일의 날씨 예측 점수 평균은 '7점 이하'이다. 여기서 7월 1일의 날씨 예측은 '맑음'이고 실제 날씨도 '맑음'이므로, 날씨 예측 점수는 '10점'이 된다. 또한 7월 15일의 날씨 예측은 '흐림'이고 실제 날씨도 '흐림'이므로 날씨 예측 점수는 '10점'이 된다. 따라서 8일을 제외한 수요일의 날씨 예측 점수가 모두 '10점'이며, 수요일 날씨 예측 점수 평균은 '7점 이하'가 되므로, 8일의 날씨 예측 점수는 '1점' 이하, 즉 '0점'이 되어야 한다. 8일의 날씨 예측은 '맑음'이므로, 날씨 예측 점수가 0점이 되려면, 실제 날씨는 '비'가 되어야 한다.

047 정답 ④

7월 16일은 목요일로, 목요일의 날씨 예측 점수 평균은 '5점 이상'이다. 그런데, 7월 1일과 9일의 날씨 예측 점수가 각각 6점, 10점이므로, 16일의 점수와 관계없이 날씨 예측 점수의 평균은 5점 이상이 된다. 따라서 다른 조건, 즉 '한 주의 주중(월~금) 날씨 예측 점수의 평균은 매주 5점 이상'이라는 조건에 따라서 실제 날씨를 파악해야 한다. 7월 13일(월)부터 17일(금)요일까지의 날씨 예측 점수의 합은 '0점+0점+10점+(16일의 예측 점수)+10점=(16일의 예측 점수)+20점'이 되므로, 이 점수의 평균이 5점 이상이 되려면, (16일의 예측 점수)는 5점 이상이 되어야 한다. 16일의 날씨 예측은 '비'이므로, 날씨 예측 점수가 5점 이상이 되려면 실제 날씨는 '흐림' 또는 '비'가 되어야 한다.

048 정답 ④

〈상황〉에서 A주택의 최저매각가격은 3억 원이므로, 보증금은 최저가매각가격의 10분의 1인 3천만 원이 된다. 제시된 글이 마지막 문장에서 '차순위매수신고는 매수신고액이 최고가매수신고액에서 보증금을 뺀 금액을 넘어야 할 수 있다'라고 했으므로, 을이 차순위매수신고를 하기 위해서는 매수신고액이 최고가매수신고액인 3억 5천만 원에서 보증금 3천만 원을 뺀 '3억 2천만 원'을 넘어야 한다.

049 정답 ③

하루에 4개 관광지를 모두 관광해야 하고, 각 관광에 소요되는 시간은 2시간이다. 또한 늦어도 18:00까지는 관광이 종료되어야 하며, 궁궐에서는 정해진 시간에 관광을 해야 한다. 따라서 되도록 이른 시간에 관광을 시작해야 하고, 중간에 공백 시간을 최소화하는 것이 좋다. 이를 토대로 일일 관광패키지를 구성하면 다음과 같다.

- 4개 관광지 중 가장 이른 시간에 관광을 시작하는 '사찰' 관광을 가장 먼저 한다.
- '사찰' 관광이 08시에 종료된 후 '박물관'으로 45분간 이동한 후 바로 관광에 들어간다면, 10시 45분에 박물관 관광을 마칠 수 있다.
- 10시 45분에 '분수공원'으로 40분간 이동한 후, 11시 25분부터 13시 25분까지 분수공원 관광을 마친다.
- 13시 25분부터 27분간 '궁궐'로 이동하면, 13시 52분에 궁궐에 도착할 수 있다. 14시부터 궁궐 가이드투어를 실시하면 2시간 후인 16시에 관광을 모두 마칠 수 있다.

㉠ 사찰에서부터 관광을 시작하지 않는 경우 4개 관광지를 모두 관광할 수 없으므로, ㉠은 옳은 내용이다.

㉡ 위의 일정에서 '박물관'과 '분수공원' 관광의 순서가 바뀌는 경우, 08시 40분부터 분수공원 관광이 가능하며, 10시 40분 종료 후 40분간 박물관으로 이동하여 11시 20분부터 13시 20분까지 관광을 하게 된다. 박물관에서 궁궐로 이동하는 시간은 23분이므로, 14시부터 궁궐 가이드투어가 가능하며, 마치는 시간도 16시로 같아진다. 따라서 박물관과 분수공원의 관광 순서가 바뀌어도 무방하다.

㉢ 위와 같은 패키지를 구성하는 경우 모두 마지막 관광을 종료하는 시간은 16시가 된다. 따라서 ㉢은 옳지 않다.

050 정답 ②

(나)에서 사회적 책임감은 병만 지닌 자질이라 하였고 (다)에서 사회적 책임감의 자질을 지녔다면 안전 의식이라는 자질도 지녔다고 했으므로, 안전 의식과 사회적 책임감은 모두 병이 지닌 자질이라는 것을 알 수 있다. 또한 (라)에서 안전 의식의 자질은 한 명만이 지닌 자질이라 했으므로, 안전 의식과 사회적 책임감은 병만 지닌 자질이 된다. (가)에서 갑과 정은 자질이 적어도 두 개는 일치한다고 했으므로, 두 사람은 지식의 전문성과 투철한 윤리 의식의 자질을 지녔음을 알 수 있다. 마지막으로 (마)에서 지식의 전문성은 갑, 병, 정의 자질을 지니고 있다는 것을 알 수 있다. 이를 표로 나타내면 다음과 같다.

구분	지식의 전문성	안전 의식	사회적 책임감	투철한 윤리 의식
갑	○	×	×	○
을	×	×	×	?
병	○	○	○	?
정	○	×	×	○

한국수력원자력은 이 네 가지 자질 중 적어도 세 가지 자질을 지닌 사람을 채용할 것이라고 했으므로, 네 사람 중 직원으로 채용할 수 있는 사람은 '병' 한 명뿐이다.

051 정답 ②

㉠ A는 근무연수가 20년이며 최종평균보수월액이 100만원이다. 이를 〈연금액수 산출방법〉 (2)에 대입해 일시불연금지급액을 구하면, A의 일시불연금지급액은 4,150원이다. D의 근무연수가 10년이며 최종평균보수월액이 200만원이므로, D의 일시불연금지급액을 구하면 4,100만원이 된다. 따라서 A의 일시불연금지급액이 더 많으므로, ㉠은 옳다.

㉣ 현재 근무연수(10년)에서 D의 일시불연금지급액은 4,100만원이다. D가 월급에 변화없이 10년을 더 근무하는 경우 근무연수는 20년이 되고 최종평균보수월액은 그대로 200만원이므로, 그 경우의 일시불연금지급액은 8,300만원이 된다. 따라서 10년 더 근무하는 경우의 일시불연금지급액이 현재 받을 수 있는 일시불연금지급액의 두 배가 넘는다.

㉡ A는 근무연수가 20년이며 최종평균보수월액이 100만원이다. 이

를 〈연금액수 산출방법〉의 두 식에 대입해 각각의 금액을 구하면, A의 월별연금지급액은 50만원, 일시불연금지급액은 4,150만원이다. 여기서 A가 100개월 동안 연금을 받을 수 있다면 월별연금지급액의 총액은 5,000만원이 되므로, A는 일시불연금보다 월별연금을 선택하는 것이 더 유리하다.

ⓒ 위와 같은 방법으로 하여 B의 월별연금지급액을 구하면 80만원이 되며, C의 월별연금지급액은 84만원이 된다. 그런데 제시문 (1)의 단서 조건에서 월별연금지급액은 최종평균보수월액의 80%를 초과할 수 없다고 하였으므로, C의 경우 최종평균보수월액(100만원)의 80%인 80만원이 월별연금지급액으로 인정된다. 따라서 B와 C의 월별연금지급액은 80만원으로 같다.

052 정답 ②

㉠ A가 적합한 대안이 된다. 수급 불안정이 가시화되고 가격 인상된 후에는 수급 안정 대책의 효과가 적다는 것은, 그 이전에 관련 요인을 종합 · 검토하여 조기 경보 체제를 수립해야 하는 근거가 된다.

㉡ C대안이 가장 적합하다. 즉, 철강재에 대한 공급원 다변화는 철강재의 안정적 공급과 가격 안정을 도모한다고 했으므로, 공급원 다변화를 가능하게 하는 해외 수입선 확보가 적합한 대안이 될 것이다.

ⓒ 국내 철강재 시장이 고철 가격의 변화에 의해 영향을 받는다는 점에서는 고철의 수급 안정 추구하는 D대안이 가장 유력하게 검토될 것이다.

㉣ 철강재 유통시장의 복잡성과 불투명성이 정보의 부족과 가격 상승을 유발한다고 하였으므로, 유통단계를 줄이면서 투명하게 개선할 수 있는 B가 가장 적합한 대안이 될 것이다.

따라서 A대안의 수립 근거로는 ㉠, B대안은 ㉣, C대안은 ㉡, D대안은 ⓒ이 가장 적절하다.

053 정답 ②

㉡ 은행의 이자율이 연 15%인 경우 200만 원을 예금했다면 1년 후 수익은 230만 원이다. 이에 비해 투자계획 Y를 채택하는 경우 투자수익은 '240만 원'으로 은행예금 수익보다 크므로, 투자계획 Y를 채택하는 것이 은행예금보다 바람직하다.

ⓒ 투자계획 X의 수익률은 연 '$\frac{(2,160-2,000)}{2,000}\times 100=8\%$'이며, Y의 수익률은 연 '$\frac{(240-200)}{200}\times 100=20\%$'이므로, 기간당 수익률만을 비교하면 투자계획 Y가 X보다 바람직하다.

㉠ 은행의 이자율이 연 6%인 경우 2,000만 원을 예금했다면 1년 후 수익은 2,120만 원이 된다. 따라서 이 경우 투자계획 X의 투자수익(2,160만 원)이 은행예금보다 크므로, X가 은행 예금보다 더 바람직하다.

㉣ 투자계획에 필요한 자금 전액을 연 6%의 이자로 빌린다고 가정하면, X의 연간 순수익은 '2,160－2,120＝40만 원'이며, Y의 연간 순수익은 '240－212＝28만 원'이 된다. 따라서 기간당 순수익이 큰 X를 선택하게 될 것이다.

054 정답 ④

㉠ '갑'이 파란색으로 판정한 택시가 실제 파란색일 확률을 말하므로, '$\frac{16}{32}=0.5$'가 된다. 따라서 ㉠은 옳은 설명이다.

㉡ '갑'이 초록색으로 판정한 택시가 실제 초록색일 확률은 '$\frac{64}{68}\fallingdotseq 0.94$'이므로, 0.9 이상이 된다.

ⓒ '갑'은 사고 현장에서 목격한 택시를 파란색으로 판정했다. 따라서 '갑'의 판정 능력에 변함이 없다는 가정 하에, A회사의 택시 중 파란색 택시 비중이 더 컸다면 '갑'이 그만큼 파란 택시를 목격할 확률이 높아지므로, 사고에 대한 '갑'의 판정이 맞을 확률도 높아진다. 따라서 ⓒ도 옳은 설명이다.

055 정답 ③

지점의 고도가 10m 높아질 때마다 기온은 0.1℃씩 낮아진다고 하였는데 A지역의 기온측정 기준점에서 B지점까지의 높이는 600m이므로, B지점의 일 최고기온은 A지역의 기온측정 기준점에서의 일 최고기온보다 6℃ 낮다는 것을 알 수 있다. 이를 토대로 발아예정일 산정방법을 보면 다음과 같다.

1) '파종 후, 일 최고기온이 3℃ 이상인 날이 연속 3일 이상 존재한다'라는 조건을 처음으로 만족하는 날은 3월 2~4일이다.
2) '1)을 만족한 날 이후, 일 최고기온이 0℃ 이하인 날이 1일 이상 존재한다'라는 조건을 처음으로 만족하는 날은 3월 8일이 된다.
3) '2)를 만족한 날 이후, 일 최고기온이 3℃ 이상인 날이 존재한다'라는 조건을 만족하는 날은 3월 23일이 된다.
4) '발아예정일은 3)을 만족한 최초일에 6일을 더한 날'인데, '단, 1)을 만족한 최초일('3월 2일') 다음날부터 3)을 만족한 최초일('3월 23일') 사이에 일 최고기온이 0℃ 이상이면서 비가 온 날이 있다면 그 날 수만큼 발아예정일이 앞당겨진다'라고 하였으므로, 이 조건에 해당하는 날('3월 7일'과 '3월 15일') 수인 2일만큼 발아예정일이 앞당겨진다.

따라서 3월 23일에서 6일을 더한 후, 2일을 앞당긴 '3월 27일'이 발아예정일이 된다.

056 정답 ③

• 갑, 을, 병, 정은 각각 한 가지 재료에 대해서만 알레르기 증상을 보였다고 했으므로, 갑은 밀가루와 우유 중 하나에 알레르기 증상을 보이며, 을, 병, 정은 모두 밀가루와 우유에는 알레르기 증상을 보

이지 않는다는 것을 알 수 있다.

- 다음으로 목요일의 알레르기 증상의 발생자가 갑과 정이므로, '정은 달걀'에 알레르기 증상을 보인다는 것을 알 수 있다. 그리고 화요일에 알려지지 않은 재료 중 하나는 달걀이 된다. 또한 금요일의 알레르기 증상의 발생자를 통해, '병은 식용유'에 알레르기 증상을 보인다는 것을 알 수 있다.
- 마지막으로 수요일의 알레르기 증상 발생자에 을이 포함되므로, 을은 옥수수가루와 아몬드 중 하나에 알레르기 증상을 보인다는 것을 알 수 있다.

이상을 표로 정리하면 다음과 같다.

구분	갑	을	병	정
밀가루	?	×	×	×
우유	?	×	×	×
옥수수가루	×	?	×	×
아몬드	×	?	×	×
달걀	×	×	×	○
식용유	×	×	○	×

이를 토대로 〈보기〉의 내용을 판단하면 다음과 같다.

㉡ 갑은 밀가루와 우유 중 하나에 알레르기 증상을 보였고, 을은 옥수수가루와 아몬드 중 하나에 알레르기 증상을 보였으며, 병은 식용유에 알레르기 증상을 보였다. 따라서 ㉡은 옳다.

㉢ 화요일에는 정이 알레르기 증상을 보였으므로, 확인되지 않은 재료 중 하나는 달걀이 된다. 따라서 ㉢도 옳다.

㉠ 갑이 알레르기 증상을 보인 것은 밀가루와 우유 중 한 가지이다. 따라서 우유로 단정할 수 없다.

㉣ 을은 옥수수가루와 아몬드 중 한 가지에 알레르기 증상을 보이는데, 만약 화요일에 제공된 빵에 포함된 재료 중 한 가지가 옥수수가루였다면 을은 옥수수가루에 알레르기 증상을 보이지 않았으므로, 을의 알레르기 증상은 아몬드 때문이라 할 수 있다.

057 정답 ④

- 〈조건〉에서 학과장 C는 한 과목만 강의할 수 있고 일주일에 하루만 강의할 수 있다고 했다. 그리고 계량경제학과 경제학원론은 각각 적어도 두 강좌가 개설된다고 하였으므로, '학과장은 경제사'만을 강의하게 된다.
- 〈조건〉에서 계량경제학과 경제학원론 이외에는 동일 과목이 동시에 개설될 수 없다고 했다. 따라서 학과장 C가 경제사를 강의하므로 A는 경제사를 강의할 수 없게 되어, 'A는 경제학원론과 미시경제학'을 강의하게 된다.
- A가 미시경제학을 강의하므로, 'E는 화폐금융론과 경제학원론'을 강의하게 된다.

이상을 토대로 ①~④를 판단해 보면 답을 찾을 수 있다.

D가 국제경제학과 거시경제학을 강의하는 경우, F가 재정학과 재정정책을 강의할 수 있으므로, 국제경제학과 거시경제학이 함께 개설될 수 있다. 따라서 ④는 옳지 않다.

① 학과장은 경제사를 강의하므로, 옳은 설명이다.

② 경제학원론은 A, D, E에서 강의할 수 있으므로, 최대 세 강좌가 개설될 수 있다.

③ D가 거시경제학과 다른 한 과목을 강의하는 경우 F는 재정학과 재정정책을 강의할 수 있으므로, 거시경제학과 재정학은 둘 다 개설될 수도 있다.

058 정답 ②

〈결과〉의 을은 총 1,250미터를 이동했고, 사과 2개와 복숭아 5개를 채집했으며, 여우 1마리와 사슴 2마리 잡았다고 했다. 따라서 을의 합계점수는 '1,250+10(사과 2개)+50(복숭아 5개)+50(여우)+200(사슴 2마리)=1,560점'이 된다. 갑은 1,590점이라고 했으므로, 승리한 사람은 '갑'이 된다.

갑은 과일을 채집하지 않고 사냥만 했으며, 1,400미터를 이동하는 동안 모두 4마리의 동물을 잡았다고 했다. 따라서 갑은 동물 4마리를 통해 '190점'을 획득하였음을 알 수 있다. 동물의 경우 토끼는 1마리 당 30점, 여우는 50점, 사슴은 100점을 부여한다고 했으므로, ①, ② 중 ①(토끼 2마리와 여우 2마리)은 160점이 되며, ②(토끼 3마리, 사슴 1마리)는 190점이 된다. 따라서 ②가 가능한 조합이다.

059 정답 ①

평가점수가 같은 직원은 C, E, F뿐이라고 했으므로, C는 평가점수가 9점이 된다. 6명의 평균점수는 8.5점이라 했는데, C, E, F의 평균점수는 9점이므로, A, B, D의 평균점수는 8점이 된다. 세 사람의 평균점수가 8점이 되려면 총점이 24점이 되어야 한다. 〈조건〉에 따라 D의 점수가 B보다 2점이 높고 A의 점수는 D보다 높으므로, 가능한 (A, B, D) 조합은 (10, 6, 8)밖에 없다. 따라서 A~D의 점수를 바르게 나열한 것은 ①이다.

060 정답 ①

㉠ 소득불평등에 대한 인식 중 '소득동차성'에 관한 태도를 설문조사 결과 갑국과 을국 대학생들의 응답 결과가 다르므로, 이는 소득불평등에 대한 인식이 국가에 따라 달라질 수 있다는 것을 의미한다. 따라서 ㉠은 옳은 설명이다.

㉡ 모든 구성원의 소득이 같은 비율로 증가하는 경우는 '문1'과 '문3'인데, 이 문항에 대해 갑국 대학생들과 을국 대학생들이 'a. 불평등도는 증가하였다'라고 응답한 비율은, '문1'이 '47 : 35', '문2'가 '41 : 40'이다. 따라서 이 경우 갑국 대학생들은 을국 대학생들에 비해 불평등도가 증가하였다고 응답한 비율이 높다고 할 수 있다.

따라서 ㉡도 옳다.

㉢ 모든 구성원에게 동일한 소득을 더해주었을 경우를 수치로 표현한 것은 '문2'인데, 이 경우 불평등도가 감소하였다(c.)고 응답한 대학생의 비율은 갑국이 '70', 을국이 '60'이다. 그러나 응답에 참여한 응답자 수는 갑국이 '691명', 을국이 '1,108'로 더 많으므로, 이렇게 응답한 대학생의 수는 을국이 더 많다. 따라서 ㉢은 옳지 않다.

㉣ 똑같이 소득이 두 배 증가하는 경우를 수치로 표현한 것은 '문1'이고, 문자로 표현한 것은 '문3'이다. 을국은 '문1'의 경우보다 '문3'의 경우 불평등도가 감소했다(c.)고 응답하는 비율이 낮아진다(14 → 13). 따라서 ㉣도 옳지 않다.

061 정답 ②

연비료는 연비로 노선의 길이를 나눠 들어가는 총 연료량을 구한다. 그 다음 연료 가격을 곱해 구한다. 구한 값은 다음과 같다.

완행 : $\frac{720}{2}\times 800=288,000$

쾌속 : $\frac{720}{4}\times 1000=180,000$

급행 : $\frac{720}{6}\times 1600=192,000$

특급 : $\frac{720}{5}\times 2400=345,600$

따라서 연료비가 가장 저렴하게 드는 철도 노선은 쾌속이다.

062 정답 ①

노선별 총 소요시간을 구하는 문제이다. 전체 노선 길이가 720km이고, 평균 속력이 주어져 있으므로 이동 시간을 구할 수 있다. 출발역과 도착역을 제외하고 정차 시간은 역당 10분씩 이라는 것도 고려해야 한다. 완행 노선은 정차역이 7개역, 쾌속 노선은 4개역, 급행 노선은 3개역, 특급노선은 2개역이다. 총 소요 시간을 구하면 다음과 같다.

구분	평균속력	이동시간	정차역	정차 시간	총 소요 시간
완행	80	720÷80=9	7	70분	10시간 10분
쾌속	120	720÷120=6	4	40분	6시간 40분
급행	180	720÷180=4	3	30분	4시간 30분
특급	360	720÷360=2	2	20분	2시간 20분

가장 많은 소요시간이 걸린 완행은 10시간 10분, 가장 빠른 특급의 소요 시간은 2시간 20분 이므로 배송시간의 차로 옳은 것은 7시간 50분이다.

063 정답 ③

먼저 업체별 전체 프로그램 만족도를 살펴보면

A업체는 8+9+7=24점, B업체는 8+9+8=25점, C업체는 9+8+9=26점이므로 만족도가 24 이하인 곳은 선택하지 않도록 지시받았으므로 A는 선택하지 않는다. 이제 B업체와 C업체 선정 시 가격을 계산해보면

(ⅰ) B 업체의 경우

팀 미션형 : 35,000×8=280,000

액티비티형 : (38,000×12)+(15,000×12)=636,000

힐링형 : (28,000×3)×0.95=79,800

20명 이상이며, 2년 이내 재등록이므로

(280,000+636,000+79,800)×0.9×0.75=672,165(원)

(ⅱ) C 업체의 경우

팀 미션형 : 37,000×8=296,000

액티비티형 : 39,000×12=468,000

힐링형 : 30,000×3=90,000

2년 이내 재등록이므로

(296,000+468,000+90,000)×0.85=725,900(원)

따라서 B업체는 672,160원(1원 단위는 버림), C업체는 725,900원이므로 672,160원인 B업체를 선정하는 것이 저렴하다.

064 정답 ①

(ⅰ) A 업체의 사업주 할인제도 적용 전 가격을 구해보면

팀 미션형 : (28,000×8)×0.95=212,800

액티비티형 : (40,000×12)+(15,000×12)=660,000

힐링형 : 25,000×3=75,000

20명 이상이므로

(212,800+660,000+75,000)×0.9=853,020(원)

(ⅱ) A 업체의 사업주 할인제도 적용 후 가격을 구해보면

팀 미션형 : 212,800×0.92=195,776

액티비티형 : (40,000×12)×0.88+(15,000×12)=602,400

힐링형 : 75,000×0.95=71,250

20명 이상이므로

(195,776+602,400+71,250)×0.9=782,483.4(원)

따라서 ○○회사가 할인받게 되는 비용은

853,020−782,483.4=70,536.6(원)

1원 단위 이하를 버림하면 약 70,530(원)

065 정답 ④

총무팀의 참석 인원이 15명이고, 빔 프로젝터와 마이크가 필요하므로 3층 또는 4층의 회의실 중 선택하면 된다. 또한 2시간의 회의시간이 필요하므로 일정표를 참고해보면 09:00~11:00만 예약이 가능하다. 이를 모두 만족하는 요일과 회의실은 수요일 4층이나, 목요일 3층이다. 하지만 회의실 주의사항에 목요일 오전에는 3층의 시

설 추가 점검으로 인해 사용하지 못하므로 따라서 총무팀은 수요일 09:00~11:00에 4층 회의실을 이용할 수 있다.

① 회의 참석 인원이 15명이므로 2층 회의실의 수용 인원을 초과한다.
② 회의 시간은 2시간이므로 11:00~12:30은 시간이 모자란다.
③ 수요일 09:00~11:00에 3층 회의실은 예약이 차있다.

066 정답 ④

장 과장이 정리한 내역을 확인해보면 10월 9일, 13일 모두 공항 셔틀버스를 이용한 내역이 있다. 따라서 보기 중 옳은 것은 ④이다.

① 10월 11일, 12일 내역을 보면 LA 숙소는 조식은 무료로 제공하였다.
② 숙박비는 2박 3일치를 10월 10일에 한 번에 결제하였다.
③ 10월 11일 LA에서 버스를 이용한 내역이 있다.

067 정답 ④

10월 11일의 지출 내역을 모두 합해보면
5달러+13달러+17달러+150달러+12달러=197달러
따라서 1달러에 1,100원의 환율이므로 한화 기준 비용은 197달러×1,100원=216,700원이다.

068 정답 ③

팀별 회식비를 계산해보면
총무팀
=(12,000×7)+{(9,000×10)×0.95}+{(15,000×6)×0.92}
=84,000+85,500+82,800=252,300원
경영관리팀
=(12,000×5)+{(9,000×8)×0.95}+{(15,000×14)×0.92}
=60,000+68,400+193,200=321,600원
마케팅팀
={(12,000×10)×0.9}+(9,000×3)+(15,000×3)
=108,000+27,000+45,000
=180,000원
배전사업팀
={(12,000×12)×0.9}+{(9,000×10)×0.95}+{(15,000×8)×0.92}
=129,600+85,500+110,400
=325,500원
따라서 배전사업팀 – 경영관리팀 – 총무팀 – 마케팅팀 순으로 회식비를 많이 사용하였다.

069 정답 ②

정보보안전략팀 팀원들의 업무 일정과 희망 휴가일을 8월에 표시해 보면

일	월	화	수	목	금	토
			1 송 부장 출장 박 과장 휴가	2 송 부장 출장 박 과장 휴가	3 송 부장 출장 박 과장 휴가 허 대리 교육	4
5	6 김 차장 휴가 허 대리 교육	7 김 차장 휴가 심 사원 교육	8 김 차장 휴가 심 사원 교육	9 신 대리 휴가 심 사원 교육	10 신 대리 휴가	11
12	13 박 과장 출장 신 대리 휴가	14 박 과장 출장 송 부장 휴가	15 광복절	16 송 부장 휴가	17 송 부장 휴가	18
19	20 신 대리 교육 이 대리 휴가	21 신 대리 교육 이 대리 휴가	22 이 대리 휴가	23 이 대리 출장	24 이 대리 출장	25
26	27 이 대리 출장 허 대리 휴가	28 이 대리 출장 허 대리 휴가	29 심 사원 휴가 허 대리 휴가	30 심 사원 휴가 김 차장 출장	31 심 사원 휴가 김 차장 출장	

8월 3일에 3명이 자리를 비우므로 사무실에 최소 5명이 근무하고 있어야 한다는 규정을 어기게 된다. 따라서 이미 정해진 업무 일정은 조정이 불가능하므로 박 과장의 휴가 일정을 조정해야 한다.

070 정답 ④

박 과장의 휴가 일정을 제외하고 8월 달력을 살펴보았을 때, 8월 1일~8월 2일, 8월 10일, 8월 16일~8월 17일, 8월 22일~8월 24일의 날짜에는 사무실에 최소 5명이 근무하고 있어야 한다는 규정을 만족한다. 이때 휴가는 3일을 반드시 붙여 써야 하므로 모두 만족하는 날짜는 '8월 22일~8월 24일'이다.

071 정답 ②

사원 수를 계산해야 하므로 COUNTIF 함수를 사용해야 하며 자동 채우기를 해야 하므로 범위(Range) 영역은 절대참조로 설정해야 한다.

③ SUMIF : 조건에 부합하는 셀의 값만을 모두 더하는 함수
④ SUM : 범위에 있는 셀의 값을 모두 더하는 함수

072 정답 ④

범위에 있는 셀의 값을 모두 더하는 함수인 SUM의 경우 'SUM(합계를 구할 처음 셀:합계를 구할 마지막 셀)'로 표시해야 한다. 정상판매수량과 할인판매수량의 합은 연속하는 영역을 입력하고 ','로 구분한 뒤, 다음 영역을 다시 지정해주면 된다. 따라서 ='SUM(B2:B5,C2,C5)'가 적절하다.

073 정답 ①

㉠ 대화방 입장 시 대화 내용과 분위기를 경청한다는 내용에서 온라인 채팅(대화) 시의 네티켓에 대한 설명임을 알 수 있다.

㉡ 메시지를 짧게 요점만 쓰고 끝에 signature를 포함시키며, 주소를 확인한다는 부분에서, 전자우편 사용 시의 네티켓임을 알 수 있다.

㉢ 주제와 관련 없는 내용을 올리지 않는다는 내용과 이미 같은 내용의 글이 없는지 확인한다는 내용을 통해, 게시판을 사용 시의 네티켓에 대한 설명임을 알 수 있다.

074 정답 ③

SNS(Social Networking Service)는 온라인상에서 사용자 간의 자유로운 의사소통과 정보 공유, 인맥 확대 등을 통해 사회적 관계를 생성하고 강화시켜주는 온라인 서비스를 의미하는 용어로, 미국의 트위터, 마이스페이스, 페이스북, 한국의 카카오, 미투데이 등이 대표적이다.

SNS는 참가자 개인이 정보발신자 구실을 하는 1인 미디어라는 것과 네트워크 안에서 정보를 빠른 속도로 광범위하게 전파할 수 있다는 점, 키워드 기반의 검색정보보다 정보의 신뢰성이 높다는 점 등으로 인해 빠른 속도로 이용이 늘고 있다.

075 정답 ①

운영체제는 모든 하드웨어와 소프트웨어를 관리하는 컴퓨터 시스템의 한 부분인 실행관리자라고 할 수 있다. 운영체제는 하드웨어를 제어하고 컴퓨터 자원을 관리하며, 컴퓨터 사용을 편리하게 해주고 응용 프로그램들의 수행을 도와주며 사용자와 하드웨어 사이의 매개체 역할을 하는 소프트웨어이다.

076 정답 ④

국가별 바코드 번호가 '480'이므로 필리핀에서 수입한 제품이다. 제조업체의 바코드 번호가 '1648'이므로, 'F'사가 제조업체가 된다. 상품품목의 바코드 번호는 '72434'이므로, 캔디류이다.

077 정답 ④

한국의 C업체에서 생산한 음료제품이므로, 국가별 바코드는 '880', 제조업체의 바코드는 '1182', 음료제품의 바코드는 '72444'가 된다. 따라서 모두 일치하는 것은 ④이다.

① 제조업체의 바코드 번호가 '1128'이므로, D업체가 된다.
② 상품품목의 바코드 번호가 '72440'이므로, 파이류가 된다.
③ 국가의 바코드 번호가 '888'이므로, 싱가포르이다.

078 정답 ①

주어진 계좌번호를 보면

• 330 : A은행 목동지점에서 발행된 것임을 알 수 있다.
• 859 : 대출을 목적으로 만든 계좌번호이다.
• 05071 : 507번째로 발행된 계좌번호이며 랜덤번호는 1이다.

따라서 보기 중에 옳은 것은 ①이다.

④ 가입한 사람의 수는 알 수 없다.

079 정답 ④

400－887－01287은 동대문지점에서 펀드를 목적으로 발행된 계좌번호이다. 대출을 목적으로 한 계좌번호는 '859'가 들어간다.

080 정답 ③

EVEN 함수는 주어진 수를 주어진 수에 가장 가까운 짝수로 변환하는 함수이다. 양수의 경우 올림을 하고, 음수의 경우 내림을 한다. 따라서 '＝EVEN(－3)'의 값은 －4가 된다.

① POWER 함수는 앞의 수를 밑으로 하고, 뒤의 수를 지수로 하는 함수이다. 따라서 '＝POWER(2, 3)'의 값은 $2^3=8$이다.
② QUOTIENT 함수는 앞의 수를 뒤의 수로 나눈 몫을 구하는 함수이다. 따라서 '＝QUOTIENT(14, 3)'의 값은 4이다.
④ ODD 함수는 주어진 수를 주어진 수에 가장 가까운 홀수로 변환하는 함수이다. 양수의 경우 올림을 하고, 음수의 경우 내림을 한다. 따라서 '＝ODD(7)'의 값은 7이다.

081 정답 ④

㉡ 외부경영활동은 조직외부에서 조직의 효과성을 높이기 위해 이루어지는 활동을 말하는데, 이러한 외부경영활동은 기업의 경우 주로 시장에서 이루어진다.

㉣ 외부경영활동은 총수입을 극대화하고 총비용을 극소화하여 이윤을 창출하는 것을 말한다.

㉠ 외부경영활동은 조직 내부를 관리 · 운영하는 것이 아니라, 조직외부에서 조직의 효과성을 높이기 위해 이루어지는 활동을 말한다.

㉢ 내부경영활동은 조직내부에서 인적 · 물적 자원 및 생산기술을 관리하는 것으로, 여기에는 인사관리, 재무관리, 생산관리 등이 해당된다.

082 정답 ③

조직의 전략이나 구조의 변화는 조직구조나 경영방식, 각종 시스템을 개선하는 것을 말하므로, 기존의 조직구조와 경영방식, 경영시스템에 따라 조직변화가 이루어진다는 것은 옳은 설명으로 볼 수 없다. 조직변화는 제품과 서비스, 전략, 구조, 기술, 문화 등에서 이루어질 수 있는데, 조직변화 중 전략이나 구조의 변화는 조직의 목적을 달성하고 효율성을 높이기 위해서 조직의 경영과 관계되며, 조직구조와 경영방식, 각종 시스템 등을 개선하는 것을 말한다.

①, ④ 조직이 새로운 아이디어나 행동을 받아들이는 것을 조직변화 혹은 조직혁신이라고 하는데, 이는 조직에서 일하는 직업인들은 환경의 변화를 인지하고 이것의 수용가능성을 평가한 후, 새로운 아이디어를 내거나 새로운 기술을 채택하거나, 또는 관리자층의 변화방향에 대해 공감하고 실행하는 역할을 담당한다.

② 조직변화 중 제품이나 서비스의 변화는 기존 제품이나 서비스의 문제점을 인식하고 고객의 요구에 부응하기 위한 것으로, 고객을 늘리거나 새로운 시장을 확대하기 위해서 이루어진다.

083 정답 ③

양적완화는 중앙은행이 통화를 시중에 직접 공급해 신용경색을 해소하고, 경기를 부양시키는 통화정책으로 일본은 2001년, 미국은 2008년에 처음 시작하였다.

084 정답 ②

총무부는 지문의 일 외에 주주총회 및 이사회 개최 관련 업무, 국내외 출장 업무 협조, 사내외 홍보 광고업무 등의 일이 있다.

- **회계부** : 회계제도의 유지 및 관리, 재무상태 및 경영실적 보고, 결산 관련 업무, 재무제표 분석 및 보고, 법인세, 부가가치세, 국세 지방세 업무자문 및 지원, 보험가입 및 보상업무, 고정자산 관련 업무 등을 한다.

085 정답 ①

- **인사부** : 조직기구의 개편 및 조정, 업무분장 및 조정, 인력수급계획 및 관리, 직무 및 정원의 조정 조합, 노사관리, 평가관리, 상벌관리, 인사발령, 교육체계 수립 및 관리, 임금제도, 복리후생제도 및 지원업무, 복무관리, 퇴직관리 등의 일이 있다.
- **기획부** : 경영계획 및 전략 수립, 전사기획업무 종합 및 조정, 중장기 사업계획의 종합 및 조정, 경영정보 조사 및 기획보고, 경영진단업무, 종합예산수립 및 실적관리, 단기사업계획 종합 및 조정, 사업계획, 손익추정, 실적관리 및 분석 등의 일이 있다.

086 정답 ③

이문화 이해는 내가 속한 문화와 다르다고 해서 무조건 나쁘거나 저급한 문화로 여기는 것이 아니라, 그 나라 고유의 문화를 인정하고 해야 할 일과 해서는 안 되는 일을 구별할 수 있는 것을 말한다. 따라서 이문화의 우열관계를 파악하는 태도는 바람직하지 않다. 또한 국제 감각은 단순히 외국어를 잘하는 능력이 아니라, 나와 다른 나라의 문화를 이해하는 이문화 이해와 국제적 동향을 자신의 업무에 적용하는 능력을 모두 포함하는 개념이므로, 국제 감각을 배양하는 것이 이문화에 우열을 판단하기 위한 수단이 되는 것은 바람직하지 않다.

① 세계화 시대에 업무를 효과적으로 수행하기 위해서는 조직의 업무와 관련된 국제적인 법규나 규정을 숙지하고, 관련된 국제동향을 파악할 필요가 있다. 이는 구체적으로, 관련된 국가에서의 업무동향과 관련된 국제법규를 점검함으로써 국제적인 상황변화에 능동적으로 대처하는 것을 의미한다.

② 이문화 커뮤니케이션은 상이한 문화 간의 의사소통으로 언어적 커뮤니케이션과 비언어적인 커뮤니케이션으로 구분될 수 있다. 국제관계에서는 언어적 커뮤니케이션보다 비언어적 커뮤니케이션에서 오해를 불러일으키는 경우가 많은데, 같은 행동이라 하더라도 문화적 배경에 따라 다르게 받아들여질 수 있으므로 인사하는 법이나 식사예절과 같은 국제매너를 알아둘 필요가 있다.

④ 세계화가 진행됨에 따라 조직의 구성원들도 직장생활을 하는 동안에 직 · 간접적으로 영향을 받게 되고, 세계 수준으로 의식, 태도 및 행동을 확대해야 한다.

087 정답 ③

중동은 강한 고배경국가로서 협상을 오래 끄는 것이 보통이며, 협상의 목적을 모든 당사자들이 서로 충분히 이해하여 저절로 해결되도록 하는 것에 둔다. 따라서 중동에 진출한 프랑스기업이 현지기업과 신속한 협상을 통해 시간을 단축하려고 하는 것은 문화적 차이로 인한 갈등의 발생가능성을 높일 수 있으므로 피해야 한다. 따라서 ③은 적절한 글로벌경영활동으로 볼 수 없다.

① 스위스는 강한 저배경국가로서 개인적 공간을 중시하고 침해받는 것을 싫어한다는 것을 알 수 있다. 따라서 스위스의 수입업자와 처음 만나는 경우 지나치게 접근해서 개인적 공간을 침해하는 것을 피해야 한다.

② 독일도 저배경국가로서, 법률을 매우 중요하게 생각한다. 따라서 독일의 기업과 분쟁이 발생한 경우 법적 조치를 통해 해결하는 것이 바람직하다.

④ 스칸디나비아 국가는 강한 저배경국가에 더 가깝다. 이에 비해 영국은 중간수준에 해당하며, 스페인은 중간수준에서 다소 고배경국가에 가깝다고 볼 수 있다. 저배경국가인가 고배경국가인가에 따라 문화적 차이가 크게 발생하므로, 스칸디나비아 기업은 영국기업보다 스페인기업과의 사업활동에서 문화적 차이로 인한 갈등 발생가능성이 더 크다고 할 수 있다.

088 정답 ③

③의 '커피의 질적 우수성을 소비자들의 호감과 연결시키는 광고전략'은 커피의 우수한 질 확보를 통해 소비자들의 커피에 대한 호감을 불러일으키는 전략이므로, SO전략에 해당한다.

① 고급화 전략을 최신 트렌드와 결합시키는 것이므로 SO전략에 해당한다.
② 커피 분야의 확고한 브랜드 이미지를 강화하여 커피전문점의 증가로 인한 경쟁심화에 대응하는 전략이므로, ST전략에 해당한다.
④ 직영점 중심의 경영체제로 인한 높은 비용부담을 해결하기 위해 가맹점을 늘림으로써 불안정한 원두 가격의 인상에 대비하는 것이므로, WT전략에 해당한다.

089 정답 ②

㉠ 사원 교육훈련 승인은 상무이사의 위임 위임전결사항이므로, 신입사원을 대상으로 진행되는 교육훈련을 상무이사 결재로 진행할 수 있다.
㉣ 해외 관련 업무 보고와 사내 운영위원회 위촉에 관한 사항은 모두 전무이사의 위임전결사항에 해당한다.

㉡ 부서 단위 인수인계업무의 위임전결권자는 상무이사이므로, 경영지원부와 홍보부의 인수인계업무는 부서장의 전결로 처리할 수는 없다.
㉢ 신규 사업 계약에 대한 결재권자는 대표이사이며, 위인전결사항이 아니다. 따라서 2020년 하반기에 체결 예정인 사업 계약을 전무이사가 전결로 처리하는 것은 적절하지 않다.

090 정답 ②

마이클 포터는 경쟁전략의 유형 중에 가장 기본이 되는 전략 유형을 본원적 경쟁전략이라고 하고, 원가우위 전략, 차별화 전략, 집중화 전략 등을 구체적 전략으로 제시하였는데, 제시된 글의 내용은 집중화 전략에 대한 설명이다. 집중화 전략은 특정 시장이나 고객에게 한정된 전략으로, 원가우위 전략이나 차별화 전략이 산업 전체를 대상으로 하는 것에 비해 집중화 전략은 특정 산업을 대상으로 한다. 차별화 전략은 경쟁조직들이 소홀히 하고 있는 한정된 시장을 원가우위나 차별화 전략을 써서 집중적으로 공략하는 방법이라 할 수 있다.

① 차별화 전략은 조직이 생산품이나 서비스를 차별화하여 고객에게 가치가 있고 독특하게 인식되도록 하는 전략이다. 차별화 전략을 활용하기 위해서는 연구개발이나 광고를 통하여 기술이나 품질, 서비스, 브랜드 이미지를 개선할 필요가 있다.
③ 원가우위 전략은 원가절감을 통해 해당 산업에서 우위를 점하는 전략으로, 이를 위해서는 대량생산을 통해 단위 원가를 낮추거나 새로운 생산기술을 개발할 필요가 있다. 1970년대 우리나라의 섬유업체나 신발 및 가발업체 등이 미국시장에 진출할 때 취한 전략이 여기에 해당한다.
④ 기업경영전략으로서의 성장전략은 기업의 외형을 키우고 시장점유율을 높이는 방식으로 기업을 성장시켜 나가려는 전략을 말하며, 구체적 종류로는 집약성장과 통합성장, 다각성장이 있다.

091 정답 ④

- **무차별곡선** : 개인의 동일한 만족이나 효용을 나타내는 곡선으로, 소비자가 자기 소득을 여러 재화 및 서비스의 구입에 어떻게 배분하는가를 설명하는 소비자선택이론의 기본이 되는 것이 무차별곡선이다.

092 정답 ②

소비자 잉여는 어떤 상품에 대해 소비자가 최대한 지불해도 좋다고 생각하는 가격(수요가격)에서 실제로 지불하는 가격(시장가격)을 뺀 차액을 말한다. 개당 효용은 1,000원에 달한다고 했으므로 효용의 합계는 $30 \times 1,000 = 30,000$으로, 이는 이 주부가 지불해도 좋다고 생각하는 가격이 된다. 그러나 실제는 10,000원을 지불했으므로 이 주부의 소비자 잉여는 20,000이다.

093 정답 ③

- **가격효과** : 가격이나 소득의 변화가 경제에 미치는 영향을 의미한다.
- **시너지효과** : 하나의 기능이 다중(多重)으로 이용될 때 생성되는 효과이다.

094 정답 ③

- **이윤율의 저하현상** : 자본이율이 장기적으로 점점 저하된다는 마르크스의 주장이다.
- **승수이론** : 한 경제변수의 변화가 직접 · 간접으로 효과를 순차적으로 파급시켜 경제체계 전체를 새로운 수준으로 유도할 때 나타나는, 다른 경제변수의 변화에 대한 배수관계에 관한 이론이다.
- **유효수요의 원리** : 사회의 경제 활동 수준은 유효수요에 따라 결정된다는 내용이다.
- **유동성 선호설** : 화폐보유의 동기로서 거래동기, 예비적 동기 및 투기적 동기를 들고, 사람들이 이자를 낳는 증권 대신에 화폐를 보유하는 것은 화폐가 지니는 유동성의 수요 때문이라고 하였다.

095 정답 ④

파레토 최적은 분배에 대한 설명으로, 시장경제와 관계없이 모든 사회에 통용된다.

096 정답 ②

- 리세션 : Recession. 자본주의 경제에 있어 특유한 현상인 경기 순환의 한 국면으로, 경기가 최고 호황기에서 최저 침체기에 이르기까지의 과정을 의미한다.
- 크라우딩 아웃 : Crowding Out. 정부지출이나 조세감면의 증가가 이자율을 상승시켜 민간소비 및 투자활동을 위축시키는 현상을 말한다.

097 정답 ③

- 경기동행지수 : CCI(Coincident Composite Index). 동행지수는 현재 경기동향을 보여주는 지표로 노동투입량, 산업생산지수, 제조업가동률지수, 생산자출하지수, 전력사용량, 도소매판매지수, 비내구소비재 출하지수, 시멘트소비량, 실질수출액, 실질수입액 등 10개 지표를 합성해 산출한다.

098 정답 ②

- 화폐착각 : Money Illusion. 화폐는 불변의 구매력을 가지고 있다는 착각 아래 화폐의 실질적 구매 가치 변화는 제대로 인식하지 못하는 상태를 의미한다.
- 구축효과 : Crowding−out Effect. 정부가 총수요 확대를 위해 통화량 공급을 수반하지 않은 채재정지출을 늘릴 경우 이자율 상승으로 민간투자가 위축되어 별다른 효과를 보지 못하는 현상을 뜻한다.
- 커브효과 : 무역수지 개선을 위해 국가가 환율 상승(통화의 평가절하)을 유도하더라도 초기에는 무역수지가 오히려 악화되다가 상당 기간이 지난 후에야 개선되는 현상을 말한다.

099 정답 ②

① 비변동성 암호화폐로 법정화폐 혹은 실물자산을 기준으로 가격이 연동된다.

③ 미국 대형 은행 중 최초로 JP 모건에서 발행한 암호화폐이다.

④ 전 구글 소프트웨어 엔지니어 찰리 리(Charlie Lee)가 공개한 암호화폐의 하나로 비트코인에 비해 채굴이 비교적 쉽고 거래 속도가 빠른 장점이 있다.

100 정답 ④

- 쿨머니 : Cool Money. 투기적 단기자금인 핫머니(Hot Money)에 대비되는 의미로 쓰이며 가난 구제나 빈민층 교육 및 도시빈민촌 환경개선 같은 공익적 사업을 사적 이윤을 추구하는 기업 형태로 운영하는 미래지향적 자본을 뜻한다. 여기에는 법인으로서의 기업뿐만이 아니라, 자연인으로서의 기업인과 개인 부자 등이 모두 포함된다.

101 정답 ②

- 러브콜 : Love Call. 단골 고객이나 회원들을 상대로 하는 특별 마케팅이다. 흔히 바겐세일을 하기 전에 미리 단골 고객들에게 연락해 세일가로 물품을 구매하도록 한 뒤, 세일 기간에 판매한 것처럼 편법을 쓰는 경우가 대표적인 사례에 해당한다.
- 해피콜 : Happy Call. 특별한 목적이나 권유 없이 인사차 하는 방문이나 고객 서비스의 증진 등을 통해 판매 활동을 활성화시키는 방식이다.
- 캐치 세일 : Catch Sale. 노상에서 소비자를 유인하여 판매하는 행위를 말한다.
- 클로징 세일 : Closing Sale. '점포정리'와 비슷한 의미의 세일이다.

102 정답 ①

- 카테고리 킬러 : Category Killer. 분야별로 전문 매장을 특화해 저렴한 가격으로 특정 분야의 상품을 판매하는 소매점을 일컫는다.

103 정답 ③

E마트는 신세계에서 운영하는 할인점이다.

104 정답 ④

- 전자상거래의 비즈니스 모델 : 전자상거래는 주문(수주), 판매(발주), 결제 등을 중심으로 거래 대상에 따라 크게 B2B, B2C, B2G, B2E, C2C 등의 형태로 나누어 볼 수 있다. B2C는 Business to Consumer(기업 대 소비자)를 말한다.

105 정답 ④

- 신용장 : L / C(Letter of Credit). 거래하는 수출입업자의 의뢰에 의하여 은행이 발행하는 신용보증 문서이다.
- 클레임 : Claim. 수입 상품이 계약과 다를 경우 또는 선적 기일을 어겼을 경우 등에 따라 수출업자에게 제기하는 배상 청구를 말한다.
- 송장 : 送狀, Invoice. 수출업자가 거래 조건에 의해 모든 일을 정상적으로 마치고 정당하게 이행했음을 밝히고 수입업자에게 보내는 서류이다.
- 선하증권 : B / L(Bill of Lading). 화물회사가 탁송화물을 인도받아 운송 조건대로 이행하겠다는 것을 약정하는 문서이다.

106 정답 ④

- 신디케이트 : Syndicate. 가장 강력한 독점판매 형태로 '공동판매 카르텔'이라고 할 수 있다.

107 정답 ①

- **카르텔** : 독점 목적으로 조직된 회사나 개인의 연합체를 말한다.
- **트러스트** : 독점적 대기업 또는 이를 형성하는 기업합동을 말한다.
- **콘체른** : 법률적으로는 독립기업이면서도 통일된 경영지배를 받아 마치 하나의 기업인 듯 활동하는 기업 집단으로 우리나라의 대표적인 '재벌'형태를 말한다.

108 정답 ①

- M&A : Mergers and Acquisitions

109 정답 ②

15세부터 경제활동인구에 속한다.

110 정답 ④

대법원은 정기성, 고정성, 일률성 등만 인정되면 매월 지급되지 않는 임금이라도 통상임금에 포함된다고 판시했다.

111 정답 ①

한국거래소(KRX ; Korea Exchange)는 한국증권거래소와 코스닥, 한국선물거래소, 코스닥위원회가 합병된 통합거래소로 2009년 2월 한국증권선물거래소에서 한국거래소로 개명하였다.

112 정답 ②

금융기관의 예금금리보다 대출금리가 낮을 경우에 이를 역마진 현상이라 한다.

113 정답 ④

제로금리란 기업의 투자를 늘리고 개인의 소비를 촉진하기 위한 경기부양정책 중 하나로 명목금리가 아니라 실질금리를 거의 0%에 가깝게 인하한 금리를 말한다.

114 정답 ③

재할인율 조정이란 중앙은행인 한국은행이 금융기관에 빌려 주는 자금의 금리를 조정하여 통화량을 줄이거나 늘리는 금융정책 수단으로, 낮은 금리로 한국은행이 제공한 대출자금은 기업과 통화량에 큰 영향을 미치기 때문에 이를 금리조정수단으로 이용하고 있다.

115 정답 ④

화폐는 시대에 따라 여러 가지 재료와 모양으로 사용되어 왔으며 화폐의 종류를 살펴 보면 화폐의 발전과정을 알 수 있다. 화폐는 시대에 흐름에 따라 상품화폐 → 금속화폐 → 지폐 → 신용화폐 → 전자화폐의 순으로 발전해 왔다.

116 정답 ④

여신 업무 취급절차는 여신상담 → 여신승인신청 → 여신의 실행 → 여신의 회수 순서로 진행한다.

117 정답 ②

① 수표는 수표법상의 형식적인 요건을 구비하여야 한다.
③ 은행보증가계수표와 일반가계수표로 구분하는 것은 가계수표이다.
④ 은행과의 신용을 통해 당좌계좌를 개설하고 당좌예금을 개설한 자가 발행인이 되며 은행이 지급인이 되는 수표는 당좌수표이다.

118 정답 ④

우리나라에서는 은행과 보험회사가 단순한 판매제휴를 맺고 판매하는 방식이 널리 쓰인다.

119 정답 ④

국내에서 금핵본위제도는 은행권이나 지폐처럼 경제적이고 유통이 편리한 화폐를 유통시키고 금은 중앙에 집중 보유하는 제도를 말한다.

120 정답 ④

본원통화란 중앙은행인 한국은행이 지폐와 동전 등 화폐발행의 독점적 권한을 통해 공급한 통화를 말한다. 한국은행이 예금은행에 대해 대출을 하거나, 외환을 매입하거나, 또는 정부가 중앙은행에 보유하고 있는 정부예금을 인출할 경우 본원통화가 공급된다.

본원통화＝현금통화＋지급준비금
＝현금통화＋(시재금＋지준예치금)
＝(현금통화＋시재금)＋지준예치금
＝화폐발행액＋지준예치금

121 정답 ④

- **인티파다** : Intifada. 인티파다는 봉기 · 반란 · 각성을 뜻하는 아랍어로 이스라엘에 대한 팔레스타인들의 투쟁을 통칭한다.
- **무자헤딘** : Mujahidin. 아랍어로 '성스러운 이슬람 전사'를 뜻하며 아프가니스탄과 이란에 있는 이슬람 게릴라 조직을 말한다.

122 정답 ②

- **영토고권** : 영토에 미치는 국가의 최고권력을 말한다. 영토 안의 모든 사람과 물건에 대한 지배권을 뜻하며, 영토에만 미치는 것이 아니라 영해 · 영공을 포함하는 모든 국가영역에 걸치는 것이므로 영역고권(領域高權)이라고도 한다.

123 정답 ②

- 2년 : 국회의장 · 부의장, 검찰총장, 경찰청장
- 4년 : 감사원장, 감사위원, 국회의원, 지방자치단체의 장, 한국은행 총재
- 5년 : 대통령
- 6년 : 헌법재판소 재판관, 중앙선거관리위원회 위원, 대법원장, 대법관
- 10년 : 일반법관

124 정답 ④

아날로그 신호를 디지털 신호로 전환하기 위해서는 표본화(Sampling) → 양자화(Quantization)의 과정을 거친다.

125 정답 ①

- **멜라토닌** : 밤에 생성되는 호르몬으로 생체 리듬을 조절하며 노화를 방지하는 데도 영향을 준다.
- **칼시토닌** : 혈액 속의 칼슘량을 조절하는 갑상선 호르몬으로 갑상선 C세포에서 분비되는 32개의 아미노산으로 이루어진 폴리펩티드이며, 혈액 속의 칼슘의 농도가 정상치보다 높을 때 그 양을 저하시키는 작용을 한다.
- **프로제스테론** : 난소의 황체에서 생산하는 스테로이드호르몬으로 '여성호르몬' 또는 '황체호르몬'이라고도 한다.
- **도파민** : 호르몬이나 신경전달물질로서 중요한 노르에피네프린과 에피네프린 합성체의 전구물질로 뇌신경 세포의 흥분 전달 역할을 한다.

126 정답 ①

겨울철에는 시베리아 기단의 영향을 받는데, 바이칼호는 시베리아 동남부에 위치하여 우리나라 겨울철 기상통보에 이용되고 있다.

127 정답 ①

1992년 6월 3일~14일까지 브라질 리우데자네이루에서 각국 대표들과 민간단체들이 지구환경보전을 위해 실시한 리우회의에서 유엔환경회의는 리우선언 · 의제 21(Agenda 21) · 기후변화협약 · 생물다양성협약 · 산림 원칙 등을 채택하였고, 지구환경회의는 지구헌장 · 세계 민간단체협약 등을 채택하였다.

128 정답 ③

게이트어레이는 일종의 반주문형 논리집적회로로 표준 논리 IC에 비하여 집적도가 높고, 완전 주문품에 비해 개발기간이 짧아 개발비가 저렴하다는 이점이 있다.

129 정답 ④

제록스 저널리즘(Xerox Journalism)이란 극비 문서의 폭로를 자랑으로 내세우는 저널리즘이다.

130 정답 ③

옛날에 공자가 주역을 즐겨 열심히 읽은 나머지 책을 맨 가죽 끈이 세 번이나 끊어졌다는 데서 유래한 말이다. '韋'는 '가죽'이라는 뜻이다.

02 실전모의고사 2회

001 ②	002 ③	003 ③	004 ④	005 ②	006 ③	007 ③	008 ④	009 ①	010 ③
011 ④	012 ②	013 ①	014 ②	015 ③	016 ②	017 ①	018 ④	019 ④	020 ②
021 ①	022 ③	023 ③	024 ③	025 ①	026 ②	027 ②	028 ③	029 ①	030 ③
031 ④	032 ③	033 ②	034 ①	035 ③	036 ①	037 ③	038 ④	039 ④	040 ③
041 ①	042 ④	043 ③	044 ②	045 ②	046 ①	047 ③	048 ②	049 ②	050 ③
051 ④	052 ③	053 ①	054 ②	055 ④	056 ④	057 ②	058 ④	059 ②	060 ④
061 ④	062 ④	063 ③	064 ②	065 ②	066 ④	067 ④	068 ④	069 ①	070 ④
071 ①	072 ③	073 ②	074 ①	075 ②	076 ③	077 ③	078 ①	079 ①	080 ③
081 ④	082 ④	083 ①	084 ③	085 ②	086 ①	087 ①	088 ②	089 ③	090 ③
091 ④	092 ④	093 ②	094 ①	095 ③	096 ④	097 ②	098 ①	099 ②	100 ②

001 정답 ②

해당 기사에 따르면 하나은행 금연성공 적금은 20일 기준 기본금리 연 1.0%에 금연응원 메시지 회신 또는 HAI뱅킹을 통해 100회차 이상 입금 시 연 0.5%의 우대 금리를 제공된다. 문규는 매일 한번씩 5000원을 120번 입금하였으므로, 기본금리 연 1.0%에 HAI뱅킹을 통해 100회차 이상 입금하였으므로 연 0.5%의 금리가 더해진다. 하지만 금연성공 판정을 받지 못했으므로 추가 금리는 없다. 따라서 문규의 현 상황 최대금리는 연 1.5%이다.

002 정답 ③

첫째 단락에서 'IBK기업은행은 개인사업자와 법인 고객을 대상으로 최대 1.0%포인트(p) 우대금리를 제공하는 'IBK Biz – Plus 적금'을 판매한다'라고 하였으므로, 창업기업이나 장기거래기업의 경우도 조건에 따라 최대 1.0%포인트의 우대금리를 적용받을 수 있다. 우대금리는 계약기간에 따라 0.6%포인트까지 적용받을 수 있고, 창업기업, 장기거래기업, 적금 재예치기업 중 한 가지 조건을 충족하면 0.1%포인트, 대출거래기업, 비대면채널 가입, 만기 월수 4분의 3 이상 자동이체 입금, 목표자금 달성 조건 등을 달성하는 경우 0.3%포인트까지 적용받을 수 있으므로, 전체적으로 최대 1.0%포인트의 우대금리를 적용받을 수 있다.

① 첫째 단락의 '우대금리는 계약기간에 따라 최대 0.6%포인트'라는 내용에서 알 수 있다.
② 둘째 단락의 '정기적립식과 자유적립식으로 가입 가능하고 최초 계약기간은 6개월에서 5년 이하 월 단위로 정할 수 있다. 자유적립식은 만기 시 1년 단위로 최고 9회까지 자동연장 할 수 있어 최장 10년까지 운용 가능하다'라는 내용을 통해, 자유적립식의 계약기간은 6개월 이상이며, 자동연장을 통해 최장 10년까지 운용 가능하다는 것을 알 수 있다.
④ 셋째 단락에서 '상품 출시를 기념해 9월 30일까지 월부금 5백만원 이상 가입 고객을 대상으로 특별우대금리 0.2%포인트를 추가로 제공하는 이벤트를 진행한다. 3년 만기 상품은 최대 연 2.6%, 5년 만기는 최대 연 3.0% 금리를 제공받는다'라는 내용에서 알 수 있다.

003 정답 ③

문제에서 주어진 이벤트는 가족사랑 통장 · 적금 · 대출 신규 가입대상, 가족사랑 고객, 국민행복카드 가입고객을 대상으로 2023년 12월 16일부터 약 보름(15일)간 진행되며, 각 대상에 대하여 응모조건을 충족 시 참여가능하다. 가족사랑 통장 · 적금 · 대출 신규 가입대상이 조건을 충족하면, 모두가 OTP 또는 보안카드를 무료로 받을 수 있다. 가족사랑 고객이 조건을 충족하면, 추첨을 통하여 다양한 상품을 받을 수 있고, 국민행복카드 가입고객이 조건을 충족하면 추첨을 통하여 ○○은행 고객 Gold 등급을 부여 받게 된다. 이 이벤트의 보상에 대하여 제세공과금은 ○○은행에서 부담하며, 당첨자는 문자 또는 이메일로 통보를 받거나, 홈페이지를 방문하여 확인할 수 있다.

004 정답 ④

둘째 문단에서 음주운전에 대한 단속강화의 경우 그것이 '지속적으로 이루어진다면' 음주운전의 억제 효과가 있다고 보았고, 셋째 문단에서도 음주운전에 대한 '일상적인 단속'이 필요하다고 하였다. 따라서 연 2회 '음주운전집중단속주간'을 선정하여 음주운전을 단속하는 것과 같은 일시적 · 집중적 · 단발적 단속은 제시문의 연구결과에서 도출될 수 있는 예방대책과는 차이가 있다.

005 정답 ②

의료보험에 가입 시 변액보험에 미가입하며, 의료보험이 필수라고 했으므로 이를 통해 '변액보험에 가입하지 않는다'를 도출할 수 있다. 또한 정기적금에 가입 시 변액보험에 가입한다고 하였으므로 '정기적금에 가입하지 않는다'가 도출될 수 있다. 변액보험에 가입하지 않을 경우 정기적금에 가입하지 않는다고 하였고, 정기적금에 가입하지 않는다는 결론을 토대로 '연금저축에 가입한다'와 '주택마련저축에 가입한다'를 도출할 수 있다. 조건에서 해외펀드에 가입할 경우 주택마련저축에 가입하지 않는다고 하였으나, 주택마련에 가입한다는 결론이 도출되어 있으므로 이를 토대로 '해외펀드에 가입하지 않는다'가 도출될 수 있으며 이를 토대로 '주식형 펀드와 해외펀드 중 하나만 가입한다'의 경우 주식형 펀드만 가입한다는 결론이 도출되므로 정답은 ②임을 알 수 있다.

006 정답 ③

의미상 '입찰'이 적합하다. '입찰'은 '상품의 매매나 도급 계약을 체결할 때 여러 희망자들에게 각자의 낙찰 희망 가격을 서면으로 제출하게 하는 일'을 뜻한다.

① '낙찰'은 '경매나 경쟁입찰 등에서 물건이나 일이 일정한 가격으로 결정되는 것'을 의미한다.
② '응찰'은 '입찰에 참가함'이라는 의미이다.
④ '상장'은 '주식이나 어떤 물건을 매매 대상으로 하기 위해 해당 거래소에 일정 자격 · 조건을 갖춘 거래 물건으로서 등록하는 일'을 의미한다.

007 정답 ③

제시문의 밑줄 친 '이름'은 '겉으로 내세우는 구실이나 명분, 까닭' 등을 의미한다. ③의 경우도 이러한 의미로 사용되었다.

① 여기서의 '이름'은 '사람의 성(姓) 다음에 붙어 다른 사람과 구별하는 부르는 말'이라는 의미이다.
② '세상에 널리 알려진 소문이나 평판, 명성'을 의미한다.
④ '명예나 체면, 체통'을 의미한다.

008 정답 ④

넷째 단락에서 '가스공사는 현재 남북러 가스관사업과 무관하게 에너지 안보차원에서 가스 저장비율을 늘리기 위해 제5기지 등 생산기지를 확장하고 있다'라고 하였는데, 이를 통해 가스공사는 가스관사업의 무관하게 에너지 안보차원에서 가스 저장비율을 늘리기 위해 생산기지를 확장하고 있다고 할 수 있다. 따라서 ④는 추론내용으로 적절하지 않다.

① 셋째 단락의 '강 연구원은 "남북러 가스관사업의 건설비용 약 34억 달러 가운데 상당부분은 가스공사의 설비투자로 진행될 가능성이 높다"'라고 한 내용에서 알 수 있다.
② 첫째 단락에서 '남북러 가스관(PNG, Pipeline Natural Gas)사업은 러시아의 천연가스를 파이프라인을 통해 북한을 거쳐 한국에 들여오는 사업으로 최근 대북제재 완화 가능성이 커지면서 기대감이 높아지고 있다'라고 하였는데, 이를 통해 대북제재의 강도에 따라 남북러 가스관사업의 실행 가능성이 결정된다는 것을 추론할 수 있다.
③ 둘째 단락의 '남북러 가스관사업이 성사되면 파이프라인을 통해 들여오는 러시아의 천연가스는 장기적으로 인도네시아, 말레이시아, 예멘 등에서 들여오는 약 500만 톤가량의 기존 장기 액화천연가스(LNG) 물량을 대체할 것으로 예상된다'에서 알 수 있는 내용이다.

009 정답 ①

제시된 글은 우리말을 적당히 표현하기 위해 마지못해 들여온 외국말이 우리말을 대신하게 되었다는 내용이다. 따라서 이에 가장 적합한 속담은 ①이다. '굴러 온 돌이 박힌 돌 뺀다'는 것은 외부에서 새로 들어온 사람이 본래 있던 사람을 내쫓거나 해를 입힌다는 것을 비유적으로 이르는 속담이다.

② '발 없는 말이 천 리 간다'는 순식간에 멀리까지 퍼져 나가므로 말을 삼가야 함을 비유적으로 이르는 속담이다.
③ '낮말은 새가 듣고 밤말은 쥐가 듣는다'는 것은 비밀은 결국 지켜지지 않고 남의 귀에 들어간다는 뜻으로, 항상 말조심을 해야 함을 비유적으로 이르는 속담이다.
④ '말은 해야 맛이고 고기는 씹어야 맛이다'는 마땅히 할 말은 해야 한다는 것을 의미하는 속담이다.

010 정답 ③

이름이 한자로 되어 있는 명함을 받을 경우, 이름을 잘못 부르는 것은 예의에 벗어나므로 모르는 한자가 있으면 물어보는 것이 예절이다.

011 정답 ④

〈경제 이론 6〉에서는 '농업 생산성이 증가하면 적은 노동력만 농업 부문에 투입할 수 있게 되어 타 부문에 투입될 수 있는 잉여노동력이 생기게 된다'라고 하였다. 그런데 〈역사적 사실〉에서 19세기 유럽의 농업 생산성 증가로 인한 농업 종사자 비율 감소나 타 산업 부문의 성장 유발에 관한 내용은 전혀 언급되지 않았다. 따라서 ④의 경우 제시된 〈경제 이론〉과 〈역사적 사실〉에서 추론할 수 없는 내용에 해당한다.

012 정답 ②

㉠ 갑에 대한 복용법 및 주의사항에서 '식사를 거르게 될 경우에 복용을 거릅니다'라고 하였으므로, 식사를 거르게 될 경우 복용할 수 없다는 것을 알 수 있다. 또한 을의 경우 '매 식사 도중 또는 식사 직후에 복용합니다', '식사 후 1시간이 초과되었다면 다음 식사에 다음 번 분량만을 복용합니다'라고 했으므로, 식사 도중이나 식사 후 1시간 내에 복용한다는 것을 알 수 있다. 따라서 ㉠은 옳은 설명이다.

㉣ 갑의 경우 복용법 및 주의사항에서 식전 30분부터 식사 직전까지 복용이 가능하다고 했고, 야뇨(夜尿)를 피하기 위해 최종 복용시간은 오후 6시까지로 한다고 했다. 따라서 갑을 저녁식사 전에 복용하려는 경우 저녁식사는 늦어도 오후 6시 30분에는 시작해야 한다. 따라서 ㉣도 옳은 설명이 된다.

㉡ 갑의 복용법 및 주의사항에서 '정기적으로 혈당(혈액 속에 섞여 있는 당분)을 측정해야 합니다'라고 했으므로, 갑을 복용하는 경우도 정기적인 혈액검사를 해야 한다는 것을 알 수 있다.

㉢ 갑은 식전 30분부터 식사 직전까지 복용이 가능하므로, 최대한 빨리 복용하는 경우 식전 30분에 복용할 수 있다. 또한 을은 식사 후 1시간 이내에 복용하면 되므로, 최대한 늦게 복용하는 경우 식후 1시간 후에 복용할 수 있다. 따라서 동일 시간에 30분 동안 식사를 한다고 할 때, 두 약의 복용시간은 최대 2시간 차이가 날 수 있다.

013 정답 ①

㉠ 어떤 명제 'A가 B이면, C는 D이다'가 참일 때 그 명제의 '대우'인 'C가 D가 아니면, A는 B가 아니다'도 참이 된다. ㉠의 경우도 결론은 전제가 된 명제의 대우에 해당하므로, 반드시 참이 된다.

㉡ 어떤 명제가 참이라고 해서 그 명제의 '역'이 항상 참이 되는 것은 아니다. ㉡의 경우 결론이 전제의 역에 해당하므로, 항상 참이 되는 것은 아니다.

㉢ 어떤 명제가 참인 경우 그 명제의 '이'도 항상 참이 되는 것은 아니다. ㉢의 경우 결론이 전제의 이에 해당하므로, 항상 참이 되는 것은 아니다.

014 정답 ②

글쓴이는 완전하게 경제적 평등을 이룩한 사회는 예전에도 없었고, 지금도 없으며, 인간 사회에는 보통 사람들만 살고 있는 것이 아니라, 남보다 훨씬 잘 사는 사람과 끼니조차 잇기 힘든 사람들이 반드시 섞여 살기 마련이라고 말하고 있다. 따라서 경제적 평등을 이룩했던 과거 시대의 상황을 고찰하는 것은 글의 내용과 일치하지 않는다.

015 정답 ③

실물적 경기 변동 이론에서 경기 변동의 주원인을 기술 혁신, 유가 상승과 같은 실물적 요인으로 설명한다고 하였다. 유가가 상승하면 기업은 생산 과정에서 에너지를 덜 쓰게 되므로 고용량과 생산량이 줄어든다. 따라서 유가 상승이 생산 과정에서 쓰이는 에너지를 감소시켜서 생산량을 늘리는 실물적 요인으로 작용한다고 본다는 진술은 적절하지 않다.

016 정답 ②

둘째 문단에서 '기업은 단기 이익의 극대화가 장기 이익의 극대화와 상충될 때 단기 이익을 과감히 포기하기도 한다.'고 하였다. 그러나 이는 단기적 손해가 장기 이익을 보장한다는 것은 아니므로 ②는 글의 내용과 일치하지 않는다.

017 정답 ①

세계화는 민주주의의 질적 향상을 통해 국가의 의미를 강화하였다는 것은 제시문을 통해 알 수 없는 내용이다.

018 정답 ④

제시문의 두 번째 문장에서 '최근 철강 제품 수입이 크게 늘어나면서 철강 제품 가격이 25%까지 떨어졌으며'라고 나와 있으므로 ④는 지문의 내용과 일치한다.

019 정답 ④

둘째 단락의 중반부에서 '인간의 요구 조건만이 아니라 자연의 필요조건도 들어주어야 한다는 것을 인식하게 되었다'라고 하였고, 후반부에서는 '우리의 건축 행위가 적극적으로 어떤 가치를 만들어 내느냐도 생각해야 하지만 그것으로 인해서 어떤 부정적 결과가 야기되는 지도 고려해 봐야 한다는 뜻이다. 여기서 네거티비즘이라고 한 것은 이러한 부정적 측면도 고려해 보는 사고방식을 표현하기 위한 것이다'라고 하였다. 결국 이를 통해 네거티비즘 건축이 추구하는 것은 인간의 건축적 요구 조건과 자연의 필요조건을 잘 조화시키는 입장이라는 것을 알 수 있다. 따라서 ④가 가장 적절한 설명이다.

① 네거티비즘 건축은 적극적인 건축 행위를 하되 그로 인해 어떤 부정적 결과가 야기되는 지도 고려해야 한다는 사고방식을 표현한 것이다. 따라서 ①은 적절하지 않다.

② 셋째 단락에서 '인간 중심적인 면이나 건축주의 요청만을 고려하기 때문에 건축 설계에서 제외되기 쉬운 중요한 측면들을 신중하게 고려하자는 것이 네거티비즘의 뜻'이라고 하였다. 따라서 ②도 적절하지 않다.

③ 첫째 단락에서 여유의 공간을 넓은 공간으로 생각하지 않은 것은 자연과의 조화를 최대한으로 살리는 공간 개념을 근거로 하였기 때문이라고 했고, 둘째 단락에서 팽창 위주의 건물 행위는 자연의 필요조건도 들어주어야 하므로 계속될 수 없다고 하였다. 따라서 ③도 네거티비즘 건축과는 거리가 먼 설명이다.

020 정답 ②

제시문은 건축 과정에서 인간의 요구 조건만이 아니라 자연의 필요 조건도 들어줘야 한다는 것, 즉 자연과 인간의 조화를 함께 고려해야 한다는 견해를 드러낸 글이다. ②는 송순의 시조로 자연에 대한 사랑과 자연과 함께 어우러져 살아가는 안빈낙도의 삶을 노래하고 있으므로, 글쓴이의 견해를 강조하는 내용의 시조가 될 수 있다.

① 이방원의 '하여가'로, 처세에의 지극한 권유가 주제이다.

③ 조선 인조 때 이정환의 '국치비가' 중 한 수로, 병자호란을 당한 애통함을 읊은 시조이다.

④ 조선 중기 이정보의 시조로, 국화(선비)의 높은 절개를 예찬한 작품이다.

021 정답 ①

어떤 수를 x라 하면

$x \div 8 - 20 = 22$, $x \div 8 = 42$, $x = 336$

따라서 계산을 바르게 한다면

$336 \times 8 + 20 = 2,708$

022 정답 ③

주머니 속의 구슬을 꺼낼 때 나올 수 있는 수는 1~15이므로, 총합은 120이다. 따라서 나올 수 있는 숫자의 평균은 $120 \div 15 = 8$이다.

023 정답 ③

연수 자료 준비사항을 정리하면

인쇄해야 할 총 페이지=135(명)×120=16,200(장)

컬러 표지=135(명)×2=270(장)

무선제본처리=135개

가 인쇄소	(567,000+135,000+243,000)−50,000=895,000
나 인쇄소	761,400+121,500=882,900
다 인쇄소	615,600+202,500=818,100
라 인쇄소	(729,000+108,000+135,000)×0.9=874,800

따라서 A대리는 4개의 인쇄소 중 비용이 가장 저렴한 '다 인쇄소(818,100원)'를 선택할 것이다.

024 정답 ③

'거리=속력×시간'이므로, 갑이 5시간 동안 걸은 거리는 '4.62×5=23.1(km)'이다. 또한 '걸린 시간=$\frac{거리}{속력}$'이므로, 을은 출발점에서 23.1km떨어진 목표지점에 도착하기까지 걸리는 시간은 '$\frac{23.1}{3.3}$=7시간'이다. 따라서 갑이 도착한 뒤 '2시간' 후에 을이 도착한다.

025 정답 ①

지난 달 갑의 에어컨 판매수량을 x(대), 지난 달 을의 에어컨 판매수량을 y(대)라 할 때, '$x+y=250$'이 된다. 이번 달에 갑의 판매수량이 30% 증가했고 을은 20% 감소하여, 두 사람이 합해서 20% 증가했으므로, '$(1+0.3)x+(1-0.2)y=250\times(1+0.2)$'가 되며, 이는 '$1.3x+0.8y=300$'로 정리할 수 있다. 여기서 앞의 '$x+y=250$'에서 '$y=250-x$'이므로, 이를 '$1.3x+0.8y=300$'에 대입하여 풀면, '$x=200$', '$y=50$'이 된다.

지난 달 을의 판매수량이 50대이므로, 이번 달 판매수량은 지난 달 수량보다 20% 감소했으므로, '50×0.8=40(대)'가 된다.

026 정답 ②

전체 지폐가 10장이고 이 중 위조지폐는 3장이 있으므로, 먼저 갑이 고른 지폐가 위조지폐일 확률은 '$\frac{3}{10}$'이 된다. 이 경우 남은 지폐는 9장이며, 이 중 위조지폐는 모두 2장이 남게 되므로, 을이 고른 지폐도 위조지폐일 확률은 '$\frac{2}{9}$'가 된다. 따라서 갑, 을 두 사람이 고른 지폐가 모두 위조지폐일 확률은 '$\frac{3}{10}\times\frac{2}{9}=\frac{1}{15}$'이 된다.

027 정답 ②

'과목석차 백분율(%)=$\frac{과목석차}{과목이수인원}\times 100$'이므로, 〈표1〉과 〈표2〉를 통해 과목석차 백분율과 해당 과목별 등급을 구하면 다음과 같다.

구분 / 과목	이수단위(단위)	석차(등)	이수인원(명)	과목석차 백분율(%)	등급
국어	3	270	300	90	8
영어	3	44	300	(대략) 14.7	3
수학	2	27	300	9	2
과학	3	165	300	55	5

평균등급은 '$\frac{(과목별\ 등급\times 과목별\ 이수단위)의\ 합}{과목별\ 이수단위의\ 합}$'이므로,

'갑'의 4개 과목 평균등급은

'$\frac{(8\times3)+(3\times3)+(2\times2)+(5\times3)}{11}\fallingdotseq4.7$'이 된다.

따라서 4개 과목 평균등급 M의 범위로 적절한 것은 ②이다.

028 정답 ③

현금기부금은 총기부금에서 현금기부가 차지하는 비율과 같으므로, '총기부금 × 현금기부율(%)'로 구할 수 있다. 〈표1〉을 토대로 2023년의 기업별 현금기부금을 구하면 다음과 같다.

- A기업 : 350 × 0.2 = 70(억원)
- B기업 : 300 × 0.24 = 72(억원)
- C기업 : 280 × 0.26 = 72.8(억원)
- D기업 : 250 × 0.15 = 37.5(억원)
- E기업 : 240 × 0.29 = 69.2(억원)

따라서 2023년의 현금기부금이 가장 많은 기업은 C기업이다.

029 정답 ①

〈표2〉를 통해 2019년 이후 기부금 총액과 기업의 기부금 총액이 매년 지속적으로 증가하고 있음을 알 수 있다. 따라서 ㉠은 옳은 설명이다.

㉡ 기부금 총액에서 기업의 기부금이 차지하는 비중은 2019년의 경우 '$\frac{1,980}{5,520}\times100\fallingdotseq35.9\%$'이며, 2020년의 경우 '$\frac{2,190}{6,240}\times100\fallingdotseq35.1\%$', 2021년의 경우 '$\frac{2,350}{7,090}\times100\fallingdotseq33.1\%$'이므로, 2019년부터 2021년까지는 매년 감소하였다는 것을 알 수 있다. 따라서 ㉡은 옳지 않은 설명이다.

㉢ 〈표 1〉에서 2023년 상위 5개 기업의 총기부금을 구하면 '350 + 300 + 280 + 250 + 240 = 1,420(억원)'인데, 기부금 총액은 8,220(억원)이므로 상위 5개 기업의 총기부금은 '$\frac{1,420}{8,220}\times100\fallingdotseq17.3\%$'이다. 따라서 17% 이상이므로, ㉢은 옳지 않다.

030 정답 ③

'예상높이(m) = 2 × 층수 + 200'이므로, 예상높이와 실제높이 및 그 높이 차이를 구하면 다음과 같다.

건물 이름	층수	예상높이(m)	실제높이(m)	예상높이와 실제 높이의 차이(m)
A 빌딩	108	416(2 × 108 + 200)	442	26
B 타워	102	404(2 × 102 + 200)	383	21
C 빌딩	101	402(2 × 101 + 200)	449	47
D 타워	88	376(2 × 88 + 200)	422	46
E 빌딩	80	360(2 × 80 + 200)	398	38

따라서 예상높이와 실제높이의 차이가 가장 큰 건물과 가장 작은 건물은 각각 'C 빌딩'과 'B타워'이다.

031 정답 ④

㉡ 만화/캐릭터와 컴퓨터 프로그램, 게임의 세 종류를 제외한 항목에서는 모두 고등학생의 구입 경험의 비율이 높다. 따라서 ㉡은 옳은 내용이다.

㉣ 모두 정품만을 구입했다는 것은 정품 구입 횟수가 '10회 중 10회'라는 것을 의미한다. 중학교가 55.9%로 이 비율이 가장 높으므로, ㉣은 옳은 내용이 된다.

㉠ '만화/캐릭터'는 초등학생의 구입경험이 73.2%로, 중학생이나 고등학생보다 구입 경험의 비율이 높은 것은 사실이다. 그러나 '게임' 구입 경험에 있어 학교급 간의 차이의 경우, 초등학교(58.9%)와 고등학교(56.8%) 간의 차이가 '2.1%'이므로, 2% 이상이 된다. 따라서 ㉠은 옳지 않다.

㉢ 모두 정품만을 구입했다는 것은 정품 구입 횟수가 10회 중 10회라는 것을 의미하는데, 초등학생의 경우 이 비율이 35.3%에 그치고 있으므로, 응답자의 절반 이하가 모두 정품만을 구입한 것이다. 따라서 ㉢도 옳지 않은 내용이다.

032 정답 ③

10회 중 5회 이하 정품을 구입하였다고 응답한 학생의 비율이 가장 높은 학교급은 고등학교로, 이 비율은 '6.8 + 5.0 + 3.6 = 15.4(%)'이다. 응답 학생의 비율이 가장 낮은 학교급은 중학교로, 이 비율은 '4.9 + 1.9 + 1.9 = 8.7(%)'이다. 각각 1,000명이 응답을 했다고 했으므로, 이 비율에 해당하는 고등학생 수는 '1,000 × 0.154 = 154(명)'이며, 중학생 수는 '1,000 × 0.087 = 87(명)'이다. 따라서 그 차이는 '67명'이 된다.

033 정답 ②

㉠ 연장 요금은 기본 요금 시간 초과 시 30분 단위로 부과된다고 하였으므로, 렌트 시간이 2시간 10분인 경우 요금제에 따라 부과되는 요금은 다음과 같다.

- A 요금제 : 15,000원 + (1,000원 × 3) = 18,000원
- B 요금제 : 17,000원

따라서 B 요금제가 더 저렴하므로, ㉠은 옳은 설명이다.

㉣ B 요금제의 연장 요금을 30분당 2,000원으로 인상한다면, 렌트 시간이 4시간인 경우 요금제에 따라 부과되는 요금은 다음과 같다.

- A 요금제 : 15,000원 + (1,000원 × 6) = 21,000원
- B 요금제 : 17,000원 + (2,000원 × 2) = 21,000원

따라서 두 요금제에서 부과되는 요금이 같으므로, ㉣도 옳은 설명이다.

㉡ 렌트 시간이 3시간 30분인 경우 요금제에 따라 부과되는 요금은 다음과 같다.
- **A 요금제** : 15,000원+(1,000원×5)=20,000원
- **B 요금제** : 17,000원+1,300원=18,300원

따라서 B 요금제가 더 저렴하므로, ㉡은 옳지 않다.

㉢ 렌트 시간이 5시간인 경우 요금제에 따라 부과되는 요금은 다음과 같다.
- **A 요금제** : 15,000원+(1,000원×8)=23,000원
- **B 요금제** : 17,000원+(1,300원×4)=22,200원

따라서 B 요금제가 더 저렴하므로, ㉢도 옳지 않다.

034 정답 ①

제시된 글에서 화살은 4개 칸 중 하나에 명중하며, 하나의 칸에 여러 개의 화살이 명중할 수 있다고 했다. 또한 화살의 색깔과 명중한 칸의 색깔이 일치하면 1점을 더 받고, 노란색 화살이 파란색 칸에 명중하는 경우는 1점을 덜 받는고 하였다. 이를 토대로 '갑~정'이 받을 수 있는 점수 범위를 구하면 다음과 같다.

- **갑의 점수 범위** : 최대 21점(모두 빨간색에 명중하는 경우), 최소 7점(모두 파란색에 명중하는 경우)
- **을의 점수 범위** : 최대 20점(모두 빨간색에 명중하는 경우), 최소 8점(모두 파란색에 명중하는 경우)
- **병의 점수 범위** : 최대 20점(모두 빨간색에 명중하는 경우), 최소 7점(모두 파란색에 명중하는 경우)
- **정의 점수 범위** : 최대 20점(모두 빨간색에 명중하는 경우), 최소 9점(모두 파란색에 명중하는 경우)

㉠ · ㉡ 위의 결과를 통해 모두 옳은 설명임을 알 수 있다.

㉢ '갑'의 최종 점수가 10점이 되려면, 빨간색 화살은 파란색 칸에 명중하고 노란색 화살은 초록색 칸에 명중하여야 한다. 이에 비해 '병'의 경우 초록색 화살은 초록색 칸에 명중하고 노란색 화살을 파란색 칸에 명중시켜도 최종 점수가 10점이 된다. 따라서 ㉢은 옳지 않은 설명이다.

㉣ '병'과 '정'의 화살 4개가 모두 파란색 칸에 명중한 경우, '병'은 최종 점수가 '7점'이 되고 '정'은 최종 점수가 '9점'이 된다. 따라서 ㉣은 옳지 않다.

035 정답 ③

〈그림2〉는 〈그림1〉에 있는 두 지점 1, 2를 중심으로 각각 특정한 반지름의 동심원을 그렸을 때 포함되는 점 개수의 추세를 표현한 것이라 하였으므로, 이를 토대로 반지름 크기에 따라 포함되는 점의 개수를 살펴보면 다음과 같다.

- A : 동심원의 반지름이 작을 때는 '1'을 중심으로 하는 원에 포함되는 점의 개수는 상대적으로 많고, '2'를 중심으로 하는 원에 포함되는 점의 개수는 적다. 동심원의 반지름이 증가할수록 '1'을 중심으로 하는 원에 포함되는 점의 개수는 점점 적게 증가하고, '2'를 중심으로 하는 원에 포함되는 점의 개수는 점점 많아진다. 동심원의 반지름이 아주 커진 경우 둘 다 포함되는 점이 드물어진다. 이런 추세를 모두 바르게 나타낸 것은 '(ㄴ)'이 된다.
- B : 동심원의 반지름이 작을 때는 '1'을 중심으로 하는 원에 포함되는 점의 개수가 '2'를 중심으로 하는 원에 포함되는 점의 개수보다 조금 많다. 동심원의 반지름이 커질수록 '1'과 '2'를 중심으로 하는 원에 포함되는 점의 개수는 모두 비교적 일정하게 증가한다. 동심원이 아주 커진 경우 '1'과 '2'의 경우 모두 증가하는 점의 개수가 줄어든다. 이러한 추세에 가장 알맞은 것은 '(ㄱ)'이다.
- C : 동심원의 반지름이 작을 때는 '2'를 중심으로 하는 원에 포함된 점의 개수가 더 많다. 그러나 동심원의 반지름이 중간 정도로 커진 경우, '1'을 중심으로 하는 원에 포함되는 점의 개수가 더 많아진다. 동심원의 반지름이 아주 커진 경우 둘 다 포함되는 원의 개수가 점점 줄어든다. 이러한 추세로 알맞은 것은 '(ㄹ)'이다.

036 정답 ①

지출내역과 〈신용카드별 할인혜택〉에 근거하여 세 카드의 할인액을 구하면 다음과 같다.

㉠ A신용카드 할인액
- **버스 · 지하철, KTX 요금 20% 할인(단, 할인액의 한도는 월 2만원)** : 2만원(월 한도액)
- **외식비 주말 결제액 5% 할인** : 5×0.05=0.25만원
- **학원 수강료 10% 할인** : 20×0.1=2만원

따라서 A신용카드의 총 할인액은 '4.25만원'이 된다.

㉡ B신용카드 할인액
- **버스 · 지하철, KTX 요금 10% 할인(단, 할인액의 한도는 월 1만원)** : 1만원(월 한도액)
- **외식비 평일 결제액 10% 할인** : 10×0.1=1만원
- **온라인 의류구입비 10% 할인** : 15×0.1=1.5만원
- **도서구입비 권당 3천원 할인(단, 권당 가격이 1만2천원 이상인 경우에만 적용)** : 0.9만원(3권 할인)

따라서 B신용카드의 총 할인액은 '4.4만원'이 되나, 최대 총 할인 한도액은 월 4만원이므로 총 할인액은 '4만원'이 된다.

㉢ C신용카드 할인액
- **버스 · 지하철, 택시 요금 10% 할인(단, 할인액의 한도는 월 1만원)** : 1만원
- **카페 지출액 10% 할인** : 5×0.1=0.5만원
- **재래시장 식료품 구입비 10% 할인** : 5×0.1=0.5만원
- **영화관람료 회당 2천원 할인(월 최대 2회)** : 0.2×2=0.4만원
- **학원 수강료 7.5% 할인** : 20×0.075=1.5만원

따라서 C신용카드의 총 할인액은 '3.9만원'이 된다.

이상을 종합하면 신용카드의 총 할인액이 큰 순서대로 나열하면 'A, B, C'가 된다.

037 정답 ③

㉡ 국내총생산은 1925년까지는 매년 증가하였고, 1926년부터는 매년 감소하였다.

㉢ 대일무역총액지수는 '$\frac{\text{당해연도대일무역총액}}{\text{1921년대일무역총액}} \times 100$'이므로, 1927년의 대일무역총액지수는 '$\frac{599}{353} \times 100 \fallingdotseq 170$'이 된다.

㉠ 대일 수출액은 증가하다 1929년 이후 감소하였고, 대일 수출액도 증가하다가 1930년에 감소하였다.

㉣ 1922년의 전년대비 국내총생산 증가율은 '$\frac{(1,432-1,299)}{1,299} \times 100 \fallingdotseq 10.2\%$'이므로, 10% 이상이 된다.

038 정답 ④

④의 그래프에는 당해연도 국내총생산 대비 당해연도 대일수입액 비율의 가장 큰 연도가 1928년으로 나타나 있는데, 이 비율을 구하면 직접 구하면 1928년이 '$\frac{295}{1,529} \times 100 \fallingdotseq 19.3\%$'이고, 1930년이 '$\frac{278}{1,158} \times 100 \fallingdotseq 24.0\%$'이 된다. 따라서 1930년이 더 크므로, ④는 옳지 않다. 비율을 직접 계산하지 않아도 수치의 비교를 통해 후자가 더 크다는 것을 알 수 있다. 이러한 유형의 문제는 그래프의 최대값(연도)과 최솟값(연도)이 맞는 확인해 보는 것이 문제를 가장 빨리 해결하는 방법이 된다. 나머지 ①~③의 그래프는 〈표〉의 내용을 모두 적절하게 반영하고 있다.

039 정답 ④

월 이용요금은 월 기본요금에 통화요금과 문자발신요금, 데이터 이용요금을 합친 것이다. 제시된 세 요금제의 이용조건에 따른 월 이용요금을 구하면 다음과 같다.

- **A요금제 이용요금** : 25,000(원) + {3,600(초) × 1.2(원)} + (2,000 × 5) = 39,320(원)
- **B요금제 이용요금** : 15,000(원) + {7,200(초) × 1.9(원)} + {30(건) × 15(원)} + (3,000 × 5) = 44,130(원)
- **C요금제 이용요금** : 20,000(원) + {5,400(초) × 1.5(원)} + (2,200 × 5) = 39,100(원)

따라서 문제의 사용 조건에 해당하는 사람이 가장 저렴하게 이용할 수 있는 요금제는 C이고 가장 비싼 요금제는 B이다.

040 정답 ③

B요금제를 이용 중인 사람이 문제의 조건만큼 사용했다면, 부과될 요금은 '15,000 + (5,400 × 1.9) + (60 × 15) + (3,000 × 4) = 38,160원'

041 정답 ①

㉠ 투자규모가 100~500만 달러인 투자금액 비율은 19.4%이며, 500만 달러 이상인 투자금액 비율은 69.4%이므로, 투자규모가 100만 달러 이상인 투자금액 비율은 88.8%가 된다. 따라서 85% 이상이다

㉡ 투자건수 비율은 '$\frac{\text{투자규모별외국인직접투자건수}}{\text{전체외국인직접투자건수}}$'인데, 전체 외국 직접투자 건수는 동일하므로, 투자규모별 외국인 직접투자 건수는 투자건수 비율로 비교할 수 있다. 투자규모가 100~500만 달러인 투자건수 비율은 11.9%, 500만 달러 이상인 투자건수 비율은 4.5%이므로, 100만 달러 이상의 투자건수 비율은 16.4%가 된다. 이에 비해 5만 달러 미만의 투자건수 비율은 28.0%이므로, 투자규모가 100만 달러 이상인 투자건수는 5만 달러 미만의 투자건수보다 적다고 할 수 있다.

㉢ 투자규모가 5만 달러 미만인 투자건수 비율은 28.0%이고, 5~10만 달러인 투자건수 비율은 20.9%, 10~50만 달러 미만인 투자건수 비율은 26.0%이므로, 투자규모가 50만 달러 미만인 투자건수 비율은 74.9%이다. 따라서 70% 이상이 된다.

㉣ 투자규모가 100만 달러 이상 500만 달러 미만인 투자금액 비율은 19.4%이며, 투자규모가 50만 달러 미만의 투자금액 비율은 6.5%이므로, 전자가 더 크다.

042 정답 ④

선택지에 제시된 온도별 재배 가능 식물을 구하면 다음과 같다.

- 13℃ : A, B(2가지)
- 17℃ : A, E(2가지)
- 21℃ : D, E(2가지)
- 25℃ : C, D, E(3가지)

따라서 가장 많은 식물을 재배할 수 있는 온도는 ④이다.

043 정답 ③

선택지에 제시된 온도별로 재배할 수 있는 상품가치의 총합을 구하면 다음과 같다.

- 15℃ : 10,000원(A) + 25,000원(B) + 35,000원(E) = 70,000원
- 20℃ : 10,000원(A) + 15,000원(D) + 35,000원(E) = 60,000원
- 25℃ : 30,000원(C) + 15,000원(D) + 35,000원(E) = 80,000원
- 30℃ : 30,000원(C) + 15,000원(D) = 45,000원

따라서 얻을 수 있는 상품가치의 총합의 가장 큰 온도는 25℃이며,

그때 상품가치의 총합은 80,000원이다.

044 정답 ②

㉠ (A통장, B통장)과 ㉣ (B통장, C통장) 잔액의 합을 비교해보면, C통장 잔액은 A통장보다 100만원이 더 많다는 것을 알 수 있다. 그리고 ㉡과 ㉤ 잔액의 비교에서, E통장 잔액은 C통장보다 100만원이 더 많다는 것을 알 수 있다. 따라서 E통장 잔액은 A통장보다 200만원이 더 많으므로, 'E통장 잔액＝A통장 잔액＋200만원'이 된다. 이를 ㉢ (A통장, E통장) 잔액의 합(1,400만원)과 비교해보면, A통장 잔액은 '600만원'이 된다는 것을 알 수 있다.

045 정답 ②

㉢ 〈규칙〉에서 첫째 날 1경기부터 시작되어 10경기까지 순서대로 매일 한 경기씩 진행된다고 하였으므로, 총 4번의 경기를 치러야 우승할 수 있는 자리는 E, F, G, H, I, J의 6개이고, 총 3번의 경기를 치르고 우승할 수 있는 자리는 A, B, C, D, K의 5개이다. 따라서 전자의 자리에 배정될 확률이 후자의 자리에 배정될 확률보다 높다고 할 수 있으므로, ㉢은 옳다.

㉠ 경기의 규칙상 우승할 수 있는 최소한의 경기 수는 3경기이다. 따라서 이틀 연속 경기를 하지 않으면서, 3경기로 우승할 수 있는 자리는 A, B, C, D의 4개이다. K자리의 경우 3경로 우승할 수 있는 자리이나, 이틀 연속 경기를 치러야(8경기, 9경기, 10경기) 하므로 적절하지 않다. 따라서 ㉠은 옳지 않다.

㉡ 매일 하루에 한 경기씩 쉬는 날 없이 진행되므로, 첫 번째 자리에서 승리한 후 두 번째 경기 전까지 3일 이상 경기 없이 쉴 수 있는 자리는 A~J이다. 따라서 그 자리에 배정될 확률은 50% 이상이 되므로, ㉡은 옳지 않다.

046 정답 ①

〈표2〉의 순위점수합은 현민 : 11점, 지현 : 3＋1＋1＋2＋3＝10점, 준영 : 1＋2＋3＋1＋2＝9점이므로 현민이 가장 크다.

② 〈표1〉의 비율점수법 중 중앙3합은 현민 : 19점, 지현 : 7＋6＋8＝21점, 준영 : 5＋7＋6＝18점이므로 이 점수가 가장 큰 지원자는 지현이다. 하지만 ①번과 같이 순위점수합이 가장 큰 지원자는 현민이다.

③ 〈표 1〉의 비율점수법 중 전체합은 현민 : 28점, 지현 : 9＋7＋6＋3＋8＝33점, 준영 : 5＋6＋7＋2＋6＝28점이므로 지현 1등, 현민, 준영이 공동 2등이지만 중앙 3합은 ②번 해설과 같이 지현 1등, 현민 2등, 준영 3등이므로 등수가 같지 않다.

④ 위 ②번 해설과 같이 비율점수법 중 전체합이 가장 큰 지원자는 지현이다.

047 정답 ③

ㄱ. 경제통합의 경우 역외국의 수출에 대해서 관세 등의 차별적 무역제한 조치가 부과될 수 있으므로, ㄱ의 전략은 수출에 100% 의존하고 있는 '갑'국이 취할 수 있는 전략이다. '을'국은 100% 현지생산을 통해 통상관계가 이루어지고 있으므로 관세 부과로 인한 차별은 받지 않을 것이다.

ㄴ. 이 전략은 이미 해외투자를 하고 있는 '을'국이 비교우위를 고려하여 보다 합리적으로 재배치할 필요가 있을 때 취할 수 있는 전략이다.

ㄷ. 경제통합지역의 잠재적 수요증가가 예측될 때의 공격적 해외직접투자전략은, 새로 해외직접투자를 고려하는 '갑'국이나 이미 직접투자를 하고 있는 '을'국에게 모두 필요한 전략이라 할 수 있다.

따라서 경제통합에 따라 '갑'국은 'ㄱ, ㄷ'의 전략을, '을'국은 'ㄴ, ㄷ'의 전략을 취하는 것이 적절하다.

048 정답 ②

㉠ 각 평가항목의 가중치가 모두 같으므로, 평가점수의 총점은 각 평가항목 점수의 평균과 같다. 따라서 A시설의 경우 평가점수의 총점은 91점이므로, 관리 정원을 감축하지 않아도 된다.

㉢ C시설의 평가점수 총점은 67점이므로, 평가 등급이 4등급인 시설이 된다.

㉡ B시설의 평가점수의 총점은 79점이므로 3등급에 해당하여 관리 정원의 10%를 감축해야 한다.

㉣ D시설의 평가 점수 총점은 70점이므로 3등급에 해당한다. 따라서 관리 정원을 10% 감축해야 하나, 정부의 재정지원은 받을 수 있다.

049 정답 ②

평가점수의 총점은 각 평가항목 점수와 해당 평가항목별 가중치를 곱한 것을 합산하여 구한다고 했으므로, 가중치 변경에 따른 B시설과 D시설의 평가점수 총합을 구하면 다음과 같다.

- B시설 : $(90\times0.3)+(70\times0.2)+(70\times0.1)+(70\times0.2)+(95\times0.2)=81$점
- D시설 : $(90\times0.3)+(55\times0.2)+(80\times0.1)+(60\times0.2)+(65\times0.2)=71$점

따라서 B시설은 2등급, D시설은 3등급에 해당하므로, B시설은 관리 정원의 5%를 감축해야 하고, D시설은 관리 정원의 10% 감축하여야 한다.

050 정답 ③

가로와 세로가 각각 100m인 정사각형 땅의 넓이는 10,000m^2이다. 이 정사각형 땅에 내접하는 원을 그리면 아래와 같다.

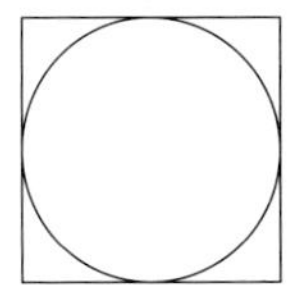

여기의 원에 다시 내접하는 정사각형을 그리면 다음과 같다.

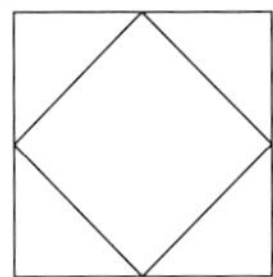

큰 정사각형의 네 선분을 이등분하는 직선을 연결하면 다음과 같다.

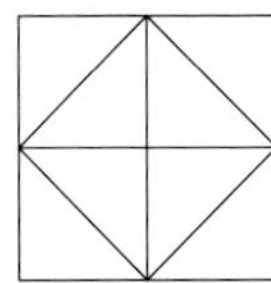

따라서 원에 내접하는 정사각형(마름모 모양)의 땅과 나머지 땅의 크기는 같으며, 그 크기는 큰 정사각형의 절반인 5,000m^{2}가 된다.

051 정답 ④

㉠ '갑'지역에서 만들 수 있는 코드 개수는, 25칸 중 정해진 5칸을 제외한 20개 칸을 흰색과 검은색으로 채울 수 있으므로 '$2^{20}=2^{10}\times2^{10}$=1,048,576(개)'이다. 따라서 100만 개를 초과한다.

㉡ 각 칸을 기존의 흰색과 검정색뿐만 아니라 빨간색과 파란색으로도 채울 수 있다면, 만들 수 있는 코드 개수는 '$4^{20}=(2\times2)^{20}=(2^{20}\times2^{20})$(개)'가 된다. 따라서 기존보다 100만 배 이상 증가한다.

㉢ 만약 상단 오른쪽의 3칸(A)도 다른 칸과 마찬가지로 코드 만드는 것에 사용토록 개방한다면, 만들 수 있는 코드 개수는 기존의 개수보다 '$2^3=8$(배)'만큼 증가한다.

052 정답 ③

㉠ 3년 동안 갑의 점수 총 변화량은 '80－71＝9(점)'이며 을의 점수 총 변화량은 '92－83＝9(점)'이므로, 서로 같다.

㉡ 연중 점수 변화의 흐름을 파악하기 위해서는 연도 중간의 점수 변화에 대한 자료가 제시되어야 한다. 따라서 친절도 평가점수를 6개월마다 기록한 을의 자료가 더 적절하다.

㉢ 3년 전인 2020년 3월 대비 2023년 3월 점수 증가율은 다음과 같다.

- 갑의 점수 증가율$=\frac{9}{71}\times100≒12.7\%$
- 을의 점수 증가율$=\frac{9}{83}\times100≒10.8\%$

따라서 3년 전 동월대비 2023년 3월 점수 증가율은 갑이 을보다 더 높다.

053 정답 ①

㉠ 협상과정에서 갑과 을은 모두 상대방의 요구를 수용할 때 발생하는 비용과 이익에 대해 인지하고 있고, 이것이 협상을 바꾸는데 영향을 미치게 된다. 상대방의 요구를 수용할 때 발생하는 비용은, 갑의 경우 을에게 지불하는 5백만 원이 되며, 을의 경우 이사 날짜를 한 달 앞당김으로써 발생하는 수고와 비용이다. 그리고 상대방의 요구를 수용할 때 발생하는 이익은, 갑의 경우 한 달 빨리 이사하게 되는 편의성과 절약되는 원룸 임대비용이며, 을의 경우 500만원이 된다. 따라서 ㉠은 협상 결과가 (가)에서 (나)로 바뀌는데 영향을 미친 요인이 된다.

㉡ 협상과정에서 을이 한 달 이사를 앞당기고 이에 대해 갑은 매매금액에 500만 원을 더 추가한다는 것은 상대방의 요구를 충족시킨 새로운 대안이라 할 수 있으며, 이를 통해 결국 (나)의 협상이 체결되었다. 따라서 ㉡도 협상 결과를 바꾸는데 영향을 미친 요인이 된다.

㉢ 갑과 을은 (가)의 협상결과가 (나)와 같은 결과로 바뀌는 과정에서 상대방이 최대한 얼마만큼 양보할 수 있는가에 대해 알고 있지 않았다. 즉, 갑의 경우 을이 얼마나 이사날짜를 앞당겨 줄 수 있는지 몰랐으며, 협상과정에 을에게 더 앞당겨 달라고 하면서 그 대가로 을이 요구한 500만 원이라는 추가 비용을 지불하게 된 것이다. 따라서 이는 협상 결과가 바뀌는데 영향을 미친 요인이라 할 수 없다.

㉣ (나)의 협상에서 추가로 발생한 5백만 원은 '갑'의 편리성과 '을'의 노력을 교환하는데 사용된 액수이다. 따라서 옳지 않은 내용이다.

054 정답 ②

사전경보지표 중 '심각'이 2개 이상이면 중점관리대상으로 지정되며, '주의' 2개는 '심각' 1개로 간주한다고 하였다. 제시된 〈현황〉별로 대상 여부를 판정하면 다음과 같다.

지표 / 지방자치단체	통합재정수지적자 비율	예산대비 채무 비율	채무상환비 비율	지방세 징수액 비율	금고잔액 비율	공기업부채 비율	대상 여부
A	15	20	6	45 주의	17 주의	650 심각	대상
B	40 주의	30 주의	10	40 주의	22	350	비대상
C	30 주의	20	15 주의	60	30	250	비대상
D	60 심각	30 주의	30 심각	55	25	150	대상

따라서 중점관리대상으로 지정되는 지방자치단체는 A, D가 된다.

055 정답 ④

3월 중순의 폭력투쟁건에서 일제의 발포한 것의 비율은 '$\frac{8}{31} \times 100 \fallingdotseq 25.8(\%)$'이므로, 25% 이상이라고 할 수 있다. 따라서 ④는 옳지 않은 설명이다.

① 투쟁합계건수가 가장 큰 4월 초순의 경우 일제의 발포도 가장 많았으므로, 옳은 설명이다.

② 투쟁발생장소의 합계가 투쟁발생건수의 합계보다 작으므로, 동일 장소에서 2건 이상의 투쟁이 발생한 경우도 있었다는 것을 알 수 있다.

③ 3월 초순의 폭력투쟁건은 '15+15=30(건)'이며 4월 초순의 폭력투쟁건은 '75+51=126(건)'이므로, 후자는 전자의 4배 이상이 된다.

056 정답 ④

P3을 제외하고는 모두 대안의 효과가 부(−)의 값을 가진다. 또한, P3을 선택하는 경우는 P1도 선택해야 하는데, P3과 P1을 선택하는 경우도 대안의 효과가 부의 값(−1억 원)을 가지게 된다. 따라서 어떤 투자안도 선택하지 않는 것이 최선의 투자대안이라 할 수 있다.

① 두 번째 선택기준에서 P1, P2는 상호 배타적인 투자안이므로 동시에 선택될 수 없다고 하였으므로, 투자대안으로 성립될 수 없다.

② P2, P4, P5를 선택하는 경우 총 투자액이 111억 원이므로 예산 규모 100억 원을 초과하게 되므로, 투자대안으로 성립될 수 없다.

③ 세 번째 선택기준에서 P3의 채택을 위해서는 P1도 채택되어야 한다고 했으므로, 투자대안으로 성립할 수 없다.

057 정답 ②

26일은 첫 번째 조건에 따라 비가 오는 날이므로 A사원은 커피류를 마신다. 또한, 두 번째 조건에 따라 평균기온은 27℃로 26℃ 이상이므로 큰 컵으로 마시고, 세 번째 조건에 따라 카페라떼를 마신다.

058 정답 ④

24일은 비가 오지 않는 화요일이며, 평균기온은 28℃이므로 A사원은 밀크티 큰 컵을 마신다. 그리고 23일은 맑은 날이고 26℃이므로, A사원은 자몽에이드 큰 컵을 마셨을 것이다. 그러므로 B사원에게는 자몽에이드 큰 컵을 사 줄 것이다. 따라서 A사원이 지불할 금액은 9,500원이다.

059 정답 ②

A호텔 연꽃실은 2시간 이상 사용할 경우 추가 비용이 발생하고 수용인원도 부족하다. B호텔 백합실은 1시간 초과 대여가 불가능하며, C호텔 매화실은 이동수단을 제공하지만 수용 인원이 적절하지 않다. 나머지 C호텔 튤립실과 D호텔 장미실을 비교했을 때, C호텔의 튤립실은 예산초과로 예약할 수 없으므로 이 대리는 대여료와 수용 인원의 조건이 만족하는 D호텔 연회장을 예약하면 된다. 따라서 이 대리가 지불해야 하는 예약금은 D호텔 대여료 150만원의 10%인 15만원이다.

060 정답 ④

예산이 200만원으로 증액되었을 때, 조건에 해당하는 연회장은 C호텔 튤립실과 D호텔 장미실이다. 예산 내에서 더 저렴한 연회장을 선택해야 한다는 조건은 없고, 이동수단이 제공되는 연회장을 우선적으로 고려해야 하므로 이 대리는 C호텔 튤립실을 예약할 것이다.

061 정답 ④

- **세계 3대 신용평가회사** : 무디스(Moody's), 스탠더드앤드푸어스(S&P), 피치(Fitch) IBCA.

062 정답 ④

④는 사이드카에 대한 설명이다.

- **서킷브레이커** : Circuit Breaker. 주식시장에서 주가가 급등락하여 시장에 주는 충격을 축소하기 위해 주식 거래를 일시적으로 정지시키는 제도이다. 발동 조건은 종합주가지수(코스피, 코스닥)가 전일에 비해 하한 10% 이상의 변동폭을 1분 이상 보일 경우 발동된 후 20분간 거래가 정지되며, 추가로 10분간 동시호가를 적용하여 거래가 재개된다. 선물시장에서는 변동폭 5%, 현물지수와의 괴리율이 3% 이상으로 1분 이상 지속되면 발동된다. 장 시작 5분 후부터 장 마감 40분 전까지 발동 가능하며 하루에 한 번 발동된다. 오후 2시 20분 이후에는 발동되지 않는다.
- **블랙먼데이** : Black Monday. 1987년 10월 19일(월요일) 뉴욕 증권시장에서 일어났던 주가 대폭락 사건을 말한다.

063 정답 ③

- **파생결합증권** : Derivative Linked Securities. 약칭 DLS라고도 불리우며 주가나 주가지수에 연계되어 수익률이 결정되는 주가연계증권(ELS)을 보다 확장하여 주가 및 주가지수는 물론 이자율 · 통화 · 실물자산 등을 기초자산으로 하는 금융상품이다. 이 DLS에서는 합리적으로 가격이 매겨질 수 있다면 무엇이든 DLS의 기초자산이 될 수 있기 때문에 상품 개발범위가 무궁무진하다.

064 **정답 ②**

① 일반적으로 빅맥지수는 낮을수록 달러화에 비해 해당 통화가 상대적으로 저평가되는 것으로 해석된다.
③ 한 나라가 일시점에서 보유하고 있는 대외 외환채권의 총액으로 민간의 보유분은 제외된다.
④ 엠바고에 대한 설명이다.

065 **정답 ②**

① 채권투자를 할 때 중기채권을 제외한 단기채권과 장기채권을 보유함으로써 수익을 꾀하는 전략이다.
③ 구매한 주식을 상당기간 보유하는 투자전략. 오랜 기간 안정적인 성장을 해온 기업의 주식에 대해 이 전략을 사용하는 경우가 많다.
④ 매수를 뜻하는 롱 전략(Long Strategy)과 매도를 뜻하는 쇼트 전략(Short Strategy)을 동시에 구사하여 펀드 내의 매입자산과 매도자산을 동일하게 유지함으로써 시장변화에 거의 영향을 받지 않고 안정적인 수익률을 추구하는 전략이다.

066 **정답 ④**

- **정크본드** : Junk Bond. 신용평가 등급이 아주 낮은 회사가 발행하는 고위험 · 고수익 채권으로, '쓰레기 같은 채권'이다.

067 **정답 ④**

비과세 종합저축은 저소득 및 소외계층을 위해 2015년부터 출시된 비과세저축 상품으로 생계형저축의 요건을 대부분 적용하면서 비과세한도가 3,000만원에서 5,000만원으로 증액되었다.

068 **정답 ④**

- **필립스곡선** : 실업률 또는 실업의 증가율과 명목임금의 상승률 간의 경제적 관계 곡선으로, 실업률이 낮을 때 임금이 보다 빠르게 상승하는 경향이 있음을 보여준다(실업률과 임금상승률은 반비례).

069 **정답 ①**

비경제활동인구(Not Economically Active Population)는 산업생산에 투입 가능한 만 15세 이상 인구 가운데 일을 할 수 있는 능력이 없거나 일을 할 의사가 없는 사람을 말한다.

070 **정답 ④**

백색국가는 군용과 민간용 등 이중으로 사용될 수 있는 전략물자의 경우 여러 건의 품목을 일괄적으로 허가해 3년에 한 차례씩 수출이 가능한 포괄허가를 받을 수 있다.

071 **정답 ①**

직장 내 괴롭힘 금지법은 새로 시행된 개정 근로기준법의 별칭으로 근로자의 정신적, 신체적 건강에 악영향을 끼치는 직장 내 괴롭힘을 해결하기 위해 근로기준법이 개정되었다.

072 **정답 ③**

출산 휴가는 전체 90일로 정해놓고 있다.

073 **정답 ②**

- **산업재해보상보험** : 산업재해보상보험법에 의거, 근로자의 업무상의 재해를 신속 · 공정하게 보상하기 위하여, 사업주의 강제가입방식으로 운영되는 사회보험이며 산재보험으로 약칭한다. 근로자의 재해보험을 보장하기 위한 제도는 1884년 독일의 재해보험법을 효시로, 현재 많은 나라에서 채택하고 있다. 산재보험료는 사용자가 전적으로 부담한다.

074 **정답 ①**

- **뉴하드워커** : 꿈과 낭만이 있는 일에 매력을 느껴 적극적으로 일하는 사람들을 말하며 워크홀릭과는 조금 다르다.

②는 좀비족에 대한 설명이다.
③은 가면현상에 대한 설명이다.

075 **정답 ②**

- QM : QM은 Quality Management. 품질경영
- TQM : Total Quality Control Management. 전사적 품질경영
- QC : Quality Control. 품질관리
- TQC : Total Quality Control. 종합적 품질관리. QC(품질관리)를 전사적(全社的)으로 전개하는 것이다.

076 **정답 ③**

디자인이란 물품의 형상, 모양, 색채 또는 이들을 결합한 것으로서 시각을 통하여 미감을 일으키게 하는 것이다. 이를 산업에 이용할 수 있도록 새로운 고안을 한 자에게 부여하는 독점적, 배타적인 권리를 디자인권이라 한다.

077 **정답 ③**

단체교섭 거부는 부당노동행위에 해당하지만 단체교섭에 따른 협의사항 불이행은 부당노동행위에 해당하지 않는다.

078 **정답 ①**

- **제너럴 스트라이크** : General Strike. 노동쟁의의 한 형태로, 총

동맹파업이라고도 한다. 과거에는 전국적인 규모의 파업만을 가리키는 의미로 쓰였으나, 최근에는 특정 지역에서 여러 가지 산업이 일제히 파업을 실시하는 경우도 총파업이라고 하는 경향이 있다.
④는 사보타지에 대한 설명이다.

079 정답 ①

유니언숍(Union Shop)은 사내의 모든 근로자가 반드시 노조에 가입하도록 하는 노조가입 강제제도이다.

080 정답 ③

근로기준법은 근로조건의 하한을 규정하고 있다.

081 정답 ④

예금보험기금의 관리 및 운용은 예금보험공사 업무이다.

082 정답 ④

국제부흥개발은행(IBRD)은 세계금융그룹(World Bank Group)에 속한다.

083 정답 ①

국제결제은행(BIS ; Bank for International Settlements)은 중앙은행 간 협력 증진과 원활한 국제금융결제를 목적으로 1930년 1월 20일 설립된 기구로 금융정책의 조정, 국제통화문제에 관한 토의 · 결정 등에 중요한 역할을 수행하고 있다. 우리나라는 1997년에 가입하였다. 산하에 바젤은행감독위원회(BCBS ; Basel Committee on Banking Supervision), 지급결제제도위원회(CPSS Committee on Payment and Settlement Systems), 세계금융제도위원회(CGFS ; Committee on the Global Financial System), 시장위원회(MC ; Market Committee)가 있다.

084 정답 ③

비영리법인인 전국은행연합회는 영리를 목적으로 하는 신용정보업자(CB ; Credit Bureau)와 달리 법률에 의해 등록된 공적 집중기관으로 금융기관으로부터 금융거래 등 상거래와 관련된 신용정보를 집중 · 관리하고 있다.

- **신용정보** : 여신업무에서는 수신업무에서보다 더욱 까다로운 개인 신용정보를 원하게 되는데 왜냐하면 대출 대상자가 과거 채무불이행자였거나 신용불량자였을 경우 은행에서는 대출심사가 리스크를 평가하는 데 도움이 되기 때문이다. 이러한 신용정보는 공적 집중기관과 사적 집중기관으로 이원화되어 관리되고 있다. 비영리법인인 전국은행연합회는 영리를 목적으로 하는 신용정보업자(CB ; Credit Bureau)와 달리 법률에 의해 등록된 공적 집중기관으로 금융기관으로부터 금융거래 등 상거래와 관련된 신용정보를 집중 · 관리하고 있다. 또한 신용정보업자는 통신사업자, 유통업자, 중소기업 등으로부터도 이동통신요금 체납정보, 백화점카드대금 연체정보, 상거래채권 연체정보 등의 신용정보를 자체적으로 수집하여 DB를 구축하고, 수집한 정보를 금융기관 등에 판매하고 있다.

085 정답 ②

수탁자가 관리를 적절히 하지 못하여 신탁재산의 멸실, 감소, 그 밖의 손해를 발생하게 한 경우 또는 신탁의 본지에 위반하여 신탁재산을 처분한 때에는 위탁자, 그 상속인, 수익자 및 다른 수탁자는 그 수탁자에 대하여 손해배상 또는 신탁재산의 회복을 청구할 수 있도록 하고 있다.

086 정답 ①

① 강화된 고객확인제도(EDD ; Enhanced Due Diligence)
② 혐의거래보고제도(STR ; Suspicious Transaction Report)
③ 고액현금보고제도(CTR ; Customer Transaction Report)
④ 고객알기제도(KYC ; Know Your Customer)

087 정답 ①

양도성예금증서(CD ; Certificate of Deposit)란 정기예금에 양도성을 부여한 것으로 은행이 무기명식으로 발행한 정기예금 증서를 말한다. 양도성예금증서는 목돈을 단기적으로 운용하기에 적합한 수단으로 예치한도에 대한 제한은 없으며 예금자보호법의 대상이 아니다. 중도해지가 불가하지만 유통시장에 매각하여 현금화할 수 있다.

088 정답 ②

자금세탁방지제도(Anti – Money Laundry)란 금융기관으로부터 범죄(마약, 밀수, 조직범죄 등)와 관련된 의심스러운 금융거래를 분석하여 검은돈의 자금세탁과 불법적인 외화의 해외유출을 막기 위한 제도로, 금융위원회 산하 금융정보분석원(KoFIU ; Korea Financial Intelligence Unit)을 설립하여 수행하고 있다.

089 정답 ③

원천징수의무자가 정부 대신 징수를 하게 되어 징수비용이 절약되고, 납세자의 입장에서도 세금의 부담이 줄어들며 미리 징수를 하기 때문에 탈세를 방지하는 역할을 한다.

090 정답 ③

기한 전 변제의무에 대한 내용이다. 여신 약관에는 이자와 보증료, 수수료 등에 대한 지급방법과 지급시기 등을 규정하고 있으며 담보의 제공과 기한 전 채무변제의무 등에 대한 사항을 포함하고 있다. 기한 전 채무변제의무란 일정한 사유가 발생하여 은행에게 즉시 채무를 갚아야 하는 것을 말한다. 즉, 채무계약을 하게 될 경우 채무자는 채무기간 동안 담보를 제공하고 안정적으로 자금을 사용할 수 있는 이익을 누리게 되지만 담보로 제공한 물건이 강제집행 등의 절차로 압류될 경우에는 그러한 이익을 상실하여 즉시 채무를 갚아야 하는 의무를 지게 된다.

091 정답 ④

1792년 프랑스혁명 당시 국민공회에서 의장석을 중심으로 급진파인 자코뱅당이 왼쪽 자리에, 온건파인 지롱드당이 오른쪽에 앉은 데서 유래했다.

092 정답 ④

- **백서** : 정부 각 부가 소관사항에 대해서 제출하는 보고서이다. 원래는 영국 정부의 공식보고서 명칭이다. 표지가 백색이기 때문에 '백서'라는 명칭이 붙었다.

093 정답 ②

- **반이중통신** : 접속된 두 장치 사이에서 교대로 데이터를 교환하는 통신 방식으로, 동시에 양쪽 방향으로 전송할 수는 없다.

094 정답 ①

DNA 컴퓨터를 처음 고안한 것은 미국의 에이드먼 교수이다. DNA 컴퓨터는 네 가지 염기, 즉 아데닌(A), 티민(T), 구아닌(G), 시토신(C)으로 신호가 구성되며, 소프트웨어가 모두 DNA 분자들로 이루어져 있다. 이 DNA 분자들은 생명체에 관한 암호화된 정보들을 저장 · 처리할 수 있다.

095 정답 ③

- Batch Processing : 자료를 모아 두었다가 일괄해서 처리하는 자료처리의 형태.
- Transaction Processing : 조직체의 운영상 기본적으로 발생하는 거래자료를 신속 정확하게 처리하는 것.
- Real Time Processing : 실시간 처리. 즉시 응답을 얻을 수 있는 프로그램 실행이나 데이터 처리 방식.

096 정답 ④

웜(Worm)은 자기 스스로 복제하는 방법으로 시스템의 성능을 저하하고 다운시킨다. 바이러스 형태로 침입하는 DDos, 슬래머(Slammer)웜 바이러스, 버퍼 오버플로 등이 해당한다.

097 정답 ②

- **아노미** : 사회적 혼란으로 인해 규범이 사라지고 가치관이 붕괴되면서 나타나는 사회적 · 개인적 불안정 상태를 뜻하는 말이다.

098 정답 ①

첨단의료복합단지란 차세대 성장동력 창출을 위한 국내 의료산업을 글로벌 R&D 허브로 육성하기 위해 종합적으로 지원하는 첨단의료산업 클러스터이다. 국내에서는 충북 오송생명과학단지, 대구 · 경북 신서혁신도시 두 곳을 지정하여 첨단 의료산업분야에서 아시아 최고의 역량을 갖춘 글로벌 의료 R&D 메카로 육성하고 있다.

099 정답 ②

미국 AOL의 자회사인 널소프트(Nullsoft)가 개발한 파일 공유 프로그램인 그누텔라는 P2P 방식으로 네트워크를 구축하여 중앙의 서버나 관리자가 없어도 이용자들끼리 거대 네트워크를 구성할 수 있다.

100 정답 ②

가을의 절기에는 순서대로 '입추(立秋), 처서(處暑), 백로(白露), 추분(秋分), 한로(寒露), 상강(霜降)'이 있다.

NATIONAL
COMPETENCY
STANDARDS